2012

国际统计年鉴

INTERNATIONAL STATISTICAL YEARBOOK

中华人民共和国国家统计局 编
Compiled by National Bureau of Statistics of China

中国统计出版社
China Statistics Press

(京)新登字 041 号

图书在版编目(CIP)数据

国际统计年鉴. 2012 : 汉英对照 / 中华人民共和国国家统计局编. -- 北京 : 中国统计出版社, 2012.3
ISBN 978-7-5037-6482-0

Ⅰ. ①国… Ⅱ. ①中… Ⅲ. ①统计资料－世界－2012－年鉴－汉、英 Ⅳ. ①C831-54

中国版本图书馆CIP数据核字(2012)第028155号

国际统计年鉴－2012

作　　者／中华人民共和国国家统计局
责任编辑／郭　栋
E-mail: yearbook@gj.stats.cn
Address: No.57 Yuetan Nanjie, Sanlihe, Beijing 100826
封面设计／张　冰　李雪燕
出版发行／中国统计出版社
通信地址／北京市西城区三里河月坛南街 57 号　　邮政编码 / 100826
办公地址／北京市丰台区西三环南路甲 6 号
电　　话／(010)63376898、63376907（发行部）、63376877（编辑部）
印　　刷／河北天普润印刷厂
经　　销／新华书店
开　　本／880 × 1230 毫米　1/16
字　　数／840 千字
印　　张／28
版　　别／2012 年 3 月第 1 版
版　　次／2012 年 3 月第 1 次印刷
书　　号／ISBN 978-7-5037-6482-0/C · 2605
定　　价／498.00 元　　Price: 498.00 yuan (RMB)

本书附同版本 CD-ROM 一张，光盘内容以书面文字为准。
中国统计版图书，如有印装错误，本社发行部负责调换。

《国际统计年鉴－2012》

编委会和编辑出版人员

International Statistical Yearbook - **2012**

EDITORIAL BOARD AND EDITORIAL STAFF

编 者 说 明

一、《国际统计年鉴-2012》是一部综合性的国际经济社会统计资料年刊。年鉴收录了世界200多个国家和地区的统计资料，并对其中40多个主要国家和地区的经济社会发展状况指标及国际组织的主要综合评价指标作了更为详细的收集。

二、本年鉴分为17个部分：1.中国在世界的地位；2.自然资源和环境；3.国民经济核算；4.人口；5.就业人员和劳动报酬；6.投资环境；7.能源；8.财政和金融；9.价格指数；10.居民收支和贫困；11.农业；12.工业和建筑业；13.运输和通讯；14.对外贸易和旅游；15.国际收支和外债；16.教育、科技、文化、卫生和社会保障；17.经济社会综合评价指标。

三、国外的大部分数据经过联合国等国际组织的调整，口径基本可比。

四、很多国家的最新数据是初步数或估计数。

五、中国数据除国土面积外，均未包括中国台湾地区、香港特别行政区和澳门特别行政区。

六、数据主要取自有关国际组织的数据库、光盘、年报、月报。每张表均附有资料来源。

七、一些数据的合计数或相对数，因受进位的影响，不一定等于分项累计数。

八、尽管本年鉴所跨年度内，一些国家的名称和疆域有所改变，除非特别注明，本年鉴中所列国家均为现国家名称及其疆域范围。

九、本年鉴中使用的符号含义如下："…"表示数据不够本表最小单位数；"空格"表示无该项数据或该项统计数据不详；"#"表示其中的主要项；"|"表示因统计口径的调整，前后数据不可比。

PREFACE

I. *International Statistical Yearbook 2012* is an annual comprehensive reference publication on international economic and social statistics. It contains data from as much as 200 countries, regions and territories over the world. More detailed information on the economic and social development of over 40 countries and main comprehensive evaluation indexes of international organizations are also included in the Yearbook.

II. The Yearbook contains the following 17 chapters: China in the World; Geography, Natural Resources and Environmental; National Accounts; Population; Employment and Earnings; Investment Environment; Energy; Government Finance and Banking; Price Index; Household Income and Expenditure and Poverty; Agriculture; Industry and Construction; Transportation and Communication; External Trade and Tourism; Balance of Payments and External Debts; Education, Science and Technology, Culture, Health and Social Security; Main Comprehensive evaluation indicators.

III. Data for most of the foreign countries or territories have been adjusted by international organizations such as the United Nations, and the scope and coverage is therefore comparable.

IV. The latest data for many countries are preliminary or estimated statistics.

V. All data of China do not cover Taiwan Province, Hong Kong SAR and Macao SAR except data for the surface area.

VI. The data all from the databases, CD-ROMs, yearbooks and monthly publications of international organizations. The sources of data are given at the top of each table in the Yearbook.

VII. Some aggregations or rates may not add up to the sum of the series because of rounding.

VIII. Unless otherwise indicated, the countries included in the Yearbook are the countries under their present names with the present territories, although the names or the boundaries may have changed during the period covered by the Yearbook.

IX. The meanings of the symbols used in the Yearbook are as following,

"..." indicates that the figure is not large enough to be measured with the smallest unit in the table;

"(blank)" indicates that data are not available;

"#" indicates the major items of the total;

"|" indicates that the data to the left are not comparable with those to the right because of the adjustment of scope and coverage.

目　录

CONTENTS

一、中国在世界的地位
China in the World

二、自然资源和环境
Natural Resource and Environment

三、国民经济核算
National Accounts

四、人口
Population

五、就业人员和劳动报酬
Employment and Earnings

六、投资环境
Investment Environment

七、能源
Energy

八、财政和金融
Government Finance and Banking

九、价格指数
Price Indices

十、居民收支和贫困
Household Income and Expenditure and Poverty

十一、农业
Agriculture

十二、工业和建筑业
Industry and Construction

十三、运输和通讯
Transportation and Communication

十四、对外贸易和旅游
External Trade and Tourism

十五、国际收支和外债
Balance of Payments and External Debts

十六、教育、科技、文化、卫生和社会保障
Education, Science and Technology, Culture, Health and Social Security

十七、经济社会综合评价指标
Comprehensive Evaluation Indicators

附　录
Appendix

中国在世界的地位

China in the World

1-1　中国主要指标居世界的位次

Ranking of China in the World in Terms of Main Indicators

资料来源：联合国FAO数据库、联合国贸发会议数据库、世界贸易组织数据库、世界银行WDI数据库、国际货币基金组织数据库。
Source: FAO Database;UNCTAD Database;WTO Database;World Bank WDI Database;IMF Database.

指　标	Indicator	1978	1980	1990	2000	2008	2009	2010
国土面积	Country Area	4	4	4	4	4	4	4
人　口	Population	1	1	1	1	1	1	1
国内生产总值	Gross Domestic Product	10	11	11	6	3	3	2
人均国民总收入①	GNI per capita ①	175(188)	177(188)	178(200)	141(207)	127(210)	124(213)	120(215)
进出口贸易总额	Foreign Trade Total	29	26	15	8	3	2	2
出口额	Exports	30	28	14	7	2	1	1
进口额	Imports	27	22	17	9	3	2	2
外商直接投资	Foreign Direct Investment Inflow		60	12	9	3	2	2
外汇储备	Foreign Exchange Reserves	38	37	7	2	1	1	1

注：①括号中所列为参加排序的国家和地区数。
Note: ① The number in the parentheses indicates the number of countries or territories the order based on.

1-2　中国主要指标占世界的比重

Major Chinese Indicators as Percentage of the World

资料来源：联合国FAO数据库、联合国统计司数据库、世界银行WDI数据库、国际货币基金组织数据库。
Source: FAO Database; UNSD Database; World Bank WDI Database; IMF Database.

单位：%　(%)

指　标	Indicator	1978	1980	1990	2000	2008	2009	2010
国土面积	Country Area	7.2	7.2	7.2	7.2	7.2	7.2	7.2
人　口	Population	22.3	22.1	21.5	20.8	19.8	19.7	19.6
国内生产总值	Gross Domestic Product	1.8	1.7	1.6	3.7	7.4	8.6	9.3
进出口贸易总额	Foreign Trade Total	0.8	0.9	1.7	3.6	7.9	8.8	9.7
出口额	Exports	0.8	0.9	1.8	3.9	8.9	9.6	10.4
进口额	Imports	0.8	1.0	1.5	3.4	6.9	7.9	9.1
外商直接投资	Foreign Direct Investment Inflow		0.1	1.7	2.9	6.1	8.5	
外汇储备	Foreign Exchange				8.6	26.5	29.4	30.8
稻谷产量	Rice,Paddy	36.4	36.0	37.0	31.7	28.1	28.7	29.4
小麦产量	Wheat	12.1	12.5	16.6	17.0	16.5	16.8	17.7
玉米产量	Maize	14.2	15.8	20.1	17.9	20.1	20.0	21.0
大豆产量	Soybeans	10.1	9.8	10.2	9.6	6.7	6.7	5.8

1-3 中国农业主要产品产量居世界的位次
Ranking of China in the World in Terms of Major Agricultural Products

资料来源：联合国FAO数据库。
Source: United Nations FAO Database.

项 目	Item	1978	1980	1990	2000	2007	2008	2009	2010
谷 物	Cereals	2	1	1	1	1	1	1	1
肉 类①	Meat①	3	3	1	1	1	1	1	1
籽 棉	Seed Cotton	3	2	1	1	1	1	1	1
大 豆	Soybeans	3	3	3	4	4	4	4	4
花 生	Groundnuts in Shell	2	2	2	1	1	1	1	1
油菜籽	Rapeseed	2	2	1	1	1	2	1	1
甘 蔗	Sugar Cane	7	9	4	3	3	3	3	3
茶 叶	Tea	2	2	2	2	1	1	1	1
水 果②	Fruit②	9	10	4	1	1	1	1	1

注：①1990年以前为猪、牛、羊肉产量的位次。②不包括瓜类。
Note: ①Data refer to pork,beef and mutton prior to 1990.②Excluding melons.

1-4 中国工业主要产品产量居世界的位次
Ranking of China in the World in Terms of Major Industrial Products

资料来源：联合国统计月报数据库、联合国FAO数据库。
Source: United Nations MBS Database; FAO Database.

项 目	Item	1978	1980	1990	2000	2008	2009	2010
粗 钢	Crude Steel	5	5	4	2	1	1	1
煤	Coal	3	3	1	1	1	1	
原 油	Crude Petroleum	8	6	5	5	5	4	4
发电量	Electricity	7	6	4	2	2	2	1
水 泥	Cement	4	4	1	1	1	1	1
化 肥	Fertilizer	3	3	3	1	1	1	
棉 布	Woven Cotton Fabrics	1	1	1	2	1	1	1

自然资源和环境

Natural Resource and Environment

2-1　国土面积与人口密度

Country Area and Population Density

资料来源：世界银行WDI数据库。
Source: World Bank WDI Database.

国家和地区	Country or Area	国土面积（万平方公里）Country Area (10 000 sq.km)	人口密度（人/平方公里）Population Density(persons/sq.km)		
		2009	2000	2005	2009
世　界	**World**	**13412.2**	**47.0**	**49.9**	**52.3**
中　国	China	960.0	135.4	139.8	142.8
中国香港	Hong Kong, China	0.1	6396.4	6538.6	6721.4
中国澳门	Macao, China		15746.4	17415.1	19213.3
孟加拉国	Bangladesh	14.4	1081.4	1176.3	1246.2
文　莱	Brunei Darussalam	0.6	63.3	70.2	75.8
柬 埔 寨	Cambodia	18.1	72.3	78.6	83.9
印　度	India	328.7	341.7	368.2	388.6
印度尼西亚	Indonesia	190.5	113.3	121.0	126.9
伊　朗	Iran	174.5	39.3	42.4	44.8
以 色 列	Israel	2.2	290.6	320.3	343.9
日　本	Japan	37.8	348.1	350.5	350.0
哈萨克斯坦	Kazakhstan	272.5	5.5	5.6	5.9
韩　国	Korea, Rep.	10.0	476.1	497.0	503.0
老　挝	Laos	23.7	23.4	25.5	27.4
马来西亚	Malaysia	33.1	70.8	78.0	83.6
蒙　古	Mongolia	156.4	1.5	1.6	1.7
缅　甸	Myanmar	67.7	71.3	74.0	76.5
巴基斯坦	Pakistan	79.6	179.1	202.1	220.2
菲 律 宾	Philippines	30.0	260.6	286.7	308.5
新 加 坡	Singapore	0.1	6011.8	6273.2	7125.1
斯里兰卡	Sri Lanka	6.6	298.4	313.6	323.8
泰　国	Thailand	51.3	122.0	129.1	132.6
越　南	Viet Nam	33.1	249.6	268.0	281.5
埃　及	Egypt	100.2	70.5	77.5	83.4
尼日利亚	Nigeria	92.4	137.1	154.7	169.9
南　非	South Africa	121.9	36.2	38.9	40.6
加 拿 大	Canada	998.5	3.4	3.6	3.7
墨 西 哥	Mexico	196.4	50.4	53.0	55.3
美　国	United States	983.2	30.8	32.3	33.6
阿 根 廷	Argentina	278.0	13.5	14.2	14.7
巴　西	Brazil	851.5	20.6	22.0	22.9
委内瑞拉	Venezuela	91.2	27.6	30.1	32.2
捷　克	Czech Rep.	7.9	133.0	132.5	135.8
法　国	France	54.9	107.5	111.2	114.3
德　国	Germany	35.7	235.6	236.5	234.9
意 大 利	Italy	30.1	193.6	199.3	204.7
荷　兰	Netherlands	4.2	471.7	483.4	489.7
波　兰	Poland	31.3	126.3	124.6	125.4
俄罗斯联邦	Russian Fed.	1709.8	8.9	8.7	8.7
西 班 牙	Spain	50.5	80.7	87.0	92.1
土 耳 其	Turkey	78.4	86.4	92.5	97.2
乌 克 兰	Ukraine	60.4	84.9	81.3	79.4
英　国	United Kingdom	24.4	243.4	248.9	255.6
澳大利亚	Australia	774.1	2.5	2.7	2.9
新 西 兰	New Zealand	26.8	14.7	15.7	16.4

2-2 土地利用(2008年)
Land Utilization(2008)

资料来源：世界银行WDI数据库。
Source: World Bank WDI Database.
单位：万公顷 (10 000 hectares)

国家和地区	Country or Area	陆地面积 Land Area	耕地面积 Arable Area	多年生作物面积 Permanent Crop Area	森林面积 Forest Area
世　界	**World**	**1295618**		**14653**	**392844①**
中　国	China	93275	10864	1390	20541①
中国香港	Hong Kong, China	10			
孟加拉国	Bangladesh	1302	790	80	87①
文　莱	Brunei Darussalam	53	…	1	27①
柬埔寨	Cambodia	1765	390	16	1001①
印　度	India	29732	15815	1118	6776①
印度尼西亚	Indonesia	18116	2200	1510	8475①
伊　朗	Iran	16286	1704	173	1108①
以色列	Israel	216	30	8	17①
日　本	Japan	3645	431	32	2486①
哈萨克斯坦	Kazakhstan	26997	2270	10	333①
韩　国	Korea, Rep.	969	155		626②
老　挝	Laos	2308	125	10	1599①
马来西亚	Malaysia	3286	180	579	2061①
蒙　古	Mongolia	15536	85	…	1009①
缅　甸	Myanmar	6535	1060	110	3129①
巴基斯坦	Pakistan	7709	2035	85	182①
菲律宾	Philippines	2982	530	500	685①
新加坡	Singapore	7	…	…	0①
斯里兰卡	Sri Lanka	627	125	95	187①
泰　国	Thailand	5109	1520	365	1440①
越　南	Viet Nam	3101	630	312	1341①
埃　及	Egypt	9955	277	77	7①
尼日利亚	Nigeria	9108	3750	300	1027①
南　非	South Africa	12145	1450	95	920①
加拿大	Canada	90935	4510	705	31013①
墨西哥	Mexico	19440	2480	270	6372①
美　国	United States	91474	17050	270	30341①
阿根廷	Argentina	27367	3200	100	3272①
巴　西	Brazil	84594	6100	750	47149①
委内瑞拉	Venezuela	8821	270	65	4714①
捷　克	Czech Rep.	773	303	24	265①
法　国	France	5477	1826	107	1564①
德　国	Germany	3486	1193	20	1108①
意大利	Italy	2941	713	264	1009③
荷　兰	Netherlands	338	107	4	37①
波　兰	Poland	3042	1257	40	925①
俄罗斯联邦	Russian Fed.	163769	12165	179	80860①
西班牙	Spain	4991	1250	480	1851①
土耳其	Turkey	7696	2156	295	1022①
乌克兰	Ukraine	5793	3247	90	959③
英　国	United Kingdom	2419	601	5	287①
澳大利亚	Australia	76823	4402	35	16329①
新西兰	New Zealand	2633	45	7	834①

注：①2007年数据。②2005年数据。③2006年数据。
Note:①Data refer to 2007.②Data refer to 2005.③Data refer to 2006.

2-3 淡水资源(2007年)

Freshwater(2007)

资料来源：世界银行WDI数据库。
Source: World Bank WDI Database.

国家和地区	Country or Area	人均可再生淡水资源(立方米) Renewable Internal Freshwater Resources per Capita(cu.m.)	淡水消费量 Freshwater Withdrawals			
			占水资源总量的比重(%) % of Internal Resources	农业用水 % for Agriculture	工业用水 % for Industry	生活用水 % for Domestic
世　界	**World**	**6521**	**8.8**	**82.5**	**7.3**	**10.2**
高收入国家	**High Income**	**8999**	**10.4**	**42.7**	**42.2**	**15.1**
中等收入国家	**Middle Income**	**6106**	**9.1**	**82.5**	**7.3**	**10.2**
低收入国家	**Low Income**	**5607**	**3.7**	**88.4**	**6.4**	**5.3**
中　国	China	2134	22.4	67.7	25.7	6.6
孟加拉国	Bangladesh	729	75.6	96.2	0.7	3.2
柬埔寨	Cambodia	8822	3.4	98.0	0.5	1.5
印　度	India	1134	51.2	86.5	5.5	8.1
印度尼西亚	Indonesia	8685	2.9	91.3	0.7	8.0
伊　朗	Iran	1799	72.6	92.2	1.2	6.7
以色列	Israel	104	241.9	57.8	5.8	36.4
日　本	Japan	3365	20.6	62.5	17.9	19.7
哈萨克斯坦	Kazakhstan	4871	46.4	81.8	16.5	1.7
韩　国	Korea, Rep.	1338	28.7	48.0	16.4	35.6
老　挝	Laos	32100	1.6	90.0	5.7	4.3
马来西亚	Malaysia	21441	1.6	62.1	21.1	16.9
蒙　古	Mongolia	13260	1.3	52.3	27.3	20.5
缅　甸	Myanmar	21379	3.8	98.2	0.5	1.2
巴基斯坦	Pakistan	334	308.0	96.0	2.1	1.9
菲律宾	Philippines	5403	6.0	74.0	9.4	16.6
斯里兰卡	Sri Lanka	2605	25.2	95.2	2.5	2.4
泰　国	Thailand	3311	25.5	90.4	4.9	4.8
越　南	Viet Nam	4267	19.5	68.1	24.1	7.8
埃　及	Egypt	23	3794.4	86.4	5.9	7.8
尼日利亚	Nigeria	1504	3.6	68.8	10.1	21.1
南　非	South Africa	928	27.9	62.7	6.1	31.2
加拿大	Canada	86426	1.6	11.8	68.7	19.6
墨西哥	Mexico	3745	19.3	76.7	9.2	14.1
美　国	United States	9344	17.1	41.3	46.1	12.7
阿根廷	Argentina	7011	10.6	73.7	9.5	16.8
巴　西	Brazil	28546	1.1	61.8	18.0	20.3
委内瑞拉	Venezuela	26285	1.2	47.4	7.1	45.5
捷　克	Czech Rep.	1272	19.6	2.3	57.0	40.7
法　国	France	3134	22.4	9.8	74.5	15.7
德　国	Germany	1301	44.0	19.8	67.9	12.4
意大利	Italy	3074	24.3	45.1	36.7	18.2
荷　兰	Netherlands	671	72.2	33.9	60.0	6.2
波　兰	Poland	1406	30.2	8.3	78.7	13.0
俄罗斯联邦	Russian Fed.	30352	1.8	17.8	63.5	18.8
西班牙	Spain	2478	32.0	68.0	18.5	13.4
土耳其	Turkey	3243	17.7	73.8	10.7	15.5
乌克兰	Ukraine	1142	70.7	52.5	35.4	12.2
英　国	United Kingdom	2378	6.6	2.9	75.4	21.7
澳大利亚	Australia	23348	4.9	75.3	10.0	14.7
新西兰	New Zealand	77336	0.7	42.2	9.5	48.3

2-4 森林资源

Forestation

资料来源：世界银行WDI数据库。
Source: World Bank WDI Database.
单位：%　　　　(%)

国家和地区	Country or Area	森林平均消失率① Average Annual Deforestation Rate①		森林覆盖率 Forest Area as Percentage of Land Area	
		1990-2000	2000-2010	2000	2010
世　界	**World**	**0.20**	**0.13**	**31.5**	**31.1**
高收入国家	**High Income**	**-0.13**	**-0.03**	**28.4**	**28.8**
中等收入国家	**Middle Income**	**0.24**	**0.10**	**33.1**	**32.8**
低收入国家	**Low Income**	**0.63**	**0.61**	**29.4**	**27.6**
中　国	China	-1.20	-1.57	19.0	22.2
孟加拉国	Bangladesh	0.18	0.18	11.3	11.1
文　莱	Brunei Darussalam			75.3	72.1
柬埔寨	Cambodia	1.14	1.33	65.4	57.2
印　度	India	-0.22	-0.46	22.0	23.0
印度尼西亚	Indonesia	1.75	0.51	54.9	52.1
伊　朗	Iran			6.8	6.8
以色列	Israel	-1.49	-0.07	7.1	7.1
日　本	Japan	0.03	-0.04	68.3	68.5
哈萨克斯坦	Kazakhstan	0.17	0.17	1.3	1.2
韩　国	Korea, Rep.	0.13	0.11	63.7	64.2
老　挝	Laos	0.46	0.48	71.6	68.3
马来西亚	Malaysia	0.36	0.54	65.7	62.3
蒙　古	Mongolia	0.67	0.72	7.5	7.0
缅　甸	Myanmar	1.17	0.93	53.4	48.6
巴基斯坦	Pakistan	1.76	2.24	2.8	2.2
菲律宾	Philippines	-0.80	-0.74	23.9	25.7
新加坡	Singapore			3.0	2.9
斯里兰卡	Sri Lanka	1.20	1.12	33.2	29.7
泰　国	Thailand	0.28	0.02	37.2	37.1
越　南	Viet Nam	-2.28	-1.64	37.7	44.5
埃　及	Egypt	-2.98	-1.72	0.1	0.1
尼日利亚	Nigeria	2.68	3.67	14.4	9.9
南　非	South Africa	1.67	2.00	5.7	4.7
加拿大	Canada			34.1	34.1
墨西哥	Mexico	0.52	0.30	34.3	33.3
美　国	United States	-0.13	-0.13	32.8	33.2
阿根廷	Argentina	0.88	0.80	11.6	10.7
巴　西	Brazil	0.51	0.49	64.5	61.4
委内瑞拉	Venezuela	0.57	0.60	55.7	52.5
捷　克	Czech Rep.	-0.03	-0.08	34.1	34.4
法　国	France	-0.55	-0.38	28.0	29.1
德　国	Germany	-0.31		31.7	31.8
意大利	Italy	-0.98	-0.90	28.5	31.1
荷　兰	Netherlands	-0.43	-0.14	10.7	10.8
波　兰	Poland	-0.20	-0.30	29.8	30.7
俄罗斯联邦	Russian Fed.			49.4	49.4
西班牙	Spain	-2.09	-0.68	34.0	36.4
土耳其	Turkey	-0.47	-1.11	13.2	14.7
乌克兰	Ukraine	-0.25	-0.20	16.4	16.8
英　国	United Kingdom	-0.68	-0.31	11.6	11.9
澳大利亚	Australia	-0.03	0.37	20.2	19.4
新西兰	New Zealand	-0.69		31.4	31.4

注：①负值表示森林面积的增长。
Note:①The negative represents the forest area increased.

2-5 二氧化碳排放量

Emissions of Carbon Dioxide

资料来源：世界银行WDI数据库。
Source: World Bank WDI Database.

国家和地区	Country or Area	二氧化碳排放年均增长(%) Carbon Dioxide Emissions Average Annual Growth (%)	二氧化碳排放总量(百万吨) Total Emissions (million metric tons)		人均二氧化碳排放量(吨) Per Capita Emissions (ton)	
		1990-2007	2000	2007	2000	2007
世　界	**World**	**1.8**	**24688.0**	**30649.4**	**4.1**	**4.6**
中　国	China	5.9	3402.3	6533.0	2.7	5.0
中国香港	Hong Kong, China	2.2	40.6	39.9	6.1	5.8
中国澳门	Macao, China	2.4	1.6	1.6	3.7	3.0
孟加拉国	Bangladesh	6.3	27.8	43.7	0.2	0.3
文　莱	Brunei Darussalam	1.0	6.5	7.6	19.6	19.8
柬埔寨	Cambodia	14.4	2.3	4.4	0.2	0.3
印　度	India	5.1	1185.7	1611.0	1.2	1.4
印度尼西亚	Indonesia	5.9	257.9	396.8	1.3	1.8
伊　朗	Iran	4.7	339.0	495.6	5.3	7.0
以色列	Israel	4.1	62.6	66.7	10.0	9.3
日　本	Japan	0.5	1228.8	1253.5	9.7	9.8
哈萨克斯坦	Kazakhstan	-1.5	127.7	227.2	8.6	14.7
韩　国	Korea, Rep.	4.4	441.7	502.9	9.4	10.4
老　挝	Laos	11.8	1.1	1.5	0.2	0.3
马来西亚	Malaysia	7.5	126.5	194.3	5.4	7.3
蒙　古	Mongolia	0.3	7.5	10.6	3.1	4.1
缅　甸	Myanmar	6.9	8.9	13.2	0.2	0.3
巴基斯坦	Pakistan	5.0	106.4	156.3	0.8	1.0
菲律宾	Philippines	2.8	78.8	70.9	1.0	0.8
新加坡	Singapore	0.8	52.3	54.2	13.0	11.8
斯里兰卡	Sri Lanka	7.2	10.2	12.3	0.5	0.6
泰　国	Thailand	6.5	201.4	277.3	3.2	4.1
越　南	Viet Nam	10.2	53.6	111.3	0.7	1.3
埃　及	Egypt	5.4	141.2	184.5	2.0	2.3
尼日利亚	Nigeria	4.5	79.1	95.2	0.6	0.6
南　非	South Africa	1.6	368.3	433.2	8.4	9.0
加拿大	Canada	1.3	537.0	556.9	17.5	16.9
墨西哥	Mexico	1.6	389.8	471.1	4.0	4.5
美　国	United States	1.1	5737.2	5832.2	20.3	19.3
阿根廷	Argentina	2.9	141.0	183.6	3.8	4.7
巴　西	Brazil	3.4	329.9	368.0	1.9	1.9
委内瑞拉	Venezuela	1.8	152.3	165.4	6.3	6.0
捷　克	Czech Rep.	-1.5	125.9	124.9	12.3	12.1
法　国	France	-0.4	365.3	371.5	6.2	6.0
德　国	Germany	-1.3	831.4	787.3	10.1	9.6
意大利	Italy	0.4	447.0	456.1	7.9	7.7
荷　兰	Netherlands	0.3	166.2	173.1	10.4	10.6
波　兰	Poland	-0.5	301.4	317.1	7.8	8.3
俄罗斯联邦	Russian Fed.	-2.4	1442.5	1536.1	9.9	10.8
西班牙	Spain	2.7	294.2	359.0	7.3	8.0
土耳其	Turkey	3.9	216.0	288.4	3.3	4.0
乌克兰	Ukraine	-4.5	304.7	317.3	6.2	6.8
英　国	United Kingdom	-0.3	544.0	539.2	9.2	8.8
澳大利亚	Australia	1.4	328.8	373.7	17.2	17.7
新西兰	New Zealand	1.9	32.7	32.6	8.5	7.7

2-6 甲烷排放量(2005年)
Methane Emissions(2005)

资料来源：世界银行WDI数据库。
Source: World Bank WDI Database.

国家和地区	Country or Area	排放总量(千吨二氧化碳当量) Methane Emissions (total thousand metric tons of carbon dioxide equivalent)	1990-2005年增长率(%) 1990-2005 % Change	能源加工产生的排放量占总排放量比重(%) Energy Processes % of total	农业生产甲烷排放比重(%) Agricultural % of Total
世　界	**World**	**7135850**	**6.2**	**37.3**	**42.6**
高收入国家	**High Income**	**1539204**	**-10.8**	**38.9**	**37.1**
中等收入国家	**Middle Income**	**5160313**	**13.6**	**38.8**	**42.6**
低收入国家	**Low Income**	**436333**	**-3.0**	**13.7**	**61.2**
中　国	China	1333098	28.5	45.8	38.8
中国香港	Hong Kong, China	2820	84.0	26.7	
孟加拉国	Bangladesh	92414	6.5	10.0	70.5
文　莱	Brunei Darussalam	5771	55.9	89.2	0.2
柬埔寨	Cambodia	20215	35.0	4.9	76.1
印　度	India	583978	10.5	15.9	64.4
印度尼西亚	Indonesia	208944	18.4	25.5	46.4
伊　朗	Iran	114585	32.5	70.7	18.2
以色列	Israel	3517	83.8	18.4	31.2
日　本	Japan	42771	-36.5	8.1	71.2
哈萨克斯坦	Kazakhstan	47119	-27.3	66.2	25.3
韩　国	Korea, Rep.	32069	2.4	19.9	38.6
马来西亚	Malaysia	46501	64.7	69.3	12.4
蒙　古	Mongolia	6067	-25.9	2.5	92.1
缅　甸	Myanmar	77211	-7.4	12.6	69.0
巴基斯坦	Pakistan	137401	50.7	23.7	63.5
菲律宾	Philippines	51889	28.6	9.3	63.8
新加坡	Singapore	2237	136.6	60.1	1.3
斯里兰卡	Sri Lanka	10210	-11.2	5.3	65.2
泰　国	Thailand	83257	5.7	16.9	66.0
越　南	Viet Nam	82978	40.1	22.7	63.9
埃　及	Egypt	46996	68.8	50.7	31.7
尼日利亚	Nigeria	130317	10.9	68.9	19.8
南　非	South Africa	63785	24.6	45.4	31.4
加拿大	Canada	89338	30.8	32.2	29.3
墨西哥	Mexico	128209	26.3	40.2	42.3
美　国	United States	548074	-14.4	41.0	34.8
阿根廷	Argentina	101821	-8.3	18.9	70.6
巴　西	Brazil	492160	56.4	7.6	61.1
委内瑞拉	Venezuela	61183	5.9	47.4	40.1
捷　克	Czech Rep.	11497	-40.4	49.4	33.6
法　国	France	77252	-0.3	44.3	47.7
德　国	Germany	67582	-44.8	32.1	43.8
意大利	Italy	40790	-13.4	14.7	39.8
荷　兰	Netherlands	21259	-30.4	23.4	43.4
波　兰	Poland	70023	-36.6	62.0	21.9
俄罗斯联邦	Russian Fed.	562801	-18.3	79.3	9.1
西班牙	Spain	36338	11.9	10.4	56.8
土耳其	Turkey	64251	46.4	16.0	33.6
乌克兰	Ukraine	70360	-42.3	62.1	23.3
英　国	United Kingdom	65788	-44.1	24.8	38.2
澳大利亚	Australia	126488	9.7	29.7	55.1
新西兰	New Zealand	27635	3.6	3.6	90.2

2-7 氮及其它温室气体排放量

Nitrous Oxide and Other Greenhouse Gas Emissions

资料来源：世界银行WDI数据库。
Source: World Bank WDI Database.
单位：千吨二氧化碳当量 (thousand metric tons of carbon dioxide equivalent)

国家和地区	Country or Area	氮排放量 Nitrous Oxide Emissions		农业生产氮排放量比重 Agricultural Nitrous Oxide Emissions (% of Total)		其它温室气体排放 Other greenhouse gas emissions, HFC, PFC and SF6	
		2000	2005	2000	2005	2000	2005
世　界	**World**	**2657685**	**2852592**	**65.4**	**66.2**	**519308**	**724183**
高收入国家	**High Income**	**844854**	**814339**	**55.2**	**56.8**	**347673**	**460781**
中等收入国家	**Middle Income**	**1585668**	**1799128**	**71.5**	**70.8**	**168762**	**259893**
低收入国家	**Low Income**	**227162**	**239126**	**59.3**	**62.4**	**1700**	**2030**
中　国	China	392195	467213	77.4	74.3	81190	141394
中国香港	Hong Kong, China	492	422			155	119
孟加拉国	Bangladesh	19486	21386	83.4	83.1		
文　莱	Brunei Darussalam	396	609	20.9	14.6	101	259
柬埔寨	Cambodia	3295	5794	81.0	66.1		
印　度	India	201964	212927	74.2	73.4	7750	8433
印度尼西亚	Indonesia	90387	123275	66.7	71.6	1001	1027
伊　朗	Iran	24083	26644	76.6	75.3	1863	2569
以色列	Israel	1742	1793	50.3	53.0	1788	1981
日　本	Japan	31552	29785	27.5	28.0	42158	53786
哈萨克斯坦	Kazakhstan	15783	17594	62.4	62.6	58	339
韩　国	Korea, Rep.	18718	13548	25.4	35.9	8853	10221
马来西亚	Malaysia	13019	15087	64.8	64.9	526	994
蒙　古	Mongolia	5014	3489	91.3	93.2		
缅　甸	Myanmar	30075	30932	33.3	42.9		
巴基斯坦	Pakistan	24640	26838	72.2	74.3	347	819
菲律宾	Philippines	12472	12950	71.1	73.1	221	365
新加坡	Singapore	5995	1068	0.7	2.8	1414	2532
斯里兰卡	Sri Lanka	2034	2056	67.1	65.1		
泰　国	Thailand	19913	22304	67.8	65.5	453	1104
越　南	Viet Nam	19736	23030	84.2	83.0		
埃　及	Egypt	14853	18996	82.2	80.0	2570	3181
尼日利亚	Nigeria	20920	21565	78.3	77.3	271	669
南　非	South Africa	21054	24048	65.2	59.8	1729	2552
加拿大	Canada	40738	40171	55.2	58.9	17761	21943
墨西哥	Mexico	42080	42514	77.4	75.2	4162	4555
美　国	United States	324016	317153	52.2	56.4	170020	239517
阿根廷	Argentina	41823	49821	86.0	89.2	625	785
巴　西	Brazil	166811	235987	73.8	67.0	7621	11816
委内瑞拉	Venezuela	13253	14935	77.0	75.2	2101	2468
捷　克	Czech Rep.	8908	8878	36.0	36.9	441	1121
法　国	France	50607	49058	66.4	66.8	10966	15539
德　国	Germany	50186	56560	60.8	52.2	28472	31543
意大利	Italy	30344	28620	46.4	43.7	9574	13968
荷　兰	Netherlands	15321	14596	40.6	39.5	6330	3750
波　兰	Poland	29095	30198	58.3	57.7	1377	2451
俄罗斯联邦	Russian Fed.	91645	76121	39.4	44.3	47535	59673
西班牙	Spain	27475	26529	63.4	62.6	5582	9080
土耳其	Turkey	33308	32781	64.8	66.4	2539	5066
乌克兰	Ukraine	24447	26097	49.0	45.6	454	693
英　国	United Kingdom	33194	30565	60.8	60.1	8482	10403
澳大利亚	Australia	75356	62966	76.1	78.2	4199	6505
新西兰	New Zealand	11460	12930	94.2	94.2	758	973

2-8 每立方米空气中颗粒物含量(直径不足10微米的颗粒物)
Particulate Matter Content per Cubic Meter in the Air (PM Diameter Less Than 10 Microns)

资料来源：世界银行WDI数据库。
Source: World Bank WDI Database.
单位：微克/立方米 (micrograms per cubic meter)

国家和地区	Country or Area	2000	2004	2005	2006	2007	2008
世 界	**World**	**63.04**	**55.45**	**52.49**	**49.87**	**47.12**	**45.92**
中 国	China	85.46	80.19	76.24	73.81	68.71	65.61
孟加拉国	Bangladesh	166.76	146.82	144.10	141.27	135.15	133.57
文 莱	Brunei Darussalam	61.96	56.74	55.46	51.13	50.08	50.62
柬埔寨	Cambodia	47.36	48.20	45.77	44.97	42.79	41.22
印 度	India	92.88	73.97	67.25	64.15	59.66	59.23
印度尼西亚	Indonesia	116.11	96.46	91.13	79.89	74.66	72.35
伊 朗	Iran	79.89	58.24	53.97	51.32	49.44	54.97
以色列	Israel	47.69	32.51	32.26	29.69	29.02	27.57
日 本	Japan	32.93	30.40	30.20	29.04	28.83	27.14
哈萨克斯坦	Kazakhstan	26.43	20.75	19.07	17.96	15.86	15.39
韩 国	Korea, Rep.	45.18	38.13	35.29	33.30	32.28	30.76
老 挝	Laos	47.12	46.06	43.61	41.04	41.53	38.53
马来西亚	Malaysia	25.18	24.82	23.03	21.06	20.93	19.95
蒙 古	Mongolia	126.26	118.60	109.45	105.87	110.11	111.45
缅 甸	Myanmar	80.55	65.31	58.51	54.80	51.13	46.09
巴基斯坦	Pakistan	179.35	126.52	116.67	117.91	116.14	109.34
菲律宾	Philippines	42.55	25.82	23.70	21.11	19.99	18.66
新加坡	Singapore	43.52	43.78	39.16	39.52	35.83	30.81
斯里兰卡	Sri Lanka	98.48	98.60	94.86	82.85	81.56	73.97
泰 国	Thailand	70.13	70.47	68.21	61.97	57.61	55.31
越 南	Viet Nam	68.20	63.22	58.95	55.68	55.44	52.71
埃 及	Egypt	124.84	123.97	116.70	108.68	100.79	96.86
尼日利亚	Nigeria	96.57	64.08	66.36	48.32	42.31	46.28
南 非	South Africa	25.09	24.38	22.21	20.67	23.04	22.13
加拿大	Canada	21.36	19.53	18.50	17.50	16.63	15.00
墨西哥	Mexico	44.27	38.78	38.72	35.52	35.12	32.69
美 国	United States	24.20	22.63	22.01	21.04	20.52	19.40
阿根廷	Argentina	68.10	80.43	74.46	74.51	68.63	67.71
巴 西	Brazil	31.68	27.20	24.78	22.70	21.41	20.83
委内瑞拉	Venezuela	11.90	9.48	10.68	9.76	9.72	9.20
捷 克	Czech Rep.	26.14	22.06	21.46	20.26	19.22	18.50
法 国	France	16.09	14.54	14.39	13.93	13.34	12.94
德 国	Germany	22.41	18.84	18.47	18.03	15.94	16.20
意大利	Italy	33.01	27.61	27.08	26.21	25.09	23.33
荷 兰	Netherlands	37.53	33.87	33.30	31.84	33.21	30.76
波 兰	Poland	39.96	38.13	36.54	36.77	35.22	35.07
俄罗斯联邦	Russian Fed.	27.41	20.13	18.63	17.36	15.63	15.90
西班牙	Spain	40.15	33.01	33.12	30.65	29.16	27.56
土耳其	Turkey	51.85	43.62	39.62	39.37	38.74	37.06
乌克兰	Ukraine	30.66	29.48	22.80	19.94	19.15	17.64
英 国	United Kingdom	17.17	14.58	14.37	14.17	12.98	12.67
澳大利亚	Australia	17.77	14.54	14.70	14.42	13.85	14.28
新西兰	New Zealand	16.22	13.50	13.00	12.86	11.91	11.93

2-9 国家保护区面积和濒危物种(2010年)
National Protected Areas and Threatened Species(2010)

资料来源：世界银行WDI数据库。
Source: World Bank WDI Database.

国家和地区	Country or Area	国家保护区① National Protected Areas①		濒危物种(种) Threatened Species(number)			
		陆地保护区面积占陆地面积比重 Terrestrial protected areas (% of total land area)	海洋保护区面积占领海面积比重 Marine protected areas (% of territorial waters)	哺乳动物 Mammals	鸟类 Birds	鱼类 Fish	高植株植物 Higher Plants
中　　国	China	16.6	1.4	74	85	97	453
中国香港	Hong Kong, China	41.8		2	17	11	6
中国澳门	Macao, China				4	5	
孟加拉国	Bangladesh	1.6	0.8	34	29	19	16
文　　莱	Brunei Darussalam	42.9	0.1	34	19	8	99
柬 埔 寨	Cambodia	24	0.9	37	24	28	30
印　　度	India	5.3	1.7	94	78	122	255
印度尼西亚	Indonesia	14.1	1.9	183	119	138	393
伊　　朗	Iran	7.1	1.9	16	21	29	1
以 色 列	Israel	18.7	1.0	15	13	35	
日　　本	Japan	16.3	5.6	28	40	59	15
哈萨克斯坦	Kazakhstan	2.5		16	21	14	16
韩　　国	Korea, Rep.	2.4	5.3	9	30	17	3
老　　挝	Laos	16.3		45	22	23	22
马来西亚	Malaysia	17.9	1.6	70	45	60	692
蒙　　古	Mongolia	13.4		11	21	1	
缅　　甸	Myanmar	6.3	0.3	45	41	33	42
巴基斯坦	Pakistan	10.3	1.8	23	26	33	2
菲 律 宾	Philippines	10.9	1.5	39	72	65	222
新 加 坡	Singapore	5.4	1.6	11	17	25	57
斯里兰卡	Sri Lanka	20.8	1.1	30	14	41	283
泰　　国	Thailand	19.6	4.3	57	45	72	91
越　　南	Viet Nam	6.2	2.1	54	40	46	146
埃　　及	Egypt	5.9	9.3	17	10	36	2
尼日利亚	Nigeria	12.8	0.2	27	13	56	172
南　　非	South Africa	6.9	6.5	24	39	81	97
加 拿 大	Canada	8	1.2	12	15	32	2
墨 西 哥	Mexico	11.1	16.7	99	55	150	255
美　　国	United States	14.8	24.7	37	74	177	245
阿 根 廷	Argentina	5.4	1.1	37	50	36	44
巴　　西	Brazil	28	20.1	80	123	80	387
委内瑞拉	Venezuela	53.8	15.3	32	27	34	70
捷　　克	Czech Rep.	15.1		2	6	2	4
法　　国	France	15.1	3.4	9	7	40	15
德　　国	Germany	40.5	36.3	6	6	21	12
意 大 利	Italy	9.9	16.7	7	8	42	27
荷　　兰	Netherlands	12.4	21.2	4	2	12	
波　　兰	Poland	21.8	4.5	5	6	6	4
俄罗斯联邦	Russian Fed.	9	9.1	32	18	35	8
西 班 牙	Spain	8.6	3.4	16	15	62	55
土 耳 其	Turkey	1.9	2.4	17	15	67	5
乌 克 兰	Ukraine	3.5	4.9	11	12	21	1
英　　国	United Kingdom	24.4	5.2	5	2	41	14
澳大利亚	Australia	10.5	28.3	55	52	100	67
新 西 兰	New Zealand	25.8	7.1	9	70	21	21

注：①2009年数据。
Note:①Data refer to 2009.

2-10 有机水污染物排放量

Emissions of Organic Water Pollutants

资料来源：世界银行WDI数据库。
Source: World Bank WDI Database.

国家和地区	Country or Area	有机水污染物排放量(千克/天) Emissions of Organic Water Pollutants (kg/per day)			分行业有机水污染物排放量占排放总量的比重(%) Industry Shares of Emissions of Organic Water Pollutants of Total(%) 化工行业 Chemicals		
		2000	2005	2006	2000	2005	2006
印度尼西亚	Indonesia	747563	764028	882985	12.0	13.0	12.0
伊　朗	Iran	140591	160776		13.0	12.8	
以色列	Israel	54122			12.6		
日　本	Japan	1334914	1126863		10.3	11.2	
哈萨克斯坦	Kazakhstan	102966	95402	96770	9.6	8.9	8.9
韩　国	Korea, Rep.	309138	316969	319604	11.8	12.3	12.1
马来西亚	Malaysia	184365	208441	208312	14.4	16.2	16.5
蒙　古	Mongolia		7671	8019		2.3	2.9
巴基斯坦	Pakistan			153680			9.1
菲律宾	Philippines		144629			9.5	
新加坡	Singapore	32707	35102	36010	12.0	11.9	11.4
斯里兰卡	Sri Lanka			266109			9.0
泰　国	Thailand	356012		581425	12.3		12.4
越　南	Viet Nam	260430	470233	500482	7.1	6.6	6.8
尼日利亚	Nigeria						
南　非	South Africa	229388	191929	191581	15.0	11.2	11.4
加拿大	Canada	307538			9.9		
美　国	United States	2543653	1889365	1850753	12.0	13.1	13.1
阿根廷	Argentina	173051			14.7		
捷　克	Czech Rep.	142492	148863	146529	8.6	10.0	10.9
法　国	France	611527	578173	569353	14.1	15.0	15.0
德　国	Germany	1024225	954219	936197	12.0	12.0	12.4
意大利	Italy	494014	475760	479216	10.5	10.5	10.3
荷　兰	Netherlands	146863	122052	128220	13.8	14.8	14.1
波　兰	Poland	369032	364549	359697	9.4	11.1	11.3
俄罗斯联邦	Russian Fed.	1579064	1425913	1388069	10.9	11.7	11.9
西班牙	Spain	371366	379728	378844	10.4	10.9	10.8
土耳其	Turkey	184655	334082	346374	9.6	8.6	8.6
乌克兰	Ukraine	578758	527203	537408	8.7	10.3	10.3
英　国	United Kingdom	633273	521716		13.1	13.5	
新西兰	New Zealand	59499	64354	62459	7.7	8.3	8.6

2-10 续表 1 continued

国家和地区	Country or Area	分行业有机水污染物排放量占排放总量的比重(%) Industry Shares of Emissions of Organic Water Pollutants of Total(%)					
		黏土和玻璃行业 Clay and Glass			食品行业 Food		
		2000	2005	2006	2000	2005	2006
印度尼西亚	Indonesia		3.9	4.0	19.9	21.5	23.1
伊　朗	Iran	13.8	13.8		15.1	16.1	
以色列	Israel	3.1			15.9		
日　本	Japan	3.9	3.6		13.5	15.0	
哈萨克斯坦	Kazakhstan	4.3	6.5	7.9	17.6	18.4	18.5
韩　国	Korea, Rep.	3.2	3.1	3.0	6.8	6.5	6.3
马来西亚	Malaysia	3.8	3.9	3.8	8.6	9.5	9.1
蒙　古	Mongolia		5.2	10.2		26.1	26.2
巴基斯坦	Pakistan			4.3			15.1
菲律宾	Philippines		2.7			14.4	
新加坡	Singapore	1.8	1.4	1.4	4.4	5.2	5.3
斯里兰卡	Sri Lanka			6.3			22.4
泰　国	Thailand	5.6		4.7	17.4		16.4
越　南	Viet Nam	8.1	7.1	6.7	18.0	14.3	13.3
尼日利亚	Nigeria						
南　非	South Africa	3.3	5.3	5.3	14.4	15.5	14.8
加拿大	Canada	2.6			13.4		
美　国	United States	3.2	3.7	3.9	9.5	12.0	12.0
阿根廷	Argentina	4.1			29.2		
捷　克	Czech Rep.	7.3	6.3	6.4	10.2	10.6	10.9
法　国	France	3.8	3.8	3.8	15.0	16.2	16.6
德　国	Germany	3.9	3.4	3.4	11.7	11.8	11.4
意大利	Italy	5.1	5.5	5.4	8.2	9.0	9.3
荷　兰	Netherlands	4.2	4.1	4.0	17.9	18.4	18.2
波　兰	Poland	6.2	5.4	5.5	18.5	18.8	18.1
俄罗斯联邦	Russian Fed.	7.7	7.9	8.0	16.9	17.5	17.8
西班牙	Spain	7.2	7.9	7.9	14.5	15.2	15.3
土耳其	Turkey	6.5	6.2	6.6	15.4	12.2	12.4
乌克兰	Ukraine	6.9	6.5	6.5	18.4	19.0	20.7
英　国	United Kingdom	3.6	3.6		13.3	14.9	
新西兰	New Zealand	3.1	3.1	3.1	28.6	30.0	30.4

2-10 续表 2 continued

国家和地区	Country or Area	分行业有机水污染物排放量占排放总量的比重(%) Industry Shares of Emissions of Organic Water Pollutants of Total(%)								
		纸及纸浆行业 Paper and Pulp			纺织行业 Textiles			木材行业 Wood		
		2000	2005	2006	2000	2005	2006	2000	2005	2006
印度尼西亚	Indonesia	4.0	4.0	4.1	34.0	29.0	29.3	9.4	7.4	6.3
伊　　朗	Iran	2.8	2.8		17.8	11.2		1.0	0.7	
以 色 列	Israel	8.5			10.7			1.0		
日　　本	Japan	8.2	7.0		6.8	5.3		2.2	2.0	
哈萨克斯坦	Kazakhstan	1.9	2.2	2.3	6.8	5.0	4.4	0.9	0.5	0.5
韩　　国	Korea, Rep.	5.3	5.5	5.4	16.1	10.2	9.3	1.0	0.9	0.9
马来西亚	Malaysia	4.4	5.2	4.9	8.3	6.8	6.6	8.1	7.9	7.8
蒙　　古	Mongolia		3.5	4.4		54.8	43.6		2.8	4.8
巴基斯坦	Pakistan			2.0			55.6			0.4
菲 律 宾	Philippines		4.2			21.6			2.1	
新 加 坡	Singapore	6.7	5.9	5.8	3.2	2.6	2.4	0.5	0.5	0.4
斯里兰卡	Sri Lanka			4.3			43.6			2.5
泰　　国	Thailand	3.8		4.2	21.0		20.5	2.3		2.8
越　　南	Viet Nam	3.7	3.7	3.5	41.3	40.4	40.3	3.9	3.7	3.3
尼日利亚	Nigeria									
南　　非	South Africa	8.0	6.5	7.0	16.5	12.6	11.9	6.2	4.3	4.3
加 拿 大	Canada	9.2			8.3			6.8		
美　　国	United States	12.2	8.3	8.1	6.6	4.7	4.3	3.1	4.1	4.1
阿 根 廷	Argentina	8.2			14.6			2.1		
捷　　克	Czech Rep.	3.1	4.5	4.8	12.6	7.4	7.4	4.7	3.9	4.4
法　　国	France	7.8	7.4	7.4	6.8	5.1	4.8	2.3	2.3	2.4
德　　国	Germany	7.3	7.2	7.1	3.2	2.5	2.4	2.3	2.0	1.9
意 大 利	Italy	5.3	5.3	5.2	16.7	14.2	13.7	2.8	2.9	2.9
荷　　兰	Netherlands	14.3	13.8	13.4	3.6	2.6	2.1	2.4	2.6	2.6
波　　兰	Poland	4.7	5.2	5.1	14.0	11.0	10.3	4.9	4.8	4.9
俄罗斯联邦	Russian Fed.	3.3	4.8	5.0	8.5	6.8	6.6	5.3	4.3	4.2
西 班 牙	Spain	7.9	7.9	8.0	12.2	9.0	8.4	3.9	3.7	3.8
土 耳 其	Turkey	3.1	4.1	3.8	34.3	33.6	32.2	1.0	1.7	1.7
乌 克 兰	Ukraine	3.1	4.1	4.1	8.9	6.6	6.1	2.1	2.2	2.1
英　　国	United Kingdom	11.4	12.5		6.9	4.3		2.0	2.5	
新 西 兰	New Zealand	15.5	13.3	12.7	8.0	6.5	6.1	7.7	7.8	7.8

2-10 续表 3 continued

国家和地区	Country or Area	分行业有机水污染物排放量占排放总量的比重(%) Industry Shares of Emissions of Organic Water Pollutants of Total(%)					
		金属行业 Metal			其他行业 Other		
		2000	2005	2006	2000	2005	2006
印度尼西亚	Indonesia	1.4	1.3	1.4	19.3	19.8	19.9
伊　朗	Iran	7.9	7.1		28.8	35.5	
以 色 列	Israel	1.6			46.5		
日　本	Japan	3.3	3.3		51.9	52.5	
哈萨克斯坦	Kazakhstan	34.5	33.8	33.7	24.6	24.7	24.0
韩　国	Korea, Rep.	4.1	4.3	4.2	51.7	57.2	58.9
马来西亚	Malaysia	2.7	2.9	2.8	49.9	47.5	48.5
蒙　古	Mongolia		2.2	3.8		3.2	4.1
巴基斯坦	Pakistan			2.2			11.3
菲 律 宾	Philippines		2.6			42.9	
新 加 坡	Singapore	0.6	0.5	0.5	70.8	72.0	72.9
斯里兰卡	Sri Lanka			2.6			9.3
泰　国	Thailand	1.7		1.9	35.9		37.2
越　南	Viet Nam	1.9	1.4	1.4	16.1	22.9	24.7
尼日利亚	Nigeria						
南　非	South Africa	7.2	5.9	5.8	29.5	38.8	39.6
加 拿 大	Canada	4.9			45.1		
美　国	United States	3.5	3.4	3.5	50.1	50.6	51.1
阿 根 廷	Argentina	3.7			23.4		
捷　克	Czech Rep.	7.0	5.2	5.4	46.6	52.1	49.8
法　国	France	3.5	3.3	3.2	46.8	46.9	46.9
德　国	Germany	3.6	3.8	3.8	55.9	57.4	57.6
意 大 利	Italy	3.4	3.5	3.6	48.0	49.2	49.6
荷　兰	Netherlands	3.1	1.2	3.1	40.8	42.5	42.5
波　兰	Poland	4.5	3.1	3.3	37.8	40.6	41.5
俄罗斯联邦	Russian Fed.	9.2	9.8	9.0	38.3	37.3	37.7
西 班 牙	Spain	3.0	3.1	3.1	40.9	42.4	42.7
土 耳 其	Turkey	5.5	3.7	3.8	24.5	29.9	30.9
乌 克 兰	Ukraine	12.1	14.6	14.5	39.9	36.8	35.8
英　国	United Kingdom	3.0	2.7		46.8	46.1	
新 西 兰	New Zealand	2.1	2.3	2.0	27.5	28.8	29.3

2-11 世界主要城市空气污染状况
Air Pollution in Major Cities of the World

资料来源：世界银行《世界发展指标》2011年。

国家和地区	Country or Area	城市	City	城市人口（万人） Urban Population (10 000 persons) 2009	总悬浮颗粒物（微克/立方米） Total Suspended Particulates (microgram per cubic meter) 2008	二氧化硫（微克/立方米） Sulfur Dioxide (microgram per cubic meter) 2001	二氧化氮（微克/立方米） Nitrogen Dioxide (microgram per cubic meter) 2001
中国	China	上海	Shanghai	1634	65	53	73
		北京	Beijing	1221	80	90	122
		天津	Tianjin	776	112	82	50
印度	India	孟买	Mumbai	1970	51	33	39
		德里	Delhi	2172	122	24	41
		加尔各答	Kolkata	1529	104	49	34
印度尼西亚	Indonesia	雅加达	Jakarta	912	74		
伊朗	Iran	德黑兰	Tehran	719	55	209	
日本	Japan	东京	Tokyo	3651	35	18	68
		大阪	Osaka-Kobe	1133	31	19	63
		横滨	Yokohama	365	27	100	13
韩国	Korea Rep.	汉城	Seoul	978	33	44	60
		大丘	Taegu	246	36	81	62
		釜山	Pusan	344	31	60	51
马来西亚	Malaysia	吉隆坡	Kuala Lumpur	149	20	24	
菲律宾	Philippines	马尼拉	Manila	1145	26	33	
新加坡	Singapore	新加坡	Singapore	474	31	20	30
泰国	Thailand	曼谷	Bangkok	690	63	11	23
土耳其	Turkey	伊斯坦布尔	Istanbul	1038	42	120	
		安卡拉	Ankara	385	36	55	46
埃及	Egypt	开罗	Cairo	1090	124	69	
南非	South Africa	开普敦	Cape Town	335	13	21	72
		德班	Durban	284	27	31	
		约翰内斯堡	Johannesburg	361	28	19	31
加拿大	Canada	多伦多	Toronto	538	17	17	43
		蒙特利尔	Montreal	375	15	10	42
		温哥华	Vancouver	220	10	14	37

2-11 续表 continued

国家和地区	Country or Area	城 市	City	城市人口（万人） Urban Population (10 000 persons)	总悬浮颗粒物（微克/立方米） Total Suspended Particulates (microgram per cubic meter)	二氧化硫（微克/立方米） Sulfur Dioxide (microgram per cubic meter)	二氧化氮（微克/立方米） Nitrogen Dioxide (microgram per cubic meter)
				2009	2008	2001	2001
墨西哥	Mexico	墨西哥城	Mexico City	1932	43	74	130
美 国	United States	纽 约	New York	1930	18	26	79
		洛杉矶	Los Angeles	1268	29	9	74
		芝加哥	Chicago	913	21	14	57
阿根廷	Argentina	科尔多瓦	Córdoba City	148	51		97
巴 西	Brazil	圣保罗	São Paulo	1996	30	43	83
		里约热内卢	Rio de Janeiro	1184	26	129	
委内瑞拉	Venezuela	加拉加斯	Caracas	305	14	33	57
保加利亚	Bulgaria	索非亚	Sofia	119	55	39	122
捷 克	Czech Republic	布拉格	Prague	116	19	14	33
法 国	France	巴 黎	Paris	1040	10	14	57
德 国	Germany	法兰克福	Frankfurt	68	16	11	45
		柏 林	Berlin	344	18	18	26
		慕尼黑	Munich	133	16	8	53
意大利	Italy	米 兰	Milan	296	26	31	248
		都 灵	Turin	166	38		
		罗 马	Rome	336	25		
荷 兰	Netherlands	阿姆斯特丹	Amsterdam	104	31	10	58
波 兰	Poland	华 沙	Warsaw	171	39	16	32
		罗 兹	Lodz	74	36	21	43
罗马尼亚	Romania	布加勒斯特	Bucharest	193	14	10	71
俄罗斯联邦	Russian Fed.	莫斯科	Moscow	1052	16	109	
		鄂木斯克	Omsk	113	17	20	34
西班牙	Spain	马德里	Madrid	576	25	24	66
		巴塞罗那	Barcelona	503	29	11	43
乌克兰	Ukraine	基 辅	Kiev	278	22	14	51
英 国	United Kingdom	伦 敦	London	861	17	25	77
		伯明翰	Birmingham	230	11	9	45
		曼彻斯特	Manchester	245	12	26	49
澳大利亚	Australia	悉 尼	Sydney	440	18	28	81
		墨尔本	Melbourne	381	11		30
		帕 斯	Perth	158	11	5	19
新西兰	New Zealand	奥克兰	Auckland	136	11	3	20

主要统计指标解释

国土面积 是一个国家包括陆地面积和内陆水域在内的总面积，不包括离岸的领海面积。

陆地面积 是一个国家扣除内陆水域面积、国家宣称拥有的大陆架和专属经济区之后的总面积，内陆水域一般包括主要的河流和湖泊。

人口密度 是特定年份每一平方公里国土面积上的人口数量。

耕地面积 是指种植短期作物的土地（种植两季作物的土地面积只计算一次），割草或放牧的短期性草场，供应市场和自用菜园，以及暂时休耕地，不包括因轮垦而抛荒的土地面积。

多年生作物面积 是几年内不需要再重新种植的长期生长作物的土地面积，如可可和咖啡。它包括花卉型的树木和灌木（如玫瑰和茉莉）及苗圃，但不包括归入森林类的树木和多年生草场和牧场。

林业面积 是指天然的或人工种植林木的面积，与林木是否有生产价值无关。

可再生淡水资源 指国内可再生的淡水资源流量，包括国内江河水流量、降水补给的地下水量。

年度淡水抽取量 指水源总抽取量，不计水库的水蒸发量。在淡化水是水资源的重要来源的国家，水资源抽取量还包括来自淡化水厂的水量。抽取量占可再生资源比重可超过百分之百，更多的抽取量来自一次性的含水层或海水淡化厂或此地有较强的水资源再使用能力。工农业的抽取量指用于灌溉、畜牧生产以及工业直接使用的总抽取量(包括热电厂冷却用水抽取量)。民用抽取量包括饮用水、市政用水或供水、公共设施用水、商业机构用水和家庭用水。

森林消失面积 是指林区永久转换作其他用途，包括农业，畜牧，定居点和基础设施。但不包括为重新种植而砍伐的林区或为薪材、酸雨和森林火灾而减少的林区。

国家级保护区 指总面积或部分面积不少于 1000 公顷的全部或部分被保护区域：限制公众进入的科学保护地、国家公园、自然遗址、自然保护区、野生动植物栖息地、受保护的陆地景观及为可持续使用的管理的区域。不包括海洋保护地区、未分类地区、海滨地区和地方或省法律法规保护地。

濒危物种 是国际自然与自然资源保护联合会划分的有灭绝危险的、脆弱的、稀少的、不确定的、脱离危险的或未充分认知的物种。

高等植物 形态上有根、茎、叶分化，又称茎叶体植物（仅指开花植物）。

二氧化碳排放量 是指矿物燃料燃烧以及水泥制造等过程中排放的二氧化碳，包括使用固体、液体、气体燃料以及燃烧天然气时产生的二氧化碳。

甲烷排放 指农业和工业上生产甲烷等人类活动中排放的甲烷。

二氧化氮排放量 是在农业上燃烧某些物质、工业活动和管理牲畜时排放的氧化氮。

可吸入颗粒物浓度 是指每平方米内悬浮的、直径小于 10 微米的颗粒物的含量。

排放的其他温室气体 是指排放的氢氟碳化物、全氟碳化物和六氟化硫等。

有机水污染物排放量 这个指标由生化需氧量来度量（BOD，在分解污水过程中水中的微生物消耗的氧气数量）。分行业污水排放的比重是指由于从事制造业生产活动所产生的污水排放量。

Explanatory Notes on Main Statistical Indicators

Country Area is a country total area including land area and inland water bodies, but excluding offshore territorial waters.

Land Area is a country's total area, excluding area under inland water bodies, national claims to continental shelf, and exclusive economic zones. In most cases the definition of inland water bodies includes major rivers and lakes.

Population Density is number of persons in the total population for a given year per square kilometre of total surface area.

Arable Area includes land defined by the FAO as land under temporary crops (double-cropped areas are counted once), temporary meadows for mowing or for pasture, land under market or kitchen gardens, and land temporarily fallow. Land abandoned as a result of shifting cultivation is excluded. Data for "Arable land" are not meant to indicate the amount of land that is potentially cultivable.

Permanent Crop Area is the land cultivated with long-term crops which do not have to be replanted for several years (such as cocoa and coffee); land under trees and shrubs producing flowers, such as roses and jasmine; and nurseries (except those for forest trees, which should be classified under "forest"). Permanent meadows and pastures are excluded from land under permanent crops.

Forest Area is land under natural or planted stands of trees, whether productive or not.

Renewable Internal Freshwater Resources Flows refer to internal renewable resources (internal river flows and groundwater from rainfall) in the country.

Annual Freshwater Withdrawals refer to total water withdrawals, not counting evaporation losses from storage basins. Withdrawals also include water from desalination plants in countries where they are a significant source. Withdrawals can exceed 100 percent of total renewable resources where extraction from nonrenewable aquifers or desalination plants is considerable or where there is significant water reuse. Withdrawals for agriculture and industry are total withdrawals for irrigation and livestock production and for direct industrial use (including withdrawals for cooling thermoelectric plants). Withdrawals for domestic uses include drinking water, municipal use or supply, and use for public services, commercial establishments, and homes.

Deforested Area is the permanent conversion of natural forest area to other uses, including agriculture, ranching, settlements, and infrastructure. Deforested areas do not include areas logged but intended for regeneration or areas degraded by fuel-wood gathering, acid precipitation, or forest fires.

National Protected Areas are totally or partially protected areas of at least 1,000 hectares that are designated as scientific reserves with limited public access, national parks, natural monuments, nature reserves or wildlife sanctuaries, protected landscapes, and areas managed mainly for sustainable use. Marine areas, unclassified areas, and littoral (intertidal) areas are excluded. The data also do not include sites protected under local or provincial law.

Threatened Species are the number of species classified by the IUCN as endangered, vulnerable, rare, indeterminate, out of danger, or insufficiently known.

Higher Plants are native vascular plant species (flowering plants only).

Carbon Dioxide Emissions are those stemming from the burning of fossil fuels and the manufacture of cement. They include carbon dioxide produced during consumption of solid, liquid, and gas fuels and gas flaring.

Methane Emissions are those stemming from human activities such as agriculture and from industrial methane production.

Nitrous Oxide Emissions are emissions from agricultural biomass burning, industrial activities, and livestock management.

Particulate Matter Concentrations refer to the concentrations of fine suspended particulates less than 10 microns in diameter (PM10) per cubic meter.

Other Greenhouse Gas Emissions are by-product emissions of hydrofluorocarbons, perfluorocarbons, and sulfur hexafluoride.

Emissions of organic water pollutants are measured as biochemical oxygen demand, or the amount of oxygen that bacteria in water will consume in breaking down waste, a standard water treatment test for the presence of organic pollutants.

Industry shares of emissions of organic water pollutants are emissions from manufacturing activities.

国民经济核算

National Accounts

3-1 国内生产总值(现价本币)

Gross Domestic Product(Local Currency)

资料来源：国际货币基金组织WEO数据库。
Source: IMF WEO Database.
单位：亿本币 (100 million local currency units)

国家和地区	Country or Area	1990	2000	2005	2008	2009	2010
中　　国	China	18668	99215	184937	314045	340903	397983
中国香港	Hong Kong, China	5990	13177	13826	16770	16222	17481
孟加拉国	Bangladesh	10542	24532	39322	58031	65359	73540
文　　莱	Brunei Darussalam	64	103	159	204	156	178
柬 埔 寨	Cambodia	7375	140826	257543	455828	448415	478050
印　　度	India	57049	215662	357086	548008	614579	745142
印度尼西亚	Indonesia	2316801	13897699	27742811	49486884	56038712	64229182
伊　　朗	Iran	353149	5804733	16973050	31650308	318588381	36336658
以 色 列	Israel	1111	5086	6025	7259	7683	8114
日　　本	Japan	4427810	5029899	5017345	5043776	4709366	4791791
哈萨克斯坦	Kazakhstan		25999	75906	162679	167586	203982
韩　　国	Korea, Rep.	1913828	6032360	8652409	10264518	10630591	116425031
老　　挝	Laos	6432	129175	289478	462147	475666	537272
马来西亚	Malaysia	1191	3564	5224	7409	6797	7660
蒙　　古	Mongolia	120	11727	27796	65556	65906	82551
缅　　甸	Myanmar	1624	25527	122868	287784	323510	361467
巴基斯坦	Pakistan	10380	38261	64998	102428	127393	146684
菲 律 宾	Philippines	10745	33547	54440	74094	76789	85130
新 加 坡	Singapore	704	1626	2088	2680	2667	3037
斯里兰卡	Sri Lanka	3328	13007	24528	44107	48251	56158
泰　　国	Thailand	21911	49227	70929	90805	90416	101030
越　　南	Viet Nam	419550	4416460	8392113	14850380	16583890	19809136
埃　　及	Egypt	961	3401	5385	8955	10422	12066
尼日利亚	Nigeria	2816	47173	147353	245528	251029	323113
南　　非	South Africa	2898	9221	15711	22741	23960	26151
加 拿 大	Canada	6799	10766	13738	15996	15273	16215
墨 西 哥	Mexico	8095	63535	92471	121944	119219	131303
美　　国	United States	58005	99515	126384	143691	141191	146578
阿 根 廷	Argentina	689	2844	5314	10311	11446	14427
巴　　西	Brazil		11795	21472	30319	31851	36750
委内瑞拉	Venezuela	23	797	3041	6680	7002	10028
捷　　克	Czech Rep.		21892	29839	36890	36259	36698
法　　国	France	10338	14429	17241	19469	19073	19463
德　　国	Germany	12749	20625	22422	24812	23971	24988
意 大 利	Italy	7014	11911	14295	15678	15197	15488
荷　　兰	Netherlands	2437	4180	5134	5962	5720	5903
波　　兰	Poland	590	7444	9833	12754	13437	14128
俄罗斯联邦	Russian Fed.		73056	216098	412649	387972	444914
西 班 牙	Spain	3180	6303	9088	10881	10539	10626
土 耳 其	Turkey	5	1667	6489	9505	9526	11147
乌 克 兰	Ukraine		1701	4415	9481	9147	10832
英　　国	United Kingdom	5703	9765	12541	14456	13950	14536
澳大利亚	Australia	4192	6885	9658	12406	12483	13437
新 西 兰	New Zealand	748	1161	1585	1841	1859	1946

3-2 国内生产总值(美元)
Gross Domestic Product(USD)

资料来源：世界银行WDI数据库。
Source: World Bank WDI Database.
单位：亿美元 (100 million USD)

国家和地区	Country or Area	1990	2000	2005	2008	2009	2010
世 界	**World**	**219014**	**322127**	**456207**	**612585**	**580784**	**630441**
高收入国家	**High Income**	**182070**	**263421**	**358638**	**440914**	**413993**	**430190**
经合组织高收入国家	**OECD Countries**	**176295**	**252543**	**343199**	**418361**	**394177**	**408752**
欧 元 区	**Euro Area**	**56887**	**62620**	**101533**	**135517**	**124389**	**121745**
中等收入国家	**Middle Income**	**35541**	**57055**	**95171**	**167950**	**162898**	**195617**
中等偏下收入国家	**Lower Middle Income**	**8708**	**12587**	**21038**	**34986**	**35760**	**43120**
中等偏上收入国家	**Upper Middle Income**	**26826**	**44467**	**74126**	**132950**	**127117**	**152467**
中低收入国家	**Low and Middle Income**	**36937**	**58721**	**97619**	**171773**	**166872**	**199974**
东亚和太平洋	**East Asia and Pacific**	**6708**	**17272**	**30727**	**58993**	**63664**	**75794**
欧洲和中亚	**Europe and Central Asia**	**9518**	**7099**	**17012**	**33309**	**26091**	**30550**
拉丁美洲和加勒比	**Latin America and Caribbean**	**11165**	**20540**	**26691**	**43215**	**40165**	**49694**
中东和北非国家	**Middle East and North Africa**	**2654**	**4313**	**6310**	**11190**	**10685**	
南 亚	**South Asia**	**4025**	**6082**	**10448**	**15248**	**17027**	**20882**
撒哈拉以南非洲	**Sub-Saharan Africa**	**3013**	**3421**	**6468**	**9935**	**9421**	**10979**
低收入国家	**Low Income**	**1442**	**1648**	**2380**	**3639**	**3839**	**4139**
最不发达地区	**Least Developed Countries**	**1584**	**1855**	**3154**	**5536**	**5491**	**6035**
重债穷国	**Heavily Indebted Poor Countries**	**1346**	**1405**	**2305**	**3982**	**3924**	**4234**
中 国	China	3569	11985	22569	45218	49913	58786
中国香港	Hong Kong, China	769	1691	1778	2154	2093	2245
中国澳门	Macao, China	30	61	115	216	217	
阿 富 汗	Afghanistan			68	118	145	
阿尔巴尼亚	Albania	21	37	84	130	120	118
阿尔及利亚	Algeria	620	548	1023	1710	1406	1594
安 道 尔	Andorra	10	11	25	37		
安 哥 拉	Angola	103	91	306	842	755	844
安提瓜和巴布达	Antigua and Barbuda	4	7	9	12	11	10
阿 根 廷	Argentina	1414	2842	1832	3267	3071	3687
亚美尼亚	Armenia	23	19	49	117	85	93
澳大利亚	Australia	3145	4169	6960	10394	9248	
奥 地 利	Austria	1648	1912	3029	4147	3811	3762
阿塞拜疆	Azerbaijan	89	53	132	463	430	511
巴 哈 马	Bahamas	32	55	65	73	71	75
巴 林	Bahrain	42	80	135	219	206	
孟加拉国	Bangladesh	301	471	603	796	894	1001
巴巴多斯	Barbados	17	26	30	37	36	32
白俄罗斯	Belarus	174	127	302	608	493	547
比 利 时	Belgium	2026	2324	3766	5054	4712	4675
伯 利 兹	Belize	4	8	11	14	14	14
贝 宁	Benin	18	23	43	67	66	66
百 慕 大	Bermuda	16	35	48	61	57	
不 丹	Bhutan	3	4	8	13	13	15
玻利维亚	Bolivia	49	84	95	167	173	198
波 黑	Bosnia and Herzegovinian		55	108	185	170	169
博茨瓦纳	Botswana	38	56	103	135	115	149
巴 西	Brazil	4620	6447	8822	16526	15945	20879
文 莱	Brunei Darussalam	35	60	95	144	107	
保加利亚	Bulgaria	207	129	289	518	486	477
布基纳法索	Burkina Faso	31	26	54	80	81	88
布 隆 迪	Burundi	11	7	8	12	13	16
柬 埔 寨	Cambodia		37	63	104	105	113
喀 麦 隆	Cameroon	112	101	166	237	222	224

3-2 续表 1 continued

单位：亿美元 (100 million USD)

国家和地区	Country or Area	1990	2000	2005	2008	2009	2010
加拿大	Canada	5827	7249	11338	14991	13361	15741
佛得角	Cape Verde	3	5	10	16	16	16
中 非	Central African Rep.	15	10	14	20	20	20
乍 得	Chad	17	14	53	84	68	76
海峡群岛	Channel Islands		64	88			
智 利	Chile	316	752	1182	1707	1609	2034
哥伦比亚	Colombia	403	1004	1466	2446	2358	2882
科摩罗	Comoros	3	2	4	5	5	5
刚果(金)	Congo, Dem. Rep.	93	43	71	117	112	131
刚果(布)	Congo, Rep.	28	32	61	118	96	119
哥斯达黎加	Costa Rica	74	159	200	297	292	346
科特迪瓦	Cote D'Ivoire	108	104	164	234	230	228
克罗地亚	Croatia	248	215	448	699	634	609
古 巴	Cuba	286	306	426	627		
塞浦路斯	Cyprus	56	93	170	254	250	
捷 克	Czech Rep.	349	567	1245	2161	1902	1922
丹 麦	Denmark	1358	1601	2577	3415	3089	3104
吉布提	Djibouti	5	6	7	10	10	
多米尼克	Dominica	2	3	3	4	4	4
多米尼加	Dominican Rep.	71	240	340	455	466	516
厄瓜多尔	Ecuador	104	159	372	542	520	589
埃 及	Egypt	431	998	897	1628	1890	2189
萨尔瓦多	El Salvador	48	131	171	221	211	218
赤道几内亚	Equatorial Guinea	1	13	82	184	122	140
厄立特里亚	Eritrea		6	11	14	19	21
爱沙尼亚	Estonia	50	57	139	235	191	187
埃塞俄比亚	Ethiopia	121	82	123	266	320	297
法罗群岛	Faeroe Islands		11	17	24	22	
斐 济	Fiji	13	17	30	36	28	30
芬 兰	Finland	1388	1217	1956	2705	2380	2388
法 国①	France①	12442	13263	21366	28318	26245	25600
法属波立尼西亚	French Polynesia	32	34				
加 蓬	Gabon	60	51	87	145	110	130
冈比亚	Gambia	3	4	5	8	7	8
格鲁吉亚	Georgia	77	31	64	128	108	117
德 国	Germany	17145	19002	27884	36345	33300	33097
加 纳	Ghana	59	50	107	285	262	313
希 腊	Greece	942	1256	2423	3470	3265	3049
格陵兰	Greenland	10	11	17	17	13	
格林纳达	Grenada	2	4	6	7	6	6
危地马拉	Guatemala	77	193	272	391	377	412
几内亚	Guinea	27	31	29	38	42	45
几内亚比绍	Guinea-Bissau	2	2	6	8	8	9
圭亚那	Guyana	4	7	8	19	20	22
海 地	Haiti	29	37	42	64	65	67
洪都拉斯	Honduras	30	71	98	140	143	154
匈牙利	Hungary	331	479	1102	1554	1288	1304
冰 岛	Iceland	64	87	163	169	121	126
印 度	India	3175	4602	8340	12138	13806	17290
印度尼西亚	Indonesia	1144	1650	2859	5102	5394	7066
伊 朗	Iran	1160	1013	1920	3382	3310	
伊拉克	Iraq		259	313	865	652	822
爱尔兰	Ireland	479	968	2019	2637	2218	2039
马恩岛	Isle of Man		16	29			
以色列	Israel	525	1247	1342	2021	1954	2173
意大利	Italy	11334	10973	17777	22965	21112	20514
牙买加	Jamaica	46	90	112	141	127	140
日 本	Japan	30580	46674	45522	48799	50330	54978

3-2 续表 2 continued

单位：亿美元 (100 million USD)

国家和地区	Country or Area	1990	2000	2005	2008	2009	2010
约　旦	Jordan	40	85	126	227	251	276
哈萨克斯坦	Kazakhstan	269	183	571	1334	1153	1430
肯 尼 亚	Kenya	86	127	187	300	294	314
基里巴斯	Kiribati		1	1	1	1	2
韩　国	Korea, Rep.	2638	5334	8449	9314	8341	10145
科 威 特	Kuwait	184	377	808	1488	1095	
吉尔吉斯斯坦	Kyrgyzstan	27	14	25	51	47	46
老　挝	Laos	9	17	27	55	61	75
拉脱维亚	Latvia	74	78	160	337	259	240
黎 巴 嫩	Lebanon	28	173	218	301	349	392
莱 索 托	Lesotho	5	7	14	16	17	21
利比里亚	Liberia	4	6	5	8	9	10
利 比 亚	Libya	289	339	440	932	624	
列支敦士登	Liechtenstein	14	25	37	49	48	
立 陶 宛	Lithuania	105	114	260	473	368	363
卢 森 堡	Luxemburg	127	203	377	581	529	551
前南马其顿	Macedonia, FYR	45	36	58	98	93	91
马达加斯加	Madagascar	31	39	50	94	85	87
马 拉 维	Malawi	19	17	28	41	47	51
马来西亚	Malaysia	440	938	1378	2218	1931	2378
马尔代夫	Maldives	2	6	7	13	13	15
马　里	Mali	24	24	53	87	90	93
马 耳 他	Malta	25	39	60	84	80	
马绍尔群岛	Marshall Islands	1	1	1	2	2	2
毛里塔尼亚	Mauritania	10	11	19	36	30	36
毛里求斯	Mauritius	27	46	63	96	89	97
墨 西 哥	Mexico	2627	5814	8489	10962	8828	10397
密克罗尼西亚	Micronesia, Fed.	1	2	2	3	3	3
摩尔多瓦	Moldova	36	13	30	61	54	58
摩 纳 哥	Monaco	25	26	43	66	61	
蒙　古	Mongolia	26	11	25	56	46	61
黑　山	Montenegro		10	23	45	41	40
摩 洛 哥	Morocco	258	370	595	889	914	912
莫桑比克	Mozambique	25	42	66	99	98	96
纳米比亚	Namibia	24	39	73	90	92	122
尼 泊 尔	Nepal	36	55	81	126	129	157
荷　兰	Netherlands	2949	3851	6385	8734	7946	7834
新 西 兰	New Zealand	445	516	1110	1178	1267	
尼加拉瓜	Nicaragua	10	39	49	64	62	66
尼 日 尔	Niger	25	18	34	54	53	55
尼日利亚	Nigeria	285	460	1122	2071	1686	1937
挪　威	Norway	1176	1683	3020	4462	3786	4145
阿　曼	Oman	117	199	309	606	469	
巴基斯坦	Pakistan	400	740	1096	1639	1620	1748
帕　劳	Palau	1	1	1	2	2	2
巴 拿 马	Panama	53	116	155	230	241	268
巴布亚新几内亚	Papua New Guinea	32	35	49	80	79	95
巴 拉 圭	Paraguay	53	71	75	169	142	185
秘　鲁	Peru	263	533	794	1268	1269	1538
菲 律 宾	Philippines	443	810	1031	1736	1683	1996
波　兰	Poland	590	1713	3039	5294	4306	4686
葡 萄 牙	Portugal	776	1170	1912	2519	2342	2285
卡 塔 尔	Qatar	74	178	430	1107	983	
罗马尼亚	Romania	383	371	989	2001	1611	1616

3-2 续表 3 continued

单位：亿美元 (100 million USD)

国家和地区	Country or Area	1990	2000	2005	2008	2009	2010
俄罗斯联邦	Russian Fed.	5168	2597	7640	16608	12220	14798
卢旺达	Rwanda	26	17	26	47	53	56
圣基茨和尼维斯	Saint Kitts and Nevis	2	3	4	6	5	5
圣卢西亚	Saint Lucia	4	7	9	10	10	9
圣文森特和格林纳丁斯	Saint Vincent and the Grenadines	2	3	4	6	6	6
萨摩亚	Samoa	1	2	4	6	5	6
圣马力诺	San Marino		8	14	19		
圣多美和普林西比	Sao Tome and Principe			1	2	2	2
沙特阿拉伯	Saudi Arabia	1168	1884	3156	4763	3727	4347
塞内加尔	Senegal	57	47	87	132	128	130
塞尔维亚	Serbia		61	252	489	417	391
塞舌尔	Seychelles	4	6	9	9	8	9
塞拉利昂	Sierra Leone	6	6	12	20	19	19
新加坡	Singapore	388	943	1254	1894	1833	2227
斯洛伐克	Slovakia	117	287	613	985	876	890
斯洛文尼亚	Slovenia	174	199	358	546	492	478
所罗门群岛	Solomon Islands	3	4	4	6	6	7
南非	South Africa	1120	1329	2471	2753	2828	3637
西班牙	Spain	5210	5807	11302	15939	14641	14074
斯里兰卡	Sri Lanka	80	163	244	407	421	496
苏丹	Sudan	124	124	274	580	546	620
苏里南	Suriname	4	9	18	31	33	
斯威士兰	Swaziland	11	15	25	28	29	36
瑞典	Sweden	2445	2473	3706	4862	4036	4580
瑞士	Switzerland	2382	2499	3725	5024	4919	5238
叙利亚	Syrian Arab Republic	123	193	289	526	539	591
塔吉克斯坦	Tajikistan	26	9	23	52	50	56
坦桑尼亚②	Tanzania②	43	102	141	207	214	231
泰国	Thailand	853	1227	1764	2726	2637	3188
东帝汶	Timor-Leste		3	3	5	6	7
多哥	Togo	16	13	21	32	32	32
汤加	Tonga	1	2	3	3	3	4
特立尼达和多巴哥	Trinidad And Tobago	51	82	160	271	196	204
突尼斯	Tunisia	123	194	290	408	435	443
土耳其	Turkey	1507	2666	4830	7303	6146	7353
土库曼斯坦	Turkmenistan	32	29	81	170	185	211
乌干达	Uganda	43	62	92	144	158	170
乌克兰	Ukraine	815	313	861	1804	1172	1379
阿联酋	United Arab Emirates	337	706	1330	2613	2303	
英国	United Kingdom	10126	14776	22801	26575	21732	22461
美国	United States	57508	98988	125797	142969	140439	145824
乌拉圭	Uruguay	93	228	174	312	313	403
乌兹别克斯坦	Uzbekistan	134	138	143	279	328	390
瓦努阿图	Vanuatu	2	3	4	6	6	7
委内瑞拉	Venezuela	470	1171	1455	3111	3261	3879
越南	Viet Nam	65	312	529	903	971	1036
也门	Yemen	48	94	167	269	264	
赞比亚	Zambia	33	32	72	146	128	162
津巴布韦	Zimbabwe	88	66	56	44	58	75

注：①包括法属圭亚那、瓜德罗普、马提尼克和留尼汪。②仅指坦桑尼亚大陆。

Note:①Including French Guiana,Guadeloupe Martinique and Reunion.②Data refer to the mainland of Tanzania.

3-3 人均国民总收入(美元)
GNI per Capita (USD)

资料来源：世界银行WDI数据库。
Source: World Bank WDI Database.
单位：美元 (USD)

国家和地区	Country or Area	1990	2000	2005	2008	2009	2010
世 界	**World**	**4079**	**5297**	**7142**	**8717**	**8737**	**9116**
高收入国家	**High Income**	**18371**	**25265**	**33920**	**38504**	**37719**	**38517**
经合组织高收入国家	**OECD Countries**	**19068**	**26177**	**35270**	**40028**	**39260**	**40120**
欧 元 区	**Euro Area**	**17360**	**21735**	**31728**	**38508**	**38448**	**38571**
中等收入国家	**Middle Income**	**892**	**1259**	**1942**	**3149**	**3390**	**3763**
中等偏下收入国家	**Lower Middle Income**	**520**	**575**	**914**	**1397**	**1522**	**1660**
中等偏上收入国家	**Upper Middle Income**	**1207**	**1891**	**2935**	**4880**	**5251**	**5876**
中低收入国家	**Low and Middle Income**	**820**	**1132**	**1729**	**2781**	**2991**	**3315**
东亚和太平洋	**East Asia and Pacific**	**425**	**902**	**1632**	**2731**	**3183**	**3683**
欧洲和中亚	**Europe and Central Asia**		**1781**	**3708**	**6960**	**6855**	**7269**
拉丁美洲和加勒比	**Latin America and Caribbean**	**2254**	**3817**	**4411**	**6837**	**6989**	**7741**
中东和北非国家	**Middle East and North Africa**	**1296**	**1635**	**2180**	**3366**	**3664**	**3903**
南 亚	**South Asia**	**377**	**443**	**708**	**1000**	**1114**	**1222**
撒哈拉以南非洲	**Sub-Saharan Africa**	**587**	**491**	**769**	**1104**	**1137**	**1176**
低收入国家	**Low Income**	**287**	**265**	**339**	**442**	**488**	**523**
最不发达地区	**Least Developed Countries**	**310**	**275**	**400**	**602**	**664**	**701**
重债穷国	**Heavily Indebted Poor Countries**	**358**	**286**	**394**	**575**	**621**	**648**
中 国	China	330	930	1760	3050	3650	4260
中国香港	Hong Kong, China	12660	26570	28150	32950	31410	32780
中国澳门	Macao, China	8650	14640	22910	39160	40030	
阿尔巴尼亚	Albania	680	1170	2580	3820	3960	3960
阿尔及利亚	Algeria	2420	1600	2720	4260	4410	4450
安 道 尔	Andorra	17440	18790	32650	41750		
安 哥 拉	Angola	740	420	1330	3420	3880	3940
安提瓜和巴布达	Antigua and Barbuda	5710	7910	10100	12990	11730	10590
阿 根 廷	Argentina	3180	7460	4460	7190	7580	8500
亚美尼亚	Armenia		660	1470	3340	3040	3090
澳大利亚	Australia	17420	21260	30410	41760	43590	
奥 地 利	Austria	20080	25840	36920	46250	46410	46690
阿塞拜疆	Azerbaijan		610	1270	3790	4750	5080
巴 哈 马	Bahamas	12000	17650	20680	21660	20610	
巴 林	Bahrain	7260	10940	17400	18730		
孟加拉国	Bangladesh	290	380	480	570	640	700
巴巴多斯	Barbados	6570	9090	11000	11610	12660	
白俄罗斯	Belarus		1380	2760	5590	5770	6130
比 利 时	Belgium	18940	25400	36530	45080	45250	45360
伯 利 兹	Belize	2210	3110	3580	3740	3800	3740
贝 宁	Benin	360	370	570	730	780	780
不 丹	Bhutan	580	720	1220	1740	1840	1880
玻利维亚	Bolivia	740	1000	1030	1490	1640	1810
波 黑	Bosnia and Herzegovinian		1510	3000	4530	4740	4790
博茨瓦纳	Botswana	2540	3120	5070	6450	6300	6790
巴 西	Brazil	2700	3860	3960	7480	8090	9390
文 莱	Brunei Darussalam	12790	14960	23210	33680	31800	
保加利亚	Bulgaria	2260	1640	3640	5700	6080	6250
布基纳法索	Burkina Faso	310	230	390	470	500	550
布 隆 迪	Burundi	210	130	100	140	150	170
柬 埔 寨	Cambodia		290	460	660	690	760
喀 麦 隆	Cameroon	910	630	930	1160	1210	1180
加 拿 大	Canada	20150	22130	33110	43430	41950	

3-3 续表 1 continued

单位：美元 (USD)

国家和地区	Country or Area	1990	2000	2005	2008	2009	2010
佛得角	Cape Verde	960	1310	2120	2900	3160	3270
中非	Central African Rep.	470	280	340	420	450	470
乍得	Chad	260	180	430	550	610	620
智利	Chile	2250	4840	5920	9490	9310	9950
哥伦比亚	Colombia	1260	2350	2940	4640	5050	5510
科摩罗	Comoros	530	380	610	690	740	750
刚果(金)	Congo, Dem. Rep.	230	90	120	160	170	180
刚果(布)	Congo, Rep.	910	560	980	1870	1950	2150
哥斯达黎加	Costa Rica	2340	3710	4680	6060	6240	6550
科特迪瓦	Cote D'Ivoire	740	650	870	1070	1160	1160
克罗地亚	Croatia		5200	9730	13720	13810	13780
古巴	Cuba	2660	2620	3960	5520		
塞浦路斯	Cyprus	9520	13440	21500	27460	30480	
捷克	Czech Rep.		5800	11330	17140	17400	17890
丹麦	Denmark	24120	31850	48620	58620	58370	59210
吉布提	Djibouti		750	990	1200	1270	
多米尼克	Dominica	2300	3270	4110	5140	5320	5410
多米尼加	Dominican Rep.	870	2620	2900	4460	4670	5000
厄瓜多尔	Ecuador	900	1330	2620	3570	4020	4290
埃及	Egypt	750	1440	1250	1880	2190	2440
萨尔瓦多	El Salvador	890	2110	2790	3460	3370	3360
赤道几内亚	Equatorial Guinea	330	1270	5220	14410	16320	14540
厄立特里亚	Eritrea		170	250	250	290	340
爱沙尼亚	Estonia	3190	4220	9760	14410	14080	14370
埃塞俄比亚	Ethiopia	250	130	160	290	350	390
斐济	Fiji	1790	2230	3590	4070	3820	3580
芬兰	Finland	25210	25420	38520	48110	46670	47160
法国①	France①	20220	24350	34790	42080	42610	42390
加蓬	Gabon	4930	3080	5110	7500	7630	7740
冈比亚	Gambia	300	330	270	410	440	450
格鲁吉亚	Georgia		750	1360	2460	2540	2690
德国	Germany	20630	25500	35080	42680	42410	43290
加纳	Ghana	400	340	460	1150	1190	1230
希腊	Greece	8650	12560	21570	27810	28760	27260
格陵兰	Greenland	15690	20290	29690	30010	26020	
格林纳达	Grenada	2250	3860	5200	5860	5570	5550
危地马拉	Guatemala	950	1730	2070	2640	2660	2730
几内亚	Guinea	450	400	360	350	380	400
几内亚比绍	Guinea-Bissau	220	180	410	500	550	590
圭亚那	Guyana	390	890	1090	2730	3050	3300
海地	Haiti	350	470	400	620	670	650
洪都拉斯	Honduras	700	940	1400	1780	1800	1880
匈牙利	Hungary	2880	4700	10260	13010	13080	12980
冰岛	Iceland	24150	30820	49670	46950	39720	33990
印度	India	390	450	750	1080	1220	1340
印度尼西亚	Indonesia	600	560	1220	1950	2160	2500
伊朗	Iran	2450	1630	2550	4100	4520	
伊拉克	Iraq				2100	2230	2340
爱尔兰	Ireland	12050	23200	41950	49940	44460	40720
马恩岛	Isle of Man		21920	38610			
以色列	Israel	10860	17840	20250	24700	25630	27170
意大利	Italy	17900	20890	30550	35360	35130	35150
牙买加	Jamaica	1790	3310	3910	4880	4730	4770
日本	Japan	27160	34620	38950	38000	37520	42130
约旦	Jordan	1390	1790	2490	3670	4000	4390

3-3 续表 2 continued

单位: 美元 (USD)

国家和地区	Country or Area	1990	2000	2005	2008	2009	2010
哈萨克斯坦	Kazakhstan		1260	2930	6140	6840	7440
肯尼亚	Kenya	380	420	520	740	770	790
基里巴斯	Kiribati	730	1380	1780	1960	1830	2010
韩国	Korea, Rep.	6000	9910	16900	21580	19830	19890
吉尔吉斯斯坦	Kyrgyzstan		280	450	770	870	880
老挝	Laos	200	280	460	760	920	1040
拉脱维亚	Latvia	2790	3220	6810	12020	12390	11620
黎巴嫩	Lebanon	1240	4730	5710	7040	7760	9080
莱索托	Lesotho	540	530	840	1040	1070	1040
利比里亚	Liberia		140	130	180	190	200
利比亚	Libya			6460	12670	12320	
列支敦士登	Liechtenstein	45170	79660	92780	119330	137070	
立陶宛	Lithuania		3200	7280	11910	11620	11390
卢森堡	Luxemburg	29530	43660	69300	82210	76890	79630
前南马其顿	Macedonia, FYR		1850	2830	4180	4540	4520
马达加斯加	Madagascar	250	250	300	400	420	430
马拉维	Malawi	180	160	220	280	310	330
马来西亚	Malaysia	2370	3420	5110	7150	7220	7760
马尔代夫	Maldives		2140	2580	3670	3830	4240
马里	Mali	260	230	390	520	570	600
马耳他	Malta	7470	10110	14310	18460	18430	
马绍尔群岛	Marshall Islands		2380	3380	3530	3490	3450
毛里塔尼亚	Mauritania	550	460	590	960	970	1030
毛里求斯	Mauritius	2440	3870	5360	6890	7320	7750
墨西哥	Mexico	2790	5010	7820	9660	8680	8930
密克罗尼西亚	Micronesia, Fed.		2270	2500	2480	2610	2700
摩尔多瓦	Moldova		370	890	1500	1570	1810
摩纳哥	Monaco	75810	82960	123100	185730	183150	
蒙古	Mongolia	1430	460	890	1770	1760	1850
黑山	Montenegro			3580	6370	6580	6620
摩洛哥	Morocco	990	1310	1960	2540	2800	2900
莫桑比克	Mozambique	170	230	290	380	440	440
纳米比亚	Namibia	1720	1950	3300	4120	4130	4500
尼泊尔	Nepal	210	220	290	400	440	480
荷兰	Netherlands	18810	26580	39880	49000	48380	49750
新西兰	New Zealand	12970	13630	24670	27320	29050	
尼加拉瓜	Nicaragua	310	730	890	1050	1050	1090
尼日尔	Niger	300	180	260	330	340	370
尼日利亚	Nigeria	260	270	630	1170	1190	1180
挪威	Norway	26010	35860	62310	84850	84560	85340
阿曼	Oman	5540	7130	11190	18750	18260	
巴基斯坦	Pakistan	410	470	710	940	1000	1050
帕劳	Palau		6250	7770	6700	6230	6470
巴拿马	Panama	2210	3730	4640	6230	6540	6980
巴布亚新几内亚	Papua New Guinea	820	620	680	1100	1190	1300
巴拉圭	Paraguay	1190	1350	1220	2130	2250	2940
秘鲁	Peru	780	2060	2680	4070	4300	4780
菲律宾	Philippines	730	1050	1210	1770	1870	2060
波兰	Poland		4590	7270	11870	12190	12410
葡萄牙	Portugal	7050	12070	17990	21520	21830	21850
罗马尼亚	Romania	1710	1690	3920	8290	8320	7840
俄罗斯联邦	Russian Fed.		1710	4460	9630	9290	9910
卢旺达	Rwanda	360	250	270	430	480	520

3-3 续表 3 continued

单位：美元 (USD)

国家和地区	Country or Area	1990	2000	2005	2008	2009	2010
圣基茨和尼维斯	Saint Kitts and Nevis	3610	6470	8470	10790	9370	9520
圣卢西亚	Saint Lucia	2810	4130	4950	5430	5130	4970
圣文森特和格林纳丁斯	Saint Vincent and the Grenadines	1740	2920	3980	5130	5120	4850
萨摩亚	Samoa	1070	1420	2090	2880	2780	2860
圣多美和普林西比	Sao Tome and Principe			770	1020	1120	1200
沙特阿拉伯	Saudi Arabia	7330	8390	12230	16790	16190	
塞内加尔	Senegal	740	530	800	1020	1080	1090
塞尔维亚	Serbia		1400	3430	5520	5930	5810
塞舌尔	Seychelles	5020	7420	9680	10680	9420	9760
塞拉利昂	Sierra Leone	200	150	230	320	340	340
新加坡	Singapore	12030	23330	27840	36050	36880	41430
斯洛伐克	Slovakia	2060	5370	10880	16590	16120	16210
斯洛文尼亚	Slovenia		11090	18080	24210	23820	24000
所罗门群岛	Solomon Islands	710	1020	890	1050	960	1030
南非	South Africa	3390	3050	4850	5860	5730	6090
西班牙	Spain	11890	15420	25450	31810	32060	31750
斯里兰卡	Sri Lanka	460	880	1190	1750	1950	2240
苏丹	Sudan	510	320	610	1140	1230	1270
苏里南	Suriname	1480	1930	3330	5310	5920	
斯威士兰	Swaziland	1150	1580	2300	2600	2380	2630
瑞典	Sweden	26360	29500	42950	52420	48590	50000
瑞士	Switzerland	34300	40270	56870	56780	65280	70030
叙利亚	Syrian Arab Republic	920	990	1490	2220	2570	2790
塔吉克斯坦	Tajikistan		170	340	620	730	800
坦桑尼亚②	Tanzania②	200	300	390	460	500	530
泰国	Thailand	1480	1930	2560	3640	3730	4150
东帝汶	Timor-Leste			730	2460	2020	2220
多哥	Togo	410	300	340	420	470	490
汤加	Tonga	1220	2030	2470	3290	3370	3390
特立尼达和多巴哥	Trinidad And Tobago	3720	5200	10880	16910	15950	15400
突尼斯	Tunisia	1430	2090	2870	3540	3860	4060
土耳其	Turkey	2300	4170	6480	9260	9060	9890
土库曼斯坦	Turkmenistan	830	650	1650	2830	3270	3800
图瓦卢	Tuvalu				3440	3650	3700
乌干达	Uganda	320	260	300	420	470	500
乌克兰	Ukraine	1610	700	1540	3210	2840	3010
英国	United Kingdom	16600	25910	38880	45610	41080	38560
美国	United States	23260	34890	44630	47660	46330	47240
乌拉圭	Uruguay	2840	7100	4740	8020	8970	10590
乌兹别克斯坦	Uzbekistan		630	530	890	1090	1280
瓦努阿图	Vanuatu	1200	1480	1820	2550	2620	2760
委内瑞拉	Venezuela	2570	4100	4950	9160	10070	11590
越南	Viet Nam	130	390	630	920	1020	1110
约旦河西岸和加沙	West Bank and Gaza		1560	1250			
也门	Yemen		410	670	970	1070	
赞比亚	Zambia	440	310	500	970	990	1070
津巴布韦	Zimbabwe	860	480	430	320	370	460

注：①包括法属圭亚那、瓜德罗普、马提尼克和留尼汪。②仅指坦桑尼亚大陆。
Note:①Including French Guiana,Guadeloupe Martinique and Reunion.②Data refer to the mainland of Tanzania.

3-4 按购买力平价法计算的国民经济核算主要指标(2010年)
Main Economic Indicators of National Accounts Based on PPP(2010)

资料来源：世界银行WDI数据库。
Source: World Bank WDI Database.

国家和地区	Country or Area	国内生产总值(现价亿国际元) GDP(100 million international $)	人均国内生产总值(现价国际元) GDP per Capita (current price internationa $)	国民总收入(现价亿国际元) GNI (100 million international $)	人均国民总收入(现价国际元) GNI per capita (current price iternational $)
世　界	**World**	**762776**	**11151**	**757995**	**11081**
高收入国家	**High Income**	**418759**	**37157**	**417543**	**37049**
经合组织高收入国家	**High Income: OECD**	**389146**	**37677**	**389325**	**37694**
欧元区	**Euro area**	**113572**	**34242**	**113332**	**34170**
中等收入国家	**Middle Income**	**334875**	**6810**	**333290**	**6778**
中等偏下收入国家	**Lower Middle Income**	**89698**	**3639**	**91298**	**3704**
中等偏上收入国家	**Upper Middle Income**	**245112**	**9996**	**242543**	**9891**
中低收入国家	**Low and Middle Income**	**344864**	**6036**	**343477**	**6012**
东亚和太平洋	**East Asia and Pacific**	**130042**	**6630**	**129632**	**6609**
欧洲和中亚	**Europe and Central Asia**	**55406**	**13677**	**53885**	**13302**
拉丁美洲和加勒比	**Latin America and Caribbean**	**64776**	**11119**	**63296**	**10865**
中东和北非国家①	**Middle East and North Africa①**	**23127**	**7102**	**25980**	**7978**
南　亚	**South Asia**	**50929**	**3224**	**51034**	**3231**
撒哈拉以南非洲	**Sub-Saharan Africa**	**19046**	**2231**	**18166**	**2128**
低收入国家	**Low Income**	**9932**	**1247**	**10183**	**1279**
重债穷国	**Heavily Indebted Poor Countrie**	**8415**	**1324**	**8169**	**1285**
最不发达地区	**Least Developed Countries**	**12331**	**1477**	**12228**	**1464**
中　国	China	100848	7536	101323	7570
孟加拉国	Bangladesh	2443	1643	2672	1800
柬埔寨	Cambodia	304	2150	289	2040
印　度	India	41986	3586	41709	3560
印度尼西亚	Indonesia	10298	4293	10007	4170
以色列	Israel	2177	28546	2107	27630
日　本	Japan	43325	33994	44321	34780
哈萨克斯坦	Kazakhstan	1966	12050	1731	10610
韩　国	Korea, Rep.	14175	29004	14179	29010
老　挝	Laos	158	2543	148	2390
马来西亚	Malaysia	4144	14591	4007	14110
蒙　古	Mongolia	110	3997	100	3630
巴基斯坦	Pakistan	4642	2674	4823	2780
菲律宾	Philippines	3674	3940	3680	3950
新加坡	Singapore	2919	57505	2811	55380
斯里兰卡	Sri Lanka	1051	5040	1038	4980
泰　国	Thailand	5868	8490	5615	8120
越　南	Viet Nam	2765	3181	2572	2960
埃　及	Egypt	5095	6281	4993	6160
尼日利亚	Nigeria	3743	2363	3417	2160
南　非	South Africa	5242	10486	5138	10280
墨西哥	Mexico	16522	14566	16292	14360
美　国	United States	145824	47184	145617	47120
阿根廷	Argentina	6423	15893	6161	15250
巴　西	Brazil	21692	11127	21290	10920
委内瑞拉	Venezuela	3448	11956	3445	11950
捷　克	Czech Rep.	2663	25299	2488	23640
法　国	France	21941	33820	22342	34440
德　国	Germany	30713	37591	31161	38140
意大利	Italy	19086	31555	18830	31130
荷　兰	Netherlands	7056	42475	7079	42610
波　兰	Poland	7541	19747	7261	19010
俄罗斯联邦	Russian Fed.	28124	19840	27205	19190
西班牙	Spain	14778	32070	14582	31640
土耳其	Turkey	11160	15340	11041	15180
乌克兰	Ukraine	3054	6658	3011	6560
英　国	United Kingdom	22311	35860	22769	36590

注：①2009年数据。
Note:①Data refer to 2009.

3-5 国内生产总值增长率

Growth Rate of GDP

资料来源：国际货币基金组织WEO数据库。
Source: IMF WEO Database.
单位：%　　(%)

国家和地区	Country or Area	1990	2000	2005	2008	2009	2010
世　界①	**World①**	**3.22**	**4.81**	**4.57**	**2.79**	**-0.66**	**5.11**
发达国家	**Advanced Economies**	**3.14**	**4.16**	**2.66**	**0.09**	**-3.72**	**3.07**
欧　盟	**European Union**	**2.48**	**3.96**	**2.16**	**0.67**	**-4.21**	**1.79**
欧元区	**Euro Area**		**3.78**	**1.65**	**0.41**	**-4.25**	**1.79**
主要发达国家	**Major Advanced Economies**	**2.88**	**3.84**	**2.36**	**-0.14**	**-3.52**	**2.51**
亚洲新兴工业化国家	**Newly Industrialized Asian Economies**	**7.89**	**7.84**	**4.83**	**1.78**	**-0.74**	**8.43**
其它发达国家②	**Other Advanced Economies②**	**4.61**	**5.88**	**4.14**	**1.68**	**-1.12**	**5.79**
新兴和发展中国家	**Emerging and Developing Economies**	**3.39**	**5.90**	**7.28**	**6.03**	**2.80**	**7.33**
亚洲发展中国家	**Developing Asia**	**5.40**	**6.95**	**9.48**	**7.74**	**7.17**	**9.46**
东盟5国③	**ASEAN-5③**	**7.67**	**5.74**	**5.51**	**4.81**	**1.71**	**6.92**
非　洲	**Africa**	**2.69**	**3.42**	**5.74**	**5.18**		
撒哈拉以南非洲	**Sub-Sahara Africa**	**2.67**	**3.57**	**6.18**	**5.59**	**2.78**	**5.40**
中东欧	**Central and Eastern Europe**	**-0.77**	**5.22**	**5.85**	**3.14**	**-3.64**	**4.50**
中东和北非	**Middle East and North Africa**	**7.96**	**5.43**	**5.50**	**5.38**		
拉丁美洲和加勒比	**Latin America and Caribbean**	**0.63**	**4.15**	**4.74**	**4.17**		
中　国	China	3.80	8.40	11.30	9.60	9.22	10.33
中国香港	Hong Kong, China	3.90	7.95	7.08	2.31	-2.66	6.97
中国台湾	Taiwan, China,	6.87	5.80	4.70	0.73	-1.93	10.88
阿富汗	Afghanistan			11.18	3.61	20.87	8.23
阿尔巴尼亚	Albania	-10.00	7.30	5.76	7.54	3.32	3.50
阿尔及利亚	Algeria	1.25	2.15	5.10	2.40	2.38	3.26
安哥拉	Angola	-3.45	3.01	20.61	13.82	2.41	3.41
安提瓜和巴布达	Antigua and Barbuda	2.28	3.27	7.90	2.15	-9.57	-4.11
阿根廷	Argentina	-1.34	-0.79	9.18	6.79	0.84	9.16
亚美尼亚	Armenia		5.90	13.87	6.95	-14.15	2.10
澳大利亚	Australia	1.73	3.37	3.13	2.59	1.37	2.68
奥地利	Austria	4.17	3.65	2.46	2.18	-3.89	2.13
阿塞拜疆	Azerbaijan		6.23	26.40	10.80	9.30	5.00
巴哈马	Bahamas	1.05	4.15	3.40	-1.34	-5.37	0.96
巴　林	Bahrain	7.28	5.23	7.85	6.31	3.11	4.09
孟加拉国	Bangladesh	4.60	5.60	6.30	5.96	5.91	6.38
巴巴多斯	Barbados	-3.30	2.28	3.88	-0.18	-4.69	0.34
白俄罗斯	Belarus		5.81	9.44	10.25	0.16	7.55
比利时	Belgium	3.09	3.80	2.02	0.80	-2.65	2.11
伯利兹	Belize	11.21	13.07	3.03	3.77	-0.02	2.74
贝　宁	Benin	8.98	4.86	2.87	5.02	2.67	2.58
不　丹	Bhutan	10.72	5.20	7.12	4.67	6.73	8.30
玻利维亚	Bolivia	4.64	2.51	4.42	6.15	3.36	4.13
波　黑	Bosnia and Herzegovinian		4.31	3.87	5.71	-2.95	0.70
博茨瓦纳	Botswana	8.79	5.89	1.64	2.97	-4.93	7.20
巴　西	Brazil	-4.17	4.31	3.16	5.16	0.64	7.49
文　莱	Brunei Darussalam	1.09	2.85	0.39	-1.94	-1.76	2.60
保加利亚	Bulgaria	-9.10	5.39	6.36	6.19	-5.48	0.15
布基纳法索	Burkina Faso	-0.60	2.93	8.66	5.19	3.17	7.93
布隆迪	Burundi	3.46	-0.86	0.91	4.53	3.48	3.85
柬埔寨	Cambodia	1.12	8.77	13.25	6.69	-1.96	6.02
喀麦隆	Cameroon	-6.16	4.15	2.30	2.56	1.95	3.20
加拿大	Canada	0.19	5.23	3.02	0.69	-2.77	3.22

3-5 续表 1 continued

单位：% (%)

国家和地区	Country or Area	1990	2000	2005	2008	2009	2010
佛得角	Cape Verde	0.69	7.27	6.52	6.20	3.71	5.39
中　非	Central African Rep.	-3.80	1.90	2.40	2.00	1.70	3.30
乍　得	Chad	3.20	-0.88	7.94	1.65	-1.20	13.03
智　利	Chile	3.67	4.46	5.56	3.66	-1.68	5.19
哥伦比亚	Colombia	4.28	2.93	4.71	3.55	1.45	4.29
科摩罗	Comoros	5.09	1.42	4.23	0.98	1.81	2.14
刚果(金)	Congo, Dem. Rep.	-6.57	-6.90	7.80	6.16	2.83	7.25
刚果(布)	Congo, Rep.	1.00	7.58	7.76	5.57	7.47	8.75
哥斯达黎加	Costa Rica	3.60	1.80	5.89	2.72	-1.29	4.17
科特迪瓦	Cote D'Ivoire	-1.09	-4.63	1.90	2.33	3.75	2.41
克罗地亚	Croatia		4.18	4.28	2.17	-5.99	-1.19
塞浦路斯	Cyprus	7.41	5.02	3.91	3.63	-1.66	1.04
捷　克	Czech Rep.	-1.22	3.65	6.32	2.46	-4.15	2.35
丹　麦	Denmark	1.61	3.53	2.44	-1.12	-5.21	1.75
吉布提	Djibouti		0.46	3.17	5.82	5.02	3.49
多米尼克	Dominica	6.34	1.31	-1.72	7.77	-0.74	0.34
多米尼加	Dominican Rep.	-5.45	5.66	9.26	5.26	3.45	7.75
厄瓜多尔	Ecuador	3.01	4.16	5.74	7.24	0.36	3.58
埃　及	Egypt	2.35	5.38	4.47	7.16	4.67	5.15
萨尔瓦多	El Salvador	4.83	2.15	3.56	1.27	-3.13	1.43
赤道几内亚	Equatorial Guinea	-1.76	18.21	9.75	10.69	5.73	-0.75
厄立特里亚	Eritrea		-12.35	2.57	-9.78	3.88	2.19
爱沙尼亚	Estonia		9.97	9.43	-5.06	-13.90	3.11
埃塞俄比亚	Ethiopia	2.60	5.93	12.64	11.19	10.03	8.01
斐　济	Fiji	5.80	-1.78	2.50	1.03	-1.27	0.32
芬　兰	Finland	0.53	5.32	2.92	0.98	-8.23	3.64
法　国	France	2.65	3.87	1.87	-0.21	-2.63	1.38
加　蓬	Gabon	5.15	-1.88	3.02	2.32	-1.41	5.74
冈比亚	Gambia	5.70	5.53	0.26	6.29	6.66	6.12
格鲁吉亚	Georgia		1.94	9.61	2.41	-3.80	6.38
德　国	Germany	5.72	3.30	0.83	0.81	-5.08	3.56
加　纳	Ghana	3.34	4.19	6.02	8.43	3.99	7.72
希　腊	Greece		4.48	2.28	1.02	-2.34	-4.35
格林纳达	Grenada	5.25	7.04	13.41	2.16	-7.65	-1.40
危地马拉	Guatemala	3.10	2.53	3.26	3.28	0.55	2.76
几内亚	Guinea	4.32	2.89	3.00	4.94	-0.28	1.94
几内亚比绍	Guinea-Bissau	4.58	7.51	4.30	3.22	3.00	3.47
圭亚那	Guyana	-3.01	-1.34	-1.94	1.98	3.32	4.37
海　地	Haiti	-0.44	0.87	1.81	0.84	2.88	-5.42
洪都拉斯	Honduras	0.10	5.75	6.05	4.12	-2.13	2.77
匈牙利	Hungary	-3.50	4.90	3.17	0.83	-6.69	1.20
冰　岛	Iceland	1.17	4.32	7.48	1.37	-6.90	-3.47
印　度	India	5.63	5.83	9.03	6.19	6.77	10.09
印度尼西亚	Indonesia	7.24	5.35	5.69	6.01	4.58	6.11
伊　朗	Iran	19.61	5.14	4.67	0.59	3.54	3.24
伊拉克	Iraq			-0.73	9.52	4.21	0.84
爱尔兰	Ireland	7.71	9.30	5.34	-2.97	-6.99	-0.43
以色列	Israel	6.63	9.26	4.94	4.03	0.84	4.85
意大利	Italy	2.05	3.69	0.66	-1.32	-5.22	1.30
牙买加	Jamaica	4.88	0.88	1.08	-0.91	-3.05	-1.22
日　本	Japan	5.57	2.86	1.93	-1.16	-6.28	3.96
约　旦	Jordan	-0.28	4.25	8.14	7.23	5.48	2.31
哈萨克斯坦	Kazakhstan		9.80	9.70	3.20	1.18	7.25
肯尼亚	Kenya	4.13	0.60	5.98	1.53	2.65	5.55

3-5 续表 2 continued

单位：% (%)

国家和地区	Country or Area	1990	2000	2005	2008	2009	2010
基里巴斯	Kiribati	2.13	7.58	3.93	-1.10	-0.65	1.80
韩　　国	Korea, Rep.	9.30	8.80	3.96	2.30	0.32	6.16
科 威 特	Kuwait	-26.23	0.13	10.36	4.97	-5.15	3.41
吉尔吉斯斯坦	Kyrgyzstan		5.40	-0.16	7.57	2.90	-1.36
老　　挝	Laos	6.69	6.32	6.77	7.79	7.59	7.93
拉脱维亚	Latvia		6.92	10.60	-4.24	-17.95	-0.34
黎 巴 嫩	Lebanon	-13.42	1.72	1.00	9.30	8.50	7.50
莱 索 托	Lesotho	6.47	5.66	3.03	4.25	3.15	3.64
利比里亚	Liberia			5.27	7.13	4.63	5.60
利 比 亚	Libya	3.72	3.71	10.29	2.35	-2.31	4.16
立 陶 宛	Lithuania		3.25	7.80	2.93	-14.74	1.32
卢 森 堡	Luxemburg	5.32	8.44	5.43	1.44	-3.64	3.52
前南马其顿	Macedonia, FYR		4.54	4.35	5.00	-0.90	1.80
马达加斯加	Madagascar	3.13	4.46	4.60	7.13	-3.66	0.61
马 拉 维	Malawi	5.69	0.78	2.57	8.34	9.03	6.51
马来西亚	Malaysia	9.01	8.72	5.33	4.81	-1.64	7.19
马尔代夫	Maldives	-4.05	4.77	-8.67	10.86	-7.47	7.11
马　　里	Mali	7.02	-3.27	6.14	4.98	4.46	5.85
马 耳 他	Malta			4.21	5.39	-3.30	3.15
毛里塔尼亚	Mauritania	-1.22	1.85	5.45	3.52	-1.22	5.19
毛里求斯	Mauritius	4.90	7.20	1.52	5.52	3.03	4.16
墨 西 哥	Mexico	5.16	5.98	3.18	1.19	-6.16	5.42
摩尔多瓦	Moldova		2.11	7.47	7.80	-6.00	6.90
蒙　　古	Mongolia	-2.49	3.92	7.25	8.90	-1.27	6.37
黑　　山	Montenegro			4.20	6.90	-5.70	1.08
摩 洛 哥	Morocco	4.04	1.59	2.98	5.59	4.95	3.70
莫桑比克	Mozambique	1.00	1.53	8.39	6.83	6.33	6.81
缅　　甸	Myanmar	2.82	13.75	13.57	3.60	5.14	5.45
纳米比亚	Namibia		4.08	2.49	4.26	-0.72	4.78
尼 泊 尔	Nepal	4.64	6.12	3.48	6.11	4.41	4.55
荷　　兰	Netherlands	4.18	4.01	2.16	1.77	-3.53	1.63
新 西 兰	New Zealand	0.06	4.39	3.27	-0.07	-2.02	1.66
尼加拉瓜	Nicaragua	-0.13	4.10	4.28	2.76	-1.47	4.48
尼 日 尔	Niger	-1.31	-2.58	8.42	9.59	-0.91	7.96
尼日利亚	Nigeria	12.77	5.32	5.39	5.98	6.96	8.72
挪　　威	Norway	1.93	3.25	2.74	0.73	-1.71	0.35
阿　　曼	Oman	8.38	4.64	3.98	12.86	1.12	4.11
巴基斯坦	Pakistan	4.46	3.91	8.96	3.69	1.72	3.76
巴 拿 马	Panama	8.10	2.72	7.19	10.12	3.20	7.51
巴布亚新几内亚	Papua New Guinea	-3.00	-2.45	3.92	6.61	5.48	7.03
巴 拉 圭	Paraguay	2.89	-3.35	2.86	5.83	-3.85	15.05
秘　　鲁	Peru	-5.09	2.95	6.83	9.80	0.86	8.79
菲 律 宾	Philippines	3.04	4.41	4.78	4.15	1.15	7.63
波　　兰	Poland	-7.17	4.25	3.62	5.13	1.61	3.80
葡 萄 牙	Portugal	7.86	3.93	0.76	-0.01	-2.51	1.33
卡 塔 尔	Qatar	-14.64	10.94	7.49	17.66	11.96	16.64
罗马尼亚	Romania	-5.61	2.92	4.15	7.35	-7.08	-1.27
俄罗斯联邦	Russian Fed.		10.05	6.39	5.25	-7.80	4.00
卢 旺 达	Rwanda	0.42	6.50	9.38	11.19	4.14	7.50
圣基茨和尼维斯	Saint Kitts and Nevis	3.12	6.49	7.37	5.69	-4.44	-1.50
圣卢西亚	Saint Lucia	10.52	0.08	-2.64	5.79	-1.29	4.40
圣文森特和格林纳丁斯	Saint Vincent and the Grenadines	6.67	2.02	2.99	-0.60	-2.30	-1.83
萨 摩 亚	Samoa	-6.44	4.80	6.98	4.92	-5.11	-0.23
圣多美和普林西比	Sao Tome and Principe	-2.15	0.45	5.67	5.80	4.00	4.50
沙特阿拉伯	Saudi Arabia	8.33	4.87	5.55	4.23	0.10	4.15
塞内加尔	Senegal	-0.68	3.20	5.62	3.24	2.19	4.24

3-5 续表 3 continued

单位：%　　　　　　　　(%)

国家和地区	Country or Area	1990	2000	2005	2008	2009	2010
塞尔维亚	Serbia		5.25	5.40	3.80	-3.50	0.95
塞舌尔	Seychelles	7.46	4.25	6.66	-1.25	0.68	6.20
塞拉利昂	Sierra Leone	1.61	3.81	7.19	5.53	3.20	4.95
新加坡	Singapore	10.11	9.07	7.38	1.49	-0.77	14.47
斯洛伐克	Slovakia		1.37	6.66	5.82	-4.78	4.02
斯洛文尼亚	Slovenia		4.27	4.01	3.67	-8.08	1.21
所罗门群岛	Solomon Islands	2.20	-14.28	5.42	7.30	-1.20	6.52
南非	South Africa	-0.32	4.16	5.28	3.58	-1.68	2.84
西班牙	Spain	3.85	5.05	3.62	0.86	-3.72	-0.15
斯里兰卡	Sri Lanka	6.17	6.02	6.24	5.95	3.54	8.01
苏丹	Sudan	-1.70	7.58	7.89	3.75	4.60	6.50
苏里南	Suriname	-1.50	-0.10	4.52	4.71	3.06	4.42
斯威士兰	Swaziland	9.75	2.04	2.15	3.06	1.17	1.98
瑞典	Sweden	1.01	4.45	3.16	-0.61	-5.33	5.69
瑞士	Switzerland	3.68	3.58	2.64	2.10	-1.88	2.71
叙利亚	Syrian Arab Republic	10.36	2.30	6.22	4.48	6.01	3.23
塔吉克斯坦	Tajikistan		8.30	6.70	7.90	3.90	6.50
坦桑尼亚	Tanzania	7.04	4.93	7.37	7.30	6.70	6.44
泰国	Thailand	11.62	4.75	4.60	2.56	-2.36	7.78
东帝汶	Timor-Leste		-8.06	6.24	10.96	12.94	6.05
多哥	Togo	5.90	-0.96	1.18	2.38	3.23	3.71
汤加	Tonga	4.70	3.49	-0.42	1.26	-0.31	0.34
特立尼达和多巴哥	Trinidad And Tobago	1.51	7.56	6.21	2.37	-3.54	-0.59
突尼斯	Tunisia	7.08	4.30	4.00	4.52	3.11	3.05
土耳其	Turkey	9.26	6.77	8.40	0.66	-4.83	8.95
土库曼斯坦	Turkmenistan		18.59	13.04	14.75	6.09	9.22
图瓦卢	Tuvalu			-4.04	7.58	-1.73	-0.46
乌干达	Uganda	6.50	5.44	6.33	8.71	7.25	5.18
乌克兰	Ukraine		5.85	2.94	1.95	-14.46	4.19
阿联酋	United Arab Emirates	23.56	12.33	8.60	5.32	-3.15	3.23
英国	United Kingdom	0.78	3.92	2.17	-0.06	-4.87	1.35
美国	United States	1.88	4.14	3.07	-0.34	-3.49	3.03
乌拉圭	Uruguay	0.30	-1.78	6.81	8.60	2.58	8.47
乌兹别克斯坦	Uzbekistan		3.80	7.00	9.00	8.10	8.50
瓦努阿图	Vanuatu	11.70	5.93	5.25	6.17	3.45	2.25
委内瑞拉	Venezuela	6.47	3.69	10.32	5.28	-3.20	-1.49
越南	Viet Nam	5.05	6.79	8.44	6.31	5.32	6.78
也门	Yemen		6.18	5.59	3.65	3.87	8.02
赞比亚	Zambia	-0.58	3.58	5.34	5.65	6.43	7.60
津巴布韦	Zimbabwe	6.98		-2.25	-17.67	5.98	9.01

注：①指国际货币基金组织世界经济展望数据库的180个国家和地区。②不包括西方七国和欧元区。③印度尼西亚、马来西亚、菲律宾、泰国和越南。

Note:①Refers to the 180 countries and areas listed in the IMF World Economic Outlook database. ②Refers to advanced economies excluding G7 and Euro area. ③Composed of Indonesia,Malaysia,Philippines,Thailand and Viet Nam.

3-6 人均国内生产总值增长率
Growth Rate of GDP per Capita

资料来源：世界银行WDI数据库。
Source: World Bank WDI Database.
单位：%

国家和地区	Country or Area	1990	2000	2005	2008	2009	2010
世　界	**World**	**1.24**	**2.92**	**2.35**	**0.33**	**-3.16**	**3.05**
高收入国家	**High Income**	**2.39**	**3.36**	**1.90**	**-0.56**	**-4.21**	**2.49**
非经合组织成员国	**High Income: nonOECD**	**4.55**	**4.43**	**3.55**	**0.38**		
经合组织成员国	**OECD Countries**	**2.37**	**3.34**	**1.89**	**-0.52**	**-4.16**	**2.54**
中等收入国家	**Middle Income**	**0.04**	**4.06**	**6.06**	**4.72**	**1.59**	**6.49**
中等偏下收入国家	**Lower Middle Income**	**1.48**	**2.29**	**5.30**	**3.61**	**4.04**	**5.68**
中等偏上收入国家	**Upper Middle Income**	**-0.14**	**4.83**	**6.57**	**5.33**	**1.21**	**7.03**
中低收入国家	**Low and Middle Income**	**-0.03**	**3.88**	**5.89**	**4.57**	**1.50**	**6.30**
东亚和太平洋	**East Asia and Pacific**	**3.83**	**6.48**	**8.89**	**7.71**	**6.70**	**8.84**
欧洲和中亚	**Europe and Central Asia**	**-1.87**	**7.40**	**7.10**	**3.53**	**-6.35**	**5.21**
拉丁美洲和加勒比	**Latin America and Caribbean**	**-1.58**	**2.48**	**3.63**	**3.18**	**-2.90**	**5.04**
中东和北非国家	**Middle East and North Africa**	**3.79**	**1.41**	**2.87**	**2.93**	**2.30**	
南　亚	**South Asia**	**3.19**	**2.44**	**7.16**	**3.24**	**6.61**	**7.31**
撒哈拉以南非洲	**Sub-Saharan Africa**	**-1.60**	**1.02**	**3.12**	**2.44**	**-0.44**	**2.28**
低收入国家	**Low Income**	**0.24**	**1.23**	**3.89**	**3.50**	**2.52**	**3.67**
最不发达地区	**Least Developed Countries**	**-1.14**	**1.96**	**4.89**	**4.69**	**2.14**	**3.08**
重债穷国	**Heavily Indebted Poor Countries**	**-3.19**	**0.40**	**2.93**	**3.19**	**1.11**	**2.53**
中　国	China	2.29	7.55	10.65	9.04	8.65	9.73
中国香港	Hong Kong, China	3.57	7.00	6.62	1.55	-3.02	6.00
中国澳门	Macao, China	6.37	3.89	4.42	10.80	-1.10	
孟加拉国	Bangladesh	3.35	4.00	4.48	5.08	4.63	4.65
柬 埔 寨	Cambodia		6.82	11.86	5.51	-2.96	5.49
印　度	India	3.42	2.30	7.84	3.54	7.65	8.26
印度尼西亚	Indonesia	7.14	3.55	4.44	4.89	3.49	5.02
以 色 列	Israel	3.58	6.35	3.26	2.43	-1.61	2.75
日　本	Japan	5.21	2.68	1.93	-1.11	-6.18	5.21
哈萨克斯坦	Kazakhstan		10.13	8.73	2.05	-0.39	4.44
韩　国	Korea, Rep.	7.91	7.58	3.74	1.98	0.03	5.88
老　挝	Laos	3.74	3.87	5.49	5.96	5.83	6.87
马来西亚	Malaysia	5.99	6.32	3.28	2.99	-3.29	5.45
蒙　古	Mongolia	-5.11	0.20	5.87	7.15	-2.88	4.43
巴基斯坦	Pakistan	1.45	1.91	5.78	-0.22	1.78	2.50
菲 律 宾	Philippines	0.49	2.20	2.81	2.40	-0.54	5.84
新 加 坡	Singapore	5.92	7.20	4.89	-3.77	-3.72	12.46
斯里兰卡	Sri Lanka	5.09	5.24	5.00	4.91	2.56	7.02
泰　国	Thailand	9.63	3.51	3.60	1.78	-2.95	7.15
越　南	Viet Nam	3.12	5.37	7.18	5.19	4.22	5.66
埃　及	Egypt	3.52	3.51	2.56	5.27	5.28	3.36
尼日利亚	Nigeria	5.51	2.93	2.82	3.39	4.35	5.17
南　非	South Africa	-2.33	1.61	4.09	2.44	-2.73	1.46
加 拿 大	Canada	-1.29	4.31	2.01	-0.49	-3.70	1.96
墨 西 哥	Mexico	3.02	5.06	1.94	0.21	-7.26	4.21
美　国	United States	0.71	3.02	2.12	-0.94	-3.50	2.17
阿 根 廷	Argentina	-3.76	-1.84	8.22	5.83	-0.03	8.22
巴　西	Brazil	-5.94	2.82	1.99	4.21	-1.52	6.55
委内瑞拉	Venezuela	4.01	1.79	8.45	3.09	-4.82	-3.44
捷　克	Czech Rep.		3.75	6.11	1.58	-4.72	1.95
法　国	France	2.11	2.98	1.07	-0.64	-3.26	0.96
德　国	Germany	4.35	3.06	0.81	1.18	-4.48	3.89
意 大 利	Italy	1.97	3.64	-0.09	-2.08	-5.78	0.81
荷　兰	Netherlands	3.47	3.15	1.81	1.49	-4.41	1.26
波　兰	Poland		4.81	3.66	5.11	1.58	3.72
西 班 牙	Spain	3.60	4.17	1.93	-0.64	-4.46	-0.52
土 耳 其	Turkey	7.39	5.21	6.96	-0.66	-6.05	7.59
乌 克 兰	Ukraine	-6.56	6.97	3.46	2.65	-14.42	4.62
英　国	United Kingdom	0.48	3.55	1.57	-0.73	-5.50	0.57
澳大利亚	Australia	1.44	2.72	1.49	1.68	-0.80	
新 西 兰	New Zealand	-1.41	2.05	2.09	-2.01	-0.31	1.28

3-7 资本形成率
Capital Formation Rate

资料来源：世界银行WDI数据库。
Source: World Bank WDI Database.
单位：% (%)

国家和地区	Country or Area	1990	2000	2005	2008	2009	2010
世　界	**World**	**23.4**	**22.3**	**21.9**	**21.9**	**19.1**	
高收入国家	**High Income**	**23.0**	**22.0**	**20.9**	**20.5**	**17.3**	
非经合组织成员国	**High Income: nonOECD**	**22.5**	**23.1**	**20.8**	**23.0**		
经合组织成员国	**OECD Countries**	**23.0**	**22.0**	**20.9**	**20.4**	**17.2**	
中等收入国家	**Middle Income**	**26.0**	**23.9**	**27.0**	**29.5**	**27.9**	**27.9**
中等偏下收入国家	**Lower Middle Income**	**23.8**	**22.1**	**27.6**	**28.8**	**28.6**	**27.4**
中等偏上收入国家	**Upper Middle Income**	**26.6**	**24.4**	**26.8**	**29.7**	**27.8**	**28.0**
中低收入国家	**Low and Middle Income**	**25.8**	**23.8**	**26.8**	**29.3**	**27.8**	**27.8**
东亚和太平洋	**East Asia and Pacific**	**34.6**	**31.4**	**37.4**	**38.7**	**40.4**	**40.8**
欧洲和中亚	**Europe and Central Asia**	**28.1**	**19.7**	**21.7**	**25.4**	**19.4**	**22.8**
拉丁美洲和加勒比	**Latin America and Caribbean**	**19.4**	**19.9**	**20.1**	**23.5**	**20.0**	**19.8**
中东和北非国家	**Middle East and North Africa**	**28.7**	**24.5**	**24.9**	**28.1**		
南　亚	**South Asia**	**22.9**	**23.5**	**31.9**	**32.1**	**33.2**	**30.0**
撒哈拉以南非洲	**Sub-Saharan Africa**	**17.9**	**17.2**	**19.0**	**22.0**	**20.8**	**23.7**
低收入国家	**Low Income**	**17.6**	**19.1**	**21.4**	**23.1**	**23.7**	
最不发达地区	**Least Developed Countries**	**16.4**	**19.5**	**23.1**	**24.4**	**24.9**	
重债穷国	**Heavily Indebted Poor Countries**	**15.6**	**18.6**	**21.5**	**23.1**	**22.7**	**22.3**
中　国	China	36.1	35.1	42.1	44.1	47.6	45.2
中国香港	Hong Kong, China	27.0	27.5	20.6	20.4	21.3	23.7
中国澳门	Macao, China	25.0	11.6	27.5	30.0	18.2	
孟加拉国	Bangladesh	17.1	23.0	24.5	24.2	24.4	25.0
柬埔寨	Cambodia		17.5	18.5	18.6	21.3	
印　度	India	24.2	24.2	34.7	34.5	36.5	32.5
印度尼西亚	Indonesia	30.7	22.3	25.1	27.8	31.0	32.5
伊　朗	Iran	37.2	33.0	32.7	31.2		
以色列	Israel	25.1	21.0	19.2	18.5	16.4	15.6
日　本	Japan	32.7	25.4	23.6	23.6	20.5	
哈萨克斯坦	Kazakhstan		18.5	30.1	27.5	30.5	29.0
韩　国	Korea, Rep.	37.5	30.6	29.7	31.2	25.9	
老　挝	Laos		13.9	23.3	30.7	28.4	25.3
马来西亚	Malaysia	32.4	26.9	20.0	19.3	14.5	
蒙　古	Mongolia	29.1	29.0	37.5	43.6	34.4	42.2
巴基斯坦	Pakistan	18.9	17.2	19.1	22.1	19.0	16.6
菲律宾	Philippines	24.2	18.4	21.6	19.3	16.6	20.5
新加坡	Singapore	35.1	33.2	20.0	30.2	26.4	23.8
斯里兰卡	Sri Lanka	22.2	28.0	26.8	27.6	24.5	26.8
泰　国	Thailand	41.4	22.8	31.4	29.1	21.2	26.0
越　南	Viet Nam	12.6	29.6	35.6	39.7	38.1	37.9
埃　及	Egypt	28.8	19.6	18.0	22.4	19.2	19.0
南　非	South Africa	17.7	15.9	18.0	22.1	19.5	25.0
加拿大	Canada	20.9	20.2	22.1	23.1	21.0	
墨西哥	Mexico	23.1	23.9	23.7	27.0	22.2	20.7
美　国	United States	17.7	20.6	19.9	17.5	14.2	
阿根廷	Argentina	14.0	16.2	21.5	23.3	20.9	22.4
巴　西	Brazil	20.2	18.3	16.2	20.7	16.5	17.4
委内瑞拉	Venezuela	10.2	24.2	23.0	24.8	24.8	19.2
捷　克	Czech Rep.	25.2	29.5	25.7	25.3	21.5	
法　国	France	22.5	20.5	20.4	22.2	19.1	
德　国	Germany	23.2	21.8	16.9	18.5	16.5	
意大利	Italy	22.4	20.7	20.7	21.1	18.9	
荷　兰	Netherlands	23.5	22.0	19.0	20.9	18.4	
波　兰	Poland	25.6	24.9	19.3	23.7	20.2	19.0
俄罗斯联邦	Russian Fed.	30.1	18.7	20.1	25.5	18.9	24.3
西班牙	Spain	26.1	26.3	29.5	29.1	24.4	
土耳其	Turkey	24.6	20.8	20.0	21.8	14.9	19.2
乌克兰	Ukraine	27.5	19.6	22.6	25.2	17.1	16.4
英　国	United Kingdom	20.2	17.7	17.1	16.7	13.6	
澳大利亚	Australia	27.4	24.4	25.6	27.5		
新西兰	New Zealand	19.8	21.3	24.7	22.1	18.1	

3-8 居民消费率

Household Final Consumption Rate

资料来源：世界银行WDI数据库。
Source: World Bank WDI Database.
单位：% (%)

国家和地区	Country or Area	1990	2000	2005	2008	2009	2010
中　国	China	46.7	46.7	38.1	34.9	35.0	38.4
中国香港	Hong Kong, China	57.1	59.0	58.2	61.0	62.4	62.2
中国澳门	Macao, China	39.2	40.3	27.3	22.4	26.4	
孟加拉国	Bangladesh	86.2	77.7	76.4	78.9	77.5	76.0
文　莱	Brunei Darussalam	34.8	29.6	27.4			
柬埔寨	Cambodia		89.2	86.1	78.0	73.7	
印　度	India	65.6	64.2	57.2	59.9	56.0	63.2
印度尼西亚	Indonesia	58.9	60.7	62.7	62.7	56.6	56.8
伊　朗	Iran	59.3	47.9	45.9			
以色列	Israel	55.6	53.4	55.4	58.4	57.0	58.2
日　本	Japan	53.0	56.2	57.0	57.7	59.3	
哈萨克斯坦	Kazakhstan		61.9	49.9	42.0	49.7	43.1
韩　国	Korea, Rep.	51.8	54.6	53.7	54.7	54.2	
老　挝	Laos		79.1	77.0	46.7	43.3	36.3
马来西亚	Malaysia	51.7	43.8	44.8	45.2	49.9	
蒙　古	Mongolia	68.7	69.6	55.2	54.3	58.1	52.8
巴基斯坦	Pakistan	73.8	75.4	77.0	76.5	80.5	80.6
菲律宾	Philippines	71.5	72.2	75.0	74.3	74.7	71.6
新加坡	Singapore	45.3	43.1	40.1	38.1	39.3	37.4
斯里兰卡	Sri Lanka	75.9	72.1	69.0	70.0	64.4	73.4
泰　国	Thailand	56.8	57.2	57.8	56.0	54.8	53.7
越　南	Viet Nam	84.3	66.4	62.5	69.4	65.9	65.6
埃　及	Egypt	72.6	75.9	71.6	72.3	76.3	80.6
南　非	South Africa	57.1	63.0	63.1	61.8	60.3	56.9
加拿大	Canada	56.7	55.4	55.3	55.7	58.9	
墨西哥	Mexico	69.6	67.0	67.0	64.8	67.7	68.4
美　国	United States	66.6	69.0	70.1	70.7	71.2	
阿根廷	Argentina	77.1	70.7	60.8	59.5	58.5	69.2
巴　西	Brazil	59.3	64.4	60.3	58.9	61.7	64.2
委内瑞拉	Venezuela	62.1	51.8	46.8	53.5	64.2	63.7
捷　克	Czech Rep.	49.3	52.5	49.1	49.7	50.7	
法　国	France	57.1	55.7	56.7	56.7	58.0	
德　国	Germany	57.7	58.9	59.1	57.0	58.9	
意大利	Italy	57.3	59.9	59.0	59.3	59.9	
荷　兰	Netherlands	49.7	50.4	48.8	45.4	45.9	
波　兰	Poland	48.0	63.1	62.5	60.9	60.7	64.2
俄罗斯联邦	Russian Fed.	48.9	46.2	49.4	47.8	53.4	51.3
西班牙	Spain	60.5	59.7	57.8	57.2	56.6	
土耳其	Turkey	68.7	70.5	71.7	69.9	71.5	
乌克兰	Ukraine	57.1	54.4	57.9	63.9	65.4	65.5
英　国	United Kingdom	62.2	65.6	65.0	64.2	65.3	
澳大利亚	Australia	57.5	59.9	59.3	57.3		
新西兰	New Zealand	61.0	59.8	59.7	59.4	59.7	

3-9 国内生产总值产业构成
Composition of Gross Domestic Product by Industry

资料来源：世界银行WDI数据库。
Source: World Bank WDI Database.

单位：% (%)

国家和地区	Country or Area	农业增加值占国内生产总值比重 Primary Industry as Percentage of GDP		工业增加值占国内生产总值比重 Secondary Industry as Percentage of GDP		服务业增加值占国内生产总值比重 Tertiary Industry as Percentage of GDP	
		2000	2010	2000	2010	2000	2010
世　界	**World**	**3.6**	**2.9①**	**28.9**	**27.0①**	**67.5**	**70.1①**
高收入国家	**High Income**	**1.9**	**1.5①**	**27.7**	**25.1①**	**70.5**	**73.4①**
经合组织高收入国家	**OECD Countries**	**1.8**	**1.5①**	**27.4**	**24.9①**	**70.8**	**73.6①**
非经合组织高收入国家	**High Income: nonOECD**	**2.1**	**1.4①**	**34.8**	**31.1①**	**63.2**	**67.5①**
中等收入国家	**Middle Income**	**11.4**	**9.7**	**35.5**	**34.3**	**53.1**	**55.9**
中等偏上收入国家	**Upper Middle Income**	**9.0**	**7.8**	**36.1**	**35.3**	**55.0**	**57.0**
中等偏下收入国家	**Lower Middle Income**	**20.1**	**15.5**	**33.5**	**31.3**	**46.4**	**52.8**
中低收入国家	**Low and Middle Income**	**12.1**	**10.0**	**35.1**	**34.1**	**52.8**	**55.8**
东亚和太平洋	**East Asia and Pacific**	**15.0**	**10.7**	**44.5**	**44.0**	**40.6**	**44.9**
欧洲和中亚	**Europe and Central Asia**	**10.7**	**7.4②**	**34.6**	**30.2②**	**54.7**	**62.4②**
拉丁美洲和加勒比	**Latin America and Caribbean**	**5.6**	**6.4**	**29.6**	**29.8**	**64.8**	**63.8**
中东和北非国家	**Middle East and North Africa**	**12.5**	**11.6①**	**43.3**	**40.6①**	**44.2**	**47.9①**
南　亚	**South Asia**	**23.9**	**17.0**	**25.8**	**27.9**	**50.3**	**55.2**
撒哈拉以南非洲	**Sub-Saharan Africa**	**16.3**	**13.1②**	**29.4**	**29.6②**	**54.3**	**57.3②**
低收入国家	**Low Income**	**33.9**	**25.7②**	**20.8**	**24.4②**	**45.2**	**49.9②**
最不发达地区：按联合国分	**Least Developed Countries**	**32.2**	**25.3②**	**24.1**	**27.1②**	**43.7**	**47.6②**
重债穷国	**Heavily Indebted Poor Countries**	**30.8**	**27.0②**	**24.3**	**25.9②**	**44.9**	**47.1②**
中　国	China	15.1	9.5	45.9	44.6	39.0	45.9
中国香港	Hong Kong, China	0.1	0.1②	11.6	7.4②	88.3	92.6②
中国澳门	Macao, China		0.0①	15.7	15.7①	90.3	84.3①
孟加拉国	Bangladesh	25.5	18.8	25.3	28.5	49.2	52.6
文　莱	Brunei Darussalam	1.0	0.7③	63.7	71.2③	35.3	28.1③
柬埔寨	Cambodia	37.8	35.3②	23.0	22.6②	39.1	42.0②
印　度	India	23.4	16.2	26.2	28.4	50.5	55.4
印度尼西亚	Indonesia	15.6	15.9	45.9	48.8	38.5	35.3
伊　朗	Iran	13.7	10.1①	36.7	44.9①	49.5	45.0①
日　本	Japan	1.8	1.5①	32.4	28.0①	65.8	70.5①
哈萨克斯坦	Kazakhstan	8.7	5.4	40.5	42.4	50.8	52.2
韩　国	Korea, Rep.	4.6	2.6②	38.1	36.4②	57.3	61.0②
老　挝	Laos	52.5	31.3	22.9	31.8	24.6	36.9
马来西亚	Malaysia	8.6	9.5②	48.3	44.3②	43.1	46.2②
蒙　古	Mongolia	30.9	18.1	25.0	36.8	44.1	45.1
巴基斯坦	Pakistan	25.9	21.8	23.3	23.6	50.7	54.6
菲律宾	Philippines	14.0	12.3	34.5	32.6	51.6	55.1
新加坡	Singapore	0.1		34.5	28.3	65.4	71.7
斯里兰卡	Sri Lanka	19.9	13.6	27.3	26.9	52.8	59.5
泰　国	Thailand	9.0	12.4	42.0	44.7	49.0	42.9
越　南	Viet Nam	24.5	19.8	36.7	39.6	38.7	38.9
埃　及	Egypt	16.7	10.1	33.1	29.0	50.1	60.9
南　非	South Africa	3.3	3.0②	31.8	31.3②	64.9	65.7②
墨西哥	Mexico	4.2	4.1	28.0	34.8	67.8	61.1
美　国	United States	1.2	1.2①	23.4	21.4①	75.4	77.4①
阿根廷	Argentina	5.0	9.4	27.6	30.2	67.4	60.4
巴　西	Brazil	5.6	6.0	27.7	26.0	66.7	68.0
捷　克	Czech Rep.	3.9	2.3②	38.1	37.2②	58.0	60.5②
法　国	France	2.8	1.8②	22.9	19.0②	74.2	79.2②
德　国	Germany	1.3	0.8②	30.3	26.5②	68.5	72.7②
意大利	Italy	2.8	1.8②	28.4	25.1②	68.8	73.1②
荷　兰	Netherlands	2.6	1.7②	24.9	23.9②	72.4	74.4②
波　兰	Poland	5.0	3.6	31.7	30.2	63.3	66.2
俄罗斯联邦	Russian Fed.	6.4	4.7②	37.9	32.8②	55.6	62.5②
西班牙	Spain	4.4	2.6②	29.2	26.1②	66.4	71.3②
土耳其	Turkey	11.3	9.8	31.5	28.0	57.2	62.2
乌克兰	Ukraine	17.1	8.1	36.3	29.0	46.6	62.8
英　国	United Kingdom	1.0	0.7②	27.3	21.1②	71.7	78.2②
澳大利亚	Australia	3.5	2.5①	26.9	29.1①	69.6	68.4①

注：①2008年数据。②2009年数据。③2007年数据。
Note:①Data refer to 2008.②Data refer to 2009.③Data refer to 2007.

3-10 生产法国内生产总值

Gross Domestic Product by Production Approach

资料来源：联合国NAOCD数据库。
Source:UN NAOCD Database.
单位：亿本币 (100 million local currency units)

国家和地区	Country or Area	2000	2005	2007	2008	2009
中　国	**China**					
按当年价格计算	At Current Prices	99200	185000	266000	314000	335000
农业、狩猎业、林业和渔业	Agriculture, Hunting, Forestry; Fishing	14900	22400	28600	33700	
采掘业	Mining and Quarrying	40000	77200	111000	130000	
制造业	Manufacturing		60100			
电、煤气和水供应业	Electricity, Gas and Water Supply		6790			
建筑业	Construction	5520	10400	15300	18700	
批发、零售贸易；机动车及个人、家庭用品修理业	Wholesale, Retail Trade, Repair of Motor Vehicles, Motorcycles and Personal and Household Goods	8160	14000	20900	26200	
旅馆和饭店业	Hotels and Restaurants	2150	4200	5550	6620	
运输、仓储和通讯	Transport, Storage and Communications	6160	10700	14600	16400	
金融中介	Financial Intermediation	4090	6090	12300	14900	
房地产、租赁及商务活动	Real Estate, Renting and Business Activities		11600	18500		
教育	Education		5760	7690		
增加值总额(按基本价格计算)	Equals: Value Added, Gross, in basic prices	99200	185000	266000	314000	335000
中国香港	**Hong Kong, China**					
按当年价格计算	At Current Prices	13200	13800	16200	16800	
农业、狩猎业、林业和渔业	Agriculture, Hunting, Forestry; Fishing	9	8	9	8	
采掘业	Mining and Quarrying	2	1	1	1	
制造业	Manufacturing	676	455	393	393	
电、煤气和水供应业	Electricity, Gas and Water Supply	369	399	397	386	
建筑业	Construction	621	385	402	480	
批发、零售贸易；机动车及个人、家庭用品修理业	Wholesale, Retail Trade, Repair of Motor Vehicles, Motorcycles and Personal and Household Goods	2720	3500	3700		
旅馆和饭店业	Hotels and Restaurants	366	365	476		
运输、仓储和通讯	Transport, Storage and Communications	1190	1350	1420	1220	
金融中介	Financial Intermediation	1490	1700	3020		
房地产、租赁及商务活动	Real Estate, Renting and Business Activities	1190	1240	1490		
公共管理和国防；社会基本保障	Public Administration and Defence; Compulsory Social Security	962	961	1010	2780	
教育;卫生和社会工作;其他团体、社会和个人服务活动	Education; Health and Social Work; Other Community, Social and Personal Services	1490	1570	1640		
雇人的私人住户	Private Households with Employed Persons	1360	1380	1570	1800	
增加值总额(按基本价格计算)	Equals: Value Added, Gross, in basic prices	12500	13300	15500	15600	
加：税减产品补贴	Plus: Taxes Less Subsidies on Products	579	629	940	846	
按2006年价格计算	At Constant Prices of 2006	11263	13800	15700		
农业、狩猎业、林业和渔业	Agriculture, Hunting, Forestry; Fishing	9	9	8		
采掘业	Mining and Quarrying	1	1	1		
制造业	Manufacturing	588	448	451		
电、煤气和水供应业	Electricity, Gas and Water Supply	356	400	408		
建筑业	Construction	561	429	379		

3-10 续表 1 continued

单位：亿本币 (100 million local currency units)

国家和地区	Country or Area	2000	2005	2007	2008	2009
中国香港(续)	**Hong Kong, China (continued)**					
批发、零售贸易；机动车及个人、家庭用品修理业	Wholesale, Retail Trade, Repair of Motor Vehicles, Motorcycles and Personal and Household Goods	2110	3270	3810		
旅馆和饭店业	Hotels and Restaurants	408	379	450		
运输、仓储和通讯	Transport, Storage and Communications	962	1280	1450		
金融中介；房地产、租赁及商务活动	Financial Intermediation; Real Estate, Renting and Business Activities	2367	3180	4100		
金融中介	Financial Intermediation	1228	1890	2700		
房地产、租赁及商务活动	Real Estate, Renting and Business Activities	1170	1280	1400		
公共管理和国防；社会基本保障	Public Administration and Defence; Compulsory Social Security	2376	2530	2590		
雇人的私人住户	Private Households with Employed Persons	1299	1470	1540		
加：税减产品补贴	Plus: Taxes Less Subsidies on Products	584	665	818		
孟加拉国	**Bangladesh**					
按当年价格计算	At Current Prices	23700	37100	47200	54600	61500
增加值总额(按基本价格计算)	Equals: Value Added, Gross, in basic prices	22900	35600	45700	52600	59200
农业、狩猎业、林业和渔业	Agriculture, Hunting, Forestry; Fishing	5840	7160	8790	10000	11000
农业、狩猎业和林业	Agriculture, Hunting, Forestry	4470	5620	7010	8020	8860
渔业	Fishing	1370	1550	1780	1980	2180
采掘业	Mining and Quarrying	231	404	532	615	703
制造业	Manufacturing	3480	5880	8120	9390	10600
电、煤气和水供应业	Electricity, Gas and Water Supply	307	491	559	607	645
建筑业	Construction	1760	2910	3750	4390	5010
批发、零售贸易；机动车及个人、家庭用品修理业	Wholesale, Retail Trade, Repair of Motor Vehicles, Motorcycles and Personal and Household Goods	2920	5030	6600	7820	8770
旅馆和饭店业	Hotels and Restaurants	146	251	329	389	444
运输、仓储和通讯	Transport, Storage and Communications	1970	3830	4890	5690	6520
金融中介；房地产、租赁及商务活动	Financial Intermediation; Real Estate, Renting and Business Activities	2480	3570	4270	4700	5180
金融中介	Financial Intermediation	365	593	774	895	1020
房地产、租赁及商务活动	Real Estate, Renting and Business Activities	2110	2970	3490	3810	4160
公共管理和国防；社会基本保障	Public Administration and Defence; Compulsory Social Security	623	964	1270	1440	1640
教育	Education	539	879	1180	1350	1560
卫生和社会工作	Health and Social Work	538	810	1030	1180	1350
其他团体、社会和个人服务活动	Other Community, Social and Personal Services	2040	3390	4360	5020	5790
加：税减产品补贴	Plus: Taxes Less Subsidies on Products	833	1510	1570	1980	2250
按1996年价格计算	At Constant Prices of 1996	20493	26700	30300	32200	34100
增加值总额(按基本价格计算)	Equals: Value Added, Gross, in basic prices	19716	25600	29300	31000	32800
农业、狩猎业、林业和渔业	Agriculture, Hunting, Forestry; Fishing	5043	5700	6260	6460	6760
农业、狩猎业和林业	Agriculture, Hunting, Forestry	3843	4420	4870	5020	5260
渔业	Fishing	1200	1280	1380	1440	1500
采掘业	Mining and Quarrying	203	291	344	375	410
制造业	Manufacturing	3037	4230	5140	5510	5830
电、煤气和水供应业	Electricity, Gas and Water Supply	283	419	461	492	514
建筑业	Construction	1546	2310	2680	2830	2990
批发、零售贸易；机动车及个人、家庭用品修理业	Wholesale, Retail Trade, Repair of Motor Vehicles, Motorcycles and Personal and Household Goods	2633	3620	4170	4450	4740
旅馆和饭店业	Hotels and Restaurants	125	175	202	218	234
运输、仓储和通讯	Transport, Storage and Communications	1814	2560	2980	3240	3480
金融中介；房地产、租赁及商务活动	Financial Intermediation; Real Estate, Renting and Business Activities	2060	2510	2750	2880	3010
金融中介	Financial Intermediation	310	434	514	560	604
房地产、租赁及商务活动	Real Estate, Renting and Business Activities	1750	2080	2240	2320	2410
公共管理和国防；社会基本保障	Public Administration and Defence; Compulsory Social Security	503	686	804	854	914
教育	Education	434	626	743	801	866
卫生和社会工作	Health and Social Work	433	577	669	716	770
其他团体、社会和个人服务活动	Other Community, Social and Personal Services	1603	1910	2080	2170	2270
雇人的私人住户	Private Households with Employed Persons					
加：税减产品补贴	Plus: Taxes Less Subsidies on Products	777	1090	1020	1170	1260

3-10 续表 2 continued

单位：亿本币 (100 million local currency units)

国家和地区	Country or Area	2000	2005	2007	2008	2009
文　莱	**Brunei Darussalam**					
按当年价格计算	At Current Prices	103	159	185	204	
农业、狩猎业、林业和渔业	Agriculture, Hunting, Forestry; Fishing	1	2	1	1	
农业、狩猎业和林业	Agriculture, Hunting, Forestry	1	1	1	1	
渔业	Fishing	…	1	1	…	
采掘业	Mining and Quarrying	46	89	106	117	
制造业	Manufacturing	16	20	19	28	
电、煤气和水供应业	Electricity, Gas and Water Supply	1	1	1	1	
建筑业	Construction	3	4	5	5	
批发、零售贸易；机动车及个人、家庭用品修理业	Wholesale, Retail Trade, Repair of Motor Vehicles, Motorcycles and Personal and Household Goods	4	5	5	6	
旅馆和饭店业	Hotels and Restaurants	1	1	1	1	
运输、仓储和通讯	Transport, Storage and Communications	4	5	5	5	
金融中介	Financial Intermediation	3	5	6	6	
房地产、租赁及商务活动	Real Estate, Renting and Business Activities	4	4	4	4	
公共管理和国防；社会基本保障	Public Administration and Defence; Compulsory Social Security	16	18	22	22	
教育	Education	...	1	1	1	
卫生和社会工作	Health and Social Work	...	...	...	...	
其他团体、社会和个人服务活动	Other Community, Social and Personal Services	4	5	6	7	
雇人的私人住户	Private Households with Employed Persons	...	1	1	1	
增加值总额(按基本价格计算)	Equals: Value Added, Gross, in basic prices	103	159	185	204	
按2000年价格计算	At Constant Prices of 2000	103	115	120	118	
农业、狩猎业、林业和渔业	Agriculture, Hunting, Forestry; Fishing	1	1	1	1	
农业、狩猎业和林业	Agriculture, Hunting, Forestry	1	1	1	1	
渔业	Fishing	...	1	...	...	
采掘业	Mining and Quarrying	46	48	46	42	
制造业	Manufacturing	16	17	17	17	
电、煤气和水供应业	Electricity, Gas and Water Supply	1	1	1	1	
建筑业	Construction	3	5	5	5	
批发、零售贸易；机动车及个人、家庭用品修理业	Wholesale, Retail Trade, Repair of Motor Vehicles, Motorcycles and Personal and Household Goods	4	5	6	6	
旅馆和饭店业	Hotels and Restaurants	1	...	...	...	
运输、仓储和通讯	Transport, Storage and Communications	4	4	5	5	
金融中介	Financial Intermediation	3	4	5	5	
房地产、租赁及商务活动	Real Estate, Renting and Business Activities	4	4	4	4	
公共管理和国防；社会基本保障	Public Administration and Defence; Compulsory Social Security	16	18	22	23	
教育	Education	...	1	1	1	
卫生和社会工作	Health and Social Work	...	...	...	...	
其他团体、社会和个人服务活动	Other Community, Social and Personal Services	4	5	7	7	
雇人的私人住户	Private Households with Employed Persons	...	...	...	...	
增加值总额(按基本价格计算)	Equals: Value Added, Gross, in basic prices	103	115	120	118	

3-10 续表 3 continued

单位：亿本币 (100 million local currency units)

国家和地区	Country or Area	2000	2005	2007	2008	2009
柬埔寨	**Cambodia**					
按当年价格计算	At Current Prices	141000	258000	350000		
农业、狩猎业、林业和渔业	Agriculture, Hunting, Forestry; Fishing	50600	79100	104000		
农业、狩猎业和林业	Agriculture, Hunting, Forestry	35400	60200	79700		
渔业	Fishing	15200	18900	24300		
采掘业	Mining and Quarrying	335	967	1330		
制造业	Manufacturing	22500	45900	60700		
电、煤气和水供应业	Electricity, Gas and Water Supply	581	1240	1950		
建筑业	Construction	7320	16300	23400		
批发、零售贸易；机动车及个人、家庭用品修理业	Wholesale, Retail Trade, Repair of Motor Vehicles, Motorcycles and Personal and Household Goods	15100	23600	31300		
旅馆和饭店业	Hotels and Restaurants	5210	11200	15200		
运输、仓储和通讯	Transport, Storage and Communications	9300	19000	24200		
金融中介	Financial Intermediation	1750	2940	4910		
房地产、租赁及商务活动	Real Estate, Renting and Business Activities	8550	17000	22000		
公共管理和国防；社会基本保障	Public Administration and Defence; Compulsory Social Security	3770	4640	6680		
教育;卫生和社会工作;其他团体、社会和个人服务活动	Education; Health and Social Work; Other Community, Social and Personal Services	8610	22200	30700		
增加值总额(按基本价格计算)	Equals: Value Added, Gross, in basic prices	134000	244000	326000		
加：税减产品补贴	Plus: Taxes Less Subsidies on Products	8700	16000	27900		
按2000年价格计算	At Constant Prices of 2000	140826	220000	269000		
农业、狩猎业、林业和渔业	Agriculture, Hunting, Forestry; Fishing	50583	64800	71700		
农业、狩猎业和林业	Agriculture, Hunting, Forestry	35424	47700	53900		
渔业	Fishing	15159	17100	17800		
采掘业	Mining and Quarrying	335	870	1070		
制造业	Manufacturing	22548	43100	55100		
电、煤气和水供应业	Electricity, Gas and Water Supply	581	1030	1510		
建筑业	Construction	7316	14000	17900		
批发、零售贸易；机动车及个人、家庭用品修理业	Wholesale, Retail Trade, Repair of Motor Vehicles, Motorcycles and Personal and Household Goods	15120	19100	22400		
旅馆和饭店业	Hotels and Restaurants	5209	9530	11900		
运输、仓储和通讯	Transport, Storage and Communications	9301	14900	16300		
金融中介	Financial Intermediation	1751	2510	3810		
房地产、租赁及商务活动	Real Estate, Renting and Business Activities	8550	16700	20600		
公共管理和国防；社会基本保障	Public Administration and Defence; Compulsory Social Security	3766	3370	3340		
教育;卫生和社会工作;其他团体、社会和个人服务活动	Education; Health and Social Work; Other Community, Social and Personal Services	8612	18600	24500		
增加值总额(按基本价格计算)	Equals: Value Added, Gross, in basic prices	133672	209000	250000		
加：税减产品补贴	Plus: Taxes Less Subsidies on Products	8702	13700	21400		

3-10 续表 4 continued

单位：亿本币 (100 million local currency units)

国家和地区	Country or Area	2000	2005	2007	2008	2009
印　度	**India**					
按当年价格计算	At Current Prices	210000	371000	495000	557000	
农业、狩猎业、林业和渔业	Agriculture, Hunting, Forestry; Fishing	45400	64700	82400	90800	
农业、狩猎业和林业	Agriculture, Hunting, Forestry	43200	61600	78500	86500	
渔业	Fishing	2150	3110	3910	4270	
采掘业	Mining and Quarrying	4640	9510	12700	13600	
制造业	Manufacturing	30800	53800	75000	83500	
电、煤气和水供应业	Electricity, Gas and Water Supply	4900	7240	8900	9290	
建筑业	Construction	11200	27500	38400	45300	
批发、零售贸易；机动车及个人、家庭用品修理业	Wholesale, Retail Trade, Repair of Motor Vehicles, Motorcycles and Personal and Household Goods	25700	51500	69400	79600	
旅馆和饭店业	Hotels and Restaurants	2510	5440	7790	8140	
运输、仓储和通讯	Transport, Storage and Communications	15000	28300	36700	42000	
金融中介	Financial Intermediation	10600	18500	25200	30000	
房地产、租赁及商务活动	Real Estate, Renting and Business Activities	15400	32200	46000	55700	
公共管理和国防；社会基本保障	Public Administration and Defence; Compulsory Social Security	13300	20000	24500	32300	
教育;卫生和社会工作;其他团体、社会和个人服务活动	Education; Health and Social Work; Other Community, Social and Personal Services	16000	27500	34800	41200	
增加值总额(按基本价格计算)	Equals: Value Added, Gross, in basic prices	195000	346000	462000	531000	
加：税减产品补贴	Plus: Taxes Less Subsidies on Products	14800	24700	33000	26100	
按2004年价格计算	At Constant Prices of 2004		354000	425000	447000	
农业、狩猎业、林业和渔业	Agriculture, Hunting, Forestry; Fishing		59600	64800	65800	
农业、狩猎业和林业	Agriculture, Hunting, Forestry		56700	61600	62400	
渔业	Fishing		2920	3190	3390	
采掘业	Mining and Quarrying		8670	9830	10000	
制造业	Manufacturing		51200	64600	66700	
电、煤气和水供应业	Electricity, Gas and Water Supply		7050	8390	8740	
建筑业	Construction		26000	31700	33500	
批发、零售贸易；机动车及个人、家庭用品修理业	Wholesale, Retail Trade, Repair of Motor Vehicles, Motorcycles and Personal and Household Goods		48800	59000	62800	
旅馆和饭店业	Hotels and Restaurants		5170	6680	6460	
运输、仓储和通讯	Transport, Storage and Communications		28200	36000	40200	
金融中介	Financial Intermediation		19900	28100	32000	
房地产、租赁及商务活动	Real Estate, Renting and Business Activities		30400	37000	39600	
公共管理和国防；社会基本保障	Public Administration and Defence; Compulsory Social Security		19100	20800	25300	
教育;卫生和社会工作;其他团体、社会和个人服务活动	Education; Health and Social Work; Other Community, Social and Personal Services		26300	29200	31600	
增加值总额(按基本价格计算)	Equals: Value Added, Gross, in basic prices		330000	396000	423000	
加：税减产品补贴	Plus: Taxes Less Subsidies on Products		23600	28800	23800	
印度尼西亚①	**Indonesia①**					
按当年价格计算	At Current Prices	1390	2770	3950	4950	5610
农业、狩猎业、林业和渔业	Agriculture, Hunting, Forestry; Fishing	217	364	542	716	858
农业、狩猎业和林业	Agriculture, Hunting, Forestry	186	305	444	579	680
渔业	Fishing	30	60	98	137	178
采掘业	Mining and Quarrying	168	309	441	541	592
制造业	Manufacturing	386	760	1070	1380	1480
电、煤气和水供应业	Electricity, Gas and Water Supply	8	27	35	41	47
建筑业	Construction	77	195	305	420	555
批发、零售贸易；机动车及个人、家庭用品修理业	Wholesale, Retail Trade, Repair of Motor Vehicles, Motorcycles and Personal and Household Goods	185	339	469	551	593
旅馆和饭店业	Hotels and Restaurants	40	93	124	140	158

3-10 续表 5 continued

单位: 亿本币 (100 million local currency units)

国家和地区	Country or Area	2000	2005	2007	2008	2009
印度尼西亚(续)①	**Indonesia(continued)①**					
运输、仓储和通讯	Transport, Storage and Communications	65	181	264	312	352
金融中介；房地产、租赁及商务活动	Financial Intermediation; Real Estate, Renting and Business Activities	115	231	305	368	404
金融中介	Financial Intermediation	64	111	141	170	183
房地产、租赁及商务活动	Real Estate, Renting and Business Activities	51	120	165	198	221
公共管理和国防；社会基本保障	Public Administration and Defence; Compulsory Social Security	70	135	205	258	319
教育;卫生和社会工作;其他团体、社会和个人服务活动	Education; Health and Social Work; Other Community, Social and Personal Services	60	141	193	224	255
增加值总额(按基本价格计算)	Equals: Value Added, Gross, in basic prices	1390	2770	3950	4950	5610
按2000年价格计算	At Constant Prices of 2000	1390	1750	1960	2080	2180
农业、狩猎业、林业和渔业	Agriculture, Hunting, Forestry; Fishing	217	254	272	285	296
农业、狩猎业和林业	Agriculture, Hunting, Forestry	186	215	228	239	248
渔业	Fishing	30	39	44	46	48
采掘业	Mining and Quarrying	168	165	171	172	180
制造业	Manufacturing	386	492	538	558	570
电、煤气和水供应业	Electricity, Gas and Water Supply	8	12	14	15	17
建筑业	Construction	77	104	122	131	140
批发、零售贸易；机动车及个人、家庭用品修理业	Wholesale, Retail Trade, Repair of Motor Vehicles, Motorcycles and Personal and Household Goods	185	242	282	302	302
旅馆和饭店业	Hotels and Restaurants	40	52	58	62	66
运输、仓储和通讯	Transport, Storage and Communications	65	109	142	166	192
金融中介	Financial Intermediation	64	84	93	101	104
房地产、租赁及商务活动	Real Estate, Renting and Business Activities	52	77	90	98	105
公共管理和国防；社会基本保障	Public Administration and Defence; Compulsory Social Security	70	74	81	84	89
教育;卫生和社会工作;其他团体、社会和个人服务活动	Education; Health and Social Work; Other Community, Social and Personal Services	60	87	101	109	117
增加值总额(按基本价格计算)	Equals: Value Added, Gross, in basic prices	1390	1750	1960	2080	2180
伊　朗①	**Iran①**					
按当年价格计算	At Current Prices	596	1840	2900		
增加值总额(按基本价格计算)	Equals: Value Added, Gross, in basic prices	586	1870	2920		
农业、狩猎业、林业和渔业	Agriculture, Hunting, Forestry; Fishing	78	168	265		
农业、狩猎业和林业	Agriculture, Hunting, Forestry	77	164	260		
渔业	Fishing	2	4	5		
采掘业	Mining and Quarrying	106	533	823		
制造业	Manufacturing	78	211	323		
电、煤气和水供应业	Electricity, Gas and Water Supply	8	24	36		
建筑业	Construction	20	65	143		
批发、零售贸易；机动车及个人、家庭用品修理业	Wholesale, Retail Trade, Repair of Motor Vehicles, Motorcycles and Personal and Household Goods	78	199	285		
旅馆和饭店业	Hotels and Restaurants	2	8	11		
运输、仓储和通讯	Transport, Storage and Communications	48	148	240		
金融中介；房地产、租赁及商务活动	Financial Intermediation; Real Estate, Renting and Business Activities	84	269	471		
金融中介	Financial Intermediation	9	39	69		
房地产、租赁及商务活动	Real Estate, Renting and Business Activities	75	230	402		
公共管理和国防；社会基本保障	Public Administration and Defence; Compulsory Social Security	57	158	198		
教育;卫生和社会工作;其他团体、社会和个人服务活动	Education; Health and Social Work; Other Community, Social and Personal Services	27	88	124		
教育	Education	9	34	45		
卫生和社会工作	Health and Social Work	14	44	62		
其他团体、社会和个人服务活动	Other Community, Social and Personal Services	4	10	17		
加：税减产品补贴	Plus: Taxes Less Subsidies on Products	10	-30	-22		

3-10 续表 6 continued

单位：亿本币 (100 million local currency units)

国家和地区	Country or Area	2000	2005	2007	2008	2009
伊朗(续)①	**Iran(continued)①**					
按1997年价格计算	At Constant Prices of 1997	331	438	503		
增加值总额(按基本价格计算)	Equals: Value Added, Gross, in basic prices	326	445	507		
农业、狩猎业和林业	Agriculture, Hunting, Forestry	44	57	63		
渔业	Fishing	1	2	2		
采掘业	Mining and Quarrying	45	51	54		
制造业	Manufacturing	49	87	104		
电、煤气和水供应业	Electricity, Gas and Water Supply	3	5	6		
建筑业	Construction	14	19	22		
批发、零售贸易；机动车及个人、家庭用品修理业	Wholesale, Retail Trade, Repair of Motor Vehicles, Motorcycles and Personal and Household Goods	48	73	80		
旅馆和饭店业	Hotels and Restaurants	1	2	2		
运输、仓储和通讯	Transport, Storage and Communications	30	46	61		
金融中介	Financial Intermediation	4	7	10		
房地产、租赁及商务活动	Real Estate, Renting and Business Activities	45	54	57		
公共管理和国防；社会基本保障	Public Administration and Defence; Compulsory Social Security	28	26	26		
教育；卫生和社会工作；其他团体、社会和个人服务活动	Education; Health and Social Work; Other Community Social and Personal Services	15	19	20		
教育	Education	5	6	7		
卫生和社会工作	Health and Social Work	7	9	10		
其他团体、社会和个人服务活动	Other Community, Social and Personal Services	2	3	4		
加：税减产品补贴	Plus: Taxes Less Subsidies on Products	5	-7	-4		
以色列	**Israel**					
按当年价格计算	At Current Prices	5090	6030	6860	7250	
增加值总额(按基本价格计算)	Equals: Value Added, Gross, in basic prices	4380	5420	6290	6750	
农业、狩猎业、林业和渔业	Agriculture, Hunting, Forestry; Fishing	76	109	109	115	
制造业	Manufacturing	789	813	957	1150	
电、煤气和水供应业	Electricity, Gas and Water Supply	72	102	108	121	
建筑业	Construction	243	251	309	329	
批发、零售贸易；机动车及个人、家庭用品修理业；旅馆和饭店业	Wholesale, Retail Trade, Repair of Motor Vehicles, Motorcycles and Personal and Households Goods; Hotels and Restaurants	451	556	663	716	
运输、仓储和通讯	Transport, Storage and Communications	342	417	450	465	
公共管理和国防；社会基本保障	Public Administration and Defence; Compulsory Social Security	343	400	431	448	
教育	Education	336	397	452	477	
卫生和社会工作	Health and Social Work	282	369	411	429	
其他团体、社会和个人服务活动	Other Community, Social and Personal Services	154	191	227	239	
加：税减产品补贴	Plus: Taxes Less Subsidies on Products	561	685	784	824	

3-10 续表 7 continued

单位：亿本币 (100 million local currency units)

国家和地区	Country or Area	2000	2005	2007	2008	2009
以色列(续)	**Israel(continued)**					
按2005年价格计算	At Constant Prices of 2005	5420	6030	6670	6940	
农业、狩猎业、林业和渔业	Agriculture, Hunting, Forestry; Fishing	83	109	109	103	
制造业	Manufacturing	821	813	915	972	
电、煤气和水供应业	Electricity, Gas and Water Supply	90	102	112	129	
建筑业	Construction	291	251	286	290	
批发、零售贸易；机动车及个人、家庭用品修理业；旅馆和饭店业	Wholesale, Retail Trade, Repair of Motor Vehicles, Motorcycles and Personal and Households Goods; Hotels and Restaurants	475	556	623	637	
运输、仓储和通讯	Transport, Storage and Communications	343	417	471	494	
金融中介；房地产、租赁及商务活动	Financial Intermediation; Real Estate, Renting and Business Activities	1530	1810	2050	2120	
公共管理和国防；社会基本保障	Public Administration and Defence; Compulsory Social Security	382	400	422	429	
教育;卫生和社会工作;其他团体、社会和个人服务活动	Education; Health and Social Work; Other Community, Social and Personal Services	878	956	1050	1080	
教育	Education	371	397	427	443	
卫生和社会工作	Health and Social Work	319	369	398	407	
其他团体、社会和个人服务活动	Other Community, Social and Personal Services	189	191	221	227	
增加值总额(按基本价格计算)	Equals: Value Added, Gross, in basic prices	4890	5420	6130	6520	
加：税减产品补贴	Plus: Taxes Less Subsidies on Products	617	685	770	805	
日　本①	**Japan①**					
按当年价格计算	At Current Prices	503	502	516		
农业、狩猎业、林业和渔业	Agriculture, Hunting, Forestry; Fishing	9	8	7		
农业、狩猎业和林业	Agriculture, Hunting, Forestry	9	8	7		
渔业	Fishing	1				
采掘业	Mining and Quarrying	1	…	…		
制造业	Manufacturing	111	108	109		
电、煤气和水供应业	Electricity, Gas and Water Supply	14	12	10		
建筑业	Construction	37	32	31		
批发、零售贸易；机动车及个人、家庭用品修理业；旅馆和饭店业	Wholesale, Retail Trade, Repair of Motor Vehicles, Motorcycles and Personal and Households Goods; Hotels and Restaurants	71	69	69		
批发、零售贸易；机动车及个人、	Wholesale, Retail Trade, Repair of Motor Vehicles,	71	69	69		
家庭用品修理业	Motorcycles and Personal and Household Goods	…	…	…		
运输、仓储和通讯	Transport, Storage and Communications	35	34	34		
金融中介	Financial Intermediation	30	35	34		
房地产、租赁及商务活动	Real Estate, Renting and Business Activities	58	60	61		
公共管理和国防；社会基本保障	Public Administration and Defence; Compulsory Social Security	28	28	29		
教育	Education	5				
其他团体、社会和个人服务活动②	Other Community, Social and Personal Services②	130	136	142		
增加值总额(按基本价格计算)	Equals: Value Added, Gross, in basic prices	523	522	528		
加：税减产品补贴	Plus: Taxes Less Subsidies on Products	1	2	2		
按2000年价格计算	At Constant Prices of 2000	503	537	561		
农业、狩猎业、林业和渔业	Agriculture, Hunting, Forestry; Fishing	9	8			
农业、狩猎业和林业	Agriculture, Hunting, Forestry	8	7			
渔业	Fishing	1	1			
采掘业	Mining and Quarrying	1	1			
制造业	Manufacturing	111	119			
电、煤气和水供应业	Electricity, Gas and Water Supply	14	16			

3-10 续表 8 continued

单位：亿本币 (100 million local currency units)

国家和地区	Country or Area	2000	2005	2007	2008	2009
日本(续)①	**Japan(continued)①**					
建筑业	Construction	37	33			
批发、零售贸易；机动车及个人、家庭用品修理业；旅馆和饭店业	Wholesale, Retail Trade, Repair of Motor Vehicles, Motorcycles and Personal and Households Goods; Hotels and Restaurants	71	71			
批发、零售贸易；机动车及个人、家庭用品修理业	Wholesale, Retail Trade, Repair of Motor Vehicles, Motorcycles and Personal and Household Goods	71	71			
运输、仓储和通讯	Transport, Storage and Communications	35	38			
金融中介	Financial Intermediation	30	35			
房地产、租赁及商务活动	Real Estate, Renting and Business Activities	100	112			
公共管理和国防；社会基本保障	Public Administration and Defence; Compulsory Social Security	28	30			
教育;卫生和社会工作;其他团体、社会和个人服务活动	Education; Health and Social Work; Other Community, Social and Personal Services	88	96			
其他团体、社会和个人服务活动②	Other Community, Social and Personal Services②	88	96			
增加值总额(按基本价格计算)	Equals: Value Added, Gross, in basic prices	523	559	573		
加：税减产品补贴	Plus: Taxes Less Subsidies on Products	1	1	…		
哈萨克斯坦	**Kazakhstan**					
按当年价格计算	At Current Prices	26000	75900	128000	161000	161000
农业、狩猎业、林业和渔业	Agriculture, Hunting, Forestry; Fishing	2110	4830	7270	8530	10000
农业、狩猎业和林业	Agriculture, Hunting, Forestry	2070	4770	7170	8410	9920
渔业	Fishing	40	60	103	125	105
采掘业	Mining and Quarrying	3390	12000	19300	30000	26500
制造业	Manufacturing	4290	9140	14800	18900	18100
电、煤气和水供应业	Electricity, Gas and Water Supply	796	1480	2240	2690	3040
建筑业	Construction	1350	5950	12100	13000	12900
批发、零售贸易；机动车及个人、家庭用品修理业；旅馆和饭店业	Wholesale, Retail Trade, Repair of Motor Vehicles, Motorcycles and Personal and Households Goods; Hotels and Restaurants	3380	9660	17000	21000	22100
批发、零售贸易；机动车及个人、家庭用品修理业	Wholesale, Retail Trade, Repair of Motor Vehicles, Motorcycles and Personal and Household Goods	3230	8980	15900	19700	20700
旅馆和饭店业	Hotels and Restaurants	148	681	1140	1320	1360
运输、仓储和通讯	Transport, Storage and Communications	2990	8970	14800	17700	17600
金融中介	Financial Intermediation	807	2460	7620	8480	7870
房地产、租赁及商务活动	Real Estate, Renting and Business Activities	2810	11400	19000	24000	25700
公共管理和国防；社会基本保障	Public Administration and Defence; Compulsory Social Security	607	1580	2500	2720	3490
教育	Education	962	2630	4190	4520	5500
卫生和社会工作	Health and Social Work	525	1300	2130	2370	3010
其他团体、社会和个人服务活动②	Other Community, Social and Personal Services②	492	1360	2310	2690	3030
雇人的私人住户	Private Households with Employed Persons	9	104	136	133	134
增加值总额(按基本价格计算)	Equals: Value Added, Gross, in basic prices	24500	72900	125000	157000	159000
加：税减产品补贴	Plus: Taxes Less Subsidies on Products	1730	4680	9200	11300	7460
按上年价格计算	At the Prices of Preceding Year	22100	64400	111000	133000	162000
农业、狩猎业、林业和渔业	Agriculture, Hunting, Forestry; Fishing	1930	4480	6110	6820	9660
农业、狩猎业和林业	Agriculture, Hunting, Forestry	1900	4420	6030	6730	9560
渔业	Fishing	25	56	84	98	98
采掘业	Mining and Quarrying	2540	8190	16900	20400	32000
制造业	Manufacturing	3240	8370	12800	14300	18000
电、煤气和水供应业	Electricity, Gas and Water Supply	791	1450	2010	2360	2640
建筑业	Construction	1090	4960	11700	12600	12400
批发、零售贸易；机动车及个人、家庭用品修理业	Wholesale, Retail Trade, Repair of Motor Vehicles, Motorcycles and Personal and Household Goods	2880	8000	13100	16300	19200

3-10 续表 9 continued

单位：亿本币 (100 million local currency units)

国家和地区	Country or Area	2000	2005	2007	2008	2009
哈萨克斯坦(续)	**Kazakhstan(continued)**					
旅馆和饭店业	Hotels and Restaurants	128	618	979	1200	1190
运输、仓储和通讯	Transport, Storage and Communications	2890	7690	13300	16000	17600
金融中介	Financial Intermediation	591	2320	7230	7520	7800
房地产、租赁及商务活动	Real Estate, Renting and Business Activities	2550	9830	16100	20000	24600
公共管理和国防；社会基本保障	Public Administration and Defence; Compulsory Social Security	557	1350	1980	2560	2850
教育	Education	899	2380	3330	4310	4640
卫生和社会工作	Health and Social Work	490	1160	1630	2210	2460
其他团体、社会和个人服务活动	Other Community, Social and Personal Services	474	1190	1930	2420	2830
雇人的私人住户	Private Households with Employed Persons	8	69	111	117	133
增加值总额(按基本价格计算)	Equals: Value Added, Gross, in basic prices	21100	62100	109000	129000	158000
加：税减产品补贴	Plus: Taxes Less Subsidies on Products	1300	3980	7340	9510	11200
韩　国①	**Korea, Rep.①**					
按当年价格计算	At Current Prices	603	865	975	1030	1060
农业、狩猎业、林业和渔业	Agriculture, Hunting, Forestry; Fishing	25	26	25	25	
农业、狩猎业和林业	Agriculture, Hunting, Forestry	23	24	23	22	
渔业	Fishing	2	2	2	2	
采掘业	Mining and Quarrying	2	2	2	2	
制造业	Manufacturing	160	224	250	268	
电、煤气和水供应业	Electricity, Gas and Water Supply	14	18	19	12	
建筑业	Construction	37	59	65	65	
批发、零售贸易；机动车及个人、家庭用品修理业	Wholesale, Retail Trade, Repair of Motor Vehicles, Motorcycles and Personal and Household Goods	54	67	75	81	
旅馆和饭店业	Hotels and Restaurants	15	18	21	23	
运输、仓储和通讯	Transport, Storage and Communications	37	54	59	61	
金融中介	Financial Intermediation	31	53	61	65	
房地产、租赁及商务活动	Real Estate, Renting and Business Activities	74	104	119	126	
公共管理和国防；社会基本保障	Public Administration and Defence; Compulsory Social Security	31	48	56	59	
教育	Education	28	47	56	61	
卫生和社会工作	Health and Social Work	15	29	36	39	
其他团体、社会和个人服务活动	Other Community, Social and Personal Services	17	27	31	33	
雇人的私人住户	Private Households with Employed Persons	…	…	…	…	
增加值总额(按基本价格计算)	Equals: Value Added, Gross, in basic prices	539	776	875	920	958
加：税减产品补贴	Plus: Taxes Less Subsidies on Products	65	89	100	107	105
按2005年价格计算	At Constant Prices of 2005	695	865	957	978	980
农业、狩猎业、林业和渔业	Agriculture, Hunting, Forestry; Fishing	25	26	27	29	29
农业、狩猎业和林业	Agriculture, Hunting, Forestry	23	24	25	26	27
渔业	Fishing	2	2	3	3	3
采掘业	Mining and Quarrying	2	2	2	2	2
制造业	Manufacturing	159	216	250	257	253
电、煤气和水供应业	Electricity, Gas and Water Supply	13	18	19	20	21
建筑业	Construction	49	59	62	61	62
批发、零售贸易；机动车及个人、家庭用品修理业	Wholesale, Retail Trade, Repair of Motor Vehicles, Motorcycles and Personal and Household Goods	62	67	73	74	74
旅馆和饭店业	Hotels and Restaurants	16	18	20	20	20
运输、仓储和通讯	Transport, Storage and Communications	38	54	59	62	61
金融中介	Financial Intermediation	38	53	62	65	67
房地产、租赁及商务活动	Real Estate, Renting and Business Activities	95	112	120	122	122
公共管理和国防；社会基本保障	Public Administration and Defence; Compulsory Social Security	43	48	52	53	55

3-10 续表 10 continued

单位：亿本币 (100 million local currency units)

国家和地区	Country or Area	2000	2005	2007	2008	2009
韩国(续)①	**Korea(continued)①**					
教育	Education	38	47	50	52	52
卫生和社会工作	Health and Social Work	24	29	33	34	37
其他团体、社会和个人服务活动	Other Community, Social and Personal Services	21	27	31	31	31
雇人的私人住户	Private Households with Employed Persons	…	…	…	…	…
增加值总额(按基本价格计算)	Equals: Value Added, Gross, in basic prices	621	776	860	881	885
加：税减产品补贴	Plus: Taxes Less Subsidies on Products	74	89	97	97	96
老挝	**Laos**					
按当年价格计算	At Current Prices	137000	306000	395000		
农业、狩猎业、林业和渔业	Agriculture, Hunting, Forestry; Fishing	71300	136000	122000		
农业、狩猎业和林业	Agriculture, Hunting, Forestry			105000		
渔业	Fishing			16300		
采掘业	Mining and Quarrying	670	9410	44100		
制造业	Manufacturing	23100	62700	34100		
电、煤气和水供应业	Electricity, Gas and Water Supply	4230	8220	10000		
建筑业	Construction	3090	8960	14400		
批发、零售贸易；机动车及个人、家庭用品修理业	Wholesale, Retail Trade, Repair of Motor Vehicles, Motorcycles and Personal and Household Goods	12800	31800	84300		
旅馆和饭店业	Hotels and Restaurants	3090	6910	2700		
运输、仓储和通讯	Transport, Storage and Communications	7940	19100	19200		
金融中介	Financial Intermediation	1050	1100	6550		
房地产、租赁及商务活动	Real Estate, Renting and Business Activities	4060	7500	13300		
公共管理和国防；社会基本保障	Public Administration and Defence; Compulsory Social Security	3930	10800	17100		
教育;卫生和社会工作;其他团体、社会和个人服务活动	Education; Health and Social Work; Other Community, Social and Personal Services	387	748	5580		
其他团体、社会和个人服务活动	Other Community, Social and Personal Services	387	748	5580		
雇人的私人住户	Private Households with Employed Persons			2850		
增加值总额(按基本价格计算)	Equals: Value Added, Gross, in basic prices	136000	303000	376000		
加：税减产品补贴	Plus: Taxes Less Subsidies on Products	1070	2690	25700		
按1990年价格计算	At Constant Prices of 1990	11300				
农业、狩猎业、林业和渔业	Agriculture, Hunting, Forestry; Fishing	5840				
采掘业	Mining and Quarrying	55				
制造业	Manufacturing	1890				
电、煤气和水供应业	Electricity, Gas and Water Supply	347				
建筑业	Construction	253				
批发、零售贸易；机动车及个人、家庭用品修理业	Wholesale, Retail Trade, Repair of Motor Vehicles, Motorcycles and Personal and Household Goods	1050				
旅馆和饭店业	Hotels and Restaurants	253				
运输、仓储和通讯	Transport, Storage and Communications	650				
金融中介	Financial Intermediation	86				
房地产、租赁及商务活动	Real Estate, Renting and Business Activities	333				
公共管理和国防；社会基本保障	Public Administration and Defence; Compulsory Social Security	334				
教育;卫生和社会工作;其他团体、社会和个人服务活动	Education; Health and Social Work; Other Community, Social and Personal Services	110				
其他团体、社会和个人服务活动	Other Community, Social and Personal Services	110				
增加值总额(按基本价格计算)	Equals: Value Added, Gross, in basic prices	11200				
加：税减产品补贴	Plus: Taxes Less Subsidies on Products	77				

3-10 续表 11 continued

单位：亿本币 (100 million local currency units)

国家和地区	Country or Area	2000	2005	2007	2008	2009
马来西亚	**Malaysia**					
按当年价格计算	At Current Prices	3560	5220	6400	7390	
农业、狩猎业、林业和渔业	Agriculture, Hunting, Forestry; Fishing	306	439	650	757	
农业、狩猎业和林业	Agriculture, Hunting, Forestry	256	383	582	681	
渔业	Fishing	51	56	68	75	
采掘业	Mining and Quarrying	376	751	924	1270	
制造业	Manufacturing	1100	1550	1790	1940	
电、煤气和水供应业	Electricity, Gas and Water Supply	106	143	160	169	
建筑业	Construction	140	157	176	196	
批发、零售贸易；机动车及个人、家庭用品修理业	Wholesale, Retail Trade, Repair of Motor Vehicles, Motorcycles and Personal and Household Goods	400	553	691	813	
旅馆和饭店业	Hotels and Restaurants	80	112	142	163	
运输、仓储和通讯	Transport, Storage and Communications	249	360	426	458	
金融中介	Financial Intermediation	326	441	533	579	
房地产、租赁及商务活动	Real Estate, Renting and Business Activities	157	212	286	294	
公共管理和国防；社会基本保障	Public Administration and Defence; Compulsory Social Security	226	344	442	540	
教育	Education	16	24	30	35	
卫生和社会工作	Health and Social Work	15	28	35	39	
其他团体、社会和个人服务活动	Other Community, Social and Personal Services	175	215	233	245	
雇人的私人住户	Private Households with Employed Persons	7	9	10	11	
增加值总额(按基本价格计算)	Equals: Value Added, Gross, in basic prices	3680	5330	6530	7510	
加：税减产品补贴	Plus: Taxes Less Subsidies on Products	58	64	60	74	
按2000年价格计算	At Constant Prices of 2000	3560	4490	5050	5280	
农业、狩猎业、林业和渔业	Agriculture, Hunting, Forestry; Fishing	306	358	382	398	
农业、狩猎业和林业	Agriculture, Hunting, Forestry	256	304	320	333	
渔业	Fishing	51	54	62	64	
采掘业	Mining and Quarrying	376	425	429	426	
制造业	Manufacturing	1100	1380	1520	1540	
电、煤气和水供应业	Electricity, Gas and Water Supply	106	139	151	154	
建筑业	Construction	140	147	153	157	
批发、零售贸易；机动车及个人、家庭用品修理业	Wholesale, Retail Trade, Repair of Motor Vehicles, Motorcycles and Personal and Household Goods	400	512	615	676	
旅馆和饭店业	Hotels and Restaurants	80	101	119	127	
运输、仓储和通讯	Transport, Storage and Communications	249	329	381	407	
金融中介	Financial Intermediation	326	451	539	580	
房地产、租赁及商务活动	Real Estate, Renting and Business Activities	157	205	268	272	
公共管理和国防；社会基本保障	Public Administration and Defence; Compulsory Social Security	226	304	350	389	
教育	Education	16	22	27	31	
卫生和社会工作	Health and Social Work	15	26	32	35	
其他团体、社会和个人服务活动	Other Community, Social and Personal Services	175	205	218	226	
雇人的私人住户	Private Households with Employed Persons	7	9	9	9	
增加值总额(按基本价格计算)	Equals: Value Added, Gross, in basic prices	3680	4610	5190	5420	
加：税减产品补贴	Plus: Taxes Less Subsidies on Products	58	60	55	68	

3-10 续表 12 continued

单位：亿本币 (100 million local currency units)

国家和地区	Country or Area	2000	2005	2007	2008	2009
蒙　古	**Mongolia**					
按当年价格计算	At Current Prices	11700	27800	46000	60200	
农业、狩猎业、林业和渔业	Agriculture, Hunting, Forestry; Fishing	3380	6080	9430	13000	
农业、狩猎业和林业	Agriculture, Hunting, Forestry	3380	6080	9430	13000	
渔业	Fishing	1	1	1	…	
采掘业	Mining and Quarrying	1160	6080	13400	13300	
制造业	Manufacturing	478	1020	1840	2580	
电、煤气和水供应业	Electricity, Gas and Water Supply	268	800	1020	1300	
建筑业	Construction	197	588	786	899	
批发、零售贸易；机动车及个人、家庭用品修理业	Wholesale, Retail Trade, Repair of Motor Vehicles, Motorcycles and Personal and Household Goods	1140	2270	3210	4720	
旅馆和饭店业	Hotels and Restaurants	105	191	291	390	
运输、仓储和通讯	Transport, Storage and Communications	1130	3090	4390	5680	
金融中介	Financial Intermediation	256	1000	1510	2080	
房地产、租赁及商务活动	Real Estate, Renting and Business Activities	1330	2170	2580	4790	
公共管理和国防；社会基本保障	Public Administration and Defence; Compulsory Social Security	387	668	1440	2520	
教育	Education	474	849	1710	2730	
卫生和社会工作	Health and Social Work	195	380	751	1230	
其他团体、社会和个人服务活动	Other Community, Social and Personal Services	106	283	449	666	
增加值总额(按基本价格计算)	Equals: Value Added, Gross, in basic prices	10400	24700	41100	53500	
加：税减产品补贴	Plus: Taxes Less Subsidies on Products	1370	3120	4920	6730	
按2005年价格计算	At Constant Prices of 2005	20300	27800	33300	36200	
农业、狩猎业、林业和渔业	Agriculture, Hunting, Forestry; Fishing	6210	6080	7570	8010	
农业、狩猎业和林业	Agriculture, Hunting, Forestry	6210	6080	7570	8010	
渔业	Fishing	1	1	1	…	
采掘业	Mining and Quarrying	4160	6080	6650	6460	
制造业	Manufacturing	662	1020	1490	1550	
电、煤气和水供应业	Electricity, Gas and Water Supply	701	800	899	982	
建筑业	Construction	257	588	671	585	
批发、零售贸易；机动车及个人、家庭用品修理业	Wholesale, Retail Trade, Repair of Motor Vehicles, Motorcycles and Personal and Household Goods	1580	2270	2790	3250	
旅馆和饭店业	Hotels and Restaurants	150	191	244	261	
运输、仓储和通讯	Transport, Storage and Communications	1500	3090	4390	5290	
金融中介	Financial Intermediation	368	1000	1260	1510	
房地产、租赁及商务活动	Real Estate, Renting and Business Activities	1610	2170	2250	2690	
公共管理和国防；社会基本保障	Public Administration and Defence; Compulsory Social Security	681	668	702	731	
教育	Education	992	849	905	973	
卫生和社会工作	Health and Social Work	358	380	460	486	
其他团体、社会和个人服务活动	Other Community, Social and Personal Services	148	283	323	373	
增加值总额(按基本价格计算)	Equals: Value Added, Gross, in basic prices	18500	24700	29200	31400	
加：税减产品补贴	Plus: Taxes Less Subsidies on Products	1830	3120	4100	4800	

3-10 续表 13 continued

单位：亿本币 (100 million local currency units)

国家和地区	Country or Area	2000	2005	2007	2008	2009
巴基斯坦	**Pakistan**					
按当年价格计算	At Current Prices	38300	65000	86700	103000	131000
农业、狩猎业、林业和渔业	Agriculture, Hunting, Forestry; Fishing	9240	13100	16900	20200	25900
采掘业	Mining and Quarrying	811	1820	2530	3010	3570
制造业	Manufacturing	5230	11400	15700	19500	22100
电、煤气和水供应业	Electricity, Gas and Water Supply	1400	1870	1700	1500	1650
建筑业	Construction	874	1530	2250	2650	3000
批发、零售贸易；机动车及个人、家庭用品修理业；旅馆和饭店业	Wholesale, Retail Trade, Repair of Motor Vehicles, Motorcycles and Personal and Households Goods; Hotels and Restaurants	6220	10900	14400	18300	23600
运输、仓储和通讯	Transport, Storage and Communications	4010	7600	10100	11800	16100
金融中介；房地产、租赁及商务活动	Financial Intermediation; Real Estate, Renting and Business Activities	2430	4020	6530	8050	9720
公共管理和国防；社会基本保障	Public Administration and Defence; Compulsory Social Security	2200	3430	4680	5300	6650
教育;卫生和社会工作;其他团体、社会和个人服务活动	Education; Health and Social Work; Other Community, Social and Personal Services	3220	5510	7600	9370	12400
增加值总额(按基本价格计算)	Equals: Value Added, Gross, in basic prices	35600	61200	82400	99600	125000
加：税减产品补贴	Plus: Taxes Less Subsidies on Products	2640	3770	4380	3220	6350
按2000年价格计算	At Constant Prices of 2000	38300	48800	54800	55900	58000
农业、狩猎业、林业和渔业	Agriculture, Hunting, Forestry; Fishing	9240	10300	11400	11500	12000
采掘业	Mining and Quarrying	811	1230	1320	1380	1400
制造业	Manufacturing	5230	8400	9880	10400	10000
电、煤气和水供应业	Electricity, Gas and Water Supply	1400	1460	1120	877	845
建筑业	Construction	874	982	1350	1290	1150
批发、零售贸易；机动车及个人、家庭用品修理业；旅馆和饭店业	Wholesale, Retail Trade, Repair of Motor Vehicles, Motorcycles and Personal and Households Goods; Hotels and Restaurants	6220	8590	8870	9340	9640
运输、仓储和通讯	Transport, Storage and Communications	4010	4770	5190	5490	5650
金融中介；房地产、租赁及商务活动	Financial Intermediation; Real Estate, Renting and Business Activities	2430	3170	4450	4890	4900
公共管理和国防；社会基本保障	Public Administration and Defence; Compulsory Social Security	2200	2690	3170	3210	3370
教育;卫生和社会工作;其他团体、社会和个人服务活动	Education; Health and Social Work; Other Community, Social and Personal Services	3220	4370	5180	5700	6120
增加值总额(按基本价格计算)	Equals: Value Added, Gross, in basic prices	35600	45900	51900	54000	55100
加：税减产品补贴	Plus: Taxes Less Subsidies on Products	2640	2890	2860	1830	2840
菲 律 宾	**Philippines**					
按当年价格计算	At Current Prices	33500	54400	66500	74200	
农业、狩猎业、林业和渔业	Agriculture, Hunting, Forestry; Fishing	5290	7780	9430	11000	
农业、狩猎业和林业	Agriculture, Hunting, Forestry	4500	6620	8000	9320	
渔业	Fishing	785	1160	1430	1700	
采掘业	Mining and Quarrying	218	636	1080	1110	
制造业	Manufacturing	7460	12600	14600	16600	
电、煤气和水供应业	Electricity, Gas and Water Supply	975	1970	2310	2360	
建筑业	Construction	2170	2100	3000	3460	
批发、零售贸易；机动车及个人、家庭用品修理业	Wholesale, Retail Trade, Repair of Motor Vehicles, Motorcycles and Personal and Household Goods	4730	7770	9810	10900	
旅馆和饭店业	Hotels and Restaurants	630	959	1190	1300	
运输、仓储和通讯	Transport, Storage and Communications	1990	4140	4780	5090	
金融中介；房地产、租赁及商务活动	Financial Intermediation; Real Estate, Renting and Business Activities	4240	7690	9940	11200	
金融中介	Financial Intermediation	1490	2630	3620	4050	
房地产、租赁及商务活动	Real Estate, Renting and Business Activities	2750	5060	6320	7150	
公共管理和国防；社会基本保障	Public Administration and Defence; Compulsory Social Security	3200	4140	4730	5200	
教育	Education	778	1430	1700	1780	
卫生和社会工作	Health and Social Work	458	888	1070	1170	
其他团体、社会和个人服务活动	Other Community, Social and Personal Services	1410	2290	2820	3100	
增加值总额(按基本价格计算)	Equals: Value Added, Gross, in basic prices	33500	54400	66500	74200	

3-10 续表 14 continued

单位：亿本币 (100 million local currency units)

国家和地区	Country or Area	2000	2005	2007	2008	2009
菲律宾(续)	**Philippines(continued)**					
按1985年价格计算	At Constant Prices of 1985	9730	12100	13700	14200	
农业、狩猎业、林业和渔业	Agriculture, Hunting, Forestry; Fishing	1920	2310	2510	2590	
农业、狩猎业和林业	Agriculture, Hunting, Forestry	1550	1790	1930	1980	
渔业	Fishing	371	518	586	618	
采掘业	Mining and Quarrying	108	200	242	242	
制造业	Manufacturing	2370	2930	3160	3290	
电、煤气和水供应业	Electricity, Gas and Water Supply	326	377	427	459	
建筑业	Construction	644	459	609	657	
批发、零售贸易；机动车及个人、家庭用品修理业	Wholesale, Retail Trade, Repair of Motor Vehicles, Motorcycles and Personal and Household Goods	1530	2040	2340	2370	
旅馆和饭店业	Hotels and Restaurants	128	152	176	181	
运输、仓储和通讯	Transport, Storage and Communications	682	1050	1210	1260	
金融中介	Financial Intermediation	467	646	813	834	
房地产、租赁及商务活动	Real Estate, Renting and Business Activities	568	777	900	965	
公共管理和国防；社会基本保障	Public Administration and Defence; Compulsory Social Security	485	538	566	598	
教育	Education	80	97	102	99	
卫生和社会工作	Health and Social Work	114	158	173	175	
其他团体、社会和个人服务活动	Other Community, Social and Personal Services	301	384	445	468	
增加值总额(按基本价格计算)	Equals: Value Added, Gross, in basic prices	9730	12100	13700	14200	
新加坡	**Singapore**					
按当年价格计算	At Current Prices	1600	2020	2590	2660	2580
农业、狩猎业、林业和渔业	Agriculture, Hunting, Forestry; Fishing	2	2	2	2	2
制造业	Manufacturing	411	512	584	508	473
电、煤气和水供应业	Electricity, Gas and Water Supply	28	33	38	36	36
建筑业	Construction	90	72	92	133	160
批发、零售贸易；机动车及个人、家庭用品修理业	Wholesale, Retail Trade, Repair of Motor Vehicles, Motorcycles and Personal and Household Goods	205	339	463	479	436
旅馆和饭店业	Hotels and Restaurants	34	38	50	55	50
运输、仓储和通讯	Transport, Storage and Communications	208	280	334	343	319
金融中介	Financial Intermediation	172	219	319	342	350
房地产、租赁及商务活动	Real Estate, Renting and Business Activities	199	231	318	380	372
教育;卫生和社会工作;其他团体、社会和个人服务活动	Education; Health and Social Work; Other Community, Social and Personal Services	158	204	233	254	259
雇人的私人住户	Private Households with Employed Persons	67	69	111	136	137
增加值总额(按基本价格计算)	Equals: Value Added, Gross, in basic prices	1490	1910	2420	2510	2430
加：税减产品补贴	Plus: Taxes Less Subsidies on Products	112	109	165	153	150
按2000年价格计算	At Constant Prices of 2000	1600	1980	2330	2370	2320
农业、狩猎业、林业和渔业	Agriculture, Hunting, Forestry; Fishing	2	2	2	2	2
制造业	Manufacturing	411	506	600	575	551
电、煤气和水供应业	Electricity, Gas and Water Supply	28	35	39	40	40
建筑业	Construction	90	67	82	99	115
批发、零售贸易；机动车及个人、家庭用品修理业	Wholesale, Retail Trade, Repair of Motor Vehicles, Motorcycles and Personal and Household Goods	205	315	375	390	354
旅馆和饭店业	Hotels and Restaurants	34	35	40	41	40
运输、仓储和通讯	Transport, Storage and Communications	208	271	308	321	306
金融中介	Financial Intermediation	172	216	279	296	292
房地产、租赁及商务活动	Real Estate, Renting and Business Activities	199	230	271	293	303
教育;卫生和社会工作;其他团体、社会和个人服务活动	Education; Health and Social Work; Other Community, Social and Personal Services	158	196	213	225	236
雇人的私人住户	Private Households with Employed Persons	67	78	81	82	82
增加值总额(按基本价格计算)	Equals: Value Added, Gross, in basic prices	1490	1850	2180	2230	2180
加：税减产品补贴	Plus: Taxes Less Subsidies on Products	112	132	157	137	133

3-10 续表 15 continued

单位：亿本币 (100 million local currency units)

国家和地区	Country or Area	2000	2005	2007	2008	2009
斯里兰卡	**Sri Lanka**					
按当年价格计算	At Current Prices	12900	24500	35800	44100	
农业、狩猎业、林业和渔业	Agriculture, Hunting, Forestry; Fishing	2020	2970	4300	6180	
采掘业	Mining and Quarrying	172	359	566	718	
制造业	Manufacturing	2240	4500	6290	7480	
电、煤气和水供应业	Electricity, Gas and Water Supply	217	558	925	1040	
建筑业	Construction	812	1650	2580	3190	
批发、零售贸易；机动车及个人、家庭用品修理业；旅馆和饭店业	Wholesale, Retail Trade, Repair of Motor Vehicles, Motorcycles and Personal and Households Goods; Hotels and Restaurants	2480	3910	5860	7310	
运输、仓储和通讯	Transport, Storage and Communications	1350	2910	4280	5370	
金融中介；房地产、租赁及商务活动	Financial Intermediation; Real Estate, Renting and Business Activities	1310	2870	4410	5370	
公共管理和国防；社会基本保障	Public Administration and Defence; Compulsory Social Security	737	2070	3340	3810	
教育;卫生和社会工作;其他团体、社会和个人服务活动	Education; Health and Social Work; Other Community, Social and Personal Services	155	152	58	97	
增加值总额(按基本价格计算)	Equals: Value Added, Gross, in basic prices	11500	21900	32600	40600	
加：税减产品补贴	Plus: Taxes Less Subsidies on Products	1370	2580	3160	3540	
按2002年价格计算	At Constant Prices of 2002		19400	22300	23700	
农业、狩猎业、林业和渔业	Agriculture, Hunting, Forestry; Fishing		2480	2730	2990	
采掘业	Mining and Quarrying		288	426	481	
制造业	Manufacturing		3300	3750	3910	
电、煤气和水供应业	Electricity, Gas and Water Supply		444	582	567	
建筑业	Construction		1180	1400	1500	
批发、零售贸易；机动车及个人、家庭用品修理业；旅馆和饭店业	Wholesale, Retail Trade, Repair of Motor Vehicles, Motorcycles and Personal and Households Goods; Hotels and Restaurants		3280	4020	4380	
运输、仓储和通讯	Transport, Storage and Communications		2330	2900	3130	
金融中介；房地产、租赁及商务活动	Financial Intermediation; Real Estate, Renting and Business Activities		2290	2580	2700	
公共管理和国防；社会基本保障	Public Administration and Defence; Compulsory Social Security		1540	1720	1810	
教育;卫生和社会工作;其他团体、社会和个人服务活动	Education; Health and Social Work; Other Community, Social and Personal Services		135	45	61	
增加值总额(按基本价格计算)	Equals: Value Added, Gross, in basic prices		17300	20100	21500	
加：税减产品补贴	Plus: Taxes Less Subsidies on Products		2150	2180	2120	
泰　国	**Thailand**	**30084**	**38551**			
按当年价格计算	At Current Prices	49200	70900	85300	90800	
农业、狩猎业、林业和渔业	Agriculture, Hunting, Forestry; Fishing	4440	7280	9110	10600	
农业、狩猎业和林业	Agriculture, Hunting, Forestry	3260	6240	8090	9510	
渔业	Fishing	1180	1040	1030	1060	
采掘业	Mining and Quarrying	1170	2230	2790	3150	
制造业	Manufacturing	16500	24600	30300	31700	
电、煤气和水供应业	Electricity, Gas and Water Supply	1460	2200	2480	2620	
建筑业	Construction	1510	2140	2490	2610	
批发、零售贸易；机动车及个人、家庭用品修理业	Wholesale, Retail Trade, Repair of Motor Vehicles, Motorcycles and Personal and Household Goods	8480	10400	12100	12800	
旅馆和饭店业	Hotels and Restaurants	2750	3470	4170	4380	
运输、仓储和通讯	Transport, Storage and Communications	3960	5200	6260	6430	
金融中介；房地产、租赁及商务活动	Financial Intermediation; Real Estate, Renting and Business Activities	3080	4630	5240	5670	
金融中介	Financial Intermediation	1460	2650	3090	3500	
房地产、租赁及商务活动	Real Estate, Renting and Business Activities	1620	1990	2150	2170	
公共管理和国防；社会基本保障	Public Administration and Defence; Compulsory Social Security	2110	3260	3740	4000	
教育	Education	1970	2810	3600	3780	
卫生和社会工作	Health and Social Work	967	1350	1640	1690	
其他团体、社会和个人服务活动	Other Community, Social and Personal Services	738	1240	1200	1230	
雇人的私人住户	Private Households with Employed Persons	70	85	92	97	
增加值总额(按基本价格计算)	Equals: Value Added, Gross, in basic prices	49200	70900	85300	90800	
加：税减产品补贴	Plus: Taxes Less Subsidies on Products	4820	7680	8930	8590	
按1988年价格计算	At Constant Prices of 1988	30100	38600	42600	43600	
农业、狩猎业、林业和渔业	Agriculture, Hunting, Forestry; Fishing	3100	3480	3700	3830	
农业、狩猎业和林业	Agriculture, Hunting, Forestry	2590	2890	3070	3200	
渔业	Fishing	507	591	633	627	
采掘业	Mining and Quarrying	642	881	951	957	
制造业	Manufacturing	11000	15000	16900	17500	
电、煤气和水供应业	Electricity, Gas and Water Supply	976	1290	1420	1470	

3-10 续表 16 continued

单位：亿本币 (100 million local currency units)

国家和地区	Country or Area	2000	2005	2007	2008	2009
泰国(续)	**Thailand(continued)**					
建筑业	Construction	763	938	1010	952	
批发、零售贸易；机动车及个人、家庭用品修理业	Wholesale, Retail Trade, Repair of Motor Vehicles, Motorcycles and Personal and Household Goods	4750	5420	5890	5980	
旅馆和饭店业	Hotels and Restaurants	1130	1360	1580	1610	
运输、仓储和通讯	Transport, Storage and Communications	2900	3840	4320	4300	
金融中介	Financial Intermediation	840	1360	1490	1590	
房地产、租赁及商务活动	Real Estate, Renting and Business Activities	1200	1510	1650	1690	
公共管理和国防；社会基本保障	Public Administration and Defence; Compulsory Social Security	953	1160	1190	1210	
教育	Education	838	961	1090	1070	
卫生和社会工作	Health and Social Work	414	485	542	538	
其他团体、社会和个人服务活动	Other Community, Social and Personal Services	573	852	831	836	
雇人的私人住户	Private Households with Employed Persons	34	37	37	38	
增加值总额(按基本价格计算)	Equals: Value Added, Gross, in basic prices	30100	38600	42600	43600	
越　南①	**Viet Nam①**					
按当年价格计算	At Current Prices	442	839	1140	1480	
农业、狩猎业、林业和渔业	Agriculture, Hunting, Forestry; Fishing	108	176	233	327	340
农业、狩猎业和林业	Agriculture, Hunting, Forestry	93	143	186	268	278
渔业	Fishing	15	33	46	58	62
采掘业	Mining and Quarrying	43	89	112	132	149
制造业	Manufacturing	82	173	243	312	344
电、煤气和水供应业	Electricity, Gas and Water Supply	14	29	40	48	59
建筑业	Construction	24	53	80	96	110
批发、零售贸易；机动车及个人、家庭用品修理业	Wholesale, Retail Trade, Repair of Motor Vehicles, Motorcycles and Personal and Household Goods	63	114	156	205	236
旅馆和饭店业	Hotels and Restaurants	14	29	45	65	75
运输、仓储和通讯	Transport, Storage and Communications	17	37	51	67	73
金融中介	Financial Intermediation	8	15	21	27	32
房地产、租赁及商务活动	Real Estate, Renting and Business Activities	19	34	44	54	60
公共管理和国防；社会基本保障	Public Administration and Defence; Compulsory Social Security	12	23	31	41	47
教育	Education	15	27	35	39	44
卫生和社会工作	Health and Social Work	6	12	16	19	21
其他团体、社会和个人服务活动	Other Community, Social and Personal Services	15	27	36	46	53
雇人的私人住户	Private Households with Employed Persons	1	1	2	3	3
增加值总额(按基本价格计算)	Equals: Value Added, Gross, in basic prices	442	839	1140	1480	1650
按1994年价格计算	At Constant Prices of 1994	274	393	461	490	
农业、狩猎业、林业和渔业	Agriculture, Hunting, Forestry; Fishing	64	77	83	86	88
农业、狩猎业和林业	Agriculture, Hunting, Forestry	57	67	71	73	74
渔业	Fishing	7	10	12	13	13
采掘业	Mining and Quarrying	18	23	22	21	23
制造业	Manufacturing	52	89	114	125	129
电、煤气和水供应业	Electricity, Gas and Water Supply	6	11	14	15	16
建筑业	Construction	21	34	43	43	48
批发、零售贸易；机动车及个人、家庭用品修理业	Wholesale, Retail Trade, Repair of Motor Vehicles, Motorcycles and Personal and Household Goods	45	64	76	80	87
旅馆和饭店业	Hotels and Restaurants	9	14	17	19	19
运输、仓储和通讯	Transport, Storage and Communications	11	15	19	21	23
金融中介	Financial Intermediation	6	8	10	10	11
房地产、租赁及商务活动	Real Estate, Renting and Business Activities	12	15	16	16	17
公共管理和国防；社会基本保障	Public Administration and Defence; Compulsory Social Security	8	11	12	13	14
教育	Education	9	13	16	17	18
卫生和社会工作	Health and Social Work	4	6	7	7	8
其他团体、社会和个人服务活动	Other Community, Social and Personal Services	9	13	15	16	17
雇人的私人住户	Private Households with Employed Persons	1	1	1	1	1
增加值总额(按基本价格计算)	Equals: Value Added, Gross, in basic prices	274	393	461	490	516

3-10 续表 17 continued

单位：亿本币 (100 million local currency units)

国家和地区	Country or Area	2000	2005	2007	2008	2009
埃　　及	**Egypt**					
按当年价格计算	At Current Prices	3460	5680	7450	8960	
农业、狩猎业、林业和渔业	Agriculture, Hunting, Forestry; Fishing	520	899	1000	1130	
采掘业	Mining and Quarrying	282	745	1040	1340	
制造业	Manufacturing	563	903	1140	1390	
电、煤气和水供应业	Electricity, Gas and Water Supply	62	86	123	148	
建筑业	Construction	154	225	302	368	
批发、零售贸易；机动车及个人、家庭用品修理业	Wholesale, Retail Trade, Repair of Motor Vehicles, Motorcycles and Personal and Household Goods	539	631			
旅馆和饭店业	Hotels and Restaurants	66	177			
运输、仓储和通讯	Transport, Storage and Communications	257	574	767	924	
金融中介；房地产、租赁及商务活动	Financial Intermediation; Real Estate, Renting and Business Activities	514	641	748	865	
金融中介	Financial Intermediation	401	461			
房地产、租赁及商务活动	Real Estate, Renting and Business Activities	110	173			
公共管理和国防；社会基本保障	Public Administration and Defence; Compulsory Social Security	326	527	667	797	
教育	Education		149			
卫生和社会工作	Health and Social Work	11	74			
其他团体、社会和个人服务活动	Other Community, Social and Personal Services	285	229			
增加值总额(按基本价格计算)	Equals: Value Added, Gross, in basic prices	3550	5840	7100	8550	
加：税减产品补贴	Plus: Taxes Less Subsidies on Products	93	83	98	139	
按1996年价格计算	At Constant Prices of 1996	3200				
农业、狩猎业、林业和渔业	Agriculture, Hunting, Forestry; Fishing	482				
采掘业	Mining and Quarrying	156				
制造业	Manufacturing	578				
电、煤气和水供应业	Electricity, Gas and Water Supply	56				
建筑业	Construction	146				
批发、零售贸易；机动车及个人、家庭用品修理业；旅馆和饭店业	Wholesale, Retail Trade, Repair of Motor Vehicles, Motorcycles and Personal and Households Goods; Hotels and Restaurants	553				
旅馆和饭店业	Hotels and Restaurants	50				
运输、仓储和通讯	Transport, Storage and Communications	276				
金融中介；房地产、租赁及商务活动	Financial Intermediation; Real Estate, Renting and Business Activities	239				
公共管理和国防；社会基本保障	Public Administration and Defence; Compulsory Social Security	483				
增加值总额(按基本价格计算)	Equals: Value Added, Gross, in basic prices	2970				
加：税减产品补贴	Plus: Taxes Less Subsidies on Products	234				
尼日利亚	**Nigeria**					
按当年价格计算	At Current Prices	47200	147000	209000	254000	
增加值总额(按基本价格计算)	Equals: Value Added, Gross, in basic prices	45800	146000	207000	243000	
农业、狩猎业、林业和渔业	Agriculture, Hunting, Forestry; Fishing	11900	47700	67600	79800	
农业、狩猎业和林业	Agriculture, Hunting, Forestry	11400	46000	65400	77300	
渔业	Fishing	540	1700	2160	2550	
采掘业	Mining and Quarrying	21900	56800	75600	91300	
制造业	Manufacturing	1680	4130	5210	5860	
电、煤气和水供应业	Electricity, Gas and Water Supply	22	294	458	527	
建筑业	Construction	306	2160	2660	3070	
批发、零售贸易；机动车及个人、家庭用品修理业	Wholesale, Retail Trade, Repair of Motor Vehicles, Motorcycles and Personal and Household Goods	5270	18700	30400	35000	
旅馆和饭店业	Hotels and Restaurants	65	461	728	861	
运输、仓储和通讯	Transport, Storage and Communications	1310	4270	7200	7320	
金融中介	Financial Intermediation	438	1310	3410	3920	
房地产、租赁及商务活动	Real Estate, Renting and Business Activities	1680	7130	9260	10600	
公共管理和国防；社会基本保障	Public Administration and Defence; Compulsory Social Security	618	1150	1510	1740	
教育	Education	140	260	334	394	
卫生和社会工作	Health and Social Work	37	68	87	100	
其他团体、社会和个人服务活动	Other Community, Social and Personal Services	413	1260	2040	2350	
雇人的私人住户	Private Households with Employed Persons	1	2	2	2	
加：税减产品补贴	Plus: Taxes Less Subsidies on Products	1350	1630	2170	11300	

3-10 续表 18 continued

单位：亿本币 (100 million local currency units)

国家和地区	Country or Area	2000	2005	2007	2008	2009
尼日利亚(续)	**Nigeria(continued)**					
按1990年价格计算	At Constant Prices of 1990	4120	5600			
增加值总额(按基本价格计算)	Equals: Value Added, Gross, in basic prices	3290	5620	6340	6720	
农业、狩猎业、林业和渔业	Agriculture, Hunting, Forestry; Fishing	1180	2310	2660	2830	
农业、狩猎业和林业	Agriculture, Hunting, Forestry	1120	2240	2580	2740	
渔业	Fishing	55	76	87	92	
采掘业	Mining and Quarrying	1080	1380	1260	1190	
制造业	Manufacturing	140	213	255	278	
电、煤气和水供应业	Electricity, Gas and Water Supply	14	201	222	230	
建筑业	Construction	64	85	109	123	
批发、零售贸易；机动车及个人、家庭用品修理业	Wholesale, Retail Trade, Repair of Motor Vehicles, Motorcycles and Personal and Household Goods	432	773	1030	1170	
旅馆和饭店业	Hotels and Restaurants	7	22	27	31	
运输、仓储和通讯	Transport, Storage and Communications	82	235	321	383	
金融中介；房地产、租赁及商务活动	Financial Intermediation; Real Estate, Renting and Business Activities	234	307	350	374	
金融中介	Financial Intermediation	171	221	244	256	
房地产、租赁及商务活动	Real Estate, Renting and Business Activities	63	85	106	118	
公共管理和国防；社会基本保障	Public Administration and Defence; Compulsory Social Security	30	41	45	47	
教育	Education	7	10	12	13	
卫生和社会工作	Health and Social Work	2	2	3	3	
其他团体、社会和个人服务活动	Other Community, Social and Personal Services	24	37	46	51	
雇人的私人住户	Private Households with Employed Persons					
加：税减产品补贴	Plus: Taxes Less Subsidies on Products					
南　非	**South Africa**					
按当年价格计算	At Current Prices	9220	15700	20200	22800	24200
农业、狩猎业、林业和渔业	Agriculture, Hunting, Forestry; Fishing	275	374	604	656	660
农业、狩猎业和林业	Agriculture, Hunting, Forestry	268	362			
渔业	Fishing	6	11			
采掘业	Mining and Quarrying	634	1060	1570	2100	2120
制造业	Manufacturing	1590	2590	3040	3390	3290
电、煤气和水供应业	Electricity, Gas and Water Supply	228	330	417	471	531
建筑业	Construction	211	386	566	721	845
批发、零售贸易；机动车及个人、家庭用品修理业；旅馆和饭店业	Wholesale, Retail Trade, Repair of Motor Vehicles, Motorcycles and Personal and Households Goods; Hotels and Restaurants	1230	1950	2390	2720	2910
旅馆和饭店业	Hotels and Restaurants		140			
运输、仓储和通讯	Transport, Storage and Communications	809	1390	1640	1880	2060
金融中介；房地产、租赁及商务活动	Financial Intermediation; Real Estate, Renting and Business Activities	1560	2960	4060	4500	4740
金融中介	Financial Intermediation	686	1070			
房地产、租赁及商务活动	Real Estate, Renting and Business Activities	876	1860			
公共管理和国防；社会基本保障	Public Administration and Defence; Compulsory Social Security	1330	2090	2560	2960	3360
教育;卫生和社会工作;其他团体、社会和个人服务活动	Education; Health and Social Work; Other Community, Social and Personal Services	282	545	692	736	806
雇人的私人住户	Private Households with Employed Persons	232	340	401	452	480
增加值总额(按基本价格计算)	Equals: Value Added, Gross, in basic prices	8380	14000	17900	20600	21800
加：税减产品补贴	Plus: Taxes Less Subsidies on Products	839	1700	2240	2260	2420
按2005年价格计算	At Constant Prices of 2005	13000	15700	17500	18100	17800
农业、狩猎业、林业和渔业	Agriculture, Hunting, Forestry; Fishing	348	374	366	406	393
采掘业	Mining and Quarrying	991	1060	1050	996	925
制造业	Manufacturing	2230	2590	2900	2970	2660
电、煤气和水供应业	Electricity, Gas and Water Supply	286	330	353	356	355
建筑业	Construction	264	386	487	532	574
批发、零售贸易；机动车及个人、家庭用品修理业；旅馆和饭店业	Wholesale, Retail Trade, Repair of Motor Vehicles, Motorcycles and Personal and Households Goods; Hotels and Restaurants	1620	1950	2180	2200	2140
运输、仓储和通讯	Transport, Storage and Communications	1030	1390	1560	1620	1630
金融中介；房地产、租赁及商务活动	Financial Intermediation; Real Estate, Renting and Business Activities	2170	2960	3490	3770	3820
公共管理和国防；社会基本保障	Public Administration and Defence; Compulsory Social Security	1910	2090	2240	2330	2430
教育;卫生和社会工作;其他团体、社会和个人服务活动	Education; Health and Social Work; Other Community, Social and Personal Services	484	545	608	627	644
雇人的私人住户	Private Households with Employed Persons	275	340	375	391	401
增加值总额(按基本价格计算)	Equals: Value Added, Gross, in basic prices	11600	14000	15600	16200	16000
加：税减产品补贴	Plus: Taxes Less Subsidies on Products	1440	1700	1900	1940	1860

3-10 续表 19 continued

单位：亿本币 (100 million local currency units)

国家和地区	Country or Area	2000	2005	2007	2008	2009
加 拿 大	**Canada**					
按当年价格计算	At Current Prices	10800	13700	15300	16000	
农业、狩猎业、林业和渔业	Agriculture, Hunting, Forestry; Fishing	228	236			
农业、狩猎业和林业	Agriculture, Hunting, Forestry	214	222			
渔业	Fishing	14	14			
采掘业	Mining and Quarrying	609	1110			
制造业	Manufacturing	1920	1910			
电、煤气和水供应业	Electricity, Gas and Water Supply	292	363			
建筑业	Construction	496	759			
批发、零售贸易；机动车及个人、家庭用品修理业	Wholesale, Retail Trade, Repair of Motor Vehicles, Motorcycles and Personal and Household Goods	1100	1500			
旅馆和饭店业	Hotels and Restaurants	234	283			
运输、仓储和通讯	Transport, Storage and Communications	702	918			
金融中介	Financial Intermediation	595	768			
房地产、租赁及商务活动	Real Estate, Renting and Business Activities	1900	2480			
公共管理和国防；社会基本保障	Public Administration and Defence; Compulsory Social Security	565	716			
教育	Education	468	596			
卫生和社会工作	Health and Social Work	602	803			
其他团体、社会和个人服务活动	Other Community, Social and Personal Services	285	365			
增加值总额(按基本价格计算)	Equals: Value Added, Gross, in basic prices	10000	12800			
加：税减产品补贴	Plus: Taxes Less Subsidies on Products	766	933			
按2002年价格计算	At Constant Prices of 2002	11000	12500	13200	13200	
农业、狩猎业、林业和渔业	Agriculture, Hunting, Forestry; Fishing	271	290	279	293	265
农业、狩猎业和林业	Agriculture, Hunting, Forestry	260	277	265	278	250
渔业	Fishing	11	13	14	15	15
采掘业	Mining and Quarrying	522	564	583	568	518
制造业	Manufacturing	1960	1940	1880	1760	1530
电、煤气和水供应业	Electricity, Gas and Water Supply	298	335	347	345	332
建筑业	Construction	517	662	717	739	690
批发、零售贸易；机动车及个人、家庭用品修理业	Wholesale, Retail Trade, Repair of Motor Vehicles, Motorcycles and Personal and Household Goods	1110	1390	1540	1570	1510
旅馆和饭店业	Hotels and Restaurants	246	260	266	272	267
运输、仓储和通讯	Transport, Storage and Communications	724	851	901	910	884
金融中介	Financial Intermediation	613	704	797	817	818
房地产、租赁及商务活动	Real Estate, Renting and Business Activities	1960	2350	2530	2590	2620
公共管理和国防；社会基本保障	Public Administration and Defence; Compulsory Social Security	581	650	686	705	721
教育	Education	505	554	587	604	614
卫生和社会工作	Health and Social Work	660	727	770	792	812
其他团体、社会和个人服务活动	Other Community, Social and Personal Services	303	345	366	370	373
增加值总额(按基本价格计算)	Equals: Value Added, Gross, in basic prices	10300	11600	12300	12300	12000
墨 西 哥	**Mexico**					
按当年价格计算	At Current Prices	54900	92200	112000	121000	
农业、狩猎业、林业和渔业	Agriculture, Hunting, Forestry; Fishing	2020	3000	3670		
农业、狩猎业和林业	Agriculture, Hunting, Forestry	1960	2930	3610		
渔业	Fishing	64	73	62		
采掘业	Mining and Quarrying	702	6500	8650		
制造业	Manufacturing	10100	16800	20900		
电、煤气和水供应业	Electricity, Gas and Water Supply	559	1270	1640		
建筑业	Construction	2580	6100	7700		

3-10 续表 20 continued

单位：亿本币 (100 million local currency units)

国家和地区	Country or Area	2000	2005	2007	2008	2009
墨西哥(续)	**Mexico(continued)**					
批发、零售贸易；机动车及个人、家庭用品修理业	Wholesale, Retail Trade, Repair of Motor Vehicles, Motorcycles and Personal and Household Goods	8190	14900	17900		
旅馆和饭店业	Hotels and Restaurants	2470	2380	2650		
运输、仓储和通讯	Transport, Storage and Communications	5570	8230	10100		
金融中介	Financial Intermediation	1140	3320	4350		
房地产、租赁及商务活动	Real Estate, Renting and Business Activities	4910	15300	17800		
公共管理和国防；社会基本保障	Public Administration and Defence; Compulsory Social Security	1990	3580	4200		
教育	Education	2870	4370	5140		
卫生和社会工作	Health and Social Work	1610	2600	3100		
其他团体、社会和个人服务活动	Other Community, Social and Personal Services	5690	1050	1230		
雇人的私人住户	Private Households with Employed Persons		435	505		
增加值总额(按基本价格计算)	Equals: Value Added, Gross, in basic prices	50400	89700	109000	120000	
加：税减产品补贴	Plus: Taxes Less Subsidies on Products	5080	3960	4360	3090	
按2003年价格计算	At Constant Prices of 2003		81200	88100	89400	
农业、狩猎业、林业和渔业	Agriculture, Hunting, Forestry; Fishing		2930	3190		
农业、狩猎业和林业	Agriculture, Hunting, Forestry		2860	3120		
渔业	Fishing		72	67		
采掘业	Mining and Quarrying		4480	4510		
制造业	Manufacturing		14900	16200		
电、煤气和水供应业	Electricity, Gas and Water Supply		1010	1180		
建筑业	Construction		5140	5780		
批发、零售贸易；机动车及个人、家庭用品修理业	Wholesale, Retail Trade, Repair of Motor Vehicles, and Personal and Household Goods		13100	14600		
旅馆和饭店业	Hotels and Restaurants		2220	2310		
运输、仓储和通讯	Transport, Storage and Communications		7450	8450		
金融中介	Financial Intermediation		2980	3830		
房地产、租赁及商务活动	Real Estate, Renting and Business Activities		13600	14500		
公共管理和国防；社会基本保障	Public Administration and Defence; Compulsory Social Security		3200	3220		
教育	Education		3870	3950		
卫生和社会工作	Health and Social Work		2300	2470		
其他团体、社会和个人服务活动	Other Community, Social and Personal Services		954	1010		
雇人的私人住户	Private Households with Employed Persons		406	436		
增加值总额(按基本价格计算)	Equals: Value Added, Gross, in basic prices		78600	85800	87400	
加：税减产品补贴	Plus: Taxes Less Subsidies on Products		4230	4580	4650	
美　国	**United States**					
按当年价格计算	At Current Prices	99000	126000	140000	144000	
增加值总额(按基本价格计算)	Equals: Value Added, Gross, in basic prices	91000	115000	128000		
农业、狩猎业、林业和渔业	Agriculture, Hunting, Forestry; Fishing	980	1330	1680		
农业、狩猎业和林业	Agriculture, Hunting, Forestry	980	1330	1680		
渔业	Fishing					
采掘业	Mining and Quarrying	1210	2240	2750		
制造业	Manufacturing	15400	16200	17600		
电、煤气和水供应业	Electricity, Gas and Water Supply	1890	2400	2810		
建筑业	Construction	4360	6050	6110		
批发、零售贸易；机动车及个人、家庭用品修理业	Wholesale, Retail Trade, Repair of Motor Vehicles, Motorcycles and Personal and Household Goods	12500	15500	17000		
旅馆和饭店业	Hotels and Restaurants	2610	3340	3800		
运输、仓储和通讯	Transport, Storage and Communications	6360	7390	8190		
金融中介	Financial Intermediation	7400	9900	10900		
房地产、租赁及商务活动	Real Estate, Renting and Business Activities	23400	30300	34400		
公共管理和国防；社会基本保障	Public Administration and Defence; Compulsory Social Security	6950	9350	10400		
教育;卫生和社会工作;其他团体、社会和个人服务活动	Education; Health and Social Work; Other Community, Social and Personal Services	14300	19500	21600		

3-10 续表 21 continued

单位：亿本币 (100 million local currency units)

国家和地区	Country or Area	2000	2005	2007	2008	2009
美国(续)	**United States(continued)**					
教育	Education	4720	6260	6980		
卫生和社会工作	Health and Social Work	5990	8560	9570		
其他团体、社会和个人服务活动	Other Community, Social and Personal Services	3620	4660	5090		
雇人的私人住户	Private Households with Employed Persons	136	150	177		
加：税减产品补贴	Plus: Taxes Less Subsidies on Products	6650	8690	9630		
按2000年价格计算	At Constant Prices of 2000	97600	109000	115000		
农业、狩猎业、林业和渔业	Agriculture, Hunting, Forestry; Fishing	980	1200	1220		
农业、狩猎业和林业	Agriculture, Hunting, Forestry	980	1200	1220		
渔业	Fishing					
采掘业	Mining and Quarrying	1210	1040	1110		
制造业	Manufacturing	15400	16400	17600		
电、煤气和水供应业	Electricity, Gas and Water Supply	1890	2000	2040		
建筑业	Construction	4360	4180	3560		
批发、零售贸易；机动车及个人、家庭用品修理业	Wholesale, Retail Trade, Repair of Motor Vehicles, Motorcycles and Personal and Household Goods	12500	15300	16200		
旅馆和饭店业	Hotels and Restaurants	2610	2860	3000		
运输、仓储和通讯	Transport, Storage and Communications	6360	7640	8230		
金融中介	Financial Intermediation	7410	8900	9460		
房地产、租赁及商务活动	Real Estate, Renting and Business Activities	23400	26600	28700		
公共管理和国防；社会基本保障	Public Administration and Defence; Compulsory Social Security	6950	7620	7750		
教育	Education	4720	5000	5150		
卫生和社会工作	Health and Social Work	5990	7240	7630		
其他团体、社会和个人服务活动	Other Community, Social and Personal Services	3620	3870	3920		
雇人的私人住户	Private Households with Employed Persons	136	129	141		
加：税减产品补贴	Plus: Taxes Less Subsidies on Products					
增加值总额(按基本价格计算)	Equals: Value Added, Gross, in basic prices	91000	102000	107000		
阿根廷	**Argentina**					
按当年价格计算	At Current Prices	2840	5320	8120	10300	
农业、狩猎业、林业和渔业	Agriculture, Hunting, Forestry; Fishing	133	463	701	932	
农业、狩猎业和林业	Agriculture, Hunting, Forestry	127	448	683	908	
渔业	Fishing	6	16	18	24	
采掘业	Mining and Quarrying	71	288	356	357	
制造业	Manufacturing	469	1140	1590	2010	
电、煤气和水供应业	Electricity, Gas and Water Supply	66	85	110	123	
建筑业	Construction	133	241	464	566	
批发、零售贸易；机动车及个人、家庭用品修理业	Wholesale, Retail Trade, Repair of Motor Vehicles, Motorcycles and Personal and Household Goods	361	580	863	1120	
旅馆和饭店业	Hotels and Restaurants	78	126	200	251	
运输、仓储和通讯	Transport, Storage and Communications	241	444	641	803	
金融中介	Financial Intermediation	115	214	364	486	
房地产、租赁及商务活动	Real Estate, Renting and Business Activities	445	536	819	1040	
公共管理和国防；社会基本保障	Public Administration and Defence; Compulsory Social Security	178	266	437	582	
教育	Education	136	209	385	521	
卫生和社会工作	Health and Social Work	105	135	229	289	
其他团体、社会和个人服务活动	Other Community, Social and Personal Services	111	162	260	332	
雇人的私人住户	Private Households with Employed Persons	34	38	46	51	
增加值总额(按基本价格计算)	Equals: Value Added, Gross, in basic prices	2680	4930	7460	9470	
加：税减产品补贴	Plus: Taxes Less Subsidies on Products	210	422	721	933	

3-10 续表 22 continued

单位：亿本币 (100 million local currency units)

国家和地区	Country or Area	2000	2005	2007	2008	2009
阿根廷(续)	**Argentina(continued)**					
按1993年价格计算	At Constant Prices of 1993	2760	3050	3590	3830	
农业、狩猎业、林业和渔业	Agriculture, Hunting, Forestry; Fishing	150	173	195	190	
农业、狩猎业和林业	Agriculture, Hunting, Forestry	146	170	190	185	
渔业	Fishing	4	3	5	5	
采掘业	Mining and Quarrying	49	51	52	52	
制造业	Manufacturing	439	505	592	618	
电、煤气和水供应业	Electricity, Gas and Water Supply	73	86	95	99	
建筑业	Construction	143	176	228	236	
批发、零售贸易；机动车及个人、家庭用品修理业	Wholesale, Retail Trade, Repair of Motor Vehicles, Motorcycles and Personal and Household Goods	364	385	462	499	
旅馆和饭店业	Hotels and Restaurants	72	75	87	94	
运输、仓储和通讯	Transport, Storage and Communications	235	291	376	421	
金融中介	Financial Intermediation	174	119	173	203	
房地产、租赁及商务活动	Real Estate, Renting and Business Activities	405	422	460	489	
公共管理和国防；社会基本保障	Public Administration and Defence; Compulsory Social Security	144	149	161	168	
教育	Education	120	136	147	152	
卫生和社会工作	Health and Social Work	101	110	123	130	
其他团体、社会和个人服务活动	Other Community, Social and Personal Services	118	140	163	173	
雇人的私人住户	Private Households with Employed Persons	39	35	38	40	
增加值总额(按基本价格计算)	Equals: Value Added, Gross, in basic prices	2630	2850	3350	3560	
加：税减产品补贴	Plus: Taxes Less Subsidies on Products	220	220	278	313	
巴　西	**Brazil**					
按当年价格计算	At Current Prices	11800	21500	26600		
农业、狩猎业、林业和渔业	Agriculture, Hunting, Forestry; Fishing	572	1050	1270		
采掘业	Mining and Quarrying	163	454	537		
制造业	Manufacturing	1760	3330	3900		
电、煤气和水供应业	Electricity, Gas and Water Supply	348	704	818		
建筑业	Construction	564	902	1110		
批发、零售贸易；机动车及个人、家庭用品修理业	Wholesale, Retail Trade, Repair of Motor Vehicles, Motorcycles and Personal and Household Goods	1690	3080	4090		
旅馆和饭店业	Hotels and Restaurants	182	300	417		
运输、仓储和通讯	Transport, Storage and Communications	866	1650	1980		
金融中介	Financial Intermediation	609	1300	1760		
房地产、租赁及商务活动	Real Estate, Renting and Business Activities	1150	1660	1940		
公共管理和国防；社会基本保障	Public Administration and Defence; Compulsory Social Security	964	1840	2260		
教育	Education	536	822	1100		
卫生和社会工作	Health and Social Work	399	657	895		
其他团体、社会和个人服务活动	Other Community, Social and Personal Services	411	672	805		
雇人的私人住户	Private Households with Employed Persons	114	203			
增加值总额(按基本价格计算)	Equals: Value Added, Gross, in basic prices	10200	18400	22900		
加：税减产品补贴	Plus: Taxes Less Subsidies on Products	1580	3050	3730		
按上年价格计算	At the Prices of Preceding Year	11100	20000	25100		
农业、狩猎业、林业和渔业	Agriculture, Hunting, Forestry; Fishing	522	1160	1170		
采掘业	Mining and Quarrying	99	350	610		
制造业	Manufacturing	1580	3240	3730		
电、煤气和水供应业	Electricity, Gas and Water Supply	311	666	806		
建筑业	Construction	533	864	1010		
批发、零售贸易；机动车及个人、家庭用品修理业	Wholesale, Retail Trade, Repair of Motor Vehicles, Motorcycles and Personal and Household Goods		2870	3810		
旅馆和饭店业	Hotels and Restaurants		283	380		
运输、仓储和通讯	Transport, Storage and Communications	587	1480	1860		
金融中介；房地产、租赁及商务活动	Financial Intermediation; Real Estate, Renting and Business Activities	1870	2600	3530		

3-10 续表 23 continued

单位：亿本币 (100 million local currency units)

国家和地区	Country or Area	2000	2005	2007	2008	2009
巴　西(续)	**Brazil(continued)**					
金融中介	Financial Intermediation	693	1020	1680		
房地产、租赁及商务活动	Real Estate, Renting and Business Activities	1180	1580	1850		
公共管理和国防；社会基本保障	Public Administration and Defence; Compulsory Social Security	1440	1620	2120		
教育	Education		771	923		
卫生和社会工作	Health and Social Work		643	807		
其他团体、社会和个人服务活动	Other Community, Social and Personal Services		610	768		
增加值总额(按基本价格计算)	Equals: Value Added, Gross, in basic prices	9640	17200	21500		
加：税减产品补贴	Plus: Taxes Less Subsidies on Products	1470	2870	3610		
委内瑞拉	**Venezuela**					
按当年价格计算	At Current Prices	797000	3040000			
农业、狩猎业、林业和渔业	Agriculture, Hunting, Forestry; Fishing	31300	112000			
农业、狩猎业和林业	Agriculture, Hunting, Forestry	29100	103000			
渔业	Fishing	2200	9500			
采掘业	Mining and Quarrying	143000	920000			
制造业	Manufacturing	148000	459000			
电、煤气和水供应业	Electricity, Gas and Water Supply	17100	39900			
建筑业	Construction	61500	196000			
批发、零售贸易；机动车及个人、家庭用品修理业	Wholesale, Retail Trade, Repair of Motor Vehicles, Motorcycles and Personal and Household Goods	58600	260000			
旅馆和饭店业	Hotels and Restaurants	14000	55500			
运输、仓储和通讯	Transport, Storage and Communications	52900	164000			
金融中介	Financial Intermediation	18800	49000			
房地产、租赁及商务活动	Real Estate, Renting and Business Activities	82600	188000			
公共管理和国防；社会基本保障	Public Administration and Defence; Compulsory Social Security	39900	132000			
教育	Education	53900	149000			
卫生和社会工作	Health and Social Work	23600	62700			
其他团体、社会和个人服务活动	Other Community, Social and Personal Services	13300	38400			
雇人的私人住户	Private Households with Employed Persons	4350	12400			
增加值总额(按基本价格计算)	Equals: Value Added, Gross, in basic prices	763000	2840000			
加：税减产品补贴	Plus: Taxes Less Subsidies on Products	52400	248000			
按1997年价格计算	At Constant Prices of 1997	410000	465000			
农业、狩猎业、林业和渔业	Agriculture, Hunting, Forestry; Fishing	21200	24300			
农业、狩猎业和林业	Agriculture, Hunting, Forestry	19600	22300			
渔业	Fishing	1570	1970			
采掘业	Mining and Quarrying	64700	65000			
制造业	Manufacturing	84600	89000			
电、煤气和水供应业	Electricity, Gas and Water Supply	8840	11400			
建筑业	Construction	26300	24800			
批发、零售贸易；机动车及个人、家庭用品修理业	Wholesale, Retail Trade, Repair of Motor Vehicles, Motorcycles and Personal and Household Goods	34500	43900			
旅馆和饭店业	Hotels and Restaurants	4200	5750			
运输、仓储和通讯	Transport, Storage and Communications	25100	32400			
金融中介	Financial Intermediation	8460	15700			
房地产、租赁及商务活动	Real Estate, Renting and Business Activities	40200	46500			
公共管理和国防；社会基本保障	Public Administration and Defence; Compulsory Social Security	22200	29200			
教育	Education	24600	29300			
卫生和社会工作	Health and Social Work	8400	11300			
其他团体、社会和个人服务活动	Other Community, Social and Personal Services	5750	7190			
雇人的私人住户	Private Households with Employed Persons	1630	1870			
增加值总额(按基本价格计算)	Equals: Value Added, Gross, in basic prices	381000	438000			
加：税减产品补贴	Plus: Taxes Less Subsidies on Products	38200	45700			

3-10 续表 24 continued

单位：亿本币 (100 million local currency units)

国家和地区	Country or Area	2000	2005	2007	2008	2009
捷　克	**Czech Rep.**					
按当年价格计算	At Current Prices	21900	29800	35400	36900	36300
农业、狩猎业、林业和渔业	Agriculture, Hunting, Forestry; Fishing	772	810	783	845	
农业、狩猎业和林业	Agriculture, Hunting, Forestry	766	804	778	841	
渔业	Fishing	6	6	4	4	
采掘业	Mining and Quarrying	291	364	385	502	
制造业	Manufacturing	5320	7050	8440	8190	
电、煤气和水供应业	Electricity, Gas and Water Supply	660	1040	1350	1600	
建筑业	Construction	1280	1680	2040	2190	
批发、零售贸易；机动车及个人、家庭用品修理业	Wholesale, Retail Trade, Repair of Motor Vehicles, Motorcycles and Personal and Household Goods	2740	3420	4030	4290	
旅馆和饭店业	Hotels and Restaurants	434	528	550	603	
运输、仓储和通讯	Transport, Storage and Communications	1950	2680	3340	3490	
金融中介	Financial Intermediation	563	815	1200	1230	
房地产、租赁及商务活动	Real Estate, Renting and Business Activities	2650	3670	4360	4710	
公共管理和国防；社会基本保障	Public Administration and Defence; Compulsory Social Security	1070	1550	1740	1820	
教育	Education	787	1150	1320	1370	
卫生和社会工作	Health and Social Work	698	1090	1190	1320	
其他团体、社会和个人服务活动	Other Community, Social and Personal Services	613	894	1050	1040	
雇人的私人住户	Private Households with Employed Persons	3	4	4	4	
增加值总额(按基本价格计算)	Equals: Value Added, Gross, in basic prices	19800	26800	31800	33200	32600
加：税减产品补贴	Plus: Taxes Less Subsidies on Products	2060	3090	3570	3680	3680
按2000年价格计算	At Constant Prices of 2000	21900	26300	29800	30600	29300
农业、狩猎业、林业和渔业	Agriculture, Hunting, Forestry; Fishing	772	964	719	755	
农业、狩猎业和林业	Agriculture, Hunting, Forestry	766	957	713	750	
渔业	Fishing	6	7	6	5	
采掘业	Mining and Quarrying	291	250	240	237	
制造业	Manufacturing	5320	7000	8760	9450	
电、煤气和水供应业	Electricity, Gas and Water Supply	660	666	728	799	
建筑业	Construction	1280	1280	1430	1430	
批发、零售贸易；机动车及个人、家庭用品修理业	Wholesale, Retail Trade, Repair of Motor Vehicles, Motorcycles and Personal and Household Goods	2740	3900	4850	5000	
旅馆和饭店业	Hotels and Restaurants	434	356	283	289	
运输、仓储和通讯	Transport, Storage and Communications	1950	2400	2880	2940	
金融中介	Financial Intermediation	563	609	842	861	
房地产、租赁及商务活动	Real Estate, Renting and Business Activities	2650	3180	3450	3510	
公共管理和国防；社会基本保障	Public Administration and Defence; Compulsory Social Security	1070	1060	1110	1130	
教育	Education	787	966	1040	1050	
卫生和社会工作	Health and Social Work	698	753	657	634	
其他团体、社会和个人服务活动	Other Community, Social and Personal Services	613	695	728	679	
雇人的私人住户	Private Households with Employed Persons	3	3	3	3	
增加值总额(按基本价格计算)	Equals: Value Added, Gross, in basic prices	19800	23900	27200	28100	26900
加：税减产品补贴	Plus: Taxes Less Subsidies on Products	2060	2410	2610	2470	2450

3-10 续表 25 continued

单位：亿本币 (100 million local currency units)

国家和地区	Country or Area	2000	2005	2007	2008	2009
法　国	**France**					
按当年价格计算	At Current Prices	14400	17300	19000	19500	19100
增加值总额(按基本价格计算)	Equals: Value Added, Gross, in basic prices	12900	15500	17000	17500	17200
农业、狩猎业、林业和渔业	Agriculture, Hunting, Forestry; Fishing	366	353	375	357	300
农业、狩猎业和林业	Agriculture, Hunting, Forestry	352	338	361	344	289
渔业	Fishing	14	15	14	13	11
采掘业	Mining and Quarrying	21	23	28	29	25
制造业	Manufacturing	2070	2050	2120	2080	1830
电、煤气和水供应业	Electricity, Gas and Water Supply	203	254	274	275	283
建筑业	Construction	666	875	1070	1170	1110
批发、零售贸易；机动车及个人、家庭用品修理业	Wholesale, Retail Trade, Repair of Motor Vehicles, Motorcycles and Personal and Household Goods	1360	1620	1690	1770	1720
旅馆和饭店业	Hotels and Restaurants	302	367	405	408	416
运输、仓储和通讯	Transport, Storage and Communications	776	998	1080	1120	1130
金融中介	Financial Intermediation	664	753	793	809	873
房地产、租赁及商务活动	Real Estate, Renting and Business Activities	3300	4230	4860	5030	4930
公共管理和国防；社会基本保障	Public Administration and Defence; Compulsory Social Security	1010	1180	1260	1300	1350
教育	Education	722	842	889	912	938
卫生和社会工作	Health and Social Work	972	1300	1450	1510	1580
其他团体、社会和个人服务活动	Other Community, Social and Personal Services	422	546	605	626	633
雇人的私人住户	Private Households with Employed Persons	66	88	96	102	103
加：税减产品补贴	Plus: Taxes Less Subsidies on Products	1510	1780	1970	1980	1850
按2000年价格计算	At Constant Prices of 2000	14400	15700	16400	16400	16000
增加值总额(按基本价格计算)	Equals: Value Added, Gross, in basic prices	12900	14000	14600	14700	14300
农业、狩猎业、林业和渔业	Agriculture, Hunting, Forestry; Fishing	366	361	356	366	378
农业、狩猎业和林业	Agriculture, Hunting, Forestry	352	348	344	355	367
渔业	Fishing	14	13	12	11	11
采掘业	Mining and Quarrying	21	16	16	16	13
制造业	Manufacturing	2070	2200	2240	2190	1950
电、煤气和水供应业	Electricity, Gas and Water Supply	203	242	242	248	237
建筑业	Construction	666	704	751	751	718
批发、零售贸易；机动车及个人、家庭用品修理业	Wholesale, Retail Trade, Repair of Motor Vehicles, Motorcycles and Personal and Household Goods	1360	1420	1490	1500	1450
旅馆和饭店业	Hotels and Restaurants	302	302	315	313	298
运输、仓储和通讯	Transport, Storage and Communications	776	933	1020	1020	990
金融中介	Financial Intermediation	664	736	797	803	820
房地产、租赁及商务活动	Real Estate, Renting and Business Activities	3300	3680	3930	3970	3890
公共管理和国防；社会基本保障	Public Administration and Defence; Compulsory Social Security	1010	1030	1060	1070	1090
教育	Education	722	714	709	707	698
卫生和社会工作	Health and Social Work	972	1080	1120	1140	1170
其他团体、社会和个人服务活动	Other Community, Social and Personal Services	422	492	514	520	515
雇人的私人住户	Private Households with Employed Persons	66	71	74	77	75
加：税减产品补贴	Plus: Taxes Less Subsidies on Products	1510	1670	1730	1690	1640

3-10 续表 26 continued

单位：亿本币 (100 million local currency units)

国家和地区	Country or Area	2000	2005	2007	2008	2009
德 国	**Germany**					
按当年价格计算	At Current Prices	20600	22400	24300	25000	24100
农业、狩猎业、林业和渔业	Agriculture, Hunting, Forestry; Fishing	235	175	207	203	
农业、狩猎业和林业	Agriculture, Hunting, Forestry	232	173	204	200	
渔业	Fishing	2	2	2	2	
采掘业	Mining and Quarrying	52	39	48	57	
制造业	Manufacturing	4260	4590	5150	5170	
电、煤气和水供应业	Electricity, Gas and Water Supply	341	471	489	495	
建筑业	Construction	962	801	883	952	
批发、零售贸易；机动车及个人、家庭用品修理业	Wholesale, Retail Trade, Repair of Motor Vehicles, Motorcycles and Personal and Household Goods	2050	2080	2190	2310	
旅馆和饭店业	Hotels and Restaurants	301	331	370	380	
运输、仓储和通讯	Transport, Storage and Communications	1020	1160	1230	1280	
金融中介	Financial Intermediation	778	958	860	842	
房地产、租赁及商务活动	Real Estate, Renting and Business Activities	4330	4980	5530	5750	
公共管理和国防；社会基本保障	Public Administration and Defence; Compulsory Social Security	1180	1220	1240	1270	
教育	Education	834	928	957	981	
卫生和社会工作	Health and Social Work	1240	1470	1530	1590	
其他团体、社会和个人服务活动	Other Community, Social and Personal Services	912	973	1010	1040	
雇人的私人住户	Private Households with Employed Persons	62	68	71	73	
增加值总额(按基本价格计算)	Equals: Value Added, Gross, in basic prices	18600	20200	21800	22400	21500
加：税减产品补贴	Plus: Taxes Less Subsidies on Products	2060	2180	2520	2570	2570
按2000年价格计算	At Constant Prices of 2000	20600	21200	22500	22700	21600
农业、狩猎业、林业和渔业	Agriculture, Hunting, Forestry; Fishing	235	242	231	240	
农业、狩猎业和林业	Agriculture, Hunting, Forestry	232	241	230	238	
渔业	Fishing	2	1	1	1	
采掘业	Mining and Quarrying	52	31	33	30	
制造业	Manufacturing	4260	4520	4940	4960	
电、煤气和水供应业	Electricity, Gas and Water Supply	341	393	347	339	
建筑业	Construction	962	763	762	788	
批发、零售贸易；机动车及个人、家庭用品修理业	Wholesale, Retail Trade, Repair of Motor Vehicles, Motorcycles and Personal and Household Goods	2050	2160	2190	2220	
旅馆和饭店业	Hotels and Restaurants	301	293	324	324	
运输、仓储和通讯	Transport, Storage and Communications	1020	1150	1270	1300	
金融中介	Financial Intermediation	778	644	759	761	
房地产、租赁及商务活动	Real Estate, Renting and Business Activities	4330	4810	5160	5250	
公共管理和国防；社会基本保障	Public Administration and Defence; Compulsory Social Security	1180	1160	1170	1180	
教育	Education	834	825	841	837	
卫生和社会工作	Health and Social Work	1240	1430	1530	1600	
其他团体、社会和个人服务活动	Other Community, Social and Personal Services	912	896	908	917	
雇人的私人住户	Private Households with Employed Persons	62	62	64	66	
增加值总额(按基本价格计算)	Equals: Value Added, Gross, in basic prices	18600	19300	20500	20800	19600
加：税减产品补贴	Plus: Taxes Less Subsidies on Products	2060	1920	1960	1960	1970

3-10 续表 27 continued

单位：亿本币 (100 million local currency units)

国家和地区	Country or Area	2000	2005	2007	2008	2009
荷　兰	**Netherlands**					
按当年价格计算	At Current Prices	4180	5130	5690	5960	5700
农业、狩猎业、林业和渔业	Agriculture, Hunting, Forestry; Fishing	99	95	104	94	
农业、狩猎业和林业	Agriculture, Hunting, Forestry	96	93	102	93	
渔业	Fishing	3	2	2	2	
采掘业	Mining and Quarrying	91	126	155	216	
制造业	Manufacturing	581	652	701	718	
电、煤气和水供应业	Electricity, Gas and Water Supply	50	79	103	108	
建筑业	Construction	209	246	279	306	
批发、零售贸易；机动车及个人、家庭用品修理业	Wholesale, Retail Trade, Repair of Motor Vehicles, Motorcycles and Personal and Household Goods	520	592	661	668	
旅馆和饭店业	Hotels and Restaurants	76	85	93	90	
运输、仓储和通讯	Transport, Storage and Communications	266	332	351	350	
金融中介	Financial Intermediation	227	351	294	327	
房地产、租赁及商务活动	Real Estate, Renting and Business Activities	791	906	1120	1170	
公共管理和国防；社会基本保障	Public Administration and Defence; Compulsory Social Security	261	325	346	362	
教育	Education	162	213	230	240	
卫生和社会工作	Health and Social Work	272	400	440	466	
其他团体、社会和个人服务活动	Other Community, Social and Personal Services	114	140	151	154	
雇人的私人住户	Private Households with Employed Persons	15	20	21	22	
增加值总额(按基本价格计算)	Equals: Value Added, Gross, in basic prices	3730	4560	5050	5290	5080
加：税减产品补贴	Plus: Taxes Less Subsidies on Products	445	572	641	669	621
按2000年价格计算	At Constant Prices of 2000	4180	4460	4780	4880	4680
农业、狩猎业、林业和渔业	Agriculture, Hunting, Forestry; Fishing	99	102	104	105	
农业、狩猎业和林业	Agriculture, Hunting, Forestry	96	99	101	103	
渔业	Fishing	3	2	3	2	
采掘业	Mining and Quarrying	91	87	84	91	
制造业	Manufacturing	581	605	646	642	
电、煤气和水供应业	Electricity, Gas and Water Supply	50	66	64	67	
建筑业	Construction	209	196	211	223	
批发、零售贸易；机动车及个人、家庭用品修理业	Wholesale, Retail Trade, Repair of Motor Vehicles, Motorcycles and Personal and Household Goods	520	579	657	669	
旅馆和饭店业	Hotels and Restaurants	76	67	70	67	
运输、仓储和通讯	Transport, Storage and Communications	266	321	345	350	
金融中介	Financial Intermediation	227	270	304	320	
房地产、租赁及商务活动	Real Estate, Renting and Business Activities	791	807	881	904	
公共管理和国防；社会基本保障	Public Administration and Defence; Compulsory Social Security	261	278	282	285	
教育	Education	162	165	165	165	
卫生和社会工作	Health and Social Work	272	321	338	349	
其他团体、社会和个人服务活动	Other Community, Social and Personal Services	114	120	127	127	
雇人的私人住户	Private Households with Employed Persons	15	16	16	16	
增加值总额(按基本价格计算)	Equals: Value Added, Gross, in basic prices	3730	4000	4280	4380	4220
加：税减产品补贴	Plus: Taxes Less Subsidies on Products	445	463	497	501	462
波　兰	**Poland**					
按当年价格计算	At Current Prices	7440	9830	11800	12700	13400
农业、狩猎业、林业和渔业	Agriculture, Hunting, Forestry; Fishing	328	392	446	417	
农业、狩猎业和林业	Agriculture, Hunting, Forestry	326	391	444	415	
渔业	Fishing	2	2	2	1	
采掘业	Mining and Quarrying	159	220	232	275	
制造业	Manufacturing	1230	1600	1950	2080	
电、煤气和水供应业	Electricity, Gas and Water Supply	202	315	343	361	
建筑业	Construction	512	522	735	849	
批发、零售贸易；机动车及个人、家庭用品修理业	Wholesale, Retail Trade, Repair of Motor Vehicles, Motorcycles and Personal and Household Goods	1290	1640	1890	2010	
旅馆和饭店业	Hotels and Restaurants	83	107	119	138	
运输、仓储和通讯	Transport, Storage and Communications	434	627	722	783	
金融中介	Financial Intermediation	326	377	542	586	
房地产、租赁及商务活动	Real Estate, Renting and Business Activities	871	1190	1420	1540	
公共管理和国防；社会基本保障	Public Administration and Defence; Compulsory Social Security	401	533	596	664	
教育	Education	292	443	495	527	
卫生和社会工作	Health and Social Work	216	316	378	419	
其他团体、社会和个人服务活动	Other Community, Social and Personal Services	243	324	380	428	
雇人的私人住户	Private Households with Employed Persons	40	51	57	61	
增加值总额(按基本价格计算)	Equals: Value Added, Gross, in basic prices	6620	8660	10300	11100	11900
加：税减产品补贴	Plus: Taxes Less Subsidies on Products	822	1170	1470	1580	1510

3-10 续表 28 continued

单位：亿本币 (100 million local currency units)

国家和地区	Country or Area	2000	2005	2007	2008	2009
波　兰(续)	**Poland(continued)**					
按2000年价格计算	At Constant Prices of 2000	7440	8660	9830	10300	10500
农业、狩猎业、林业和渔业	Agriculture, Hunting, Forestry; Fishing	328	384	362	357	
农业、狩猎业和林业	Agriculture, Hunting, Forestry	326	382	360	355	
渔业	Fishing	2	2	2	2	
采掘业	Mining and Quarrying	159	127	117	124	
制造业	Manufacturing	1230	1590	2090	2260	
电、煤气和水供应业	Electricity, Gas and Water Supply	202	232	212	210	
建筑业	Construction	512	460	569	621	
批发、零售贸易；机动车及个人、家庭用品修理业	Wholesale, Retail Trade, Repair of Motor Vehicles, Motorcycles and Personal and Household Goods	1290	1490	1620	1670	
旅馆和饭店业	Hotels and Restaurants	83	89	95	100	
运输、仓储和通讯	Transport, Storage and Communications	434	555	630	655	
金融中介；房地产、租赁及商务活动	Financial Intermediation; Real Estate, Renting and Business Activities	1200	1420	1680	1820	
金融中介	Financial Intermediation	326	421	576	665	
房地产、租赁及商务活动	Real Estate, Renting and Business Activities	871	997	1110	1160	
公共管理和国防；社会基本保障	Public Administration and Defence; Compulsory Social Security	401	467	501	514	
教育	Education	292	327	332	331	
卫生和社会工作；其他团体、社会和个人服务活动	Health and Social Work; Other Community, Social and Personal Services					
卫生和社会工作	Health and Social Work	216	236	241	242	
其他团体、社会和个人服务活动	Other Community, Social and Personal Services	243	257	277	296	
雇人的私人住户	Private Households with Employed Persons	40	45	49	51	
增加值总额(按基本价格计算)	Equals: Value Added, Gross, in basic prices	6620	7650	8650	9080	9240
加：税减产品补贴	Plus: Taxes Less Subsidies on Products	822	1010	1180	1240	1260
俄罗斯联邦	**Russian Fed.**					
按当年价格计算	At Current Prices	73100	216000	333000	414000	391000
农业、狩猎业、林业和渔业	Agriculture, Hunting, Forestry; Fishing	4360	10300	12600	15500	16100
农业、狩猎业和林业	Agriculture, Hunting, Forestry	4360	9620	11900	14900	15300
渔业	Fishing		655	616	614	772
采掘业	Mining and Quarrying		20800	28700	33000	31100
制造业	Manufacturing	20800	35200	50300	61700	51400
电、煤气和水供应业	Electricity, Gas and Water Supply	872	6320	8630	10300	11000
建筑业	Construction	4290	10100	16300	22100	18900
批发、零售贸易；机动车及个人、家庭用品修理业	Wholesale, Retail Trade, Repair of Motor Vehicles, Motorcycles and Personal and Household Goods		36500	57400	73700	66900
旅馆和饭店业	Hotels and Restaurants		1710	2860	3590	3390
运输、仓储和通讯	Transport, Storage and Communications	5930	19300	27500	32100	32600
金融中介	Financial Intermediation	912	7590	12500	15400	17200
房地产、租赁及商务活动	Real Estate, Renting and Business Activities	6160	18500	31000	39800	43000
公共管理和国防；社会基本保障	Public Administration and Defence; Compulsory Social Security	3060	9590	14700	18800	20700
教育	Education	1790	4940	7700	9690	10500
卫生和社会工作	Health and Social Work	1460	5660	9500	11900	13100
其他团体、社会和个人服务活动	Other Community, Social and Personal Services	100	3260	5220	6140	5700
雇人的私人住户	Private Households with Employed Persons	78				
增加值总额(按基本价格计算)	Equals: Value Added, Gross, in basic prices	65300	190000	285000	354000	342000
加：税减产品补贴	Plus: Taxes Less Subsidies on Products	8330	30900	47600	60600	49000

3-10 续表 29 continued

单位：亿本币 (100 million local currency units)

国家和地区	Country or Area	2000	2005	2007	2008	2009
俄罗斯联邦(续)	**Russian Fed.(continued)**					
按2003年价格计算	At Constant Prices of 2003		151000	176000	186000	
农业、狩猎业、林业和渔业	Agriculture, Hunting, Forestry; Fishing		8230	8760	9450	
农业、狩猎业和林业	Agriculture, Hunting, Forestry		7600	8090	8780	
渔业	Fishing		635	667	649	
采掘业	Mining and Quarrying		8510	8010	8040	
制造业	Manufacturing		22300	25900	26300	
电、煤气和水供应业	Electricity, Gas and Water Supply		4420	4690	4740	
建筑业	Construction		8730	11100	12600	
批发、零售贸易；机动车及个人家庭用品修理业	Wholesale, Retail Trade, Repair of Motor Vehicles, Motorcycles and Personal and Household Goods		30900	39700	43000	
旅馆和饭店业	Hotels and Restaurants		1100	1380	1520	
运输、仓储和通讯	Transport, Storage and Communications		14800	16800	18100	
金融中介	Financial Intermediation		4890	6060	6470	
房地产、租赁及商务活动	Real Estate, Renting and Business Activities		14600	19200	21200	
公共管理和国防；社会基本保障	Public Administration and Defence; Compulsory Social Security		6600	7030	7280	
教育	Education		3210	3260	3290	
卫生和社会工作	Health and Social Work		3870	4030	4060	
其他团体、社会和个人服务活动	Other Community, Social and Personal Services		2530	2960	3080	
增加值总额(按基本价格计算)	Equals: Value Added, Gross, in basic prices		134000	156000	165000	
加：税减产品补贴	Plus: Taxes Less Subsidies on Products		19100	22900	24100	
西 班 牙	**Spain**					
按当年价格计算	At Current Prices	6300	9090	10500	10900	10500
农业、狩猎业、林业和渔业	Agriculture, Hunting, Forestry; Fishing	250	260	258	257	
农业、狩猎业和林业	Agriculture, Hunting, Forestry	235	244	241	240	
渔业	Fishing	15	16	17	17	
采掘业	Mining and Quarrying	18	24	26	24	
制造业	Manufacturing	1060	1290	1410	1450	
电、煤气和水供应业	Electricity, Gas and Water Supply	113	167	198	216	
建筑业	Construction	476	938	1120	1140	
批发、零售贸易；机动车及个人家庭用品修理业	Wholesale, Retail Trade, Repair of Motor Vehicles, Motorcycles and Personal and Household Goods	640	871	994	1060	
旅馆和饭店业	Hotels and Restaurants	434	610	681	722	
运输、仓储和通讯	Transport, Storage and Communications	418	563	641	663	
金融中介	Financial Intermediation	263	377	500	534	
房地产、租赁及商务活动	Real Estate, Renting and Business Activities	848	1340	1630	1750	
公共管理和国防；社会基本保障	Public Administration and Defence; Compulsory Social Security	355	485	573	616	
教育	Education	279	389	446	482	
卫生和社会工作	Health and Social Work	290	449	534	589	
其他团体、社会和个人服务活动	Other Community, Social and Personal Services	204	305	351	376	
雇人的私人住户	Private Households with Employed Persons	58	71	77	79	
增加值总额(按基本价格计算)	Equals: Value Added, Gross, in basic prices	5710	8140	9440	9960	9760
加：税减产品补贴	Plus: Taxes Less Subsidies on Products	597	950	1090	923	750

3-10 续表 30 continued

单位：亿本币 (100 million local currency units)

国家和地区	Country or Area	2000	2005	2007	2008	2009
西班牙(续)	**Spain(continued)**					
按2000年价格计算	At Constant Prices of 2000	6300	7400	7970	8040	7750
农业、狩猎业、林业和渔业	Agriculture, Hunting, Forestry; Fishing	250	219	236	235	
农业、狩猎业和林业	Agriculture, Hunting, Forestry	235	207	224	222	
渔业	Fishing	15	13	13	13	
采掘业	Mining and Quarrying	18	20	19	16	
制造业	Manufacturing	1060	1120	1150	1130	
电、煤气和水供应业	Electricity, Gas and Water Supply	113	139	144	150	
建筑业	Construction	476	634	679	669	
批发、零售贸易；机动车及个人、家庭用品修理业	Wholesale, Retail Trade, Repair of Motor Vehicles, Motorcycles and Personal and Household Goods	640	734	803	818	
旅馆和饭店业	Hotels and Restaurants	434	476	494	497	
运输、仓储和通讯	Transport, Storage and Communications	418	475	516	519	
金融中介	Financial Intermediation	263	394	502	506	
房地产、租赁及商务活动	Real Estate, Renting and Business Activities	848	1020	1120	1140	
公共管理和国防；社会基本保障	Public Administration and Defence; Compulsory Social Security	355	412	449	467	
教育	Education	279	323	345	359	
卫生和社会工作	Health and Social Work	290	359	394	416	
其他团体、社会和个人服务活动	Other Community, Social and Personal Services	204	251	270	279	
雇人的私人住户	Private Households with Employed Persons	58	67	70	69	
增加值总额(按基本价格计算)	Equals: Value Added, Gross, in basic prices	5710	6640	7180	7260	6980
加：税减产品补贴	Plus: Taxes Less Subsidies on Products	597	759	795	787	771
土 耳 其	**Turkey**					
按当年价格计算	At Current Prices	1670	6490	8430	9510	9540
农业、狩猎业、林业和渔业	Agriculture, Hunting, Forestry; Fishing	168	607	659		
农业、狩猎业和林业	Agriculture, Hunting, Forestry	164	590	637		
渔业	Fishing	4	17	22		
采掘业	Mining and Quarrying	17	76	105		
制造业	Manufacturing	335	1120	1420		
电、煤气和水供应业	Electricity, Gas and Water Supply	33	120	156		
建筑业	Construction	84	287	427		
批发、零售贸易；机动车及个人、家庭用品修理业	Wholesale, Retail Trade, Repair of Motor Vehicles, Motorcycles and Personal and Household Goods	211	802	1030		
旅馆和饭店业	Hotels and Restaurants	40	145	193		
运输、仓储和通讯	Transport, Storage and Communications	203	891	1170		
金融中介	Financial Intermediation	116	183	272		
房地产、租赁及商务活动	Real Estate, Renting and Business Activities	187	827	1250		
公共管理和国防；社会基本保障	Public Administration and Defence; Compulsory Social Security	74	260	331		
教育	Education	40	178	246		
卫生和社会工作	Health and Social Work	22	103	141		
其他团体、社会和个人服务活动	Other Community, Social and Personal Services	27	107	145		
雇人的私人住户	Private Households with Employed Persons	2	10	15		
增加值总额(按基本价格计算)	Equals: Value Added, Gross, in basic prices	1560	5720	7540	8550	8660
加：税减产品补贴	Plus: Taxes Less Subsidies on Products	180	866	1020	1110	1100

3-10 续表 31 continued

单位：亿本币 (100 million local currency units)

国家和地区	Country or Area	2000	2005	2007	2008	2009
土耳其(续)	**Turtey(continued)**					
按1998年价格计算	At Constant Prices of 1998	724	905	1010	1020	971
农业、狩猎业、林业和渔业	Agriculture, Hunting, Forestry; Fishing	88	96	90		
农业、狩猎业和林业	Agriculture, Hunting, Forestry	86	93	87		
渔业	Fishing	2	3	3		
采掘业	Mining and Quarrying	7	7	8		
制造业	Manufacturing	170	212	243		
电、煤气和水供应业	Electricity, Gas and Water Supply	14	18	20		
建筑业	Construction	42	53	65		
批发、零售贸易；机动车及个人、家庭用品修理业	Wholesale, Retail Trade, Repair of Motor Vehicles, Motorcycles and Personal and Household Goods	96	120	134		
旅馆和饭店业	Hotels and Restaurants	17	18	19		
运输、仓储和通讯	Transport, Storage and Communications	89	130	148		
金融中介	Financial Intermediation	59	79	99		
房地产、租赁及商务活动	Real Estate, Renting and Business Activities	55	71	80		
公共管理和国防；社会基本保障	Public Administration and Defence; Compulsory Social Security	30	31	31		
教育	Education	16	18	20		
卫生和社会工作	Health and Social Work	9	11	12		
其他团体、社会和个人服务活动	Other Community, Social and Personal Services	11	14	16		
雇人的私人住户	Private Households with Employed Persons	1	1	1		
增加值总额(按基本价格计算)	Equals: Value Added, Gross, in basic prices	703	877	989	1000	966
加：税减产品补贴	Plus: Taxes Less Subsidies on Products	58	76	86	86	79
乌 克 兰	**Ukraine**					
按当年价格计算	At Current Prices	1700	4410	7210	9480	9150
农业、狩猎业、林业和渔业	Agriculture, Hunting, Forestry; Fishing	246	407	476	654	655
农业、狩猎业和林业	Agriculture, Hunting, Forestry	244	405	474	651	655
渔业	Fishing	2	2	2	2	
采掘业	Mining and Quarrying	74	179	317	543	354
制造业	Manufacturing	311	869	1430	1650	1450
电、煤气和水供应业	Electricity, Gas and Water Supply	108	152	232	288	316
建筑业	Construction	57	164	305	292	221
批发、零售贸易；机动车及个人、家庭用品修理业	Wholesale, Retail Trade, Repair of Motor Vehicles, Motorcycles and Personal and Household Goods	146	560	952	1310	1230
旅馆和饭店业	Hotels and Restaurants	8	24	68	97	
运输、仓储和通讯	Transport, Storage and Communications	198	474	701	871	1040
金融中介	Financial Intermediation	31	198	424	690	719
房地产、租赁及商务活动	Real Estate, Renting and Business Activities	83	305	637	853	999
公共管理和国防；社会基本保障	Public Administration and Defence; Compulsory Social Security	65	205	335	450	451
教育	Education	72	209	329	435	478
卫生和社会工作	Health and Social Work	43	140	225	292	316
其他团体、社会和个人服务活动	Other Community, Social and Personal Services	19	74	133	182	253
雇人的私人住户	Private Households with Employed Persons	…	…	…	…	…
增加值总额(按基本价格计算)	Equals: Value Added, Gross, in basic prices	1460	3960	6570	8610	8480
加：税减产品补贴	Plus: Taxes Less Subsidies on Products	258	529	859	1240	1180

3-10 续表 32 continued

单位：亿本币 (100 million local currency units)

国家和地区	Country or Area	2000	2005	2007	2008	2009
乌克兰(续表)	**Ukraine(continued)**					
按上年价格计算	At the Prices of Preceding Year	1380	3550	5870	7360	
农业、狩猎业、林业和渔业	Agriculture, Hunting, Forestry; Fishing	174	376	387	556	
农业、狩猎业和林业	Agriculture, Hunting, Forestry	174	374	385	556	
渔业	Fishing	1	2	1		
采掘业	Mining and Quarrying		128	225	312	
制造业	Manufacturing	381	644	1200	1400	
电、煤气和水供应业	Electricity, Gas and Water Supply	31	126	188	221	
建筑业	Construction	51	125	242	251	
批发、零售贸易；机动车及个人、家庭用品修理业	Wholesale, Retail Trade, Repair of Motor Vehicles, Motorcycles and Personal and Household Goods		380	794	970	
旅馆和饭店业	Hotels and Restaurants		23	57		
运输、仓储和通讯	Transport, Storage and Communications	158	462	612	750	
金融中介	Financial Intermediation	19	191	311	345	
房地产、租赁及商务活动	Real Estate, Renting and Business Activities	60	270	466	721	
公共管理和国防；社会基本保障	Public Administration and Defence; Compulsory Social Security	61	141	271	345	
教育	Education	57	163	257	327	
卫生和社会工作	Health and Social Work	35	110	177	224	
其他团体、社会和个人服务活动	Other Community, Social and Personal Services	11	64	115	218	
雇人的私人住户	Private Households with Employed Persons		…	…		
增加值总额(按基本价格计算)	Equals: Value Added, Gross, in basic prices	1150	3200	5310	6640	
加：税减产品补贴	Plus: Taxes Less Subsidies on Products	243	414	736	929	
英　国	**United Kingdom**					
按当年价格计算	At Current Prices	9770	12500	14000	14500	14000
农业、狩猎业、林业和渔业	Agriculture, Hunting, Forestry; Fishing	88	102			
农业、狩猎业和林业	Agriculture, Hunting, Forestry	84	99			
渔业	Fishing	4	4			
采掘业	Mining and Quarrying	247	255			
制造业	Manufacturing	1510	1480			
电、煤气和水供应业	Electricity, Gas and Water Supply	159	250			
建筑业	Construction	460	659			
批发、零售贸易；机动车及个人家庭用品修理业	Wholesale, Retail Trade, Repair of Motor Vehicles, Motorcycles and Personal and Household Goods	1040	1320			
旅馆和饭店业	Hotels and Restaurants	260	327			
运输、仓储和通讯	Transport, Storage and Communications	693	811			
金融中介	Financial Intermediation	461	939			
房地产、租赁及商务活动	Real Estate, Renting and Business Activities	1950	2660			
公共管理和国防；社会基本保障	Public Administration and Defence; Compulsory Social Security	427	549			
教育	Education	481	623			
卫生和社会工作	Health and Social Work	554	815			
其他团体、社会和个人服务活动	Other Community, Social and Personal Services	382	535			
雇人的私人住户	Private Households with Employed Persons	40	53			
增加值总额(按基本价格计算)	Equals: Value Added, Gross, in basic prices	8640	11200	12500	13000	12600
加：税减产品补贴	Plus: Taxes Less Subsidies on Products	1120	1370	1530	1500	1350
按2005年价格计算	At Constant Prices of 2005		12500	13200	13300	12600
增加值总额(按基本价格计算)	Equals: Value Added, Gross, in basic prices		11200	11800	11900	11300
加：税减产品补贴	Plus: Taxes Less Subsidies on Products	1190	1370	1430	1450	1340

3-10 续表 33 continued

单位：亿本币 (100 million local currency units)

国家和地区	Country or Area	2000	2005	2007	2008	2009
澳大利亚	**Australia**					
按当年价格计算	At Current Prices	7090	10000	11800	12500	
农业、狩猎业、林业和渔业	Agriculture, Hunting, Forestry; Fishing	251	272	267	296	
农业、狩猎业和林业	Agriculture, Hunting, Forestry	251	272	267	296	
采掘业	Mining and Quarrying	349	664	791	895	
制造业	Manufacturing	791	998	1100	1090	
电、煤气和水供应业	Electricity, Gas and Water Supply	168	228	265	293	
建筑业	Construction	369	668	831	858	
批发、零售贸易；机动车及个人、家庭用品修理业	Wholesale, Retail Trade, Repair of Motor Vehicles, Motorcycles and Personal and Household Goods	635	885	1060	1110	
旅馆和饭店业	Hotels and Restaurants	183	238	269	285	
运输、仓储和通讯	Transport, Storage and Communications	590	804	949	1060	
金融中介	Financial Intermediation	574	919	1200	1250	
房地产、租赁及商务活动	Real Estate, Renting and Business Activities	1310	1760	2170	2280	
公共管理和国防；社会基本保障	Public Administration and Defence; Compulsory Social Security	359	519	574	613	
教育	Education	310	429	478	502	
卫生和社会工作	Health and Social Work	381	556	653	703	
其他团体、社会和个人服务活动	Other Community, Social and Personal Services	206	277	310	329	
增加值总额(按基本价格计算)	Equals: Value Added, Gross, in basic prices	6480	9220	10900	11600	
加：税减产品补贴	Plus: Taxes Less Subsidies on Products	610	790	900	886	
按2006年价格计算	At Constant Prices of 2006	8580	10100	10800		
农业、狩猎业、林业和渔业	Agriculture, Hunting, Forestry; Fishing	260	281	251		
农业、狩猎业和林业	Agriculture, Hunting, Forestry	260	281	251		
采掘业	Mining and Quarrying	742	756	827		
制造业	Manufacturing	965	1010	1070		
电、煤气和水供应业	Electricity, Gas and Water Supply	215	221	219		
建筑业	Construction	436	687	771		
批发、零售贸易；机动车及个人家庭用品修理业	Wholesale, Retail Trade, Repair of Motor Vehicles, Motorcycles and Personal and Household Goods	833	1010	1080		
旅馆和饭店业	Hotels and Restaurants	173	201	205		
运输、仓储和通讯	Transport, Storage and Communications	538	682	777		
金融中介	Financial Intermediation	579	704	803		
房地产、租赁及商务活动	Real Estate, Renting and Business Activities	1690	2010	2150		
公共管理和国防；社会基本保障	Public Administration and Defence; Compulsory Social Security	350	387	407		
教育;卫生和社会工作;其他团体、社会和个人服务活动	Education; Health and Social Work; Other Community, Social and Personal Services	1160	1360	1440		
教育	Education	396	424	437		
卫生和社会工作	Health and Social Work	482	602	648		
其他团体、社会和个人服务活动	Other Community, Social and Personal Services	284	330	360		
增加值总额(按基本价格计算)	Equals: Value Added, Gross, in basic prices	7910	9310	10000		
加：税减产品补贴	Plus: Taxes Less Subsidies on Products	678	809	848		

3-10 续表 34 continued

单位：亿本币 (100 million local currency units)

国家和地区	Country or Area	2000	2005	2007	2008	2009
新 西 兰	**New Zealand**					
按当年价格计算	At Current Prices	1170	1600	1810	1850	
增加值总额(按基本价格计算)	Equals: Value Added, Gross, in basic prices	1130	1540			
农业、狩猎业、林业和渔业	Agriculture, Hunting, Forestry; Fishing	96				
农业、狩猎业和林业	Agriculture, Hunting, Forestry	93				
渔业	Fishing	4				
采掘业	Mining and Quarrying	14				
制造业	Manufacturing	182				
电、煤气和水供应业	Electricity, Gas and Water Supply	28				
建筑业	Construction	48				
批发、零售贸易；机动车及个人、家庭用品修理业	Wholesale, Retail Trade, Repair of Motor Vehicles, Motorcycles and Personal and Household Goods	143				
旅馆和饭店业	Hotels and Restaurants	21				
运输、仓储和通讯	Transport, Storage and Communications	82				
金融中介	Financial Intermediation	64				
房地产、租赁及商务活动	Real Estate, Renting and Business Activities	237				
公共管理和国防；社会基本保障	Public Administration and Defence; Compulsory Social Security	50				
教育	Education	47				
卫生和社会工作	Health and Social Work	58				
其他团体、社会和个人服务活动	Other Community, Social and Personal Services	42				
加：税减产品补贴	Plus: Taxes Less Subsidies on Products	82	118			
按1995年价格计算	At Constant Prices of 1995	1080	1300	1350	1330	
增加值总额(按基本价格计算)	Equals: Value Added, Gross, in basic prices	1040	1260	1310	1300	
农业、狩猎业、林业和渔业	Agriculture, Hunting, Forestry; Fishing	72	73			
农业、狩猎业和林业	Agriculture, Hunting, Forestry	69	71			
渔业	Fishing	3	2			
采掘业	Mining and Quarrying	13	11			
制造业	Manufacturing	168	187			
电、煤气和水供应业	Electricity, Gas and Water Supply	22	23			
建筑业	Construction	43	61			
批发、零售贸易；机动车及个人、家庭用品修理业	Wholesale, Retail Trade, Repair of Motor Vehicles, Motorcycles and Personal and Household Goods	149	181			
旅馆和饭店业	Hotels and Restaurants	17	20			
运输、仓储和通讯	Transport, Storage and Communications	105	135			
金融中介	Financial Intermediation	60	77			
房地产、租赁及商务活动	Real Estate, Renting and Business Activities	202	242			
公共管理和国防；社会基本保障	Public Administration and Defence; Compulsory Social Security	43	55			
教育	Education	39	44			
卫生和社会工作	Health and Social Work	55	63			
其他团体、社会和个人服务活动	Other Community, Social and Personal Services	32	39			
加：税减产品补贴	Plus: Taxes Less Subsidies on Products	43				

注：①万亿本币。②包括旅馆和饭店业。

Note: ①Trillion cocal currency unites. ②Including hotels and restaurants.

3-11 支出法国内生产总值

Gross Domestic Product by Expenditure Approach

资料来源：世界银行WDI数据库。
Source: World Bank WDI Database.
单位：亿本币 (100 million local currency units)

国家和地区	Country or Area	1990	2000	2008	2009	2010
中　国	**China**					
按当年价格计算	At Current LCU					
居民消费支出	Household Final Consumption Expenditure	9451	45855	110595	121713	136711
政府消费支出	General Government Final Consumption Expenditure	2640	15661	41752	44413	46729
资本形成总额	Gross Capital Formation	6747	34843	138325	162297	179707
货物和服务出口	Exports Of Goods And Services	3001	23143	109852	91064	117204
货物和服务进口	Imports Of Goods And Services	2443	20753	85622	76032	98644
国内生产总值	GDP (current LCU)	18668	99215	314045	340903	397983
按2000年价格计算	At Constant Prices of 2000					
居民消费支出	Household Final Consumption Expenditure	19740	45855	81808	89503	97430
政府消费支出	General Government Final Consumption Expenditure	5503	15661	30884	32768	35215
资本形成总额	Gross capital formation	13234	34843	94536	114578	121823
货物和服务出口	Exports Of Goods And Services	5269	23143	105499	94607	117785
货物和服务进口	Imports Of Goods And Services	4044	20753	71750	74725	87714
国内生产总值	Gross domestic product	36806	99215	222898	243404	268474
中国香港	**Hong Kong, China**					
按当年价格计算	At Current LCU					
居民消费支出	Household Final Consumption Expenditure	3422	7771	10229	10128	10853
政府消费支出	General Government Final Consumption Expenditure	431	1202	1393	1429	1472
资本形成总额	Gross Capital Formation	1619	3618	3428	3457	4135
货物和服务出口	Exports Of Goods And Services	7824	18877	35626	31646	38881
货物和服务进口	Imports Of Goods And Services	7306	18291	33906	30436	37903
国内生产总值	GDP (current LCU)	5990	13177	16770	16223	17439
按2008年价格计算	At Constant Prices of 2008					
居民消费支出	Household Final Consumption Expenditure	5134	7789	10062	10128	10760
政府消费支出	General Government Final Consumption Expenditure	826	1232	1396	1429	1467
资本形成总额	Gross capital formation	1883	3010	3443	3457	3860
货物和服务出口	Exports Of Goods And Services	8019	18823	35267	31646	36960
货物和服务进口	Imports Of Goods And Services	7747	18954	33436	30436	35694
国内生产总值	Gross domestic product	7957	11685	16667	16223	17354
孟加拉国	**Bangladesh**					
按当年价格计算	At Current LCU					
居民消费支出	Household Final Consumption Expenditure	8321	18385	40614	45894	52342
政府消费支出	General Government Final Consumption Expenditure	421	1084	2883	3235	3746
资本形成总额	Gross Capital Formation	1711	5459	13213	14984	17283
货物和服务出口	Exports Of Goods And Services	614	3314	11102	11944	12831
货物和服务进口	Imports Of Goods And Services	1358	4559	15693	16324	17258
国内生产总值	GDP (current LCU)	10033	23709	54582	61480	69238
按1995/1996年价格计算	At Constant Prices of 1995/1996					
居民消费支出	Household Final Consumption Expenditure	11685	14974	21264	22527	24093
政府消费支出	General Government Final Consumption Expenditure	552	869	1707	1808	1974
资本形成总额	Gross capital formation	2172	4880	8702	9241	9781
货物和服务出口	Exports Of Goods And Services	916	2821	6700	6701	6751
货物和服务进口	Imports Of Goods And Services	1836	3600	6749	6574	6530
国内生产总值	Gross domestic product	12824	20493	32173	34020	36005

3-11 续表 1 continued

单位：亿本币 (100 million local currency units)

国家和地区	Country or Area	1990	2000	2008	2009	2010
文　莱	**Brunei Darussalam**					
按当年价格计算	At Current LCU					
居民消费支出	Household Final Consumption Expenditure	17	26			
政府消费支出	General Government Final Consumption Expenditure	14	27			
资本形成总额	Gross Capital Formation	12	14			
货物和服务出口	Exports Of Goods And Services	39	70			
货物和服务进口	Imports Of Goods And Services	24	37			
国内生产总值	GDP (current LCU)	64	103	204	156	
按2000年价格计算	At Constant Prices of 2000					
居民消费支出	Household Final Consumption Expenditure	20	26			
政府消费支出	General Government Final Consumption Expenditure	21	27			
资本形成总额	Gross capital formation	15	14			
货物和服务出口	Exports Of Goods And Services	49	70			
货物和服务进口	Imports Of Goods And Services	30	37			
国内生产总值	Gross domestic product	83	103	118	115	
柬埔寨	**Cambodia**					
按当年价格计算	At Current LCU					
居民消费支出	Household Final Consumption Expenditure	5458	125065	333414	327921	
政府消费支出	General Government Final Consumption Expenditure	433	7369	23647	34469	
资本形成总额	Gross Capital Formation	489	24685	78131	92364	
货物和服务出口	Exports Of Goods And Services	368	70197	275074	258046	
货物和服务进口	Imports Of Goods And Services	765	86979	284449	271218	
国内生产总值	GDP (current LCU)		140826	419684	432871	474714
按2000年价格计算	At Constant Prices of 2000					
居民消费支出	Household Final Consumption Expenditure		125065	236358	232523	
政府消费支出	General Government Final Consumption Expenditure		7369	16129	23532	
资本形成总额	Gross capital formation		24685	72062	79051	
货物和服务出口	Exports Of Goods And Services		70197	232806	218167	
货物和服务进口	Imports Of Goods And Services		86980	277802	264286	
国内生产总值	Gross domestic product		140825	286675	281302	300149
印　度	**India**					
按当年价格计算	At Current LCU					
居民消费支出	Household Final Consumption Expenditure	39214	134558	326646	379590	498018
政府消费支出	General Government Final Consumption Expenditure	6645	26509	61643	78544	84363
资本形成总额	Gross Capital Formation	13760	50801	192711	238921	255743
货物和服务出口	Exports Of Goods And Services	4064	27813	131085	128285	145478
货物和服务进口	Imports Of Goods And Services	4870	29752	161405	157352	195808
国内生产总值	GDP (current LCU)	56962	210231	558262	655027	787795
按2004/2005年价格计算	At Constant Price of 2004/2005					
居民消费支出	Household Final Consumption Expenditure	102823	158520	265915	285706	
政府消费支出	General Government Final Consumption Expenditure	18557	33050	48521	56484	57761
资本形成总额	Gross capital formation	41038	66253	160270	185866	213442
货物和服务出口	Exports Of Goods And Services	10167	32605	109493	102203	106526
货物和服务进口	Imports Of Goods And Services	12068	40476	136920	126957	144380
国内生产总值	Gross domestic product	148755	253072	446297	486932	534257

3-11 续表 2 continued

单位：亿本币 (100 million local currency units)

国家和地区	Country or Area	1990	2000	2008	2009	2010
印度尼西亚	**Indonesia**					
按当年价格计算	At Current LCU					
居民消费支出	Household Final Consumption Expenditure	1198020	8567983	29999569	32908433	36419965
政府消费支出	General Government Final Consumption Expenditure	186490	907800	4168667	5375888	5819213
资本形成总额	Gross Capital Formation	646690	3091643	13765393	17371171	20866288
货物和服务出口	Exports Of Goods And Services	534093	5694902	14751191	13544094	158081771
货物和服务进口	Imports Of Goods And Services	500457	4233181	14229021	11970927	147583401
国内生产总值	GDP (current LCU)	2108663	13897702	49486884	56038712	64229182
按2000年价格计算	At Constant Prices of 2000					
居民消费支出	Household Final Consumption Expenditure	4808077	8567981	119119071	12490112	13068009
政府消费支出	General Government Final Consumption Expenditure	842192	907796	1692972	1958344	1963976
资本形成总额	Gross capital formation	3170451	3091639	4959928	5080349	5609430
货物和服务出口	Exports Of Goods And Services	3017439	5694898	10322778	9322486	107138521
货物和服务进口	Imports Of Goods And Services	2559955	4233179	8333422	7085288	8309818
国内生产总值	Gross domestic product	9192410	13897690	208245601	21777417	23106898
伊　朗	**Iran**					
按当年价格计算	At Current LCU					
居民消费支出	Household Final Consumption Expenditure	206556	2766120	15800000		
政府消费支出	General Government Final Consumption Expenditure	42775	805540	4833040		
资本形成总额	Gross Capital Formation	131310	1914202	10900000		
货物和服务出口	Exports Of Goods And Services	51291	1318107	11400000		
货物和服务进口	Imports Of Goods And Services	81702	1011904	7926650		
国内生产总值	GDP (current LCU)	353149	5804730	31886090	32652310	
按1997/1998年价格计算	At Constant Prices of 1997/1998					
居民消费支出	Household Final Consumption Expenditure	1128227	1659246	3014200		
政府消费支出	General Government Final Consumption Expenditure	325986	416157	575058		
资本形成总额	Gross capital formation	1010287	1110828	1937080		
货物和服务出口	Exports Of Goods And Services	442897	584787	797354		
货物和服务进口	Imports Of Goods And Services	697432	460473	1152330		
国内生产总值	Gross domestic product	2236642	3222784	4941223	5030165	
以色列	**Israel**					
按当年价格计算	At Current LCU					
居民消费支出	Household Final Consumption Expenditure	647	2715	4225	4381	4738
政府消费支出	General Government Final Consumption Expenditure	317	1320	1795	1856	1967
资本形成总额	Gross Capital Formation	266	1066	1339	1259	1265
货物和服务出口	Exports Of Goods And Services	367	1886	2900	2663	3004
货物和服务进口	Imports Of Goods And Services	480	1901	3013	2475	2838
国内生产总值	GDP (current LCU)	1058	5086	7251	7683	8126
按2005年价格计算	At Constant Prices of 2005					
居民消费支出	Household Final Consumption Expenditure		2961	3831	3897	4093
政府消费支出	General Government Final Consumption Expenditure		1466	1691	1733	1787
资本形成总额	Gross capital formation		1172	1383	1260	1292
货物和服务出口	Exports Of Goods And Services		2228	3152	2759	3128
货物和服务进口	Imports Of Goods And Services		2411	3060	2629	2957
国内生产总值	Gross domestic product	3094	5417	6993	7046	7374

3-11 续表 3 continued

单位：亿本币 (100 million local currency units)

国家和地区	Country or Area	1990	2000	2008	2009	2010
日　本	**Japan**					
按当年价格计算	At Current LCU					
居民消费支出	Household Final Consumption Expenditure	2347039	2827723	2917507	2826455	
政府消费支出	General Government Final Consumption Expenditure	590250	849417	933746	936114	
资本形成总额	Gross Capital Formation	1448789	1279605	1192510	966027	
货物和服务出口	Exports Of Goods And Services	458631	552559	884937	595240	
货物和服务进口	Imports Of Goods And Services	416899	479404	877581	580875	
国内生产总值	GDP (current LCU)	4427810	5029899	5043776	4709367	4825973
按2000年价格计算	At Constant Prices of 2000					
居民消费支出	Household Final Consumption Expenditure	2472890	2827723	3077797	3048007	
政府消费支出	General Government Final Consumption Expenditure	627315	849417	969070	983238	
资本形成总额	Gross capital formation	1364121	1279605	1219854	1031698	
货物和服务出口	Exports Of Goods And Services	352318	552559	888782	676807	
货物和服务进口	Imports Of Goods And Services	334569	479404	617645	514207	
国内生产总值	Gross domestic product	4472544	5029899	5539745	5191429	5457292
哈萨克斯坦	**Kazakhstan**					
按当年价格计算	At Current LCU					
居民消费支出	Household Final Consumption Expenditure		16090	69891	74172	77284
政府消费支出	General Government Final Consumption Expenditure		3140	16656	19836	20310
资本形成总额	Gross Capital Formation		4818	44156	51779	61160
货物和服务出口	Exports Of Goods And Services		14716	91848	71455	94516
货物和服务进口	Imports Of Goods And Services		12765	59481	57461	56119
国内生产总值	GDP (current LCU)		25999	160529	170076	210698
按2000年价格计算	At Constant Prices of 2000					
居民消费支出	Household Final Consumption Expenditure	29841	16192	33205	32319	27234
政府消费支出	General Government Final Consumption Expenditure	5040	3140	5894	5959	6162
资本形成总额	Gross capital formation	36376	4818	17605	18432	19292
货物和服务出口	Exports Of Goods And Services	16221	14716	23829	22351	22010
货物和服务进口	Imports Of Goods And Services	47503	12765	19341	16265	12804
国内生产总值	Gross domestic product	37450	25999	53023	53660	57416
韩　国	**Korea, Rep.**					
按当年价格计算	At Current LCU					
居民消费支出	Household Final Consumption Expenditure	949680	3303896	5467342	5616751	
政府消费支出	General Government Final Consumption Expenditure	220537	721009	1569441	1702556	
资本形成总额	Gross Capital Formation	700346	1843630	3203688	2755423	
货物和服务出口	Exports Of Goods And Services	521873	2326330	5441107	5304706	
货物和服务进口	Imports Of Goods And Services	541948	2153984	5561979	4888254	
国内生产总值	GDP (current LCU)	1866908	6032360	10264518	10650368	11728034
按2000年价格计算	At Constant Prices of 2000					
居民消费支出	Household Final Consumption Expenditure	2303400	3870351	5056031	5064816	
政府消费支出	General Government Final Consumption Expenditure	614771	962901	1406336	1476056	
资本形成总额	Gross capital formation	1415624	2199772	2777728	2799561	
货物和服务出口	Exports Of Goods And Services	500663	2124333	4542489	4504621	
货物和服务进口	Imports Of Goods And Services	776154	2176237	4105677	3769323	
国内生产总值	Gross domestic product	3849633	6946281	9784988	9816251	10421113

3-11 续表 4 continued

单位：亿本币 (100 million local currency units)

国家和地区	Country or Area	1990	2000	2008	2009	2010
老　挝	**Laos**					
按当年价格计算	At Current LCU					
居民消费支出	Household Final Consumption Expenditure		108140	224580	224580	224580
政府消费支出	General Government Final Consumption Expenditure		9150	27950	27950	27950
资本形成总额	Gross Capital Formation		18997	147733	147147	156811
货物和服务出口	Exports Of Goods And Services	694	41046	154157	150229	204890
货物和服务进口	Imports Of Goods And Services	1502	60301	229250	217237	234924
国内生产总值	GDP (current LCU)	6126	136696	480723	519080	618775
按1990年价格计算	At Constant Prices of 1990					
居民消费支出	Household Final Consumption Expenditure		8917	8938	8892	8087
政府消费支出	General Government Final Consumption Expenditure		9671	10051	9998	9093
资本形成总额	Gross capital formation		1566	5880	5826	5647
货物和服务出口	Exports Of Goods And Services		3384	6135	5948	7378
货物和服务进口	Imports Of Goods And Services		4972	9124	8601	8459
国内生产总值	Gross domestic product	6191	11271	19133	20552	22282
马来西亚	**Malaysia**					
按当年价格计算	At Current LCU					
居民消费支出	Household Final Consumption Expenditure	617	1559	3347	3389	
政府消费支出	General Government Final Consumption Expenditure	164	362	925	959	
资本形成总额	Gross Capital Formation	385	958	1429	985	
货物和服务出口	Exports Of Goods And Services	888	4270	7654	6553	
货物和服务进口	Imports Of Goods And Services	862	3585	5947	5089	
国内生产总值	GDP (current LCU)	1191	3564	7409	6797	7660
按2000年价格计算	At Constant Prices of 2000					
居民消费支出	Household Final Consumption Expenditure	905	1559	2770	2789	
政府消费支出	General Government Final Consumption Expenditure	216	362	724	747	
资本形成总额	Gross capital formation	491	958	1133	967	
货物和服务出口	Exports Of Goods And Services	1332	4270	6246	5595	
货物和服务进口	Imports Of Goods And Services	1214	3585	5571	4887	
国内生产总值	Gross domestic product	1794	3564	5302	5211	5584
蒙　古	**Mongolia**					
按当年价格计算	At Current LCU					
居民消费支出	Household Final Consumption Expenditure	65	9194	36420	38096	45221
政府消费支出	General Government Final Consumption Expenditure	31	1874	10043	9719	12040
资本形成总额	Gross Capital Formation	37	3551	28560	22653	34848
货物和服务出口	Exports Of Goods And Services	23	6610	35411	33136	46893
货物和服务进口	Imports Of Goods And Services	52	8310	44041	37920	54795
国内生产总值	GDP (current LCU)	128	12241	65556	65906	82551
按2005年价格计算	At Constant Prices of 2005					
居民消费支出	Household Final Consumption Expenditure					
政府消费支出	General Government Final Consumption Expenditure					
资本形成总额	Gross capital formation					
货物和服务出口	Exports Of Goods And Services					
货物和服务进口	Imports Of Goods And Services					
国内生产总值	Gross domestic product	22273	22217	39640	39137	41540

3-11 续表 5 continued

单位：亿本币 (100 million local currency units)

国家和地区	Country or Area	1990	2000	2008	2009	2010
缅　甸	**Myanmar**					
按当年价格计算	At Current LCU					
居民消费支出	Household Final Consumption Expenditure					
政府消费支出	General Government Final Consumption Expenditure					
资本形成总额	Gross Capital Formation	203	3177			
货物和服务出口	Exports Of Goods And Services	30	126			
货物和服务进口	Imports Of Goods And Services	55	151			
国内生产总值	GDP (current LCU)	1519	25527			
按1985/1986年价格计算	At Constant Prices of 1985/1986					
居民消费支出	Household Final Consumption Expenditure					
政府消费支出	General Government Final Consumption Expenditure					
资本形成总额	Gross capital formation	799	3061			
货物和服务出口	Exports Of Goods And Services	39	126			
货物和服务进口	Imports Of Goods And Services	102	151			
国内生产总值	Gross domestic product	12795	25527			
巴基斯坦	**Pakistan**					
按当年价格计算	At Current LCU					
居民消费支出	Household Final Consumption Expenditure	6314	28840	73400	91137	112838
政府消费支出	General Government Final Consumption Expenditure	1296	3307	12784	10292	13125
资本形成总额	Gross Capital Formation	1621	6591	22586	24147	24317
货物和服务出口	Exports Of Goods And Services	1330	5143	13164	16362	18926
货物和服务进口	Imports Of Goods And Services	2000	5620	24461	25954	27836
国内生产总值	GDP (current LCU)	8559	38261	102428	127393	146684
按1999/2000年价格计算	At Constant Prices of 1999/2000					
居民消费支出	Household Final Consumption Expenditure	18692	28840	37793	42061	43719
政府消费支出	General Government Final Consumption Expenditure	3092	3307	7391	5060	5738
资本形成总额	Gross capital formation	5403	6591	11137	10011	9866
货物和服务出口	Exports Of Goods And Services	3301	5143	9353	9044	10315
货物和服务进口	Imports Of Goods And Services	4565	5620	10021	8501	9450
国内生产总值	Gross domestic product	25998	38261	55654	57675	60189
菲律宾	**Philippines**					
按当年价格计算	At Current LCU					
居民消费支出	Household Final Consumption Expenditure	7671	25853	57396	59934	64420
政府消费支出	General Government Final Consumption Expenditure	1088	4090	6819	7914	8753
资本形成总额	Gross Capital Formation	2602	6577	14892	13317	18494
货物和服务出口	Exports Of Goods And Services	2964	18394	28499	25870	31335
货物和服务进口	Imports Of Goods And Services	3585	19107	30397	26774	32967
国内生产总值	GDP (current LCU)	10772	35807	77209	80261	90035
按2000年价格计算	At Constant Prices of 2000					
居民消费支出	Household Final Consumption Expenditure	17746	25853	37309	38179	39458
政府消费支出	General Government Final Consumption Expenditure	3477	4090	4944	5483	5702
资本形成总额	Gross capital formation	6577	6577	9848	8993	11837
货物和服务出口	Exports Of Goods And Services	8705	18394	25885	23858	28861
货物和服务进口	Imports Of Goods And Services	9341	19107	25615	23541	28843
国内生产总值	Gross domestic product	27001	35807	52371	52972	57015

3-11 续表 6 continued

单位：亿本币 (100 million local currency units)

国家和地区	Country or Area	1990	2000	2008	2009	2010
新加坡	**Singapore**					
按当年价格计算	At Current LCU					
居民消费支出	Household Final Consumption Expenditure	319	682	1064	1070	1152
政府消费支出	General Government Final Consumption Expenditure	67	177	288	286	324
资本形成总额	Gross Capital Formation	247	540	809	703	724
货物和服务出口	Exports Of Goods And Services	1249	3129	6255	5331	6409
货物和服务进口	Imports Of Goods And Services	1178	2920	5694	4701	5557
国内生产总值	GDP (current LCU)	704	1626	2680	2667	3037
按2000年价格计算	At Constant Prices of 2000					
居民消费支出	Household Final Consumption Expenditure	362	676	952	954	995
政府消费支出	General Government Final Consumption Expenditure	74	182	260	269	298
资本形成总额	Gross capital formation	269	536	743	600	662
货物和服务出口	Exports Of Goods And Services	1074	3026	6054	5565	6633
货物和服务进口	Imports Of Goods And Services	975	2804	5487	4881	5689
国内生产总值	Gross domestic product	827	1652	2505	2486	2846
斯里兰卡	**Sri Lanka**					
按当年价格计算	At Current LCU					
居民消费支出	Household Final Consumption Expenditure			30853	31038	
政府消费支出	General Government Final Consumption Expenditure	314	1322	7138	8515	4146
资本形成总额	Gross Capital Formation	715	3526	12152	11837	15013
货物和服务出口	Exports Of Goods And Services	971	4907	10957	10309	10594
货物和服务进口	Imports Of Goods And Services	1225	6240	16993	13448	14844
国内生产总值	GDP (current LCU)	3218	12576	44107	48353	56023
按2002年价格计算	At Constant Prices of 2002					
居民消费支出	Household Final Consumption Expenditure	6316	10696			
政府消费支出	General Government Final Consumption Expenditure	1166	2410			
资本形成总额	Gross capital formation	2091	4126			
货物和服务出口	Exports Of Goods And Services	2632	5675			
货物和服务进口	Imports Of Goods And Services	2814	6735			
国内生产总值	Gross domestic product	9613	15983	23655	24492	26454
泰国	**Thailand**					
按当年价格计算	At Current LCU					
居民消费支出	Household Final Consumption Expenditure	12350	27629	49996	49933	54284
政府消费支出	General Government Final Consumption Expenditure	2054	5578	11208	12139	13046
资本形成总额	Gross Capital Formation	9030	11242	26446	19205	26283
货物和服务出口	Exports Of Goods And Services	7453	32873	69415	61801	72031
货物和服务进口	Imports Of Goods And Services	9095	28623	67088	52265	64546
国内生产总值	GDP (current LCU)	21835	49227	90805	90416	101030
按1988年价格计算	At Constant Prices of 1988					
居民消费支出	Household Final Consumption Expenditure	11109	16237	22786	22527	23604
政府消费支出	General Government Final Consumption Expenditure	1719	2771	3993	4291	4549
资本形成总额	Gross capital formation	7805	6231	10305	7712	9947
货物和服务出口	Exports Of Goods And Services	7096	19471	31591	27643	31705
货物和服务进口	Imports Of Goods And Services	8070	14977	25329	19885	24159
国内生产总值	Gross domestic product	19454	30084	43648	42631	45958

3-11 续表 7 continued

单位：亿本币 (100 million local currency units)

国家和地区	Country or Area	1990	2000	2008	2009	2010
越　南	**Viet Nam**					
按当年价格计算	At Current LCU					
居民消费支出	Household Final Consumption Expenditure	355590	2935070	10009720	11022790	12998900
政府消费支出	General Government Final Consumption Expenditure	51770	283460	909040	1045400	1304360
资本形成总额	Gross Capital Formation	52720	1307710	5897460	6323260	7502220
货物和服务出口	Exports Of Goods And Services	151200	2430490	11571780	11326880	14009200
货物和服务进口	Imports Of Goods And Services	189960	2539270	13830060	13043510	16353550
国内生产总值	GDP (current LCU)	419550	4416460	14850380	16583900	19809140
按1994年价格计算	At Constant Prices of 1994					
居民消费支出	Household Final Consumption Expenditure		1824200	3340460	3463520	3649930
政府消费支出	General Government Final Consumption Expenditure		182450	325490	350210	374420
资本形成总额	Gross capital formation	150618	834960	2159480	2252600	2421420
货物和服务出口	Exports Of Goods And Services	226324	1419110	3424320	3803730	4241920
货物和服务进口	Imports Of Goods And Services	304946	1519960	4442160	4738210	5186440
国内生产总值	Gross domestic product	1318442	2736660	4904580	5165680	5516090
埃　及	**Egypt**					
按当年价格计算	At Current LCU					
居民消费支出	Household Final Consumption Expenditure	690	2580	6447	7912	9780
政府消费支出	General Government Final Consumption Expenditure	109	381	975	1183	878
资本形成总额	Gross Capital Formation	277	665	2005	2000	2291
货物和服务出口	Exports Of Goods And Services	193	551	2959	2601	2569
货物和服务进口	Imports Of Goods And Services	315	776	3460	3310	3402
国内生产总值	GDP (current LCU)	961	3401	8956	10422	12067
按1991/1992年价格计算	At Constant Prices of 1991/1992					
居民消费支出	Household Final Consumption Expenditure	938	1366	1912	2013	2176
政府消费支出	General Government Final Consumption Expenditure	134	201	246	265	173
资本形成总额	Gross capital formation	351	475	843	766	784
货物和服务出口	Exports Of Goods And Services	339	492	1776	1518	1357
货物和服务进口	Imports Of Goods And Services	447	568	1727	1418	1190
国内生产总值	Gross domestic product	1318	2006	2926	3135	3297
尼日利亚	**Nigeria**					
按当年价格计算	At Current LCU					
居民消费支出	Household Final Consumption Expenditure					
政府消费支出	General Government Final Consumption Expenditure					
资本形成总额	Gross Capital Formation					
货物和服务出口	Exports Of Goods And Services	1132	25242	102419	92399	114599
货物和服务进口	Imports Of Goods And Services	751	14977	72321	69982	77517
国内生产总值	GDP (current LCU)	2606	46764	245530	251000	291080
按2002年价格计算	At Constant Prices of 2002					
居民消费支出	Household Final Consumption Expenditure					
政府消费支出	General Government Final Consumption Expenditure					
资本形成总额	Gross capital formation					
货物和服务出口	Exports Of Goods And Services					
货物和服务进口	Imports Of Goods And Services					
国内生产总值	Gross domestic product	51789	68084	109831	117520	126745

3-11 续表 8 continued

单位：亿本币 (100 million local currency units)

国家和地区	Country or Area	1990	2000	2008	2009	2010
南　非	**South Africa**					
按当年价格计算	At Current LCU					
居民消费支出	Household Final Consumption Expenditure	1768	5808	14176	14735	15914
政府消费支出	General Government Final Consumption Expenditure	570	1673	4373	5050	5252
资本形成总额	Gross Capital Formation	514	1467	5015	4679	6659
货物和服务出口	Exports Of Goods And Services	702	2570	8096	6571	6801
货物和服务进口	Imports Of Goods And Services	544	2298	8785	6777	7222
国内生产总值	GDP (current LCU)	2898	9221	22741	23960	26628
按2005年价格计算	At Constant Prices of 2005					
居民消费支出	Household Final Consumption Expenditure	6252	8003	11596	11233	10989
政府消费支出	General Government Final Consumption Expenditure	2254	2412	3523	3688	4388
资本形成总额	Gross capital formation	1297	1853	3696	3485	3258
货物和服务出口	Exports Of Goods And Services	2234	3722	5012	4032	4696
货物和服务进口	Imports Of Goods And Services	1699	2993	5724	4726	4987
国内生产总值	Gross domestic product	10869	13018	18141	17836	18343
加 拿 大	**Canada**					
按当年价格计算	At Current LCU					
居民消费支出	Household Final Consumption Expenditure	3854	5960	8904	8987	
政府消费支出	General Government Final Consumption Expenditure	1514	2001	3143	3339	
资本形成总额	Gross Capital Formation	1422	2178	3700	3203	
货物和服务出口	Exports Of Goods And Services	1755	4907	5639	4386	
货物和服务进口	Imports Of Goods And Services	1746	4288	5390	4647	
国内生产总值	GDP (current LCU)	6799	10766	15996	15273	16215
按2000年价格计算	At Constant Prices of 2000					
居民消费支出	Household Final Consumption Expenditure	4677	5960	7804	7846	
政府消费支出	General Government Final Consumption Expenditure	1844	2001	2499	2586	
资本形成总额	Gross capital formation	1510	2178	3162	2697	
货物和服务出口	Exports Of Goods And Services	2206	4907	4895	4200	
货物和服务进口	Imports Of Goods And Services	2216	4288	5605	4825	
国内生产总值	Gross domestic product	8074	10766	12894	12576	12963
墨 西 哥	**Mexico**					
按当年价格计算	At CurrentLCU					
居民消费支出	Household Final Consumption Expenditure	5141	36825	78339	79729	88042
政府消费支出	General Government Final Consumption Expenditure	619	6126	12800	13758	15898
资本形成总额	Gross Capital Formation	1710	13122	32881	26431	27179
货物和服务出口	Exports Of Goods And Services	1374	17009	34166	32917	39092
货物和服务进口	Imports Of Goods And Services	1456	18106	36886	34618	40620
国内生产总值	GDP (current LCU)	7389	54977	122001	119295	131372
按2003年价格计算	At Constant Prices of 2003					
居民消费支出	Household Final Consumption Expenditure	30741	47832	62420	58610	60353
政府消费支出	General Government Final Consumption Expenditure	7261	9076	9442	9655	9751
资本形成总额	Gross capital formation	10658	19065	20722	16988	18203
货物和服务出口	Exports Of Goods And Services	5439	19076	26874	22886	28575
货物和服务进口	Imports Of Goods And Services	5725	20161	30163	24683	29256
国内生产总值	Gross domestic product	52645	74055	89424	83988	88607

3-11 续表 9 continued

单位：亿本币 (100 million local currency units)

国家和地区	Country or Area	1990	2000	2008	2009	2010
美　国	**United States**					
按当年价格计算	At Current LCU					
居民消费支出	Household Final Consumption Expenditure	38354	68304	101044	100013	
政府消费支出	General Government Final Consumption Expenditure	9805	14137	23993	24299	
资本形成总额	Gross Capital Formation	10165	20367	25036	19991	
货物和服务出口	Exports Of Goods And Services	5521	10932	18434	15784	
货物和服务进口	Imports Of Goods And Services	6297	14753	25538	19647	
国内生产总值	GDP (current LCU)	57508	98988	142969	140439	145824
按2000年价格计算	At Constant Prices of 2000					
居民消费支出	Household Final Consumption Expenditure	47610	68304	83157	82225	
政府消费支出	General Government Final Consumption Expenditure	13018	14137	17061	17385	
资本形成总额	Gross capital formation	10718	20367	20637	16726	
货物和服务出口	Exports Of Goods And Services	5522	10932	15158	13714	
货物和服务进口	Imports Of Goods And Services	6055	14753	19357	16677	
国内生产总值	Gross domestic product	70640	98988	116685	113571	116812
阿 根 廷	**Argentina**					
按当年价格计算	At Current LCU					
居民消费支出	Household Final Consumption Expenditure	532	2008	5950	6674	10737
政府消费支出	General Government Final Consumption Expenditure	22	392	1388	1740	537
资本形成总额	Gross Capital Formation	96	460	2405	2396	3231
货物和服务出口	Exports Of Goods And Services	71	309	2528	2446	3212
货物和服务进口	Imports Of Goods And Services	32	327	2133	1833	2534
国内生产总值	GDP (current LCU)	689	2842	10328	11455	14427
按1993年价格计算	At Constant Prices of 1993					
居民消费支出	Household Final Consumption Expenditure		1923	2506	2518	2732
政府消费支出	General Government Final Consumption Expenditure		364	453	485	462
资本形成总额	Gross capital formation	230	495	886	795	907
货物和服务出口	Exports Of Goods And Services	165	313	510	478	560
货物和服务进口	Imports Of Goods And Services	64	345	544	441	575
国内生产总值	Gross domestic product	1771	2762	3834	3867	4221
巴　西	**Brazil**					
按当年价格计算	At Current LCU					
居民消费支出	Household Final Consumption Expenditure		7589	17701	19325	21406
政府消费支出	General Government Final Consumption Expenditure		2261	6121	6946	7117
资本形成总额	Gross Capital Formation		2153	6272	5258	6394
货物和服务出口	Exports Of Goods And Services		1177	4143	3542	3766
货物和服务进口	Imports Of Goods And Services		1385	4085	3560	4103
国内生产总值	GDP (current LCU)		11795	30319	31851	36750
按2000年价格计算	At Constant Prices of 2000					
居民消费支出	Household Final Consumption Expenditure	5360	7589	10200	10551	11135
政府消费支出	General Government Final Consumption Expenditure	2068	2261	2916	3029	3195
资本形成总额	Gross capital formation	1461	2153	2888	2591	3104
货物和服务出口	Exports Of Goods And Services	602	1177	2171	1950	2117
货物和服务进口	Imports Of Goods And Services	531	1385	2455	2173	2754
国内生产总值	Gross domestic product	9180	11795	15694	15593	16761

3-11 续表 10 continued

单位：亿本币 (100 million local currency units)

国家和地区	Country or Area	1990	2000	2008	2009	2010
委内瑞拉	**Venezuela**					
按当年价格计算	At Current LCU					
居民消费支出	Household Final Consumption Expenditure	14	412	3628	4494	6690
政府消费支出	General Government Final Consumption Expenditure	2	99	774	929	1167
资本形成总额	Gross Capital Formation	2	193	1654	1735	1924
货物和服务出口	Exports Of Goods And Services	9	237	2046	1278	1816
货物和服务进口	Imports Of Goods And Services	4	144	1364	1433	1269
国内生产总值	GDP (current LCU)	22	797	6680	7002	10028
按1997年价格计算	At Constant Prices of 1997					
居民消费支出	Household Final Consumption Expenditure	195	226	427	405	399
政府消费支出	General Government Final Consumption Expenditure	37	53	88	94	88
资本形成总额	Gross capital formation	32	116	239	192	181
货物和服务出口	Exports Of Goods And Services	108	120	103	90	87
货物和服务进口	Imports Of Goods And Services	38	105	273	220	232
国内生产总值	Gross domestic product	334	410	579	560	550
捷　　克	**Czech Rep.**					
按当年价格计算	At Current LCU					
居民消费支出	Household Final Consumption Expenditure	3087	11492	18340	18369	
政府消费支出	General Government Final Consumption Expenditure	1435	4609	7532	8017	
资本形成总额	Gross Capital Formation	1575	6451	9338	7810	
货物和服务出口	Exports Of Goods And Services	2831	13874	28440	25216	
货物和服务进口	Imports Of Goods And Services	2666	14535	26760	23141	
国内生产总值	GDP (current LCU)	6262	21892	36890	36259	36698
按2000年价格计算	At Constant Prices of 2000					
居民消费支出	Household Final Consumption Expenditure	10260	11492	15334	15303	
政府消费支出	General Government Final Consumption Expenditure	5403	4609	5572	5816	
资本形成总额	Gross capital formation	5297	6422	8950	7296	
货物和服务出口	Exports Of Goods And Services	6326	13874	32103	28820	
货物和服务进口	Imports Of Goods And Services	6124	14535	31442	28227	
国内生产总值	Gross domestic product	21343	21892	30550	29283	29962
法　　国	**France**					
按当年价格计算	At Current LCU					
居民消费支出	Household Final Consumption Expenditure	5898	8033	11108	11128	
政府消费支出	General Government Final Consumption Expenditure	2245	3301	4514	4698	
资本形成总额	Gross Capital Formation	2326	2950	4295	3616	
货物和服务出口	Exports Of Goods And Services	2195	4117	5199	4396	
货物和服务进口	Imports Of Goods And Services	2334	3987	5632	4766	
国内生产总值	GDP (current LCU)	10328	14396	19332	18892	19328
按2000年价格计算	At Constant Prices of 2000					
居民消费支出	Household Final Consumption Expenditure	6783	8033	9548	9609	
政府消费支出	General Government Final Consumption Expenditure	2813	3301	3754	3855	
资本形成总额	Gross capital formation	2433	2950	3527	2983	
货物和服务出口	Exports Of Goods And Services	2094	4117	4855	4254	
货物和服务进口	Imports Of Goods And Services	2244	3987	5336	4766	
国内生产总值	Gross domestic product	11848	14396	16326	15880	16115

3-11 续表 11 continued

单位：亿本币 (100 million local currency units)

国家和地区	Country or Area	1990	2000	2008	2009	2010
德　国	**Germany**					
按当年价格计算	At Current LCU					
居民消费支出	Household Final Consumption Expenditure	8190	12142	14132	14111	
政府消费支出	General Government Final Consumption Expenditure	2727	3919	4496	4721	
资本形成总额	Gross Capital Formation	3280	4492	4589	3954	
货物和服务出口	Exports Of Goods And Services	3513	6884	11779	9788	
货物和服务进口	Imports Of Goods And Services	3522	6811	10184	8603	
国内生产总值	GDP (current LCU)	14163	20625	24812	23971	24988
按2000年价格计算	At Constant Prices of 2000					
居民消费支出	Household Final Consumption Expenditure	9812	12142	12566	12537	
政府消费支出	General Government Final Consumption Expenditure	3211	3919	4200	4320	
资本形成总额	Gross capital formation	3821	4492	4363	3846	
货物和服务出口	Exports Of Goods And Services	3717	6884	11605	9947	
货物和服务进口	Imports Of Goods And Services	3708	6811	9943	9010	
国内生产总值	Gross domestic product	16750	20625	22768	21693	22481
意 大 利	**Italy**					
按当年价格计算	At Current LCU					
居民消费支出	Household Final Consumption Expenditure	4021	7137	9291	9115	
政府消费支出	General Government Final Consumption Expenditure	1412	2197	3173	3278	
资本形成总额	Gross Capital Formation	1567	2465	3305	2876	
货物和服务出口	Exports Of Goods And Services	1348	3222	4527	3645	
货物和服务进口	Imports Of Goods And Services	1335	3111	4617	3706	
国内生产总值	GDP (current LCU)	7014	11911	15678	15197	15488
按2000年价格计算	At Constant Prices of 2000					
居民消费支出	Household Final Consumption Expenditure	6040	7137	7530	7399	
政府消费支出	General Government Final Consumption Expenditure	2164	2197	2538	2552	
资本形成总额	Gross capital formation	2088	2465	2672	2308	
货物和服务出口	Exports Of Goods And Services	1887	3222	3562	2881	
货物和服务进口	Imports Of Goods And Services	1995	3111	3592	3070	
国内生产总值	Gross domestic product	10177	11911	12719	12055	12212
荷　兰	**Netherlands**					
按当年价格计算	At Current LCU					
居民消费支出	Household Final Consumption Expenditure	1211	2108	2708	2626	
政府消费支出	General Government Final Consumption Expenditure	561	919	1523	1627	
资本形成总额	Gross Capital Formation	571	921	1245	1054	
货物和服务出口	Exports Of Goods And Services	1376	2929	4564	3959	
货物和服务进口	Imports Of Goods And Services	1283	2697	4078	3546	
国内生产总值	GDP (current LCU)	2437	4180	5962	5720	5915
按2000年价格计算	At Constant Prices of 2000					
居民消费支出	Household Final Consumption Expenditure	1557	2108	2267	2214	
政府消费支出	General Government Final Consumption Expenditure	748	919	1191	1236	
资本形成总额	Gross capital formation	634	921	1063	884	
货物和服务出口	Exports Of Goods And Services	1420	2929	4105	3780	
货物和服务进口	Imports Of Goods And Services	1299	2697	3736	3419	
国内生产总值	Gross domestic product	3060	4180	4885	4694	4777

3-11 续表 12 continued

单位：亿本币 (100 million local currency units)

国家和地区	Country or Area	1990	2000	2008	2009	2010
波　兰	**Poland**					
按当年价格计算	At Current LCU					
居民消费支出	Household Final Consumption Expenditure	269	4698	7739	8132	9061
政府消费支出	General Government Final Consumption Expenditure	108	1374	2476	2563	2398
资本形成总额	Gross Capital Formation	144	1850	3020	2710	2686
货物和服务出口	Exports Of Goods And Services	161	2019	5089	5217	4401
货物和服务进口	Imports Of Goods And Services	121	2497	5595	5204	4434
国内生产总值	GDP (current LCU)	560	7444	12754	13437	14128
按2002年价格计算	At Constant Prices of 2002					
居民消费支出	Household Final Consumption Expenditure	3075	5037	6734	6889	7038
政府消费支出	General Government Final Consumption Expenditure	977	1472	2046	2068	2262
资本形成总额	Gross capital formation	977	1874	2688	2397	2518
货物和服务出口	Exports Of Goods And Services	794	2142	4357	3960	4215
货物和服务进口	Imports Of Goods And Services	601	2667	4908	4204	4518
国内生产总值	Gross domestic product	5428	7876	10932	11113	11537
俄罗斯联邦	**Russian Fed.**					
按当年价格计算	At Current LCU					
居民消费支出	Household Final Consumption Expenditure	3	33743	202279	213196	216258
政府消费支出	General Government Final Consumption Expenditure	1	11025	71948	78713	79571
资本形成总额	Gross Capital Formation	2	13657	105224	73226	109354
货物和服务出口	Exports Of Goods And Services	1	32189	129224	108440	128838
货物和服务进口	Imports Of Goods And Services	1	17558	91110	79640	91960
国内生产总值	GDP (current LCU)	6	73056	412768	387864	449392
按2003年价格计算	At Constant Prices of 2003					
居民消费支出	Household Final Consumption Expenditure	36448	33743	74943	80547	
政府消费支出	General Government Final Consumption Expenditure	14669	11025	12874	18387	
资本形成总额	Gross capital formation	69135	13657	35133	12166	
货物和服务出口	Exports Of Goods And Services	39265	32189	56679	53924	
货物和服务进口	Imports Of Goods And Services	46787	17558	73046	53590	
国内生产总值	Gross domestic product	108552	73056	120993	111435	
西 班 牙	**Spain**					
按当年价格计算	At Current LCU					
居民消费支出	Household Final Consumption Expenditure	1928	3760	6220	5964	
政府消费支出	General Government Final Consumption Expenditure	532	1084	2123	2228	
资本形成总额	Gross Capital Formation	833	1656	3165	2574	
货物和服务出口	Exports Of Goods And Services	515	1830	2880	2464	
货物和服务进口	Imports Of Goods And Services	619	2027	3506	2690	
国内生产总值	GDP (current LCU)	3191	6303	10881	10539	10626
按2000年价格计算	At Constant Prices of 2000					
居民消费支出	Household Final Consumption Expenditure	2900	3760	4781	4579	
政府消费支出	General Government Final Consumption Expenditure	794	1084	1615	1667	
资本形成总额	Gross capital formation	1217	1656	2277	1917	
货物和服务出口	Exports Of Goods And Services	704	1830	2424	2143	
货物和服务进口	Imports Of Goods And Services	822	2027	3108	2555	
国内生产总值	Gross domestic product	4783	6303	8042	7743	7732

3-11 续表 13 continued

单位：亿本币 (100 million local currency units)

国家和地区	Country or Area	1990	2000	2008	2009	2010
土 耳 其	**Turkey**					
按当年价格计算	At Current LCU					
居民消费支出	Household Final Consumption Expenditure		1175	6639	6815	
政府消费支出	General Government Final Consumption Expenditure		195	1217	1402	
资本形成总额	Gross Capital Formation		346	2070	1422	2116
货物和服务出口	Exports Of Goods And Services		335	2273	2214	2562
货物和服务进口	Imports Of Goods And Services		385	2694	2326	2896
国内生产总值	GDP (current LCU)		1667	9505	9526	11051
按1998年价格计算	At Constant Prices of 1998					
居民消费支出	Household Final Consumption Expenditure	345	494	702	686	728
政府消费支出	General Government Final Consumption Expenditure	50	79	103	111	107
资本形成总额	Gross capital formation	108	162	241	174	232
货物和服务出口	Exports Of Goods And Services	60	155	260	246	257
货物和服务进口	Imports Of Goods And Services	65	166	287	246	283
国内生产总值	Gross domestic product	507	724	1019	970	1057
乌 克 兰	**Ukraine**					
按当年价格计算	At CurrentLCU					
居民消费支出	Household Final Consumption Expenditure		924	4255	5987	
政府消费支出	General Government Final Consumption Expenditure		356	1611	1754	2226
资本形成总额	Gross Capital Formation		334	2398	1565	1791
货物和服务出口	Exports Of Goods And Services		1062	3966	4236	5113
货物和服务进口	Imports Of Goods And Services		976	4544	4394	5351
国内生产总值	GDP (current LCU)		1701	9500	9133	10946
按2003年价格计算	At Constant Prices of 2003					
居民消费支出	Household Final Consumption Expenditure	2247	1131	3035	2604	
政府消费支出	General Government Final Consumption Expenditure	574	430	565	533	604
资本形成总额	Gross capital formation	2549	455	1028	491	520
货物和服务出口	Exports Of Goods And Services	2216	1281	1660	1235	1312
货物和服务进口	Imports Of Goods And Services	3494	1348	2506	1539	1674
国内生产总值	Gross domestic product	4896	2127	3638	3100	3230
英 国	**United Kingdom**					
按当年价格计算	At Current LCU					
居民消费支出	Household Final Consumption Expenditure	3548	6401	9280	9085	
政府消费支出	General Government Final Consumption Expenditure	1125	1820	3140	3274	
资本形成总额	Gross Capital Formation	1151	1724	2413	1899	
货物和服务出口	Exports Of Goods And Services	1366	2698	4229	3862	
货物和服务进口	Imports Of Goods And Services	1486	2878	4607	4193	
国内生产总值	GDP (current LCU)	5703	9765	14456	13950	14536
按2000年价格计算	At Constant Prices of 2000					
居民消费支出	Household Final Consumption Expenditure	4833	6401	7740	7496	
政府消费支出	General Government Final Consumption Expenditure	1592	1820	2185	2206	
资本形成总额	Gross capital formation	1227	1724	2133	1670	
货物和服务出口	Exports Of Goods And Services	1513	2698	3542	3149	
货物和服务进口	Imports Of Goods And Services	1579	2878	3956	3471	
国内生产总值	Gross domestic product	7603	9765	11653	11084	11223

3-11 续表 14 continued

单位：亿本币 (100 million local currency units)

国家和地区	Country or Area	1990	2000	2008	2009	2010
澳大利亚	**Australia**					
按当年价格计算	At Current LCU					
居民消费支出	Household Final Consumption Expenditure	2241	3790	6270		
政府消费支出	General Government Final Consumption Expenditure	697	1174	2006		
资本形成总额	Gross Capital Formation	1119	1617	3251		
货物和服务出口	Exports Of Goods And Services	608	1284	2338		
货物和服务进口	Imports Of Goods And Services	688	1414	2553		
国内生产总值	GDP (current LCU)	4087	6639	11818	12561	
按2007年价格计算	At Constant Prices of 2007					
居民消费支出	Household Final Consumption Expenditure	3324	4509	6065		
政府消费支出	General Government Final Consumption Expenditure	1133	1512	1926		
资本形成总额	Gross capital formation	1366	1928	3176		
货物和服务出口	Exports Of Goods And Services	860	1822	2245		
货物和服务进口	Imports Of Goods And Services	708	1355	2578		
国内生产总值	Gross domestic product	6536	9105	11818	11970	
新 西 兰	**New Zealand**					
按当年价格计算	At Current LCU					
居民消费支出	Household Final Consumption Expenditure	455	700	1084	1104	
政府消费支出	General Government Final Consumption Expenditure	141	203	368	385	
资本形成总额	Gross Capital Formation	148	250	410	340	
货物和服务出口	Exports Of Goods And Services	198	412	569	530	
货物和服务进口	Imports Of Goods And Services	196	392	594	498	
国内生产总值	GDP (current LCU)	745	1175	1856	1878	1968
按2000/2001年价格计算	At Constant Prices of 2000/2001					
居民消费支出	Household Final Consumption Expenditure	537	700	914	909	
政府消费支出	General Government Final Consumption Expenditure	167	203	280	284	
资本形成总额	Gross capital formation	164	250	362	312	
货物和服务出口	Exports Of Goods And Services	239	412	497	499	
货物和服务进口	Imports Of Goods And Services	234	392	596	508	
国内生产总值	Gross domestic product	883	1175	1474	1485	1523

3-12　收入法国内生产总值

Gross Domestic Product by Income Approach

资料来源：经合组织OLIS数据库。
Source: OECD OLIS Database.
单位：亿本币　　(100 million lccal currency units)

国家和地区	Country or Area	2000	2005	2008	2009	2010
欧 元 区	**Euro Area**					
劳动者报酬	Compensation of Employees	33139	39100	44300		
营业盈余和混合收入	Gross Operating Surplus and Gross Mixed Income	26386	32600	37600		
税减产品补贴	Taxes Less Subsidies on Production and Imports	8049	9752	10800		
国内生产总值	Gross Domestic Product	67575	81101			
日　　本	**Japan**					
劳动者报酬	Compensation of Employees	2710757	2584518	2625087	2513549	
营业盈余和混合收入	Gross Operating Surplus and Gross Mixed Income	1909982	2025260	1945335	1759364	
税减产品补贴	Taxes Less Subsidies on Production and Imports	382942	388545	398091	351340	
统计误差	Statistical Discrepancy	26219	19021	75263	85114	
国内生产总值	Gross Domestic Product	5029899	5017344	5043776	4709367	
韩　　国	**Korea, Rep.**					
劳动者报酬	Compensation of Employees	2589436	3963379	4749538	4936857	
营业盈余和混合收入	Gross Operating Surplus and Gross Mixed Income	2738718	3719750	4312444	4526981	5157370
税减产品补贴	Taxes Less Subsidies on Production and Imports	704206	969280	1202536	1186531	1294976
统计误差	Statistical Discrepancy					
国内生产总值	Gross Domestic Product	6032360	8652409	10264518	10650368	11728034
加 拿 大	**Canada**					
劳动者报酬	Compensation of Employees	5452	6951	8186	8147	8496
营业盈余和混合收入	Gross Operating Surplus and Gross Mixed Income	4038	5240	6199	5500	6026
税减产品补贴	Taxes Less Subsidies on Production and Imports	1283	1553	1648	1641	1726
统计误差	Statistical Discrepancy	-7	-6	2	2	-2
国内生产总值	Gross Domestic Product	10766	13738	16034	15290	16246
墨 西 哥	**Mexico**					
劳动者报酬	Compensation of Employees	18661	27292	34073	34770	
营业盈余和混合收入	Gross Operating Surplus and Gross Mixed Income	36123	55765	74845	73260	
税减产品补贴	Taxes Less Subsidies on Production and Imports	5441	9149	12804	10851	
统计误差	Statistical Discrepancy	5441	9149			
国内生产总值	Gross Domestic Product	60206	92206	121723	118881	
美　　国	**United States**					
劳动者报酬	Compensation of Employees	57935	70715	80791	78154	79806
营业盈余和混合收入	Gross Operating Surplus and Gross Mixed Income	35765	47186	51569	50125	54690
税减产品补贴	Taxes Less Subsidies on Production and Imports	6627	8693	9857	9582	9967
统计误差	Statistical Discrepancy	-1340	-951	-24	774	8
国内生产总值	Gross Domestic Product	98988	125643	142193	138636	144471
捷　　克	**Czech Rep.**					
劳动者报酬	Compensation of Employees	9150	12985	16165	15668	15768
营业盈余和混合收入	Gross Operating Surplus and Gross Mixed Income	11688	15345	18965	18473	18642
税减产品补贴	Taxes Less Subsidies on Production and Imports	1858	2831	3354	3251	3343
统计误差	Statistical Discrepancy					
国内生产总值	Gross Domestic Product	22697	31161	38484	37392	37752

3-12 续表 continued

单位：亿本币 (100 million lccal currency units)

国家和地区	Country or Area	2000	2005	2008	2009	2010
法　国	**France**					
劳动者报酬	Compensation of Employees	7495	9005	10073	10088	10300
营业盈余和混合收入	Gross Operating Surplus and Gross Mixed Income	4927	5813	6685	6323	6534
税减产品补贴	Taxes Less Subsidies on Production and Imports	1973	2362	2574	2481	2494
统计误差	Statistical Discrepancy					
国内生产总值	Gross Domestic Product	14396	17180	19332	18892	19328
德　国	**Germany**					
劳动者报酬	Compensation of Employees	11141	11394	12294	12306	12614
营业盈余和混合收入	Gross Operating Surplus and Gross Mixed Income	7430	8764	9969	8995	9671
税减产品补贴	Taxes Less Subsidies on Production and Imports	1904	2085	2475	2445	2483
统计误差	Statistical Discrepancy					
国内生产总值	Gross Domestic Product	20475	22244	24738	23745	24768
意大利	**Italy**					
劳动者报酬	Compensation of Employees	4674	5820	6572	6494	6548
营业盈余和混合收入	Gross Operating Surplus and Gross Mixed Income	5619	6592	7095	6827	6944
税减产品补贴	Taxes Less Subsidies on Production and Imports	1618	1883	2010	1876	1996
统计误差	Statistical Discrepancy					
国内生产总值	Gross Domestic Product	11911	14295	15678	15197	15488
荷　兰	**Netherlands**					
劳动者报酬	Compensation of Employees	2118	2546	2947	2985	3005
营业盈余和混合收入	Gross Operating Surplus and Gross Mixed Income	1612	2000	2323	2124	2242
税减产品补贴	Taxes Less Subsidies on Production and Imports	450	588	675	602	637
统计误差	Statistical Discrepancy					
国内生产总值	Gross Domestic Product	4180	5134	5945	5711	5884
波　兰	**Poland**					
劳动者报酬	Compensation of Employees	2994	3522	4760	4958	5265
营业盈余和混合收入	Gross Operating Surplus and Gross Mixed Income	3544	5054	6308	6868	7061
税减产品补贴	Taxes Less Subsidies on Production and Imports	905	1258	1686	1608	1827
统计误差	Statistical Discrepancy	905	1258			
国内生产总值	Gross Domestic Product	7444	9833	12754	13434	14154
俄罗斯联邦	**Russian Fed.**					
劳动者报酬	Compensation of Employees	29372	94743	195598	204942	226403
营业盈余和混合收入	Gross Operating Surplus and Gross Mixed Income	31097	78871	134987	118112	141220
税减产品补贴	Taxes Less Subsidies on Production and Imports	12495	42484	82184	64809	81768
统计误差	Statistical Discrepancy	12485	42445			
国内生产总值	Gross Domestic Product	72980	216098	412768	387864	449392
西班牙	**Spain**					
劳动者报酬	Compensation of Employees	3122	4308	5313	5168	5089
营业盈余和混合收入	Gross Operating Surplus and Gross Mixed Income	2555	3790	4633	4607	4615
税减产品补贴	Taxes Less Subsidies on Production and Imports	626	990	936	764	922
统计误差	Statistical Discrepancy					
国内生产总值	Gross Domestic Product	6303	9088	10881	10539	10626
英　国	**United Kingdom**					
劳动者报酬	Compensation of Employees	5322	6775	7692	7740	7972
营业盈余和混合收入	Gross Operating Surplus and Gross Mixed Income	3159	4253	5097	4671	4754
税减产品补贴	Taxes Less Subsidies on Production and Imports	1284	1513	1667	1549	1794
统计误差	Statistical Discrepancy				-10	34
国内生产总值	Gross Domestic Product	9765	12541	14456	13950	14554
澳大利亚	**Australia**					
劳动者报酬	Compensation of Employees	3536	4872	6045	6174	
营业盈余和混合收入	Gross Operating Surplus and Gross Mixed Income	2747	4076	5315	5431	
税减产品补贴	Taxes Less Subsidies on Production and Imports	806	1067	1193	1238	
统计误差	Statistical Discrepancy				4	
国内生产总值	Gross Domestic Product	7089	10014	12552	12847	
新西兰	**New Zealand**					
劳动者报酬	Compensation of Employees	482	693	836	845	
营业盈余和混合收入	Gross Operating Surplus and Gross Mixed Income	551	715	799	802	
税减产品补贴	Taxes Less Subsidies on Production and Imports	143	198	221	231	
统计误差	Statistical Discrepancy					
国内生产总值	Gross Domestic Product	1175	1606	1856	1878	

3-13 三次产业对国内生产总值增长的贡献率

Share of the Contributions of the Three Strata of Industry to the Increase of GDP

资料来源：世界银行WDI数据库。
Source: World Bank WDI Database.

单位：% (%)

国家和地区	Country or Area	第一产业对国内生产总值增长的贡献率 Contributions of the Primary Industry to the Increase of GDP		第二产业对国内生产总值增长的贡献率 Contributions of the Secondary Industry to the Increase of GDP		第三产业对国内生产总值增长的贡献率 Contributions of the Tertiary Industry to the Increase of GDP	
		2000	2010	2000	2010	2000	2010
中国	China	4.4	3.9	60.8	57.2	34.8	38.9
孟加拉国	Bangladesh	30.4	16.2	25.8	30.3	43.8	53.5
文莱	Brunei Darussalam	2.3		66.5		31.2	
柬埔寨	Cambodia	-1.7	590.8①	64.2	-270.4①	37.4	-220.4①
印度	India	-1.3	8.6	38.6	29.7	62.7	61.7
印度尼西亚	Indonesia	6.1	6.3	53.9	31.4	40.0	62.3
伊朗	Iran	10.2	11.1②	60.1	47.0②	29.7	41.9②
日本	Japan	1.3	-9.1②	29.4	78.8②	69.3	30.3②
哈萨克斯坦	Kazakhstan	-3.2	-4.0	60.1	47.7	43.2	56.4
韩国	Korea, Rep.	0.7	10.7①	50.9	-70.1①	48.4	159.5①
老挝	Laos	45.3	10.6	32.9	68.9	21.7	20.4
马来西亚	Malaysia	2.9	-1.8①	34.4	167.4①	62.7	-65.5①
蒙古	Mongolia	316.7	-499.8	-25.5	320.0	-191.3	279.8
巴基斯坦	Pakistan	39.1	10.7	7.7	30.1	53.2	59.2
菲律宾	Philippines	10.8	-0.3	50.1	47.7	39.1	52.6
新加坡	Singapore	-0.1		46.1	52.0	54.0	48.0
斯里兰卡	Sri Lanka	4.4	7.5	34.2		61.4	92.5
泰国	Thailand	15.2	-2.6	49.2	76.6	35.6	26.1
越南	Viet Nam	16.2	7.4	51.0	45.0	32.8	47.7
埃及	Egypt	8.9	9.8	30.5	59.7	60.7	30.5
尼日利亚	Nigeria		-2.6②		-1.1②		103.7②
南非	South Africa	1.9	5.8①	21.7	155.5①	76.4	-61.2①
加拿大	Canada	-0.8	7.4①	45.5	108.8①	55.2	-16.2①
墨西哥	Mexico	0.3	0.8	32.0	30.2	67.7	69.0
美国	United States	3.1	-2.1①	14.5	53.3①	82.4	48.7①
阿根廷	Argentina	15.0	9.8	137.4	19.0	-52.4	71.2
巴西	Brazil	1.9	6.5	16.9	40.9	81.2	52.6
委内瑞拉	Venezuela	9.6	5.7①	50.2	43.0①	40.2	51.3①
捷克	Czech Rep.	4.2	3.5②	70.5	73.2②	25.3	23.3②
法国	France	-1.2	-3.2①	28.8	74.0①	72.3	29.2①
德国	Germany	-0.1	-1.8①	36.6	82.4①	63.6	19.4①
意大利	Italy	-1.9	1.4①	28.3	63.8①	73.6	34.8①
荷兰	Netherlands	1.4	-1.9①	30.5	46.0①	68.2	55.9①
波兰	Poland	-4.8	2.3	35.8	33.3	69.1	64.4
俄罗斯联邦	Russian Fed.	8.0	-.1①	45.6	54.0①	46.4	46.1①
西班牙	Spain	6.2	-1.0①	27.2	80.1①	66.6	20.9①
土耳其	Turkey	13.7	12.0	32.1	49.3	54.1	38.7
乌克兰	Ukraine	22.7	23.1	49.0	51.5	28.3	25.4
英国	United Kingdom	-0.2	0.9①	11.3	49.8①	88.9	49.3①
澳大利亚	Australia	4.1	4.2②	27.0	26.7②	69.0	69.1②
新西兰	New Zealand	8.2	19.6②	5.9	106.1②	85.9	-25.6②

注：①2009年数据。②2008年数据。
Note:①Data refer to 2009.②Data refer to 2008.

3-14 资本形成总额、消费支出及净出口对国内生产总值增长的贡献率
Share of the Contributions of Gross Capital Formation,Final Consumption Expenditure and External Balance on Goods and Services to the Increase of GDP

资料来源：世界银行数据库。
Source: World Bank Database.
单位：% (%)

国家和地区	Country or Area	资本形成总额 Gross Capital Formation		消费支出 Final Consumption Expenditure		净出口 External Balance on Goods and Services	
		2000	2010	2000	2010	2000	2010
中　国	China	22.4	54.0	65.1	36.8	12.5	9.2
中国香港	Hong Kong, China		35.6		59.4		5.0
中国澳门	Macao, China	-90.9	134.8①	-42.1	100.8①	233.0	-135.6①
文　莱	Brunei Darussalam	-122.5		-0.5		223.0	
印度尼西亚	Indonesia	46.9	39.8	20.3	47.7	32.7	12.5
伊　朗	Iran	37.5		74.7		-12.2	
以色列	Israel		9.8		77.6		12.6
日　本	Japan	43.3	60.2①	40.8	5.0①	15.9	34.8①
哈萨克斯坦	Kazakhstan	33.7	-95.3	47.3	541.1	19.0	-345.8
韩　国	Korea, Rep.	51.8②	5.4①	35.8②	20.7①	12.4②	73.9①
老　挝	Laos						
马来西亚	Malaysia	195.8	182.5①	158.6	-45.5①	-254.5	-36.9①
巴基斯坦	Pakistan		66.2③		96.3③		-62.5③
菲律宾	Philippines		70.3		37.1		-7.4
新加坡	Singapore	81.3	15.8	81.5	17.8	-62.7	66.4
泰　国	Thailand	52.5	66.5	72.1	39.8	-24.6	-6.3
埃　及	Egypt		11.6		45.4		43.0
南　非	South Africa	10.2		66.7		23.1	
加拿大	Canada	30.5		54.6		14.9	
墨西哥	Mexico	16.1②		88.3②		-4.4②	
阿根廷	Argentina		44.6		76.5		-21.1
委内瑞拉	Venezuela	49.8		84.1		-33.9	
法　国	France	47.5		64.2		-11.8	
德　国	Germany	36.6④	45.0①	102.2④	-8.0①	-38.8④	63.0①
意大利	Italy	32.8		51.2		16.0	
荷　兰	Netherlands	7.4	92.1①	58.4	4.1①	34.1	3.9①
俄罗斯联邦	Russian Fed.	85.8	107.4	36.2	89.4	-22.0	-96.8
西班牙	Spain	61.2②		76.6②		-37.8②	
土耳其	Turkey	68.5④	83.5	-13.9④	54.1	45.4④	-37.6
英　国	United Kingdom	61.4②		80.8②		-42.2②	
澳大利亚	Australia	32.9		68.8		-1.7	
新西兰	New Zealand	64.1④		61.6④		-25.7④	

注：①2009年数据。②1998年数据。③2008年数据。④1999年数据。
Note:①Data refer to 2009.②Data refer to 1998.③Data refer to 2008.④Data refer to 1999.

主要统计指标解释

国内生产总值 指生产活动总成果，等于所有常住单位创造的增加值的总和(包括产出价值中未包括的产品税，不包括各项产品补贴，不包括未计入产值的产品)。等于按购买者价格计算的货物和服务最终使用价值（不包括中间消费)减去进口的货物和服务价值，或等于常住生产单位初次收入分配的总和。计算国内生产总值不扣除折旧折的资产或自然资源的枯竭和退化。

按当年价格计算的国内生产总值 是按报告期价格计算的国内生产总值，即名义国内生产总值。

不变价格国内生产总值 指国内生产总值的物量水平。不变价格国内生产总值估计值等于按基期价格衡量的价值。理论上，价格和数量是价值量的两个组成部分，价格量中的基期价格可用当期价格替代。

按市场价格计算的国内生产总值 是按市场价格计算的所有居民生产者的增加值总和加上税减产品补贴。

支出法国内生产总值 指按购买者价格计算的总支出，包括最终消费支出，总固定资本形成，库存变动，耐用品及以离岸价计算的货物和服务出口，减去货物和服务的进口。

收入法国内生产总值 指雇员报酬加上生产税减补贴，加上混合收入和营业盈余。

生产法国内生产总值 是按基本价格计算的常住居民生产者增加值合计加上各种税减产品补贴。各行业增加值分类依据国际标准产业分类（ISIC 3.1 版)。

人均国内生产总值 指国内生产总值除以年中人口。数据用现价美元表示。

国民总收入 指国内生产总值减去生产税和进口税净额，减去支付给国外的雇员报酬和财产收入，加来自国外的雇员报酬和财产收入（即国内生产总值减去支付给非常住单位的初次收入，加上收到的非常住单位的初次收入)。按市场价格计算国民总收入的另一种方法是各部门所有初次收入的总和（国民总收入即国民生产总值，后者是以往国民核算中使用的概念)。为便于比较，用本币计算的国民总收入通常用官方汇率转换成以美元为单位，尽管官方汇率作为转换比率时被认为大大偏离国际交易实际采用比率。为平抑价格和汇率的波动，世界银行采用了特别的图表集法转换。图表集法用给定年份和其前两年的平均汇率作为转换因子，该转换因子根据该国及几个主要国家的通货膨胀率差异加以调整。到 2000 年为止，这些国家指法国、德国、日本、英国和美国等 5 个国家，2001 年开始，这些国家为欧元区、日本、英国和美国。

人均国民总收入 是用世界银行图表集法转换成美元计量的国民总收入除以年中人口，即原人均国民生产总值。

按购买力平价计算的人均国民总收入 指根据购买力平价计算的人均国民总收入。购买力平价国民总收入是用购买力平价比率转换成国际元计量的国民总收入。国民总收入中一国际元的购买力等于美国一美元购买力。

增加值总额 等于总产出减去中间消耗。用于衡量单个生产者、行业或部门生产活动对国内生产总值的贡献；增加值总额是国民核算账户（SNA）中初次收入形成的来源，因此被（从生产账户）结转到初次收入分配账户中进行反映。

按基本价格计算的增加值总额 等于按基本价格计算的总产出减去按购买者价格计算的中间消耗。基本价格等于生产者出售一个单位的货物和服务得到的收入，减去由此应付的税金，加上应收的补贴。基本价格作为生产或销售的价格单位，不包括生产者开具发票时单列的运输费用。

按要素成本计算的增加值总额 等于按市场价格计算的增加值总额减间接税与产品补贴。

按生产者价格计算的增加值总额 等于按生产者价格计算的总产出减去按购买者价格计算的中间消耗。

三次产业 根据《国际标准产业分类》(ISIC)第三版划分。

第一产业，即农业，指《国际标准产业分类》第三版中第 1 类至第 5 类，包括林业、狩猎业、渔业、种植业和畜牧业。

第二产业，指《国际标准产业分类》第三版中第 10 类至第 45 类，包括制造业（第 15-37 类)。第二产业包括采掘业，制造业，电力、煤气和水的供应业以及建筑业。

第三产业，即服务业，指《国际标准产业分类》第三版中第 50 类至第 99 类。包括批发零售贸易业（包括旅馆和饭店业)、交通运输业以及政府、金融、专业服务和个人服务，例如教育、卫生、房地产服务；还包括估算的银行服务费、进口税和加工或调整数据时的统计误差。

资本形成总额 是固定资产形成总额、存货变动和贵重物品获得减处置的价值合计。

资本形成率 即投资率，指资本形成总额占国内生产总值的比重。

居民消费率 居民最终消费支出占国内生产总值的比重。居民最终消费支出是居民购买的所有商品和服务的市场价值。包括耐用商品（如汽车、洗衣机和家用计算机)；不包括购买住房支出，但包括自有住房的估算租金；还包括支付给政府的获得许可权的费用。居民消费支出包括服务于居民的非盈利机构的支出。

消费支出 是居民消费支出、政府消费支出之和。它包括资源利用与供给之间的统计误差。

政府消费支出 包括政府购买商品和服务的经常性支出（包括雇员报酬)，主要包括国家防卫和安全支出，但是不包括政府军队支出中属于政府资本形成部分。

营业盈余 指核算企业为借入或租赁金融资产或有形非生产性资产而支付利息、租金或类似支出以及企业拥有的金融资产或有形非生产性资产获得的利息、租金或类似收入前，企业生产方面的盈亏（居民拥有的非公司性企业营业盈余称为混合收入)。

Explanatory Notes on Main Statistical Indicators

Gross Domestic Product An aggregate measure of production equal to the sum of the gross values added of all resident institutional units engaged in production (plus any taxes, and minus any subsidies, on products not included in the value of their outputs). The sum of the final uses of goods and services (all uses except intermediate consumption) measured in purchasers' prices, less the value of imports of goods and services, or the sum of primary incomes distributed by resident producer units. It is calculated without making deductions for depreciation of fabricated assets or for depletion and degradation of natural resources.

Gross Domestic Product at Current Price is GDP at prices of the current reporting period. Also known as nominal GDP

Gross Domestic Product at Constant Price refers to the volume level of GDP. Constant price estimates of GDP are obtained by expressing values in terms of a base period. In theory, the price and quantity components of a value are identified and the price in the base period is substituted for that in the current period. Two main methods are adopted in practice.

Expenditure-based GDP is total final expenditure at purchasers' prices (including final consumption expenditure, gross fixed capital formation, changes in inventories, valuables and f.o.b. value of exports of goods and services), less the f.o.b. value of imports of goods and services.

Income-based GDP is compensation of employees, plus taxes less subsidies on production and imports, plus gross mixed income, plus gross operating surplus.

Output-based GDP is the sum of the gross values added of all resident producers at basic prices, plus all taxes less subsidies on products. Describes the generation of gross value added by industrial classification of economic activities according to the International Standard Industrial Classification (ISIC Rev 3.1) .

GDP at Market Prices is the sum of the gross values added of all resident producers at market prices, plus taxes less subsidies on imports.

GDP per capita is gross domestic product divided by midyear population. Data are in current U.S. dollars.

Gross National Income is GDP less net taxes on production and imports, less compensation of employees and property income payable to the rest of the world plus the corresponding items receivable from the rest of the world (in other words, GDP less primary incomes payable to non- resident units plus primary incomes receivable from non-resident units). An alternative approach to measuring GNI at market prices is as the aggregate value of the balances of gross primary incomes for all sectors (note that gross national income is identical to gross national product (GNP) as previously used in national accounts generally). GNI, calculated in national currency, is usually converted to U.S. dollars at official exchange rates for comparisons across economies, although an alternative rate is used when the official exchange rate is judged to diverge by an exceptionally large margin from the rate actually applied in international transactions. To smooth fluctuations in prices and exchange rates, a special Atlas method of conversion is used by the World Bank. This applies a conversion factor that averages the exchange rate for a given year and the two preceding years, adjusted for differences in rates of inflation between the country, and through 2000, the G-5 countries (France, Germany, Japan, the United Kingdom, and the United States). From 2001, these countries include the Euro area, Japan, the United Kingdom, and the United States.

GNI per Capita in PPP GNI per capita based on purchasing power parity (PPP). PPP GNI is gross national income (GNI) converted to international dollars using purchasing power parity rates. An international dollar has the same purchasing power over GNI as a U.S. dollar has in the United States.

Gross Value Added is the value of output less the value of intermediate consumption; it is a measure of the contribution to GDP made by an individual producer, industry or sector; gross value added is the source from which the primary incomes of the SNA are generated and is therefore carried forward into the primary distribution of income account.

Gross Value Added at Basic Prices Output valued at basic prices less intermediate consumption valued at purchasers prices. The basic price is the amount receivable by the producer from the purchaser for a unit of a good or service produced as output minus any tax payable, and plus any subsidy receivable, on that unit as a consequence of its production or sale; it excludes any transport charges invoiced separately by the producer.

Gross Value Added at Factor Cost is GVA at market prices less any indirect taxes plus any subsidies.

Gross Value Added at Producer Prices is output valued at producer prices less intermediate consumption valued at purchasers of prices.

Three Strata of Industry The origin is determined by the International Standard Industrial Classification (ISIC), revision 3.

Primary Industry named as agriculture, corresponds to ISIC divisions 1-5 and includes forestry, hunting, and fishing, as well as cultivation of crops and livestock production.

Secondary Industry corresponds to ISIC divisions 10-45 and includes manufacturing (ISIC divisions 15-37). It comprises value added in mining, manufacturing (also reported as a separate subgroup), electricity, gas and water supply, construction.

Tertiary Industry named as services, corresponds to ISIC divisions 50-99. They include value added in wholesale and retail trade (including hotels and restaurants), transport, and government, financial, professional, and personal services such as education, health care, and real estate services. Also included are imputed bank service charges, import duties, and any statistical discrepancies noted by national compilers as well as discrepancies arising from rescaling.

Gross Capital Formation is the total value of the gross fixed capital formation, changes in inventories and acquisitions less disposals of valuables.

Capital Formation Rate namely investment rate, refers to gross capital formation as percentage of gross domestic product.

Household Final Consumption Rate refers to household final consumption expenditure as percentage of gross domestic of product.

Household Final Consumption Expenditure is the market value of all goods and services, including durable products (such as cars, washing machines, and home computers), purchased by households. It excludes purchases of dwellings but includes imputed rent for owner-occupied dwellings. It also includes payments and fees to governments to obtain permits and licenses. Here, household consumption expenditure includes the expenditures of nonprofit institutions serving households, even when reported separately by the country.

Consumption Expenditure is the sum of household final consumption expenditure and general government final consumption expenditure. This estimate includes any statistical discrepancy in the use of resources relative to the supply of resources.

General Government Final Consumption Expenditure includes all government current expenditures for purchases of goods and services (including compensation of employees). It also includes most expenditure on national defense and security, but excludes government military expenditures that are part of government capital formation.

Operating Surplus measures the surplus or deficit accruing from production before taking account of any interest, rent or similar charges payable on financial or tangible non-produced assets borrowed or rented by the enterprise, or any interest, rent or similar receipts receivable on financial or tangible non-produced assets owned by the enterprise (for unincorporated enterprises owned by households, this component is called mixed income).

人口

Population

4-1　年中人口

Mid-year Population

资料来源：世界银行WDI数据库。
Source: World Bank WDI Database.

国家和地区	Country or Area	人口（万人） Mid-year Population (10 000 persons)				增长率(%) growth rate (%)
		2000	2005	2009	2010	2010
世　界	**World**	**607975.3**	**645836.4**	**676367.2**	**684050.7**	**1.1**
高收入国家	**High Income**	**104954.7**	**108677.9**	**112045.5**	**112700.2**	**0.6**
中等收入国家	**Middle Income**	**438649.7**	**465342.6**	**486334.0**	**491724.4**	**1.1**
中低收入国家	**Low and Middle Income**	**503020.6**	**537158.6**	**564321.7**	**571350.5**	**1.3**
低收入国家	**Low Income**	**64371.0**	**71816.0**	**77987.7**	**79626.1**	**2.1**
中　国	China	126264.5	130372.0	133138.0	133830.0	0.5
中国香港	Hong Kong, China	666.5	681.3	700.4	706.8	0.9
中国澳门	Macao, China	43.2	48.1	53.1	54.4	2.3
阿富汗	Afghanistan	2595.1	2990.5	3343.8	3438.5	2.8
阿尔巴尼亚	Albania	307.2	314.2	319.3	320.4	0.4
阿尔及利亚	Algeria	3053.4	3288.8	3495.0	3546.8	1.5
美属萨摩亚	American Samoa	5.8	6.3	6.7	6.8	1.6
安道尔	Andorra	6.5	7.8	8.4	8.5	1.4
安哥拉	Angola	1392.6	1648.9	1855.5	1908.2	2.8
安提瓜和巴布达	Antigua and Barbuda	7.8	8.4	8.8	8.9	1.0
阿根廷	Argentina	3693.1	3868.1	4006.3	4041.2	0.9
亚美尼亚	Armenia	307.6	306.6	308.5	309.2	0.2
阿鲁巴岛	Aruba	9.0	10.1	10.7	10.8	0.8
澳大利亚	Australia	1915.3	2039.5	2195.2	2232.9	1.7
奥地利	Austria	801.2	823.3	836.5	838.5	0.2
阿塞拜疆	Azerbaijan	804.9	839.2	894.7	904.8	1.1
巴哈马	Bahamas	29.8	31.9	33.8	34.3	1.3
巴　林	Bahrain	63.8	72.5	117.0	126.2	7.6
孟加拉国	Bangladesh	12959.2	14058.8	14703.0	14869.2	1.1
巴巴多斯	Barbados	26.8	27.1	27.3	27.3	0.2
白俄罗斯	Belarus	1000.5	977.6	950.7	949.1	-0.2
比利时	Belgium	1025.2	1047.9	1079.7	1087.9	0.8
伯利兹	Belize	25.0	29.2	33.3	34.5	3.4
贝　宁	Benin	651.8	763.4	860.2	885.0	2.8
百慕大	Bermuda	6.2	6.4	6.4	6.5	0.3
不　丹	Bhutan	57.1	65.9	71.4	72.6	1.7
玻利维亚	Bolivia	830.7	914.7	977.3	993.0	1.6
波　黑	Bosnia and Herzegovinian	369.4	378.1	376.8	376.0	-0.2
博茨瓦纳	Botswana	175.8	187.6	198.2	200.7	1.3
巴　西	Brazil	17442.5	18598.7	19324.7	19494.7	0.9
文　莱	Brunei Darussalam	32.7	36.3	39.2	39.9	1.8
保加利亚	Bulgaria	806.0	774.0	758.5	754.3	-0.6
布基纳法索	Burkina Faso	1229.4	1419.9	1598.5	1646.9	3.0
布隆迪	Burundi	637.4	725.1	817.1	838.3	2.6
柬埔寨	Cambodia	1244.7	1335.8	1397.8	1413.8	1.1
喀麦隆	Cameroon	1567.8	1755.4	1917.5	1959.9	2.2
加拿大	Canada	3077.0	3231.2	3374.0	3410.9	1.1
佛得角	Cape Verde	43.7	47.3	49.2	49.6	0.9
开曼群岛	Cayman Islands	4.0	5.2	5.6	5.6	0.8
中　非	Central African Rep.	370.2	401.8	431.8	440.1	1.9
乍　得	Chad	822.2	978.6	1093.7	1122.7	2.6
海峡群岛	Channel Islands	14.5	14.9	15.3	15.3	0.5
智　利	Chile	1542.0	1630.2	1695.6	1711.4	0.9
哥伦比亚	Colombia	3976.4	4304.1	4565.4	4629.5	1.4
科摩罗	Comoros	56.3	64.3	71.6	73.5	2.6
刚果(金)	Congo, Dem. Rep.	4962.6	5742.1	6420.4	6596.6	2.7
刚果(布)	Congo, Rep.	313.6	353.3	394.2	404.3	2.5
哥斯达黎加	Costa Rica	391.9	430.9	459.1	465.9	1.5
科特迪瓦	Cote D'Ivoire	1658.2	1802.1	1935.0	1973.8	2.0
克罗地亚	Croatia	442.6	444.2	442.9	442.4	-0.1
古　巴	Cuba	1110.4	1125.4	1126.3	1125.8	0.0
塞浦路斯	Cyprus	94.3	103.3	109.1	110.4	1.2

4-1 续表 1 continued

国家和地区	Country or Area	人口（万人） Mid-year Population (10 000 persons)				增长率(%) growth rate (%)
		2000	2005	2009	2010	2010
捷　　克	Czech Rep.	1027.3	1023.6	1048.7	1052.5	0.4
丹　　麦	Denmark	533.7	541.6	552.3	554.4	0.4
吉 布 提	Djibouti	73.2	80.8	87.2	88.9	1.9
多米尼克	Dominica	7.0	6.9	6.8	6.8	-0.2
多米尼加	Dominican Rep.	859.2	926.4	979.7	992.7	1.3
厄瓜多尔	Ecuador	1234.5	1342.6	1426.2	1446.5	1.4
埃　　及	Egypt	6764.8	7420.3	7971.6	8112.1	1.8
萨尔瓦多	El Salvador	594.0	605.1	616.0	619.3	0.5
赤道几内亚	Equatorial Guinea	52.0	60.8	68.1	70.0	2.8
厄立特里亚	Eritrea	366.8	448.6	509.8	525.4	3.0
爱沙尼亚	Estonia	137.0	134.6	134.0	134.0	-0.1
埃塞俄比亚	Ethiopia	6557.8	7426.4	8118.8	8295.0	2.2
法罗群岛	Faeroe Islands	4.6	4.8	4.9	4.9	0.2
斐　　济	Fiji	81.2	82.3	85.2	86.1	1.0
芬　　兰	Finland	517.6	524.6	533.9	536.4	0.5
法　　国	France	6076.2	6300.1	6454.3	6487.7	0.5
法属波立尼西亚	French Polynesia	23.8	25.5	26.8	27.1	1.1
加　　蓬	Gabon	123.5	137.1	147.8	150.6	1.9
冈 比 亚	Gambia	129.7	150.4	168.2	172.8	2.7
格鲁吉亚	Georgia	441.8	436.1	441.1	445.3	1.0
德　　国	Germany	8221.0	8246.9	8190.2	8170.2	-0.2
加　　纳	Ghana	1916.6	2164.0	2382.4	2439.2	2.4
直布罗陀	Gibraltar	2.7	2.9	2.9	2.9	0.0
希　　腊	Greece	1091.8	1110.4	1128.3	1131.9	0.3
格 陵 兰	Greenland	5.6	5.7	5.6	5.7	0.4
格林纳达	Grenada	10.2	10.3	10.4	10.5	0.4
关　　岛	Guam	15.5	16.9	17.8	18.0	1.2
危地马拉	Guatemala	1123.7	1271.7	1403.4	1438.9	2.5
几 内 亚	Guinea	834.5	904.1	976.1	998.2	2.2
几内亚比绍	Guinea-Bissau	124.1	136.8	148.4	151.5	2.1
圭 亚 那	Guyana	73.3	74.6	75.3	75.5	0.2
海　　地	Haiti	864.5	934.7	986.4	999.3	1.3
洪都拉斯	Honduras	621.8	687.9	745.0	760.1	2.0
匈 牙 利	Hungary	1021.1	1008.7	1002.3	1000.9	-0.1
冰　　岛	Iceland	28.1	29.7	31.9	31.7	-0.4
印　　度	India	101592.3	109458.3	115534.8	117093.8	1.3
印度尼西亚	Indonesia	21339.5	22730.3	23741.5	23987.1	1.0
伊　　朗	Iran	6534.2	6973.2	7313.7	7397.4	1.1
伊 拉 克	Iraq	2431.4	2759.8	3109.1	3203.1	3.0
爱 尔 兰	Ireland	380.5	416.0	445.9	448.1	0.5
马 恩 岛	Isle of Man	7.7	8.0	8.2	8.3	0.6
以 色 列	Israel	628.9	693.0	748.6	762.5	1.8
意 大 利	Italy	5694.9	5860.7	6019.3	6048.4	0.5
牙 买 加	Jamaica	258.9	265.0	269.6	270.2	0.3
日　　本	Japan	12687.0	12777.3	12755.8	12745.1	-0.1
约　　旦	Jordan	479.8	541.2	591.5	604.7	2.2
哈萨克斯坦	Kazakhstan	1488.4	1514.7	1592.5	1631.6	2.4
肯 尼 亚	Kenya	3125.4	3561.5	3946.2	4051.3	2.6
基里巴斯	Kiribati	8.4	9.2	9.8	10.0	1.5
朝　　鲜	Korea, Dem.	2289.4	2374.6	2423.8	2434.6	0.5
韩　　国	Korea, Rep.	4700.8	4813.8	4874.7	4887.5	0.3
科 威 特	Kuwait	194.1	226.4	264.6	273.7	3.4
吉尔吉斯斯坦	Kyrgyzstan	491.5	514.4	532.1	536.5	0.8
老　　挝	Laos	531.7	575.3	611.2	620.1	1.4
拉脱维亚	Latvia	237.2	230.1	225.5	224.3	-0.5
黎 巴 嫩	Lebanon	374.2	405.2	419.7	422.8	0.7
莱 索 托	Lesotho	196.4	206.6	214.9	217.1	1.0
利比里亚	Liberia	284.7	318.3	383.6	399.4	4.0

4-1　续表 2　continued

国家和地区	Country or Area	人口（万人） Mid-year Population (10 000 persons)				增长率(%) growth rate(%)
		2000	2005	2009	2010	2010
利比亚	Libya	523.1	577.0	626.3	635.5	1.5
列支敦士登	Liechtenstein	3.3	3.5	3.6	3.6	0.7
立陶宛	Lithuania	350.0	341.4	334.0	332.1	-0.6
卢森堡	Luxemburg	43.6	46.5	49.8	50.6	1.6
前南马其顿	Macedonia, FYR	200.9	203.8	205.7	206.1	0.2
马达加斯加	Madagascar	1536.4	1788.6	2012.4	2071.4	2.9
马拉维	Malawi	1122.9	1282.3	1444.2	1490.1	3.1
马来西亚	Malaysia	2341.5	2610.0	2794.9	2840.1	1.6
马尔代夫	Maldives	27.3	29.5	31.2	31.6	1.3
马里	Mali	1129.5	1317.7	1491.0	1537.0	3.0
马耳他	Malta	39.0	40.4	41.3	41.3	-0.1
马绍尔群岛	Marshall Islands	5.2	5.2	5.3	5.4	1.2
毛里塔尼亚	Mauritania	264.3	304.7	337.8	346.0	2.4
毛里求斯	Mauritius	118.7	124.3	127.5	128.1	0.5
马约特岛	Mayotte	14.9	17.5	19.8	20.4	3.1
墨西哥	Mexico	9996.0	10648.4	11203.3	11342.3	1.2
密克罗尼西亚	Micronesia, Fed.	10.7	10.9	11.1	11.1	0.4
摩尔多瓦	Moldova	364.0	359.5	356.6	356.2	-0.1
摩纳哥	Monaco	3.5	3.5	3.5	3.5	0.1
蒙古	Mongolia	241.1	254.7	271.2	275.6	1.6
黑山	Montenegro	63.3	62.7	63.0	63.2	0.2
摩洛哥	Morocco	2879.3	3039.3	3163.5	3195.1	1.0
莫桑比克	Mozambique	1820.1	2077.0	2285.9	2339.1	2.3
缅甸	Myanmar	4495.8	4632.1	4760.1	4796.3	0.8
纳米比亚	Namibia	189.6	208.0	224.2	228.3	1.8
尼泊尔	Nepal	2440.1	2728.2	2943.3	2995.9	1.8
荷兰	Netherlands	1592.6	1632.0	1653.0	1661.2	0.5
荷属安的列斯	Netherlands Antilles	18.1	18.7	19.8		
新喀里多尼亚	New Caledonia	21.3	23.4	25.0	25.4	1.5
新西兰	New Zealand	385.8	413.4	431.6	436.8	1.2
尼加拉瓜	Nicaragua	507.4	542.4	571.0	578.8	1.4
尼日尔	Niger	1092.2	1299.4	1497.2	1551.2	3.5
尼日利亚	Nigeria	12368.9	13982.3	15448.8	15842.3	2.5
北马里亚纳群岛	Northern Mariana Islands	6.8	6.7	6.2	6.1	-0.9
挪威	Norway	449.1	462.3	482.9	488.5	1.2
阿曼	Oman	226.4	243.0	271.2	278.2	2.6
巴基斯坦	Pakistan	14452.2	15864.6	17049.4	17359.3	1.8
帕劳	Palau	1.9	2.0	2.0	2.1	0.6
巴拿马	Panama	295.6	323.8	346.2	351.7	1.6
巴布亚新几内亚	Papua New Guinea	537.9	609.5	670.3	685.8	2.3
巴拉圭	Paraguay	534.4	589.8	634.2	645.5	1.8
秘鲁	Peru	2586.2	2755.9	2876.5	2907.7	1.1
菲律宾	Philippines	7731.0	8554.6	9170.3	9326.1	1.7
波兰	Poland	3845.4	3816.5	3815.2	3818.8	0.1
葡萄牙	Portugal	1022.6	1054.9	1063.3	1064.3	0.1
波多黎各	Puerto Rico	381.4	391.1	396.7	397.9	0.3
卡塔尔	Qatar	59.1	82.1	159.8	175.9	9.6
罗马尼亚	Romania	2244.3	2163.4	2148.0	2144.2	-0.2
俄罗斯联邦	Russian Fed.	14630.3	14315.0	14185.0	14175.0	-0.1
卢旺达	Rwanda	809.8	920.2	1031.1	1062.4	3.0
圣基茨和尼维斯	Saint Kitts and Nevis	4.4	4.9	5.2	5.2	1.3
圣卢西亚	Saint Lucia	15.6	16.5	17.2	17.4	1.1
圣文森特和格林纳丁斯	Saint Vincent and the Grenadines	10.8	10.9	10.9	10.9	0.1
萨摩亚	Samoa	17.7	18.0	18.2	18.3	0.4
圣马力诺	San Marino	2.7	3.0	3.1	3.2	0.6
圣多美和普林西比	Sao Tome and Principe	14.1	15.3	16.3	16.5	1.8
沙特阿拉伯	Saudi Arabia	2004.5	2404.1	2680.9	2744.8	2.4
塞内加尔	Senegal	950.6	1087.2	1210.7	1243.4	2.7

4-1 续表 3 continued

国家和地区	Country or Area	人口（万人） Mid-year Population (10 000 persons)				增长率(%) growth rate (%)
		2000	2005	2009	2010	2010
塞尔维亚	Serbia	751.6	744.1	732.1	729.3	-0.4
塞舌尔	Seychelles	8.1	8.3	8.7	8.7	-0.9
塞拉利昂	Sierra Leone	414.3	515.3	573.9	586.8	2.2
新加坡	Singapore	402.8	426.6	498.8	507.7	1.8
斯洛伐克	Slovakia	538.9	538.7	541.9	543.4	0.3
斯洛文尼亚	Slovenia	198.9	200.1	204.0	205.3	0.6
所罗门群岛	Solomon Islands	40.9	47.0	52.4	53.8	2.6
索马里	Somalia	739.9	836.0	912.0	933.1	2.3
南非	South Africa	4400.0	4719.9	4932.0	4999.1	1.4
西班牙	Spain	4026.3	4339.8	4590.9	4608.2	0.4
斯里兰卡	Sri Lanka	1874.5	1984.3	2066.9	2086.0	0.9
苏丹	Sudan	3418.8	3841.0	4247.8	4355.2	2.5
苏里南	Suriname	46.7	49.9	52.0	52.5	0.9
斯威士兰	Swaziland	106.4	110.5	116.8	118.6	1.5
瑞典	Sweden	886.9	902.4	929.9	937.9	0.9
瑞士	Switzerland	718.4	743.7	774.4	782.5	1.1
叙利亚	Syrian Arab Republic	1598.9	1848.4	2003.8	2044.7	2.0
塔吉克斯坦	Tajikistan	617.3	645.3	678.3	687.9	1.4
坦桑尼亚	Tanzania	3403.8	3883.1	4352.5	4484.1	3.0
泰国	Thailand	6315.5	6669.9	6870.6	6912.2	0.6
东帝汶	Timor-Leste	83.0	101.0	110.0	112.4	2.2
多哥	Togo	479.4	540.8	590.2	602.8	2.1
汤加	Tonga	9.8	10.1	10.4	10.4	0.5
特立尼达和多巴哥	Trinidad And Tobago	129.2	131.5	133.6	134.2	0.4
突尼斯	Tunisia	956.4	1002.9	1044.0	1054.9	1.0
土耳其	Turkey	6362.8	6814.3	7184.6	7275.2	1.3
土库曼斯坦	Turkmenistan	450.1	474.8	498.0	504.2	1.2
特克斯和凯科斯群岛	Turks and Caicos Islands	1.9	3.1	3.7	3.8	2.9
图瓦卢	Tuvalu	0.9	1.0	1.0	1.0	0.2
乌干达	Uganda	2421.3	2843.1	3236.8	3342.5	3.2
乌克兰	Ukraine	4917.6	4710.5	4605.3	4587.1	-0.4
阿联酋	United Arab Emirates	303.4	406.9	693.9	751.2	7.9
英国	United Kingdom	5889.3	6022.4	6180.2	6221.9	0.7
美国	United States	28217.2	29575.3	30700.7	30905.1	0.7
美属维尔京群岛	Virgin Islands(US)	10.9	11.0	11.0	11.0	-0.1
乌拉圭	Uruguay	330.1	330.6	334.5	335.7	0.4
乌兹别克斯坦	Uzbekistan	2465.0	2616.7	2776.7	2816.0	1.4
瓦努阿图	Vanuatu	18.5	21.1	23.4	24.0	2.5
委内瑞拉	Venezuela	2431.1	2657.7	2838.4	2883.4	1.6
越南	Viet Nam	7763.1	8239.4	8602.5	8693.7	1.1
约旦河西岸和加沙	West Bank and Gaza	300.4	357.5	404.3	415.2	2.7
也门	Yemen	1772.3	2064.9	2332.8	2405.3	3.1
赞比亚	Zambia	1020.2	1146.2	1272.4	1292.6	1.6
津巴布韦	Zimbabwe	1251.0	1257.1	1247.4	1257.2	0.8

4-2 女性人口比重

Female Population as Percentage of Total

资料来源：世界银行WDI数据库。
Source: World Bank WDI Database.
单位：% (%)

国家和地区	Country or Area	2000	2005	2008	2009	2010
世　界	**World**	**49.6**	**49.6**	**49.6**	**49.6**	**49.6**
中　国	China	48.2	48.1	48.1	48.1	48.1
中国香港	Hong Kong, China	51.3	52.0	52.4	52.5	52.6
中国澳门	Macao, China	51.7	51.7	51.9	52.0	52.0
孟加拉国	Bangladesh	48.7	48.9	49.2	49.3	49.4
文　莱	Brunei Darussalam	49.2	49.3	49.4	49.4	49.5
柬埔寨	Cambodia	51.5	51.2	51.1	51.1	51.1
印　度	India	48.1	48.2	48.3	48.3	48.3
印度尼西亚	Indonesia	50.0	50.1	50.1	50.1	50.1
伊　朗	Iran	49.6	49.1	49.1	49.2	49.3
以色列	Israel	50.7	50.7	50.7	50.7	50.7
日　本	Japan	51.1	51.2	51.2	51.3	51.3
哈萨克斯坦	Kazakhstan	52.0	52.2	52.1	52.0	52.0
韩　国	Korea, Rep.	49.8	50.1	50.2	50.2	50.2
老　挝	Laos	50.0	50.2	50.2	50.1	50.1
马来西亚	Malaysia	49.2	49.2	49.2	49.2	49.3
蒙　古	Mongolia	50.5	50.6	50.6	50.6	50.6
缅　甸	Myanmar	50.3	50.6	50.7	50.7	50.7
巴基斯坦	Pakistan	48.7	49.0	49.1	49.1	49.2
菲律宾	Philippines	49.6	49.7	49.8	49.8	49.8
新加坡	Singapore	50.0	49.7	49.6	49.6	49.6
斯里兰卡	Sri Lanka	50.2	50.5	50.6	50.6	50.6
泰　国	Thailand	50.8	50.8	50.8	50.8	50.9
越　南	Viet Nam	50.9	50.7	50.6	50.6	50.6
埃　及	Egypt	49.7	49.7	49.8	49.8	49.8
尼日利亚	Nigeria	49.5	49.5	49.4	49.4	49.4
南　非	South Africa	50.8	50.7	50.6	50.5	50.5
加拿大	Canada	50.5	50.5	50.4	50.4	50.4
墨西哥	Mexico	50.5	50.6	50.7	50.7	50.7
美　国	United States	50.9	50.8	50.7	50.7	50.7
阿根廷	Argentina	51.0	51.1	51.1	51.1	51.1
巴　西	Brazil	50.6	50.7	50.7	50.8	50.8
委内瑞拉	Venezuela	49.7	49.8	49.8	49.8	49.8
捷　克	Czech Rep.	51.3	51.3	51.1	51.0	51.0
法　国	France	51.4	51.4	51.4	51.4	51.3
德　国	Germany	51.2	51.1	51.0	51.0	51.0
意大利	Italy	51.6	51.5	51.2	51.2	51.1
荷　兰	Netherlands	50.5	50.5	50.4	50.4	50.4
波　兰	Poland	51.5	51.6	51.7	51.7	51.8
俄罗斯联邦	Russian Fed.	53.3	53.6	53.7	53.7	53.7
西班牙	Spain	51.0	50.8	50.7	50.7	50.6
土耳其	Turkey	50.0	50.1	50.1	50.1	50.1
乌克兰	Ukraine	53.7	53.8	53.9	54.0	54.0
英　国	United Kingdom	51.3	51.0	50.9	50.9	50.8
澳大利亚	Australia	50.4	50.3	50.2	50.2	50.2
新西兰	New Zealand	50.9	51.0	51.0	50.9	50.9

4-3 人口年龄构成和抚养比(2010年)

Age Composition and Dependency Ratio of Population(2010)

资料来源：世界银行WDI数据库。
Source: World Bank WDI Database.

单位：% (%)

国家和地区	Country or Area	年龄构成 Age Composition 0-14岁人口占比 Persons ages 14 and below	15-64岁人口占比 Persons ages 15 to 64	65岁以上人口占比 Persons ages 65 and above	抚养比 Age Dependency Ratio
世　界	**World**	**26.8**	**65.6**	**7.6**	**53.9**
中　国	China	19.5	72.4	8.2	38.2
中国香港	Hong Kong, China	11.5	75.8	12.7	32.0
中国澳门	Macao, China	13.1	79.9	7.0	25.2
孟加拉国	Bangladesh	31.3	64.1	4.6	56.0
文　莱	Brunei Darussalam	26.2	70.2	3.6	42.4
柬埔寨	Cambodia	31.9	64.3	3.8	55.5
印　度	India	30.6	64.5	4.9	55.1
印度尼西亚	Indonesia	27.0	67.4	5.6	48.3
伊　朗	Iran	22.9	71.8	5.2	39.2
以色列	Israel	27.2	62.3	10.4	60.4
日　本	Japan	13.4	64.0	22.7	56.4
哈萨克斯坦	Kazakhstan	24.5	68.7	6.8	45.5
韩　国	Korea, Rep.	16.4	72.4	11.1	38.1
老　挝	Laos	34.5	61.6	3.9	62.3
马来西亚	Malaysia	30.3	64.9	4.8	54.1
蒙　古	Mongolia	27.6	68.3	4.1	46.4
缅　甸	Myanmar	25.6	69.2	5.1	44.4
巴基斯坦	Pakistan	35.4	60.3	4.3	65.8
菲律宾	Philippines	35.4	60.9	3.6	64.1
新加坡	Singapore	17.4	73.6	9.0	35.9
斯里兰卡	Sri Lanka	24.9	67.0	8.2	49.3
泰　国	Thailand	20.5	70.6	8.9	41.7
越　南	Viet Nam	23.6	70.4	6.0	42.1
埃　及	Egypt	31.5	63.4	5.0	57.6
尼日利亚	Nigeria	42.8	53.8	3.4	85.9
南　非	South Africa	30.1	65.2	4.6	53.3
加拿大	Canada	16.4	69.5	14.1	44.0
墨西哥	Mexico	29.1	64.6	6.4	54.9
美　国	United States	20.1	66.9	13.1	49.6
阿根廷	Argentina	24.9	64.6	10.6	54.9
巴　西	Brazil	25.5	67.6	7.0	48.1
委内瑞拉	Venezuela	29.5	64.9	5.6	54.0
捷　克	Czech Rep.	14.0	71.2	14.8	40.6
法　国	France	18.4	64.8	16.8	54.2
德　国	Germany	13.5	66.1	20.4	51.2
意大利	Italy	14.1	65.6	20.4	52.5
荷　兰	Netherlands	17.7	67.0	15.3	49.3
波　兰	Poland	14.8	71.6	13.6	39.7
俄罗斯联邦	Russian Fed.	15.0	72.2	12.8	38.6
西班牙	Spain	15.0	68.1	17.0	46.9
土耳其	Turkey	26.4	67.7	6.0	47.8
乌克兰	Ukraine	14.2	70.4	15.5	42.2
英　国	United Kingdom	17.4	66.1	16.6	51.4
澳大利亚	Australia	19.0	67.6	13.5	48.0
新西兰	New Zealand	20.5	66.5	13.0	50.4

4-4 农业人口数

Agricultural Population

资料来源：联合国FAO数据库。
Source: FAO Database.
单位：万人 (10 000 persons)

国家和地区	Country or Area	2000	2005	2008	2009	2010
世 界	**World**	**258372**	**260865**	**261607**	**261774**	**261911**
中 国	China	86449	85297	84260	83868	83449
孟加拉国	Bangladesh	7107	7034	6873	6808	6745
柬 埔 寨	Cambodia	870	907	922	926	931
印 度	India	55945	57839	58721	58982	59228
印度尼西亚	Indonesia	9392	9235	9078	9018	8955
伊 朗	Iran	1736	1664	1621	1607	1593
以 色 列	Israel	16	14	13	13	13
日 本	Japan	487	363	303	285	269
哈萨克斯坦	Kazakhstan	291	264	255	253	250
韩 国	Korea, Rep.	403	299	249	234	220
老 挝	Laos	408	436	453	459	465
马来西亚	Malaysia	418	384	358	350	341
蒙 古	Mongolia	59	53	51	50	49
缅 甸	Myanmar	3161	3183	3201	3209	3217
巴基斯坦	Pakistan	6848	7151	7315	7368	7419
菲 律 宾	Philippines	3052	3112	3128	3127	3126
斯里兰卡	Sri Lanka	868	889	899	901	903
泰 国	Thailand	3093	3002	2913	2878	2842
越 南	Viet Nam	5305	5430	5503	5526	5549
埃 及	Egypt	2345	2328	2295	2281	2266
尼日利亚	Nigeria	4113	4036	3981	3961	3941
南 非	South Africa	620	557	517	504	490
加 拿 大	Canada	78	70	66	64	63
墨 西 哥	Mexico	2362	2198	2103	2069	2034
美 国	United States	628	570	537	526	515
阿 根 廷	Argentina	350	329	318	314	311
巴 西	Brazil	2766	2437	2235	2171	2107
委内瑞拉	Venezuela	231	202	188	184	180
捷 克	Czech Rep.	86	74	68	67	65
法 国	France	198	159	139	133	127
德 国	Germany	207	164	143	136	130
意 大 利	Italy	303	244	215	206	197
荷 兰	Netherlands	53	47	43	42	41
波 兰	Poland	727	640	594	580	566
俄罗斯联邦	Russian Fed.	1547	1321	1213	1182	1151
西 班 牙	Spain	293	247	221	212	204
土 耳 其	Turkey	1686	1558	1495	1471	1447
乌 克 兰	Ukraine	779	636	563	542	521
英 国	United Kingdom	105	98	94	93	92
澳大利亚	Australia	88	86	87	87	87
新 西 兰	New Zealand	34	34	34	34	34

4-5 人口粗出生率和死亡率

Crude Birth Rate and Crude Death Rate

资料来源：世界银行WDI数据库。
Source: World Bank WDI Database.
单位：‰ (‰)

国家和地区	Country or Area	粗出生率 Crude Birth Rate			粗死亡率 Crude Death Rate		
		2000	2005	2009	2000	2005	2009
世　界	**World**	**21.4**	**20.2**	**19.7**	**8.6**	**8.3**	**8.1**
中　国	China	14.0	12.4	12.1	6.5	6.5	7.1
中国香港	Hong Kong, China	8.1	8.4	11.7	5.1	5.7	5.9
中国澳门	Macao, China	8.9	7.9	9.4	4.5	4.5	4.4
孟加拉国	Bangladesh	27.2	23.3	20.8	7.4	6.5	6.1
文　莱	Brunei Darussalam	22.7	21.0	19.5	3.0	3.0	3.2
柬埔寨	Cambodia	27.1	23.9	22.8	9.6	8.6	8.1
印　度	India	25.8	23.8	22.5	8.5	7.6	7.4
印度尼西亚	Indonesia	21.4	20.1	18.6	7.4	7.3	7.1
伊　朗	Iran	19.0	17.7	17.4	5.3	5.4	5.4
以色列	Israel	21.7	20.8	21.5	6.0	5.6	5.2
日　本	Japan	9.4	8.4	8.5	7.7	8.5	9.1
哈萨克斯坦	Kazakhstan	14.7	18.4	22.5	10.1	10.4	9.0
韩　国	Korea, Rep.	13.4	8.9	9.0	5.2	5.0	5.0
老　挝	Laos	30.5	25.7	23.2	8.6	7.2	6.4
马来西亚	Malaysia	24.2	21.9	20.5	4.6	4.6	4.7
蒙　古	Mongolia	19.9	21.1	23.4	7.6	6.7	6.4
缅　甸	Myanmar	20.7	18.5	17.5	9.1	8.9	8.7
巴基斯坦	Pakistan	31.4	28.2	27.6	8.4	7.8	7.5
菲律宾	Philippines	29.7	27.5	25.4	6.0	6.0	5.8
新加坡	Singapore	11.8	10.2	9.9	3.9	4.4	4.3
斯里兰卡	Sri Lanka	18.1	19.0	18.5	7.1	6.3	6.5
泰　国	Thailand	14.7	13.5	12.4	6.3	6.9	7.3
越　南	Viet Nam	17.5	17.2	16.9	5.4	5.2	5.2
埃　及	Egypt	25.7	24.5	23.5	5.9	5.3	5.1
尼日利亚	Nigeria	41.9	41.0	40.1	17.8	15.9	14.6
南　非	South Africa	24.5	23.0	21.5	12.2	14.9	15.1
加拿大	Canada	10.9	10.7	11.2	7.1	7.1	7.4
墨西哥	Mexico	22.9	21.6	20.0	4.7	4.7	4.7
美　国	United States	14.7	14.0	13.8	8.7	8.3	8.4
阿根廷	Argentina	18.8	17.7	17.3	7.8	7.7	7.7
巴　西	Brazil	20.8	18.0	15.8	6.4	6.4	6.4
委内瑞拉	Venezuela	23.4	22.0	20.9	4.9	5.1	5.1
捷　克	Czech Rep.	8.8	10.0	11.3	10.6	10.5	10.2
法　国	France	13.3	12.8	12.8	8.9	8.5	8.5
德　国	Germany	9.3	8.3	8.1	10.2	10.1	10.4
意大利	Italy	9.3	9.5	9.5	9.7	9.7	9.8
荷　兰	Netherlands	13.0	11.5	11.2	8.8	8.4	8.1
波　兰	Poland	9.8	9.5	10.9	9.5	9.6	10.1
俄罗斯联邦	Russian Fed.	8.7	10.2	12.4	15.4	16.1	14.2
西班牙	Spain	9.9	10.7	10.8	9.0	8.9	8.3
土耳其	Turkey	21.0	19.1	18.2	6.0	5.5	5.4
乌克兰	Ukraine	7.8	9.0	11.1	15.3	16.6	15.3
英　国	United Kingdom	11.4	12.0	12.8	10.2	9.7	9.1
澳大利亚	Australia	13.0	12.8	13.4	6.7	6.4	6.4
新西兰	New Zealand	14.9	14.0	14.7	6.9	6.7	6.7

4-6 生殖健康(2009年)

Reproductive Health(2009)

资料来源：世界银行WDI数据库。
Source: World Bank WDI Database.

国家和地区	Country or Area	总和生育率 Total Fertility Rate	青少年生育率 (‰) Adolescent Fertility Rate (‰)	15-49岁妇女避孕普及率 (%) Contraceptive Prevalence (% of women ages 15-49)	产妇死亡率 (1/10 0000) Maternal Mortality Ratio (1/10 0000)
世　界	**World**	**2.5**	**53.9**	**61.1**	**260.0①**
中　国	China	1.6	8.7	84.6②	38.0①
中国香港	Hong Kong, China	1.0	3.6	79.5③	
中国澳门	Macao, China	1.1	3.7		
孟加拉国	Bangladesh	2.3	74.7	52.6①	340.0①
文　莱	Brunei Darussalam	2.1	24.1		21.0①
柬埔寨	Cambodia	2.7	38.2		290.0①
印　度	India	2.7	81.7	54.0①	230.0①
印度尼西亚	Indonesia	2.1	44.0	56.6①	240.0①
伊　朗	Iran	1.7	27.7		30.0①
以色列	Israel	3.0	14.0		7.0①
日　本	Japan	1.4	5.4		6.0①
哈萨克斯坦	Kazakhstan	2.6	28.2		45.0①
韩　国	Korea, Rep.	1.1	3.7	80.0	18.0①
老　挝	Laos	2.8	35.4		580.0①
马来西亚	Malaysia	2.7	12.5		31.0①
蒙　古	Mongolia	2.5	20.0	55.2①	65.0①
缅　甸	Myanmar	2.0	14.6	41.0③	240.0①
巴基斯坦	Pakistan	3.5	30.2	27.0①	260.0①
菲律宾	Philippines	3.2	51.1	50.7①	94.0①
新加坡	Singapore	1.2	5.5		9.0①
斯里兰卡	Sri Lanka	2.3	23.0	68.0③	39.0①
泰　国	Thailand	1.6	40.8		48.0①
越　南	Viet Nam	1.8	25.2	79.5①	56.0①
埃　及	Egypt	2.8	44.2	60.3①	82.0①
尼日利亚	Nigeria	5.6	115.5	14.6①	840.0①
南　非	South Africa	2.5	55.7		410.0①
加拿大	Canada	1.7	12.9		12.0①
墨西哥	Mexico	2.4	68.6	72.9	85.0①
美　国	United States	2.1	35.7	78.6①	24.0①
阿根廷	Argentina	2.2	55.8		70.0①
巴　西	Brazil	1.9	75.7	80.3②	58.0①
委内瑞拉	Venezuela	2.5	88.9		68.0①
捷　克	Czech Rep.	1.5	10.3		8.0①
法　国	France	2.0	6.7		8.0①
德　国	Germany	1.4	7.5		7.0①
意大利	Italy	1.4	5.6		5.0①
荷　兰	Netherlands	1.8	4.7	69.0①	9.0①
波　兰	Poland	1.4	13.8		
俄罗斯联邦	Russian Fed.	1.5	27.3	79.5③	39.0①
西班牙	Spain	1.4	11.9		6.0①
土耳其	Turkey	2.1	35.7	73.0	23.0①
乌克兰	Ukraine	1.5	28.9	66.7③	26.0①
英　国	United Kingdom	2.0	29.7	84.0	12.0①
澳大利亚	Australia	1.9	14.9		8.0①
新西兰	New Zealand	2.1	26.0		14.0①

注：①2008年数据。②2006年数据。③2007年数据。
Note:①Data refer to 2008.②Data refer to 2006.③Data refer to 2007.

4-7 婴儿死亡率和出生时预期寿命
Infant Mortality Rate and Life Expectancy at Birth

资料来源：世界银行WDI数据库。
Source: World Bank WDI Database.

国家和地区	Country or Area	婴儿死亡率(‰) Infant Mortality Rate (‰)			出生时预期寿命(岁) Life Expectancy at Birth (years)		
		2000	2005	2010	2000	2005	2009
世　界	**World**	**52.04**	**46.25**	**41.00**	**67.23**	**68.34**	**69.41**
中　国	China	27.30	21.00	15.80	71.24	72.17	73.06
中国香港	Hong Kong, China					81.58	82.72
中国澳门	Macao, China				78.54	79.58	80.52
孟加拉国	Bangladesh		49.10	38.00		66.93	68.33
文　莱	Brunei Darussalam		6.40	5.80		77.23	77.80
柬埔寨	Cambodia		58.30	42.90		59.98	62.07
印　度	India	62.70	54.90	48.20	61.61	63.37	64.78
印度尼西亚	Indonesia	38.40	32.40	27.20	65.65	67.07	68.47
伊　朗	Iran	35.20	27.40	21.80	69.74	71.33	72.49
以色列	Israel	5.60	4.40	3.60	78.95	80.15	81.55
日　本	Japan	3.30	2.80	2.40	81.08	81.93	82.93
哈萨克斯坦	Kazakhstan	37.80	33.20	29.10	65.52	65.91	68.43
韩　国	Korea, Rep.	5.00	4.50	4.20	75.86	78.43	80.30
老　挝	Laos	64.40	52.20	42.10	61.40	64.46	66.65
马来西亚	Malaysia	9.10	6.90	5.40	72.14	72.99	73.79
蒙　古	Mongolia		35.20	26.20		66.05	67.86
缅　甸	Myanmar		56.60	50.40		62.86	64.20
巴基斯坦	Pakistan		74.70	69.70		64.11	64.96
菲律宾	Philippines		26.60	23.20		67.45	68.23
新加坡	Singapore		2.30	2.10		79.99	81.29
斯里兰卡	Sri Lanka	19.30	16.70	14.20	70.98	73.99	74.57
泰　国	Thailand	15.20	13.00	11.20	72.52	73.19	73.77
越　南	Viet Nam	27.00	22.60	18.60	71.95	73.70	74.61
埃　及	Egypt		26.50	18.60		71.53	72.73
尼日利亚	Nigeria	111.50	99.50	88.40	46.27	49.01	50.95
南　非	South Africa	54.30	52.90	40.70	54.78	51.06	51.61
加拿大	Canada		5.20	5.20		80.29	80.66
墨西哥	Mexico	24.10	18.50	14.10	74.27	75.50	76.47
美　国	United States	7.10	6.80	6.50	76.64	77.34	78.09
阿根廷	Argentina		14.80	12.30		74.74	75.46
巴　西	Brazil		23.30	17.30		71.53	72.76
委内瑞拉	Venezuela	21.00	18.10	15.70	73.27	73.17	73.94
捷　克	Czech Rep.	5.40	4.20	3.10	74.97	75.92	77.08
法　国	France		3.80	3.40		80.11	81.07
德　国	Germany		3.90	3.40		78.93	79.84
意大利	Italy	4.80	3.80	3.10	79.43	80.58	81.44
荷　兰	Netherlands		4.40	3.60		79.35	80.55
波　兰	Poland		6.50	5.20	73.75	75.00	75.69
俄罗斯联邦	Russian Fed.		13.20	9.10		65.47	68.61
西班牙	Spain	5.20	4.60	3.90	78.97	80.17	81.48
土耳其	Turkey	34.10	21.50	13.70	69.45	72.08	73.43
乌克兰	Ukraine	15.10	13.20	11.40	67.86	67.96	69.19
英　国	United Kingdom	5.60	5.10	4.60	77.74	79.05	80.05
澳大利亚	Australia		4.70	4.10		80.84	81.54
新西兰	New Zealand		5.40	4.80		79.85	80.29

4-8 结婚率与离婚率

Marriage Rate and Divorce Rate

资料来源：联合国《人口统计年鉴》2010年。
Source: UN Demographic Yearbook 2010.
单位：‰ (‰)

国家和地区	Country or Area	结婚率 Marriage Rate			离婚率 Divorce Rate		
		2002	2005	2009	2002	2005	2009
中 国	China	6.1	6.3	7.5	0.9	1.4	1.6
中国香港	Hong Kong,China	4.8	6.3	7.3			
中国澳门	Macao,China	2.8	3.7	5.6	0.9	1.2	1.4
伊 朗	Iran	9.9	11.5	12.2	1.0	1.2	1.7
日 本	Japan	6.0	5.7	5.5	2.3	2.1	2.0
哈萨克斯坦	Kazakhstan	6.7	8.1	8.6	2.1	2.1	2.3
韩 国	Korea,Rep.	6.4	6.5	6.2	3.0	2.6	2.5
蒙 古	Mongolia	5.5	5.9	12.5	0.3	0.6	0.7
新加坡	Singapore	5.6	5.3	5.2	1.3	1.9	1.4
墨西哥	Mexico	6.1	5.7	5.5	0.6	0.7	0.8
美 国	United States	7.8	7.6	6.8			
阿根廷	Argentina	3.3	3.4	3.1			
委内瑞拉	Venezuela	2.9	3.2	3.4			
白俄罗斯	Belarus	6.7	7.5	8.2	3.8	3.1	3.6
保加利亚	Bulgaria	3.7	4.3	3.4	1.3	1.9	1.5
捷 克	Czech Republic	5.2	5.1	4.6	3.1	3.1	2.8
法 国	France	4.7	4.5	3.9	1.9	2.5	2.1
德 国	Germany	4.8	4.7	4.6	2.5	2.4	2.3
意大利	Italy	4.7	4.2	3.8	0.7	0.8	0.9
荷 兰	Netherland		4.4	4.4		2.0	2.6
波 兰	Poland	5.0	5.4	6.6	1.2	1.8	1.7
罗马尼亚	Romania	5.9	6.6	6.3	1.5	1.5	1.5
俄罗斯联邦	Russian Fed.	7.0	7.5	8.5	5.9	4.2	4.9
西班牙	Spain	5.1	4.8	3.8	1.0	1.7	2.1
土耳其	Turkey	7.4	8.9	8.2	1.4	1.3	1.6
乌克兰	Ukraine	6.6	7.1	6.9	3.8	3.9	3.2
英 国	United Kingdom	4.9			2.7	2.6	2.0
澳大利亚	Australia	5.4	5.4	5.5	2.7	2.6	2.3
新西兰	New Zealand		5.0	5.0	2.4	2.4	2.0

4-9 城市人口比重

Urban Population as Percentage of Total Population

资料来源：世界银行WDI数据库。
Source: World Bank WDI Database.
单位：% (%)

国家和地区	Country or Area	2000	2005	2008	2009	2010
世　界	**World**	**46.7**	**48.7**	**50.0**	**50.4**	**50.9**
中　国	China	35.8	40.4	43.1	44.0	44.9
中国香港	Hong Kong, China	100.0	100.0	100.0	100.0	100.0
中国澳门	Macao, China	100.0	100.0	100.0	100.0	100.0
孟加拉国	Bangladesh	23.6	25.7	27.1	27.6	28.1
文　莱	Brunei Darussalam	71.1	73.5	74.8	75.3	75.7
柬埔寨	Cambodia	16.9	19.7	21.6	22.2	22.8
印　度	India	27.7	28.7	29.5	29.8	30.1
印度尼西亚	Indonesia	42.0	48.1	51.5	52.6	53.7
伊　朗	Iran	64.2	66.9	68.5	69.0	69.5
以色列	Israel	91.4	91.6	91.7	91.7	91.7
日　本	Japan	65.2	66.0	66.5	66.6	66.8
哈萨克斯坦	Kazakhstan	56.3	57.1	57.9	58.2	58.5
韩　国	Korea, Rep.	79.6	80.8	81.5	81.7	81.9
老　挝	Laos	22.0	27.4	30.9	32.0	33.2
马来西亚	Malaysia	62.0	67.6	70.4	71.3	72.2
蒙　古	Mongolia	56.6	56.7	57.2	57.3	57.5
缅　甸	Myanmar	28.0	30.6	32.6	33.2	33.9
巴基斯坦	Pakistan	33.2	34.9	36.2	36.6	37.0
菲律宾	Philippines	58.5	62.7	64.9	65.7	66.4
新加坡	Singapore	100.0	100.0	100.0	100.0	100.0
斯里兰卡	Sri Lanka	15.7	15.1	15.1	15.1	15.1
泰　国	Thailand	31.1	32.3	33.3	33.7	34.0
越　南	Viet Nam	24.3	26.4	27.8	28.3	28.8
埃　及	Egypt	42.6	42.6	42.7	42.8	42.8
尼日利亚	Nigeria	42.5	46.2	48.4	49.1	49.8
南　非	South Africa	56.9	59.3	60.7	61.2	61.7
加拿大	Canada	79.5	80.1	80.4	80.5	80.6
墨西哥	Mexico	74.7	76.3	77.2	77.5	77.8
美　国	United States	79.1	80.8	81.7	82.0	82.3
阿根廷	Argentina	90.1	91.4	92.0	92.2	92.4
巴　西	Brazil	81.2	84.2	85.6	86.0	86.5
委内瑞拉	Venezuela	89.7	92.3	93.3	93.7	94.0
捷　克	Czech Rep.	74.0	73.5	73.5	73.5	73.5
法　国	France	75.8	76.7	77.4	77.6	77.8
德　国	Germany	73.1	73.4	73.6	73.7	73.8
意大利	Italy	67.2	67.6	68.1	68.2	68.4
荷　兰	Netherlands	76.8	80.2	81.8	82.4	82.9
波　兰	Poland	61.7	61.5	61.3	61.3	61.2
俄罗斯联邦	Russian Fed.	73.4	72.9	72.8	72.8	72.8
西班牙	Spain	76.3	76.7	77.1	77.3	77.4
土耳其	Turkey	64.7	67.3	68.7	69.1	69.6
乌克兰	Ukraine	67.1	67.8	68.0	68.0	68.1
英　国	United Kingdom	89.4	89.7	89.9	90.0	90.1
澳大利亚	Australia	87.2	88.2	88.7	88.9	89.1
新西兰	New Zealand	85.7	86.2	86.6	86.7	86.8

主要统计指标解释

人口　指实际具有的所有人口，无论其法律地位或公民身份均包括在内，不包括非永久居住在庇护地的难民，难民通常被认为是来源国的人口。人口用年中的估计值表示。

抚养比　指 0－14 岁和 65 岁及以上被抚养人口与 15－64 岁劳动年龄人口之比。

（粗）出生率　指一年内活产数量与年中人口数之比。粗出生率减去粗死亡率为自然增长率，等于没有人口迁移情况下的自然增长率。

（粗）死亡率　指一年内死亡数量与年中人口数之比。粗出生率减去粗死亡率为自然增长率，等于没有人口迁移情况下的自然增长率。

总和生育率　是一个妇女活到育龄期结束，并按当前的特定年龄生育率生育孩子的话，她可能生育的孩子数量。

少女生育率　指每千名 15－19 岁妇女中生育的妇女人数。

避孕普及率　指采取了某种避孕措施的 15－49 岁已婚妇女或其性伙伴所占的百分比。

孕产妇死亡率　是每年每 10 万例活产中怀孕和分娩期间死亡的妇女人数。

婴儿死亡率　指某年里每千名活产婴儿生存至一周岁前死亡的比率。

出生时预期寿命　指一名新生儿如果其出生时各年龄组的死亡率在其终生保持不变的话，他可能存活的年数。

结婚率　指在一定时期（通常为一个日历年）、给定地域、给定年份内平均每千名年中人口中的结婚次数。

离婚率　指在一定时期（通常为一个日历年）、给定地域、给定年份内平均每千名年中人口中的离婚次数。

城市人口　指向联合国报告的各国定义为城市的区域内的年中人口。

Explanatory Notes on Main Statistical Indicators

Total population　is based on the de facto definition of population, which counts all residents regardless of legal status or citizenship--except for refugees not permanently settled in the country of asylum, who are generally considered part of the population of their country of origin. The values shown are midyear estimates.

Age Dependency Ratio　is the ratio of dependents--people younger than 15 or older than 64--to the working-age population--those ages 15-64.

Crude Birth Rate　is the number of live births occurring during the year, per 1,000 population estimated at midyear. Subtracting the crude death rate from the crude birth rate provides the rate of natural increase, which is equal to the population growth rate in the absence of migration.

Crude Death Rate　is the number of deaths occurring during the year, per 1,000 population estimated at midyear. Subtracting the crude death rate from the crude birth rate provides the rate of natural increase, which is equal to the population growth rate in the absence of migration.

Total Fertility Rate　is the number of children that would be born to a woman if she were to live to the end of her childbearing years and bear children in accordance with current age-specific fertility rates.

Adolescent Fertility Rate　is the number of births per 1,000 women ages 15-19.

Contraceptive Prevalence Rate　is the percentage of women who are practicing, or whose sexual partners are practicing, any form of contraception. It is usually measured for married women ages 15-49 only.

Maternal Mortality Ratio　is the number of women who die during pregnancy and childbirth, per 100,000 live births.

Infant Mortality Rate　is the number of infants dying before reaching one year of age, per 1000 live births in a given year.

Life Expectancy at Birth　is the number of years a newborn infant would live if prevailing patterns of mortality at the time of its birth were to stay the same throughout its life.

Crude Marriage Rate　is the number of marriages occurring in a population during a given period of time, usually a calendar year, i.e., the number of marriages occurring among the population of a given geographical area during a given year per 1000 mid-year total population of the given geographical area during the same year.

Crude Divorce Rate　is the number of divorces occurring in a population during a given period of time, usually a calendar year, i.e., the number of divorces occurring among the population of a given geographical area during a given year per 1000 mid-year total population of the given geographical area during the same year.

Urban Population　is the midyear population of areas defined as urban in each country and reported to the United Nations.

就业人员和劳动报酬

Employment and Earnings

5-1 劳动参与率
Labor Force Participation Rate

资料来源：世界银行WDI数据库。
Source: World Bank WDI Database.

国家和地区	Country or Area	劳动力人口（万人）Total Labor Force (10 000 persons)		劳动参与率（%）Labor Force Participation Rate(%)		女性劳动参与率（%）Female Labor Force Participation Rate(%)	
		2000	2009	2000	2009	2000	2009
世　界	**World**	**275676**	**317642**	**65.4**	**64.7**	**51.7**	**51.7**
高收入国家	**High Income**	**50483**	**54988**	**60.7**	**60.7**	**51.0**	**52.2**
经合组织高收入国家	**OECD Countries**	**48293**	**51843**	**60.8**	**60.7**	**51.7**	**52.9**
欧元区	**Euro Area**	**14481**	**15945**	**55.0**	**57.0**	**45.3**	**49.2**
非经合组织高收入国家	**High Income: nonOECD**	**2189**	**3144**	**58.6**	**60.2**	**36.0**	**37.9**
中等收入国家	**Middle Income**	**197246**	**227221**	**65.5**	**64.3**	**50.3**	**49.7**
中等偏上收入国家	**Upper Middle Income**	**116573**	**129734**	**70.2**	**68.6**	**60.1**	**59.3**
中等偏下收入国家	**Lower Middle Income**	**80673**	**97487**	**59.6**	**59.5**	**38.2**	**38.5**
中低收入国家	**Low and Middle Income**	**225193**	**262654**	**66.5**	**65.6**	**51.9**	**51.6**
东亚和太平洋	**East Asia and Pacific**	**99088**	**109563**	**75.2**	**72.4**	**66.9**	**64.3**
欧洲和中亚	**Europe and Central Asia**	**17616**	**18719**	**58.9**	**59.0**	**50.2**	**50.6**
拉丁美洲和加勒比	**Latin America and Caribbean**	**22169**	**27014**	**63.4**	**65.5**	**46.9**	**51.7**
中东和北非国家	**Middle East and North Africa**	**8752**	**11328**	**50.0**	**50.7**	**24.6**	**26.1**
南　亚	**South Asia**	**51434**	**62232**	**59.0**	**58.7**	**33.9**	**34.7**
撒哈拉以南非洲	**Sub-Saharan Africa**	**26134**	**33800**	**69.9**	**70.7**	**59.2**	**61.0**
低收入国家	**Low Income**	**27947**	**35434**	**74.8**	**75.2**	**64.2**	**66.0**
中　国	China	72824	78641	77.4	73.7	70.9	67.4
中国香港	Hong Kong, China	336	370	60.9	60.0	49.5	52.2
中国澳门	Macao, China	22	32	64.7	69.4	55.2	63.6
孟加拉国	Bangladesh	5737	7077	70.6	70.7	54.7	58.7
文　莱	Brunei Darussalam	15	19	67.5	67.5	55.2	59.7
柬埔寨	Cambodia	579	746	79.6	79.3	75.4	73.6
印　度	India	38738	45938	58.4	57.6	33.0	32.8
印度尼西亚	Indonesia	10022	11882	67.8	68.9	50.6	52.0
伊　朗	Iran	2188	2965	51.5	52.8	28.5	31.9
以色列	Israel	252	311	55.7	57.1	49.3	51.9
日　本	Japan	6759	6570	62.4	59.5	49.2	47.9
哈萨克斯坦	Kazakhstan	755	852	70.1	70.6	64.7	65.7
韩　国	Korea, Rep.	2263	2465	60.9	60.9	48.9	50.1
老　挝	Laos	247	309	80.4	78.3	79.5	77.7
马来西亚	Malaysia	980	1200	62.8	62.0	44.3	44.4
蒙　古	Mongolia	114	143	72.8	72.9	66.8	67.8
缅　甸	Myanmar	2410	2597	77.3	73.8	67.2	63.1
巴基斯坦	Pakistan	4347	5935	51.3	54.3	16.1	21.7
菲律宾	Philippines	3095	3756	65.1	63.8	48.6	49.2
新加坡	Singapore	207	265	65.5	64.7	52.3	53.7
斯里兰卡	Sri Lanka	779	842	56.5	54.2	36.5	34.2
泰　国	Thailand	3529	3962	73.5	72.9	66.1	65.5
越　南	Viet Nam	3865	4693	73.3	71.9	69.5	68.0
埃　及	Egypt	2116	2654	48.9	48.8	23.8	22.4
尼日利亚	Nigeria	3939	4965	56.0	56.2	38.3	39.2
南　非	South Africa	1526	1888	52.3	55.0	44.3	47.0
加拿大	Canada	1626	1908	65.3	67.8	58.6	62.7
墨西哥	Mexico	4028	4849	60.3	61.4	38.8	43.2
美　国	United States	14820	15941	66.8	65.0	59.5	58.4
阿根廷	Argentina	1621	1950	60.9	65.0	45.6	52.4
巴　西	Brazil	8359	10125	68.0	70.7	54.7	60.1
委内瑞拉	Venezuela	1014	1315	62.9	66.0	45.2	51.7
捷　克	Czech Rep.	514	522	60.0	57.9	51.5	48.8
法　国	France	2722	2956	55.2	56.1	48.3	50.5
德　国	Germany	4034	4232	58.2	59.8	49.1	53.1
意大利	Italy	2323	2540	47.6	49.1	35.3	38.4
荷　兰	Netherlands	814	898	62.8	66.1	53.2	59.5
波　兰	Poland	1742	1742	56.2	53.7	49.6	46.2
俄罗斯联邦	Russian Fed.	7230	7585	60.4	62.8	53.9	57.5
西班牙	Spain	1805	2291	52.6	58.6	40.5	49.1
土耳其	Turkey	2208	2463	50.1	46.8	26.6	24.0
乌克兰	Ukraine	2341	2298	57.7	58.1	51.8	52.0
英　国	United Kingdom	2928	3174	61.4	62.2	53.5	55.3
澳大利亚	Australia	961	1158	63.3	65.2	54.6	58.4
新西兰	New Zealand	194	235	64.9	68.6	56.9	61.8

5-2 就业人数
Employment

资料来源：国际货币基金组织IFS数据库。
Source: IMF IFS Database.
单位：万人 (10 000 persons)

国家和地区	Country or Area	2000	2005	2007	2008	2009	2010
中　　国	China	72085	75825	76990	77480	77995	
中国香港	Hong Kong, China	321	334	319	352	349	352
中国澳门	Macao, China	20	24	30	32	32	32
文　　莱	Brunei Darussalam	14	17	18	18	19	19
印　　度	India	2796					
印度尼西亚	Indonesia	8984	9396	9993	10449	10741	10821
以 色 列	Israel	222	249	268	278	284	297
日　　本	Japan	6446	6350	6412	6385	6282	6256
哈萨克斯坦	Kazakhstan	620	724	763	786	791	812
韩　　国	Korea, Rep.	2116	2286	2343	2358	2351	2383
马来西亚	Malaysia	929	1007	1102	1072	1102	1129
巴基斯坦	Pakistan	3685	4292	4765	4909		
菲 律 宾	Philippines	2745	3231	3356	3409	3506	3604
新 加 坡	Singapore			180	185	187	
斯里兰卡	Sri Lanka	631	752	704	718	714	724
泰　　国	Thailand	3300	3517	3625	3702	3771	3804
埃　　及	Egypt	1720	1937	2153	2251	2278	2383
南　　非	South Africa	1211	1277	1347	1371	1335	1306
加 拿 大	Canada	1476	1617	1681	1709	1681	1704
墨 西 哥	Mexico	3950	4172	4306	4352	4368	4414
美　　国	United States	13689	14173	14605	14536	13988	13906
阿 根 廷	Argentina	1176	944	1016	1030	1037	1055
巴　　西	Brazil	7034	1983	2044	2112	2128	2202
委内瑞拉	Venezuela	884	1051	1132	1259	1191	1200
捷　　克	Czech Rep.	473	476	492	500	493	489
法　　国	France	2326	2498	2558	2592	2565	2574
德　　国	Germany	3906	3887	3979	4029	4031	4051
意 大 利	Italy	2121	2256	2322	2341	2303	2287
荷　　兰	Netherlands	729	697	731	750	747	739
波　　兰	Poland	1453	1412	1524	1580	1587	1596
俄罗斯联邦	Russian Fed.	6268	6817	7055	7091	6938	6979
西 班 牙	Spain	1537	1897	2036	2026	1889	1846
土 耳 其	Turkey	2158	2007	2079	2119	2129	2261
乌 克 兰	Ukraine	2018	2068	2091	2097	2019	2027
英　　国	United Kingdom	2748	2877	2923	2944	2896	2903
澳大利亚	Australia	904	1000	1058	1087	1095	1125
新 西 兰	New Zealand	181	210	217	219	216	219

5-3 按产业类型划分的就业构成
Composition of Employment by Industry

资料来源：世界银行WDI数据库。
Source: World Bank WDI Database.
单位：% (%)

国家和地区	Country or Area	第一产业 Primary Industry		第二产业 Secondary Industry		第三产业 Tertiary Industry	
		2000	2009	2000	2009	2000	2009
中　　国	China	50.0	39.6①	22.5	27.2①	27.5	33.2①
中国香港	Hong Kong, China	0.3	0.2	20.3	12.4	79.4	87.4
中国澳门	Macao, China	0.2		28.2	16.0	71.5	84.0
孟加拉国	Bangladesh	62.1	48.1②	10.3	14.5②	23.5	37.4②
柬 埔 寨	Cambodia	73.7	39.8③	8.4	3.5③	17.7	8.6③
印　　度	India	59.8	55.8②	16.1	19.0②	24.1	25.2②
印度尼西亚	Indonesia	45.3	39.7	17.4	18.8	37.3	41.5
伊　　朗	Iran		21.2①		32.2①		46.5①
以 色 列	Israel	2.2	1.7	23.7	20.4	73.0	77.0
日　　本	Japan	5.1	4.2①	31.2	27.3①	63.1	67.3①
哈萨克斯坦	Kazakhstan		29.4		18.9		51.7
韩　　国	Korea, Rep.	10.6	7.2①	28.1	25.0①	61.2	67.8①
马来西亚	Malaysia	18.4	13.5	32.2	27.0	49.5	59.5
蒙　　古	Mongolia	48.6	36.2①	14.1	18.3①	37.2	45.4①
巴基斯坦	Pakistan	48.4	44.7①	18.0	20.1①	33.5	35.2①
菲 律 宾	Philippines	37.1	35.2	16.2	14.6	46.7	50.3
新 加 坡	Singapore		1.1	33.8	21.8	65.5	77.1
斯里兰卡	Sri Lanka		32.6		25.1		39.6
泰　　国	Thailand	48.8	41.5	19.0	19.5	32.2	38.9
越　　南	Viet Nam	65.3	51.7④	12.4	20.2④	22.3	28.2④
埃　　及	Egypt	29.6	31.6①	21.3	23.0①	49.1	45.3①
尼日利亚	Nigeria		44.6③		11.5③		41.7③
南　　非	South Africa	15.6	5.1	24.2	25.0	59.4	69.8
加 拿 大	Canada	3.3	2.4①	22.5	21.5①	74.1	76.5①
墨 西 哥	Mexico	17.6	13.3	26.9	23.9	55.1	62.1
美　　国	United States	2.6	1.5①	23.2	19.9①	74.3	78.6①
阿 根 廷	Argentina	0.7	1.2	22.7	23.1	76.2	75.2
巴　　西	Brazil	18.5	17.0	21.2	22.1	59.1	60.7
委内瑞拉	Venezuela	10.6	8.5①	22.8	23.0①	66.5	68.3①
捷　　克	Czech Rep.	5.1	3.1	39.5	38.6	55.3	58.3
法　　国	France	4.1	2.9	26.3	22.5	69.5	74.1
德　　国	Germany	2.6	1.7	33.5	28.7	63.7	69.5
意 大 利	Italy	5.2	3.7	31.8	29.3	62.9	66.9
荷　　兰	Netherlands	3.0	2.5	20.2	16.6	70.4	72.8
波　　兰	Poland	18.8	13.3	30.8	31.1	50.4	55.6
俄罗斯联邦	Russian Fed.	14.5	9.7	28.4	27.9	57.1	62.3
西 班 牙	Spain	6.7	4.2	30.8	24.7	62.5	71.1
土 耳 其	Turkey	36.0	22.9	24.0	25.3	40.0	51.7
乌 克 兰	Ukraine	23.4	15.8①	20.8	23.4①	13.3	60.7①
英　　国	United Kingdom	1.5	1.1	25.1	19.5	73.0	78.6
澳大利亚	Australia	5.0	3.3	21.7	21.1	73.3	75.5
新 西 兰	New Zealand	8.7	6.6	23.2	20.9	67.6	72.5

注：①2008年数据。②2005年数据。③2004年数据。④2006年数据。
Note:①Data refer to 2008.②Data refer to 2005.③Data refer to 2004.④Data refer to 2006.

5-4 按行业分类的就业人口
Employment by Economic Activity

资料来源：联合国ILO数据库。
Source: ILO Database.
单位：万人 (10 000 persons)

国家和地区	Country or Area	2000	2005	2006	2007	2008
中国香港①	**Hong Kong,China①**					
按第二版ISIC分类	ISIC-Rev.2					
总　计	Total	320.7	333.7	340.1	348.4	351.9
农业、狩猎业、林业和渔业	Agriculture,Hunting,Forestry and Fishing	0.9	0.9	0.8	0.6	0.8
采掘业	Mining and Quarrying					
制造业	Manufacturing	33.4	22.4	21.7	20.2	19.1
电、煤气和水	Electricity,Gas and Water	1.7	1.5	1.5	1.5	1.4
建筑业	Construction	30.2	26.4	26.9	27.5	26.9
批发、零售业、旅馆和饭店业	Wholesale and Retail Trade and Restaurants and Hotels	98.2	109.4	110.5	114.4	114.6
运输、仓储和通讯	Transport,Storage and Communication	35.7	35.7	36.9	37.2	37.8
金融保险、房地产和商务服务	Financing,Insurance,Real Estate and Business Services	45.3	50.3	52.6	54.8	58.0
社会和个人服务	Community,Social and Personal Services	75.5	87.0	89.2	92.1	93.3
印度尼西亚	**Indonesia**					
按第三版ISIC分类	ISIC-Rev.3					
总　计	Total	8983.8	9395.8	9545.7	9993.0	10255.3
农业、狩猎业和林业	Agriculture,Hunting,Forestry	3901.2	3976.6	3860.4	3937.1	3955.6
渔业	Fishing	166.5	154.4	153.2	183.6	177.5
采掘业	Mining and Quarrying	45.2	90.4	92.4	99.5	107.1
制造业	Manufacturing	1164.2	1195.3	1189.0	1236.9	1254.9
电、煤气和水供应业	Electricity,Gas and Water Supply	7.1	19.5	22.8	17.5	20.1
建筑业	Construction	349.7	456.5	469.7	525.3	543.9
批发、零售贸易；机动车及个人、家庭用品修理业	Wholesale,Retail Trade,Repair of Motor Vehicles, Motorcycles and Personal and Household Goods	1522.5	1674.8	1738.3	1653.1	1715.3
旅馆和饭店业	Hotels and Restaurants	326.4	116.1	183.2	402.3	406.9
运输、仓储和通讯	Transport,Storage and Communications	455.4	565.3	566.2	595.9	618.0
金融中介	Financial Intermediation	46.9	55.6	67.8	74.0	69.1
房地产、租赁及商业活动	Real Estate,Renting and Business Activities	41.3	58.6	66.8	66.0	76.9
公共管理和国防；社会基本保障	Public Administration and Defence; Compulsory Social Security	284.1	258.7	283.7	267.9	252.1
教育	Education	241.3	287.2	317.9	346.0	328.6
卫生和社会工作	Health and Social Work	43.8	65.1	70.1	68.3	74.4
其他团体、社会和个人服务活动	Other Community,Social and Personal Services Activities	181.7	145.0	217.2	324.6	421.3
雇人的私人住户	Private Households with Employed Persons	206.5	270.3	241.6	188.5	222.9
域外组织和机构	Extra-Territorial Organizations and Bodies		0.4	1.1	0.4	0.8
未分类经济活动	Not Classifiable by Economic Activity		6.1	4.2	6.3	9.8

注：①不包括军人和域外机构人员。
Note:①Excludes marine,military and institutional populations.

5-4 续表 1 continued

单位：万人 (10 000 persons)

国家和地区	Country or Area	2000	2005	2006	2007	2008
伊　朗①	**Iran①**					
按第三版ISIC分类	ISIC-Rev.3					
总　计	Total		2061.9	2084.1	2109.3	2050.0
农业、狩猎业和林业	Agriculture,Hunting,Forestry		503.1	474.5	473.1	426.6
渔业	Fishing		6.9	8.2	7.9	7.8
采掘业	Mining and Quarrying		12.7	13.9	12.8	12.8
制造业	Manufacturing		378.9	390.8	383.4	351.2
电、煤气和水供应业	Electricity,Gas and Water Supply		19.8	19.1	19.6	18.0
建筑业	Construction		214.3	236.7	260.1	279.1
批发、零售贸易；机动车及个人、家庭用品修理业	Wholesale,Retail Trade,Repair of Motor Vehicles, Motorcycles and Personal and Household Goods		295.9	303.1	301.7	298.1
旅馆和饭店业	Hotels and Restaurants		18.2	18.7	19.3	21.1
运输、仓储和通讯	Transport,Storage and Communications		181.7	191.0	197.6	206.7
金融中介	Financial Intermediation		26.0	27.8	28.2	28.4
房地产、租赁及商业活动	Real Estate,Renting and Business Activities		41.8	42.4	43.8	52.1
公共管理和国防；社会基本保障	Public Administration and Defence; Compulsory Social Security		131.7	132.3	135.4	133.2
教育	Education		136.9	132.5	132.1	121.9
卫生和社会工作	Health and Social Work		46.4	45.3	46.1	44.8
其他团体、社会和个人服务活动	Other Community,Social and Personal Services Activities		43.3	43.5	44.2	44.3
雇人的私人住户	Private Households with Employed Persons		2.8	2.9	2.8	1.9
域外组织和机构	Extra-Territorial Organizations and Bodies			0.1	0.1	0.1
未分类经济活动	Not Classifiable by Economic Activity		0.4	0.5	0.4	1.9
以 色 列②	**Israel②**					
按第三版ISIC分类	ISIC-Rev.3					
总　计	Total	222.1	249.4	257.4	268.2	277.7
农业、狩猎业、林业和渔业	Agriculture,Hunting,Forestry; Fishing	4.8	5.0	4.5	4.3	4.8
采掘业	Mining and Quarrying	0.5	0.4	0.4	0.4	0.5
制造业	Manufacturing	38.5	38.1	39.0	40.9	42.1
电、煤气和水供应业	Electricity,Gas and Water Supply	1.9	2.1	1.8	1.7	2.0
建筑业	Construction	11.6	12.7	13.4	15.0	15.1
批发、零售贸易；机动车及个人、家庭用品修理业	Wholesale,Retail Trade,Repair of Motor Vehicles, Motorcycles and Personal and Household Goods	29.6	33.7	33.7	35.8	37.8
旅馆和饭店业	Hotels and Restaurants	10.2	11.5	12.2	12.2	13.0
运输、仓储和通讯	Transport,Storage and Communications	14.5	16.3	17.2	17.1	17.4
金融中介	Financial Intermediation	7.3	8.2	8.7	9.5	9.9
房地产、租赁及商业活动	Real Estate,Renting and Business Activities	25.9	33.5	35.4	37.5	38.9
公共管理和国防；社会基本保障	Public Administration and Defence; Compulsory Social Security	12.0	11.6	11.6	12.0	13.1
教育	Education	27.2	31.4	32.6	34.4	34.9
卫生和社会工作	Health and Social Work	21.4	26.6	26.4	26.7	27.5
其他团体、社会和个人服务活动	Other Community,Social and Personal Services Activities	10.6	11.7	12.8	12.4	13.0
雇人的私人住户	Private Households with Employed Persons	3.5	4.0	4.6	4.9	4.6
域外组织和机构	Extra-Territorial Organizations and Bodies	0.1	0.2		0.1	
未分类经济活动	Not Classifiable by Economic Activity	2.5	2.3	2.8	3.1	2.9

注：①10岁及以上。②不包括军人。
Note:①Persons ages 10 years and over. ②Excludes armed forces.

5-4 续表 2 continued

单位：万人 (10 000 persons)

国家和地区	Country or Area	2000	2005	2006	2007	2008
日　本	**Japan**					
按第三版ISIC分类	ISIC-Rev.3					
总　计	Total	6446.0	6356.0	6382.0	6412.0	6385.0
农业、狩猎业和林业	Agriculture,Hunting,Forestry		259.0	250.0	251.0	245.0
渔业	Fishing		23.0	22.0	21.0	23.0
采掘业	Mining and Quarrying	5.0	3.0	3.0	4.0	3.0
制造业	Manufacturing	1321.0	1169.0	1191.0	1198.0	1174.0
电、煤气和水供应业	Electricity,Gas and Water Supply		35.0	36.0	33.0	32.0
建筑业	Construction	653.0	568.0	559.0	552.0	537.0
批发、零售贸易；机动车及个人、家庭用品修理业	Wholesale,Retail Trade,Repair of Motor Vehicles, Motorcycles and Personal and Household Goods		1186.0	1180.0	1178.0	1169.0
旅馆和饭店业	Hotels and Restaurants		343.0	337.0	342.0	334.0
运输、仓储和通讯	Transport,Storage and Communications	414.0	385.0	396.0	397.0	391.0
金融中介	Financial Intermediation		157.0	155.0	155.0	164.0
房地产、租赁及商业活动	Real Estate,Renting and Business Activities		729.0	741.0	761.0	771.0
公共管理和国防；社会基本保障	Public Administration and Defence; Compulsory Social Security		229.0	222.0	226.0	223.0
教育	Education		286.0	287.0	284.0	288.0
卫生和社会工作	Health and Social Work		553.0	571.0	579.0	598.0
其他团体、社会和个人服务活动	Other Community,Social and Personal Services Activities		355.0	360.0	354.0	357.0
未分类经济活动	Not Classifiable by Economic Activity		74.0	71.0	77.0	74.0
哈萨克斯坦	**Kazakhstan**					
按第三版ISIC分类	ISIC-Rev.3					
总　计	Total	620.1	726.1	740.4	763.1	785.7
农业、狩猎业和林业	Agriculture,Hunting,Forestry		233.6	231.8	236.6	235.0
渔业	Fishing		1.7	1.6	1.7	2.0
采掘业	Mining and Quarrying		18.4	18.7	19.4	20.0
制造业	Manufacturing		54.1	55.5	57.0	57.3
电、煤气和水供应业	Electricity,Gas and Water Supply		16.7	16.3	16.3	16.5
建筑业	Construction		41.6	46.1	51.8	54.9
批发、零售贸易；机动车及个人、家庭用品修理业	Wholesale,Retail Trade,Repair of Motor Vehicles, Motorcycles and Personal and Household Goods		103.9	106.7	107.1	115.0
旅馆和饭店业	Hotels and Restaurants		8.7	9.1	10.0	10.3
运输、仓储和通讯	Transport,Storage and Communications		52.9	53.9	55.3	58.9
金融中介	Financial Intermediation		6.7	7.4	8.8	9.6
房地产、租赁及商业活动	Real Estate,Renting and Business Activities		29.2	31.9	35.5	37.8
公共管理和国防；社会基本保障	Public Administration and Defence; Compulsory Social Security		33.0	33.5	34.4	35.3
教育	Education		69.0	72.1	73.3	75.4
卫生和社会工作	Health and Social Work		32.8	33.2	33.6	34.7
其他团体、社会和个人服务活动	Other Community,Social and Personal Services Activities		20.3	19.8	19.7	20.5
雇人的私人住户	Private Households with Employed Persons		3.6	2.9	2.8	2.4
域外组织和机构	Extra-Territorial Organizations and Bodies		0.03	0.02	0.01	0.01

5-4 续表 3 continued

单位：万人 (10 000 persons)

国家和地区	Country or Area	2000	2005	2006	2007	2008
韩　国①	**Korea,Rep.①**					
按第三版ISIC分类	ISIC-Rev.3					
总　计	Total	2115.6	2285.6	2315.1	2343.3	2357.7
农业、狩猎业和林业	Agriculture,Hunting,Forestry	216.2	174.7	172.1	172.3	
渔业	Fishing	8.1	6.8	6.4	5.6	
采掘业	Mining and Quarrying	1.7	1.7	1.8	1.8	2.3
制造业	Manufacturing	429.3	423.4	416.7	401.4	396.3
电、煤气和水供应业	Electricity,Gas and Water Supply	6.4	7.1	7.6	8.6	9.0
建筑业	Construction	158.0	181.4	183.5	184.9	181.2
批发、零售贸易；机动车及个人、家庭用品修理业	Wholesale,Retail Trade,Repair of Motor Vehicles, Motorcycles and Personal and Household Goods	383.3	374.8	371.3	367.3	363.1
旅馆和饭店业	Hotels and Restaurants	191.9	205.8	204.9	204.9	204.4
运输、仓储和通讯	Transport,Storage and Communications	126.0	142.9	147.0	149.8	187.5
金融中介	Financial Intermediation	75.2	74.6	78.6	80.6	82.1
房地产、租赁及商业活动	Real Estate,Renting and Business Activities	136.1	203.7	216.8	235.0	221.9
公共管理和国防；社会基本保障	Public Administration and Defence; Compulsory Social Security	75.8	79.1	80.1	79.7	84.0
教育	Education	119.1	156.8	165.8	174.0	178.4
卫生和社会工作	Health and Social Work	42.8	64.6	68.6	74.0	84.2
其他团体、社会和个人服务活动	Other Community,Social and Personal Services Activities	125.1	172.7	178.1	172.4	178.2
雇人的私人住户	Private Households with Employed Persons	18.6	13.0	13.8	16.1	15.0
域外组织和机构	Extra-Territorial Organizations and Bodies	1.9	2.4	2.0	1.5	1.6
马来西亚①②	**Malaysia①②**					
按第三版ISIC分类	ISIC-Rev.3					
总　计	Total	926.9	1004.5	1027.5	1053.8	1066.0
农业、狩猎业和林业	Agriculture,Hunting,Forestry		135.5	137.5	143.7	136.6
渔业	Fishing		11.5	12.8	12.1	12.2
采掘业	Mining and Quarrying	2.7	3.6	4.2	3.9	5.5
制造业	Manufacturing	212.6	198.9	208.3	197.7	194.5
电、煤气和水供应业	Electricity,Gas and Water Supply		5.7	7.5	6.1	6.1
建筑业	Construction	79.9	90.4	90.9	92.3	99.8
批发、零售贸易；机动车及个人、家庭用品修理业	Wholesale,Retail Trade,Repair of Motor Vehicles, Motorcycles and Personal and Household Goods		162.0	165.1	171.2	172.9
旅馆和饭店业	Hotels and Restaurants		67.2	72.1	76.1	78.4
运输、仓储和通讯	Transport,Storage and Communications	42.3	54.5	54.0	53.8	58.3
金融中介	Financial Intermediation		24.7	24.2	28.2	27.6
房地产、租赁及商业活动	Real Estate,Renting and Business Activities		45.9	50.8	55.8	55.3
公共管理和国防；社会基本保障	Public Administration and Defence; Compulsory Social Security		72.9	67.4	71.6	75.1
教育	Education		60.7	60.0	63.3	65.7
卫生和社会工作	Health and Social Work		21.3	22.3	23.9	25.3
其他团体、社会和个人服务活动	Other Community,Social and Personal Services Activities		23.5	24.7	26.7	27.4
雇人的私人住户	Private Households with Employed Persons		26.1	25.5	27.3	25.3
域外组织和机构	Extra-Territorial Organizations and Bodies		0.2	0.1	0.2	0.1

注：①不包括军人。②15至64岁。
Note:①Excluding armed forces.②Persons ages 15 to 64 years.

5-4 续表 4 continued

单位：万人 (10 000 persons)

国家和地区	Country or Area	2000	2005	2006	2007	2008
蒙　古①	**Mongolia ①**					
按第三版ISIC分类	ISIC-Rev.3					
总　计	Total	80.9	96.8	101.0	102.4	104.2
农业、狩猎业、林业和渔业	Agriculture,Hunting,Forestry; Fishing	39.4	38.6	39.1	38.6	37.8
采掘业	Mining and Quarrying	1.9	4.0	4.2	4.4	4.7
制造业	Manufacturing	5.5	4.6	4.7	4.8	4.8
电、煤气和水供应业	Electricity,Gas and Water Supply	1.8	2.9	3.0	3.1	3.0
建筑业	Construction	2.3	4.9	5.6	6.0	6.7
批发、零售贸易；机动车及个人家庭用品修理业	Wholesale,Retail Trade,Repair of Motor Vehicles, Motorcycles and Personal and Household Goods	8.4	14.2	16.1	16.2	17.0
旅馆和饭店业	Hotels and Restaurants	1.3	3.0	3.1	3.2	3.5
运输、仓储和通讯	Transport,Storage and Communications	3.4	4.2	4.1	4.4	4.6
金融中介	Financial Intermediation	0.7	1.6	1.7	1.7	2.0
房地产、租赁及商业活动	Real Estate,Renting and Business Activities	0.7	0.9	1.2	1.5	1.2
公共管理和国防；社会基本保障	Public Administration and Defence; Compulsory Social Security	3.5	4.7	4.7	4.9	5.1
教育	Education	5.4	5.9	6.2	6.5	6.6
卫生和社会工作	Health and Social Work	3.4	4.0	3.9	4.0	4.2
其他团体、社会和个人服务活动	Other Community,Social and Personal Services Activities	2.9	2.7	2.3	2.0	2.0
雇人的私人住户	Private Households with Employed Persons	0.4	0.9	1.1	1.2	1.2
巴基斯坦②③	**Pakistan②③**					
按第二版ISIC分类	ISIC-Rev.2					
总　计	Total	3684.7	4281.6	4695.2	4765.1	4909.0
农业、狩猎业、林业和渔业	Agriculture,Hunting,Forestry; Fishing	1784.1	1843.1	2036.4	2078.0	2191.9
采掘业	Mining and Quarrying	2.5	2.9	4.3	5.2	5.7
制造业	Manufacturing	423.0	588.1	649.9	645.4	637.7
电、煤气和水供应业	Electricity,Gas and Water Supply					
建筑业	Construction	213.0	249.6	288.0	312.7	308.8
批发、零售业、旅馆和饭店业	Wholesale and Retail Trade and Restaurants and Hotels					
运输、仓储和通讯	Transport,Storage and Communications	185.3	245.5	269.7	256.9	268.1
金融保险、房地产和商务服务	Financing,Insurance,Real Estate and Business Services					
社会和个人服务	Community,Social and Personal Services					
行业不明确	Activities not Adequately Defined					
菲 律 宾③	**Philippines③**					
按第三版ISIC分类	ISIC-Rev.3					
总　计	Total	2745.2	3231.3	3263.6	3356.0	3408.9
农业、狩猎业和林业	Agriculture,Hunting,Forestry		1023.4	1025.4	1034.2	1060.4
渔业	Fishing		139.4	142.8	144.4	142.6
采掘业	Mining and Quarrying	10.8	12.3	13.9	14.9	15.8
制造业	Manufacturing	274.5	307.7	305.3	305.9	292.6
电、煤气和水供应业	Electricity,Gas and Water Supply		11.7	12.8	13.5	13.0
建筑业	Construction	147.9	170.8	167.7	177.8	183.4
批发、零售贸易；机动车及个人家庭用品修理业	Wholesale,Retail Trade,Repair of Motor Vehicles, Motorcycles and Personal and Household Goods		614.7	620.2	635.4	644.6
旅馆和饭店业	Hotels and Restaurants		86.1	88.7	90.7	95.3

注：①16岁及以上。②10岁及以上。③不包括军人。
Note:①Persons ages 16 years and above. ②Persons ages 10 years and above. ③Excludes armed forces.

5-4 续表 5 continued

单位：万人 (10 000 persons)

国家和地区	Country or Area	2000	2005	2006	2007	2008
菲 律 宾①(续)	**Philippines①(continued)**					
运输、仓储和通讯	Transport,Storage and Communications	198.6	245.1	248.3	259.9	259.0
金融中介	Financial Intermediation		34.1	34.4	35.9	36.8
房地产、租赁及商业活动	Real Estate,Renting and Business Activities		73.4	78.3	88.5	95.3
公共管理和国防；社会基本保障	Public Administration and Defence; Compulsory Social Security		148.1	148.5	155.1	167.6
教育	Education		97.8	99.9	103.5	107.1
卫生和社会工作	Health and Social Work		37.5	35.9	37.3	39.1
其他团体、社会和个人服务活动	Other Community,Social and Personal Services Activities		77.5	80.1	84.9	83.3
雇人的私人住户	Private Households with Employed Persons		151.7	161.2	174.0	172.9
域外组织和机构	Extra-Territorial Organizations and Bodies		0.1	0.2	0.2	0.2
新 加 坡	**Singapore**					
按第三版ISIC分类	ISIC-Rev.3					
总 计	Total	209.5	164.7	179.7	180.3	185.2
农业、狩猎业和林业；渔业；	Agriculture,Hunting,Forestry; Fishing;					
采掘业②	Mining and Quarrying②					
制造业	Manufacturing	43.4	27.5	30.2	30.5	31.2
电、煤气和水供应业	Electricity,Gas and Water Supply					
建筑业	Construction	27.4	8.2	9.5	10.1	10.6
批发、零售贸易；机动车及个人家庭用品修理业	Wholesale,Retail Trade,Repair of Motor Vehicles, Motorcycles and Personal and Household Goods	28.7	30.4	30.1	27.7	27.0
旅馆和饭店业	Hotels and Restaurants	11.4	10.3	12.9	12.3	12.0
运输、仓储和通讯	Transport,Storage and Communications	23.3	22.8	24.9	26.8	26.9
金融中介	Financial Intermediation	9.6	10.2	10.6	11.0	12.4
房地产、租赁及商业活动	Real Estate,Renting and Business Activities	19.6	20.7	21.7	22.4	23.8
公共管理和国防；社会基本保障	Public Administration and Defence; Compulsory Social Security					
教育	Education					
卫生和社会工作	Health and Social Work			7.1	7.2	
其他团体、社会和个人服务活动雇人的私人住户；境外组织和团体	Other Community,Social and Personal Services Activities; Private Households with Employed Persons; Extra-Territorial Organizations and Bodies			8.1	8.7	
斯里兰卡③	**Sri Lanka③**					
按第三版ISIC分类	ISIC-Rev.3					
总 计	Total	631.0	751.8	710.5	704.2	717.5
农业、狩猎业、林业和渔业	Agriculture,Hunting,Forestry; Fishing		230.6	228.7	220.2	234.4
采掘业	Mining and Quarrying					
制造业	Manufacturing		138.5	136.3	133.1	135.5
电、煤气和水供应业④	Electricity,Gas and Water Supply④		54.3	52.7	54.3	53.3
建筑业	Construction					
批发、零售贸易；机动车及个人家庭用品修理业	Wholesale,Retail Trade,Repair of Motor Vehicles, Motorcycles and Personal and Household Goods		90.4	95.5	93.2	92.4
旅馆和饭店业	Hotels and Restaurants		13.9	12.9	11.9	10.4
运输、仓储和通讯	Transport,Storage and Communications		48.5	43.0	45.7	42.6
金融中介；房地产、租赁及商务活动	Financial Intermediation; Real Estate,Renting and Business Activities		23.4	22.1	21.5	23.6

注：①不包括军人。②包括“电、煤气和水供应业”和“行业不明确者”。③不包括北部和东部省。④包括采掘业 。
Note:①Excludes armed forces.②Includes "Electricity,Gas and Water Supply" and "Not Classifiable by Economic Activity". ③Excludes Northern and Eastern provinces. ④Includes Mining and Quarrying.

5-4 续表 6 continued

单位：万人 (10 000 persons)

国家和地区	Country or Area	2000	2005	2006	2007	2008
斯里兰卡①(续)	**Sri Lanka① (continued)**					
公共管理和国防；社会基本保障	Public Administration and Defence; Compulsory Social Security		51.3	40.1	43.3	46.3
教育	Education		29.7	27.7	26.0	29.9
卫生和社会工作	Health and Social Work		12.9	11.0	11.6	11.1
其他团体、社会和个人服务活动	Other Community,Social and Personal Services Activities		13.4	12.4	10.5	12.9
雇人的私人住户	Private Households with Employed Persons		5.3	8.0	8.7	8.4
未分类经济活动	Not Classifiable by Economic Activity		39.6	20.1	24.3	16.7
泰 国②	**Thailand②**					
按第三版ISIC分类	ISIC-Rev.3					
总 计	Total	3300.1	3630.2	3634.5	3712.2	3783.7
农业、狩猎业和林业	Agriculture,Hunting,Forestry		1500.8	1488.7	1508.2	1564.1
渔业	Fishing		44.1	42.8	41.0	42.6
采掘业	Mining and Quarrying	3.9	4.0	5.5	5.4	5.5
制造业	Manufacturing	478.5	535.0	530.7	559.3	523.1
电、煤气和水供应业	Electricity,Gas and Water Supply		10.7	9.9	10.5	10.3
建筑业	Construction	128.0	185.3	203.9	193.9	201.2
批发、零售贸易；机动车及个人家庭用品修理业	Wholesale,Retail Trade,Repair of Motor Vehicles, Motorcycles and Personal and Household Goods		529.7	540.2	552.5	563.5
旅馆和饭店业	Hotels and Restaurants		230.0	221.5	230.3	235.3
运输、仓储和通讯	Transport,Storage and Communications	95.1	107.6	105.3	102.7	109.1
金融中介	Financial Intermediation		34.0	35.0	35.0	39.6
房地产、租赁及商业活动	Real Estate,Renting and Business Activities		65.2	65.9	71.7	71.7
公共管理和国防；社会基本保障	Public Administration and Defence; Compulsory Social Security		109.6	117.0	128.7	130.3
教育	Education		112.2	108.0	108.5	109.8
卫生和社会工作	Health and Social Work		61.1	60.3	64.7	72.0
其他团体、社会和个人服务活动	Other Community,Social and Personal Services Activities		71.9	71.0	71.8	81.9
雇人的私人住户	Private Households with Employed Persons		24.2	22.2	22.9	19.6
域外组织和机构	Extra-Territorial Organizations and Bodies		0.2	…	0.1	0.1
未分类经济活动	Not Classifiable by Economic Activity		4.8	6.6	5.1	3.9
越 南	**Viet Nam**					
按第三版ISIC分类	ISIC-Rev.3					
总 计	Total	3836.8	4252.7	4333.9	4417.4	4491.6
农业、狩猎业和林业	Agriculture,Hunting,Forestry	2430.8				
渔业	Fishing	72.9				
采掘业	Mining and Quarrying	19.2				
制造业	Manufacturing	353.6				
电、煤气和水供应业	Electricity,Gas and Water Supply	7.7				
建筑业	Construction	96.7				
批发、零售贸易；机动车及个人家庭用品修理业	Wholesale,Retail Trade,Repair of Motor Vehicles, Motorcycles and Personal and Household Goods	411.6				
旅馆和饭店业	Hotels and Restaurants	50.6				
运输、仓储和通讯	Transport,Storage and Communications	112.6				
金融中介	Financial Intermediation	10.5				
房地产、租赁及商业活动	Real Estate,Renting and Business Activities	10.6				

注：①不包括北部和东部省。②不包括军人。
Note:①Excludes Northern and Eastern provinces. ②Excludes armed forces.

5-4 续表 7 continued

单位：万人 (10 000 persons)

国家和地区	Country or Area	2000	2005	2006	2007	2008
越　南(续)	**Viet Nam(Continued)**					
公共管理和国防；社会基本保障	Public Administration and Defence; Compulsory Social Security	59.5				
教育	Education	91.8				
卫生和社会工作	Health and Social Work	26.9				
其他团体、社会和个人服务活动	Other Community,Social and Personal Services Activities	72.4				
雇人的私人住户	Private Households with Employed Persons	9.2				
域外组织和机构	Extra-Territorial Organizations and Bodies	0.3				
埃　及①	**Egypt①**					
按第三版ISIC分类	ISIC-Rev.3					
总　计	Total	1720.3	1934.2	2044.4	2172.4	2250.7
农业、狩猎业和林业	Agriculture,Hunting,Forestry	500.1	581.6	620.9	674.4	696.5
渔业	Fishing	9.7	15.8	16.2	14.5	15.1
采掘业	Mining and Quarrying	4.7	2.9	5.3	3.6	3.7
制造业	Manufacturing	204.8	223.0	238.1	241.2	256.7
电、煤气和水供应业	Electricity,Gas and Water Supply	20.9	24.5	25.0	28.2	29.7
建筑业	Construction	135.9	165.0	182.3	207.8	226.8
批发、零售贸易；机动车及个人、家庭用品修理业	Wholesale,Retail Trade,Repair of Motor Vehicles, Motorcycles and Personal and Household Goods	200.7	214.1	217.2	230.7	238.7
旅馆和饭店业	Hotels and Restaurants	26.9	36.6	41.1	37.1	46.2
运输、仓储和通讯	Transport,Storage and Communications	112.6	132.3	135.7	145.2	157.5
金融中介	Financial Intermediation	18.6	16.9	17.5	19.5	16.6
房地产、租赁及商业活动	Real Estate,Renting and Business Activities	31.3	40.1	43.2	45.2	44.8
公共管理和国防；社会基本保障	Public Administration and Defence; Compulsory Social Security	182.5	185.0	190.2	197.5	189.0
教育	Education	179.0	190.8	197.0	208.0	204.2
卫生和社会工作	Health and Social Work	53.2	50.3	54.6	57.3	58.3
其他团体、社会和个人服务活动	Other Community,Social and Personal Services Activities	34.3	46.5	50.8	53.9	57.4
雇人的私人住户	Private Households with Employed Persons	4.9	5.3	4.5	5.2	6.6
域外组织和机构	Extra-Territorial Organizations and Bodies		0.3	0.3	0.1	0.3
未分类经济活动	Not Classifiable by Economic Activity	0.2	3.4	4.6	3.4	2.6
南　非	**South Africa**					
按第三版ISIC分类	ISIC-Rev.3					
总　计	Total	1223.8	1230.1	1280.0	1323.4	1371.3
农业、狩猎业、林业和渔业	Agriculture,Hunting,Forestry; Fishing	191.4	92.5	108.8	116.4	77.6
采掘业	Mining and Quarrying	60.3	41.1	39.8	45.5	32.8
制造业	Manufacturing	157.8	170.6	173.7	179.9	196.1
电、煤气和水供应业	Electricity,Gas and Water Supply	9.4	10.0	11.9	11.6	9.4
建筑业	Construction	68.3	93.5	102.4	106.6	114.1
批发、零售贸易；机动车及个人、家庭用品修理业	Wholesale,Retail Trade,Repair of Motor Vehicles, Motorcycles and Personal and Household Goods	247.6	302.4	305.5	295.2	314.1
旅馆和饭店业	Hotels and Restaurants					
运输、仓储和通讯	Transport,Storage and Communications	58.2	61.6	61.1	59.6	76.7
金融中介；房地产、租赁及商务活动	Financial Intermediation; Real Estate,Renting and Business Activities	97.6	129.6	130.9	134.0	164.6
公共管理和国防；社会基本保障；教育；卫生和社会工作；其他团社会和个人服务活动	Public Administration and Defence; Compulsory Social Security;Education; Health and Social Work;Other Community,Social and Personal Services Activities	208.4	219.2	231.9	245.2	262.4
雇人的私人住户	Private Households with Employed Persons	114.6	106.7	110.8	124.4	123.2
未分类经济活动	Not Classifiable by Economic Activity	10.3	2.9	3.3	5.1	0.3

注：①不包括军人；15至64岁。
Note:①Excludes armed forces; Persons ages 15 to 64 years.

5-4 续表 8 continued

单位：万人 (10 000 persons)

国家和地区	Country or Area	2000	2005	2006	2007	2008
阿 根 廷①②	**Argentina①②**					
按第三版ISIC分类	ISIC-Rev.3					
总 计	Total	826.2	963.9	1004.1	1011.6	1030.4
农业、狩猎业和林业	Agriculture,Hunting,Forestry	5.0	10.0	7.3		
渔业	Fishing	0.6	0.7	0.9		
采掘业	Mining and Quarrying	1.6	3.1	4.0		
制造业	Manufacturing	115.5	136.0	141.1		
电、煤气和水供应业	Electricity,Gas and Water Supply	4.8	4.9	4.4		
建筑业	Construction	65.4	82.3	88.5		
批发、零售贸易；机动车及个人、家庭用品修理业	Wholesale,Retail Trade,Repair of Motor Vehicles, Motorcycles and Personal and Household Goods	168.3	195.2	201.9		
旅馆和饭店业	Hotels and Restaurants	25.5	31.6	38.1		
运输、仓储和通讯	Transport,Storage and Communications	67.4	64.9	64.4		
金融中介	Financial Intermediation	20.7	16.3	18.9		
房地产、租赁及商业活动	Real Estate,Renting and Business Activities	60.0	74.3	81.0		
公共管理和国防；社会基本保障	Public Administration and Defence; Compulsory Social Security	63.4	72.9	76.9		
教育	Education	62.6	73.6	80.7		
卫生和社会工作	Health and Social Work	47.5	62.8	59.0		
其他团体、社会和个人服务活动	Other Community,Social and Personal Services Activities	48.5	58.1	54.7		
雇人的私人住户	Private Households with Employed Persons	65.5	74.1	79.7		
域外组织和机构	Extra-Territorial Organizations and Bodies	0.3	0.4	0.2		
未分类经济活动	Not Classifiable by Economic Activity	3.7	2.8	2.5		
巴 西②	**Brazil②**					
按第三版ISIC分类	ISIC-Rev.3					
总 计	Total	6563.0	8718.9	8931.8	9078.6	
农业、狩猎业和林业	Agriculture,Hunting,Forestry	1177.1	1738.7	1686.4	1620.7	
渔业	Fishing	34.8	44.4	40.0	37.2	
采掘业	Mining and Quarrying	23.5	31.8	34.3	37.9	
制造业	Manufacturing	875.7	1233.6	1249.7	1310.5	
电、煤气和水供应业	Electricity,Gas and Water Supply	32.9	35.9	39.6	36.3	
建筑业	Construction	456.8	564.2	583.7	610.7	
批发、零售贸易；机动车及个人、家庭用品修理业	Wholesale,Retail Trade,Repair of Motor Vehicles, Motorcycles and Personal and Household Goods	1089.9	1550.3	1574.8	1630.9	
旅馆和饭店业	Hotels and Restaurants	307.2	318.7	339.5	335.1	
运输、仓储和通讯	Transport,Storage and Communications	331.9	396.7	406.4	437.4	
金融中介	Financial Intermediation	82.4	100.7	107.1	118.1	
房地产、租赁及商业活动	Real Estate,Renting and Business Activities	376.4	493.7	543.1	549.9	
公共管理和国防；社会基本保障	Public Administration and Defence; Compulsory Social Security	352.3	426.7	445.2	450.4	
教育	Education	382.2	468.4	485.6	505.2	
卫生和社会工作	Health and Social Work	215.2	297.7	316.2	332.7	
其他团体、社会和个人服务活动	Other Community,Social and Personal Services Activities	239.2	330.1	380.0	371.1	
雇人的私人住户	Private Households with Employed Persons	501.6	666.6	678.2	673.2	
域外组织和机构	Extra-Territorial Organizations and Bodies	0.3	0.7	0.4	0.3	
未分类经济活动	Not Classifiable by Economic Activity	83.6	19.8	21.8	20.9	

注：①2006年前指28个城镇地区，2006年指31个城镇地区。②10岁及以上。

Note:①Prior to 2006,28 urban agglomerations,data of 2006,refer to 31 urban agglomerations. ②Persons ages 10 years and above.

5-4 续表 9 continued

单位：万人 (10 000 persons)

国家和地区	Country or Area	2000	2005	2006	2007	2008
委内瑞拉①	**Venezuela①**					
按第二版ISIC分类	ISIC-Rev.2					
总　计	Total	896.1	1073.4	1111.7	1149.2	1186.3
农业、狩猎业、林业和渔业	Agriculture,Hunting,Forestry; Fishing	95.0	103.9	101.6	100.2	100.6
采掘业	Mining and Quarrying	5.3	7.1	7.8	10.3	10.7
制造业	Manufacturing	119.1	124.5	135.1	141.8	141.6
电、煤气和水	Electricity,Gas and Water	5.8	5.7	5.0	5.1	5.5
建筑业	Construction	74.1	85.8	105.8	111.0	115.4
批发、零售业、旅馆和饭店业	Wholesale and Retail Trade and Restaurants and Hotels	231.2	262.0	262.0	270.4	280.9
运输、仓储和通讯	Transport,Storage and Communication	60.8	87.0	91.4	99.4	104.2
金融保险、房地产和商务服务	Financing,Insurance,Real Estate and Business Services					
社会和个人服务	Community,Social and Personal Services					
行业不明确	Activities not Adequately Defined					
加 拿 大①②	**Canada①②**					
按第三版ISIC分类	ISIC-Rev.3					
总　计	Total	1476.4	1617.0	1648.4	1686.6	1712.6
农业、狩猎业和林业	Agriculture,Hunting,Forestry	45.4	40.9	40.5	39.3	37.7
渔业	Fishing	3.3	3.1	3.1	2.9	2.6
采掘业	Mining and Quarrying	16.0	21.1	24.1	25.5	26.4
制造业	Manufacturing	224.9	220.7	219.3	211.6	204.1
电、煤气和水供应业	Electricity,Gas and Water Supply	11.5	12.5	12.2	13.8	15.2
建筑业	Construction	80.3	101.2	107.0	113.4	123.2
批发、零售贸易；机动车及个人、家庭用品修理业	Wholesale,Retail Trade,Repair of Motor Vehicles, Motorcycles and Personal and Household Goods	254.9	284.0	289.2	294.7	295.1
旅馆和饭店业	Hotels and Restaurants	93.8	100.5	101.5	106.9	107.4
运输、仓储和通讯	Transport,Storage and Communications	112.3	115.4	109.7	112.5	114.8
金融中介	Financial Intermediation	60.8	70.7	74.5	76.0	78.6
房地产、租赁及商业活动	Real Estate,Renting and Business Activities	173.1	199.2	207.1	214.3	217.6
公共管理和国防；社会基本保障	Public Administration and Defence; Compulsory Social Security	77.0	83.1	83.4	86.2	92.4
教育	Education	97.4	110.6	115.8	118.3	119.3
卫生和社会工作	Health and Social Work	151.4	173.5	178.6	184.6	190.3
其他团体、社会和个人服务活动	Other Community,Social and Personal Services Activities	66.0	74.2	81.7	86.8	86.7
雇人的私人住户	Private Households with Employed Persons	7.9	6.2	5.9	6.0	7.3
域外组织和机构	Extra-Territorial Organizations and Bodies	0.3	0.3	0.3	0.3	0.2
墨 西 哥③	**Mexico③**					
按第三版ISIC分类	ISIC-Rev.3					
总　计	Total	3804.5	4079.2	4219.8	4290.7	4386.7
农业、狩猎业和林业	Agriculture,Hunting,Forestry	654.0	589.8	586.6	563.0	562.9
渔业	Fishing	15.5	16.2	16.7	14.2	13.0
采掘业	Mining and Quarrying	15.6	19.4	16.4	18.6	18.3
制造业	Manufacturing	744.3	691.1	707.9	713.0	722.8
电、煤气和水供应业	Electricity,Gas and Water Supply	18.8	18.6	18.6	22.0	20.6
建筑业	Construction	244.9	318.1	345.3	358.6	364.1
批发、零售贸易；机动车及个人、家庭用品修理业	Wholesale,Retail Trade,Repair of Motor Vehicles, Motorcycles and Personal and Household Goods	834.2	933.3	959.5	982.1	997.4
旅馆和饭店业	Hotels and Restaurants	180.1	243.8	251.5	267.1	283.7

注：①不包括军人。②不包括居住在保护区的居民。③14岁及以上。

Note:①Excludes armed forces. ②Excludes residents of the territories and indigenous persons living on reserves. ③Persons ages 14 years and above.

5-4 续表 10 continued

单位：万人 (10 000 persons)

国家和地区	Country or Area	2000	2005	2006	2007	2008
墨 西 哥①（续）	**Mexico① (continued)**					
运输、仓储和通讯	Transport,Storage and Communications	172.4	184.7	200.1	194.3	203.4
金融中介	Financial Intermediation	29.5	30.7	36.3	40.4	40.6
房地产、租赁及商业活动	Real Estate,Renting and Business Activities	117.3	182.9	192.5	205.0	218.9
公共管理和国防；社会基本保障	Public Administration and Defence; Compulsory Social Security	174.3	191.7	203.2	204.1	217.2
教育	Education	188.7	218.1	225.2	231.9	232.6
卫生和社会工作	Health and Social Work	106.5	113.6	116.1	121.3	125.3
其他团体、社会和个人服务活动	Other Community,Social and Personal Services Activities	123.3	132.8	136.9	137.4	146.9
雇人的私人住户	Private Households with Employed Persons	170.0	169.4	175.6	185.8	185.2
域外组织和机构	Extra-Territorial Organizations and Bodies	0.2	0.4	0.3	0.7	0.4
未分类经济活动	Not Classifiable by Economic Activity	15.1	24.8	31.0	31.2	33.3
美 国②	**United States②**					
按第三版ISIC分类	ISIC-Rev.3					
总 计	Total	13520.8	14173.0	14442.7	14604.7	14536.2
农业、狩猎业、林业和渔业	Agriculture,Hunting,Forestry; Fishing	345.7	219.7	220.6	209.5	216.8
采掘业	Mining and Quarrying	52.1	62.4	68.7	73.6	81.9
制造业	Manufacturing	1994.0	1625.3	1637.7	1630.2	1590.4
电、煤气和水供应业	Electricity,Gas and Water Supply		117.6	118.6	119.3	122.5
建筑业	Construction	943.3	1119.7	1174.9	1185.6	1097.4
批发、零售贸易；机动车及个人家庭用品修理业	Wholesale,Retail Trade,Repair of Motor Vehicles, Motorcycles and Personal and Household Goods		2140.4	2132.8	2093.7	2058.5
旅馆和饭店业	Hotels and Restaurants		930.6	947.4	958.2	979.5
运输、仓储和通讯	Transport,Storage and Communications	829.4	618.4	626.9	645.7	650.1
金融中介	Financial Intermediation		703.5	725.4	730.6	727.9
房地产、租赁及商业活动	Real Estate,Renting and Business Activities		1746.1	1810.5	1880.2	1848.9
公共管理和国防；社会基本保障	Public Administration and Defence; Compulsory Social Security		653.0	652.4	674.6	676.3
教育	Education		1226.4	1252.2	1282.8	1316.9
卫生和社会工作	Health and Social Work		1691.0	1741.6	1783.4	1823.3
其他团体、社会和个人服务活动雇人的私人住户；境外组织和团体；未分类经济活动	Other community,social and personal services Activities; Private households with employed persons;Extra-Territorial Organizations and Bodies; Not classifiable by economic activity					
捷 克	**Czech Rep.**					
按第三版ISIC分类	ISIC-Rev.3					
总 计	Total	473.2	476.4	482.8	492.2	500.2
农业、狩猎业、林业和渔业	Agriculture,Hunting,Forestry; Fishing	24.1	18.9	18.2		
采掘业	Mining and Quarrying	7.0	4.9	5.5	5.4	5.6
制造业	Manufacturing	128.2	129.6	136.2	140.6	143.3
电、煤气和水供应业	Electricity,Gas and Water Supply	7.7	7.7	7.7	7.3	7.8
建筑业	Construction	43.9	45.9	43.6	44.7	46.2
批发、零售贸易；机动车及个人家庭用品修理业	Wholesale,Retail Trade,Repair of Motor Vehicles, Motorcycles and Personal and Household Goods	61.3	61.5	61.4	61.3	63.3
旅馆和饭店业	Hotels and Restaurants	15.6	18.2	18.7	18.1	17.7
运输、仓储和通讯	Transport,Storage and Communications	37.3	36.0	36.1	36.4	37.5

注：①14岁及以上。②16岁及以上；不包括军人。

Note:①Persons ages 14 years and above.②Persons ages 16 years and above; excludes armed force.

5-4 续表 11 continued

单位：万人 (10 000 persons)

国家和地区	Country or Area	2000	2005	2006	2007	2008
捷　克	**Czech Rep.**					
金融中介	Financial Intermediation	10.0	9.7	9.2	10.2	11.5
房地产、租赁及商业活动	Real Estate,Renting and Business Activities	26.6	28.8	32.1	35.3	37.0
公共管理和国防；社会基本保障	Public Administration and Defence; Compulsory Social Security	34.3	33.3	32.6	32.6	32.7
教育	Education	29.9	29.7	28.8	29.0	28.2
卫生和社会工作	Health and Social Work	29.1	32.8	33.0	33.8	32.8
其他团体、社会和个人服务活动	Other Community,Social and Personal Services Activities	17.6	19.0	19.3	19.4	19.9
雇人的私人住户	Private Households with Employed Persons	0.2	0.3	0.3	0.3	0.3
域外组织和机构	Extra-Territorial Organizations and Bodies	0.2	0.1	0.1	0.1	
未分类经济活动	Not Classifiable by Economic Activity	0.2	0.2	0.1	0.1	
法　国	**France**					
按第三版ISIC分类	ISIC-Rev.3					
总　计	Total	2326.2	2497.8	2513.4	2556.5	2591.3
农业、狩猎业和林业	Agriculture,Hunting,Forestry		88.8	91.4	86.2	77.0
渔业	Fishing		1.8	1.8	1.4	1.9
采掘业	Mining and Quarrying		4.2	2.9	2.4	2.6
制造业	Manufacturing		401.5	398.5	395.0	387.7
电、煤气和水供应业	Electricity,Gas and Water Supply		21.9	24.6	20.0	20.1
建筑业	Construction		164.0	170.5	175.5	186.0
批发、零售贸易；机动车及个人家庭用品修理业	Wholesale,Retail Trade,Repair of Motor Vehicles, Motorcycles and Personal and Household Goods		333.5	335.3	353.9	342.1
旅馆和饭店业	Hotels and Restaurants		85.1	91.1	87.9	87.1
运输、仓储和通讯	Transport,Storage and Communications		158.5	151.9	160.3	164.1
金融中介	Financial Intermediation		75.3	80.7	82.6	79.3
房地产、租赁及商业活动	Real Estate,Renting and Business Activities		254.7	266.3	266.6	278.5
公共管理和国防；社会基本保障	Public Administration and Defence; Compulsory Social Security		234.8	240.7	256.3	265.3
教育	Education		174.4	177.7	173.6	179.2
卫生和社会工作	Health and Social Work		297.0	306.6	314.3	321.5
其他团体、社会和个人服务活动	Other Community,Social and Personal Services Activities		111.3	110.3	115.7	116.2
雇人的私人住户	Private Households with Employed Persons		60.5	58.1	59.2	60.8
域外组织和机构	Extra-Territorial Organizations and Bodies		1.6	1.8	1.9	1.9
未分类经济活动	Not Classifiable by Economic Activity		29.1	3.2	3.6	20.2
德　国	**Germany**					
按第三版ISIC分类	ISIC-Rev.3					
总　计	Total	3660.4	3656.6	3732.2	3816.3	3873.4
农业、狩猎业和林业	Agriculture,Hunting,Forestry	98.2	86.1	83.7	85.4	86.6
渔业	Fishing	0.6	0.7	0.6	0.5	0.6
采掘业	Mining and Quarrying	15.2	12.3	11.6	10.7	10.9
制造业	Manufacturing	854.2	803.2	815.7	839.5	851.6
电、煤气和水供应业	Electricity,Gas and Water Supply	29.0	31.5	31.6	33.4	34.6
建筑业	Construction	311.8	240.0	244.6	252.7	252.1
批发、零售贸易；机动车及个人家庭用品修理业	Wholesale,Retail Trade,Repair of Motor Vehicles, Motorcycles and Personal and Household Goods	519.0	525.7	528.1	530.8	529.0
旅馆和饭店业	Hotels and Restaurants	121.9	129.5	138.1	142.8	145.9
运输、仓储和通讯	Transport,Storage and Communications	200.8	194.9	206.0	214.8	214.7
金融中介	Financial Intermediation	133.3	130.7	130.6	130.3	130.1
房地产、租赁及商业活动	Real Estate,Renting and Business Activities	292.3	352.2	373.5	390.9	417.2

5-4 续表 12 continued

单位：万人 (10 000 persons)

国家和地区	Country or Area	2000	2005	2006	2007	2008
德　国(续)	**Germany(Continued)**					
公共管理和国防；社会基本保障	Public Administration and Defence; Compulsory Social Security	310.3	287.9	290.1	291.6	283.6
教育	Education	192.8	210.0	217.4	223.7	229.0
卫生和社会工作	Health and Social Work	369.6	415.0	426.4	439.8	451.5
其他团体、社会和个人服务活动	Other Community,Social and Personal Services Activities	194.4	215.3	212.5	205.8	211.2
雇人的私人住户	Private Households with Employed Persons	13.7	17.9	18.7	20.6	21.6
域外组织和机构	Extra-Territorial Organizations and Bodies	3.3	3.4	2.9	2.9	3.3
意 大 利	**Italy**					
按第三版ISIC分类	ISIC-Rev.3					
总　计	Total	2122.5	2256.3	2298.8	2322.2	2340.5
农业、狩猎业和林业	Agriculture,Hunting,Forestry	107.1	91.4	94.8	88.8	86.0
渔业	Fishing	4.9	3.3	3.4	3.5	3.5
采掘业	Mining and Quarrying	6.4	4.0	4.2	3.9	3.6
制造业	Manufacturing	491.8	482.5	482.6	487.0	480.5
电、煤气和水供应业	Electricity,Gas and Water Supply	16.7	16.3	15.9	13.9	14.4
建筑业	Construction	161.8	191.3	190.0	195.5	197.0
批发、零售贸易；机动车及个人家庭用品修理业	Wholesale,Retail Trade,Repair of Motor Vehicles, Motorcycles and Personal and Household Goods	337.7	341.6	352.2	354.1	354.0
旅馆和饭店业	Hotels and Restaurants	81.4	106.0	111.4	115.4	117.9
运输、仓储和通讯	Transport,Storage and Communications	119.0	123.9	122.4	125.7	129.4
金融中介	Financial Intermediation	66.2	64.0	67.5	66.4	65.3
房地产、租赁及商业活动	Real Estate,Renting and Business Activities	147.8	237.6	243.4	254.2	261.8
公共管理和国防；社会基本保障	Public Administration and Defence; Compulsory Social Security	194.2	144.0	144.3	141.8	143.6
教育	Education	146.7	154.1	159.7	160.6	158.4
卫生和社会工作	Health and Social Work	128.8	154.9	157.0	157.5	165.9
其他团体、社会和个人服务活动	Other Community,Social and Personal Services Activities	90.5	109.3	116.4	116.7	113.6
雇人的私人住户	Private Households with Employed Persons	19.6	30.3	32.4	34.9	41.9
域外组织和机构	Extra-Territorial Organizations and Bodies	2.0	1.7	1.2	2.2	3.6
荷　兰	**Netherlands**					
按第三版ISIC分类	ISIC-Rev.3					
总　计	Total	779.8	795.8	810.8	831.0	845.7
农业、狩猎业、林业和渔业	Agriculture,Hunting,Forestry; Fishing	25.0	27.3	26.9	25.2	22.8
采掘业	Mining and Quarrying	1.2	0.7	0.7	1.1	1.1
制造业	Manufacturing	109.6	103.3	102.4	100.3	97.3
电、煤气和水供应业	Electricity,Gas and Water Supply	3.5	4.3	4.3	4.1	4.0
建筑业	Construction	47.2	48.8	49.9	50.0	50.9
批发、零售贸易；机动车及个人家庭用品修理业	Wholesale,Retail Trade,Repair of Motor Vehicles, Motorcycles and Personal and Household Goods	125.2	115.3	120.0	121.1	118.6
旅馆和饭店业	Hotels and Restaurants	27.4	31.9	33.4	35.2	33.7
运输、仓储和通讯	Transport,Storage and Communications	46.9	48.9	50.0	50.6	51.2
金融中介	Financial Intermediation	27.4	25.8	26.4	25.8	24.5
房地产、租赁及商业活动	Real Estate,Renting and Business Activities	93.7	94.5	97.4	104.5	109.9
公共管理和国防；社会基本保障	Public Administration and Defence; Compulsory Social Security	48.9	52.9	52.9	54.1	54.1
教育	Education	46.5	50.8	52.2	53.4	54.9
卫生和社会工作	Health and Social Work	105.2	120.4	124.9	131.0	135.3

5-4 续表 13 continued

单位：万人 (10 000 persons)

国家和地区	Country or Area	2000	2005	2006	2007	2008
荷　　兰(续)	**Netherlands (continued)**					
其他团体、社会和个人服务活动	Other Community,Social and Personal Services Activities	35.5	31.6	33.3	38.1	38.9
雇人的私人住户	Private Households with Employed Persons	0.3	0.4	0.5	0.5	0.6
域外组织和机构	Extra-Territorial Organizations and Bodies	0.2				
未分类经济活动	Not Classifiable by Economic Activity	35.9	39.0	35.9	36.0	47.9
波　　兰①	**Poland①**					
按第三版ISIC分类	ISIC-Rev.3					
总　计	Total	1452.6	1411.6	1459.4	1524.1	1580.0
农业、狩猎业和林业	Agriculture,Hunting,Forestry	271.5	243.9	229.4	223.9	
渔业	Fishing	1.1	1.3	1.0	0.8	
采掘业	Mining and Quarrying	29.3	22.5	23.7	24.8	
制造业	Manufacturing	290.1	283.1	298.8	316.2	
电、煤气和水供应业	Electricity,Gas and Water Supply	26.3	22.8	22.3	21.8	
建筑业	Construction	102.4	84.3	92.5	105.4	
批发、零售贸易；机动车及个人、家庭用品修理业	Wholesale,Retail Trade,Repair of Motor Vehicles, Motorcycles and Personal and Household Goods	204.3	202.0	206.0	226.4	
旅馆和饭店业	Hotels and Restaurants	24.1	24.7	27.2	29.1	
运输、仓储和通讯	Transport,Storage and Communications	89.3	86.2	94.2	97.3	
金融中介	Financial Intermediation	38.0	29.4	32.9	36.3	
房地产、租赁及商业活动	Real Estate,Renting and Business Activities	53.1	82.2	83.6	95.3	
公共管理和国防；社会基本保障	Public Administration and Defence; Compulsory Social Security	76.4	89.2	91.7	93.7	
教育	Education	101.3	110.3	114.0	112.8	
卫生和社会工作	Health and Social Work	93.8	82.0	87.1	87.1	
其他团体、社会和个人服务活动	Other Community,Social and Personal Services Activities	50.7	45.9	53.4	51.1	
雇人的私人住户	Private Households with Employed Persons	0.8	1.2	1.1	1.6	
域外组织和机构	Extra-Territorial Organizations and Bodies					
未分类经济活动	Not Classifiable by Economic Activity		0.5			
俄罗斯联邦②	**Russian Fed.②**					
按第三版ISIC分类	ISIC-Rev.3					
总　计	Total	6507.0	6816.9	6885.5	7057.0	7096.5
农业、狩猎业和林业	Agriculture,Hunting,Forestry	924.3	676.9	669.1	615.5	599.4
渔业	Fishing	18.8	16.6	17.6	19.2	14.1
采掘业	Mining and Quarrying	129.4	123.6	119.8	132.4	135.0
制造业	Manufacturing	1217.8	1253.4	1247.2	1232.4	1166.3
电、煤气和水供应业	Electricity,Gas and Water Supply	168.6	195.9	206.3	201.7	211.6
建筑业	Construction	332.9	457.5	446.2	493.3	541.3
批发、零售贸易；机动车及个人、家庭用品修理业	Wholesale,Retail Trade,Repair of Motor Vehicles, Motorcycles and Personal and Household Goods	788.7	1038.3	1059.9	1109.6	1077.4
旅馆和饭店业	Hotels and Restaurants	92.4	129.7	139.2	134.4	146.7
运输、仓储和通讯	Transport,Storage and Communications	548.4	624.9	621.1	657.3	656.0
金融中介	Financial Intermediation	84.3	96.2	106.0	124.9	131.6
房地产、租赁及商业活动	Real Estate,Renting and Business Activities	202.8	403.9	414.8	441.0	444.8
公共管理和国防；社会基本保障	Public Administration and Defence; Compulsory Social Security	482.4	481.5	487.6	490.3	540.9
教育	Education	591.1	620.4	619.8	642.0	644.2
卫生和社会工作	Health and Social Work	439.2	470.1	489.6	517.7	524.3
其他团体、社会和个人服务活动	Other Community,Social and Personal Services Activities	483.6	224.7	238.8	243.9	258.0
雇人的私人住户	Private Households with Employed Persons	2.1	2.6	2.1	1.6	4.3
域外组织和机构	Extra-Territorial Organizations and Bodies	0.4	0.4	0.4		0.5

注：①不包括军人。②15至72岁。

Note:①Excludes armed forces.②Persons ages 15 to 72 years.

5-4 续表 14 continued

单位：万人 (10 000 persons)

国家和地区	Country or Area	2000	2005	2006	2007	2008
西 班 牙①②	**Spain①②**					
按第三版ISIC分类	ISIC-Rev.3					
总 计	Total	1550.6	1897.3	1974.8	2035.6	2025.8
农业、狩猎业和林业	Agriculture,Hunting,Forestry	96.5	94.1	89.3	87.3	83.1
渔业	Fishing	6.4	6.0	5.1	5.2	4.8
采掘业	Mining and Quarrying	6.6	6.0	6.6	6.0	5.3
制造业	Manufacturing	291.8	311.3	310.7	309.0	306.0
电、煤气和水供应业	Electricity,Gas and Water Supply	9.8	10.7	11.9	11.2	11.3
建筑业	Construction	172.3	235.7	254.3	269.7	240.4
批发、零售贸易；机动车及个人家庭用品修理业	Wholesale,Retail Trade,Repair of Motor Vehicles, Motorcycles and Personal and Household Goods	251.2	288.7	298.4	312.9	323.9
旅馆和饭店业	Hotels and Restaurants	100.4	129.1	140.3	145.1	145.3
运输、仓储和通讯	Transport,Storage and Communications	93.0	111.7	115.8	117.7	118.2
金融中介	Financial Intermediation	41.2	45.7	47.3	50.0	50.7
房地产、租赁及商业活动	Real Estate,Renting and Business Activities	113.6	167.8	185.7	201.7	207.4
公共管理和国防；社会基本保障	Public Administration and Defence; Compulsory Social Security	97.5	119.7	122.2	123.8	127.7
教育	Education	84.1	109.1	110.9	111.2	113.3
卫生和社会工作	Health and Social Work	83.0	113.5	118.1	122.9	127.7
其他团体、社会和个人服务活动	Other Community,Social and Personal Services Activities	60.4	79.4	81.5	84.6	85.3
雇人的私人住户	Private Households with Employed Persons	42.7	68.3	76.1	77.0	75.3
域外组织和机构	Extra-Territorial Organizations and Bodies	0.2	0.6	0.7	0.2	0.2
土 耳 其①	**Turkey①**					
按第三版ISIC分类	ISIC-Rev.3					
总 计	Total	2158.1	2204.6	2233.0	2073.8	2119.4
农业、狩猎业、林业和渔业	Agriculture,Hunting,Forestry; Fishing		649.3	608.8	486.7	501.6
采掘业	Mining and Quarrying	8.2	12.0	12.8	12.8	11.5
制造业	Manufacturing	363.8	408.4	418.6	408.9	423.5
电、煤气和水供应业	Electricity,Gas and Water Supply	9.1	8.0	9.3	9.7	9.2
建筑业	Construction	136.4	117.3	126.7	123.1	124.1
批发、零售贸易；机动车及个人家庭用品修理业	Wholesale,Retail Trade,Repair of Motor Vehicles, Motorcycles and Personal and Household Goods	304.1	361.1	372.9	356.9	357.5
旅馆和饭店业	Hotels and Restaurants	77.6	94.9	100.1	98.9	99.8
运输、仓储和通讯	Transport,Storage and Communications	106.8	113.3	116.3	113.6	108.9
金融中介	Financial Intermediation	28.1	23.8	23.8	24.8	26.0
房地产、租赁及商业活动	Real Estate,Renting and Business Activities	42.8	63.8	77.2	80.7	91.0
公共管理和国防；社会基本保障	Public Administration and Defence; Compulsory Social Security	117.4	121.7	122.5	126.0	126.5
教育	Education	75.0	90.6	90.7	86.8	92.1
卫生和社会工作	Health and Social Work	47.9	53.0	59.1	56.0	59.4
其他团体、社会和个人服务活动	Other Community,Social and Personal Services Activities	49.8				
雇人的私人住户	Private Households with Employed Persons	13.8				
域外组织和机构	Extra-Territorial Organizations and Bodies	0.4				

注：①不包括军人。②16岁及以上。

Note:①Excludes armed forces.②Persons ages 16 years and above.

5-4 续表 15 continued

单位：万人 (10 000 persons)

国家和地区	Country or Area	2000	2005	2006	2007	2008
乌 克 兰	**Ukraine**					
按第三版ISIC分类	ISIC-Rev.3					
总　计	Total	2126.9	2068.0	2073.0	2090.5	2097.2
农业、狩猎业、林业和渔业	Agriculture,Hunting,Forestry; Fishing	497.7	400.6	364.9	348.5	332.2
采掘业	Mining and Quarrying	61.8				
制造业	Manufacturing	291.4				
电、煤气和水供应业	Electricity,Gas and Water Supply					
建筑业	Construction	89.5	94.2	98.7	103.0	104.3
批发、零售贸易；机动车及个人家庭用品修理业	Wholesale,Retail Trade,Repair of Motor Vehicles, Motorcycles and Personal and Household Goods					
旅馆和饭店业	Hotels and Restaurants					
运输、仓储和通讯	Transport,Storage and Communications	122.8	140.1	142.9	145.2	146.6
金融中介	Financial Intermediation		24.8	28.6	34.4	39.5
房地产、租赁及商业活动	Real Estate,Renting and Business Activities		96.7	104.2	113.5	115.0
公共管理和国防；社会基本保障	Public Administration and Defence; Compulsory Social Security		102.9	103.4	103.6	106.8
教育	Education		166.8	169.1	169.4	170.2
卫生和社会工作	Health and Social Work		135.7	135.7	135.9	137.0
其他团体、社会和个人服务活动；雇人的私人住户；境外组织和团体	Other Community,Social and Personal Services Activities; Private Households with Employed Persons; Extra-Territorial Organizations and Bodies		81.7	81.3	83.3	84.0
英　　国①	**United Kingdom①**					
按第三版ISIC分类	ISIC-Rev.3					
总　计	Total	2739.9	2866.5	2892.6	2910.0	2947.5
农业、狩猎业和林业	Agriculture,Hunting,Forestry	40.8	37.6	35.6	38.8	41.8
渔业	Fishing	1.3	1.0	1.8	1.0	1.5
采掘业	Mining and Quarrying	10.5	10.6	11.0	13.3	12.7
制造业	Manufacturing	461.9	380.4	375.5	374.5	354.7
电、煤气和水供应业	Electricity,Gas and Water Supply	19.9	17.5	17.4	21.3	19.9
建筑业	Construction	195.2	226.6	233.2	238.7	238.0
批发、零售贸易；机动车及个人家庭用品修理业	Wholesale,Retail Trade,Repair of Motor Vehicles, Motorcycles and Personal and Household Goods	421.6	435.5	423.7	416.0	431.6
旅馆和饭店业	Hotels and Restaurants	115.8	124.9	127.0	129.9	128.3
运输、仓储和通讯	Transport,Storage and Communications	186.1	197.3	194.0	195.6	196.3
金融中介	Financial Intermediation	118.8	120.6	125.3	126.3	127.9
房地产、租赁及商业活动	Real Estate,Renting and Business Activities	304.0	328.7	332.8	348.4	360.2
公共管理和国防；社会基本保障	Public Administration and Defence; Compulsory Social Security	169.1	199.5	204.5	203.8	209.2
教育	Education	220.4	260.1	267.3	264.5	268.6
卫生和社会工作	Health and Social Work	299.3	348.3	358.2	346.2	364.1
其他团体、社会和个人服务活动	Other Community,Social and Personal Services Activities	151.9	158.4	163.2	168.1	167.5
雇人的私人住户	Private Households with Employed Persons	13.5	12.1	12.5	12.0	13.8
域外组织和机构	Extra-Territorial Organizations and Bodies	2.3	0.8	2.1	1.1	1.3
未分类经济活动	Not Classifiable by Economic Activity	7.4	6.5	7.5	10.5	10.2

注：①16岁及以上。

Note: ①Persons ages 16 years and above.

5-4 续表 16 continued

单位：万人 (10 000 persons)

国家和地区	Country or Area	2000	2005	2006	2007	2008
澳大利亚①	**Australia①**					
按第三版ISIC分类	ISIC-Rev.3					
总　计	Total	895.1	996.9	1021.8	1051.2	1074.0
农业、狩猎业和林业	Agriculture,Hunting,Forestry	42.6	34.2	34.0	34.0	34.4
渔业	Fishing	1.8	1.3	1.0	1.1	1.1
采掘业	Mining and Quarrying	6.7	10.6	11.7	11.9	13.3
制造业	Manufacturing	112.5	108.4	107.4	109.2	110.2
电、煤气和水供应业	Electricity,Gas and Water Supply	6.5	8.2	8.5	8.6	9.9
建筑业	Construction	69.0	85.5	91.4	94.6	98.7
批发、零售贸易；机动车及个人家庭用品修理业	Wholesale,Retail Trade,Repair of Motor Vehicles, Motorcycles and Personal and Household Goods	175.9	176.5	178.5	182.3	184.7
旅馆和饭店业	Hotels and Restaurants	45.5	69.2	66.7	70.4	70.8
运输、仓储和通讯	Transport,Storage and Communications	58.8	63.4	64.1	67.9	69.6
金融中介	Financial Intermediation	33.3	37.5	38.7	40.7	40.1
房地产、租赁及商业活动	Real Estate,Renting and Business Activities	106.2	121.3	128.0	129.2	132.6
公共管理和国防；社会基本保障	Public Administration and Defence; Compulsory Social Security	45.7	61.2	62.6	64.2	64.5
教育	Education	61.3	72.0	74.2	77.1	80.7
卫生和社会工作	Health and Social Work	85.0	101.6	107.8	109.8	113.0
其他团体、社会和个人服务活动	Other Community,Social and Personal Services Activities	43.6	46.0	47.1	50.0	50.3
雇人的私人住户	Private Households with Employed Persons	0.7	0.0	0.1	0.2	0.2
域外组织和机构	Extra-Territorial Organizations and Bodies	0.1	0.1	0.1	0.1	
未分类经济活动	Not Classifiable by Economic Activity	0.2	2.4	2.8	3.2	
新 西 兰①	**New Zealand①**					
按第三版ISIC分类	ISIC-Rev.3					
总　计	Total	177.9	208.5	213.5	217.5	218.8
农业、狩猎业和林业	Agriculture,Hunting,Forestry	15.0	14.6	15.1	15.4	14.9
渔业	Fishing	0.4	0.3	0.2	0.2	0.3
采掘业	Mining and Quarrying	0.4	0.4	0.5	0.5	0.4
制造业	Manufacturing	28.2	28.7	28.1	27.9	27.8
电、煤气和水供应业	Electricity,Gas and Water Supply	0.9	0.8	0.8	0.9	1.2
建筑业	Construction	11.8	16.3	18.5	18.5	17.9
批发、零售贸易；机动车及个人家庭用品修理业	Wholesale,Retail Trade,Repair of Motor Vehicles, Motorcycles and Personal and Household Goods	31.1	36.2	36.8	37.8	38.7
旅馆和饭店业	Hotels and Restaurants	9.3	10.0	9.7	10.8	10.1
运输、仓储和通讯	Transport,Storage and Communications	11.1	12.1	11.9	11.8	12.3
金融中介	Financial Intermediation	5.5	6.5	7.0	7.1	6.8
房地产、租赁及商业活动	Real Estate,Renting and Business Activities	17.6	23.4	24.6	24.9	25.4
公共管理和国防；社会基本保障	Public Administration and Defence; Compulsory Social Security	9.1	12.9	13.7	13.8	13.3
教育	Education	13.0	16.6	16.6	17.0	17.5
卫生和社会工作	Health and Social Work	14.2	18.9	19.6	20.4	20.8
其他团体、社会和个人服务活动	Other Community,Social and Personal Services Activities	8.6	10.2	9.2	9.1	10.0
雇人的私人住户	Private Households with Employed Persons	0.9	0.3	0.3	0.4	0.2
域外组织和机构	Extra-Territorial Organizations and Bodies	0.1				
未分类经济活动	Not Classifiable by Economic Activity	0.8	0.5	0.8	1.1	1.2

注：①不包括军人。
Note:①Excludes armed forces.

5-5 失业人数
Unemployment

资料来源：国际货币基金组织IFS数据库。
Source: IMF IFS Database.

单位：万人 (10 000 persons)

国家和地区	Country or Area	2000	2005	2007	2008	2009	2010
中　国①	China①	595.0	839.0	830.0	886.0		
中国香港	Hong Kong, China	16.7	19.8	14.6	12.9	19.2	15.7
中国澳门	Macao, China	1.4	1.0	1.0	1.0	1.2	0.9
文　莱	Brunei Darussalam	0.7	0.7	0.6	0.7	0.7	0.5
印　度	India	4094.9	3934.8	3997.4			
印度尼西亚	Indonesia	581.3	1189.9	1001.1	925.9	859.2	832.0
以色列	Israel	21.4	24.6	21.2	18.0	23.2	20.9
日　本	Japan	319.8	294.4	256.8	265.0	335.6	333.5
哈萨克斯坦	Kazakhstan	90.6	18.4	59.8	55.8	55.5	49.7
韩　国	Korea, Rep.	97.9	88.7	78.3	76.9	88.9	92.0
马来西亚	Malaysia	29.9	37.2	36.4	36.2	41.4	38.4
巴基斯坦	Pakistan	312.7	356.6	268.0	269.0		
菲律宾	Philippines	345.9	414.5	265.3	271.6	283.1	285.9
新加坡	Singapore	5.9	7.5	5.7	6.3	8.7	6.5
斯里兰卡	Sri Lanka	51.7	62.3	44.7	39.4	43.3	37.5
泰　国	Thailand	81.3	67.3	50.1	51.4	57.1	40.3
埃　及	Egypt	169.8	240.7	213.0	214.5	236.0	235.0
南　非	South Africa	403.7	399.7	387.1	407.5	419.4	433.2
加拿大	Canada	108.3	117.3	107.9	111.9	152.0	148.5
墨西哥	Mexico	100.3	154.3	165.5	180.1	252.1	252.0
美　国	United States	569.2	759.1	707.8	892.4	1426.5	1482.5
阿根廷	Argentina	201.9	123.4	94.2	88.3	98.4	88.2
巴　西	Brazil	712.7	216.0	210.0	181.3	187.2	159.1
委内瑞拉	Venezuela	143.7	146.6	105.0	92.6	101.9	111.5
捷　克	Czech Rep.	46.9	51.3	38.9	32.4	47.3	53.0
法　国	France	233.8	245.8	212.0	205.2	251.9	268.3
德　国	Germany	288.1	486.1	360.1	313.6	322.8	294.6
意大利	Italy	238.8	188.5	150.9	169.0	194.4	210.5
荷　兰	Netherlands	18.8	48.2	34.4	30.0	37.7	42.6
波　兰	Poland	252.3	287.1	196.3	152.6	172.5	191.8
俄罗斯联邦	Russian Fed.	752.5	560.0	460.0	480.8	635.8	561.7
西班牙	Spain	196.3	207.0	183.4	259.1	415.0	463.2
土耳其	Turkey	142.4	250.0	236.1	260.5	346.0	304.9
乌克兰	Ukraine	270.8	160.1	141.8	142.5	195.9	178.6
英　国	United Kingdom	158.7	146.5	165.3	178.2	239.4	247.8
澳大利亚	Australia	61.1	53.1	48.4	48.3	64.9	62.1
新西兰	New Zealand	21.9	8.3	5.6	6.0	10.8	14.2

注：①城镇地区失业人数。
Note: ①Unemployed persons in urban areas.

5-6 失业率
Unemployment Rate

资料来源：国际货币基金组织IFS数据库。
Source: IMF IFS Database.

单位：% (%)

国家和地区	Country or Area	2000	2005	2007	2008	2009	2010
中 国①	China①	3.1	4.2	4.0	4.2	4.3	
中国香港	Hong Kong, China	5.0	5.6	4.0	3.5	5.2	4.3
中国澳门	Macao, China	6.8	4.1	3.1	3.0	3.5	2.8
阿尔巴尼亚	Albania	16.8	14.3	13.4	12.8	13.0	13.7
阿尔及利亚	Algeria	29.5	15.3	13.8	11.3	10.2	10.0
阿 根 廷	Argentina	14.7	11.6	8.5	7.9	8.7	7.8
荷 兰	Netherlands	2.6	6.5	4.5	3.9	4.8	5.5
亚美尼亚	Armenia	11.7	8.2	7.0	6.3	6.8	7.0
澳大利亚	Australia	6.3	5.1	4.4	4.3	5.6	5.2
奥 地 利	Austria	5.8	7.3	6.2	5.9	7.2	6.9
巴巴多斯	Barbados	9.4	9.1	7.4	8.1	10.0	10.8
白俄罗斯	Belarus	2.1	1.7	1.1	1.0	0.9	0.8
比 利 时	Belgium	6.9	8.5	7.5	7.0	7.9	8.3
伯 利 兹	Belize	11.1	11.0	8.5	8.2		
波 黑	Bosnia and Herzegovinian				40.1	41.5	42.9
巴 西	Brazil	9.2	9.8	9.3	7.9	8.1	6.7
文 莱	Brunei Darussalam		4.1	3.4	3.7	3.5	2.7
保加利亚	Bulgaria	16.9	10.1	6.9	5.6	6.8	10.2
加 拿 大	Canada	6.8	6.8	6.0	6.1	8.3	8.0
智 利	Chile	8.3	8.0	7.1	7.8	9.8	8.3
哥伦比亚	Colombia	20.5	11.9	11.2	11.3	12.0	11.8
哥斯达黎加	Costa Rica	5.2	6.6	4.6	4.9	7.8	
克罗地亚	Croatia	21.1	17.9	15.1	13.4	14.9	11.8
塞浦路斯	Cyprus	3.4	5.2	3.9	3.7	5.3	6.2
捷 克	Czech Rep.	9.0	8.9	6.6	5.4	8.1	9.0
丹 麦	Denmark	5.4	5.1	3.6	2.6	4.7	6.0
多米尼加	Dominican Rep.	13.9	17.9	15.6	14.1	14.9	14.3
厄瓜多尔	Ecuador	9.0	7.9	7.4	6.9	8.5	7.6
埃 及	Egypt	9.0	11.0	9.0	8.7	9.4	9.0
萨尔瓦多	El Salvador	7.0	7.2	6.3	5.9	7.3	
爱沙尼亚	Estonia	13.6	7.9	4.7	5.5	13.8	16.9
芬 兰	Finland	12.6	8.6	6.9	6.4	8.2	8.4
法 国	France	8.5	8.9	8.0	7.4	9.2	9.4
格鲁吉亚	Georgia	10.3	13.8	13.3	16.5	16.9	
德 国	Germany	6.9	11.7	8.7	7.5	7.8	7.1
希 腊	Greece	11.4	9.9	8.3	7.7	9.5	12.5
匈 牙 利	Hungary	6.4	7.1	7.3	7.8	9.8	11.1
冰 岛	Iceland	1.3	2.1	1.0	1.6	8.0	7.8
爱 尔 兰	Ireland	4.0	4.4	4.6	6.3	11.8	13.6

5-6 续表 1 continued

单位：% (%)

国家和地区	Country or Area	2000	2005	2007	2008	2009	2010
以色列	Israel	8.8	9.0	7.3	6.1	7.5	6.7
意大利	Italy	10.2	7.7	6.1	6.7	7.8	8.4
牙买加	Jamaica	15.5	11.2	9.9	10.6	11.4	12.4
日本	Japan	4.7	4.4	3.8	4.0	5.1	5.1
哈萨克斯坦	Kazakhstan	12.8	8.1	7.3	6.6	6.6	5.8
韩国	Korea, Rep.	4.4	3.7	3.3	3.2	3.7	3.7
吉尔吉斯斯坦	Kyrgyzstan	3.1	3.0	3.0	2.8	2.5	2.6
拉脱维亚	Latvia	8.4	9.0	6.0	7.5	17.2	18.7
立陶宛	Lithuania	11.7	4.6	3.5	5.8	13.7	17.8
卢森堡	Luxemburg	2.5	4.2	4.4	4.4	5.7	6.0
前南马其顿	Macedonia, FYR	32.3	37.3	34.9	33.8	32.2	32.1
马来西亚	Malaysia	3.1	3.6	3.3	3.3	3.6	3.3
马耳他	Malta	6.1	7.2	6.5	6.1	6.9	6.9
毛里求斯	Mauritius	6.9	9.5	8.4	7.3	7.5	7.7
墨西哥	Mexico	1.6	3.6	3.7	4.0	5.5	5.4
摩尔多瓦	Moldova	8.5	7.3	5.1	4.0	6.4	7.5
摩洛哥	Morocco	13.4	11.3	9.5	9.6	9.1	9.1
荷属安的列斯	Netherlands Antilles	14.2	18.2	12.4	10.3	9.7	
新西兰	New Zealand	5.9	3.8	3.7	4.5	6.2	6.6
挪威	Norway	3.4	4.5	2.5	2.5	3.1	3.5
巴基斯坦	Pakistan	7.8	7.7	5.3	5.2		
秘鲁	Peru	7.9	9.5	8.4	8.4	8.3	8.0
菲律宾	Philippines	11.2	11.4	7.3	7.4	7.5	7.3
波兰	Poland	14.0	18.2	12.7	9.8	11.0	12.1
葡萄牙	Portugal	3.9	7.6	8.0	7.7	9.6	11.0
罗马尼亚	Romania	11.2	5.8	4.3	4.0	6.3	7.6
俄罗斯联邦	Russian Fed.	10.7	7.6	6.1	6.2	8.4	7.5
新加坡	Singapore	3.7	4.1	3.0	3.2	4.3	3.1
斯洛伐克	Slovakia	18.2	11.7	8.4	7.7	11.4	12.5
斯洛文尼亚	Slovenia	11.8	10.2	7.7	6.7	9.2	10.7
南非	South Africa	25.0	23.9	22.3	22.9	23.9	24.9
西班牙	Spain	14.1	9.2	8.3	11.3	18.0	20.1
斯里兰卡	Sri Lanka	7.6	7.7	6.0	5.2	5.7	4.9
瑞典	Sweden	4.7	7.1	6.1	6.2	8.3	8.4
瑞士	Switzerland	2.0	3.8	2.8	2.6	3.7	3.9
泰国	Thailand	2.4	1.9	1.4	1.4	1.5	1.0
特立尼达和多巴哥	Trinidad and Tobago	12.2	8.0	5.6	4.6	5.3	
突尼斯	Tunisia	15.7	12.9	12.4	12.4	13.3	13.0
土耳其	Turkey	6.6	10.2	10.2	11.0	14.0	11.9
乌克兰	Ukraine	11.7	7.2	6.4	6.4	8.8	8.1
英国	United Kingdom	5.5	4.9	5.4	5.7	7.6	7.9
美国	United States	4.0	5.1	4.6	5.8	9.3	9.6
乌拉圭	Uruguay	13.6	12.2	9.2	7.6	7.3	6.7
委内瑞拉	Venezuela	14.0	12.2	8.5	7.4	7.9	8.5

注：①城镇登记失业率。
Note:①Urban Registered Unemployment Rate.

5-7 非农部门雇员平均工资

Average Wage of Employees in Non-Agriculture

资料来源：联合国ILO数据库。
Source: ILO Database.
单位：本币 (local currency units)

国家和地区	Country or Area	2000	2004	2005	2006	2007	2008
每月收入	**Earninges per Month**						
中国香港①②	Hong Kong,China①②	11573.7	10534.6	10671.1	10985.1	11378.5	
以色列③	Israel③	6882.0	7190.0	7373.0	7627.0		
韩　国④⑤	Korea,Rep.④⑤	1727.3	2373.0	2524.9	2666.6	2823.0	
蒙　古⑤	Mongolia⑤	58.2	91.8	103.3			
南　非	South Africa	4990.0		6979.5	7595.0	8281.0	9235.0
墨西哥	Mexico	3101.3	4147.7	4346.2	4617.6	4898.3	
白俄罗斯	Belarus	94.0	458.0	592.0	701.0	831.0	
捷　克	Czech Republic	13789.0	18238.0	17985.0	19167.0		
荷　兰⑥	Netherlands⑥	5236.0	2800.0	2846.0			
波　兰⑦	Poland⑦	1896.8	2275.3	2362.3	2477.2	2682.1	
俄罗斯联邦	Russian Fed.	2358.0	7027.0	8907.0	11010.0	13997.0	
乌克兰	Ukraine	257.1	625.5	847.7	1086.1	1400.0	
每周收入	**Earninges per Week**						
埃　及⑧	Egypt⑧	163.0	188.0	207.0	229.0		
每日收入	**Wages per Day**						
菲律宾①	Philippines①		262.2	276.9	297.9	299.0	
斯里兰卡⑧⑨	Sri Lanka⑧⑨	220.1	298.6	319.0	354.9	414.5	
每小时收入	**Earninges per Hour**						
斯里兰卡⑧⑨	Sri Lanka⑧⑨	24.3	34.6	36.1	39.3	45.7	
加拿大⑧	Canada⑧	16.5	17.7	18.1	18.5		
法　国⑩	France⑩	13.6	15.8	16.2			
荷　兰⑥	Netherlands⑥	34.6	18.2	18.5			
西班牙⑪	Spain⑪	8.3	9.5	9.9	10.3	10.8	
英　国	United Kingdom	10.8	12.6	13.2	13.6	14.0	
澳大利亚	Austrilia	19.9	22.5		25.7		
新西兰⑫	New Zealand⑫	17.6	20.2	20.6	21.7		

注：①工资率。②不包括采掘业和建筑业。③包括所得税。④包括家庭补贴和以实物形式支付的价值。⑤千本币。⑥不包括加班报酬。⑦包括以实物形式支付的价值。⑧工资收入者。⑨不包括"建筑业；金融保险、房地产和商务服务业；社区、社会和个人服务业"。⑩不包括"公共管理和国防；社会基本保障；教育；卫生和社会工作；其他社区、社会和个人服务活动；雇人的私人住户"。不包括"公共管理和国防；社会基本保障；雇人的私人住户"。⑫未全部包括"公共管理和国防；社会基本保障；教育"。

Note: ①Wage rates. ②Excludes "minining and quarring; construction". ③Includes payments subject to income tax. ④Includes family allowances and the value of payments in kind. ⑤Figures in thousands. ⑥Includes the value of payments in kind. ⑦Excludes orvertime payments. ⑧Wages earners. ⑨Excludes "construction; Financing,Insurance,Real Estate and Business Services; Community,Social and Personal Services". ⑩Excludes "Public Administration and Defence; Compulsory Social Security; Education; Health and Social Work Other Community,Social and Personal Services Activities; Private Households with Employed Persons". ⑪Excludes "Public Administration and Defence; Compulsory Social Security; Education; Private Households with Employed Persons".⑫"Public Administration and Defence; Compulsory Social Security; Education" not fully covered.

5-8 制造业雇员平均工资

Average Wage of Employees in Manufacturing

资料来源：联合国ILO数据库。
Source: ILO Database.
单位：本币 (local currency units)

国家和地区	Country or Area	2000	2004	2005	2006	2007	2008
每月收入	**Earnings per Month**						
中国①	China①	729.2	1169.4	1313.1	1497.2	1740.3	2016.0
中国香港②	Hong Kong,China②	11869.7	11498.1	11622.0	11972.4	11878.0	11881.3
印度	India	1280.8	1731.8	1234.4	3525.9		
以色列③	Israel③	8738.0					
日本	Japan	293100.0	293100.0	292100.0	299600.0	296800.0	293400.0
哈萨克斯坦	Kazakhstan	17717.0	30234.0	35400.0	43600.0	54400.0	
韩国④⑤	Korea,Rep. ④⑤	1601.5	2280.0	2458.0	2594.8	2772.0	2757.8
蒙古④	Mongolia④	66.0	92.8	100.5	124.1	160.2	268.0
菲律宾	Philippines	7300.0		12973.0			
新加坡	Singapore	3036.0	3350.0	3495.0	3618.0	3764.0	3955.0
泰国②	Thailand②	5839.0	6129.0	6407.4	6941.6	6999.2	
南非	South Africa	4323.0		6546.5	6911.8	7430.0	
墨西哥	Mexico	2944.1	3887.9	4140.3	4422.6	4689.2	4679.3
捷克	Czech Republic	13188.0	17035.0	17337.0	18482.0		
荷兰⑥	Netherlands⑥	4958.0	2637.0	2689.0			
波兰	Poland	1756.4	2053.7	2123.6	2246.0	2450.7	
俄罗斯联邦	Russian Fed.	2365.0	6849.0	8421.0	10199.0	12879.0	16050.0
乌克兰	Ukrain	270.7	700.0	905.1	1137.3	1456.4	1849.0
每周收入	**Earnings per Week**						
埃及⑦	Egypt⑦	125.0	162.0	179.0	203.0	220.0	
加拿大⑧	Canada⑧	794.8	860.6	895.4	904.7	939.6	947.4
英国	United Kingdom	377.0	437.0	467.0	477.0	491.0	513.0
每日收入	**Earnings per Day**						
中国香港②	Hong Kong,China②	335.4	324.3	279.0	321.7	342.8	341.2
菲律宾②	Philippines②		239.4	246.6	265.0	277.2	289.6
斯里兰卡⑦	Sri Lanka⑦	222.5	309.0	336.5	356.1	412.2	432.6
每小时收入	**Earnings per Hour**						
缅甸②	Myanmar②	13.5	29.9	31.9			
斯里兰卡⑦	Sri Lanka⑦	24.9	35.5	36.9	39.9	45.4	49.9
阿根廷⑦	Argentina⑦	4.3	6.3	7.6	9.7		
加拿大⑦⑧	Canada⑦⑧	18.3	20.0	20.5	20.5	21.6	22.0
墨西哥	Mexico	15.3					
法国	France	14.1	16.4	16.8	17.3	17.9	
德国⑦	Germany⑦	27.8	15.4	15.6	15.7	19.1	19.5
荷兰	Netherlands	34.4	18.2	18.5			
西班牙	Spain	8.7	10.1	10.5	11.0	11.4	12.0
英国	United Kingdom	8.9	10.5	11.2	11.4	11.7	12.3
澳大利亚	Australia	18.2	22.8		25.4		
新西兰	New Zealand	17.0	19.3	19.6	20.5	21.5	22.4

注：①国有单位、城镇集体所有制和其它所有制单位。②工资率。③包括采掘业；包括所得税。④千本币。⑤包括家庭补助和以实物形式支付的价值。⑥包括以实物形式支付的价值。⑦指工资收入者。⑧包括加班报酬。

Note:①State-owned units,urban collective-owned units and other ownership units. ②Wage rates. ③Includes mining and quarrying; includes payments subject to income tax. ④Figures in thousands. ⑤Includes family allowances and the value of payments in kind. ⑥Includes the value of payments in kind. ⑦Wage earners. ⑧Includes overtime payments.

5-9 每个就业者创造的国内生产总值(购买力平价法，1990年不变价美元)
GDP per Person Employed (constant 1990 PPP USD)

资料来源：世界银行WDI数据库。
Source: World Bank WDI Database.

单位：美元 (USD)

国家和地区	Country or Area	2000	2004	2005	2006	2007	2008
世　界	**World**	**13912**	**15238**	**15726**	**16281**	**16891**	**17307**
高收入国家	**High Income**	**45259**	**47801**	**48374**	**49004**	**49503**	**49952**
经合组织高收入国家	**OECD Countries**	**45877**	**48569**	**49149**	**49813**	**50358**	**50869**
非经合组织高收入国家	**High Income: nonOECD**	**30431**	**31665**	**32810**	**33653**	**34353**	**34523**
中等收入国家	**Middle Income**	**7161**	**8679**	**9206**	**9811**	**10516**	**11020**
中等偏上收入国家	**Upper Middle Income**	**8052**	**10075**	**10747**	**11537**	**12483**	**13158**
中等偏下收入国家	**Lower Middle Income**	**5850**	**6656**	**6997**	**7371**	**7764**	**8071**
中低收入国家	**Low and Middle Income**	**6658**	**8026**	**8504**	**9049**	**9687**	**10137**
东亚和太平洋	**East Asia and Pacific**	**5424**	**7469**	**8069**	**8790**	**9666**	**10327**
欧洲和中亚	**Europe and Central Asia**	**11594**	**14453**	**15355**	**16417**	**17519**	**18152**
拉丁美洲和加勒比	**Latin America and Caribbean**	**15651**	**15706**	**16103**	**16520**	**17074**	**17390**
中东和北非国家	**Middle East and North Africa**	**10999**	**11434**	**11465**	**11701**	**11981**	**12157**
南　亚	**South Asia**	**5101**	**5807**	**6188**	**6553**	**6942**	**7255**
撒哈拉以南非洲	**Sub-Saharan Africa**	**2465**	**2823**	**2906**	**3028**	**3171**	**3272**
低收入国家	**Low Income**	**2170**	**2432**	**2547**	**2667**	**2794**	**2880**
中　国	China	4660	7048	7710	8536	9574	10378
中国香港	Hong Kong, China	45644	51079	53714	56305	58517	58605
孟加拉国	Bangladesh	2827	3192	3308	3446	3587	3722
柬埔寨	Cambodia	3101	3011	3341	3613	3881	4029
印　度	India	5061	5879	6276	6714	7124	7445
印度尼西亚	Indonesia	7926	9056	9547	9944	10312	10671
伊　朗	Iran	13096	13532	13571	13769	14231	14257
以色列	Israel	41352	40274	41499	42844	43319	43202
日　本	Japan	40771	43461	44113	44829	45687	45587
哈萨克斯坦	Kazakhstan	13692	17648	19149	20800	21969	21988
韩　国	Korea, Rep.	31826	35798	36813	38210	39628	40261
马来西亚	Malaysia	20118	22360	23398	24197	25091	25590
缅　甸	Myanmar	3006	4083	4450	4828	5202	5235
巴基斯坦	Pakistan	7524	7834	8378	8149	8589	8950
菲律宾	Philippines	7034	7246	7389	7687	8066	8260
新加坡	Singapore	42940	46082	48821	47771	48274	45786
斯里兰卡	Sri Lanka	11120	10874	11362	12945	13947	14916
泰　国	Thailand	12638	13961	14374	14926	15393	15548
越　南	Viet Nam	3803	4553	4832	5133	5456	5676
埃　及	Egypt	11079	11459	11658	12145	12680	13248
尼日利亚	Nigeria	2871	4137	4246	4393	4555	4671
南　非	South Africa	9450	10357	10769	11249	11725	11984
加拿大	Canada	47186	48100	48793	49349	49543	49077
墨西哥	Mexico	18743	18615	19094	19347	19635	19633
美　国	United States	57909	61919	62655	63207	63783	65480
阿根廷	Argentina	24612	24304	24767	25789	26899	27578
巴　西	Brazil	12109	12050	12068	12249	12733	13230
委内瑞拉	Venezuela	23653	23475	26468	28233	29585	29972
捷　克	Czech Rep.	19041	21518	22639	23794	24557	25059
法　国	France	51311	53279	53989	54663	54931	55052
德　国	Germany	39855	41025	41373	42329	42639	42588
意大利	Italy	47247	46374	46411	46446	46562	45932
荷　兰	Netherlands	43436	44918	45610	46297	46737	47017
波　兰	Poland	19324	22906	23202	23848	24373	24553
俄罗斯联邦	Russian Fed.	11991	14738	15589	16640	17850	18702
西班牙	Spain	40098	39417	38687	38614	38834	39463
土耳其	Turkey	19826	22635	24259	25609	26374	26187
乌克兰	Ukraine	6661	9357	9433	10075	10883	11134
英　国	United Kingdom	44657	47873	48537	49659	50989	51697
澳大利亚	Australia	45739	48670	48587	49197	49644	49615
新西兰	New Zealand	34168	35988	35964	35763	36161	35492

5-10 制造业雇员劳动成本

Employee Labor Cost in Manufacturing

资料来源：联合国ILO数据库。
Sources: ILO Database.

单位：本币 (local currency units)

国家和地区	Country or Area	周期	Period	2000	2005	2006	2007	2008
中国香港①	Hong Kong,China①	每年	Per Year	179247.0	172434.0	189033.0	176595.0	
印　度	India	每日	Per Day	241.0	310.6			
伊　朗②	Iran②	每月	Per Month	1631.2				
以色列	Israel	每小时	Per Hour	53.0	62.0	65.0	67.0	
哈萨克斯坦②	Kazakhstan②	每月	Per Month	105.7	199.8	248.2	317.9	375.7
韩　国②	Korea,Rep.②	每月	Per Month	2450.8	3357.2	3610.0	3812.2	
马来西亚	Malaysia	每年	Per Year	19480.3				
菲律宾①	Philippines①	每月	Per Month		13646.0			
新加坡①	Singapore①	每年	Per Year	36136.0	38692.0	39944.0	41077.0	
泰　国	Thailand	每月	Per Month	10286.1	22421.3			
墨西哥①	Mexico①	每小时	Per Hour	43.6	60.4	63.0	66.2	70.0
美　国①③	United States①③	每小时	Per Hour	19.7	23.8	24.2	31.5	32.3
阿根廷①③	Argentina①③	每月	Per Month	818.1	1500.2	1882.8		
巴　西	Brazil	每月	Per Month	931.3				
委内瑞拉	Venezuela	每年	Per Year	7796.0				
白俄罗斯	Belarus	每月	Per Month	113.4	760.6	955.2	1117.4	1432.8
捷　克	Czech Republic	每小时	Per Hour	127.1	179.7	189.4	204.7	
法　国	France	每小时	Per Hour	24.0				
德　国	Germany	每小时	Per Hour	27.6	30.3	31.6	32.1	32.9
意大利	Italy	每小时	Per Hour	16.1				
荷　兰	Netherlands	每小时	Per Hour	55.6				
波　兰	Poland	每月	Per Month	2401.0	2882.0	3058.0	3354.0	
俄罗斯联邦	Russian Fed.	每小时	Per Hour		81.6		123.6	
西班牙	Spain	每小时	Per Hour	15.1	16.8	17.5	18.2	19.1
土耳其①	Turkey①	每年	Per Year	4672749.0				
乌克兰	Ukraine	每月	Per Month			1610.2		
英　国	United Kingdom	每小时	Per Hour	14.2				
新西兰①	New Zealand①	每年	Per Year	37100.0	44100.0			

注：①雇员报酬。②千本币。③工资收入者。
Note: ①Compensation of employees. ②Figures in thousands. ③Wages-earners.

5-11 劳动力人口教育程度构成

Educational Composition of Labor Force

资料来源：世界银行WDI数据库。
Source: World Bank WDI Database.

单位：% (%)

国家和地区	Country or Area	初等教育 Primary Education		中等教育 Secondary Education		高等教育 Tertiary Education	
		2000	2007	2000	2007	2000	2007
中　国	China			17.3		12.7	
中国香港	Hong Kong,China		29.1		44.4		25.6
中国澳门	Macao,China	60.6	50.7	16.3	24.3	12.2	18.9
柬埔寨	Cambodia			8.4	17.7		
印度尼西亚	Indonesia		55.7		20.6		6.5
伊　朗	Iran		50.4		22.0		15.4
日　本	Japan	17.2	60.1	47.7		35.0	39.9
哈萨克斯坦	Kazakhstan		6.0①		44.0①		50.0①
韩　国	Korea,Rep.	32.5	23.0	43.5	42.0	24.0	35.0
马来西亚	Malaysia		19.3		56.3		20.3
蒙　古	Mongolia			14.1		37.2	
巴基斯坦	Pakistan		16.0		11.0		22.9
菲律宾	Philippines		31.7		38.7		27.7
新加坡	Singapore	25.0	27.7	25.3	48.6	36.6	23.7
斯里兰卡	Sri Lanka	67.5	67.5	16.5	15.9	12.3	16.5
泰　国	Thailand			19.0		32.2	
越　南	Viet Nam			12.4	17.4①	22.3	24.7①
埃　及	Egypt			21.3		49.1	
加拿大	Canada	18.0	13.8	42.6	40.0	39.4	46.2
墨西哥	Mexico	20.2	57.0	29.1	20.0	25.4	17.3
美　国	United States	13.7	9.5	51.5	29.4	34.8	61.1
阿根廷	Argentina		35.3②		33.6②		29.5②
巴　西	Brazil		42.9②		28.9②		8.6②
捷　克	Czech Rep.	10.5	7.1	78.2	78.5	11.3	14.4
法　国	France	28.6	26.0	46.0	44.3	25.4	29.4
德　国	Germany	17.8	17.0	58.0	59.0	24.2	23.9
意大利	Italy	47.6	39.0	39.8	44.3	11.4	15.7
荷　兰	Netherlands	30.7	60.9	45.1	30.5	23.8	3.3
波　兰	Poland	15.7	10.2	68.7	68.3	15.6	21.5
俄罗斯联邦	Russian Fed.		6.4		41.1		52.5
西班牙	Spain	53.3	43.8	19.2	24.0	26.9	31.8
土耳其	Turkey	71.4	56.0	18.9	21.9	9.7	13.1
乌克兰	Ukraine		11.7③	20.8	43.1③	13.3	45.2③
英　国	United Kingdom	17.8	21.5	47.4	45.9	26.1	31.9
澳大利亚	Australia	29.3	28.3	43.0	39.0	27.6	32.7
新西兰	New Zealand	0.6	17.9	43.1	41.1	33.2	37.3

注：①2004年数据。②2006年数据。③2005年数据。
Note:①Data refer to 2004.②Data refer to 2006.③Data refer to 2005.

5-12　失业人口教育程度构成

Educational Composition of Unemployment

资料来源：世界银行WDI数据库。
Source: World Bank WDI Database.

单位：%　　(%)

国家和地区	Country or Area	初等教育 Primary Education		中等教育 Secondary Education		高等教育 Tertiary Education	
		2000	2008	2000	2008	2000	2008
中国香港	Hong Kong, China	47.9	40.8①	41.9	41.4①	8.4	16.6①
中国澳门	Macao, China	65.5	58.9①	11.3	22.1①	6.3	9.5①
孟加拉国	Bangladesh	54.3	33.0②	22.7	24.4②	8.4	15.9②
印　　度	India	29.5	29.0②	40.4	37.7②	30.1	33.3②
印度尼西亚	Indonesia	44.5	44.4①	43.8	40.7①	7.9	9.6①
伊　　朗	Iran		41.8②		34.7②		19.6②
以 色 列	Israel	23.3	12.2①	43.9	12.8①	31.7	72.5①
韩　　国	Korea, Rep.	24.9	15.2①	51.6	49.7①	23.5	35.2①
马来西亚	Malaysia	38.1	13.3①	43.2	61.6①	15.2	25.1①
蒙　　古	Mongolia	30.6		48.4		18.1	
巴基斯坦	Pakistan	15.1	14.3①	13.0	11.4①	20.6	26.0①
菲 律 宾	Philippines	23.7	14.5	41.6	45.5	31.6	40.0
新 加 坡	Singapore		31.0①		25.6①		43.2①
斯里兰卡	Sri Lanka	49.7	45.4①		22.0①	49.9	32.6①
泰　　国	Thailand	70.6	40.5①	7.2	45.5①	19.2	0.1①
南　　非	South Africa	53.8	36.2①	35.3	56.3①	5.6	4.5①
加 拿 大	Canada	33.0	27.7①	42.3	41.1①	24.6	31.2①
墨 西 哥	Mexico	55.2	50.7①	22.5	24.5①	18.3	22.9①
美　　国	United States	21.8	18.7①	36.3	35.5①	41.9	45.7①
阿 根 廷	Argentina	51.5	48.1	32.4	36.7	14.8	15.3
巴　　西	Brazil		51.6③		33.6③		3.6③
捷　　克	Czech Rep.	25.5	26.8①	69.9	68.8①	3.5	4.3①
法　　国	France		39.9①		39.6①		19.9①
德　　国	Germany	28.6	33.1①	58.6	56.3①	12.9	10.6①
意 大 利	Italy	51.7	46.5①	39.7	40.6①	6.8	11.3①
荷　　兰	Netherlands	47.2	41.3①	33.7	39.7①	16.7	17.0①
波　　兰	Poland	20.4	16.4①	73.2	73.2①	6.4	10.4①
俄罗斯联邦	Russian Fed.	16.6	13.7①	43.7	54.2①	39.6	32.1①
西 班 牙	Spain	57.7	54.8①	19.3	23.6①	21.9	20.4①
土 耳 其	Turkey	54.7	52.3①	28.4	28.2①	9.6	12.7①
乌 克 兰	Ukraine	8.6	8.5①	58.0	52.2①	33.3	39.3①
英　　国	United Kingdom	32.7	37.3①	45.0	47.7①	11.0	14.3①
澳大利亚	Australia	44.3	48.0①	40.8	34.1①	14.9	17.9①
新 西 兰	New Zealand	0.9	30.6①	49.3	38.8①	11.9	26.9①

注：①2007年数据。②2005年数据。③2006年数据。
Note:①Data refer to 2007.②Data refer to 2005.③Data refer to 2006.

主要统计指标解释

劳动力人口 即国际劳工组织定义的15岁及以上的经济活动人口。指在报告期内能提供商品生产和服务的人员。包括就业和失业人员。在不同国家，对军人、季节性就业和兼职就业者处理方法不同。通常，劳动力人口包括军人，失业人员和首次寻找工作者，不包括家务劳动者、和其他无偿护理者和在非正规部门的工作者。

就业人员 为一定年龄以上，在特定时期内（一星期或一天），属于下列类型的所有人：

（1）有酬从业人员，包括两类：① 正在工作的人，指在报告期内做某些工作以得到现金或实物形式工资或薪金的人员； ②有工作岗位但目前不工作的人，指现在有工作，却在短期内暂时不上班，但同时与工作单位有正式联系的人。这种正式联系，可以按照如下的一项或多项标准，根据各国的不同情况予以判断：1）持续领到工资或薪金；2）保证在暂时的不上班状态终止后返回该岗位，或对返回的时间有协议；3）在不工作的这段时间里，该从业者能得到补偿而无须接受其他工作。

（2）自营就业者，包括两类： ①正在工作，指在短期时间内以利润或家庭收入为目的，从事某些工作得到现金或实物的人； ②拥有企业而不工作的人，指自己拥有企业（如商业企业，农场，服务性企业），在一定时期内因特殊原因暂不工作的人。

失业人员 在报告期内，适龄劳动人口中的失业者分为：

(1)没有工作，即没有得到有报酬的工作，又没有自营就业的人；

(2)目前有工作能力，即在报告期内可从事有酬工作和自营就业的人；

(3)正在寻找工作，在最近特定时期已采取具体步骤寻求有酬工作或自营就业的人。这些具体步骤包括：在公共或私人职业介绍所登记；向雇主提出就业申请；在工地、农场、工厂大门外、市场或其他聚集地寻找工作；通过报纸刊登广告或应聘；寻求亲友帮助就业；寻找土地、厂房、机器或设备自己创业；筹集资金；申请许可证和执照等。

失业率 反映了失业的严重程度。失业率是参考期内（一般是特定的一天或一周）特定分组的失业人数和同一时间该组就业、失业人数之和相比得出的。

非农部门 涉及以下主要经济活动部门：采掘业，制造业，电、煤气和水供应业，建筑业，批发、零售贸易，旅馆和饭店业，运输、仓储和通讯，金融、保险、房地产、产业服务，社区、社会和个人服务业。在某些情况下，仅用一些代表性的部门表示。

收入 定期以现金或以实物形式支付给雇员的报酬，包括对雇员工作时间、完成的工作量和未工作的有酬时间（如年休假，法定假日）支付的劳动报酬。收入不包括雇主为雇员支付的社会保险、养老金缴款以及雇员因此得到的收益，也不包括解雇和辞职时加发的工资。

工资率 包括基础工资、生活补贴和其他有保证的津贴和正常支付的补助，不包括加班费、奖金和赏金、家庭补助和其他由雇主支付的社会保障费用，也不包括优惠性实物报酬、正常工资率以外的补充报酬。

劳动成本 指雇主在雇用劳动力过程中发生的成本。包括向雇员支付的工作报酬，为雇员未从事工作的时间支付的报酬，奖金和赏金，食品、饮料和其他实物费用，雇主负担的雇员住房费用、社会保障费、职业培训费、福利费及其他各项支出，如工人交通费、工作服费用、招工费和被作为人工成本的税金。

雇员报酬 是雇主以现金和实物方式支付给雇员的工资和薪金，以及为雇员缴纳的社会保障和私人养老保险、意外保险、人身保险及类似费用。

Explanatory Notes on Main Statistical Indicators

Total Labor Force comprises people ages 15 and older who meet the International Labour Organization definition of the economically active population: all people who supply labor for the production of goods and services during a specified period. It includes both the employed and the unemployed. While national practices vary in the treatment of such groups as the armed forces and seasonal or part-time workers, in general the labor force includes the armed forces, the unemployed, and first-time job-seekers, but excludes homemakers and other unpaid caregivers and workers in the informal sector.

Employment comprise all persons above a specific age who during a specified brief period, either one week or one day, were in the following categories:

(1)paid employment: ① at work: persons who during the reference period performed some work for wage or salary, in cash or in kind; ② with a job but not at work: persons who, having already worked in their present job, were temporarily not at work during the reference period and had a formal attachment to their job. This formal job attachment should be determined in the light of national circumstance, according to one or more of the following criteria: 1) the continued receipt of wage or salary; 2) an assurance of return to work following the end of the contingency, or an agreement as to the data of return; 3) the elapsed duration of absence from the job which, wherever relevant, may be that duration for which workers can receive compensation benefits without obligations to accept other jobs.

(2)self-employment: ① at work: person who during the reference period performed some work for profit or family gain, in cash or in kind; ② with an enterprise but not at work: persons with an enterprise, which may be a business enterprise, a farm or a service undertaking ,who were temporarily not at work during the reference period for any specific reason..

Unemployment comprises all persons above a specified age who during the reference period were: (1) Without works were not in paid employment or self-employment; (2) Currently available for work were available for paid employment or self-employment during the reference period; (3) Seeking work had taken specific steps in a specified reference period to seek paid employment or self-employment. The specific steps may include registration at a pubic or private employment exchange; application to employers; checking at worksites, farms, factory gates, market or other assembly places; placing or answering newspaper advertisement; seeking assistance of friends or relatives; looking for land, building, machinery or equipment to establish own enterprise; arranging for financial resources; applying for permits and licenses, etc.

Unemployment Rate illustrates the relative severity of unemployment. These rates are calculated by relating the number of persons in the given group who are unemployed during the reference period (usually a particular day or a given week) to the total of employed and unemployed persons in the group at the same date.

Non-agriculture Industries comprise mainly economically active industries as follows: mining and quarrying, manufacturing, electricity, gas and water, construction, wholesale and retail trade and restaurants and hotels, transport, storage and communication, financing, insurance, real estate and business services, community, social and personal services. In some cases, these industries are shown in only some parts of the industries i.e. representatives industries.

Earnings relates to remuneration in cash and in kind paid to employees, as a rule at regular intervals, for time worked or work done together with remuneration for time not worked, such as for annual vacation, other paid leave or holidays. Earnings exclude employers' contribution in respect of their employees paid to social security and pension schemes and also the benefits received by employees under these schemes. Earnings also exclude severance and termination pay.

Wage Rates should include basic wages, cost-of-living allowances and other guaranteed and regularly paid allowances, but exclude overtime payments, bonuses and gratuities, family allowances and other social security payments made by employers. Extra gratia payments in kind, supplementary to normal wage rates, are also excluded.

Labour Cost is the cost incurred by the employer in the employment of labour. The statistical concept of labour cost comprises remuneration for work performed, payments in respect of time paid for but not worked, bonuses and gratuities, the cost of food, drink and other payments in kind, cost of workers' housing borne by employers, employers' social security expenditures, cost to the employer for vocational training, welfare services and miscellaneous items, such as transport of workers, work clothes and recruitment, together with taxes regarded as labour cost.

Compensation of Employees comprises all payments by producers of wages and salaries to their employees, in kind as well as in cash, and of contributions in respect of their employees to social security and to private pension, casualty insurance, life insurance and similar schemes.

投资环境

Investment Environment

6-1 企业开业成本

Cost of Business Start-up

资料来源：世界银行《全球营商环境报告》。
Source: World Bank Doing Business.

国家和地区	Country or Area	企业开业所要办理的手续数(个) Start-up Procedures to Register a Business (number)		企业办理开业手续所需时间(天) Time Required to Start a Business (days)		企业登记注册费占人均GNI比重(%) Cost of Business Start-up Procedures as Percentage of GNI per capita(%)	
		2005	2011	2005	2011	2005	2011
中　国	China	13	14	48	38	13.6	3.5
中国香港	Hong Kong,China	5	3	11	3	3.4	1.9
孟加拉国	Bangladesh	8	7	50	19	56.1	30.6
文　莱	Brunei Darussalam		15		101		11.8
柬埔寨	Cambodia	10	9	86	85	276.1	109.7
印　度	India	11	12	71	29	62.0	46.8
印度尼西亚	Indonesia	12	8	151	45	101.7	17.9
伊　朗	Iran	8	6	28	8	6.3	3.8
以色列	Israel	5	5	34	34	5.3	4.4
日　本	Japan	11	8	31	23	10.7	7.5
哈萨克斯坦	Kazakhstan	8	6	25	19	8.6	0.8
韩　国	Korea,Rep.	10	5	17	7	15.7	14.6
老　挝	Laos	7	7	153	93	17.4	7.6
马来西亚	Malaysia	10	4	37	6	26.6	16.4
蒙　古	Mongolia	7	7	13	13	9.6	2.9
巴基斯坦	Pakistan	11	10	24	21	23.9	11.2
菲律宾	Philippines	17	15	47	35	23.9	19.1
新加坡	Singapore	6	3	6	3	0.9	0.7
斯里兰卡	Sri Lanka	8	4	50	35	10.4	4.7
泰　国	Thailand	8	5	33	29	9.2	6.2
越　南	Viet Nam	11	9	50	44	27.6	10.6
埃　及	Egypt	10	6	22	7	104.9	5.6
尼日利亚	Nigeria	9	8	43	34	73.8	70.6
南　非	South Africa	9	5	35	19	8.6	0.3
加拿大	Canada	2	1	3	5	0.9	0.4
墨西哥	Mexico	9	6	58	9	15.6	11.2
美　国	United States	6	6	6	6	0.8	1.4
阿根廷	Argentina	13	14	30	26	12.5	11.9
巴　西	Brazil	17	13	152	119	10.1	5.4
委内瑞拉	Venezuela	16	17	141	141	27.8	26.1
捷　克	Czech Rep.	10	9	40	20	9.5	8.4
法　国	France	5	5	7	7	1.2	0.9
德　国	Germany	9	9	24	15	4.7	4.6
意大利	Italy	9	6	13	6	20.7	18.2
荷　兰	Netherlands	7	6	9	8	13.0	5.5
波　兰	Poland	10	6	31	32	22.2	17.3
俄罗斯联邦	Russian Fed.	10	9	31	30	8.2	2.0
西班牙	Spain	10	10	47	28	16.5	4.7
土耳其	Turkey	6	6	6	6	27.4	11.2
乌克兰	Ukraine	15	9	34	24	10.6	4.4
英　国	United Kingdom	6	6	13	13	0.7	0.7
澳大利亚	Australia	2	2	2	2	1.9	0.7
新西兰	New Zealand	2	1	12	1	0.2	0.4

6-2 企业经营环境排名(2011年)
Ease of Doing Business Rank(2011)

资料来源：世界银行《全球营商环境报告》。
Source: World Bank Doing Business.

国家和地区	Country and Area	企业经营环境排名 Ease of Doing Business Rank	开办企业排名 Starting a Business Rank	申请建筑许可 Dealing with Construction Permits			注册财产 Registering Property			信贷融资便利程度排名 Getting Credit Rank	缴纳税款排名 Paying Taxes Rank
				排名 Rank	手续(个) Procedures (number)	时间(天) Time (days)	排名 Rank	手续(个) Procedures (number)	时间(天) Time (days)		
新加坡	Singapore	1	4	3	11	26	14	3	5	8	4
中国香港	Hong Kong , China	2	5	1	6	67	57	5	36	4	3
新西兰	New Zealand	3	1	2	6	64	3	2	2	4	36
美国	United States	4	13	17	15	26	16	4	12	4	72
丹麦	Denmark	5	31	10	5	67	11	3	16	24	14
挪威	Norway	6	41	60	11	250	8	1	3	48	27
英国	United Kingdom	7	19	22	9	99	68	6	29	1	24
韩国	Korea, Rep.	8	24	26	12	30	71	7	11	8	38
冰岛	Iceland	9	37	34	17	74	11	3	4	40	35
爱尔兰	Ireland	10	13	27	10	141	81	5	38	8	5
芬兰	Finland	11	39	45	16	66	25	3	14	40	28
沙特阿拉伯	Saudi Arabia	12	10	4	9	75	1	2	2	48	10
加拿大	Canada	13	3	25	12	73	41	6	17	24	8
瑞典	Sweden	14	46	23	7	116	19	1	7	48	50
澳大利亚	Australia	15	2	42	15	147	38	5	5	8	53
格鲁吉亚	Georgia	16	7	4	9	74	1	1	2	8	42
泰国	Thailand	17	78	14	8	157	28	2	2	67	100
马来西亚	Malaysia	18	50	113	22	260	59	5	48	1	41
德国	Germany	19	98	15	9	97	77	5	40	24	89
日本	Japan	20	107	63	14	193	58	6	14	24	120
拉脱维亚	Latvia	21	51	112	23	205	32	5	18	4	67
马其顿	Macedonia, FYR	22	6	61	10	117	49	4	40	24	26
毛里求斯	Mauritius	23	15	53	16	136	67	4	22	78	11
爱沙尼亚	Estonia	24	44	89	13	148	13	3	18	40	51
中国台湾	Taiwan, China	25	16	87	25	125	33	3	5	67	71
瑞士	Switzerland	26	85	46	13	154	14	4	16	24	12
立陶宛	Lithuania	27	101	47	15	142	7	3	3	48	62
比利时	Belgium	28	36	51	12	169	174	8	64	48	77
法国	France	29	25	30	10	184	149	8	59	48	58
葡萄牙	Portugal	30	26	97	14	255	31	1	1	126	78
荷兰	Netherlands	31	79	99	15	176	48	5	7	48	43
奥地利	Austria	32	134	76	13	194	35	3	21	24	82
阿联酋	United Arab Emirates	33	42	12	14	46	6	1	2	78	7
以色列	Israel	34	43	137	19	212	147	7	144	8	59
南非	South Africa	35	44	31	13	127	76	6	23	1	44
卡塔尔	Qatar	36	116	24	17	70	37	7	13	98	2
斯洛文尼亚	Slovenia	37	28	81	13	199	79	5	110	98	87
巴林	Bahrain	38	82	7	12	43	30	2	31	126	18
智利	Chile	39	27	90	17	155	53	6	31	48	45
塞浦路斯	Cyprus	40	33	78	9	677	123	6	42	78	37
秘鲁	Peru	41	55	101	16	188	22	4	7	24	85
哥伦比亚	Colombia	42	65	29	8	46	51	7	15	67	95
波多黎各	Puerto Rico	43	12	152	18	189	126	8	194	24	113
西班牙	Spain	44	133	38	8	182	56	5	13	48	48
卢旺达	Rwanda	45	8	84	12	164	61	5	25	8	19
突尼斯	Tunisia	46	56	86	17	88	65	4	39	98	64

6-2 续表 1 continued

国家和地区	Country and Area	投资者保护 Protecting Investors			跨境贸易排名 Trading Across Borders Rank	合同执行 Enforcing Contracts			关闭企业 Closing a Business		
		排名 Rank	披露指数 Disclosure Index	投资者保护指数 Investor Protection Index		排名 Rank	手续(个) Procedures (number)	时间(天) Time (days)	排名 Rank	时间(年) Time (years)	收回率(美分/美元) Recovery Rate (cents/dollar)
新加坡	Singapore	2	10	9.3	1	12	21	150	2	0.8	91.3
中国香港	Hong Kong , China	3	10	9.0	2	5	26	280	16	1.1	81.2
新西兰	New Zealand	1	10	9.7	27	10	30	216	18	1.3	78.8
美国	United States	5	7	8.3	20	7	32	300	15	1.5	81.5
丹麦	Denmark	29	7	6.3	7	32	35	410	9	1.0	87.3
挪威	Norway	24	7	6.7	9	4	34	280	4	0.9	90.6
英国	United Kingdom	10	10	8.0	13	21	28	399	6	1.0	88.6
韩国	Korea, Rep.	79	7	5.3	4	2	33	230	13	1.5	82.3
冰岛	Iceland	46	7	6.0	81	3	27	417	11	1.0	84.5
爱尔兰	Ireland	5	10	8.3	21	62	21	650	10	0.4	86.9
芬兰	Finland	65	6	5.7	6	11	33	375	5	0.9	89.1
沙特阿拉伯	Saudi Arabia	17	9	7.0	18	138	43	635	73	1.5	36.8
加拿大	Canada	5	8	8.3	42	59	36	570	3	0.8	90.7
瑞典	Sweden	29	8	6.3	8	54	30	508	19	2.0	75.8
澳大利亚	Australia	65	8	5.7	30	17	28	395	17	1.0	80.8
格鲁吉亚	Georgia	17	9	7.0	54	41	36	285	109	3.3	25.5
泰国	Thailand	13	10	7.7	17	24	36	479	51	2.7	43.3
马来西亚	Malaysia	4	10	8.7	29	31	29	425	47	1.5	44.6
德国	Germany	97	5	5.0	12	8	30	394	36	1.2	53.8
日本	Japan	17	7	7.0	16	34	30	360	1	0.6	92.7
拉脱维亚	Latvia	65	5	5.7	15	17	27	369	32	3.0	56.2
马其顿	Macedonia, FYR	17	9	7.0	67	60	37	370	55	2.0	42.0
毛里求斯	Mauritius	13	6	7.7	21	61	36	645	79	1.7	35.1
爱沙尼亚	Estonia	65	8	5.7	3	29	35	425	72	3.0	36.9
中国台湾	Taiwan, China	79	7	5.3	23	88	45	510	14	1.9	82.1
瑞士	Switzerland	166		3.0	41	23	32	390	43	3.0	47.5
立陶宛	Lithuania	65	7	5.7	28	15	30	275	40	1.5	50.9
比利时	Belgium	17	8	7.0	36	20	26	505	8	0.9	87.3
法国	France	79	10	5.3	24	6	29	331	46	1.9	45.8
葡萄牙	Portugal	46	6	6.0	26	22	31	547	22	2.0	70.9
荷兰	Netherlands	111	4	4.7	13	28	26	514	7	1.1	87.7
奥地利	Austria	133	3	4.0	25	9	25	397	21	1.1	72.7
阿联酋	United Arab Emirates	122	4	4.3	5	134	49	537	151	5.1	11.0
以色列	Israel	5	7	8.3	10	94	35	890	45	4.0	47.2
南非	South Africa	10	8	8.0	144	81	29	600	77	2.0	35.2
卡塔尔	Qatar	97	5	5.0	57	95	43	570	37	2.8	53.1
斯洛文尼亚	Slovenia	24	3	6.7	50	58	32	1290	39	2.0	51.1
巴林	Bahrain	79	8	5.3	49	114	48	635	25	2.5	66.0
智利	Chile	29	8	6.3	62	67	36	480	110	4.5	25.5
塞浦路斯	Cyprus	29	8	6.3	19	105	43	735	23	1.5	70.8
秘鲁	Peru	17	8	7.0	56	111	41	428	100	3.1	28.0
哥伦比亚	Colombia	5	8	8.3	87	149	34	1346	12	1.3	82.8
波多黎各	Puerto Rico	17	7	7.0	101	97	39	620	27	3.8	64.7
西班牙	Spain	97	5	5.0	55	54	39	515	20	1.5	75.6
卢旺达	Rwanda	29	7	6.3	155	39	24	230	165	3.0	3.2
突尼斯	Tunisia	46	5	6.0	32	76	39	565	38	1.3	52.2

6-2 续表 2 continued

国家和地区	Country and Area	企业经营环境排名 Ease of Doing Business Rank	开办企业排名 Starting a Business Rank	申请建筑许可 Dealing with Construction Permits			注册财产 Registering Property			信贷融资便利程度排名 Getting Credit Rank	缴纳税款排名 Paying Taxes Rank
				排名 Rank	手续（个）Procedures (number)	时间（天）Time (days)	排名 Rank	手续（个）Procedures (number)	时间（天）Time (days)		
哈萨克斯坦	Kazakhstan	47	57	147	32	189	29	4	40	78	13
斯洛伐克	Slovak Republic	48	76	50	11	286	10	3	17	24	130
阿　曼	Oman	49	68	64	14	174	21	2	16	98	9
卢森堡	Luxembourg	50	81	33	12	157	134	8	29	150	17
匈牙利	Hungary	51	39	55	29	102	43	4	17	48	117
圣卢西亚	St. Lucia	52	53	13	7	125	115	8	17	98	52
墨西哥	Mexico	53	75	43	10	81	140	7	74	40	109
博茨瓦纳	Botswana	54	90	132	22	145	50	5	16	48	22
亚美尼亚	Armenia	55	10	57	18	79	5	3	7	40	153
黑　山	Montenegro	56	47	173	17	267	108	7	71	8	108
安提瓜和巴布达	Antigua and Barbuda	57	80	21	10	134	124	7	26	98	135
汤　加	Tonga	58	33	32	9	69	141	4	108	78	29
保加利亚	Bulgaria	59	49	128	23	120	66	8	15	8	69
萨摩亚	Samoa	60	22	68	21	87	26	5	15	126	66
巴拿马	Panama	61	29	71	17	113	120	8	32	48	169
波　兰	Poland	62	126	160	30	301	89	6	152	8	128
加　纳	Ghana	63	104	156	16	218	36	5	34	48	90
捷　克	Czech Republic	64	138	68	33	120	34	4	25	48	119
多米尼克	Dominica	65	48	18	9	165	116	5	42	78	73
阿塞拜疆	Azerbaijan	66	18	172	30	212	9	4	11	48	81
科威特	Kuwait	67	142	121	24	130	88	8	47	98	15
特立尼达和多巴哥	Trinidad and Tobago	68	74	93	17	297	175	8	162	40	65
白俄罗斯	Belarus	69	9	44	13	140	4	2	10	98	156
吉尔吉斯斯坦	Kyrgyz Republic	70	17	62	12	142	17	4	5	8	162
土耳其	Turkey	71	61	155	24	189	44	6	6	78	79
罗马尼亚	Romania	72	63	123	16	287	70	8	26	8	154
格林纳达	Grenada	73	60	11	8	123	154	8	47	98	91
所罗门群岛	Solomon Islands	74	110	36	9	58	168	10	87	78	25
圣文森特和格林纳丁斯	St. Vincent and the Grenadines	75	58	6	8	112	141	7	38	126	73
瓦努阿图	Vanuatu	76	114	40	11	39	111	4	118	78	32
斐　济	Fiji	77	119	73	17	148	52	3	68	67	80
纳米比亚	Namibia	78	125	52	12	139	145	7	39	24	102
马尔代夫	Maldives	79	59	20	8	174	152	6	57	166	1
克罗地亚	Croatia	80	67	143	12	317	102	5	104	48	32
摩尔多瓦	Moldova	81	88	164	27	291	18	5	5	40	83
阿尔巴尼亚	Albania	82	61	183			118	6	33	24	152
文　莱	Brunei Darussalam	83	136	83	31	163	107	7	298	126	20
赞比亚	Zambia	84	69	148	14	196	96	5	40	8	47
巴哈马	Bahamas	85	73	79	17	181	177	7	122	78	56
蒙　古	Mongolia	86	97	119	19	208	26	5	11	67	57
意大利	Italy	87	77	96	11	258	84	7	27	98	134
牙买加	Jamaica	88	23	49	8	145	103	6	37	98	172
斯里兰卡	Sri Lanka	89	38	111	18	217	161	8	83	78	173
乌拉圭	Uruguay	90	32	153	27	234	165	8	66	67	160
中　国	China	91	151	179	33	311	40	4	29	67	122
塞尔维亚	Serbia	92	92	175	19	279	39	6	11	24	143
伯利兹	Belize	93	152	9	8	91	137	8	60	98	55

6-2 续表 3 continued

国家和地区	Country and Area	投资者保护 Protecting Investors			跨境贸易排名 Trading Across Borders Rank	合同执行 Enforcing Contracts			关闭企业 Closing a Business		
		排名 Rank	披露指数 Disclosure Index	投资者保护指数 Investor Protection Index		排名 Rank	手续（个）Procedures (number)	时间（天）Time (days)	排名 Rank	时间（年）Time (years)	收回率（美分/美元）Recovery Rate (cents/dollar)
哈萨克斯坦	Kazakhstan	10	9	8.0	176	27	36	390	54	1.5	42.7
斯洛伐克	Slovak Republic	111	3	4.7	95	71	32	565	35	4.0	54.3
阿　曼	Oman	97	8	5.0	47	107	51	598	76	4.0	35.7
卢森堡	Luxembourg	122	6	4.3	31	1	26	321	49	2.0	43.5
匈牙利	Hungary	122	2	4.3	74	19	35	395	66	2.0	39.2
圣卢西亚	St. Lucia	29	4	6.3	110	165	47	635	58	2.0	41.7
墨西哥	Mexico	46	8	6.0	59	81	38	415	24	1.8	67.1
博茨瓦纳	Botswana	46	7	6.0	150	65	28	625	28	1.7	64.5
亚美尼亚	Armenia	97	5	5.0	104	91	49	440	62	1.9	40.3
黑　山	Montenegro	29	5	6.3	34	133	49	545	52	2.0	43.3
安提瓜和巴布达	Antigua and Barbuda	29	4	6.3	71	70	45	351	81	3.0	35.0
汤　加	Tonga	111	3	4.7	77	53	37	350	108	2.7	25.6
保加利亚	Bulgaria	46	10	6.0	91	87	39	564	90	3.3	31.4
萨摩亚	Samoa	29	5	6.3	96	80	44	455	145	2.5	15.1
巴拿马	Panama	111	1	4.7	11	119	31	686	83	2.5	33.3
波　兰	Poland	46	7	6.0	46	68	37	830	87	3.0	31.5
加　纳	Ghana	46	7	6.0	90	45	36	487	106	1.9	26.0
捷　克	Czech Republic	97	2	5.0	70	78	27	611	33	3.2	56.0
多米尼克	Dominica	29	4	6.3	88	167	47	681	98	4.0	28.3
阿塞拜疆	Azerbaijan	24	7	6.7	170	25	39	237	95	2.7	29.7
科威特	Kuwait	29	7	6.3	112	117	50	566	48	4.2	43.9
特立尼达和多巴哥	Trinidad and Tobago	24	4	6.7	52	169	42	1340	133	4.0	17.9
白俄罗斯	Belarus	79	7	5.3	152	14	29	275	82	5.8	33.5
吉尔吉斯斯坦	Kyrgyz Republic	13	8	7.7	171	48	38	260	150	4.0	11.7
土耳其	Turkey	65	9	5.7	80	51	36	420	120	3.3	22.3
罗马尼亚	Romania	46	9	6.0	72	56	31	512	97	3.3	28.6
格林纳达	Grenada	29	4	6.3	40	162	47	688	119	3.0	22.7
所罗门群岛	Solomon Islands	46	3	6.0	86	108	37	455	115	1.0	23.8
圣文森特和格林纳丁斯	St. Vincent and the Grenadines	29	4	6.3	38	101	45	394	183		
瓦努阿图	Vanuatu	79	5	5.3	128	71	30	430	53	2.6	42.7
斐　济	Fiji	46	3	6.0	113	64	34	397	126	1.8	20.5
纳米比亚	Namibia	79	5	5.3	142	40	33	270	56	1.5	41.9
马尔代夫	Maldives	79		5.3	137	92	41	665	41	1.5	50.4
克罗地亚	Croatia	133	1	4.0	100	48	38	561	94	3.1	29.7
摩尔多瓦	Moldova	111	7	4.7	134	26	30	352	91	2.8	31.3
阿尔巴尼亚	Albania	16	8	7.3	76	85	39	390	64	2.0	40.2
文　莱	Brunei Darussalam	122	3	4.3	35	151	47	540	44	2.5	47.2
赞比亚	Zambia	79	3	5.3	153	85	35	471	96	2.7	29.3
巴哈马	Bahamas	111	2	4.7	48	123	49	427	34	5.0	54.7
蒙　古	Mongolia	29	5	6.3	159	33	32	314	124	4.0	21.1
意大利	Italy	65	7	5.7	63	158	41	1210	30	1.8	61.1
牙买加	Jamaica	79	4	5.3	97	126	35	655	26	1.1	65.3
斯里兰卡	Sri Lanka	46	6	6.0	53	136	40	1318	42	1.7	48.3
乌拉圭	Uruguay	97	3	5.0	125	103	41	720	50	2.1	43.4
中　国	China	97	10	5.0	60	16	34	406	75	1.7	36.1
塞尔维亚	Serbia	79	7	5.3	79	104	36	635	113	2.7	24.4
伯利兹	Belize	122	3	4.3	107	168	51	892	29	1.0	63.7

6-2 续表 4 continued

国家和地区	Country and Area	企业经营环境排名 Ease of Doing Business Rank	开办企业排名 Starting a Business Rank	申请建筑许可 Dealing with Construction Permits			注册财产 Registering Property			信贷融资便利程度排名 Getting Credit Rank	缴纳税款排名 Paying Taxes Rank
				排名 Rank	手续（个）Procedures (number)	时间（天）Time (days)	排名 Rank	手续（个）Procedures (number)	时间（天）Time (days)		
摩洛哥	Morocco	94	93	75	15	97	144	8	75	98	112
圣基茨和尼维斯	St. Kitts and Nevis	95	64	16	11	139	164	6	81	126	133
约旦	Jordan	96	95	93	17	70	101	7	21	150	21
危地马拉	Guatemala	97	165	151	19	165	23	4	23	8	124
越南	Viet nam	98	103	67	10	200	47	4	57	24	151
也门	Yemen	99	66	35	12	116	55	6	19	159	116
希腊	Greece	100	135	41	14	169	150	11	18	78	83
巴布亚新几内亚	Papua New Guinea	101	84	138	21	219	87	4	72	98	106
巴拉圭	Paraguay	102	106	66	12	137	64	6	46	78	132
塞舌尔	Seychelles	103	113	54	17	126	63	4	33	166	16
黎巴嫩	Lebanon	104	109	161	19	219	105	8	25	78	30
巴基斯坦	Pakistan	105	90	104	11	222	125	6	50	67	158
马绍尔群岛	Marshall Islands	106	52	8	8	87	183			78	96
尼泊尔	Nepal	107	100	140	13	222	24	3	5	67	86
多米尼加	Dominican Republic	108	140	105	14	216	105	7	60	78	94
肯尼亚	Kenya	109	132	37	8	125	133	8	64	8	166
埃及	Egypt	110	21	154	22	218	93	7	72	78	145
埃塞俄比亚	Ethiopia	111	99	56	9	128	113	10	41	150	40
萨尔瓦多	El Salvador	112	136	144	33	157	54	5	31	48	146
阿根廷	Argentina	113	146	169	25	365	139	7	53	67	144
圭亚那	Guyana	114	87	28	8	195	104	6	75	166	115
基里巴斯	Kiribati	115	141	106	16	170	69	5	513	159	6
帕劳	Palau	116	124	39	22	71	20	5	14	182	97
科索沃	Kosovo	117	168	171	17	301	73	8	33	24	46
尼加拉瓜	Nicaragua	118	130	150	16	218	122	8	49	98	155
佛得角	Cape Verde	119	131	116	17	122	61	6	31	126	104
俄罗斯联邦	Russian Fed.	120	111	178	51	423	45	5	43	98	105
哥斯达黎加	Costa Rica	121	122	141	20	188	46	5	20	98	138
孟加拉国	Bangladesh	122	86	82	11	201	173	8	245	78	100
乌干达	Uganda	123	143	109	15	125	127	13	48	48	93
斯威士兰	Swaziland	124	161	47	13	95	128	9	21	48	60
波黑	Bosnia and Herzegovina	125	162	163	18	181	100	7	33	67	110
巴西	Brazil	126	120	127	17	469	114	13	39	98	150
坦桑尼亚	Tanzania	127	123	176	19	303	158	9	73	98	129
洪都拉斯	Honduras	128	150	70	14	94	94	7	23	8	140
印度尼西亚	Indonesia	129	155	71	13	158	99	6	22	126	131
厄瓜多尔	Ecuador	130	164	91	16	128	75	9	16	78	88
约旦河西岸和加沙	West Bank and Gaza	131	177	129	18	119	78	7	47	166	39
印度	India	132	166	181	34	227	97	5	44	40	147
尼日利亚	Nigeria	133	116	84	15	85	180	13	82	78	138
叙利亚	Syrian Arab Republic	134	129	133	23	104	82	4	19	174	111
苏丹	Sudan	135	126	130	16	270	41	6	9	166	103
菲律宾	Philippines	136	158	102	30	85	117	8	39	126	136
马达加斯加	Madagascar	137	20	131	16	172	146	6	74	177	75
柬埔寨	Cambodia	138	171	149	21	652	110	7	56	98	54

6-2 续表 5 continued

国家和地区	Country and Area	投资者保护 Protecting Investors			跨境贸易排名 Trading Across Borders Rank	合同执行 Enforcing Contracts			关闭企业 Closing a Business		
		排名 Rank	披露指数 Disclosure Index	投资者保护指数 Investor Protection Index		排名 Rank	手续(个) Procedures (number)	时间(天) Time (days)	排名 Rank	时间(年) Time (years)	收回率(美分/美元) Recovery Rate (cents/dollar)
摩洛哥	Morocco	97	7	5.0	43	89	40	510	67	1.8	38.3
圣基茨和尼维斯	St. Kitts and Nevis	29	4	6.3	44	114	47	578	183		
约旦	Jordan	122	5	4.3	58	130	38	689	104	4.3	27.2
危地马拉	Guatemala	133	3	4.0	119	97	31	1459	101	3.0	27.9
越南	Viet nam	166	6	3.0	68	30	34	295	142	5.0	16.5
也门	Yemen	133	6	4.0	118	38	36	520	114	3.0	24.1
希腊	Greece	155	1	3.3	84	90	39	819	57	2.0	41.8
巴布亚新几内亚	Papua New Guinea	46	5	6.0	99	163	42	591	116	3.0	23.7
巴拉圭	Paraguay	65	6	5.7	154	106	38	591	140	3.9	16.6
塞舌尔	Seychelles	65	4	5.7	33	84	37	915	183		
黎巴嫩	Lebanon	97	9	5.0	93	120	37	721	125	4.0	20.6
巴基斯坦	Pakistan	29	6	6.3	75	154	46	976	74	2.8	36.4
马绍尔群岛	Marshall Islands	155	2	3.3	66	63	36	476	135	2.0	17.9
尼泊尔	Nepal	79	6	5.3	162	137	39	910	112	5.0	24.5
多米尼加	Dominican Republic	65	5	5.7	45	83	34	460	154	3.5	9.5
肯尼亚	Kenya	97	3	5.0	141	127	40	465	92	4.5	30.9
埃及	Egypt	79	8	5.3	64	147	41	1010	137	4.2	17.7
埃塞俄比亚	Ethiopia	122	4	4.3	157	57	37	620	89	3.0	31.4
萨尔瓦多	El Salvador	166	3	3.0	69	66	34	786	88	4.0	31.5
阿根廷	Argentina	111	6	4.7	102	45	36	590	85	2.8	32.9
圭亚那	Guyana	79	5	5.3	82	73	36	581	138	3.0	17.6
基里巴斯	Kiribati	46	6	6.0	85	75	32	660	183		
帕劳	Palau	174		2.7	124	144	38	810	61	1.0	40.5
科索沃	Kosovo	174	3	2.7	131	157	53	420	31	2.0	57.4
尼加拉瓜	Nicaragua	97	4	5.0	83	52	37	409	78	2.2	35.1
佛得角	Cape Verde	133	1	4.0	61	37	37	425	183		
俄罗斯联邦	Russian Fed.	111	6	4.7	160	13	36	281	60	2.0	41.5
哥斯达黎加	Costa Rica	166	2	3.0	73	129	40	852	121	3.5	22.2
孟加拉国	Bangladesh	24	6	6.7	115	180	41	1442	107	4.0	25.8
乌干达	Uganda	133	2	4.0	158	116	38	490	63	2.2	40.2
斯威士兰	Swaziland	122	2	4.3	148	171	40	972	69	2.0	38.2
波黑	Bosnia and Herzegovina	97	3	5.0	108	125	37	595	80	3.3	35.0
巴西	Brazil	79	6	5.3	121	118	45	731	136	4.0	17.9
坦桑尼亚	Tanzania	97	3	5.0	92	36	38	462	122	3.0	22.0
洪都拉斯	Honduras	166		3.0	103	177	47	920	131	3.8	19.2
印度尼西亚	Indonesia	46	10	6.0	39	156	40	570	146	5.5	13.8
厄瓜多尔	Ecuador	133	1	4.0	123	100	39	588	139	5.3	17.2
约旦河西岸和加沙	West Bank and Gaza	46	6	6.0	114	93	44	540	183		
印度	India	46	7	6.0	109	182	46	1420	128	7.0	20.1
尼日利亚	Nigeria	65	5	5.7	149	97	40	457	99	2.0	28.2
叙利亚	Syrian Arab Republic	111	7	4.7	122	175	55	872	102	4.1	27.5
苏丹	Sudan	155		3.3	151	148	53	810	84	2.0	33.2
菲律宾	Philippines	133	2	4.0	51	112	37	842	163	5.7	4.7
马达加斯加	Madagascar	65	5	5.7	111	155	38	871	148	2.0	13.5
柬埔寨	Cambodia	79	5	5.3	120	142	44	401	149	6.0	12.6

6-2 续表 6 continued

国家和地区	Country and Area	企业经营环境排名 Ease of Doing Business Rank	开办企业排名 Starting a Business Rank	申请建筑许可 Dealing with Construction Permits			注册财产 Registering Property			信贷融资便利程度排名 Getting Credit Rank	缴纳税款排名 Paying Taxes Rank
				排名 Rank	手续(个) Procedures (number)	时间(天) Time (days)	排名 Rank	手续(个) Procedures (number)	时间(天) Time (days)		
莫桑比克	Mozambique	139	70	126	13	370	156	8	42	150	107
密克罗尼西亚	Micronesia, Fed.	140	102	19	11	114	183			126	92
塞拉利昂	Sierra Leone	141	72	167	20	238	169	7	86	126	76
不　丹	Bhutan	142	83	135	22	180	83	3	92	126	67
莱索托	Lesotho	143	144	157	12	510	150	6	101	150	61
伊　朗	Iran, Islamic Rep.	144	53	164	16	320	163	9	36	98	126
马拉维	Malawi	145	139	167	18	200	95	6	69	126	23
马　里	Mali	146	115	95	11	179	91	5	29	126	163
塔吉克斯坦	Tajikistan	147	70	177	26	228	90	6	37	177	168
阿尔及利亚	Algeria	148	153	118	19	281	167	10	48	150	164
冈比亚	Gambia, The	149	120	88	14	143	119	5	66	159	178
布基纳法索	Burkina Faso	150	116	59	12	98	111	4	59	126	147
利比里亚	Liberia	151	35	123	23	75	176	10	50	98	98
乌克兰	Ukraine	152	112	180	21	375	166	10	117	24	181
玻利维亚	Bolivia	153	169	107	14	249	138	7	92	126	179
塞内加尔	Senegal	154	93	125	13	210	171	6	122	126	174
赤道几内亚	Equatorial Guinea	155	178	100	15	166	80	6	23	98	167
加　蓬	Gabon	156	156	58	13	201	134	7	39	98	141
科摩罗	Comoros	157	172	74	15	155	74	4	30	150	99
苏里南	Suriname	158	173	98	11	461	170	6	197	159	34
毛里塔尼亚	Mauritania	159	159	64	18	119	59	4	49	166	175
阿富汗	Afghanistan	160	30	162	12	334	172	9	250	150	63
喀麦隆	Cameroon	161	128	92	11	147	154	5	93	98	171
多　哥	Togo	162	174	146	12	309	162	5	295	126	161
圣多美和普林西比	São Tomé and Príncipe	163	105	134	13	211	160	7	62	177	113
伊拉克	Iraq	164	176	120	13	187	98	5	51	174	49
老　挝	Lao PDR	165	89	80	23	108	72	5	98	166	123
乌兹别克斯坦	Uzbekistan	166	96	145	25	243	136	12	78	159	157
科特迪瓦	Côte d'Ivoire	167	170	169	18	583	158	6	62	126	159
东帝汶	Timor-Leste	168	157	114	19	238	183			159	31
布隆迪	Burundi	169	108	159	22	135	109	5	94	166	125
吉布提	Djibouti	170	179	142	15	172	148	7	40	177	70
津巴布韦	Zimbabwe	171	144	166	12	614	85	5	31	126	127
安哥拉	Angola	172	167	115	11	321	129	7	184	126	149
尼日尔	Niger	173	163	158	12	326	86	4	35	126	142
海　地	Haiti	174	180	139	9	1129	131	5	301	159	118
贝　宁	Benin	175	154	117	12	372	130	4	120	126	170
几内亚比绍	Guinea-Bissau	176	149	107	12	170	179	8	210	126	137
委内瑞拉	Venezuela, RB	177	147	109	10	381	91	8	38	182	183
刚果(金)	Congo, Dem. Rep.	178	148	77	11	117	121	6	54	174	165
几内亚	Guinea	179	181	174	29	287	152	6	59	150	176
厄立特里亚	Eritrea	180	182	183			178	11	78	177	121
刚果(布)	Congo, Rep.	181	175	103	14	186	156	6	55	98	182
中　非	Central African Republic	182	160	136	18	203	132	5	75	98	177
乍　得	Chad	183	183	122	13	154	143	6	44	98	180

6-2 续表 7 continued

国家和地区	Country and Area	投资者保护 Protecting Investors			跨境贸易排名 Trading Across Borders Rank	合同执行 Enforcing Contracts			关闭企业 Closing a Business		
		排名 Rank	披露指数 Disclosure Index	投资者保护指数 Investor Protection Index		排名 Rank	手续（个）Proce-dures (number)	时间（天）Time (days)	排名 Rank	时间（年）Time (years)	收回率（美分／美元）Recovery Rate (cents/dollar)
莫桑比克	Mozambique	46	5	6.0	136	131	30	730	143	5.0	15.5
密克罗尼西亚	Micronesia, Fed.	174		2.7	106	146	34	885	164	5.3	3.4
塞拉利昂	Sierra Leone	29	6	6.3	132	141	39	515	155	2.6	9.2
不　丹	Bhutan	147	4	3.7	169	35	47	225	183		
莱索托	Lesotho	147	2	3.7	147	102	40	785	71	2.6	37.4
伊　朗	Iran, Islamic Rep.	166	5	3.0	138	50	39	505	118	4.5	23.1
马拉维	Malawi	79	4	5.3	164	121	42	312	132	2.6	18.5
马　里	Mali	147	6	3.7	146	132	36	620	111	3.6	24.9
塔吉克斯坦	Tajikistan	65	8	5.7	177	42	35	430	68	1.7	38.2
阿尔及利亚	Algeria	79	6	5.3	127	122	45	630	59	2.5	41.7
冈比亚	Gambia, The	174	2	2.7	78	69	33	434	129	3.0	19.3
布基纳法索	Burkina Faso	147	6	3.7	175	108	37	446	103	4.0	27.3
利比里亚	Liberia	147	4	3.7	116	166	41	1280	158	3.0	8.4
乌克兰	Ukraine	111	5	4.7	140	44	30	343	156	2.9	8.9
玻利维亚	Bolivia	133	1	4.0	126	135	40	591	65	1.8	39.3
塞内加尔	Senegal	166	6	3.0	65	145	43	780	86	3.0	32.0
赤道几内亚	Equatorial Guinea	147	6	3.7	134	74	40	553	183		
加　蓬	Gabon	155	6	3.3	133	150	38	1070	144	5.0	15.2
科摩罗	Comoros	133	6	4.0	139	153	43	506	183		
苏里南	Suriname	181	1	2.0	105	178	44	1715	157	5.0	8.6
毛里塔尼亚	Mauritania	147	5	3.7	143	79	46	370	152	8.0	10.3
阿富汗	Afghanistan	183	1	1.0	179	161	47	1642	105	2.0	26.5
喀麦隆	Cameroon	122	6	4.3	156	174	43	800	147	3.2	13.6
多　哥	Togo	147	6	3.7	98	151	41	588	93	3.0	30.5
圣多美和普林西比	Sao Tome and Principle	155	3	3.3	94	179	43	1185	159	6.2	7.4
伊拉克	Iraq	122	4	4.3	180	140	51	520	183		
老　挝	Lao PDR	182	2	1.7	168	110	42	443	183		
乌兹别克斯坦	Uzbekistan	133	4	4.0	183	43	42	195	117	4.0	23.7
科特迪瓦	C?te d'Ivoire	155	6	3.3	161	124	33	770	70	2.2	37.6
东帝汶	Timor-Leste	133	3	4.0	89	183	51	1285	183		
布隆迪	Burundi	46	8	6.0	174	172	44	832	183		
吉布提	Djibouti	179	5	2.3	37	160	40	1225	141	5.0	16.5
津巴布韦	Zimbabwe	122	8	4.3	172	112	38	410	153	3.3	10.0
安哥拉	Angola	65	5	5.7	163	181	46	1011	160	6.2	6.9
尼日尔	Niger	155	6	3.3	173	139	39	545	123	5.0	21.9
海　地	Haiti	166	2	3.0	145	96	35	530	162	5.7	5.8
贝　宁	Benin	155	6	3.3	129	176	42	795	127	4.0	20.2
几内亚比绍	Guinea-Bissau	133	6	4.0	117	142	40	1715	183		
委内瑞拉	Venezuela, RB	179	3	2.3	166	77	30	510	161	4.0	6.2
刚果(金)	Congo, Dem. Rep.	155	3	3.3	167	170	43	610	166	5.2	1.2
几内亚	Guinea	174	6	2.7	130	127	49	276	130	3.8	19.3
厄立特里亚	Eritrea	111	4	4.7	165	47	39	405	183		
刚果(布)	Congo, Rep.	155	6	3.3	181	159	44	560	134	3.3	17.9
中　非	Central African Republi	133	6	4.0	182	173	43	660	183	4.8	
乍　得	Chad	155	6	3.3	178	163	41	743	183	4.0	

6-3 新注册企业数

New Businesses Registered

资料来源：世界银行WDI数据库。
Source: World Bank WDI Database.

单位：家 (number)

国家和地区	Country or Area	2000	2005	2006	2007	2008	2009
世　界	**World**	**1783963**	**4147033**	**2677624**	**2381157**		
高收入国家	**High Income**	**772404**	**2294325**	**1596793**	**1352073**		
经合组织国家	**OECD Countries**	**718354**	**2157711**	**1459533**	**1220149**		
欧 元 区	**Euro Area**	**351357**	**640255**	**471451**	**299995**		
非经合组织国家	**High Income: nonOECD**	**54050**	**136614**	**137260**	**131924**		
中等收入国家	**Middle Income**	**1004158**	**1810302**	**1063432**	**1008050**		
中等偏上收入国家	**Upper Middle Income**	**915197**	**1612037**	**882648**	**862483**		
中等偏下收入国家	**Lower Middle Income**	**88961**	**198265**	**180784**	**145567**		
中低收入国家	**Low and Middle Income**	**1011559**	**1852708**	**1080831**	**1029084**		
东亚和太平洋	**East Asia and Pacific**	**64432**	**101489**	**106258**	**86652**		
欧洲和中亚	**Europe and Central Asia**	**379130**	**700577**	**822446**	**845984**		
拉丁美洲和加勒比	**Latin America and Caribbean**	**544407**	**877019**	**75577**	**44587**		
中东和北非国家	**Middle East and North Africa**	**15764**	**46285**	**41252**	**36553**		
南　亚	**South Asia**	**3618**	**52607**	**31282**	**9369**		
撒哈拉以南非洲	**Sub-Saharan Africa**	**4208**	**74731**	**4016**	**5939**		
低收入国家	**Low Income**	**7401**	**42406**	**17399**	**21034**		
中国香港	Hong Kong, China	38086	65824	74924	80935	97212	101023
孟加拉国	Bangladesh		5328				
柬 埔 寨	Cambodia		1509	1670	2826	2744	2003
印　度	India		38129	20000	51700	84800	
印度尼西亚	Indonesia		23348	23599	24938	37106	28998
以 色 列	Israel		19082	18789	19850	19758	
日　本	Japan		112201	145151	122933	105698	
哈萨克斯坦	Kazakhstan		30670	32833	36827	29727	27978
韩　国	Korea, Rep.		31879	65016	54113	60039	
马来西亚	Malaysia	33149	37672	38293	43337	41623	41638
巴基斯坦	Pakistan	1051	4227	5537	4840	4458	2759
菲 律 宾	Philippines	12802	13523	13325	12285	13470	11435
新 加 坡	Singapore		19497	21495	25903	25327	26416
斯里兰卡	Sri Lanka	2567	4754	5234	4529	4532	4223
泰　国	Thailand	18481	32143	30119	25156	27654	27520
埃　及	Egypt		3867	6055	7941	6291	
尼日利亚	Nigeria		28988	34531	46240	64017	65089
南　非	South Africa		44169	39242	36003	29563	24700
加 拿 大	Canada	97000	160000	194000	207000	204000	174000
墨 西 哥	Mexico		37348	40450	46120	47415	44084
美　国	United States		676830				
阿 根 廷	Argentina	14500	13486	15267	15611	14651	11924
巴　西	Brazil	460602	243643	236172	271996	315066	315645
捷　克	Czech Rep.		14062	16395	20938	22633	21717
法　国	France	90787	117284	125429	146686	147049	128906
德　国	Germany		66668	65195	64932	64840	
意 大 利	Italy	60132	73644	74785	77587	72884	68508
荷　兰	Netherlands		29100	36400	34800	38100	35100
波　兰	Poland		13018	13110	13781	12678	14434
俄罗斯联邦	Russian Fed.	225317	502566	428890	412147	423074	261633
西 班 牙	Spain	115870	138333	148648	145593	107241	79757
土 耳 其	Turkey	66236	47377	52676	55340	48986	44472
乌 克 兰	Ukraine	29777	27614	31429	38358	30757	19300
英　国	United Kingdom	225600	333700	372000	449700	372400	330100
澳大利亚	Australia		88337	82184	89960		
新 西 兰	New Zealand		63266	65590	74247	59930	47897

6-4 新注册企业密度①

New Business Density①

资料来源：世界银行WDI数据库。
Source: World Bank WDI Database.
单位：个/万人 (unit per 10 000 persons)

国家和地区	Country or Area	2005	2006	2007	2008	2009
中国香港	Hong Kong, China	129.8	146.5	156.6	186.2	191.9
柬埔寨	Cambodia	1.8	2.0	3.2	3.1	2.2
印度	India	0.6	0.3	0.7	1.2	
印度尼西亚	Indonesia	1.6	1.6	1.6	2.4	1.8
以色列	Israel	45.7	44.1	45.7	44.6	
日本	Japan	13.3	17.3	14.8	12.8	
哈萨克斯坦	Kazakhstan	29.5	31.3	34.8	27.8	25.9
韩国	Korea, Rep.	9.3	18.9	15.6	17.2	
马来西亚	Malaysia	25.2	25.1	27.7	26.0	25.5
巴基斯坦	Pakistan	0.5	0.6	0.5	0.4	0.3
菲律宾	Philippines	2.5	2.4	2.2	2.3	1.9
新加坡	Singapore	58.0	62.9	74.6	71.8	74.0
斯里兰卡	Sri Lanka	3.4	3.7	3.2	3.2	2.9
泰国	Thailand	7.2	6.7	5.5	6.0	5.9
埃及	Egypt	0.9	1.3	1.7	1.3	
尼日利亚	Nigeria	3.9	4.5	5.9	7.9	7.9
南非	South Africa	14.5	12.7	11.4	9.3	7.7
加拿大	Canada	72.0	86.4	91.3	89.3	75.6
墨西哥	Mexico	5.6	5.9	6.6	6.7	6.1
阿根廷	Argentina	5.5	6.1	6.2	5.7	4.6
巴西	Brazil	19.4	18.5	21.0	24.0	23.8
捷克	Czech Rep.	19.3	22.5	28.7	31.1	30.0
法国	France	28.6	30.4	35.3	35.2	30.8
德国	Germany	12.1	11.9	11.9	11.9	
意大利	Italy	19.0	19.4	20.1	18.9	17.8
荷兰	Netherlands	26.2	32.6	31.0	33.8	31.0
波兰	Poland	4.8	4.8	5.0	4.6	5.2
俄罗斯联邦	Russian Fed.	49.5	42.4	41.0	42.2	26.1
西班牙	Spain	50.4	54.2	53.1	39.2	29.2
土耳其	Turkey	9.9	10.8	11.2	9.7	8.7
乌克兰	Ukraine	8.5	9.7	11.9	9.6	6.0
英国	United Kingdom	83.0	91.9	110.5	91.1	80.5
澳大利亚	Australia	64.4	59.1	63.8		
新西兰	New Zealand	235.4	241.4	270.3	215.9	170.8

注：①新注册企业密度是指每1万个15-64岁劳动人口中新注册企业数。
Note:①New registrations per 10000 people ages 15-64.

6-5 私人部门贷款占国内生产总值比重
Domestic Credit to Private Sector as Percentage of GDP

资料来源：世界银行WDI数据库。
Source: World Bank WDI Database.
单位：%　　(%)

国家和地区	Country or Area	2000	2005	2007	2008	2009	2010
世　界	**World**	**129.2**	**132.1**	**134.7**	**128.3**	**138.6**	**136.1**
高收入国家	**High Income**	**147.0**	**153.6**	**161.3**	**155.4**	**166.2**	**166.1**
经合组织国家	**OECD Countries**	**148.9**	**156.1**	**164.5**	**158.7**	**169.2**	**167.9**
非经合组织国家	**High Income: nonOECD**	**83.0**	**70.6**	**72.2**	**73.7**	**87.8**	**94.3**
中等收入国家	**Middle Income**	**50.1**	**54.1**	**59.3**	**60.3**	**72.5**	**75.2**
中等偏上收入国家	**Upper Middle Income**	**56.2**	**60.1**	**65.5**	**65.7**	**81.8**	**85.4**
中等偏下收入国家	**Lower Middle Income**	**28.0**	**32.6**	**37.3**	**39.5**	**39.7**	**40.4**
中低收入国家	**Low and Middle Income**	**49.3**	**53.4**	**58.6**	**59.7**	**71.7**	**74.5**
东亚和太平洋	**East Asia and Pacific**	**98.6**	**99.9**	**96.7**	**94.4**	**114.5**	**117.0**
欧洲和中亚	**Europe and Central Asia**	**15.0**	**26.4**	**38.7**	**42.9**	**46.1**	**46.2**
拉丁美洲和加勒比	**Latin America and Caribbean**	**27.0**	**26.0**	**36.0**	**38.2**	**41.5**	**43.9**
中东和北非国家	**Middle East and North Africa**	**34.4**	**31.5**	**33.3**	**31.4**	**34.3**	**36.4**
南　亚	**South Asia**	**27.7**	**37.7**	**42.5**	**45.6**	**43.8**	**46.1**
撒哈拉以南非洲	**Sub-Saharan Africa**	**60.7**	**62.3**	**66.9**	**56.9**	**63.8**	**65.7**
低收入国家	**Low Income**	**18.4**	**20.4**	**22.2**	**24.3**	**27.9**	**31.2**
中　国	China	112.3	113.3	107.5	103.7	127.2	131.1
中国香港	Hong Kong, China	152.6	146.2	139.7	142.8	159.0	189.0
中国澳门	Macao, China	79.9	46.4	46.9	52.0	57.1	
孟加拉国	Bangladesh	24.7	33.8	37.3	39.2	41.5	47.2
文　莱	Brunei Darussalam	50.3	40.3	37.5	35.2	44.5	
柬埔寨	Cambodia	6.4	9.0	18.2	23.5	24.5	27.3
印　度	India	28.8	39.4	44.8	49.0	46.8	49.0
印度尼西亚	Indonesia	19.9	26.4	25.5	26.6	27.7	29.1
伊　朗	Iran	19.5	30.0	37.3	33.9	36.7	
以色列	Israel	76.9	89.7	97.5	99.6	93.3	95.7
日　本	Japan	222.3	188.6	175.5	169.6	178.4	168.0
哈萨克斯坦	Kazakhstan	11.2	35.7	58.9	49.6	50.3	40.7
韩　国	Korea, Rep.	77.5	87.0	99.5	108.7	107.2	100.8
老　挝	Laos	8.9	7.3	6.5	9.5	16.5	19.9
马来西亚	Malaysia	135.0	110.8	105.3	100.5	117.1	114.9
蒙　古	Mongolia	6.9	27.6	41.6	39.9	40.3	40.4
巴基斯坦	Pakistan	22.3	28.6	29.7	29.8	23.5	21.7
菲律宾	Philippines	36.8	29.1	28.9	29.1	29.2	29.6
新加坡	Singapore	99.5	90.9	87.1	100.1	102.6	102.1
斯里兰卡	Sri Lanka	28.8	32.9	33.3	28.7	24.7	26.7
泰　国	Thailand	108.3	100.7	113.2	113.0	116.4	116.7
越　南	Viet Nam	35.3	65.9	93.4	90.2	112.7	125.0
埃　及	Egypt	52.0	51.2	45.5	42.8	36.1	33.1
尼日利亚	Nigeria	12.5	13.2	25.3	33.9	38.6	29.4
南　非	South Africa	133.7	138.7	162.0	145.8	147.8	145.4
加拿大	Canada	95.7	178.2	127.4	128.6		
墨西哥	Mexico	18.3	16.6	21.8	20.9	23.1	24.5
美　国	United States	168.4	195.5	213.4	191.3	203.8	202.3
阿根廷	Argentina	23.9	11.7	14.5	13.7	13.5	14.6
巴　西	Brazil	31.7	31.4	47.9	53.1	54.0	57.0
委内瑞拉	Venezuela	12.5	13.1	23.8	21.7		
捷　克	Czech Rep.	49.0	37.0	47.9	52.8	55.3	56.2
法　国	France	85.1	92.7	105.6	108.7	111.3	114.4
德　国	Germany	118.6	111.7	105.1	108.3	112.3	106.8
意大利	Italy	76.0	89.4	101.1	105.2	111.0	122.6
荷　兰	Netherlands	134.2	165.0	188.1	192.6	214.6	198.3
波　兰	Poland	26.6	28.9	39.4	49.6	52.9	54.9
俄罗斯联邦	Russian Fed.	13.6	27.5	38.8	42.2	46.2	45.1
西班牙	Spain	97.7	145.7	187.8	202.8	210.9	211.6
土耳其	Turkey	17.8	22.2	29.5	32.6	36.5	43.9
乌克兰	Ukraine	11.2	32.2	58.2	73.7	73.4	61.7
英　国	United Kingdom	129.3	159.6	187.3	210.8	213.7	204.3
澳大利亚	Australia	87.4	108.4	122.2	126.7	127.8	
新西兰	New Zealand	110.0	122.4	138.0	147.6	147.0	147.1

主要统计指标解释

企业开业所要办理的手续数 是开办一个企业所要求办理的手续数量，包括为获得许可证和执照，完成所有的登记、证明和开业通知书所进行的往来手续。数据是关于企业的所有权性质，规模和产品类型。

企业办理开业手续所需时间 为开办一个企业办理法律手续需要的日历天数。如果缴纳额外成本之后能加快手续办理速度，则选择办理速度最快的手续。

企业经营环境排名 是所有经济体按其企业经营环境的宽松程度排名，排名越高说明该国的政策法规环境越有利于企业经营。该指数是一国在开办企业、申请许可、雇佣工人、注册财产、信贷融资便利程度、投资者保护、缴纳税款、跨境贸易、合同执行和企业破产这 10 类指标的百分等级的简单平均。每类指标由若干指标组成，每类指标的数值也是由其构成要素的百分等级的简单平均所得。

开办企业 反映了一个企业家在建立和登记新企业需要克服的行政和法规障碍。它调查了开办一家拥有 50 名员工、法定资本金相当于 10 倍人均国民收入的工商业企业所涉及的程序、时间和成本。

新登记注册企业数 是日历年度内登记注册的有限责任公司数量。

新注册企业占企业总数比重 即企业准入率，是新登记注册企业占全部登记注册企业的百分比。全部登记注册企业是所有登记注册的有限责任公司的年底存量。

办理建筑许可 以建造一幢库房为例，所需的步骤以及相应的时间和成本，包括获取必要的许可、完成所需的公示和检查以及接通公用设施。

雇用工人 度量用工规则的灵活程度。它反映了雇用工人的难易程度，有关延长工时或外聘合同工人的规定的僵化程度，雇用一名工人的非工资成本，以及解雇一名冗员的难度和成本。数值越高就意味着监管刚性越高。

注册财产 假定在一个标准化案例中，一名企业家想在最大的商业城市中购买土地和一幢建筑物（该物产已被登记在册并且不存在所有权争议），他在登记房地产物权时所涉及的步骤、时间和成本。

信贷融资便利程度 包含了两方面问题，信贷信息登记系统以及担保和破产法在促进信贷方面的效能。

缴纳税款 反映了一家中型企业在给定年份所需缴付的税负，以及纳税的行政成本。

跨境贸易 研究了有关进口和出口一个标准化集装箱所需的成本和程序。每一步正规程序都计算在内－－从两方达成合同协议到交接货物－－同时统计了完成整个过程所需的时间。

投资者权益保护 针对经理人滥用企业财产为己谋私方面，测量了对保护股东权益监测的力度。

执行合同 通过追踪一件付款纠纷的进展、查询从原告提起诉讼到最终获得赔偿的时间、成本和所需步骤数，研究合同强制执行的效率。

关闭企业 研究现有破产法规的缺陷以及破产程序存在的主要程序上和行政上的障碍。

对私人部门的国内贷款 是提供给私营部门的应偿还的金融资源，例如，贷款、购买非股本证券、贸易信贷和其他应收账款。部分国家包括对国有企业的借贷。

Explanatory Notes on Main Statistical Indicators

Number of Procedures for Starting a Business is the number of procedures required to start a business, including interactions to obtain necessary permits and licenses and to complete all inscriptions, verifications, and notifications to start operations. Data are for businesses with specific characteristics of ownership, size, and type of production

Time Required for Starting a Business is the number of calendar days to complete the procedures for legally operating a business. If a procedure can be expedited at additional cost, the fastest procedure, independent of cost, is chosen.

Ease of Doing Business Rank Economies are ranked on their ease of doing business, with first place being the best. A high ranking means that the regulatory environment is conducive to business operation. The index ranks the simple average of the country's percentile rankings on 10 topics (Starting a business, Dealing with licenses, Hiring and firing workers, Registering property, Getting credit, Protecting investors, Paying taxes, Trading across borders, Enforcing contracts, Closing a business). The ranking on each topic is the simple average of the percentile rankings on its component indicators.

Starting a Business identifies the bureaucratic and legal hurdles an entrepreneur must overcome to incorporate and register a new firm. It examines the procedures, time, and cost involved in launching a commercial or industrial firm with up to 50 employees and start-up capital of 10 times the economy's per-capita gross national income (GNI).

New Businesses Registered are the number of limited liability firms registered in the calendar year.

New Registrations as Percentage of Total named as Business Entry Rate, is the new businesses registered as percentage of total businesses registered. Total businesses registered are the year-end stock of total registered limited liability firms.

Dealing with Construction Permits tracks the procedures, time, and costs to build a warehouse, including obtaining necessary licenses and permits, completing required notifications and inspections, and obtaining utility connections.

Employing Workers Doing Business measures the regulation of employment. It specifically examines the difficulty of hiring, nonstandard work schedules and paid annual leave, and the costs and rules governing redundancy termination. Higher values indicate more rigid regulations.

Registering Property examines the steps, time, and cost involved in registering property, assuming a standardized case of an entrepreneur who wants to purchase land and a building that is already registered and free of title dispute.

Getting Credit explores two sets of issues-credit information registries and the effectiveness of collateral and bankruptcy laws in facilitating lending.

Paying Taxes addresses the taxes and mandatory contributions that a medium-size company must pay or withhold in a given year, as well as measures of administrative burden in paying taxes.

Trading Across Borders looks at the procedural requirements for exporting and importing a standardized cargo of goods. Every official procedure is counted—from the contractual agreement between the 2 parties to the delivery of goods—along with the time necessary for completion.

Protecting Investors measures the strength of minority shareholder protections against misuse of corporate assets by directors for their personal gain.

Enforcing Contracts looks at the efficiency of contract enforcement by following the evolution of a sale of goods dispute and tracking the time, cost, and number of procedures involved from the moment the plaintiff files the lawsuit until actual payment.

Closing a Business identifies weaknesses in existing bankruptcy law and the main procedural and administrative bottlenecks in the bankruptcy process.

Domestic Credit to Private Sector is financial resources provided to the private sector—such as through loans, purchases of non-equity securities, and trade credits and other accounts receivable-that establish a claim for repayment. For some countries these claims include credit to public enterprises.

能　源

Energy

7-1 石油主要指标(2009年)
Main Oil Indicators (2009)

资料来源：美国能源署。
Source: Energy Information Administration - EIA
单位：万桶/天 (10 000 Barrels per Day)

国家和地区	Country or Area	石油存量(万桶) Total Petroleum Stocks (10 000 Barrels)	国家和地区	Country or Area	石油消费量 Total Petroleum Consumption
世 界	**World**	**418121**	**世 界**	**World**	**8433**
美 国	United States	177638	美 国	United States	1877
日 本	Japan	58879	中 国	China	832
德 国	Germany	28412	日 本	Japan	439
法 国	France	17485	印 度	India	311
加拿大	Canada	16980	俄罗斯	Russia	274
韩 国	Korea, South	15503	巴 西	Brazil	252
荷 兰	Netherlands	13570	德 国	Germany	245
西班牙	Spain	13258	沙特阿拉伯	Saudi Arabia	244
意大利	Italy	12561	韩 国	Korea, South	219
英 国	United Kingdom	9437	加拿大	Canada	216
波 兰	Poland	6324	墨西哥	Mexico	207
土耳其	Turkey	5765	法 国	France	187
墨西哥	Mexico	4465	伊 朗	Iran	169
澳大利亚	Australia	4030	英 国	United Kingdom	165
瑞 典	Sweden	3946	意大利	Italy	154
瑞 士	Switzerland	3696	西班牙	Spain	147
希 腊	Greece	3506	印度尼西亚	Indonesia	127
比利时	Belgium	3436	荷 兰	Netherlands	101
芬 兰	Finland	3311	中国台湾	Taiwan	97
葡萄牙	Portugal	2623	澳大利亚	Australia	95
丹 麦	Denmark	2548	泰 国	Thailand	94
挪 威	Norway	2187	新加坡	Singapore	93
捷 克	Czech Republic	2148	委内瑞拉	Venezuela	72
奥地利	Austria	2121	埃 及	Egypt	72
匈牙利	Hungary	1431	土耳其	Turkey	70
爱尔兰	Ireland	1142	伊拉克	Iraq	64
斯洛伐克	Slovakia	833	比利时	Belgium	63
新西兰	New Zealand	809	阿根廷	Argentina	58
卢森堡	Luxembourg	78	马来西亚	Malaysia	55

7-1 续表 1 continued

单位：万桶/天 (10000 Barrels per Day)

国家和地区	Country or Area	原油出口 Total Crude Oil Exports	国家和地区	Country or Area	原油进口 Total Crude Oil Imports
世　界	**World**	**4022**	**世　界**	**World**	**4204**
沙特阿拉伯	Saudi Arabia	627	美　国	United States	901
俄罗斯	Russia	543	中　国	China	408
伊　朗	Iran	230	日　本	Japan	338
尼日利亚	Nigeria	205	印　度	India	277
阿联酋	United Arab Emirates	204	韩　国	Korea, South	230
伊拉克	Iraq	188	德　国	Germany	196
挪　威	Norway	176	意大利	Italy	153
安哥拉	Angola	176	法　国	France	143
委内瑞拉	Venezuela	169	西班牙	Spain	105
科威特	Kuwait	137	荷　兰	Netherlands	96
加拿大	Canada	136	中国台湾	Taiwan,China	95
墨西哥	Mexico	130	英　国	United Kingdom	94
哈萨克斯坦	Kazakhstan	108	新加坡	Singapore	91
利比亚	Libya	104	泰　国	Thailand	88
阿塞拜疆	Azerbaijan	84	加拿大	Canada	81
英　国	United Kingdom	79	比利时	Belgium	79
卡塔尔	Qatar	70	白俄罗斯	Belarus	62
阿　曼	Oman	70	维京群岛(美)	Virgin Islands, U.S.	43
阿尔及利亚	Algeria	70	巴　西	Brazil	43
巴　西	Brazil	53	南　非	South Africa	41
苏　丹	Sudan	37	波　兰	Poland	40
哥伦比亚	Colombia	36	澳大利亚	Australia	40
厄瓜多尔	Ecuador	34	瑞　典	Sweden	38
赤道几内亚	Equatorial Guinea	30	希　腊	Greece	38
印度尼西亚	Indonesia	29	印度尼西亚	Indonesia	36
刚果(布)	Congo (Brazzaville)	27	土耳其	Turkey	32
越　南	Vietnam	27	安的列斯群岛(荷)	Netherlands Antilles	28
澳大利亚	Australia	25	阿鲁巴	Aruba	24
马来西亚	Malaysia	24	巴　林	Bahrain	23

7-1 续表 2 continued

国家和地区	Country or Area	石油供应量 Total Oil Supply	国家和地区	Country or Area	原油探明储量(亿桶) Crude Oil Proved Reserves (100 million Barrels)
世 界	**World**	**8444**	**世 界**	**World**	**13416**
俄罗斯	Russia	993	沙特阿拉伯	Saudi Arabia	2667
沙特阿拉伯	Saudi Arabia	976	加拿大	Canada	1781
美 国	United States	914	伊 朗	Iran	1362
伊 朗	Iran	418	伊拉克	Iraq	1150
中 国	China	400	科威特	Kuwait	1040
加拿大	Canada	332	委内瑞拉	Venezuela	994
墨西哥	Mexico	300	阿联酋	United Arab Emirates	978
阿联酋	United Arab Emirates	279	俄罗斯	Russia	600
巴 西	Brazil	258	利比亚	Libya	437
科威特	Kuwait	250	尼日利亚	Nigeria	362
委内瑞拉	Venezuela	247	哈萨克斯坦	Kazakhstan	300
伊拉克	Iraq	240	美 国	United States	207
挪 威	Norway	235	中 国	China	160
尼日利亚	Nigeria	221	卡塔尔	Qatar	152
阿尔及利亚	Algeria	209	巴 西	Brazil	126
安哥拉	Angola	195	阿尔及利亚	Algeria	122
利比亚	Libya	179	墨西哥	Mexico	105
哈萨克斯坦	Kazakhstan	154	安哥拉	Angola	90
英 国	United Kingdom	142	阿塞拜疆	Azerbaijan	70
卡塔尔	Qatar	121	挪 威	Norway	67
印度尼西亚	Indonesia	105	印 度	India	56
阿塞拜疆	Azerbaijan	101	阿 曼	Oman	55
印 度	India	88	苏 丹	Sudan	50
阿 曼	Oman	82	厄瓜多尔	Ecuador	47
阿根廷	Argentina	79	马来西亚	Malaysia	40
马来西亚	Malaysia	69	印度尼西亚	Indonesia	40
哥伦比亚	Colombia	69	埃 及	Egypt	37
埃 及	Egypt	68	英 国	United Kingdom	34
澳大利亚	Australia	59	也 门	Yemen	30
苏 丹	Sudan	49	阿根廷	Argentina	26

7-2 能源平衡表(2009年)

Energy Balance Sheet(2009)

资料来源：国际能源机构《2011年能源统计年鉴》。
Source:IEA Energy Statistics 2011.

单位：万吨标准油 (10 000 TOE)

国家和地区	Country or Area	能源生产量 Energy Production				进口 Imports	出口 Exports	国际运输燃料 Bunkers	
		总计 Total	煤炭和泥煤 Coal&Peat	原油 Crude Oil	天然气 Nature Gas			海运 Sea	空运 Air
世界	**World**	**1229168**	**344947**	**399448**	**252642**	**464483**	**446238**	**18586**	**14290**
中国	China	208494	153783	18962	7134	32766	5274	964	271
中国香港	Hong Kong,China	5				3114	127	1025	475
孟加拉国	Bangladesh	2484	50	7	1532	513	15	4	19
文莱	Brunei Darussalam	1894		849	1045	10	1568		9
柬埔寨	Cambodia	367				155			3
印度	India	50247	24418	3853	3848	23618	5421	16	345
印度尼西亚	Indonesia	35184	16680	4805	6705	3832	19196	17	64
伊朗	Iran	34978	77	23172	11622	1502	14714	311	125
以色列	Israel	327	3		217	2313	370	35	81
日本	Japan	9379		75	343	40263	1817	472	521
哈萨克斯坦	Kazakhstan	14581	4428	7797	2281	1020	9026		18
朝鲜	Korea,Dem.	2026	1815			92	191		
韩国	Korea,Rep.	4431	116	69	45	24242	4433	840	369
马来西亚	Malaysia	8969	135	3423	5034	2319	4490	4	212
蒙古	Mongolia	769	733	26		81	-501		2
缅甸	Myanmar	2236	76	97	974	49	767	…	7
巴基斯坦	Pakistan	6486	137	350	2729	2137	153	23	86
菲律宾	Philippines	2347	247	114	321	1888	254	19	104
新加坡	Singapore	3				14177	8285	3506	420
斯里兰卡	Sri Lanka	509				430	…	20	10
泰国	Thailand	6171	516	1623	1916	6117	1381	148	354
越南	Viet Nam	7664	2448	1733	710	1562	2945	29	39
埃及	Egypt	8819	2	3392	5148	1046	2545	30	101
尼日利亚	Nigeria	22872	1	11747	1895	768	12969	62	67
南非	South Africa	16064	14168	15	85	3580	4941	265	91
加拿大	Canada	38981	3146	15630	13525	7995	22141	47	68
墨西哥	Mexico	22003	506	15715	3840	3871	8105	77	269
美国	United States	168640	53013	33706	47857	72113	16212	2408	2157
阿根廷	Argentina	8082	5	3530	3716	533	1029	95	84
巴西	Brazil	23031	224	10386	988	5243	3678	369	165
委内瑞拉	Venezuela	20353	642	16816	2068	174	13096	88	16
白俄罗斯	Belarus	405	54	173	17	3957	1736		
捷克	Czech Republic	3120	2085	28	15	2100	963		34
法国	France	12950	9	111	76	16432	2994	252	546
德国	Germany	12709	4570	387	1111	24008	3715	270	713
意大利	Italy	2701	5	492	656	16886	2765	235	3
荷兰	Netherlands	6305		203	5639	17119	13607	1400	346
波兰	Poland	6752	5642	7	368	4300	1277	25	49
俄罗斯联邦	Russian Fed.	118159	15364	49364	46956	2407	55270		586
西班牙	Spain	2972	363	11	1	12513	1444	864	317
土耳其	Turkey	3028	1740	237	56	7577	552	27	142
乌克兰	Ukraine	7691	3132	398	1802	4874	691		24
英国	United Kingdom	15891	1070	7090	5373	13948	8440	242	1112
澳大利亚	Australia	31070	23664	2550	4117	4056	21356	83	312
新西兰	New Zealand	1521	264	272	355	748	403	34	74

7-2 续表 continued

单位：万吨标准油 (10 000 TOE)

国家和地区	Country or Area	库存变化 Changes in Stocks	一次能源供应量 TPES	能源最终消费量 Total Final Consumption					
				总计 Total	煤炭和泥煤 Coal&Peat	原油 Crude Oil	石油制品 Oil Product	天然气 Nature Gas	电能 Electricity
世界	**World**	**-12393**	**1215019**	**835277**	**83190**	**3145**	**343068**	**126586**	**144137**
中国	China	-9040	225710	143299	51716	357	33288	5004	26353
中国香港	Hong Kong,China	1	1494	891	191		338		357
孟加拉国	Bangladesh	1	2960	2314	40		398	685	310
文莱	Brunei Darussalam	-15	312	165			58	79	28
柬埔寨	Cambodia		518	467			100		15
印度	India	-500	67583	44927	7417		12897	2120	6038
印度尼西亚	Indonesia	460	20200	14588	1045		5571	1629	1157
伊朗	Iran	289	21620	16267	21	1041	6679	7010	1474
以色列	Israel	…	2155	1415			903	17	391
日本	Japan	366	47199	31358	2581	44	17118	3223	8034
哈萨克斯坦	Kazakhstan	27	6584	3743	696		814	778	616
朝鲜	Korea,Dem.		1927	1672	1392		39		136
韩国	Korea,Rep.	-114	22918	14782	818		7970	1812	3489
马来西亚	Malaysia	101	6683	3984	161		2203	612	829
蒙古	Mongolia	-24	324	241	57		73		27
缅甸	Myanmar	-5	1506	1380	14		115	197	40
巴基斯坦	Pakistan	191	8552	6985	405		1132	1915	639
菲律宾	Philippines	27	3884	2311	166		1138	7	438
新加坡	Singapore	-122	1848	1414	11		1030	63	310
斯里兰卡	Sri Lanka	19	928	801	5		260		63
泰国	Thailand	-74	10332	7580	787	595	3378	327	1163
越南	Viet Nam	191	6405	5565	892		1518	64	662
埃及	Egypt	14	7202	4900	40		2487	1196	1023
尼日利亚	Nigeria	283	10825	10111	1		909	99	155
南非	South Africa	57	14404	6869	1747		2417		1661
加拿大	Canada	693	25412	19417	267		8532	5470	4106
墨西哥	Mexico	41	17464	11010	109		7250	1180	1729
美国	United States	-3685	216292	146252	2354		74065	31199	31323
阿根廷	Argentina	17	7425	5283	85		2256	1866	915
巴西	Brazil	-45	24016	19079	480		8566	959	3503
委内瑞拉	Venezuela	-637	6690	4488	5		2531	1204	696
白俄罗斯	Belarus	50	2676	1941	32		549	460	238
捷克	Czech Republic	-25	4199	2575	288		876	546	472
法国	France	33	25622	16026	327		7280	3128	3642
德国	Germany	-166	31853	22392	681		9508	5727	4262
意大利	Italy	176	16463	12558	110		5568	3663	2494
荷兰	Netherlands	-253	7817	6010	76	433	2205	2103	894
波兰	Poland	-303	9399	6425	1118		2214	971	969
俄罗斯联邦	Russian Fed.	-19	64692	42283	1827	4	10621	12850	5902
西班牙	Spain	-207	12652	9229	103	1	51	1328	2196
土耳其	Turkey	-117	9766	7316	1281		2860	1125	1331
乌克兰	Ukraine	-305	11547	6455	939	1	1116	2501	1046
英国	United Kingdom	-369	19676	13213	282		5643	4188	2773
澳大利亚	Australia	-269	13107	7771	408	4	3763	1316	1838
新西兰	New Zealand	-18	1740	1249	53		581	170	326

7-3 万美元国内生产总值能耗

Energy Consumption per Ten Thousand USD of GDP

资料来源：世界银行WDI数据库。
Source: World Bank WDI Database.
单位：吨标准油/万美元 (ton of oil equivalent per 10 000 USD)

国家和地区	Country or Area	2000	2004	2005	2006	2007	2008
世　界	**World**	**3.02**	**3.04**	**3**	**2.96**	**2.92**	**2.94**
高收入国家	**High Income**	**2.04**	**1.97**	**1.94**	**1.88**	**1.85**	**1.83**
中等收入国家	**Middle Income**	**7.35**	**7.25**	**7.05**	**6.87**	**6.59**	**6.51**
低收入国家	**Low Income**	**11.89**	**11.22**	**11.05**	**10.67**	**10.55**	**10.33**
中　国	China	9.13	9.12	8.88	8.61	7.99	7.86
中国香港	Hong Kong, China	0.79	0.66	0.61	0.6	0.61	0.59
孟加拉国	Bangladesh	3.95	3.89	3.89	3.88	3.8	3.78
文　莱	Brunei Darussalam	4.09	3.92	3.82	4.69	4.78	5.32
柬埔寨	Cambodia	10.89	9.21	8.37	7.84	7.36	7.02
印　度	India	9.98	8.8	8.33	8	7.69	7.65
印度尼西亚	Indonesia	9.42	8.94	8.63	8.27	8.17	8.03
伊　朗	Iran	11.75	12.61	12.37	12.74	12.79	13.01
以色列	Israel	1.46	1.49	1.46	1.42	1.4	1.37
日　本	Japan	1.11	1.07	1.05	1.02	0.99	0.96
哈萨克斯坦	Kazakhstan	22.04	18.69	18.75	19.14	18.41	19.01
韩　国	Korea, Rep.	3.48	3.26	3.16	3.06	3.02	3.02
马来西亚	Malaysia	5.04	4.86	5.25	5.06	5.19	5.21
蒙　古	Mongolia	20.79	17.25	16.67	17.22	16.61	15.54
巴基斯坦	Pakistan	8.61	8.43	8.1	7.95	7.96	7.7
菲律宾	Philippines	5.05	4.1	3.91	3.69	3.51	3.47
新加坡	Singapore	1.95	1.75	1.97	1.79	1.37	1.27
斯里兰卡	Sri Lanka	5.1	4.71	4.54	4.25	4.06	3.7
泰　国	Thailand	5.89	6.27	6.18	6.04	5.98	6.02
越　南	Viet Nam	11.89	12.09	11.43	10.88	10.71	10.64
埃　及	Egypt	4.52	4.92	5.12	5.03	4.95	4.86
尼日利亚	Nigeria	19.77	17.32	17.05	16	15.05	14.98
南　非	South Africa	8.3	8.44	7.85	7.61	7.51	7.26
加拿大	Canada	3.47	3.35	3.31	3.18	3.15	3.07
墨西哥	Mexico	2.49	2.58	2.67	2.56	2.55	2.57
美　国	United States	2.3	2.13	2.08	2.01	2	1.96
阿根廷	Argentina	2.14	2.34	2.14	2.15	1.99	1.94
巴　西	Brazil	2.93	2.93	2.91	2.9	2.89	2.9
委内瑞拉	Venezuela	4.82	4.68	4.48	4.17	4.03	3.87
捷　克	Czech Rep.	7.1	7.1	6.59	6.3	5.93	5.64
法　国	France	1.9	1.91	1.88	1.81	1.75	1.77
德　国	Germany	1.78	1.77	1.73	1.69	1.6	1.6
意大利	Italy	1.56	1.59	1.6	1.56	1.51	1.5
荷　兰	Netherlands	1.9	1.96	1.92	1.81	1.82	1.77
波　兰	Poland	5.2	4.75	4.63	4.59	4.29	4.12
俄罗斯联邦	Russian Fed.	23.84	19.69	18.64	17.73	16.38	15.9
西班牙	Spain	2.1	2.11	2.08	1.99	1.96	1.87
土耳其	Turkey	2.86	2.63	2.53	2.61	2.68	2.63
乌克兰	Ukraine	42.8	32.67	31.59	28.3	26.23	25.46
英　国	United Kingdom	1.51	1.36	1.33	1.27	1.19	1.18
澳大利亚	Australia	2.59	2.4	2.45	2.43	2.39	2.4
新西兰	New Zealand	3.23	2.75	2.61	2.61	2.55	2.62

7-3　续表　continued

单位：吨标准油/万美元(购买力平价法，2005年不变价)　(TOE per 10 000 USD Constant 2005 PPP)

国家和地区	Country or Area	2000	2005	2007	2008	2009	2010
世　界	**World**	**2.02**	**1.94**	**1.84**	**1.83**	**1.83**	
高收入国家	**High Income**	**1.71**	**1.61**	**1.53**	**1.50**	**1.49**	**1.48**
中等收入国家	**Middle Income**	**2.61**	**2.47**	**2.29**	**2.27**	**2.25**	
低收入国家	**Low Income**	**3.54**	**3.18**	**3.08**	**2.99**	**2.91**	
中　国	China	3.25	3.16	2.84	2.80	2.73	
中国香港	Hong Kong, China	0.67	0.52	0.52	0.50	0.54	
孟加拉国	Bangladesh	1.48	1.46	1.43	1.42	1.42	
文　莱	Brunei Darussalam	1.55	1.45	1.81	2.01	1.77	
柬埔寨	Cambodia	3.09	2.36	2.08	1.98	1.97	
印　度	India	2.54	2.14	1.97	1.95	1.95	
印度尼西亚	Indonesia	2.78	2.57	2.38	2.29	2.30	
伊　朗	Iran	2.64	2.74	2.66	2.75	2.82	
以色列	Israel	1.25	1.25	1.19	1.19	1.14	1.10
日　本	Japan	1.43	1.34	1.27	1.24	1.26	1.27
哈萨克斯坦	Kazakhstan	4.42	3.85	4.16	4.22	3.96	
韩　国	Korea, Rep.	2.14	1.92	1.83	1.83	1.84	1.87
马来西亚	Malaysia	1.98	2.08	2.05	2.05	1.91	
蒙　古	Mongolia	4.44	3.51	3.49	3.26	3.45	
巴基斯坦	Pakistan	2.38	2.24	2.21	2.13	2.13	
菲律宾	Philippines	1.94	1.50	1.30	1.30	1.26	
新加坡	Singapore	1.26	0.96	0.68	0.72	0.80	
斯里兰卡	Sri Lanka	1.45	1.29	1.15	1.06	1.06	
泰　国	Thailand	2.08	2.16	2.08	2.11	2.10	
越　南	Viet Nam	2.98	2.86	2.68	2.66	2.74	
埃　及	Egypt	1.61	1.83	1.76	1.73	1.68	
尼日利亚	Nigeria	4.94	4.26	3.83	3.78	3.45	
南　非	South Africa	3.40	3.21	3.07	3.20	3.13	
加拿大	Canada	2.52	2.40	2.29	2.23	2.18	2.12
墨西哥	Mexico	1.22	1.31	1.25	1.27	1.30	1.20
美　国	United States	2.04	1.84	1.77	1.73	1.70	1.71
阿根廷	Argentina	1.61	1.60	1.49	1.45	1.40	
巴　西	Brazil	1.37	1.36	1.35	1.35	1.32	
委内瑞拉	Venezuela	2.43	2.52	2.04	1.98	2.08	
捷　克	Czech Rep.	2.36	2.15	1.94	1.84	1.81	1.78
法　国	France	1.47	1.45	1.36	1.37	1.35	1.37
德　国	Germany	1.35	1.32	1.21	1.20	1.21	1.21
意大利	Italy	1.09	1.11	1.05	1.04	1.03	1.05
荷　兰	Netherlands	1.36	1.38	1.29	1.27	1.29	1.36
波　兰	Poland	1.97	1.76	1.62	1.56	1.47	1.54
俄罗斯联邦	Russian Fed.	4.91	3.84	3.38	3.28	3.35	
西班牙	Spain	1.21	1.19	1.12	1.08	1.02	1.03
土耳其	Turkey	1.22	1.08	1.14	1.12	1.17	1.15
乌克兰	Ukraine	7.36	5.43	4.51	4.37	4.35	
英　国	United Kingdom	1.28	1.13	1.01	1.00	0.99	1.02
澳大利亚	Australia	1.90	1.79	1.75	1.75	1.75	
新西兰	New Zealand	1.95	1.58	1.56	1.61	1.64	

7-4 电力装机容量(2008年)

Net Installed Capacity of Electricity Generating Plants(2008)

资料来源：联合国ESD数据库。
Source: UN ESD Database.
单位：万千瓦 (10 000 kilowatts)

国家和地区	Country or Area	总装机容量 Self-producers and Public Utilities				
		总计 Total	热电 Thermal	水电 Hydro	核电 Nuclear	地热 Geothermal
中国	China	84880	66300	16800	900	
中国香港	Hong Kong,China	1264	1264			
中国澳门	Macao,China	47	47			
孟加拉国	Bangladesh	545	522	23		
文莱	Brunei Darussalam	76	76			
柬埔寨	Cambodia	62	60	1		
印度	India	17495	13389	3694	412	
印度尼西亚	Indonesia	3081	2500	487		93
伊朗	Iran	6064	5296	767		
以色列	Israel	1210	1209	1		
日本	Japan	28053	18083	4734	4794	53
哈萨克斯坦	Kazakhstan	1873	1652	222		
韩国	Korea,Rep.	7986	5598	551	1772	
老挝	Laos	90	5	68		
马来西亚	Malaysia	2335	2123	212		
蒙古	Mongolia	83	83			
缅甸	Myanmar	184	126	58		
巴基斯坦	Pakistan	1979	1284	648	46	
菲律宾	Philippines	1571	1041	331		196
新加坡	Singapore	1045	1045			
斯里兰卡	Sri Lanka	265	129	136		
泰国	Thailand	4067	3718	348		…
越南	Viet Nam	1385	835	550		
埃及	Egypt	2419	2096	280		
尼日利亚	Nigeria	588	350	238		
南非	South Africa	4306	4050	70	184	
加拿大	Canada	12764	3726	7461	1335	
墨西哥	Mexico	5723	4341	1139	137	97
美国	United States	101160	78219	9979	10076	226
阿根廷	Argentina	3098	1993	1001	102	…
巴西	Brazil	10296	2292	7769	201	
委内瑞拉	Venezuela	2312	856	1457		
捷克	Czech Rep.	1774	1158	219	376	
法国	France	11782	2565	2518	6326	
德国	Germany	13928	7956	1000	2049	1
意大利	Italy	9863	7272	2128		67
荷兰	Netherlands	2488	2212	4	51	
波兰	Poland	3268	2982	234		
俄罗斯联邦	Russian Fed.	22397	15334	4680	2374	9
西班牙	Spain	10074	5483	1865	737	
土耳其	Turkey	4182	2760	1383		3
乌克兰	Ukraine	5404	3504	508	1384	
英国	United Kingdom	8561	6682	437	1098	
澳大利亚	Australia	5559	4421	930		
新西兰	New Zealand	938	310	537		59

7-4 续表 1 continued

单位：万千瓦 (10 000 kilowatts)

国家和地区	Country or Area	自备电厂装机容量 Self-producers 总计 Total	热电 Thermal	水电 Hydro	风电 Wind	太阳能 Solar
中 国	China	5510	5000	500		10
中国香港	Hong Kong,China					
中国澳门	Macao,China					
孟加拉国	Bangladesh	126	126			
文 莱	Brunei Darussalam	7	7			
柬 埔 寨	Cambodia	23	23			
印 度	India	2698	2692	6		
印度尼西亚	Indonesia	472	335	137		
伊 朗	Iran	775	775			
以 色 列	Israel	28	26	1	1	
日 本	Japan	4620	4080	147	175	214
哈萨克斯坦	Kazakhstan					
韩 国	Korea,Rep.	571	554		11	6
老 挝	Laos	18				18
马来西亚	Malaysia	141	141			
蒙 古	Mongolia	6	6			
缅 甸	Myanmar					
巴基斯坦	Pakistan	599	599			
菲 律 宾	Philippines	3	1	2		
新 加 坡	Singapore					
斯里兰卡	Sri Lanka					
泰 国	Thailand	1016	1016			
越 南	Viet Nam	70	70			
埃 及	Egypt	68	68			
尼日利亚	Nigeria	4		4		
南 非	South Africa	136	132	4		
加 拿 大	Canada	850	335	515		
墨 西 哥	Mexico	613	606	5	…	2
美 国	United States	3034	2856	36		142
阿 根 廷	Argentina	363	361	2		
巴 西	Brazil	1110	771	339		
委内瑞拉	Venezuela	100	100			
捷 克	Czech Rep.	196	180	16		
法 国	France	691	639	29	22	1
德 国	Germany	1020	1011	5	3	…
意 大 利	Italy	557	538	19	…	…
荷 兰	Netherlands	511	463		43	5
波 兰	Poland	158	158	0		
俄罗斯联邦	Russian Fed.	1582	1532	50		
西 班 牙	Spain	721	700	20	…	1
土 耳 其	Turkey	353	298	55	…	
乌 克 兰	Ukraine	326	325	1	…	
英 国	United Kingdom	1007	647	17	341	2
澳大利亚	Australia	365	357			9
新 西 兰	New Zealand	33	32			

7-5 发电量(2008年)
Electricity Generation (2008)

资料来源：联合国ESD数据库。
Source: UN ESD Database.
单位：百万千瓦时 (million kilowatt hours)

国家和地区	Country or Area	总计 Total	热电 Thermal	水电 Hydro	核电 Nuclear	风电 Wind	太阳能电 Solar
中　国	China	3456910	2790078	585187	68394	13079	172
中国香港	Hong Kong, China	37990	37990				
中国澳门	Macao, China	1211	1211				
孟加拉国	Bangladesh	34957	33483	1474			
文　莱	Brunei Darussalam	3423	3423				
柬埔寨	Cambodia	1461	1415	46			
印　度	India	842531	713481	114337	14713		
印度尼西亚	Indonesia	149437	129612	11528			
伊　朗	Iran	222702	217689	4817		196	
以色列	Israel	56421	56397	15		9	
日　本	Japan	1082014	732965	83295	258128	2623	2251
哈萨克斯坦	Kazakhstan	80326	72866	7460			
韩　国	Korea, Rep.	446428	289186	5563	150958	436	285
老　挝	Laos	3929	350	3385			193
马来西亚	Malaysia	97893	90432	7461			
蒙　古	Mongolia	4001	4001				
缅　甸	Myanmar	6622	2594	4028			
巴基斯坦	Pakistan	91616	62214	27784	1618		
菲律宾	Philippines	59646	39001	9860		61	1
新加坡	Singapore		41717				
斯里兰卡	Sri Lanka		5763	4135		3	
泰　国	Thailand		140309	7113			
越　南	Viet Nam		47063	25986			
埃　及	Egypt	134566	118953	14682		931	
尼日利亚	Nigeria	21110	15389	5721			
南　非	South Africa		241201	4032	13004	32	22
加拿大	Canada	651324	170908	382580	93951	3819	33
墨西哥	Mexico	258913	202597	39178	9804	269	9
美　国	United States		3174140	281995	837804	55696	2450
阿根廷	Argentina	123422	84506	31544	7330	42	
巴　西	Brazil	463120	79595	369556	13969		
委内瑞拉	Venezuela		32456	86841			
捷　克	Czech Rep.	83518	54333	2376	26551	245	13
法　国	France	574868	60832	68325	439468	5689	41
德　国	Germany	637232	416762	26963	148495	40574	4420
意大利	Italy	319130	261329	47227		4861	193
荷　兰	Netherlands	107645	99076	102	4169	4260	38
波　兰	Poland	156177	152593	2747		837	
俄罗斯联邦	Russian Fed.	1040379	710113	166711	163085	5	
西班牙	Spain		193880	26112	58973	32203	2578
土耳其	Turkey		164139	33270		847	
乌克兰	Ukraine		91188	11512	89841	45	
英　国	United Kingdom		320509	9257	52486	7097	17
澳大利亚	Australia	257247	241089	12057		3941	160
新西兰	New Zealand	43775	16206	22312		1057	

7-6　能源净进口占能源消费比重

Net Energy Imports as Percentage of Energy Use

资料来源：世界银行WDI数据库。
Source: World Bank WDI Database.

单位：%　　(%)

国家和地区	Country or Area	2000	2004	2005	2006	2007	2008
世　界	**World**	**-2.3**	**-2.5**	**-3.2**	**-3.1**	**-2.3**	**-3.5**
高收入国家	**High Income**	**16.0**	**16.9**	**17.1**	**16.4**	**17.2**	**14.9**
经合组织国家	**OECD Countries**	**29.2**	**31.1**	**32.0**	**31.5**	**31.8**	**30.3**
非经合组织国家	**High Income: nonOECD**	**-189.0**	**-171.6**	**-171.4**	**-166.3**	**-152.1**	**-154.5**
中等收入国家	**Middle Income**	**-26.3**	**-24.6**	**-25.4**	**-23.5**	**-21.9**	**-21.2**
中等偏上收入国家	**Upper Middle Income**	**-29.2**	**-27.6**	**-28.1**	**-24.6**	**-22.7**	**-21.8**
中等偏下收入国家	**Lower Middle Income**	**-19.7**	**-17.1**	**-18.3**	**-20.4**	**-19.7**	**-19.7**
中低收入国家	**Low and Middle Income**	**-25.1**	**-23.6**	**-24.4**	**-22.6**	**-21.0**	**-20.3**
东亚和太平洋	**East Asia and Pacific**	**-3.0**	**-0.6**	**-1.1**	**0.1**	**0.6**	**-0.1**
欧洲和中亚	**Europe and Central Asia**	**-25.9**	**-40.5**	**-43.0**	**-42.9**	**-44.4**	**-45.5**
拉丁美洲和加勒比	**Latin America and Caribbean**	**-41.1**	**-38.9**	**-39.1**	**-36.0**	**-30.1**	**-26.4**
中东和北非国家	**Middle East and North Africa**	**-152.7**	**-112.8**	**-117.6**	**-109.1**	**-102.6**	**-98.6**
南　亚	**South Asia**	**21.1**	**21.0**	**21.2**	**22.2**	**23.7**	**24.2**
撒哈拉以南非洲	**Sub-Saharan Africa**	**-61.7**	**-59.7**	**-63.4**	**-64.5**	**-63.5**	**-62.9**
低收入国家	**Low Income**	**7.2**	**5.0**	**3.9**	**3.8**	**3.6**	**4.6**
中　国	China	2.9	4.6	4.4	6.9	7.2	5.8
中国香港	Hong Kong, China	99.6	99.6	99.6	99.6	99.6	99.6
孟加拉国	Bangladesh	18.5	18.3	19.0	16.4	16.5	16.3
文　莱	Brunei Darussalam	-702.1	-699.3	-729.5	-586.0	-524.9	-482.1
柬埔寨	Cambodia	19.5	25.9	26.7	28.2	29.4	30.3
印　度	India	20.3	21.1	21.3	22.3	23.9	24.6
印度尼西亚	Indonesia	-54.7	-53.4	-57.5	-73.1	-74.9	-74.7
伊　朗	Iran	-103.4	-76.2	-85.1	-73.7	-68.6	-61.8
以色列	Israel	96.5	91.2	89.6	87.3	87.4	85.1
日　本	Japan	79.6	81.8	80.7	80.5	82.4	82.1
哈萨克斯坦	Kazakhstan	-98.4	-129.3	-116.6	-106.4	-104.6	-109.0
韩　国	Korea, Rep.	82.4	81.6	79.6	79.5	80.8	80.3
马来西亚	Malaysia	-61.1	-62.2	-47.4	-42.6	-30.3	-28.0
蒙　古	Mongolia	19.0	-1.0	-6.1	-7.6	-14.8	-23.4
缅　甸	Myanmar	-23.2	-41.1	-45.5	-48.5	-53.6	-47.5
巴基斯坦	Pakistan	26.1	19.9	19.2	22.2	23.7	23.6
菲律宾	Philippines	51.0	46.5	45.4	44.9	44.0	43.4
新加坡	Singapore	100.0	100.0	100.0	100.0	100.0	100.0
斯里兰卡	Sri Lanka	43.0	45.8	45.3	43.3	45.2	43.2
泰　国	Thailand	39.3	46.6	44.1	43.6	42.9	40.4
越　南	Viet Nam	-29.8	-30.7	-36.2	-37.6	-30.8	-20.1
埃　及	Egypt	-25.0	-15.7	-26.4	-24.9	-22.3	-23.7
尼日利亚	Nigeria	-122.2	-125.2	-120.1	-122.5	-118.6	-104.0
南　非	South Africa	-32.0	-22.5	-26.0	-22.6	-18.9	-21.2
加拿大	Canada	-48.2	-48.6	-47.2	-52.8	-52.9	-52.7
墨西哥	Mexico	-53.4	-55.4	-49.4	-46.1	-38.7	-29.3
美　国	United States	26.7	28.7	29.7	28.0	28.6	25.3
阿根廷	Argentina	-35.0	-29.5	-26.5	-18.1	-12.7	-8.5
巴　西	Brazil	21.6	12.9	9.6	7.4	8.1	8.2
委内瑞拉	Venezuela	-291.8	-246.3	-243.9	-221.7	-189.0	-182.0
捷　克	Czech Rep.	25.7	24.1	26.7	26.8	26.3	26.5
德　国	Germany	59.9	59.8	60.0	60.0	58.4	60.0
意大利	Italy	83.6	84.4	84.9	84.9	85.3	84.7
荷　兰	Netherlands	21.4	14.0	21.1	20.5	23.8	16.5
波　兰	Poland	10.7	13.8	14.9	19.9	24.9	27.1
俄罗斯联邦	Russian Fed.	-57.9	-81.1	-84.6	-83.0	-84.2	-82.6
西班牙	Spain	74.0	76.6	78.8	77.9	79.0	78.1
土耳其	Turkey	66.1	70.2	71.6	71.7	72.7	70.6
乌克兰	Ukraine	42.9	44.3	43.3	39.6	40.6	40.3
英　国	United Kingdom	-22.2	-1.7	7.7	14.7	16.0	20.0
澳大利亚	Australia	-116.0	-136.8	-134.2	-130.1	-139.9	-132.2
新西兰	New Zealand	15.0	22.9	23.6	21.5	16.8	12.1

7-7 世界能源价格

World Energy Price

资料来源：世界银行全球经济监测数据库。
Source: World Bank GEM Database.

年 份 year	三大市场平均原油价格（美元/桶） Crude Oil, Avg,Spot ($/bbl)	北海布伦特原油价格（美元/桶） Crude Oil, Brendt ($/bbl)	迪拜原油价格（美元/桶） Crude Oil, Dubai ($/bbl)	西德克萨斯原油价格（美元/桶） Crude Oil, WTI ($/bbl)	澳大利亚煤炭价格（美元/吨） Coal, Australia ($/mt)	液化天然气价格（美元/百万英国热量单位） Natural Gas LNG ($/mmbtu)	欧洲天然气价格（美元/百万英国热量单位） Natural Gas,Europe ($/mmbtu)	美国天然气价格（美元/百万英国热量单位） Natural Gas,US ($/mmbtu)
1970	1.21		1.21		7.80		0.45	0.17
1971	1.69		1.69		8.68		0.50	0.18
1972	1.82		1.82		9.60		0.54	0.19
1973	2.81		2.81		11.48		0.69	0.21
1974	10.97		10.97		16.89		1.73	0.29
1975	10.43		10.43		26.84		1.68	0.43
1976	11.63		11.63		27.16		1.74	0.58
1977	12.57		12.57		28.68	2.77	1.79	0.79
1978	12.92		12.92		29.06	3.04	2.30	0.91
1979	30.96	32.11	29.82		30.89	3.69	3.26	1.18
1980	36.87	37.89	35.85		40.14	5.70	4.22	1.59
1981	35.48	36.68	34.29		53.62	6.03	4.60	1.98
1982	32.65	33.42	31.76	32.77	54.77	6.05	4.45	2.47
1983	29.66	29.83	28.73	30.41	38.19	5.55	4.05	2.59
1984	28.56	28.80	27.49	29.38	30.96	5.24	3.76	2.66
1985	27.18	27.33	26.46	27.76	33.75	5.23	3.65	2.51
1986	14.35	14.77	13.20	15.08	31.13	4.10	3.65	1.94
1987	18.15	18.34	16.94	19.16	27.50	3.35	2.59	1.66
1988	14.72	14.97	13.22	15.97	34.88	3.34	2.36	1.68
1989	17.84	18.22	15.70	19.60	38.00	3.28	2.09	1.70
1990	22.88	23.68	20.46	24.49	39.67	3.64	2.82	1.70
1991	19.37	20.07	16.56	21.48	39.67	3.99	3.11	1.49
1992	19.02	19.31	17.19	20.56	38.56	3.60	2.56	1.77
1993	16.84	17.02	14.94	18.56	31.33	3.51	2.67	2.12
1994	15.89	15.83	14.67	17.16	32.30	3.18	2.44	1.92
1995	17.18	17.07	16.12	18.37	39.37	3.45	2.73	1.72
1996	20.42	20.65	18.54	22.07	38.07	3.67	2.84	2.73
1997	19.17	19.09	18.10	20.33	35.10	3.91	2.74	2.48
1998	13.06	12.72	12.13	14.35	29.23	3.02	2.42	2.09
1999	18.07	17.81	17.17	19.24	25.89	3.14	2.13	2.27
2000	28.23	28.27	26.08	30.33	26.25	4.71	3.86	4.31
2001	24.35	24.42	22.71	25.92	32.31	4.63	4.06	3.96
2002	24.93	24.97	23.72	26.09	25.31	4.28	3.05	3.36
2003	28.90	28.85	26.74	31.11	26.09	4.73	3.91	5.49
2004	37.73	38.30	33.46	41.44	52.95	5.13	4.28	5.89
2005	53.39	54.43	49.29	56.44	47.62	5.99	6.33	8.92
2006	64.29	65.39	61.43	66.04	49.09	7.08	8.47	6.72
2007	71.12	72.70	68.37	72.28	65.73	7.68	8.56	6.98
2008	96.99	97.64	93.78	99.56	127.10	12.53	13.41	8.86
2009	61.76	61.86	61.75	61.65	71.84	8.94	8.71	3.95
2010	79.04	79.64	78.06	79.43	98.97	10.85	8.29	4.39

7-8 核能及其他清洁能源消费占能源总消费比重

Alternative and Nuclear Energy as Percentage of Total Energy Use

资料来源：世界银行WDI数据库。
Source: World Bank WDI Database.
单位：%　　(%)

国家和地区	Country or Area	2000	2005	2006	2007	2008	2009
中　国	China	2.2	3.0	3.0	3.2	3.5	
孟加拉国	Bangladesh	0.4	0.5	0.5	0.5	0.5	
柬埔寨	Cambodia		0.1	0.1	0.1	0.1	
印　度	India	2.4	2.6	2.8	2.7	2.4	
印度尼西亚	Indonesia	5.9	6.8	6.8	6.8	7.7	
伊　朗	Iran	0.3	0.8	0.9	0.8	0.2	
以色列	Israel	3.3	3.6	3.5	3.4	4.8	
日　本	Japan	18.4	17.2	17.3	15.3	15.6	17.5
哈萨克斯坦	Kazakhstan	1.6	1.2	1.1	1.1	0.9	
韩　国	Korea, Rep.	15.5	18.4	18.3	16.9	17.5	17.0
马来西亚	Malaysia	1.4	0.7	0.9	0.8	0.9	
缅　甸	Myanmar	1.3	1.6	1.8	1.7	2.2	
巴基斯坦	Pakistan	3.1	4.3	4.2	3.9	3.4	
菲律宾	Philippines	26.0	23.3	25.0	23.8	24.5	
斯里兰卡	Sri Lanka	3.3	3.3	4.4	3.7	4.0	
泰　国	Thailand	0.7	0.5	0.7	0.7	0.6	
越　南	Viet Nam	3.4	3.5	3.3	3.4	3.8	
埃　及	Egypt	2.6	1.9	1.8	2.1	1.9	
尼日利亚	Nigeria	0.5	0.6	0.5	0.5	0.4	
南　非	South Africa	3.2	2.4	2.2	2.3	2.6	
加拿大	Canada	19.8	20.3	21.0	20.8	21.6	22.2
墨西哥	Mexico	7.0	6.8	6.6	6.6	6.7	6.2
美　国	United States	10.8	10.6	10.9	10.8	11.2	11.8
阿根廷	Argentina	6.7	7.0	7.2	6.1	5.9	
巴　西	Brazil	14.7	14.7	15.1	15.1	14.3	
委内瑞拉	Venezuela	9.6	11.2	11.5	11.2	11.7	
捷　克	Czech Rep.	9.2	14.9	15.4	15.4	16.0	16.9
法　国	France	45.3	45.3	45.9	45.5	45.3	44.5
德　国	Germany	14.0	13.9	14.2	12.7	13.3	12.8
意大利	Italy	4.7	4.4	4.6	4.6	5.1	5.8
荷　兰	Netherlands	1.6	1.6	1.5	1.8	1.9	2.0
波　兰	Poland	0.2	0.2	0.2	0.3	0.3	0.3
俄罗斯联邦	Russian Fed.	7.8	8.4	8.4	8.6	8.4	
西班牙	Spain	15.7	13.0	14.1	13.3	14.6	15.1
土耳其	Turkey	4.7	5.7	5.6	4.6	4.6	5.5
乌克兰	Ukraine	15.8	16.9	17.9	18.2	17.9	
英　国	United Kingdom	10.2	9.9	9.3	8.3	7.1	9.8
澳大利亚	Australia	1.4	1.2	1.3	1.3	1.2	1.2
新西兰	New Zealand	23.8	25.0	25.0	25.7	27.0	28.8

7-9 易燃的可再生能源及废弃物消费占能源总消费比重

Combustible Renewables and Waste as Percentage of Total Energy Use

资料来源：世界银行WDI数据库。
Source: World Bank WDI Database.
单位：%　　　　(%)

国家和地区	Country or Area	2000	2005	2006	2007	2008	2009
中　国	China	18.6	11.8	10.8	10.3	9.6	
中国香港	Hong Kong, China	0.4	0.4	0.4	0.4	0.4	
孟加拉国	Bangladesh	40.9	34.7	33.3	32.3	31.1	
柬埔寨	Cambodia	80.5	73.2	71.7	70.5	69.6	
印　度	India	32.4	29.5	28.4	27.2	26.3	
印度尼西亚	Indonesia	32.1	28.5	28.9	27.5	26.7	
伊　朗	Iran	0.7	0.6	0.5	0.5	0.5	
日　本	Japan	1.1	1.4	1.4	1.4	1.4	1.3
哈萨克斯坦	Kazakhstan	0.2	0.1	0.1	0.1	0.2	
韩　国	Korea, Rep.	0.7	1.0	1.1	1.2	1.3	1.4
马来西亚	Malaysia	5.3	4.5	4.5	4.2	4.1	
蒙　古	Mongolia	4.2	4.0	3.5	3.3	3.3	
缅　甸	Myanmar	73.4	63.8	66.4	66.7	66.8	
巴基斯坦	Pakistan	37.7	35.4	34.7	33.5	34.8	
菲律宾	Philippines	21.2	19.7	19.6	19.2	18.6	
斯里兰卡	Sri Lanka	53.7	51.4	52.1	50.9	52.6	
泰　国	Thailand	20.1	17.3	17.3	17.8	18.7	
越　南	Viet Nam	60.4	46.8	46.0	43.6	41.8	
埃　及	Egypt	2.9	2.4	2.3	2.2	2.1	
尼日利亚	Nigeria	81.9	79.9	82.1	83.8	81.2	
南　非	South Africa	11.5	10.7	10.6	10.2	10.4	
加拿大	Canada	4.6	4.5	4.4	4.4	4.5	4.2
墨西哥	Mexico	5.5	4.9	4.8	4.7	4.6	4.8
美　国	United States	3.2	3.3	3.4	3.5	3.7	3.8
阿根廷	Argentina	4.8	3.4	3.8	3.5	3.7	
巴　西	Brazil	25.3	29.5	29.8	30.8	31.6	
委内瑞拉	Venezuela	1.0	0.9	0.9	0.9	0.8	
捷　克	Czech Rep.	1.6	3.9	4.1	4.6	4.9	5.8
法　国	France	4.3	4.3	4.4	4.8	5.2	5.8
德　国	Germany	2.3	3.9	4.6	7.1	7.0	8.1
意大利	Italy	1.3	2.3	2.7	2.6	3.0	3.8
荷　兰	Netherlands	2.4	3.3	3.5	3.4	3.9	4.4
波　兰	Poland	4.6	5.1	5.5	5.6	6.0	6.4
俄罗斯联邦	Russian Fed.	1.1	1.1	1.1	1.0	0.9	
西班牙	Spain	3.4	3.6	3.6	3.8	4.2	4.7
土耳其	Turkey	8.5	6.3	5.6	5.1	4.9	5.1
乌克兰	Ukraine	0.2	0.2	0.6	0.6	0.7	
英　国	United Kingdom	0.9	1.7	1.8	2.0	2.2	2.7
澳大利亚	Australia	4.7	4.3	4.2	4.3	4.2	4.0
新西兰	New Zealand	5.2	6.1	6.0	6.1	6.1	7.7

主要统计指标解释

已探明储量 是在现有和预期的本地经济条件和现有可用技术下，已探明的可开采的吨数。

能源最终消费量 指各不同经济部门终端能源消费量。

能源生产量 指一定时期内一次能源生产量的总和。

国际运输燃料 指供给国际运输的飞机或轮船的燃料，空运燃料包括航空汽油和喷气发动机燃料，海运燃料,包括硬煤、柴油等。

一次能源供应量 等于“产量＋进口－出口－国际运输燃料－库存变化”。

平衡差额 在能源平衡表中的平衡差额一项是为了使上式计算出的消费量和消费总量相等，它主要是由于排除非能源用石油和无法取得的库存数据引起的。

清洁能源 是指在发电时不产生二氧化碳的非碳能源。它包括水电、核电、地热和太阳能等。

易燃的可再生能源和废弃物 包括固态和液态的生物遗体、沼气、工业垃圾和城市垃圾。

Explanatory Notes on Main Statistical Indicators

Proved Reserves are the tonnage of the proved amount in place that can be recovered under present and expected local economic conditions with existing available technology.

Total Final Consumption refers to the sum of consumption by the different end-use sectors.

Energy Production is the production of primary energy.

Bunkers Airs bunkers refer to bunkers of aviation gasoline and jet fuel. Sea bunkers refer to bunkers of hard coal, gas-diesel oil and residual fuel oil.

Total Primary Energy Supply refers to Production +imports-Exports-Bunkers-Changes in stocks.

Clean energy refer to noncarbohydrate energy that does not produce carbon dioxide when generated. It includes hydropower and nuclear, geothermal, and solar power, among others.

Combustible renewables and waste comprise solid biomass, liquid biomass, biogas, industrial waste, and municipal waste.

财政和金融

Government Finance and Banking

8-1 中央政府财政收入占国内生产总值比重

Central Government Revenue as Percentage of GDP

资料来源：世界银行WDI数据库。
Source: World Bank WDI Database.

单位：% (%)

国家和地区	Country or Area	2000	2005	2006	2007	2008	2009
世　界	**World**		**25.0**	**25.5**	**26.0**	**25.1**	**24.4**
高收入国家	**High Income**		**26.3**	**26.8**	**26.9**	**26.1**	**24.7**
中等收入国家	**Middle Income**	**14.6**	**17.8**	**19.4**	**21.6**	**20.0**	
中　国	China	7.1	9.5	10.1	16.8	11.1	
中国香港	Hong Kong, China		20.0	20.7	22.8	19.7	
中国澳门	Macao, China	19.9	25.8	25.6	28.7	32.3	32.7
孟加拉国	Bangladesh		10.3	10.2	10.3	11.0	11.1
柬 埔 寨	Cambodia		9.7	9.8	11.2	12.5	11.1
印　度	India	11.9	12.1	13.2	14.2	13.0	11.9
印度尼西亚	Indonesia		17.5	18.7	17.6	19.5	15.4
伊　朗	Iran	23.4	36.5	35.8	34.8	32.2	31.9
以 色 列	Israel	39.6	38.6	38.7	39.5	36.9	34.6
哈萨克斯坦	Kazakhstan	11.3	21.3	16.8	14.0	13.4	9.2
韩　国	Korea, Rep.	22.3	21.8	22.7	24.2	24.0	23.1
老　挝	Laos			11.9	13.0	13.5	13.9
马来西亚	Malaysia	17.5	20.4	21.5	21.8	21.6	23.3
蒙　古	Mongolia	25.4		40.9	40.5	33.0	29.2
巴基斯坦	Pakistan	13.9	13.0	13.4	14.5	13.4	14.0
菲 律 宾	Philippines	15.2	15.0	16.2	15.8	15.8	14.6
新 加 坡	Singapore	26.6	18.5	18.3	19.7	20.5	18.2
斯里兰卡	Sri Lanka	16.8	15.5	16.2	15.8	14.9	
泰　国	Thailand		21.1	20.1	19.4	20.1	18.6
埃　及	Egypt		24.3	28.1	27.1	27.6	27.0
尼日利亚	Nigeria		9.4	8.2	8.1	9.7	
南　非	South Africa	26.4	30.1	31.4	31.7	30.6	28.2
加 拿 大	Canada	21.1	19.3	19.0	19.1	18.1	17.4
美　国	United States		18.5	19.3	19.2	17.7	15.9
巴　西	Brazil	19.9	22.7	22.9	23.2	23.6	23.1
委内瑞拉	Venezuela	21.2	28.3				
捷　克	Czech Rep.	30.5	31.6	30.8	31.3	31.4	29.1
法　国	France	42.8	42.8	42.6	42.1	41.9	40.5
德　国	Germany	30.3	28.8	28.6	28.4	28.4	29.4
意 大 利	Italy	37.2	35.4	36.9	37.6	37.6	38.5
荷　兰	Netherlands	40.7	39.3	41.1	40.8	41.8	41.0
波　兰	Poland		31.9	32.1	32.7	32.0	30.1
俄罗斯联邦	Russian Fed.	24.6	30.3	28.7	31.3	33.6	35.5
西 班 牙	Spain	31.1	26.2	26.9	27.7	24.6	22.4
土 耳 其	Turkey			25.0	25.8	22.6	21.8
乌 克 兰	Ukraine	26.8	35.1	36.2	34.3	35.8	34.5
英　国	United Kingdom	37.1	36.9	37.6	37.4	38.4	35.9
澳大利亚	Australia	25.8	27.0	26.9	26.3	26.5	24.6
新 西 兰	New Zealand		36.7	37.8	36.1		

8-2 中央政府财政收入及构成

Revenue of Central Government and Its Composition

资料来源：国际货币基金组织政府财政统计数据库。
Source: International Monetary Fund Government Finance Statistics Database.

		柬埔寨 Cambodia 2009 (亿瑞尔) (100 Million Riel)	印度 India 2008 (亿卢比) (100 Million Rupee)	印度尼西亚 Indonesia 2004 (亿卢比) (100 Million Rupiah)	伊朗 Iran 2008 (亿里亚尔) (100 Million Rial)
财政总收入	**Total Revenue**	**66108**	**72902**	**4219181**	**10277750**
税收	Taxes	41630	68772	2830930	2409537
收入、利润和资本所得税	Taxes on Income,Profits,and Capital Gains	7437	35513	1189231	1596482
个人	Payable by Individuals	1668	12877	956995	316440
公司和其他企业	Payable by Corporations and Other Enterprises	5769	22636	232236	1279325
工资税	Taxes on Payroll and Workforce				
财产税	Taxes on Property		41	146519	78015
货物和服务税	Taxes on Goods and Services	23480	21325	1351672	167501
增加值、销售和交易税	General Value Added,Sales,or Turnover Taxes	14840	111	986834	100159
货物税	Excises	7212	13806	291725	15304
国际贸易税	Taxes on International Trade and Transactions	10643	11893	127418	566891
其他税	Other Taxes	71		16090	648
社会缴款	Social Contributions		83	116116	1474765
社会保障缴款	Social Security Contributions		83	116116	1474765
其它社会缴款	Other Social Contributions				
捐赠收入	Grants	18288	180	2780	
来自外国政府捐赠收入	From Foreign Governments	17269	180		
来自国际组织捐赠收入	From International Organizations	1020		2780	
来自政府机构捐赠收入	From General Government Units				
其它收入	Other Revenue	6190	10933	1269356	6325660

8-2 续表 1 continued

		以色列 Israel 2009 (亿新谢克尔) (100 Million New Sheqalim)	哈萨克斯坦 Kazakhstan 2008 (亿坚戈) (100 Million Tenge)	韩国 Korea,Rep. 2008 (亿韩元) (100 Million Won)	马来西亚 Malaysia 2003 (亿林吉特) (100 Million Ringgit)
财政总收入	**Total Revenue**	**2793**	**32984**	**2466085**	**936**
税收	Taxes	1770	20325	1673060	695
收入、利润和资本所得税	Taxes on Income,Profits,and Capital Gains	736	9315	755096	444
个人	Payable by Individuals	484		363551	104
公司和其他企业	Payable by Corporations and Other Enterprises	211	9315	391545	339
工资税	Taxes on Payroll and Workforce	98			
财产税	Taxes on Property	36		76945	2
货物和服务税	Taxes on Goods and Services	876	6795	630595	201
增加值、销售和交易税	General Value Added,Sales,or Turnover Taxes	719	6410	438198	85
货物税	Excises	135	211	192398	49
国际贸易税	Taxes on International Trade and Transactions	24	4214	87757	52
其他税	Other Taxes		0.3	122667	
社会缴款	Social Contributions	486		390333	
社会保障缴款	Social Security Contributions	412		328961	
其它社会缴款	Other Social Contributions	74		61372	
捐赠收入	Grants	132	11551		
来自外国政府捐赠收入	From Foreign Governments	81	10694		
来自国际组织捐赠收入	From International Organizations		10		
来自政府机构捐赠收入	From General Government Units	51	848		
其它收入	Other Revenue	405	1108	402235	241

8-2 续表 2 continued

		蒙古 Mongolia 2008 (亿图格里克) (100 Million Togrog)	缅甸 Myanmar 2005 (亿缅元) (100 Million Kyat)	巴基斯坦 Pakistan 2008 (亿卢比) (100 Million Rupee)	新加坡 Singapore 2008 (亿新加坡元) (100 Million Dollar)
财政总收入	**Total Revenue**	**20360**	**8195**	**14084**	**559**
税收	Taxes	14194	4769	10099	377
收入、利润和资本所得税	Taxes on Income,Profits,and Capital Gains	7437	2067	3756	193
个人	Payable by Individuals	1017	2067	3636	
公司和其他企业	Payable by Corporations and Other Enterprises	6420			
工资税	Taxes on Payroll and Workforce				
财产税	Taxes on Property			55	29
货物和服务税	Taxes on Goods and Services	5145	2518	4691	122
增加值、销售和交易税	General Value Added,Sales,or Turnover Taxes	3253	2251	3855	65
货物税	Excises	1785	49	836	21
国际贸易税	Taxes on International Trade and Transactions	1508	184	1506	
其他税	Other Taxes	103		92	34
社会缴款	Social Contributions	2233			
社会保障缴款	Social Security Contributions	2233			
其它社会缴款	Other Social Contributions				
捐赠收入	Grants	159	3	330	
来自外国政府捐赠收入	From Foreign Governments	159	3	330	
来自国际组织捐赠收入	From International Organizations				
来自政府机构捐赠收入	From General Government Units				
其它收入	Other Revenue	3222	3423	3654	183

8-2 续表 3 continued

		泰国 Thailand 2009 (亿泰铢) (100 Million Baht)	南非 South Africa 2009 (亿兰特) (100 Million Rand)	加拿大 Canada 2009 (亿加元) (100 Million Dollar)	墨西哥 Mexico 2000 (亿比索) (100 Million Peso)
财政总收入	**Total Revenue**	**16867**	**6828**	**2663**	**8106**
税收	Taxes	13710	6118	1801	6408
收入、利润和资本所得税	Taxes on Income,Profits,and Capital Gains	6384	3591		2766
个人	Payable by Individuals	1779	2065		
公司和其他企业	Payable by Corporations and Other Enterprises	4605	1525		
工资税	Taxes on Payroll and Workforce		78		
财产税	Taxes on Property		88		
货物和服务税	Taxes on Goods and Services	6454	2173	405	5036
增加值、销售和交易税	General Value Added,Sales,or Turnover Taxes	2772	1480		1896
货物税	Excises	3383	622		862
国际贸易税	Taxes on International Trade and Transactions	769	188	36	329
其他税	Other Taxes	103			59
社会缴款	Social Contributions	828	153	637	849
社会保障缴款	Social Security Contributions	828	153		849
其它社会缴款	Other Social Contributions				
捐赠收入	Grants	22	30	10	
来自外国政府捐赠收入	From Foreign Governments	14	18		
来自国际组织捐赠收入	From International Organizations	2			
来自政府机构捐赠收入	From General Government Units	7	12		
其它收入	Other Revenue	2307	527	216	849

8-2 续表 4 continued

		美 国 United States 2010 (亿美元) (100 Million US Dollar)	阿根廷 Argentina 2004 (亿比索) (100 Million Peso)	委内瑞拉 Venezuela 2005 (亿博利瓦) (100 Million Bolivar)	白俄罗斯 Belarus 2008 (亿卢布) (100 Million Rubel)
财政总收入	**Total Revenue**	**23882**	**814**	**859**	**504780**
税收	Taxes	13066	636	472	329064
收入、利润和资本所得税	Taxes on Income,Profits,and Capital Gains	11803	154	184	35387
个人	Payable by Individuals	8825	46	9	
公司和其他企业	Payable by Corporations and Other Enterprises	2978	108	175	35387
工资税	Taxes on Payroll and Workforce		3		
财产税	Taxes on Property	202	73	29	
货物和服务税	Taxes on Goods and Services	777	238	214	152315
增加值、销售和交易税	General Value Added,Sales,or Turnover Taxes		149	195	106972
货物税	Excises		55	17	38220
国际贸易税	Taxes on International Trade and Transactions	284	129	43	106126
其他税	Other Taxes		39	1	35237
社会缴款	Social Contributions	9815	135	19	144965
社会保障缴款	Social Security Contributions		131	19	144965
其它社会缴款	Other Social Contributions		4		
捐赠收入	Grants		2		
来自外国政府捐赠收入	From Foreign Governments				
来自国际组织捐赠收入	From International Organizations				
来自政府机构捐赠收入	From General Government Units		2		
其它收入	Other Revenue	1001	41	369	30751

8-2 续表 5 continued

		捷 克 Czech Rep. 2008 (亿克朗) (100 Million koruna)	法 国 France 2009 (亿欧元) (100 Million Euro)	德 国 Germany 2009 (亿欧元) (100 Million Euro)	意大利 Italy 2009 (亿欧元) (100 Million Euro)
财政总收入	**Total Revenue**	**12207**	**7724**	**7097**	**5940**
税收	Taxes	5466	3741	2887	3493
收入、利润和资本所得税	Taxes on Income,Profits,and Capital Gains	2221	1669	1171	1914
个人	Payable by Individuals	950	1429	1076	1591
公司和其他企业	Payable by Corporations and Other Enterprises	1272	240	85	323
工资税	Taxes on Payroll and Workforce		186		
财产税	Taxes on Property	104	153		122
货物和服务税	Taxes on Goods and Services	3141	1789	1716	1183
增加值、销售和交易税	General Value Added,Sales,or Turnover Taxes	1691	1273	941	802
货物税	Excises	1330	280	630	260
国际贸易税	Taxes on International Trade and Transactions	…	-1		
其他税	Other Taxes		-55		273
社会缴款	Social Contributions	5482	3512	3909	2137
社会保障缴款	Social Security Contributions	5299	3081	3837	2108
其它社会缴款	Other Social Contributions	183	431	72	29
捐赠收入	Grants	614		53	79
来自外国政府捐赠收入	From Foreign Governments	1			
来自国际组织捐赠收入	From International Organizations	604		5	9
来自政府机构捐赠收入	From General Government Units	9	74	47	70
其它收入	Other Revenue	647		250	231

8-2 续表 6 continued

		荷 兰 Netherlands 2009 (亿欧元) (100 Million Euro)	波 兰 Poland 2009 (亿兹罗提) (100 Million Zloty)	俄罗斯联邦 Russian Fed. 2009 (亿卢布) (100 Million Ruble)	西 班 牙 Spain 2009 (亿欧元) (100 Million Euro)
财政总收入	**Total Revenue**	**2345**	**4128**	**141518**	**2397**
税收	Taxes	1292	2195	50280	897
收入、利润和资本所得税	Taxes on Income,Profits,and Capital Gains	615	598	1400	582
个人	Payable by Individuals	493	357	46	356
公司和其他企业	Payable by Corporations and Other Enterprises	122	241	2014	226
工资税	Taxes on Payroll and Workforce	5	35		
财产税	Taxes on Property	46		1	1
货物和服务税	Taxes on Goods and Services	626	1546	22889	314
增加值、销售和交易税	General Value Added,Sales,or Turnover Taxes	420	997	21331	188
货物税	Excises	157	489	1552	101
国际贸易税	Taxes on International Trade and Transactions		16	25992	
其他税	Other Taxes			-2	
社会缴款	Social Contributions	813	1521	23547	1395
社会保障缴款	Social Security Contributions	790	1521	23547	1274
其它社会缴款	Other Social Contributions	23			121
捐赠收入	Grants	7	95	2926	39
来自外国政府捐赠收入	From Foreign Governments		1.0		
来自国际组织捐赠收入	From International Organizations	2	64		14
来自政府机构捐赠收入	From General Government Units	5	30	2926	24
其它收入	Other Revenue	232	317	64765	66

8-2 续表 7 continued

		乌克兰 Ukraine 2008 (亿格里夫尼亚) (100 Million Hrywnia)	英国 United Kingdom 2009 (亿英磅) (100 Million Pound)	澳大利亚 Australia 2009 (亿澳元) (100 Million Dollar)	新西兰 New Zealand 2007 (亿新西兰元) (100 Million Dollar)
财政总收入	**Total Revenue**	**3475**	**5073**	**3097**	**659**
税收	Taxes	1695	3623	2780	562
收入、利润和资本所得税	Taxes on Income,Profits,and Capital Gains	475	1846	2014	373
个人	Payable by Individuals		1457	1276	272
公司和其他企业	Payable by Corporations and Other Enterprises	475	389	720	101
工资税	Taxes on Payroll and Workforce			4	
财产税	Taxes on Property		356		
货物和服务税	Taxes on Goods and Services	1091	1409	700	170
增加值、销售和交易税	General Value Added,Sales,or Turnover Taxes	921	790	437	112
货物税	Excises	127	481	251	16
国际贸易税	Taxes on International Trade and Transactions	130		63	18
其他税	Other Taxes				
社会缴款	Social Contributions	1239	1156		1
社会保障缴款	Social Security Contributions	1174	31		
其它社会缴款	Other Social Contributions	65	1125		1
捐赠收入	Grants	79	59	7	
来自外国政府捐赠收入	From Foreign Governments	0.2			
来自国际组织捐赠收入	From International Organizations	1	58		
来自政府机构捐赠收入	From General Government Units	77	1	7	
其它收入	Other Revenue	462	236	310	96

8-3 中央政府财政支出及构成

Expense of Central Government and Its Composition

资料来源：国际货币基金组织政府财政统计数据库。
Source: International Monetary Fund Government Finance Statistics Database.

		柬埔寨 Cambodia 2009 (亿瑞尔) (100 Million Riel)	印度 India 2008 (亿卢比) (100 Million Rupee)	印度尼西亚 Indonesia 2004 (亿卢比) (100 Million Rupiah)	伊朗 Iran 2008 (亿里亚尔) (100 Million Rial)
财政总支出	**Total Expense**	**47548**	**95791**	**3869371**	**7095488**
雇员报酬	Compensation of Employees	20569	5657	492700	2634389
工资和薪金	Wages and Salaries	20569	5657	492700	2326488
社会缴款	Social Contributions				307901
商品和服务的使用	Use of Goods and Services	15153	9318	295796	710658
固定资本消耗	Consumption of Fixed Capital				
利息	Interest	863	18670	624857	79741
补贴	Subsidies	820	20241	916169	1029776
对国有企业补贴	To Public Corporations				
对私人企业补贴	To Private Enterprises				
捐赠	Grants	2529	26283	1300449	32309
对外国政府捐赠	To Foreign Governments				3300
对国际组织捐赠	To International Organizations				372
对政府机构捐赠	To General Government Units	858	26283	1300449	28637
社会福利	Social Benefits	6529		233290	1489232
社会保障福利	Social Security Benefits				
社会救助福利	Social Assistance Benefits	6529			
雇主社会福利	Employer Social Benefits				
其它支出	Other Expense	1084	5871	6110	875406
不含利息的财产支出	Property Expense Other Than Interest				
其它杂项支出	Miscellaneous Other Expense	1084	5871	6110	875406

8-3 续表 1 continued

		以色列 Israel 2009 (亿新谢克尔) (100 Million New Sheqalim)	哈萨克斯坦 Kazakhstan 2008 (亿坚戈) (100 Million Tenge)	韩国 Korea,Rep. 2008 (亿韩元) (100 Million Won)	马来西亚 Malaysia 2003 (亿林吉特) (100 Million Ringgit)
财政总支出	**Total Expense**	**3117**	**23473**	**2114205**	**794**
雇员报酬	Compensation of Employees	771	1652	229254	235
工资和薪金	Wages and Salaries	614	1620		231
社会缴款	Social Contributions	157	32		4
商品和服务的使用	Use of Goods and Services	846	4799	144498	206
固定资本消耗	Consumption of Fixed Capital	45			
利息	Interest	270	612	143559	99
补贴	Subsidies	62	218	7301	157
对国有企业补贴	To Public Corporations	14			
对私人企业补贴	To Private Enterprises	48			
捐赠	Grants	158	10307	864480	47
对外国政府捐赠	To Foreign Governments	2			
对国际组织捐赠	To International Organizations	3	17	9487	
对政府机构捐赠	To General Government Units		10290	854993	47
社会福利	Social Benefits	719	5530	346187	46
社会保障福利	Social Security Benefits	468			
社会救助福利	Social Assistance Benefits	114			
雇主社会福利	Employer Social Benefits	138			
其它支出	Other Expense	247	567	314455	5
不含利息的财产支出	Property Expense Other Than Interest				
其它杂项支出	Miscellaneous Other Expense	247	567	314455	5

8-3 续表 2 continued

		蒙古 Mongolia 2008 (亿图格里克) (100 Million Togrog)	泰国 Thailand 2009 (亿铢) (100 Million Baht)	巴基斯坦 Pakistan 2007 (亿卢比) ((100 Million Rupee)	加拿大 Canada 2009 (亿加元) ((100 Million Dollar)
财政总支出	**Total Expense**	**16691**	**17783**	**14156**	**2939**
雇员报酬	Compensation of Employees	5450	6406	607	363
工资和薪金	Wages and Salaries	5019	6406	607	
社会缴款	Social Contributions	431			
商品和服务的使用	Use of Goods and Services	4375	5484	4407	238
固定资本消耗	Consumption of Fixed Capital		473		45
利息	Interest	198	976	3736	269
补贴	Subsidies	246	425	1071	45
对国有企业补贴	To Public Corporations		307		
对私人企业补贴	To Private Enterprises		117		
捐赠	Grants		1790	3271	866
对外国政府捐赠	To Foreign Governments		7		
对国际组织捐赠	To International Organizations		9		
对政府机构捐赠	To General Government Units				
社会福利	Social Benefits	6018	2215		1061
社会保障福利	Social Security Benefits		1073		
社会救助福利	Social Assistance Benefits		1142		
雇主社会福利	Employer Social Benefits				
其它支出	Other Expense		16	1063	53
不含利息的财产支出	Property Expense Other Than Interest				
其它杂项支出	Miscellaneous Other Expense		16		

8-3 续表 3 continued

		美　国 United States 2010 (亿美元) (100 Million Us Dollar)	阿 根 廷 Argentina 2004 (亿比索) (100 Million Peso)	委内瑞拉 Venezuela 2005 (亿博利瓦) (100 Million Bolivar)	白俄罗斯 Belarus 2008 (亿卢布) (100 Million Rubel)
财政总支出	**Total Expense**	**38150**	**819**	**762**	**440644**
雇员报酬	Compensation of Employees		94	121	44669
工资和薪金	Wages and Salaries			116	36933
社会缴款	Social Contributions			6	7737
商品和服务的使用	Use of Goods and Services		38	46	52224
固定资本消耗	Consumption of Fixed Capital	1296			
利息	Interest	2905	215	89	6932
补贴	Subsidies	564	27		95057
对国有企业补贴	To Public Corporations		6		
对私人企业补贴	To Private Enterprises		21		
捐赠	Grants	7088	109	400	68868
对外国政府捐赠	To Foreign Governments	564		1	68
对国际组织捐赠	To International Organizations		3		1310
对政府机构捐赠	To General Government Units	6524	106	399	67490
社会福利	Social Benefits	17165	275	85	140654
社会保障福利	Social Security Benefits		215		
社会救助福利	Social Assistance Benefits		58		
雇主社会福利	Employer Social Benefits		1		
其它支出	Other Expense	9132	61	21	32240
不含利息的财产支出	Property Expense Other Than Interest				
其它杂项支出	Miscellaneous Other Expense		61	21	32240

8-3 续表 4 continued

		捷　克 Czech Rep. 2008 (亿克朗) (100 Million koruna)	法　国 France 2009 (亿欧元) (100 Million Erro)	德　国 Germany 2009 (亿欧元) (100 Million Erro)	意大利 Italy 2009 (亿欧元) (100 Million Euro)
财政总支出	**Total Expense**	**12582**	**9086**	**7605**	**6686**
雇员报酬	Compensation of Employees	1058	1877	415	999
工资和薪金	Wages and Salaries	798			671
社会缴款	Social Contributions	259			328
商品和服务的使用	Use of Goods and Services	724	585	393	290
固定资本消耗	Consumption of Fixed Capital		173	87	105
利息	Interest	442	415	389	661
补贴	Subsidies	1234	168	108	54
对国有企业补贴	To Public Corporations				
对私人企业补贴	To Private Enterprises				
捐赠	Grants	1648			
对外国政府捐赠	To Foreign Governments			30	27
对国际组织捐赠	To International Organizations	259		180	116
对政府机构捐赠	To General Government Units	1389	1	413	0
社会福利	Social Benefits	5945	4592	5356	2893
社会保障福利	Social Security Benefits		3785	4679	
社会救助福利	Social Assistance Benefits			475	
雇主社会福利	Employer Social Benefits			203	
其它支出	Other Expense	1542		235	295
不含利息的财产支出	Property Expense Other Than Interest				
其它杂项支出	Miscellaneous Other Expense	1542		235	295

8-3 续表 5 continued

		荷 兰 Netherlands 2009 (亿欧元) (100 Million Euro)	波 兰 Poland 2009 (亿兹罗提) (100 Million Zloty)	俄罗斯联邦 Russian Fed. 2009 (亿卢布) (100 Million Ruble)	西 班 牙 Spain 2009 (亿欧元) (100 Million Euro)
财政总支出	**Total Expense**	**2601**	**4802**	**120633**	**3226**
雇员报酬	Compensation of Employees	192	595	19828	271
工资和薪金	Wages and Salaries	134	522	17829	204
社会缴款	Social Contributions	58	73	1999	66
商品和服务的使用	Use of Goods and Services	198	254	14191	119
固定资本消耗	Consumption of Fixed Capital	52	122	8991	60
利息	Interest	107	333	1771	146
补贴	Subsidies	63	66	14942	60
对国有企业补贴	To Public Corporations		13	2838	10
对私人企业补贴	To Private Enterprises		53	12104	50
捐赠	Grants		1082	16939	
对外国政府捐赠	To Foreign Governments			182	
对国际组织捐赠	To International Organizations	66	142	233	109
对政府机构捐赠	To General Government Units				
社会福利	Social Benefits	1187	2135	41463	1508
社会保障福利	Social Security Benefits	973	2108	34157	1336
社会救助福利	Social Assistance Benefits	191	27	4912	74
雇主社会福利	Employer Social Benefits	23		2394	98
其它支出	Other Expense	56	216	2508	98
不含利息的财产支出	Property Expense Other Than Interest				
其它杂项支出	Miscellaneous Other Expense	56	216	2508	98

8-3 续表 6 continued

		乌克兰 Ukraine 2008 (亿格里夫尼亚) (100 Million Hrywnia)	英国 United Kingdom 2009 (亿英镑) (100 Million Pound)	澳大利亚 Australia 2009 (亿澳元) (100 Million Dollar)	新西兰 New Zealand 2007 (亿新西兰元) (100 Million Dollar)
财政总支出	**Total Expense**	**3538**	**6472**	**3341**	**585**
雇员报酬	Compensation of Employees	461	926	327	146
工资和薪金	Wages and Salaries	350	747	286	136
社会缴款	Social Contributions	112	179	42	10
商品和服务的使用	Use of Goods and Services	409	1142	334	177
固定资本消耗	Consumption of Fixed Capital		67	60	20
利息	Interest	44	269	115	23
补贴	Subsidies	258	57	83	1
对国有企业补贴	To Public Corporations			2	
对私人企业补贴	To Private Enterprises			81	1
捐赠	Grants	593	1431	871	21
对外国政府捐赠	To Foreign Governments	2	46	31	
对国际组织捐赠	To International Organizations		4		
对政府机构捐赠	To General Government Units	591		840	
社会福利	Social Benefits	1650	1861	1423	178
社会保障福利	Social Security Benefits			1114	
社会救助福利	Social Assistance Benefits			309	178
雇主社会福利	Employer Social Benefits				
其它支出	Other Expense	123	719	128	19
不含利息的财产支出	Property Expense Other Than Interest				
其它杂项支出	Miscellaneous Other Expense	123	719	128	19

8-4 中央政府各项支出比重

Central Government Outlays by Function as Percentage of Total

资料来源：国际货币基金组织政府财政统计数据库。
Source: International Monetary Fund Government Finance Statistics Database.
单位：%

国家和地区	Country or Area	年份 Year	社会保障支出 Social Protection	公共服务支出 General Public Services	教育支出 Education	经济事务支出 Economic Affairs	环境保护支出 Environment Protection
中　　国	China	2007	0.73		0.88		0.07
中国香港	Hong Kong, China	2009	14.19	19.39	18.19	11.52	3.42
中国澳门	Macao, China	2008	18.16		14.00		2.54
孟加拉国	Bangladesh	2008	2.71		15.05		0.08
印　　度	India	2006			3.74		
印度尼西亚	Indonesia	2004	5.64		3.97		
伊　　朗	Iran	2008	30.09		13.85		0.11
以 色 列	Israel	2009	28.33	12.65	15.91	6.10	0.26
日　　本	Japan	1993	36.80		6.03		
哈萨克斯坦	Kazakhstan	2008	21.72		7.36		0.52
韩　　国	Korea, Rep.	2008	21.11		16.01		
缅　　甸	Myanmar	2005	0.83		6.81		
巴基斯坦	Pakistan	2007	0.21		1.64		0.03
新 加 坡	Singapore	2008	12.26		18.65		
泰　　国	Thailand	2009	13.50	13.99	20.27	20.42	0.21
埃　　及	Egypt	2008	38.96		11.01		0.30
南　　非	South Africa	2005	15.13	49.11	6.31	6.39	0.43
加 拿 大	Canada	2007	47.29		2.11		1.29
墨 西 哥	Mexico	2000	20.12		24.73		
美　　国	United States	2009	32.00	9.79	2.93	6.56	
阿 根 廷	Argentina	2004	39.94	32.65	5.19	7.17	0.29
委内瑞拉	Venezuela	2005	7.64		17.16		
捷　　克	Czech Rep.	2008	35.37		9.18		1.33
德　　国	Germany	2005	55.49	14.15	0.51	5.78	0.07
荷　　兰	Netherlands	2009	38.57	19.21	10.81	7.74	0.53
波　　兰	Poland	2009	44.05	15.03	10.74	8.58	0.23
俄罗斯联邦	Russian Fed.	2009	30.33	25.83	3.46	8.53	0.09
西 班 牙	Spain	2009	46.09	35.95	0.47	7.42	0.29
乌 克 兰	Ukraine	2008	47.44		5.92		0.48
英　　国	United Kingdom	2008	32.08	15.48	12.10	9.50	0.96
澳大利亚	Australia	2009	36.75	21.51	10.04	7.21	0.52
新 西 兰	New Zealand	2007	33.94	10.76	16.69	8.41	

8-4 续表 1 continued

单位：% (%)

国家和地区	Country or Area	年份 Year	卫生保健支出 Health	文化、娱乐和宗教支出 Recreation, Culture, and Religion	国防支出 Defense	住房和社区设施建设支出 Housing and Community Amenities	公共秩序与安全 Public Order and Safety
中　国	China	2007	0.08		7.45		
中国香港	Hong Kong, China	2009	12.81	3.84		6.85	9.79
中国澳门	Macao, China	2008	8.22				
孟加拉国	Bangladesh	2008	6.65		9.83		
印　度	India	2006	1.72		12.84		
印度尼西亚	Indonesia	2004	1.38		6.59		
伊　朗	Iran	2008	6.69		7.52		
以 色 列	Israel	2009	13.06	2.43	16.49	0.84	3.92
日　本	Japan	1993	1.60		4.11		
哈萨克斯坦	Kazakhstan	2008	4.43		6.74		
韩　国	Korea, Rep.	2008	0.98		11.29		
缅　甸	Myanmar	2005	2.18		19.61		
巴基斯坦	Pakistan	2007	0.86		15.62		
新 加 坡	Singapore	2008	6.15		24.69		
泰　国	Thailand	2009	14.34	1.04	7.64	2.55	6.03
埃　及	Egypt	2008	4.30		6.56		
南　非	South Africa	2005	2.38	0.63	5.83	4.02	9.62
加 拿 大	Canada	2007	9.74		6.55		
墨 西 哥	Mexico	2000	4.95		3.04		
美　国	United States	2009	24.25	0.14	18.71	4.11	1.52
阿 根 廷	Argentina	2004	5.30	0.18	3.04	1.83	4.40
委内瑞拉	Venezuela	2005	7.38		4.99		
捷　克	Czech Rep.	2008	16.48		3.40		
德　国	Germany	2005	19.13	0.11	3.57	0.87	0.47
荷　兰	Netherlands	2009	14.38	0.72	3.20	0.71	4.13
波　兰	Poland	2009	12.65	0.87	2.55	0.38	4.91
俄罗斯联邦	Russian Fed.	2009	7.06	0.83	11.81	0.44	7.76
西 班 牙	Spain	2009	1.40	1.00	3.32	0.15	3.90
乌 克 兰	Ukraine	2008	2.63		3.11		
英　国	United Kingdom	2008	17.18	1.29	5.85	1.21	4.32
澳大利亚	Australia	2009	14.45	0.85	6.45	1.17	1.05
新 西 兰	New Zealand	2007	16.60	3.28	3.23	2.07	5.01

8-5 社会缴款占财政收入比重

Social Contributions as Percentage of Revenue

资料来源：世界银行WDI数据库。
Source: World Bank WDI Database.
单位：%

(%)

国家和地区	Country or Area	2000	2005	2006	2007	2008	2009	2010
中国香港	Hong Kong, China		0.01	0.01	0.01	0.01		
中国澳门	Macao, China	0.85	0.50	0.47	0.39	0.29	0.30	
印　度	India	0.05	0.18	0.14	0.11	0.19	0.19	
伊　朗	Iran	11.48	10.44	12.42	12.57	14.91	18.69	
以色列	Israel	15.16	16.54	15.86	15.70	16.85	17.39	
韩　国	Korea, Rep.	13.31	16.17	16.17	14.04	15.83	16.39	
蒙　古	Mongolia	17.79		7.34	8.65	13.68	16.61	
斯里兰卡	Sri Lanka	1.67	1.19	1.28	1.48	0.99		
泰　国	Thailand		4.89	4.70	4.81	4.64	4.91	
南　非	South Africa	2.07	2.04	2.01	1.99	2.05	2.24	
加拿大	Canada	19.61	21.58	20.97	20.54	21.07	23.91	
墨西哥	Mexico	10.48						
美　国	United States		36.57	35.24	35.08	38.17	42.53	41.10
巴　西	Brazil	24.76	23.25	24.05	23.98	24.12	26.07	
委内瑞拉	Venezuela	3.50	2.20					
捷　克	Czech Rep.	46.51	45.61	46.05	45.17	44.91	44.85	
法　国	France	41.36	41.87	42.25	42.50	42.77	45.47	
德　国	Germany	57.25	58.22	56.90	54.91	54.77	55.07	
意大利	Italy	33.16	35.97	34.20	35.01	36.30	35.97	
荷　兰	Netherlands	39.03	34.15	34.96	34.18	35.46	34.66	
波　兰	Poland		37.66	37.03	36.06	34.81	36.85	
俄罗斯联邦	Russian Fed.	28.80	17.72	19.14	19.24	15.70	16.64	
西班牙	Spain	41.27	48.06	46.83	45.73	52.10	58.19	
乌克兰	Ukraine	30.42	35.41	35.43	37.12	35.64	36.64	
英　国	United Kingdom	19.65	21.74	21.36	21.25	21.03	22.79	
新西兰	New Zealand		0.18	0.17	0.15			

8-6 商品和服务税占财政收入比重

Goods and Services Tax as Percentage of Revenue

资料来源：世界银行WDI数据库。
Source: World Bank WDI Database.

单位：% (%)

国家和地区	Country or Area	2000	2005	2006	2007	2008	2009	2010
世　界	**World**		**31.70**	**31.96**	**32.39**	**32.16**	**32.26**	
中　国	China	65.10	79.04	57.19	33.90	55.03		
中国香港	Hong Kong, China		10.11	9.56	8.68	8.62	8.60	
中国澳门	Macao, China	66.81	76.44	77.65	77.11	83.72	82.48	
孟加拉国	Bangladesh		27.50	28.61	28.18	27.61	28.76	
柬埔寨	Cambodia		36.90	40.28	40.42	41.67	35.52	
印　度	India	28.92	30.75	28.47	24.89	24.45	22.96	
印度尼西亚	Indonesia		14.99	27.84	28.55	27.01	31.43	
伊　朗	Iran	6.59	2.39	1.99	1.88	1.63	2.86	
以色列	Israel	26.91	29.06	27.94	28.54	30.17	31.36	
哈萨克斯坦	Kazakhstan	40.03	21.00	28.02	29.80	20.60	19.92	
韩　国	Korea, Rep.	28.24	28.32	26.69	25.35	25.57	25.87	
老　挝	Laos			44.55	44.52	42.95	45.77	
马来西亚	Malaysia	24.80	20.30	16.20	15.03	15.86	15.67	
蒙　古	Mongolia	36.02		33.38	20.43	25.27	30.16	
缅　甸	Myanmar	32.84	30.73					
巴基斯坦	Pakistan	30.30	34.07	32.83	29.71	33.31	31.78	30.95
菲律宾	Philippines	27.46	23.46	29.19	28.32	26.15	29.02	
新加坡	Singapore	18.04	23.41	22.21	23.26	21.74	26.21	
斯里兰卡	Sri Lanka	56.75	55.28	51.13	48.09	44.64		
泰　国	Thailand		40.11	39.93	39.76	36.86	38.27	
埃　及	Egypt		23.65	19.72	19.18	19.99	21.71	
尼日利亚	Nigeria		1.77		2.40	2.28		
南　非	South Africa	33.10	32.98	32.71	31.94	30.26	31.83	
加拿大	Canada	15.88	17.19	16.21	15.38	13.96	15.22	
墨西哥	Mexico	62.13						
美　国	United States		3.15	2.83	2.44	2.62	3.18	3.25
巴　西	Brazil	33.60	35.52	33.67	33.13	35.08	33.01	
委内瑞拉	Venezuela	24.92	24.94					
捷　克	Czech Rep.	34.32	26.73	26.92	26.77	25.76	27.35	
法　国	France	24.61	23.81	23.66	23.28	22.72	23.17	
德　国	Germany	20.33	22.24	22.12	23.43	23.40	24.18	
意大利	Italy	22.93	22.33	22.30	21.54	20.26	19.91	
荷　兰	Netherlands	25.79	28.08	27.38	27.42	26.24	26.70	
波　兰	Poland		37.34	37.88	38.60	39.12	37.44	
俄罗斯联邦	Russian Fed.	30.87	23.62	20.61	23.98	16.36	16.17	
西班牙	Spain	25.11	17.82	17.39	15.81	14.47	13.09	
土耳其	Turkey			48.52	42.17	48.65	50.90	
乌克兰	Ukraine	32.67	27.96	31.32	29.24	31.39	33.98	
英　国	United Kingdom	30.26	29.06	28.06	28.03	26.68	27.78	
澳大利亚	Australia	17.90	24.09	23.60	23.14	22.49	22.59	
新西兰	New Zealand		27.26	26.40	25.89			

8-7 所得税占财政收入比重
Income Tax as Percentage of Revenue

资料来源：世界银行WDI数据库。
Source: World Bank WDI Database.
单位：% (%)

国家和地区	Country or Area	2000	2005	2006	2007	2008	2009	2010
世　界	**World**		**20.68**	**20.10**	**21.01**	**22.73**	**22.67**	
中　国	China	8.08	24.33	25.08	16.60	25.76		
中国香港	Hong Kong, China		39.87	37.35	35.98	44.00	36.19	
中国澳门	Macao, China	8.58	4.42	4.97	7.27	5.26	4.86	
孟加拉国	Bangladesh		12.34	14.59	17.24	18.74	19.26	
柬埔寨	Cambodia		7.10	9.75	10.28	10.55	11.25	
印　度	India	27.01	35.93	39.50	43.92	46.43	46.63	
印度尼西亚	Indonesia		48.84	31.20	34.17	33.91	36.80	
伊　朗	Iran	13.45	12.72	12.58	12.86	15.53	19.35	
以色列	Israel	34.56	30.00	32.62	32.52	29.36	26.34	
哈萨克斯坦	Kazakhstan	23.59	51.27	48.46	34.65	28.24	23.98	
韩　国	Korea, Rep.	26.28	28.88	29.29	31.47	30.62	28.38	
老　挝	Laos			13.47	18.49	21.75	21.50	
马来西亚	Malaysia	43.37	46.66	46.42	45.94	48.12	46,03	
蒙　古	Mongolia	11.82		35.41	14.76	36.53	20.61	
缅　甸	Myanmar	19.47	25.22					
巴基斯坦	Pakistan	19.03	20.49	20.19	25.20	26.67	25.23	24.59
菲律宾	Philippines	39.72	39.64	38.65	40.75	41.12	38.76	
新加坡	Singapore	29.03	30.17	31.19	28.46	34.43	35.67	
斯里兰卡	Sri Lanka	12.69	12.74	15.88	18.01	18.43		
泰　国	Thailand		32.82	36.58	37.06	38.97	37.85	
埃　及	Egypt		23.75	27.44	28.46	26.95	27.81	
尼日利亚	Nigeria		0.09	1.42	0.01	0.59		
南　非	South Africa	51.71	48.76	50.51	51.81	54.68	52.59	
加拿大	Canada	53.60	53.48	54.68	55.03	54.93		
墨西哥	Mexico	34.12						
美　国	United States		55.12	56.84	57.27	53.06	46.74	49.42
巴　西	Brazil	25.15	28.36	28.57	29.51	31.31	30.24	
委内瑞拉	Venezuela	26.67	21.46					
捷　克	Czech Rep.	13.02	19.97	18.20	18.77	18.20	14.89	
法　国	France	25.83	24.00	25.00	24.78	25.00	21.61	
德　国	Germany	18.49	15.87	16.98	17.78	17.88	16.50	
意大利	Italy	34.78	32.67	34.02	34.78	34.77	32.23	
荷　兰	Netherlands	25.35	26.06	25.78	26.90	25.40	26.23	
波　兰	Poland		12.57	13.75	15.49	15.93	14.50	
俄罗斯联邦	Russian Fed.	11.52	5.73	6.63	6.02	4.69	0.99	
西班牙	Spain	26.74	29.20	30.56	33.37	28.16	24.29	
土耳其	Turkey			21.94	22.80	26.34	26.46	
乌克兰	Ukraine	12.34	15.39	13.01	13.49	13.66	10.05	
英　国	United Kingdom	38.41	36.82	38.30	37.87	37.00	36.40	
澳大利亚	Australia	66.72	65.11	65.33	65.81	66.41	65.02	
新西兰	New Zealand		54.93	58.17	56.67			

8-8 中央政府财政盈余占GDP比重

Surplus of Central Government Revenue as Percentage of GDP

资料来源：世界银行WDI数据库。
Source: World Bank WDI Database.

单位：% (%)

国家和地区	Country or Area	2000	2005	2007	2008	2009	2010
世　界	**World**		**-1.76**	**-0.84**	**-2.72**	**-7.02**	
中　国	China		-1.39				
中国香港	Hong Kong, China		1.40	6.66	0.64	1.12	
中国澳门	Macao, China	1.64	8.79	16.24	17.04	13.27	
孟加拉国	Bangladesh		-1.12	-1.33	-0.96	-1.65	
柬埔寨	Cambodia		0.04	-0.80	-0.31	-2.32	
印　度	India	-3.88	-3.18	-0.47	-4.68	-4.89	
印度尼西亚	Indonesia		-0.13	-1.02	-0.33	-1.67	
伊　朗	Iran	1.79	5.99	7.85	2.79	0.57	
以色列	Israel	-1.88	-2.03	-0.05	-1.75	-4.32	
哈萨克斯坦	Kazakhstan	0.09	2.58	1.23	4.44	-1.95	
韩　国	Korea, Rep.	4.38	0.91	2.32	1.64	0.02	
老　挝	Laos			-2.67	-2.15	-1.58	
马来西亚	Malaysia	-4.12	-3.91	-3.29	-4.58	-6.43	
蒙　古	Mongolia	0.18		7.14	-3.28	-4.09	
巴基斯坦	Pakistan	-4.09	-3.20	-4.17	-7.44	-4.75	-5.06
菲律宾	Philippines	-3.66	-2.84	-1.41	-1.20	-3.76	
新加坡	Singapore	11.44	6.49	11.34	7.80	1.66	
斯里兰卡	Sri Lanka	-8.40	-6.98	-6.52	-6.57		
泰　国	Thailand		2.50	0.13	0.50	-3.05	
埃　及	Egypt		-6.45	-4.56	-6.36	-6.56	
尼日利亚	Nigeria		2.54	-2.11	-1.66		
南　非	South Africa	-1.96	-0.19	1.08	-0.46	-4.94	
加拿大	Canada	2.19	1.33	1.79	0.66	-1.85	
墨西哥	Mexico	-1.17					
美　国	United States		-2.76	-2.23	-5.25	-10.50	-10.05
巴　西	Brazil	-1.83	-3.59	-1.87	-1.21	-3.54	
委内瑞拉	Venezuela	-1.24	2.18				
捷　克	Czech Rep.	-3.59	-3.73	-1.56	-1.49	-6.15	
法　国	France	-1.67	-2.79	-2.34	-2.91	-7.35	
德　国	Germany	1.39	-2.26	-0.31	-0.27	-2.19	
意大利	Italy	-0.72	-3.52	-1.33	-2.35	-4.88	
荷　兰	Netherlands	1.96	-0.11	0.37	0.98	-4.79	
波　兰	Poland		-4.03	-1.88	-3.70	-6.11	
俄罗斯联邦	Russian Fed.	2.47	9.88	6.19	5.62	5.32	
西班牙	Spain	-0.47	1.31	2.43	-2.04	-8.56	
土耳其	Turkey			1.41	-1.94	-5.55	
乌克兰	Ukraine	-0.59	-1.36	-0.89	-1.46	-5.60	
英　国	United Kingdom	1.65	-2.98	-2.62	-4.63	-10.89	
澳大利亚	Australia	2.01	1.26	1.63	1.92	-2.43	
新西兰	New Zealand		4.40	3.08			

8-9 中央政府公共债务占GDP比重

Central Government Debt as Percentage of GDP

资料来源：世界银行WDI数据库。
Source: World Bank WDI Database.
单位：% (%)

国家和地区	Country or Area	2000	2005	2006	2007	2008	2009
中国香港	Hong Kong, China		32.25	31.88	30.77	30.43	33.98
印　度	India	55.99	61.21	59.12	56.49	55.80	53.05
印度尼西亚	Indonesia		47.34	39.00	35.17	33.07	28.39
日　本	Japan			151.29	149.59	157.77	174.37
哈萨克斯坦	Kazakhstan	21.62	7.05	5.94	5.32	6.33	9.51
马来西亚	Malaysia		43.77	42.17	41.54	41.36	53.32
蒙　古	Mongolia	78.42		50.49	43.51		59.51
菲律宾	Philippines	49.58					
新加坡	Singapore	86.88	96.77	84.72	78.85	98.57	112.65
斯里兰卡	Sri Lanka	96.90	90.61	88.70	84.99		
泰　国	Thailand		27.33	26.11	24.48	24.00	28.61
埃　及	Egypt				85.79	76.80	79.26
尼日利亚	Nigeria		3.57	4.18	2.67	3.00	
南　非	South Africa	45.27					
加拿大	Canada			44.02	40.15	45.06	53.21
墨西哥	Mexico	23.22					
美　国	United States		47.28	46.44	46.71	55.21	67.44
巴　西	Brazil			55.75	57.39	56.64	61.02
捷　克	Czech Rep.	13.71	23.01	24.67	25.06	26.58	31.91
法　国	France	60.75	72.63	68.26	67.10	72.78	83.54
德　国	Germany		44.27	43.25	40.69	43.01	47.17
意大利	Italy	119.39	113.34	109.65	104.84	107.64	118.99
荷　兰	Netherlands	52.07	51.49	45.81	43.21	55.43	58.09
波　兰	Poland		46.91	47.44	42.84	44.64	48.07
俄罗斯联邦	Russian Fed.		16.66	9.89	7.16	6.50	8.70
西班牙	Spain	58.92	38.38	34.02	30.04	34.05	46.35
土耳其	Turkey			51.50	44.35	44.49	51.45
乌克兰	Ukraine	45.29					
英　国	United Kingdom	47.47	47.66	47.34	48.13	57.85	73.23
澳大利亚	Australia	29.47	22.36	21.49	20.11	18.16	24.08
新西兰	New Zealand		44.82	43.80	37.87		

8-10 货币供应量

Money Supply

资料来源：世界银行WDI数据库。
Source: World Bank WDI Database.
单位：亿本币 (100 million local currency units)

国家和地区	Country or Area	2000	2005	2007	2008	2009
中　国	**China**					
广义货币	Money and Quasi Money	130091	283012	403442	475167	610225
准货币	Quasi money (current LCU)	75550	176109	250882	308949	388779
货币	Money	54541	106903	152560	166217	221446
中国香港	**Hong Kong, China**					
广义货币	Money and Quasi Money	30012	35545	49087	51157	53832
准货币	Quasi money (current LCU)	28166	32388	45089	46804	47980
货币	Money	1846	3157	3998	4353	5852
孟加拉国	**Bangladesh**					
广义货币	Money and Quasi Money	8204	20214	27599	32134	38646
准货币	Quasi money (current LCU)	6039	16461	21809	25729	31186
货币	Money	2165	3753	5791	6405	7460
文　莱	**Brunei Darussalam**					
广义货币	Money and Quasi Money	89	92	100	109	120
准货币	Quasi money (current LCU)	61	56	61	66	66
货币	Money	28	36	39	44	54
柬埔寨	**Cambodia**					
广义货币	Money and Quasi Money	18305	49625	112875	119023	161374
准货币	Quasi money (current LCU)	12909	20453	71353	73555	105562
货币	Money	5396	29172	41522	45467	55812
印　度	**India**					
广义货币	Money and Quasi Money	116934	238079	354077	426646	503425
准货币	Quasi money (current LCU)	81975	165950	255179	316344	373513
货币	Money	34959	72129	98899	110302	129912
印度尼西亚	**Indonesia**					
广义货币	Money and Quasi Money	7488453	12027622	16496618	18958386	21413838
准货币	Quasi money (current LCU)	5879222	8511338	11111399	13262011	15011670
货币	Money	1609231	3516285	5385219	5696375	6402167
伊　朗	**Iran**					
广义货币	Money and Quasi Money	2110536	6323582	10659613	11506977	14699937
准货币	Quasi money (current LCU)	1088838	3717019	6377608	7106663	9892041
货币	Money	1021698	2606563	4282005	4400314	4807896
以色列	**Israel**					
广义货币	Money and Quasi Money	4389	5907	6708	7436	7892
准货币	Quasi money (current LCU)	4078	5296	5939	6481	6617
货币	Money	310	611	769	955	1275
日　本	**Japan**					
广义货币	Money and Quasi Money	12265221	10423048	10423989	10501949	10723754
准货币	Quasi money (current LCU)	9263392	5474170	5445899	5582994	5740825
货币	Money	3001829	4948878	4978090	4918955	4982929
哈萨克斯坦	**Kazakhstan**					
广义货币	Money and Quasi Money	3970	20653	46298	62672	74873
准货币	Quasi money (current LCU)	1609	11225	29289	40498	43074
货币	Money	2362	9428	17009	22174	31799
韩　国	**Korea, Rep.**					
广义货币	Money and Quasi Money	4130489	5668592	5937829	6884184	7724272
准货币	Quasi money (current LCU)	3660519	4895855	5071055	5962754	6670297
货币	Money	469970	772736	866774	921429	1053975
老　挝	**Laos**					
广义货币	Money and Quasi Money	22556	55603	97742	115640	
准货币	Quasi money (current LCU)	19113	40014	67095	78486	
货币	Money	3444	15589	30647	37153	

8-10 续表 1 continued

单位：亿本币 (100 million local currency units)

国家和地区	Country or Area	2000	2005	2007	2008	2009
马来西亚	**Malaysia**					
广义货币	Money and Quasi Money	4373	6793	8330	9208	9921
准货币	Quasi money (current LCU)	3579	5407	6587	7295	7782
货币	Money	794	1385	1743	1913	2139
蒙　古	**Mongolia**					
广义货币	Money and Quasi Money	2588	11402	24013	22701	28800
准货币	Quasi money (current LCU)	1281	6717	14899	13395	18568
货币	Money	1308	4684	9113	9305	10232
缅　甸	**Myanmar**					
广义货币	Money and Quasi Money	8007	26520	43857	50347	65763
准货币	Quasi money (current LCU)	3356	6977	11668	15967	23142
货币	Money	4651	19542	32189	34379	42620
巴基斯坦	**Pakistan**					
广义货币	Money and Quasi Money	14767	31970	43827	46323	53160
准货币	Quasi money (current LCU)	6007	7271	9843	13128	14569
货币	Money	8760	24699	33984	33195	38591
菲律宾	**Philippines**					
广义货币	Money and Quasi Money	20652	30816	41698	45885	
准货币	Quasi money (current LCU)	16747	24549	32286	35042	
货币	Money	3905	6267	9412	10843	
新加坡	**Singapore**					
广义货币	Money and Quasi Money	1709	2198	2976	3334	3712
准货币	Quasi money (current LCU)	1376	1737	2336	2577	2777
货币	Money	333	461	639	757	935
斯里兰卡	**Sri Lanka**					
广义货币	Money and Quasi Money	4834	10232	14054	15240	18085
准货币	Quasi money (current LCU)	3649	7916	11374	12455	14695
货币	Money	1185	2316	2680	2786	3390
泰　国	**Thailand**					
广义货币	Money and Quasi Money	56381	78995	90749	99068	105776
准货币	Quasi money (current LCU)	51426	70367	81096	89031	94425
货币	Money	4955	8628	9654	10037	11352
越　南	**Viet Nam**					
广义货币	Money and Quasi Money	1969944	6485737	12539974	15135439	19105869
准货币	Quasi money (current LCU)	1060054	4065718	8188299	10802259	13453739
货币	Money	909890	2420019	4351675	4333180	5652130
埃　及	**Egypt**					
广义货币	Money and Quasi Money	2610	5229	7163	7914	8664
准货币	Quasi money (current LCU)	1988	4024	5376	5910	6403
货币	Money	622	1205	1787	2003	2261
尼日利亚	**Nigeria**					
广义货币	Money and Quasi Money	10361	26129	58513	89260	102107
准货币	Quasi money (current LCU)	3864	10895	26868	42478	57080
货币	Money	6497	15234	31644	46782	45027
南　非	**South Africa**					
广义货币	Money and Quasi Money	4988	10978	16683	19142	19479
准货币	Quasi money (current LCU)	2326	8038	12662	14935	15248
货币	Money	2662	2940	4021	4207	4231
加拿大	**Canada**					
广义货币	Money and Quasi Money	7865	20873	17551	20198	
准货币	Quasi money (current LCU)	5652	15821	12575	14048	
货币	Money	2213	5052	4976	6150	

8-10 续表 2 continued

单位：亿本币 (100 million local currency units)

国家和地区	Country or Area	2000	2005	2007	2008	2009
墨西哥	**Mexico**					
广义货币	Money and Quasi Money	14986	25436	29892	32552	36303
准货币	Quasi money (current LCU)	10331	15174	16555	17737	20142
货币	Money	4655	10262	13338	14816	16161
美国	**United States**					
广义货币	Money and Quasi Money	70234	94117	114662	124054	123256
准货币	Quasi money (current LCU)	58118	80067	100859	109619	106455
货币	Money	12115	14051	13804	14435	16801
阿根廷	**Argentina**					
广义货币	Money and Quasi Money	905	1670	2499	2701	3160
准货币	Quasi money (current LCU)	707	957	1437	1584	1849
货币	Money	198	712	1062	1117	1311
巴西	**Brazil**					
广义货币	Money and Quasi Money	5574	11721	16458	19424	22497
准货币	Quasi money (current LCU)	4830	10279	14138	17200	20008
货币	Money	744	1442	2320	2224	2489
委内瑞拉	**Venezuela**					
广义货币	Money and Quasi Money	158	686	1549	1953	
准货币	Quasi money (current LCU)	64	255	191	235	
货币	Money	94	431	1358	1718	
白俄罗斯	**Belarus**					
广义货币	Money and Quasi Money	16137	125706	245060	309611	389864
准货币	Quasi money (current LCU)	11053	57646	128920	168405	220170
货币	Money	5084	68060	116141	141206	169694
捷克	**Czech Rep.**					
广义货币	Money and Quasi Money	14456	18147	23800	27034	27091
准货币	Quasi money (current LCU)	9466	6519	8534	10284	9373
货币	Money	4990	11628	15266	16750	17718
波兰	**Poland**					
广义货币	Money and Quasi Money	3022	4278	5627	6678	7222
准货币	Quasi money (current LCU)	2197	2071	2275	3178	3338
货币	Money	826	2206	3353	3499	3883
俄罗斯联邦	**Russian Fed.**					
广义货币	Money and Quasi Money	15686	72227	146367	167747	195201
准货币	Quasi money (current LCU)	6999	34002	67341	91833	112256
货币	Money	8687	38225	79026	75914	82945
土耳其	**Turkey**					
广义货币	Money and Quasi Money	575	2626	3697	4616	5204
准货币	Quasi money (current LCU)	502	1811	2733	3570	3911
货币	Money	73	816	964	1046	1293
乌克兰	**Ukraine**					
广义货币	Money and Quasi Money	316	1941	3962	5157	4873
准货币	Quasi money (current LCU)	108	856	1943	2556	2121
货币	Money	208	1085	2019	2601	2752
澳大利亚	**Australia**					
广义货币	Money and Quasi Money	4474	7307	10912	12463	12522
准货币	Quasi money (current LCU)	3096	4618	7539	8884	8793
货币	Money	1378	2688	3373	3579	3729
新西兰	**New Zealand**					
广义货币	Money and Quasi Money	945	1283	1586	1751	1740
准货币	Quasi money (current LCU)	789	922	1240	1402	1391
货币	Money	157	361	346	349	349

8-11 年平均存款利率和贷款利率

Annual Average Deposit Rate and Lending Rate

资料来源：世界银行WDI数据库。
Source: World Bank WDI Database.

单位：%　　(%)

国家和地区	Country or Area	存款利率 Deposit Interest Rate			贷款利率 Lending Interest Rate		
		2000	2005	2009	2000	2005	2009
中国	China	2.25	2.25	2.25	5.85	5.58	5.31
中国香港	Hong Kong, China	4.80	1.26	0.01	9.50	7.75	5.00
中国澳门	Macao, China	5.33	1.58	0.03	9.89	7.05	5.25
孟加拉国	Bangladesh	8.56	8.09	8.21	15.50	14.00	14.60
文莱	Brunei Darussalam		1.01	0.70	5.50	5.50	5.50
柬埔寨	Cambodia	6.83	1.92	1.66	17.34	17.33	
印度	India				12.29	10.75	12.19
印度尼西亚	Indonesia	12.50	8.08	9.28	18.45	14.05	14.50
伊朗	Iran		11.78	13.10		16.00	12.00
以色列	Israel	8.63	3.24	1.08	12.87	6.39	3.71
日本	Japan	0.07	0.27	0.44	2.07	1.68	1.72
韩国	Korea, Rep.	7.94	3.72	3.48	8.55	5.59	5.65
老挝	Laos	12.00	4.75		32.00	26.83	
马来西亚	Malaysia	3.36	3.00	2.08	7.67	5.95	5.08
蒙古	Mongolia	16.80	13.00	13.28	36.95	30.57	21.67
缅甸	Myanmar	9.75	9.50	12.00	15.25	15.00	17.00
巴基斯坦	Pakistan		2.60	8.68		9.07	14.54
菲律宾	Philippines	8.31	5.56	2.74	10.91	10.19	8.57
新加坡	Singapore	1.71	0.44	0.29	5.83	5.30	5.38
斯里兰卡	Sri Lanka	9.17	5.64	10.61	16.16	10.76	15.67
泰国	Thailand	3.29	1.88	1.04	7.83	5.79	5.96
越南	Viet Nam	3.65	7.15		10.55	11.03	10.07
埃及	Egypt	9.46	7.23	6.49	13.22	13.14	11.98
尼日利亚	Nigeria	11.69	10.53	13.30	21.27	17.95	18.36
南非	South Africa	9.20	6.04	8.54	14.50	10.63	11.71
加拿大	Canada	3.48	0.79	0.10	7.27	4.42	2.40
墨西哥	Mexico	8.26	3.46	2.01	16.93	9.70	7.07
美国	United States				9.23	6.19	3.25
阿根廷	Argentina	8.34	3.76	11.60	11.09	6.16	15.66
巴西	Brazil	17.20	17.63	9.28	56.83	55.38	44.65
委内瑞拉	Venezuela	16.30	11.63	16.41	25.20	16.81	19.89
捷克	Czech Rep.	3.42	1.17	1.26	7.16	5.78	5.99
法国	France	2.63	2.15	1.92	6.70		
德国	Germany	3.40			9.63		
意大利	Italy	1.84			7.02	5.31	4.76
荷兰	Netherlands	2.89	2.34	2.60	4.79	2.77	1.98
波兰	Poland	14.17	2.79		20.01	6.83	
俄罗斯联邦	Russian Fed.	6.51	3.99	8.58	24.43	10.68	15.31
西班牙	Spain	2.95			5.18		
土耳其	Turkey	47.16	20.40	17.65			
乌克兰	Ukraine	13.72	8.57	13.76	41.53	16.17	20.86
英国	United Kingdom				5.98	4.65	0.63
澳大利亚	Australia	4.20	3.70	2.85	9.27	9.06	6.02
新西兰	New Zealand	6.36	6.68	4.04	9.26	10.48	10.39

8-12 银行不良贷款占全部贷款比重

Bank Non-performing Loans as Percentage of Total

资料来源：世界银行WDI数据库。
Source: World Bank WDI Database.
单位：%　(%)

国家和地区	Country or Area	2000	2004	2005	2006	2007	2008
世　界	**World**	**9.5**	**4.2**	**3.7**	**3.3**	**2.7**	**3.2**
中　国	China	22.4	13.2	8.6	7.1	6.2	
中国香港	Hong Kong, China	7.3	2.3	1.4	1.1	0.8	
孟加拉国	Bangladesh	34.9	17.5	13.2	12.8	14.5	11.2
印　度	India	12.8	7.2	5.2	3.3	2.5	2.3
印度尼西亚	Indonesia	34.4	4.5	7.6	6.1	4.1	3.2
以色列	Israel	6.9	2.5	2.3	1.9	1.4	
日　本	Japan	5.3	2.9	1.8	1.5	1.4	1.7
哈萨克斯坦	Kazakhstan		4.3	3.3	2.4	2.7	5.1
韩　国	Korea, Rep.	8.9	1.9	1.2	0.8	0.7	
马来西亚	Malaysia	15.4	11.7	9.6	8.5	6.5	4.8
巴基斯坦	Pakistan	19.5	11.6	8.3	6.9	7.2	9.1
菲律宾	Philippines	24.0	14.4	10.3	7.5	5.8	
新加坡	Singapore	3.4	5.0	3.8	2.8	1.5	
斯里兰卡	Sri Lanka		9.1	9.6			
泰　国	Thailand	17.7	11.9	9.1	8.4	7.9	5.7
埃　及	Egypt	13.6	23.6	26.5	18.2	19.3	14.8
尼日利亚	Nigeria	22.6	21.6	18.1	8.8	8.4	6.3
南　非	South Africa		1.8	1.5	1.1	1.4	3.9
加拿大	Canada	1.3	0.7	0.5	0.4	0.7	
墨西哥	Mexico	5.8	2.5	1.8	2.0	2.7	3.2
美　国	United States	1.1	0.8	0.7	0.8	1.4	
阿根廷	Argentina	16.0	10.7	5.2	3.4	2.7	2.7
巴　西	Brazil	8.3	2.9	3.5	3.5	3.0	
委内瑞拉	Venezuela	6.6	2.8	1.2	1.1	1.2	
捷　克	Czech Rep.	29.3	4.0	3.9	3.7	2.8	
法　国	France	5.0	4.2	3.5	3.0	2.7	2.8
德　国	Germany	4.7	4.9	4.0	3.4	2.7	
意大利	Italy	7.8	6.6	5.3	4.9	4.6	4.9
荷　兰	Netherlands	1.8	1.5	1.2	0.8		
波　兰	Poland	15.5	14.9	11.0	7.4	5.2	4.4
俄罗斯联邦	Russian Fed.	7.7	3.8	2.6	2.4	2.5	3.8
西班牙	Spain	1.2	0.8	0.8	0.7	0.9	
土耳其	Turkey	9.2	6.0	4.8	3.8	3.5	3.6
乌克兰	Ukraine	29.6	30.0	19.6	17.8	13.2	17.4
英　国	United Kingdom	2.5	1.9	1.0	0.9	0.9	1.6
澳大利亚	Australia	0.5	0.2	0.2	0.2	0.2	0.5

8-13 道琼斯世界股票指数①

Dow Jones World Stock Index by Country and Industry①

资料来源:《美国统计摘要》2012年。
Source: United States Statistical Abstract 2012.

国家和地区	Country or Area	2000	2005	2010	国家和地区	Country or Area	2000	2005	2010
世　界	**World**	**210.9**	**234.1**	**253.9**	**亚太地区**	**Asia/Pacific**	**93.0**	**132.0**	**142.5**
美　洲	**Americas**	**299.1**	**307.3**	**340.9**	澳大利亚	Australia	156.0	312.5	436.9
美　国	United States	306.9	302.4	316.6	中国香港	Hong Kong	245.6	273.6	479.6
加拿大	Canada	225.3	365.4	526.6	印度尼西亚	Indonesia	31.2	79.0	210.4
墨西哥	Mexico	132.2	360.1	626.8	日　本	Japan	88.3	113.5	91.8
欧　洲	**Europe**	**241.2**	**264.8**	**270.2**	马来西亚	Malaysia	88.5	119.5	254.0
奥地利	Austria	86.2	335.5	277.4	新西兰	New Zealand	96.7	227.3	181.9
比利时	Belgium	196.9	321.2	337.0	新加坡	Singapore	135.2	176.3	327.6
丹　麦	Denmark	220.1	375.1	556.0	泰　国	Thailand	27.2	76.7	152.1
芬　兰	Finland	1537.8	948.5	936.0	**按行业分**	**By Industry**			
法　国	France	252.9	273.3	269.0	基本原材料	Basic Materials	117.6	213.8	373.9
德　国	Germany	219.1	224.3	282.7	消费品	Consumer goods	183.8	241.9	318.4
爱尔兰	Ireland	312.3	470.4	189.9	消费性服务	Consumer services	192.8	214.4	238.5
意大利	Italy	192.2	213.8	135.1	油和天然气	Oil and Gas	230.7	383.3	485.9
荷　兰	Netherlands	335.7	309.6	279.8	金　融	Financials	207.1	259.8	182.0
挪　威	Norway	151.8	276.1	388.7	医疗保健	Health Care	329.9	310.6	328.1
西班牙	Spain	193.5	288.6	282.2	工　业	Industrials	167.1	192.4	228.8
瑞　典	Sweden	339.0	378.3	544.6	技　术	Technology	552.7	375.1	450.3
瑞　士	Switzerland	388.8	452.5	572.9	电　讯	Telecommunications	273.3	201.6	234.5
英　国	United Kingdom	199.8	217.6	211.7	公用事业	Utilities	156.0	176.9	195.1

注: ①指数截止到12月31日,各国的股票指数以1991年12月31日=100。每股以美元计价。

Notes:①Index figures shown are as of December 31.Indices based on December 31,1991=100 for each countries.Based on share prices denominated in U.S.dollars.

8-14 上市公司数和上市公司总市值占国内生产总值比重
Listed Domestic Companies and Market Capitalization of Listed Companies as Percentage of GDP

资料来源：世界银行WDI数据库。
Source: World Bank WDI Database.

国家和地区	Country or Area	上市公司数（个） Listed Domestic Companies (number)			上市公司总市值占国内生产总值的比重（%） Market Capitalization of Listed Companies as Percentage of GDP(%)		
		2000	2005	2010	2000	2005	2010
世　界	**World**	**47751**	**50936**	**47071**	**101.7**	**96.7**	**90.5**
高收入国家	**High Income**	**25593**	**30470**	**29541**	**115.3**	**108.9**	**98.6**
中等收入国家	**Middle Income**	**21617**	**19925**	**16865**	**36.4**	**49.3**	**72.9**
中低收入国家	**Low and Middle Income**	**22158**	**20466**	**17530**	**36.0**	**48.8**	**72.6**
中　国	China	1086	1387	2063	48.5	34.6	81.0
中国香港	Hong Kong, China	779	1020	1396	368.6	390.1	1208.0
孟加拉国	Bangladesh	221	262	302	2.5	5.0	47.0
印　度	India	5937	4763	4987	32.2	66.3	93.5
印度尼西亚	Indonesia	290	335	420	16.3	28.5	51.0
伊　朗	Iran	304	420	341	7.3	20.2	
以色列	Israel	654	572	596	51.4	89.5	100.3
日　本	Japan	2561	3279	3553	67.6	104.1	74.6
哈萨克斯坦	Kazakhstan	23	62	60	7.3	18.4	42.5
韩　国	Korea, Rep.	1308	1620	1781	32.2	85.0	107.4
马来西亚	Malaysia	795	1020	957	124.7	131.5	172.6
蒙　古	Mongolia	410	392	336	3.3	1.8	18.0
巴基斯坦	Pakistan	762	661	644	8.9	41.9	21.8
菲律宾	Philippines	228	235	251	32.0	39.0	78.8
新加坡	Singapore	418	685	461	164.8	252.5	166.2
斯里兰卡	Sri Lanka	239	239	241	6.6	23.4	40.2
泰　国	Thailand	381	504	541	24.0	70.8	87.1
越　南	Viet Nam		33	164		0.9	19.7
埃　及	Egypt	1076	744	211	28.8	88.8	37.7
尼日利亚	Nigeria	195	214	215	9.2	17.2	26.3
南　非	South Africa	616	388	360	154.2	228.9	278.4
加拿大	Canada	1418	3721	3805	116.1	130.6	137.2
墨西哥	Mexico	179	151	130	21.5	28.2	43.7
美　国	United States	7524	5143	4279	152.6	134.9	117.5
阿根廷	Argentina	127	101	101	58.4	33.6	17.3
巴　西	Brazil	459	381	373	35.1	53.8	74.0
委内瑞拉	Venezuela	85	50	55	6.9	3.5	1.0
捷　克	Czech Rep.	131	36	16	19.4	30.8	22.4
法　国	France	808	885	901	109.1	82.3	75.3
德　国	Germany	1022	648	571	66.9	43.8	43.2
意大利	Italy	291	275	291	70.0	44.9	15.5
荷　兰	Netherlands	234	237	113	166.3	92.9	84.4
波　兰	Poland	225	248	569	18.3	30.9	40.6
俄罗斯联邦	Russian Fed.	249	296	345	15.0	71.8	67.9
西班牙	Spain	1019	3300	3310	86.8	85.0	83.3
土耳其	Turkey	315	302	337	26.1	33.5	41.7
乌克兰	Ukraine	139	221	183	6.0	29.0	28.6
英　国	United Kingdom	1904	2759	2056	174.4	134.1	138.3
澳大利亚	Australia	1330	1643	1913	89.4	115.5	
新西兰	New Zealand	142	154	102	36.6	39.1	

8-15 股票交易额占国内生产总值的比重及股票交易周转率

Stocks Traded Value as Percentage of GDP and Turnover Ratio of Stocks Traded

资料来源：世界银行WDI数据库。
Source: World Bank WDI Database.
单位：% (%)

国家和地区	Country or Area	股票交易额占国内生产总值的比重 Stocks Traded Value as Percentage of GDP			股票交易周转率 Stocks Traded Turnover Ratio		
		2000	2005	2009	2000	2005	2009
世　界	**World**	**152.2**	**105.8**	**141.9**	**122.3**	**108.6**	
高收入国家	**High Income**	**176.4**	**126.4**	**163.5**	**129.8**	**120.8**	**195.9**
中低收入国家	**Low and Middle Income**	**34.0**	**24.7**	**84.3**	**84.2**	**60.4**	**123.6**
中　国	China	60.2	26.0	179.7	158.3	82.6	229.6
中国香港	Hong Kong, China	223.4	165.4		61.3	49.3	82.3
孟加拉国	Bangladesh	1.6	1.7	16.3	74.4	31.5	
印　度	India	110.8	51.8	83.1	133.6	94.2	119.4
印度尼西亚	Indonesia	8.7	14.7	21.3	32.9	54.2	83.3
伊　朗	Iran	1.1	4.3	5.2		19.1	30.4
以色列	Israel	18.8	44.6	45.3	36.3	55.6	55.8
日　本	Japan	57.7	109.8	82.7	69.9	118.8	128.8
哈萨克斯坦	Kazakhstan	0.5	1.9	3.7		14.9	9.1
韩　国	Korea, Rep.	200.2	142.4	190.0	233.2	209.8	
马来西亚	Malaysia	62.4	36.3	38.1	44.6	26.9	32.9
蒙　古	Mongolia	0.7	0.1	0.4		6.1	3.8
巴基斯坦	Pakistan	44.6	128.7	14.1	475.5	376.3	82.9
菲律宾	Philippines	10.8	7.0	10.7	15.8	20.1	26.0
新加坡	Singapore	98.7	95.5	138.4	52.1	63.1	102.8
斯里兰卡	Sri Lanka	0.9	4.7	2.1	11.0	24.3	14.2
泰　国	Thailand	19.0	50.6	51.1	53.2	74.7	112.1
越　南	Viet Nam		0.2	7.2			43.2
埃　及	Egypt	11.1	28.3	28.0	34.7	43.0	60.1
尼日利亚	Nigeria	0.6	1.7	2.7	7.3	11.5	11.0
南　非	South Africa	58.3	81.2	119.8	33.9	39.3	57.3
加拿大	Canada	87.6	74.5	92.8	77.3	63.6	92.4
墨西哥	Mexico	7.8	6.2	8.8	32.3	25.7	
美　国	United States	326.3	171.0		200.8	129.1	348.6
阿根廷	Argentina	2.1	9.0	0.9	4.8	30.4	5.4
巴　西	Brazil	15.7	17.5		43.5	38.3	73.9
委内瑞拉	Venezuela	0.6	0.2		8.9	4.5	
捷　克	Czech Rep.	11.6	33.0	10.8	60.3	118.6	40.6
法　国	France	81.6	71.1	51.6	74.1	82.7	78.9
德　国	Germany	56.3	63.2	38.5	79.1	146.0	107.2
意大利	Italy	70.9	62.7	21.8	104.0	140.5	
荷　兰	Netherlands	175.9	130.9	76.3	101.4	112.2	129.9
波　兰	Poland	8.5	9.9	13.0	49.9	36.3	49.5
俄罗斯联邦	Russian Fed.	7.8	20.8	55.5	36.9	39.0	108.5
西班牙	Spain	169.8	137.8		210.7	163.9	142.6
土耳其	Turkey	67.2	41.7		206.2	154.9	141.7
乌克兰	Ukraine	0.9	0.8	0.5	19.6	3.6	2.9
英　国	United Kingdom	124.2	182.8	156.5	66.6	141.9	146.4
澳大利亚	Australia	54.3	88.5	82.4	56.5	78.0	78.8
新西兰	New Zealand	21.2	16.0	29.7	45.9	41.3	81.6

8-16 银行资本充足率
Bank Capital to Assets Ratio

资料来源：世界银行WDI数据库。
Source: World Bank WDI Database.
单位：% (%)

国家和地区	Country or Area	2000	2004	2005	2006	2007	2008
中　国	China		4.0	4.4	5.1	5.8	6.1
中国香港	Hong Kong, China	9.0	10.8	11.8	11.2	12.0	
孟加拉国	Bangladesh	3.5	4.3	4.7	3.3	4.6	6.5
印　度	India	5.7	5.9	6.4	6.6	6.4	
印度尼西亚	Indonesia	6.0	10.0	9.3	9.7	9.8	9.2
以色列	Israel	7.3	5.5	5.6	5.9	6.1	5.7
日　本	Japan	4.6	4.2	4.9	5.3	4.5	3.6
哈萨克斯坦	Kazakhstan	13.6	13.1	13.0	13.2	15.2	12.2
韩　国	Korea, Rep.	4.6	8.0	9.3	9.2	9.0	8.8
马来西亚	Malaysia	8.5	8.2	7.7	7.6	7.4	8.0
巴基斯坦	Pakistan	4.9	6.5	7.9	9.4	10.5	10.4
菲律宾	Philippines	13.6	12.6	12.0	11.7	11.7	11.1
新加坡	Singapore	10.0	9.6	9.6	9.6	9.2	8.5
泰　国	Thailand	7.5	8.0	8.9	8.9	9.5	
埃　及	Egypt	5.6	5.1	5.3	5.6	5.1	5.3
尼日利亚	Nigeria	7.4	9.9	12.4	14.7	16.3	18.0
南　非	South Africa	8.7	8.2	7.9	7.9	7.9	
加拿大	Canada	4.7	4.4	4.4	5.7	5.0	5.1
墨西哥	Mexico	9.6	11.2	12.5	13.6	13.8	9.6
美　国	United States	8.5	10.3	10.3	10.5	10.3	9.3
阿根廷	Argentina		11.8	12.9	13.4	13.1	12.9
巴　西	Brazil	12.1	10.1	9.8	9.9	9.8	9.1
委内瑞拉	Venezuela	13.0	12.5	11.6	8.8	8.3	9.4
捷　克	Czech Rep.	5.4	5.2	5.4	6.0	5.7	5.7
法　国	France	6.7	5.1	4.4	4.5	4.1	4.2
德　国	Germany	4.2	4.0	4.1	4.3	4.3	4.5
意大利	Italy	7.0	6.4	6.9	4.9	6.4	6.6
荷　兰	Netherlands	5.1	3.9	4.2	3.0	3.3	3.2
波　兰	Poland	7.1	8.0	7.9	7.8	8.1	7.9
俄罗斯联邦	Russian Fed.	12.1	13.3	12.8	12.1	13.3	13.6
西班牙	Spain	8.5	6.7	6.8	7.2	6.7	6.4
土耳其	Turkey	6.1	14.4	12.9	11.3	13.0	11.7
乌克兰	Ukraine	16.2	13.8	12.4	13.3	12.5	14.0
英　国	United Kingdom	6.5	7.0	6.1	6.1	5.5	4.4
澳大利亚	Australia	6.9	5.1	5.2	4.9	4.9	4.2

8-17 银行部门国内信贷占国内生产总值比重
Domestic Credit Provided by Banking Sector As Percentage of GDP

资料来源：世界银行WDI数据库。
Source: World Bank WDI Database.
单位：% (%)

国家和地区	Country or Area	2000	2005	2006	2007	2008	2009
中　国	China	119.7	134.3	133.5	127.8	120.8	145.3
中国香港	Hong Kong, China	136.0	142.8	134.5	125.4	124.6	
中国澳门	Macao, China	42.0	2.5	-3.0	-4.6	-8.0	
孟加拉国	Bangladesh	34.2	54.9	58.1	58.3	59.4	
文　莱	Brunei Darussalam	38.6	10.4	16.3	18.5		
柬埔寨	Cambodia	6.4	7.2	8.9	12.9	16.2	
印　度	India	53.0	58.2	61.0	61.3	68.4	72.9
印度尼西亚	Indonesia	60.7	46.2	41.7	40.6	36.8	
伊　朗	Iran	45.5	45.7	48.1	50.5	45.2	
以色列	Israel	76.6	78.0	73.8	79.9	82.2	78.3
日　本	Japan	316.8	422.5	403.3	384.2	379.3	
哈萨克斯坦	Kazakhstan	12.4	24.7	32.5	41.0	33.5	
韩　国	Korea, Rep.	89.2	99.4	99.9	101.9	112.3	112.4
老　挝	Laos	9.0	8.1	6.3	6.5	10.5	
马来西亚	Malaysia	138.4	122.4	119.0	113.8	115.5	
蒙　古	Mongolia	9.4	30.2	21.4	30.1	34.4	
缅　甸	Myanmar	32.1					
巴基斯坦	Pakistan	41.6	43.9	42.9	45.9		
菲律宾	Philippines	66.9	50.6	48.6	46.0		
新加坡	Singapore	89.2	65.9	66.2	73.7	79.2	94.3
斯里兰卡	Sri Lanka	43.8	43.6	47.1	45.0	42.8	
泰　国	Thailand	138.3	119.2	108.9	148.5	145.7	
越　南	Viet Nam	35.2	71.2	75.4	96.2	95.0	
埃　及	Egypt	96.4	104.7	99.3	89.5	77.7	
尼日利亚	Nigeria	10.1	8.6	4.9	20.2	26.7	
南　非	South Africa	162.5	209.0	227.5	233.3	215.5	
加拿大	Canada	114.5	215.3	231.9	154.2	178.1	
墨西哥	Mexico	49.8	42.4	43.9	46.3	45.9	
美　国	United States	233.8	259.4	267.8	278.8	271.6	
阿根廷	Argentina	34.5	38.3	30.8	28.5	24.5	27.1
巴　西	Brazil	74.6	81.5	105.5	113.7	117.9	
委内瑞拉	Venezuela	14.9	12.6	18.6	22.8	20.5	
捷　克	Czech Rep.	49.4	43.5	48.6	53.1	58.0	
波　兰	Poland	34.4	37.4	42.0	46.3	60.1	
俄罗斯联邦	Russian Fed.	24.7	20.6	24.5	27.6	26.0	
土耳其	Turkey	39.3	46.9	45.8	49.3	52.5	
乌克兰	Ukraine	23.8	33.2	45.7	61.1	82.1	
英　国	United Kingdom	130.1	161.9	171.9	188.4	211.4	228.8
澳大利亚	Australia	93.0	113.7	119.0	135.9	143.8	143.6
新西兰	New Zealand	111.7	130.4	139.2	145.3	156.5	155.7

主要统计指标解释

中央政府 是全国范围内代表中央政府行使领土管辖权的所有单位。

收入 指由于交易导致的净值增加。政府部门有以下四个收入来源:（1）税收和其他由政府强制实施的转让;（2）来自所有权资产的财产收入;（3）商品和服务的销售收入;（4）来自其他部门的自愿转让。

捐赠 从其他政府和国际组织得到的无报酬的、无须偿还的非强制性的收入。

支出 指由于交易导致的净值减少。政府承担以下两方面的经济责任: (1)以非市场方式把部分商品和服务提供给公众;（2）通过转移支付手段重新分配收入和财富。

货币供应量 货币(Money)指流通中现金和除中央政府以外的常住机构活期存款构成; 准货币(Quasi-Money)指除中央政府以外的外汇现汇与期汇存款和外汇现汇储蓄与期汇存款之和，即由常住居民的现汇、储蓄、与外汇存款构成。货币(Money)通称为 M_1，而货币和准货币之和通称为广义货币，相当于 M_2。

上市公司总市值 所有上市股价 × 总股数。

上市公司 是指年末在股票交易所的国内上市公司。不包括投资公司、共同 基金或其它集体投资工具。

股票交易额 是指在一定时期内股票交易总额。

股票交易周转率 是指一定时期内股票交易总额除以该时期上市公司平均市值。

资本充足率 是指银行资本和储备占总资产的比率。资本和储备包括股东投放的资金、未分配利润、一般和特殊储备、准备金、价值调整。资本包括缴款股票和一般股票等一级资本，以及监管资本。总资产包括所有金融资产和非金融资产。

银行部门国内信贷 是指除发放给中央政府外的其他部门的净贷款之和。银行机构包括货币当局、存款货币银行和其他银行业机构。其他银行业机构包括存款和抵押贷款机构、建房信用协会等。

Explanatory Notes on Main Statistical Indicators

Central Government includes all units representing the territorial jurisdiction of the central authority throughout a country.

Revenue is an increase in net worth resulting from a transaction. For general government units, there are four main sources of revenue: taxes and other compulsory transfers imposed by government units, property income derived from the ownership of assets, sales of goods and services, and voluntary transfers received from other units.

Grants are defined as unrequited, nonrepayable, noncompulsory receipts from other governments or international organizations.

Expenditure is a decrease in net worth resulting from a transaction. Governments have two broad economic responsibilities: to assume responsibility for the provision of selected goods and services to the community on a nonmarket basis and to redistribute income and wealth by means of transfer payments.

Money Supply equals the sum of currency outside deposit money banks and demand deposits other than those of the central government. Quasi-Money equals the sum of time & foreign currency outside banks and time, savings & foreign currency deposit, comprising time, savings, and foreign currency deposits of resident sectors other than central government. The data of Money is commonly called M_1,while the sum of Money and Quasi-Money gives a broader measure of money which is commonly called M_2.

Market Capitalization is the share price times the number of shares outstanding.

Listed Domestic Companies are the domestically incorporated companies listed on the country's stock exchanges at the end of the year. This indicator does not include investment companies, mutual funds, or other collective investment vehicles.

Stocks Traded refers to the total value of shares traded during the period.

Turnover Ratio is the total value of shares traded during the period divided by the average market capitalization for the period.

Bank capital to assets is the ratio of bank capital and reserves to total assets. Capital and reserves include funds contributed by owners, retained earnings, general and special reserves, provisions, and valuation adjustments. Capital includes tier 1 capital (paid-up shares and common stock), and total regulatory capital. Total assets include all nonfinancial and financial assets.

Domestic credit provided by the banking sector includes all credit to various sectors on a gross basis, with the exception of credit to the central government, which is net. The banking sector includes monetary authorities and deposit money banks, as well as other banking institutions where data are available. Other banking institutions include savings and mortgage loan institutions and building and loan associations.

价格指数

Price Indices

9-1 国内生产总值缩减指数
Gross Domestic Product Deflator

资料来源：国际货币基金组织IFS数据库。
Source: IMF IFS Database.

2005年=100 (2005=100)

国家和地区	Country or Area	2000	2006	2007	2008	2009	2010
中　国	China	84.1	105.4	110.4	119.3	120.2	124.0
中国香港	Hong Kong, China	116.7	99.7	102.6	104.1	103.5	104.0
中国澳门	Macao, China	95.0	107.9	117.4	130.2	131.3	136.6
孟加拉国	Bangladesh	83.3	105.2	112.3	122.2	130.2	138.5
文　莱	Brunei Darussalam	52.1	110.1	111.3	125.4	97.7	102.9
柬 埔 寨	Cambodia	84.9	104.6	111.5	125.1	128.3	129.2
印　度	India	79.7	106.4	112.8	121.8	131.0	143.8
印度尼西亚	Indonesia	63.1	114.1	126.9	150.0	162.4	175.4
伊　朗	Iran Islamic Republic of	42.6	114.3	137.1			
以 色 列	Israel	93.9	102.1	102.5	103.9	109.1	110.4
日　本	Japan	107.0	99.1	98.4	97.4	97.1	95.0
哈萨克斯坦	Kazakhstan	55.4	121.1	136.9	170.6	170.3	
韩　国	Korea, Rep.	86.8	99.9	101.9	104.9	108.5	112.5
老　挝	Laos	60.8	106.5	110.6	119.4	113.8	118.9
马来西亚	Malaysia	86.0	103.9	109.0	120.3	112.0	117.7
蒙　古	Mongolia	60.2	123.6	142.7	148.1		
巴基斯坦	Pakistan	75.1	110.5	118.9	138.2	165.9	183.0
菲 律 宾	Philippines	87.2	104.8	107.1	112.8	115.9	120.8
新 加 坡	Singapore	98.4	101.8	108.3	107.0	107.3	106.7
斯里兰卡	Sri Lanka	62.3	111.3	126.9	147.6	156.3	167.6
泰　国	Thailand	88.5	104.7	108.4	112.6	114.7	118.9
越　南	Viet Nam	75.6	107.3	116.1	141.8	150.4	168.2
埃　及	Egypt	75.7	107.4	120.9	135.7	150.3	166.0
南　非	South Africa	70.8	106.5	115.1	125.4	134.3	145.2
加 拿 大	Canada	89.1	102.3	106.5	110.7	108.5	111.6
墨 西 哥	Mexico	65.4	106.8	112.8	119.9	124.6	130.6
美　国	United States	88.7	103.2	106.2	108.6	109.7	111.0
阿 根 廷	Argentina	59.0	113.4	129.6	154.8	169.7	195.8
巴　西	Brazil	63.0	106.2	112.4	121.7	128.7	138.2
委内瑞拉	Venezuela	29.7	117.4	133.7	176.5	191.3	279.9
捷　克	Czech Rep.	88.2	101.1	104.5	106.4	109.2	107.9
法　国	France	90.8	102.1	104.8	107.5	108.0	108.8
德　国	Germany	94.8	100.3	101.9	102.7	103.9	104.6
意 大 利	Italy	87.1	101.8	104.5	107.3	109.8	110.4
荷　兰	Netherlands	86.9	101.8	103.7	105.8	105.4	106.8
波　兰	Poland	88.1	101.5	105.5	109.2	112.8	114.5
俄罗斯联邦	Russian Fed.	45.5	114.6	128.8	156.0	159.9	178.9
西 班 牙	Spain	81.4	104.1	107.6	109.9	110.8	111.9
土 耳 其	Turkey	32.1	109.3	116.1	130.1	137.0	145.6
乌 克 兰	Ukraine		114.7	141.2	181.6	205.2	236.0
英　国	United Kingdom	88.1	103.1	106.1	109.3	110.9	114.1
澳大利亚	Australia	84.2	105.2	109.9	116.8	116.0	121.7
新 西 兰	New Zealand	88.4	102.8	107.7	110.8	111.2	115.4

9-2 生产者价格指数

Producer Price Indices

资料来源：联合国统计月报数据库。
Source: UN Monthly Bulletin of Statistics Database.

2005年=100 (2005=100)

国家和地区	Country or Area	2006	2007	2008	2009	2010
中国香港	**Hong Kong, China**					
工业产品价格指数	Industrial Products	102.3	105.3	111.1	109.2	115.8
孟加拉国	**Bangladesh**					
按生产阶段分生产者价格指数	by Stage of Processing					
中间产品价格指数	Intermediate Products				218.5	218.3
按最终用途分生产者价格指数	by End-Use					
消费品价格指数	Consumers' Goods				294.3	296.8
投资用品价格指数	Capital Goods				269.3	280.8
印　度	**India**					
按供给组成分生产者价格指数	by Components of Supply					
国内供应价格指数	Domestic Supply	104.8	111.1	120.8	123.7	135.5
农业产品价格指数	Agricultural Products	106.9	118.8	127.4	143.6	169.0
工业产品价格指数	Industrial Products	103.3	109.7	117.3	119.2	125.7
按生产阶段分生产者价格指数	by Stage of Processing					
原材料价格指数	Raw Materials	106.3	119.0	131.6	144.2	171.8
印度尼西亚①	**Indonesia①**					
按供给组成分生产者价格指数	by Components of Supply					
国内供应价格指数	Domestic Supply	171.6	229.1	288.2		
国内生产价格指数	Domestic Production	186.2	272.0	342.3		
农业产品价格指数	Agricultural Products	171.6	286.2	367.9		
工业产品价格指数	Industrial Products	194.6	266.1	332.8		
进口产品价格指数	Import Products	162.2	207.5	261.6		
按生产阶段分生产者价格指数	by Stage of Processing					
原材料价格指数	Raw Materials	179.2	241.2	307.1		
中间产品价格指数	Intermediate Products	176.3	239.8	305.2		
按最终用途分生产者价格指数	by End-Use					
消费品价格指数	Consumers' Goods	162.2	235.4	290.1		
投资用品价格指数	Capital Goods	127.9	146.5	169.5		
伊　朗	**Iran**					
按供给组成分生产者价格指数	by Components of Supply					
国内供应价格指数	Domestic Supply	109.6	125.5	151.6	165.8	183.1
农业产品价格指数	Agricultural Products	105.7	130.5	162.2	190.5	208.6
工业产品价格指数	Industrial Products	110.0	123.5	151.7	158.3	174.7
按生产阶段分生产者价格指数	by Stage of Processing					
原材料价格指数	Raw Materials	113.1	132.1			
以 色 列	**Israel**					
按供给组成分生产者价格指数	by Components of Supply					
工业产品价格指数	Industrial Products	104.2	108.3		115.0	116.8
日　本	**Japan**					
按供给组成分生产者价格指数	by Components of Supply					
国内供应价格指数	Domestic Supply	104.3	107.4	113.2	102.3	103.5
国内生产价格指数	Domestic Production	102.2	104.0	108.7	103.0	102.8
农业产品价格指数	Agricultural Products	98.4	97.4	98.7	96.1	96.0
工业产品价格指数	Industrial Products	102.2	103.8	108.4	102.8	102.7
进口产品价格指数	Import Products	113.7	122.4	133.6	100.4	106.2
按生产阶段分生产者价格指数	by Stage of Processing					
原材料价格指数	Raw Materials	120.7	132.6	165.2	110.4	126.9
中间产品价格指数	Intermediate Products	105.5	109.7	115.7	105.6	106.3

9-2 续表 1 continued

2005年=100 (2005=100)

国家和地区	Country or Area	2006	2007	2008	2009	2010
日　本(续)	**Japan (continued)**					
按最终用途分生产者价格指数	by End-Use					
消费品价格指数	Consumers' Goods	99.8	100.0	100.9	96.8	95.7
投资用品价格指数	Capital Goods	99.4	98.9	98.0	95.9	94.5
韩　国	**Korea, Rep.**					
按供给组成分生产者价格指数	by Components of Supply					
国内供应价格指数	Domestic Supply	100.9	102.3	111.1	110.9	115.1
农业产品价格指数	Agricultural Products	96.9	100.1	101.0	107.1	118.1
工业产品价格指数	Industrial Products	102.9	99.8	103.9	102.2	106.5
按生产阶段分生产者价格指数	by Stage of Processing					
原材料价格指数	Raw Materials	112.6	120.1	179.2	152.9	177.5
中间产品价格指数	Intermediate Products	99.6	102.1	120.8	118.8	123.7
按最终用途分生产者价格指数	by End-Use					
消费品价格指数	Consumers' Goods	99.5	99.6	105.4	108.3	112.5
投资用品价格指数	Capital Goods	97.4	96.6	105.9	115.0	111.6
马来西亚	**Malaysia**					
按供给组成分生产者价格指数	by Components of Supply					
国内供应价格指数	Domestic Supply	105.1	108.8	119.9	111.1	117.3
国内生产价格指数	Domestic Production	106.7	111.2	125.8	112.2	120.9
进口产品价格指数	Import Products	102.2	104.0	108.2	108.8	110.2
巴基斯坦	**Pakistan**					
按供给组成分生产者价格指数	by Components of Supply					
国内供应价格指数	Domestic Supply	108.5	117.4	147.2	157.8	191.5
农业产品价格指数	Agricultural Products	107.3	119.7	152.6	171.5	201.7
工业产品价格指数	Industrial Products	103.5	106.9	119.8	124.8	151.3
按生产阶段分生产者价格指数	by Stage of Processing					
原材料价格指数	Raw Materials	112.8	128.1	148.5	170.9	262.4
菲 律 宾	**Philippines**					
按供给组成分生产者价格指数	by Components of Supply					
国内供应价格指数	Domestic Supply	108.4	108.6	113.0	111.5	105.9
新 加 坡	**Singapore**					
按供给组成分生产者价格指数	by Components of Supply					
国内供应价格指数	Domestic Supply	105.0	105.5	113.1	97.5	102.1
国内生产价格指数	Domestic Production	102.4	101.2	104.2	90.7	91.8
进口产品价格指数	Import Products	102.9	101.3	103.9	95.7	96.4
泰　国	**Thailand**					
按供给组成分生产者价格指数	by Components of Supply					
国内供应价格指数	Domestic Supply	107.1	110.5	124.2	119.5	130.7
农业产品价格指数	Agricultural Products	120.1	134.2	162.0	171.3	209.2
工业产品价格指数	Industrial Products	105.1	106.8	118.8	112.1	119.4
按生产阶段分生产者价格指数	by Stage of Processing					
原材料价格指数	Raw Materials	112.5	111.9	129.6	120.5	141.7
中间产品价格指数	Intermediate Products	107.2	108.2	125.2	106.9	119.0
按最终用途分生产者价格指数	by End-Use					
消费品价格指数	Consumers' Goods	110.4	125.7	149.8	165.3	185.8
投资用品价格指数	Capital Goods	100.3	100.5	101.1	101.6	102.2

9-2 续表 2 continued

2005年=100 (2005=100)

国家和地区	Country or Area	2006	2007	2008	2009	2010
越　南	**Viet Nam**					
按供给组成分生产者价格指数	by Components of Supply					
农业产品价格指数	Agricultural Products	103.7	118.3	165.1		
工业产品价格指数	Industrial Products	104.2	111.4	135.7		
进口产品价格指数	Import Products	103.8	109.1	128.9		
埃　及	**Egypt**					
按供给组成分生产者价格指数	by Components of Supply					
国内生产价格指数	Domestic Production				148.7	156.1
农业产品价格指数	Agricultural Products				185.2	202.1
按生产阶段分生产者价格指数	by Stage of Processing					
原材料价格指数	Raw Materials				144.5	152.4
中间产品价格指数	Intermediate Products				135.7	129.7
按最终用途分生产者价格指数	by End-Use					
消费品价格指数	Consumers' Goods				106.3	110.2
投资用品价格指数	Capital Goods				136.3	140.6
南　非	**South Africa**					
按供给组成分生产者价格指数	by Components of Supply					
国内生产价格指数	Domestic Production	107.7	119.5	136.6	136.5	144.8
农业产品价格指数	Agricultural Products	118.4	146.5	156.1	157.6	155.3
进口产品价格指数	Import Products	107.8	118.1	137.4	120.5	124.2
加 拿 大	**Canada**					
按供给组成分生产者价格指数	by Components of Supply					
农业产品价格指数	Agricultural Products	100.2	112.2	126.0	117.5	116.0
工业产品价格指数	Industrial Products	102.3	103.9	108.4	104.6	105.7
按生产阶段分生产者价格指数	by Stage of Processing					
原材料价格指数	Raw Materials	111.8	120.2	136.0	104.9	117.2
中间产品价格指数	Intermediate Products	103.9	106.4	111.7	105.4	107.9
按最终用途分生产者价格指数	by End-Use					
投资用品价格指数	Capital Goods	97.6	96.1	97.2	101.4	96.8
墨 西 哥	**Mexico**					
按供给组成分生产者价格指数	by Components of Supply					
国内供应价格指数	Domestic Supply	109.3	111.2	119.8	125.8	130.0
国内生产价格指数	Domestic Production		110.3	118.1	123.4	128.6
农业产品价格指数	Agricultural Products	111.3	110.7	120.6	133.2	139.6
工业产品价格指数	Industrial Products	104.3	108.3	114.3	123.0	126.3
进口产品价格指数	Import Products		110.2	119.5	115.0	120.0
按生产阶段分生产者价格指数	by Stage of Processing					
原材料价格指数	Raw Materials					
中间产品价格指数	Intermediate Products		112.3	123.0	126.6	133.4
按最终用途分生产者价格指数	by End-Use					
消费品价格指数	Consumers' Goods	108.1	109.5	116.5	124.4	129.1
投资用品价格指数	Capital Goods	109.1	113.8	125.2	128.1	131.6
美　国	**United States**					
按供给组成分生产者价格指数	by Components of Supply					
国内供应价格指数	Domestic Supply	104.7	109.7	120.5	109.9	117.4
国内生产价格指数	Domestic Production					
农业产品价格指数	Agricultural Products	98.8	121.1	136.2	113.6	127.5
工业产品价格指数	Industrial Products	105.4	109.3	120.0	109.1	116.7
进口产品价格指数	Import Products					
按生产阶段分生产者价格指数	by Stage of Processing					
原材料价格指数	Raw Materials	101.9	113.7	138.2	96.2	116.5
中间产品价格指数	Intermediate Products	106.5	110.9	122.3	112.0	119.1
按最终用途分生产者价格指数	by End-Use					
消费品价格指数	Consumers' Goods	103.5	108.2	116.2	111.7	117.9
投资用品价格指数	Capital Goods	101.6	103.4	106.4	108.4	108.8

9-2 续表 3 continued

2005年=100 (2005=100)

国家和地区	Country or Area	2006	2007	2008	2009	2010
阿 根 廷	**Argentina**					
按供给组成分生产者价格指数	by Components of Supply					
国内供应价格指数	Domestic Supply	110.8	123.1	140.6	149.8	172.2
国内生产价格指数	Domestic Production	111.0	123.5	140.9	150.6	173.9
农业产品价格指数	Agricultural Products	117.6	162.3	179.8	189.0	221.0
工业产品价格指数	Industrial Products	109.2	121.1	140.2	150.2	170.3
进口产品价格指数	Import Products	108.1	118.6	138.1	139.1	151.6
巴 西①	**Brazil①**					
按供给组成分生产者价格指数	by Components of Supply					
国内供应价格指数	Domestic Supply	197.0	310.8			
农业产品价格指数	Agricultural Products	184.9	363.4			
工业产品价格指数	Industrial Products	200.2	288.7			
按生产阶段分生产者价格指数	by Stage of Processing					
原材料价格指数	Raw Materials	187.0				
按最终用途分生产者价格指数	by End-Use					
消费品价格指数	Consumers' Goods	186.2	294.7			
投资用品价格指数	Capital Goods	194.2				
委内瑞拉	**Venezuela**					
按供给组成分生产者价格指数	by Components of Supply					
国内供应价格指数	Domestic Supply	435.2①	131.5	162.4	212.6	270.3
国内生产价格指数	Domestic Production	421.1①	135.4	169.3	222.7	283.9
农业产品价格指数	Agricultural Products	380.1①	163.8	234.7	376.1	538.2
工业产品价格指数	Industrial Products	321.6①	129.8	164.3	199.2	250.0
进口产品价格指数	Import Products	449.9①	119.4	140.7	181.0	227.3
白俄罗斯	**Belarus**					
按供给组成分生产者价格指数	by Components of Supply					
国内生产价格指数	Domestic Production	108.3	131.6	151.6	172.3	195.7
工业产品价格指数	Industrial Products		125.9	144.4	165.4	187.9
按生产阶段分生产者价格指数	by Stage of Processing					
中间产品价格指数	Intermediate Products	109.1	132.9	153.9	179.2	210.7
按最终用途分生产者价格指数	by End-Use					
消费品价格指数	Consumers' Goods	106.5	115.4	131.9	150.1	164.1
投资用品价格指数	Capital Goods		116.2	126.6	136.1	147.7
捷 克	**Czech Rep.**					
按供给组成分生产者价格指数	by Components of Supply					
农业产品价格指数	Agricultural Products	101.1	118.1	128.5	96.6	101.7
工业产品价格指数	Industrial Products	101.6	105.8	110.5	107.0	108.3
进口产品价格指数	Import Products	100.3	99.2	96.0	92.6	94.5
按生产阶段分生产者价格指数	by Stage of Processing					
中间产品价格指数	Intermediate Products	100.7	105.7	108.6	100.8	102.8
按最终用途分生产者价格指数	by End-Use					
消费品价格指数	Consumers' Goods	99.4	101.8	105.6	104.1	102.1
投资用品价格指数	Capital Goods	100.3	101.9	102.2	103.1	100.7

9-2 续表 4 continued

2005年=100 (2005=100)

国家和地区	Country or Area	2006	2007	2008	2009	2010
法　国	**France**					
按供给组成分生产者价格指数	by Components of Supply					
国内供应价格指数	Domestic Supply					
农业产品价格指数	Agricultural Products	102.9	117.4	124.0	108.1	116.2
工业产品价格指数	Industrial Products		105.3	110.3	104.1	107.3
按生产阶段分生产者价格指数	by Stage of Processing					
中间产品价格指数	Intermediate Products	104.3	107.9	111.7	105.5	108.4
按最终用途分生产者价格指数	by End-Use					
消费品价格指数	Consumers' Goods	100.3	101.7	105.0	100.3	100.1
投资用品价格指数	Capital Goods	100.6	101.9	103.9	104.0	104.3
德　国	**Germany**					
按供给组成分生产者价格指数	by Components of Supply					
国内供应价格指数	Domestic Supply	104.2	106.0	111.0		
国内生产价格指数	Domestic Production	105.4	106.8	112.6	108.0	109.7
农业产品价格指数	Agricultural Products	107.4	119.9	124.3	100.6	112.9
工业产品价格指数	Industrial Products	105.5	107.8	106.3	103.4	106.3
进口产品价格指数	Import Products	104.4	105.1	109.4	100.1	107.4
按生产阶段分生产者价格指数	by Stage of Processing					
中间产品价格指数	Intermediate Products	103.8	107.4	109.2	104.2	108.6
按最终用途分生产者价格指数	by End-Use					
消费品价格指数	Consumers' Goods	101.6	104.0	106.7	105.7	107.0
投资用品价格指数	Capital Goods	100.6	101.6	100.6	101.5	102.0
意 大 利	**Italy**					
按供给组成分生产者价格指数	by Components of Supply					
工业产品价格指数	Industrial Products	105.2	108.7	115.1	108.9	112.2
按生产阶段分生产者价格指数	by Stage of Processing					
中间产品价格指数	Intermediate Products	105.1	110.5	112.9	106.6	110.6
按最终用途分生产者价格指数	by End-Use					
消费品价格指数	Consumers' Goods	101.7	104.3	107.9	106.9	107.5
投资用品价格指数	Capital Goods	101.7	103.9	108.9	109.0	109.0
荷　兰	**Netherlands**					
按供给组成分生产者价格指数	by Components of Supply					
工业产品价格指数	Industrial Products	104.5	109.6	124.0	110.6	115.0
按生产阶段分生产者价格指数	by Stage of Processing					
中间产品价格指数	Intermediate Products		113.0	121.0	108.4	115.4
按最终用途分生产者价格指数	by End-Use					
消费品价格指数	Consumers' Goods		106.6	112.1	109.6	113.8
投资用品价格指数	Capital Goods		106.1	110.3	110.0	110.8
波　兰	**Poland**					
按供给组成分生产者价格指数	by Components of Supply					
国内生产价格指数	Domestic Production	103.5	107.6	113.4	116.1	120.4
工业产品价格指数	Industrial Products	102.0	103.9	106.1	109.7	112.1
按生产阶段分生产者价格指数	by Stage of Processing					
原材料价格指数	Raw Materials	106.1	110.7	125.9	134.2	149.4
中间产品价格指数	Intermediate Products	104.6	112.1	115.7	112.8	116.2
按最终用途分生产者价格指数	by End-Use					
消费品价格指数	Consumers' Goods	99.0	100.5	101.3	103.1	101.4
投资用品价格指数	Capital Goods	99.1	98.9	97.5	97.3	92.5
俄罗斯联邦	**Russian Fed.**					
按供给组成分生产者价格指数	by Components of Supply					
农业产品价格指数	Agricultural Products	104.4	121.1	151.2	147.0	156.3
工业产品价格指数	Industrial Products	112.4	128.2	155.7	144.5	162.2

9-2 续表 5 continued

2005年=100 (2005=100)

国家和地区	Country or Area	2006	2007	2008	2009	2010
西 班 牙	**Spain**					
按供给组成分生产者价格指数	by Components of Supply					
工业产品价格指数	Industrial Products	105.4	109.2	116.3	112.4	115.9
按生产阶段分生产者价格指数	by Stage of Processing					
中间产品价格指数	Intermediate Products	106.2	112.5	118.7	112.3	115.5
按最终用途分生产者价格指数	by End-Use					
消费品价格指数	Consumers' Goods	103.2	105.7	110.3	109.6	109.8
投资用品价格指数	Capital Goods	103.0	106.5	109.2	110.0	109.5
土 耳 其	**Turkey**					
按供给组成分生产者价格指数	by Components of Supply					
国内供应价格指数	Domestic Supply	109.1	116.2	131.0	132.6	143.9
农业产品价格指数	Agricultural Products	107.3	114.9	128.8	131.8	158.1
工业产品价格指数	Industrial Products	110.1	116.7	130.7	130.0	137.8
乌 克 兰	**Ukraine**					
按供给组成分生产者价格指数	by Components of Supply					
农业产品价格指数	Agricultural Products	102.4	141.3	151.9	168.8	229.6
工业产品价格指数	Industrial Products	109.6	131.0	177.5	189.0	228.5
英 国	**United Kingdom**					
按供给组成分生产者价格指数	by Components of Supply					
国内生产价格指数	Domestic Production	102.2	104.4	111.4	113.2	117.9
农业产品价格指数	Agricultural Products	105.7	116.6	142.4	136.8	142.4
工业产品价格指数	Industrial Products	101.8	102.9	106.7	109.4	112.7
进口产品价格指数	Import Products	103.0	104.2	117.8	122.5	130.5
按生产阶段分生产者价格指数	by Stage of Processing					
原材料价格指数	Raw Materials	109.5	113.0	138.1	132.9	146.1
中间产品价格指数	Intermediate Products	103.9	114.0	118.7	118.0	122.4
按最终用途分生产者价格指数	by End-Use					
消费品价格指数	Consumers' Goods	101.5	95.6	107.9	115.2	117.4
投资用品价格指数	Capital Goods	101.6	122.5	113.1	109.8	112.2
澳大利亚	**Australia**					
按供给组成分生产者价格指数	by Components of Supply					
国内供应价格指数	Domestic Supply	103.9	106.6	112.4	113.7	115.3
国内生产价格指数	Domestic Production	104.5	108.5	114.8	115.3	118.6
农业产品价格指数	Agricultural Products	102.0	111.0	123.6	113.4	117.6
工业产品价格指数	Industrial Products	107.9	110.5	119.6	113.1	115.3
进口产品价格指数	Import Products	100.5	95.8	98.0	104.3	96.5
按生产阶段分生产者价格指数	by Stage of Processing					
原材料价格指数	Raw Materials	107.9	111.9	123.3	119.0	120.4
中间产品价格指数	Intermediate Products	106.8	111.0	120.0	117.3	118.5
按最终用途分生产者价格指数	by End-Use					
消费品价格指数	Consumers' Goods	104.7	106.5	112.6	114.9	118.0
投资用品价格指数	Capital Goods	103.4	106.8	112.3	112.8	113.4
新 西 兰	**New Zealand**					
按供给组成分生产者价格指数	by Components of Supply					
农业产品价格指数	Agricultural Products	101.9	106.9	120.8	122.5	132.3
工业产品价格指数	Industrial Products	104.3	110.8	127.3	121.2	126.4
按生产阶段分生产者价格指数	by Stage of Processing					
中间产品价格指数	Intermediate Products	106.8	108.7	120.4	118.6	121.8

注：①2000年=100。
Note:①2000=100.

9-3 消费者价格指数
Consumer Price Indices

资料来源：联合国ILO数据库。
Source: ILO Database.

2000年=100 (2000=100)

国家和地区	Country or Area	2003	2005	2007	2008	2009	2010
中　国	China	101.1	107.0	113.7	120.4		
中国香港	Hong Kong, China	93.0	93.6	97.4	101.6	95.1	
中国澳门	Macao, China	93.9	99.0	109.9	119.4	120.8	124.1
孟加拉国①	Bangladesh①	111.5	126.7	147.6	160.7	169.4	183.2
文　莱	Brunei Darussalam	98.6	100.5	101.0	103.8		
柬埔寨	Cambodia	103.9	114.1	126.5	151.4	159.0	165.4
印　度②	India②	112.5	121.5	136.1	147.5	163.2	182.8
印度尼西亚	Indonesia	133.0	156.0	187.8	207.2	216.1	227.2
伊　朗	Iran	148.2	192.9	246.1	309.1	350.7	386.2
以色列	Israel	107.7	108.6	111.5	116.6	120.5	123.7
日　本	Japan	98.1	97.8	98.1	99.5	98.1	97.4
哈萨克斯坦	Kazakhstan	122.1	140.3	168.8	197.5		
韩　国	Korea, Rep.	110.7	117.8	123.5	129.2	132.9	136.8
老　挝	Laos	137.7	163.0	182.0	195.9	195.9	207.7
马来西亚	Malaysia	104.4	109.1	115.3	121.5	122.3	124.4
蒙　古	Mongolia	112.8	137.6	109.6	140.3	151.0	
缅　甸	Myanmar	259.8	297.1	481.3	610.3		
巴基斯坦	Pakistan	110.5	129.5	150.3	180.8	205.5	234.0
菲律宾	Philippines	113.9	129.8	141.8	155.0	160.0	
新加坡	Singapore	101.1	103.2	106.4	113.4	113.6	116.8
斯里兰卡	Sri Lanka	133.0	159.7	163.1	199.9	206.8	219.1
泰　国	Thailand	104.1	111.8	119.6	126.1	125.0	129.2
越　南	Viet Nam	107.0	125.5	143.8	177.0	188.9	
埃　及	Egypt	109.5	133.7	157.6	186.4	208.4	161.3
尼日利亚	Nigeria	153.1	207.4	236.6	264.0	296.6	337.8
南　非	South Africa	122.1	128.0	143.5	160.0	171.4	178.7
加拿大	Canada	107.8	112.2	116.9	119.6	119.9	122.2
墨西哥	Mexico	116.8	127.2	137.0	144.0	151.6	158.0
美　国③	United States③	106.9	113.4	120.4	125.0		126.6
阿根廷	Argentina	141.3	161.7	195.2	211.9	225.5	248.8
巴　西	Brazil	132.9	151.4	163.5	172.8	181.2	190.4
委内瑞拉	Venezuela	180.6	255.0	343.9	452.1	581.4	
捷　克	Czech Rep.	106.6	111.7	117.9	125.4		
法　国	France	105.8	109.9	113.4	116.6	116.7	118.5
德　国	Germany	104.5	108.3	112.5	115.5	115.9	117.2
意大利④	Italy④	108.2	112.4	116.9	120.7	121.6	123.3
荷　兰	Netherlands	109.9	113.1	116.2	119.1	120.6	122.1
波　兰	Poland	108.4	114.6	118.6	123.6	127.9	131.3
俄罗斯联邦	Russian Fed.	159.9	199.7	238.8	272.5	304.3	325.2
西班牙⑤	Spain⑤	106.7	113.6	120.9	125.8	125.5	127.7
土耳其	Turkey	280.4	329.5	392.7	433.7	460.8	500.3
乌克兰	Ukraine	118.7	146.9	180.8	226.4	262.4	
英　国	United Kingdom	106.5	112.7	121.3	126.1	125.5	131.3
澳大利亚	Australia	110.5	116.1	123.1	128.4	130.7	134.4
新西兰	New Zealand	107.3	113.0	119.6	124.4	127.0	129.9

注：①政府官方。②指产业工人。③城市消费者。④不包括烟草。⑤基期为2001年。
Note: ①Governmental officials.②Industrial workers.③Urban consumers.④Excluding tobacco.⑤The base year is 2001.

9-4 食品消费价格指数
Food Consumption Price Indices

资料来源：联合国ILO数据库。
Source: ILO Database.

2000年=100 (2000=100)

国家和地区	Country or Area	2003	2005	2007	2008	2009	2010
中　国	China	102.8	116.3	133.7	152.8		
中国香港	Hong Kong, China	95.7	98.4	104.4	115.0	114.1	
中国澳门	Macao, China	95.3	101.3	113.6	133.2	140.6	147.2
孟加拉国	Bangladesh	110.1	127.8	151.9	168.7	177.9	195.9
文　莱	Brunei Darussalam	100.0	102.2	104.7	109.9		
柬埔寨①	Cambodia①	101.2	116.6	136.6	100.0	64.1	104.0
印　度	India	104.9	111.1	130.3	143.3	162.9	183.1
印度尼西亚	Indonesia	121.2	140.3	180.4	210.9	225.7	247.0
伊　朗	Iran	145.9	186.3	100.0	131.0	146.5	164.8
以色列	Israel	108.4	109.9	119.5	133.2	135.2	138.6
日　本	Japan	98.4	98.4	99.2	101.8	101.9	101.7
哈萨克斯坦	Kazakhstan	127.3	148.2	180.7	223.1		
韩　国	Korea, Rep.	112.4	128.6	132.4	139.1	149.5	159.2
老　挝	Laos	134.8	160.2	190.0	210.7	214.7	
马来西亚	Malaysia	102.7	108.8	115.9	126.1	131.4	134.5
蒙　古②	Mongolia②	105.5	139.4	112.9	158.2	160.9	
缅　甸	Myanmar	274.3	303.2	493.9	638.3		
巴基斯坦	Pakistan	108.6	132.1	158.8	202.6	229.6	268.0
菲律宾	Philippines	109.4	123.8	134.9	152.3	161.1	
新加坡	Singapore	101.1	104.6	109.4	117.8	120.5	122.2
斯里兰卡	Sri Lanka	134.9	163.0	163.4	213.3	219.2	234.2
泰　国	Thailand	104.7	114.9	125.0	139.4	145.6	153.5
越　南	Viet Nam	108.7	136.2	161.7	221.4	239.9	
埃　及③	Egypt③	112.3	105.1	130.6	162.0	188.1	137.6
尼日利亚	Nigeria	153.8	216.3	232.6	270.0	309.6	355.7
南　非	South Africa	131.9	137.9	163.1	100.0	109.5	111.0
加拿大	Canada	109.1	114.1	119.9	124.1	130.2	132.0
墨西哥	Mexico	115.1	129.4	142.6	154.1	167.5	174.0
美　国	United States	107.3	113.7	120.9	127.6		130.8
阿根廷	Argentina	157.3	183.3	228.5	244.0	250.9	287.0
巴　西	Brazil	140.8	151.0	161.3	182.3	192.9	
委内瑞拉	Venezuela	205.2	332.5	506.3	738.0	958.3	
捷　克	Czech Rep.	104.0	110.3	118.0	127.9		
法　国	France	110.2	111.0	114.3	119.9	120.4	121.4
德　国	Germany	105.2	105.3	111.5	118.3	116.8	118.5
意大利	Italy	111.3	113.7	119.0	125.4	127.7	127.9
荷　兰	Netherlands	111.7	106.5	109.4	115.6	116.8	116.7
波　兰	Poland	103.0	110.6	115.9	122.5	127.8	131.1
俄罗斯联邦	Russian Fed.	151.8	190.3	227.2	274.6	291.3	328.9
西班牙	Spain	109.0	116.3	126.0	133.4	132.0	131.0
土耳其	Turkey	290.0	112.1	138.2	155.9	168.4	186.2
乌克兰	Ukraine	121.5	157.5	182.4	100.0	110.9	
英　国	United Kingdom	105.4	107.3	114.6	125.2	131.8	136.0
澳大利亚	Australia	114.4	120.0	132.3	138.5	143.6	145.9
新西兰	New Zealand	109.4	113.1	118.8	129.1	136.8	138.1

注:①2008年=100。②2006年=100。③2004年=100。
Note:①2008=100.②2006=100.③2004=100.

9-5 能源消费价格指数

Energy Consumption Price Indices

资料来源：联合国ILO数据库。
Source: ILO Database.

2000年=100 (2000=100)

国家和地区	Country or Area	2003	2005	2007	2008	2009	2010
中　　国⑤	China⑤	111.5	130.0	141.8	150.9		
中国香港①	Hong Kong, China①	92.5	107.4	108.8	101.7		
中国澳门	Macao, China	98.5	110.9	114.6	96.1		
柬 埔 寨②	Cambodia②	100.3	110.6	134.1	160.9	119.2	
印　　度	India	128.3	136.1	144.1	154.0		
印度尼西亚	Indonesia	207.7					
伊　　朗	Iran	149.6	176.4				
以 色 列	Israel	127.9	146.7	147.7	168.7		
日　　本①	Japan①	98.9	99.8	104.2	110.5	105.9	105.7
哈萨克斯坦	Kazakhstan	115.7					
韩　　国	Korea, Rep.	113.1	122.5	135.4	146.5		
马来西亚③	Malaysia③	100.0	101.9				
蒙　　古	Mongolia	149.5	165.2				
缅　　甸	Myanmar	219.3	281.6	491.7	561.9		
巴基斯坦④	Pakistan④	104.9	113.8	133.1	155.1	183.0	
菲 律 宾⑤	Philippines⑤	123.2	156.2	182.1	193.9		
新 加 坡	Singapore	98.8	109.5	125.8	157.5	136.0	
斯里兰卡	Sri Lanka	143.2	178.1	286.2			
泰　　国⑤	Thailand⑤	111.1	119.0	126.4	106.2	96.6	105.9
埃　　及	Egypt	100.6					
南　　非	South Africa	121.4	135.7	153.3	182.8		
加 拿 大⑤	Canada⑤	115.5	127.0	134.2	143.6	133.4	
墨 西 哥	Mexico	135.8	160.6	178.2	190.7		
美　　国⑥	United States⑥	112.5	131.6	148.0	163.5		
阿 根 廷⑥	Argentina⑥	112.9	118.6	115.9			
捷　　克	Czech Rep.	120.8	131.1	151.6	172.7		
法　　国⑦	France⑦	103.4	113.2	123.4	135.2	127.3	135.7
德　　国	Germany	111.8	129.8	148.6	165.2		
意 大 利	Italy	104.9	113.7	126.5	140.3	133.2	130.9
荷　　兰	Netherlands	130.0	153.5	170.8	175.3		
波　　兰	Poland	121.1	129.5	143.2	157.5		
俄罗斯联邦⑦	Russian Fed.⑦	209.1	282.0	367.2	417.6		
西 班 牙②	Spain②	100.2	108.5	121.4	134.1		
土 耳 其	Turkey	349.3	400.0	479.1	604.0		
英　　国	United Kingdom	106.1	129.0	172.1	204.7	217.4	
澳大利亚	Australia	116.0	124.2	135.4	148.2		
新 西 兰	New Zealand	112.3	131.8	149.5	160.2	167.4	

注：①包括供水和污水处理业。②基期为2001年。③基期为2003年。④基期为2002年。⑤包括供水。⑥城市消费者。⑦只包括电力。
Note:①Including water and sewerage. ②The base year is 2001. ③The base year is 2003. ④The base year is 2002. ⑤Including water.
⑥Urban consumers.⑦Electricity only.

9-6 初级产品市场价格指数和单位价值指数

Indices of Primary Commodities Market Prices and Unit Values

资料来源：国际货币基金组织国际金融统计数据库。
Source: International Monetary Fund IFS Database.

2005年=100 (2005=100)

商品	Concept	原产国	Country of Origion	1990	2000	2008	2009	2010
初级品指数	**All Primary Commodities**	**世界**	**World**		**63.3**	**172.3**	**120.7**	**152.2**
农业原材料	**Agricultural Raw Materials**	**世界**	**World**	**102.3**	**98.6**	**113.3**	**94.1**	**125.3**
饮料	**Beverages**	**世界**	**World**	**86.4**	**75.7**	**152.0**	**154.4**	**176.2**
能源指数	**Energy Index**	**世界**	**World**		**53.7**	**184.7**	**116.8**	**147.1**
食品	**Food**	**世界**	**World**	**103.7**	**82.1**	**157.0**	**134.0**	**149.4**
金属	**Metals**	**世界**	**World**	**74.2**	**62.7**	**169.0**	**136.5**	**202.3**
非燃料产品指数	**Non-Fuel Commodities Index**	**世界**	**World**	**94.1**	**79.6**	**151.1**	**127.4**	**161.0**
原油	**Crude Oil (Petroleum)**	**世界**	**World**	**43.1**	**52.9**	**181.9**	**115.8**	**148.1**
亚麻籽油	**Linseed Oil**	**世界**	**World**	**64.4**	**36.3**	**140.8**	**89.2**	**105.6**
糖	**Sugar, Free Market**	**世界**	**World**	**124.2**	**80.2**	**123.6**	**180.2**	**207.4**
铀	**Uranium**	**世界**	**World**	**34.9**	**29.7**	**229.8**	**167.1**	**164.6**
铝	Aluminum	加拿大	Canada	86.3	81.6	135.6	87.8	114.3
香蕉	Bananas	厄瓜多尔	Ecuador	93.8	73.2	146.3	147.0	152.8
大麦	Barley	加拿大	Canada	84.1	81.2	210.9	135.0	166.6
牛肉	Beef	澳大利亚	Australia	97.9	73.9	102.0	100.8	128.4
黄油	Butter	新西兰	New Zealand	106.8	100.0			
澳大利亚煤炭	Coal, Australian Thermal	澳大利亚	Australia	77.7	51.4	266.9	151.0	207.8
南非煤炭	Coal, South African Thermal	南非	South Africa	71.4	57.7	261.8	140.2	198.5
粗毛	Coarse Wool	英国	United Kingdom	81.1	53.0	133.7	115.2	154.6
可可豆	Cocoa	加纳	Ghana	82.1	58.5	166.6	187.4	202.7
椰子油	Coconut Oil	菲律宾	Philippines	55.6				182.1
巴西咖啡	Coffee, Other Milds	巴西	Brazil	82.6	78.7	120.7	109.8	142.5
其他咖啡	Coffee, Other Milds	其它中美洲	Other Cent America not specified	78.0	74.4	120.8	123.9	170.0
铜	Copper	英国	United Kingdom	72.4	49.4	189.4	140.5	205.0
干椰子肉	Copra	菲律宾	Philippines	55.5	74.5	196.8	115.7	180.8
棉花	Cotton	美国	United States	149.6	107.0	129.4	113.7	187.7
美国原油	Crude Oil (Petroleum)	美国	United States	43.4	53.7	176.4	109.3	140.7
迪拜港原油	Crude Oil (Petroleum), Dubai Fateh	阿联酋	United Arab Emirates	42.1	53.0	190.6	125.5	158.6
英国布伦特原油	Crude Oil (Petroleum), UK Dated Brent	英国	United Kingdom	43.6	52.0	179.4	113.6	146.3
磷酸二氨	DAP (Dai Aluminum Phosphate)	美国	United States	69.4	62.4	391.5	130.8	202.7
细羊毛	Fine Wool	英国	United Kingdom	143.5	108.2	142.9	114.9	151.0
鱼	Fish	挪威	Norway	145.3	89.7	119.3	121.2	151.3
鱼粉	Fishmeal	秘鲁	Peru	87.5	60.7	155.9	168.7	233.7
汽油	Gasoline	美国	United States	44.8	52.5	155.3	102.8	129.1
黄金	Gold	英国	United Kingdom	86.2	62.8	196.0	218.7	275.3
花生	Groundnuts	尼日利亚	Nigeria	138.5	102.1	203.8	129.3	161.1
花生油	Groundnuts (Peanuts) Oil	尼日利亚	Nigeria	90.9	67.2	201.0	111.6	132.4
圆硬木	Hardwood, Logs	马来西亚	Malaysia	79.3	94.0	143.8	141.4	137.6
硬木(马来西亚)	Hardwood, Sawnwood	马来西亚	Malaysia	79.5	92.2	134.7	122.7	130.6

9-6 续表 continued

2005年=100 (2005=100)

商品	Concept	原产国	Country of Origion	1990	2000	2008	2009	2010
皮革	Hides	美国	United States	140.5	122.2	97.7	68.4	109.6
铁矿石	Iron Ore	巴西	Brazil	50.0	44.3	219.0	284.6	521.9
黄麻	Jute	孟加拉国	Bangladesh	140.8	96.1	161.2	193.2	297.8
羔羊	Lamb	新西兰	New Zealand	75.3	70.1	106.1	91.3	90.5
石磨	Lead	英国	United Kingdom	83.1	46.6	214.8	176.5	220.5
玉米	Maize	美国	United States	111.1	89.6	226.9	168.2	189.0
印度尼西亚天然气	Natural Gas, Indonesia	印度尼西亚	Indonesia		74.4	164.8	106.5	133.4
俄罗斯天然气	Natural Gas, Russia	俄罗斯	Russian Federation	34.4	58.4	222.1	149.7	139.0
美国天然气	Natural Gas, U.S.A.	美国	United States		48.6	100.0	44.5	49.5
镍	Nickel	加拿大	Canada	60.0	58.4	143.1	99.3	147.6
橄榄油	Olive Oil	英国	United Kingdom	58.2	54.0	75.5	63.6	57.5
柑桔	Oranges	法国	France	63.1	43.1	131.5	107.9	122.1
棕榈仁油	Palm Kernel Oil	马来西亚	Malaysia	53.2	71.5	154.1	108.9	143.6
棕榈油	Palm Oil	马来西亚	Malaysia	65.1	71.0	234.7	175.2	233.9
黑胡椒	Pepper, Black	新加坡	Singapore	72.2	174.8	209.6	184.2	243.0
磷酸盐岩	Phosphate Rock	摩洛哥	Morocco	96.4	104.2	822.8	289.7	292.9
夹板	Plywood	菲律宾	Philippines	69.8	88.1	126.9	111.0	111.9
碳酸钾	Potash	加拿大	Canada	62.0	77.4	360.4	398.4	209.8
家禽	Poultry	美国	United States	66.4	80.4	114.5	115.9	116.2
大米	Rice	泰国	Thailand				174.6	
橡胶	Rubber	马来西亚	Malaysia	45.6	52.3	176.3	126.2	203.4
橡胶	Rubber	泰国	Thailand	36.6	44.4	144.2	109.1	191.7
虾	Shrimp	美国	United States	124.3	174.4	90.5	84.7	75.9
银	Silver	美国	United States	65.7	68.1	204.4	200.2	275.2
剑麻	Sisal	东部非洲	East Africa	80.8	71.0	121.7	87.1	114.1
软圆木	Softwood, Logs	美国	United States	68.1	99.6	81.2	75.3	77.9
软木	Softwoods, Sawnwood	美国	United States	62.8	86.7	95.4	88.6	85.8
高粱	Sorghum	美国	United States	108.0	91.5	216.0	157.0	171.9
大豆	Soybean	美国	United States	98.2	82.0	203.1	169.6	172.5
大豆粉	Soybean Meal	美国	United States	93.4	90.9	178.7	174.5	160.9
大豆油	Soybean Oil	美国	United States	99.3	71.0	228.7	158.8	186.5
葵花籽油	Sunflower	英国	United Kingdom	52.7	33.1	148.0	91.0	103.6
过磷酸盐	Superphosphate	美国	United States	65.4	68.4	449.2	127.8	189.5
猪	Swine	美国	United States	148.5	87.6	95.5	82.4	110.0
茶叶	Tea	英国	United Kingdom	93.9	114.7	124.6	145.1	146.4
锡	Tin	马来西亚	Malaysia	61.5	75.8	221.4	164.5	222.2
锡	Tin	英国	United Kingdom	82.4	73.6	250.0	184.2	275.8
烟草	Tobacco	美国	United States	121.6	107.1	128.0	151.8	154.6
尿素	Urea	乌克兰	Ukraine		46.2	225.0	114.0	131.8
小麦	Wheat	美国	United States	88.9	74.8	213.8	146.6	146.7
纸浆	Wood pulp	瑞典	Sweden	128.0	104.5	130.1	97.0	136.4
锌	Zinc	英国	United Kingdom	110.0	81.7	136.5	120.1	156.5

主要统计指标解释

国内生产总值缩减指数 衡量在一定时期内整体经济中价格年度变化情况的指标。

生产者价格指数和批发价格指数 生产者价格指生产者从购买者那里可得到的某一单位货物和服务的价值，具体为总产出减去由购买者支付的增加税等可扣减税。它包括生产者发票上单独列支的运费。生产者或批发价格指数是用来衡量在第一阶段进口商业交易中各种项目价格变化的指标，这里可能有两种选择，但生产者价格指数受到重视，其理由是这个概念对于衡量用的权数和范围与国民经济核算和工业生产核算更为接近。在原则上，生产者价格指数应当包括服务业，但在实际计算时仅包括国内农业和工业部门。农业部门采用“出农场价格”，工业部门采用出厂价格。批发价格指数包括生产和流通各阶段的全部农业和工业产品的价格的混合，包括进口和进口税。该指标的优点在于能反映更广泛经济活动的变化情况，采用拉氏公式计算。

消费者价格指数 是反映报告经济体为消费目的而获取、使用和支付的货物和服务的价格总体水平随时间变化的指标。消费者价格指数作为一个系列，用来衡量报告经济体人口获取、使用和支付固定数量和特征的一揽子货物和服务消费品价格随时间变化的比例。每个总指数是通过将大量要素加总指数加权平均而得到，每个要素加总指数是基于某一地区或其居民从某一指定出处或其他消费源获取指定货物和服务的价格的抽样调查数而进行的估算。

Explanatory Notes on Main Statistical Indicators

Gross Domestic Product Deflator measures the average annual rate of price change in the economy as whole for the periods shown.

Producer or Wholesale Price Indices The Amount receivable by the producer from the purchaser for a unit of a good or service produced as output minus any value-added tax, or similar deductible tax, invoiced to the purchaser. It includes any transport charges invoiced separately by the producer. Indices shown for producer or wholesale prices are designed to monitor changes in prices of items at the first import commercial transaction, where a choice is available, preference is given to the PPI because the concept, weighing pattern, and coverage are likely to be more consistent with national accounts and industrial production statistics. In principle, the PPI should include service industries, but in practice it is limited to the domestic agriculture and industrial sectors. The prices should be farm-gate prices for the agriculture and industrial goods at various stages of production and distribution, inclusive of imports and import duties. Preference is given to indices that provide broad coverage of the economy, and the indices are computed using the Laspeyres formula.

Consumer Price Indices measures changes over time in the general level of prices of goods and services that a reference population acquires, uses or pays for consumption. A consumer prices index is estimated as a series of summary measures of the period-to-period proportional change in the prices of a fixed set of consumer goods and services of constant quantity and characteristics, acquired, used or paid for by the reference population. Each summary measure is constructed as a weighted average of a large number of elementary aggregate indices. Each of the elementary aggregate indices is estimated using a sample of prices for a defined set of goods and services obtained in, or by residents of, a specific region from a given set of outlets or other sources of consumption goods and services.

居民收支和贫困

Household Income and Expenditure and Poverty

10-1 居民消费支出
Household Consumption Expenditure

资料来源：世界银行WDI数据库。
Source: World Bank WDI Database.

国家和地区	Country or Area	居民最终消费支出(现价，亿美元) Household Final Consumption Expenditure (current 100 million USD)			居民人均最终消费支出(2000年价格，美元) Household Final Consumption Expenditure per Capita (constant 2000 USD)		
		2000	2005	2010	2000	2005	2010
世　界	**World**	**197411**	**274393**	**345448①**	**3247**	**3514**	**3625①**
高收入国家	**High Income**	**161834**	**219934**	**257079①**	**15419**	**16785**	**16931①**
中等收入国家	**Middle Income**	**34357**	**52779**	**102813**	**783**	**928**	**1169**
低收入国家	**Low Income**	**1291**	**1874**	**3282**	**201**	**226**	**263①**
中　国	China	5539	8866	20194	439	582	879
中国香港	Hong Kong, China	997	1035	1397	14966	16068	19497
中国澳门	Macao, China	25	31	52①	5686	6560	8007①
孟加拉国	Bangladesh	365	449	757	282	317	395
文　莱	Brunei Darussalam	15	21		4556	5568	
柬埔寨	Cambodia	32	54	79①	261	367	432①
印　度	India	2945	4878	10930	290	354	459①
印度尼西亚	Indonesia	1017	1840	4006	477	545	647
伊　朗	Iran	483	854		739	984	
以色列	Israel	666	743	1267	10590	10901	12074
日　本	Japan	26240	25943	30207①	20682	21817	22173①
哈萨克斯坦	Kazakhstan	113	280	524	761	1167	1167
韩　国	Korea, Rep.	2921	4545	4399①	6215	7298	7842①
老　挝	Laos	14	21	27	258	314	201
马来西亚	Malaysia	410	618	963①	1753	2180	2626①
蒙　古	Mongolia	9	14	33	354		
巴基斯坦	Pakistan	557	843	1345	386	447	487
菲律宾	Philippines	585	773	1428	757	873	957
新加坡	Singapore	396	503	845	9821	11493	11467
斯里兰卡	Sri Lanka		168	270①			
泰　国	Thailand	689	1010	1713	1091	1342	1449
越　南	Viet Nam	207	336	680	267	351	477
埃　及	Egypt	757	642	1774	1120	1187	1487
南　非	South Africa	837	1558	2174	1902	2195	2299
加拿大	Canada	4013	6263	7862①	13043	14510	15658①
墨西哥	Mexico	3895	5636	6968	3896	4267	4333
美　国	United States	68304	88190	100013①	24207	26757	26783①
阿根廷	Argentina	2008	1124	2744	5437	5407	7057
巴　西	Brazil	4148	5317	12161	2378	2453	3122
委内瑞拉	Venezuela	606	680	2587	2494	2872	3708
捷　克	Czech Rep.	298	611	964①	2898	3397	3781①
法　国	France	7401	12206	15459①	12180	13226	13717①
德　国	Germany	11186	16483	19602①	13607	13787	14103①
意大利	Italy	6575	10496	12663①	11546	11656	11326①
荷　兰	Netherlands	1942	3113	3648①	12196	12455	12341①
波　兰	Poland	1081	1899	3005	2811	3245	3955
俄罗斯联邦	Russian Fed.	1200	3816	7121	820	1336	1960
西班牙	Spain	3464	6530	8285①	8604	9488	9190①
土耳其	Turkey	1879	3464	4397①	2954	3558	3803
乌克兰	Ukraine	170	477	768①	345	645	849①
英　国	United Kingdom	9685	14818	14154①	16445	18627	18354①
澳大利亚	Australia	2380	3917		12426	14183	
新西兰	New Zealand	307	660	745①	7962	9299	9250①

注：①2009年数据。
Note:①Data refer to 2009.

10-2 居民收入分配

Personal Income Distribution

资料来源：世界银行WDI数据库。
Source: World Bank WDI Database.

国家和地区	Country or Area	年份 Year	基尼系数 GINI index	各组占全部收入或消费的比重(%) As Percentage of Total Income or Consumption(%)				
				最低的20% Lowest 20%	第二个20% Second 20%	第三个20% Third 20%	第四个20% Fourth 20%	最高的20% Highest 20%
中　国	China	2005	0.42	5.73	9.80	14.66	22.00	47.81
中国香港	Hong Kong,China	1996	0.43	5.26	9.39	13.85	20.75	50.75
孟加拉国	Bangladesh	2005	0.31	9.36	12.62	16.13	21.12	40.77
柬埔寨	Cambodia	2007	0.44	6.57	9.40	13.13	19.22	51.68
印　度	India	2005	0.37	8.08	11.27	14.94	20.37	45.34
印度尼西亚	Indonesia	2009	0.37	7.65	11.26	15.09	21.07	44.93
伊　朗	Iran	2005	0.38	6.43	10.91	15.54	21.96	45.16
以色列	Israel	2001	0.39	5.71	10.46	15.86	23.04	44.93
日　本	Japan	1993	0.25	10.58	14.21	17.58	21.98	35.65
哈萨克斯坦	Kazakhstan	2007	0.31	8.66	12.76	16.73	21.99	39.86
韩　国	Korea,Rep.	1998	0.32	7.91	13.56	17.95	23.13	37.45
老　挝	Laos	2008	0.37	7.64	11.33	15.29	20.90	44.84
马来西亚	Malaysia	2009	0.46	4.54	8.65	13.72	21.64	51.45
蒙　古	Mongolia	2008	0.37	7.10	11.15	15.62	22.09	44.04
巴基斯坦	Pakistan	2006	0.33	9.01	12.40	15.78	20.69	42.12
菲律宾	Philippines	2006	0.44	5.60	9.08	13.68	21.23	50.41
新加坡	Singapore	1998	0.42	5.04	9.42	14.55	22.02	48.97
斯里兰卡	Sri Lanka	2007	0.40	6.94	10.35	14.40	20.52	47.79
泰　国	Thailand	2009	0.54	3.86	6.99	11.40	19.17	58.58
越　南	Viet Nam	2008	0.38	7.33	10.92	15.07	21.25	45.43
埃　及	Egypt	2005	0.32	8.96	12.64	16.05	20.89	41.46
尼日利亚	Nigeria	2004	0.43	5.13	9.67	14.68	21.91	48.61
南　非	South Africa	2006	0.67	2.45	4.06	7.08	14.20	72.21
加拿大	Canada	2000	0.33	7.20	12.73	17.18	22.95	39.94
墨西哥	Mexico	2008	0.52	3.79	8.02	12.54	19.48	56.17
美　国	United States	2000	0.41	5.44	10.68	15.66	22.40	45.82
阿根廷	Argentina	2009	0.46	4.03	8.95	14.37	22.20	50.45
巴　西	Brazil	2009	0.54	3.34	7.17	11.94	19.49	58.06
委内瑞拉	Venezuela	2006	0.44	4.92	9.64	14.67	21.80	48.97
捷　克	Czech Rep.	1996	0.26	10.22	14.33	17.53	21.68	36.24
法　国	France	1995	0.33	7.18	12.62	17.19	22.80	40.21
德　国	Germany	2000	0.28	8.52	13.72	17.79	23.09	36.88
意大利	Italy	2000	0.36	6.50	11.98	16.75	22.75	42.02
荷　兰	Netherlands	1999	0.31	7.60	13.22	17.24	23.26	38.68
波　兰	Poland	2008	0.34	7.59	11.96	16.26	22.02	42.17
俄罗斯联邦	Russian Fed.	2008	0.42	6.04	9.84	14.26	20.93	48.93
西班牙	Spain	2000	0.35	6.97	12.09	16.43	22.51	42.00
土耳其	Turkey	2008	0.40	5.65	10.75	15.64	22.13	45.83
乌克兰	Ukraine	2008	0.28	9.36	13.61	17.49	22.46	37.08
英　国	United Kingdom	1999	0.36	6.14	11.41	15.96	22.47	44.02
澳大利亚	Australia	1994	0.35	5.90	12.01	17.20	23.57	41.32
新西兰	New Zealand	1997	0.36	6.45	11.37	15.81	22.61	43.76

10-3 贫困率

Poverty Rate

资料来源：世界银行WDI数据库。
Source: World Bank WDI Database.
单位：% (%)

国家和地区	Country or Area	年份 Year	全国 National	农村 Rural	城市 Urban
中　国	China	2005		2.5	
阿富汗	Afghanistan	2008	36.0	37.5	29.0
阿尔巴尼亚	Albania	2008	12.4	14.6	10.1
阿根廷	Argentina	2010			9.9
孟加拉国	Bangladesh	2005	40.0	43.8	28.4
玻利维亚	Bolivia	2007	60.1	77.3	50.9
波　黑	Bosnia and Herzegovinian	2007	14.0	17.8	8.2
巴　西	Brazil	2009	21.4		
布基纳法索	Burkina Faso	2003	46.4	52.4	19.2
布隆迪	Burundi	2006	66.9	68.9	34.0
柬埔寨	Cambodia	2007	30.1	34.5	11.8
喀麦隆	Cameroon	2007	39.9	55.0	12.2
哥伦比亚	Colombia	2010	37.2	50.3	33.0
刚果(金)	Congo, Dem. Rep.	2006	71.3	75.7	61.5
刚果(布)	Congo, Rep.	2005	50.1	57.7	
哥斯达黎加	Costa Rica	2010	24.2		
厄瓜多尔	Ecuador	2009	36.0	57.5	25.0
埃　及	Egypt	2008	22.0	30.0	10.6
萨尔瓦多	El Salvador	2009	37.8	46.5	33.3
冈比亚	Gambia	2003	58.0	67.8	39.6
格鲁吉亚	Georgia	2007	23.6	29.7	18.3
加　纳	Ghana	2006	28.5	39.2	10.8
危地马拉	Guatemala	2006	51.0	70.5	30.0
几内亚比绍	Guinea-Bissau	2002	64.7	69.1	51.6
洪都拉斯	Honduras	2010	60.0	65.4	54.3
印　度	India	2005	27.5	28.3	25.7
印度尼西亚	Indonesia	2010	13.3	16.6	9.9
哈萨克斯坦	Kazakhstan	2002	15.4	21.7	10.2
肯尼亚	Kenya	2006	46.6	49.7	34.4
吉尔吉斯斯坦	Kyrgyzstan	2005	43.1	50.8	29.8
马达加斯加	Madagascar	2005	68.7	73.5	52.0
马拉维	Malawi	2005	52.4	55.9	25.4
墨西哥	Mexico	2008	47.4	60.8	39.8
摩尔多瓦	Moldova	2005	29.0		
蒙　古	Mongolia	2008	35.2	46.6	26.9
缅　甸	Myanmar	2005	32.0		22.0
尼泊尔	Nepal	2004	30.9	34.6	9.6
巴基斯坦	Pakistan	2006	22.3	27.0	13.1
秘　鲁	Peru	2010	31.3	54.2	19.1
菲律宾	Philippines	2009	26.5		
俄罗斯联邦	Russian Fed.	2006	11.1	21.2	7.4
塔吉克斯坦	Tajikistan	2009	47.2	49.2	41.8
泰　国	Thailand	2009	8.1	10.4	3.0
土耳其	Turkey	2009	18.1	38.7	8.9
乌干达	Uganda	2009	24.5	27.2	9.1
乌克兰	Ukraine	2005	7.9	11.3	6.3
乌兹别克斯坦	Uzbekistan	2003	27.2	29.8	22.6
越　南	Viet Nam	2008	14.5	18.7	3.3
赞比亚	Zambia	2006	59.3	76.8	26.7

10-4 国际贫困率

International Poverty Ratio

资料来源：世界银行WDI数据库。
Source: World Bank WDI Database.

单位：%　　(%)

国家和地区	Country or Area	日均生活费不足1.25美元的贫困人口比重 Poverty headcount ratio at $1.25 a day (PPP) (% of population)		日均生活费不足2美元的贫困人口比重 Poverty headcount ratio at $2 a day (PPP) (% of population)	
		2005	2009	2005	2009
中　国	China	15.9		36.3	
阿尔巴尼亚	Albania	0.9	0.6①	7.9	4.3①
阿根廷	Argentina	4.5	0.9	11.3	2.4
亚美尼亚	Armenia		1.3①		12.4①
阿塞拜疆	Azerbaijan	…	1.0①	0.3	7.8①
孟加拉国	Bangladesh	49.6		81.3	
白俄罗斯	Belarus	0.2	0.1①	0.5	0.2①
玻利维亚	Bolivia	19.6	13.6②	30.4	25.1②
波　黑	Bosnia and Herzegovinian		…②		0.2②
巴　西	Brazil	7.8	3.8	18.3	9.9
保加利亚	Bulgaria		1.0②		7.3②
布隆迪	Burundi		81.3③		93.5③
柬埔寨	Cambodia		28.3②		56.5②
喀麦隆	Cameroon		9.6②		30.4②
中　非	Central African Rep.		62.8①		80.1①
智　利	Chile		…		…
哥伦比亚	Colombia		16.0③		27.9③
刚果(金)	Congo, Dem. Rep.		59.2③		79.6③
刚果(布)	Congo, Rep.	54.1		74.4	
哥斯达黎加	Costa Rica	2.4	0.7	8.6	5.4
科特迪瓦	Cote D'Ivoire		23.8①		46.3①
克罗地亚	Croatia		0.1①		0.1①
多米尼加	Dominican Rep.	5.0	4.3②	15.1	13.6②
厄瓜多尔	Ecuador	9.8	4.4	20.4	13.6
埃　及	Egypt	2.0		18.5	
萨尔瓦多	El Salvador	11.2	5.1①	20.5	15.2①
埃塞俄比亚	Ethiopia	39.0		77.6	
加　蓬	Gabon	4.8		19.6	
格鲁吉亚	Georgia	14.1	15.3①	30.2	32.2①
加　纳	Ghana		30.0③		53.6③
危地马拉	Guatemala		11.7③		24.3③
几内亚	Guinea		43.3②		69.6②
洪都拉斯	Honduras	22.2	23.3②	34.8	35.4②
匈牙利	Hungary		0.2②		0.4②
印　度	India	41.6		75.6	
印度尼西亚	Indonesia	21.4	18.7	53.8	50.6

10-4 续表 continued

单位：% (%)

国家和地区	Country or Area	日均生活费不足1.25美元的贫困人口比重 Poverty headcount ratio at $1.25 a day (PPP) (% of population)		日均生活费不足2美元的贫困人口比重 Poverty headcount ratio at $2 a day (PPP) (% of population)	
		2005	2009	2005	2009
伊　朗	Iran	1.5		8.0	
伊拉克	Iraq		4.0②		25.3②
约　旦	Jordan		0.4③		3.5③
哈萨克斯坦	Kazakhstan		0.2②		1.5②
肯尼亚	Kenya	19.7		39.9	
吉尔吉斯斯坦	Kyrgyzstan		1.9②		29.4②
老　挝	Laos		33.9①		66.0①
利比里亚	Liberia		83.7②		94.8②
立陶宛	Lithuania		0.2①		0.4①
前南马其顿	Macedonia, FYR		0.3①		4.3①
马达加斯加	Madagascar	67.8		89.6	
马来西亚	Malaysia				2.3
马　里	Mali		51.4③		77.1③
墨西哥	Mexico		1.8①		8.6①
摩尔多瓦	Moldova		1.9①		12.5①
蒙　古	Mongolia	22.4		49.1	
黑　山	Montenegro		0.1①		0.2①
摩洛哥	Morocco		2.5②		14.0②
莫桑比克	Mozambique		59.6①		81.8①
尼加拉瓜	Nicaragua	15.8		31.9	
尼日尔	Niger	65.9	43.1②	85.6	75.9②
巴基斯坦	Pakistan	22.6	22.6③	60.3	61.0③
巴拿马	Panama		2.4		9.5
巴拉圭	Paraguay	9.0	5.1①	18.5	13.2①
秘　鲁	Peru	8.2	5.9	19.4	14.7
菲律宾	Philippines		22.6③		45.0③
波　兰	Poland	0.1	0.1①	0.6	0.3①
罗马尼亚	Romania	0.8	0.5①	3.4	2.0①
俄罗斯联邦	Russian Fed.	0.2	…①	1.5	0.1①
卢旺达	Rwanda	76.8		89.6	
塞内加尔	Senegal	33.5		60.4	
塞尔维亚	Serbia		0.1①		0.7①
塞舌尔	Seychelles		0.3②		1.8②
南　非	South Africa		17.4③		35.7③
斯里兰卡	Sri Lanka		7.0②		29.1②
坦桑尼亚	Tanzania		67.9②		87.9②
东帝汶	Timor-Leste		37.4②		72.8②
多　哥	Togo		38.7③		69.3③
土耳其	Turkey	2.7		9.1	
乌干达	Uganda	51.5	37.7	75.6	64.5
乌克兰	Ukraine	0.1	…①	0.5	0.1①
乌拉圭	Uruguay	0.1	…	4.5	0.2
委内瑞拉	Venezuela	10.8	3.0③	20.3	10.6③
越　南	Viet Nam		13.1①		38.5①

注：①2008年数据。②2007年数据。③2006年数据。
Note:①Data refer to 2008.②Data refer to 2007.③Data refer to 2006.

10-5 贫困人口社会指标

Social Indicators of Poverty

资料来源：世界银行WDI数据库。
Source: World Bank WDI Database.
单位：% (%)

国家和地区	Country or Area	全部人口营养不良发生率(%) Prevalence of Undernourishment (% of population)	5岁以内儿童死亡率(‰) Mortality Rate, Under-5 (‰)	12-23个月儿童麻疹免疫接种率(%) Child Measles Immunization Rate of Children Ages 12-23 Months	熟练医护人员护理下的分娩(%) Births Attended by Skilled Health Staff (% of total)
		2007	2010	2009	2010
世　界	**World**	**13.8**	**57.9**	**81.7**	**65.3①**
中　国	China	10.0	18.4	94.0	99.1②
阿富汗	Afghanistan		149.2	76.0	24.0②
阿根廷	Argentina	5.0	13.8	99.0	94.8②
孟加拉国	Bangladesh	27.0	47.8	89.0	24.4①
玻利维亚	Bolivia	27.0	54.2	86.0	71.1②
巴　西	Brazil	6.0	19.4	99.0	97.0③
保加利亚	Bulgaria	10.0	12.7	96.0	99.6②
柬埔寨	Cambodia	22.0	51.0	92.0	71.0
古　巴	Cuba	5.0	5.9	96.0	99.9①
塞浦路斯	Cyprus	5.0	3.8	87.0	
埃　及	Egypt	5.0	21.8	95.0	78.9②
萨尔瓦多	El Salvador	9.0	16.2	95.0	95.5②
加　纳	Ghana	5.0	74.4	93.0	57.1②
几内亚	Guinea	17.0	129.9	51.0	46.1④
印　度	India	21.0	62.7	71.0	52.7②
印度尼西亚	Indonesia	13.0	35.3	82.0	74.9②
伊　朗	Iran	5.0	25.8	99.0	97.3⑤
伊拉克	Iraq		38.6	69.0	79.7④
哈萨克斯坦	Kazakhstan	5.0	33.2	99.0	99.8③
朝　鲜	Korea, Dem.	33.0	33.2	98.0	97.1⑥
吉尔吉斯斯坦	Kyrgyzstan	10.0	37.7	99.0	97.6③
老　挝	Laos	23.0	53.8	59.0	20.3③
利比亚	Libya	5.0	16.9	98.0	
马来西亚	Malaysia	5.0	6.3	95.0	98.6④
墨西哥	Mexico	5.0	16.7	95.0	93.4③
蒙　古	Mongolia	26.0	31.6	94.0	99.4②
缅　甸	Myanmar	16.0	66.2	87.0	63.9④
尼泊尔	Nepal	16.0	49.5	79.0	18.7③
尼日利亚	Nigeria	6.0	142.9	41.0	38.9②
巴基斯坦	Pakistan	26.0	86.5	80.0	38.8④
巴拿马	Panama	15.0	20.2	85.0	91.5④
巴拉圭	Paraguay	11.0	24.6	91.0	81.9②
秘　鲁	Peru	15.0	19.2	91.0	82.5①
菲律宾	Philippines	15.0	29.4	88.0	62.2②
卢旺达	Rwanda	34.0	91.1	92.0	52.1②
塞拉利昂	Sierra Leone	35.0	174.0	71.0	42.4②
南　非	South Africa	5.0	56.6	62.0	
泰　国	Thailand	16.0	13.0	98.0	97.3③
土耳其	Turkey	5.0	17.6	97.0	95.0①
乌克兰	Ukraine	5.0	13.2	94.0	98.7④
乌兹别克斯坦	Uzbekistan	11.0	51.5	95.0	99.9③
越　南	Viet Nam	11.0	23.3	97.0	87.7③

注：①2009年数据。②2008年数据。③2006年数据。④2007年数据。⑤2005年数据。⑥2004年数据。
Note:①Data refer to 2009.②Data refer to 2008.③Data refer to 2006.④Data refer to 2007.⑤Data refer to 2005.⑥Data refer to 2004.

10-6 居民消费支出构成

Composition of Household Final Consumption Expenditure

资料来源：经合组织OLIS数据库。
Source:OECD OLIS Database.
单位：% (%)

国家和地区	Country or Area	年份 Year	食品、非酒精饮料 Food and Non-alcoholic Beverages	酒精饮料、烟草和麻醉品 Alcoholic Beverages, Tobacco and Narcotics	服装和鞋类 Clothing and Footwear	住房、水、电、天然气和其他燃料 Housing, Water, Electricity, Gas and other Fuels	家具、家用设备及住房日常维护 Furnishings, Households Equipment and Routine Maintenance of the House
澳大利亚	Australia	2008	10.72	3.60	3.23	20.47	5.21
奥地利	Austria	2010	10.22	3.35	6.03	21.56	6.59
比利时	Belgium	2010	13.76	3.73	4.99	23.97	5.86
加拿大	Canada	2010	9.65	3.60	4.44	23.97	6.25
捷克	Czech Rep.	2010	13.81	9.13	3.03	26.76	5.34
丹麦	Denmark	2010	11.05	3.62	4.45	29.54	5.36
芬兰	Finland	2010	12.36	5.13	5.05	26.92	5.38
法国	France	2010	13.37	3.15	4.34	25.45	5.81
德国	Germany	2010	11.01	3.14	5.07	24.60	6.17
希腊	Greece	2010	16.17	4.22	4.72	22.33	4.53
匈牙利	Hungary	2010	16.70	7.38	2.71	21.99	4.61
冰岛	Iceland	2010	14.36	4.53	4.60	22.73	6.15
爱尔兰	Ireland	2010	10.21	5.66	4.10	21.37	4.90
意大利	Italy	2009	14.71	2.69	7.59	22.12	7.09
日本	Japan	2008	14.64	2.94	3.51	24.83	3.61
韩国	Korea, Rep.	2010	13.06	2.32	5.14	16.57	3.37
卢森堡	Luxemburg	2010	9.15	8.61	3.66	24.34	6.79
墨西哥	Mexico	2009	24.70	2.42	2.47	22.37	4.41
荷兰	Netherlands	2010	11.68	3.20	5.56	23.94	6.14
挪威	Norway	2007	13.05	4.06	5.74	19.17	6.30
波兰	Poland	2010	19.64	6.74	4.11	24.20	4.44
葡萄牙	Portugal	2007	16.21	3.06	5.81	14.29	6.36
斯洛伐克	Slovakia	2010	17.31	5.03	4.08	25.26	6.29
西班牙	Spain	2009	14.04	2.93	5.16	19.12	4.86
瑞典	Sweden	2010	12.30	3.63	5.11	26.92	5.22
瑞士	Switzerland	2009	10.69	3.42	3.76	24.20	4.73
英国	United Kingdom	2010	9.66	3.61	5.60	22.65	4.98
美国	United States	2010	6.61	2.01	3.51	19.19	4.14
智利	Chile	2009	17.23	2.98	6.67	15.52	8.24
爱沙尼亚	Estonia	2010	19.81	8.54	5.05	22.63	3.88
以色列	Israel	2010	15.89	2.53	2.75	24.34	5.76
斯洛文尼亚	Slovenia	2010	14.94	5.34	5.19	18.97	6.44

10-6 续表 continued

单位：% (%)

国家和地区	Country or Area	年份 Year	医疗保健 Health	交通 Transport	通讯 Communications	休闲与文化 Recreation and Culture	教育 Education	饭店和旅馆 Restaurants and Hotels	其他 Others
澳大利亚	Australia	2008	5.43	10.94	2.74	11.12	3.37	6.86	16.31
奥地利	Austria	2010	3.53	13.08	2.12	10.38	0.75	11.77	10.63
比利时	Belgium	2010	5.38	12.08	2.23	9.06	0.50	5.88	12.57
加拿大	Canada	2010	4.81	13.95	2.42	9.85	1.43	6.84	12.78
捷克	Czech Rep.	2010	2.54	9.23	3.18	10.20	0.76	7.52	8.51
丹麦	Denmark	2010	2.79	11.92	1.79	10.47	0.76	4.87	13.36
芬兰	Finland	2010	4.64	10.98	2.19	11.40	0.44	6.33	9.19
法国	France	2010	3.83	13.97	2.75	8.57	0.85	7.00	10.91
德国	Germany	2010	5.14	13.45	2.71	9.16	0.99	5.75	12.81
希腊	Greece	2010	6.90	11.79	3.40	5.66	2.57	10.07	7.65
匈牙利	Hungary	2010	4.20	13.09	3.76	7.84	1.50	6.87	9.34
冰岛	Iceland	2010	3.43	14.33	2.49	10.16	1.32	8.67	7.22
爱尔兰	Ireland	2010	5.82	11.70	3.16	6.86	2.41	14.08	9.73
意大利	Italy	2009	3.22	13.03	2.50	6.80	0.97	10.09	9.19
日本	Japan	2008	4.32	11.39	3.28	10.41	2.18	7.91	10.98
韩国	Korea, Rep.	2010	6.51	11.95	4.35	7.84	7.24	8.20	13.44
卢森堡	Luxemburg	2010	2.11	17.06	1.73	8.21	0.87	6.96	10.49
墨西哥	Mexico	2009	4.56	13.56	4.57	5.18	2.73	4.13	8.91
荷兰	Netherlands	2010	2.80	12.04	4.05	10.04	0.62	5.00	14.92
挪威	Norway	2007	2.81	15.32	2.91	13.04	0.47	6.07	11.07
波兰	Poland	2010	4.14	9.26	3.05	7.76	1.26	2.85	12.55
葡萄牙	Portugal	2007	5.27	14.36	3.06	7.30	1.14	11.01	12.14
斯洛伐克	Slovakia	2010	4.03	7.22	3.79	9.67	1.51	5.71	10.10
西班牙	Spain	2009	3.67	10.92	2.79	8.46	1.43	16.84	9.77
瑞典	Sweden	2010	3.39	12.89	3.21	11.31	0.30	5.38	10.33
瑞士	Switzerland	2009	15.38	7.52	2.52	8.11	0.54	7.67	11.49
英国	United Kingdom	2010	1.57	14.92	2.21	11.18	1.49	10.16	11.99
美国	United States	2010	20.57	9.69	2.38	9.33	2.36	6.39	13.81
智利	Chile	2009	8.14	15.19	3.68	5.97	5.19	2.85	8.33
爱沙尼亚	Estonia	2010	2.72	13.77	2.96	6.02	1.13	5.93	7.56
以色列	Israel	2010	3.74	15.07	4.07	7.77	3.00	6.11	8.95
斯洛文尼亚	Slovenia	2010	3.82	14.90	3.08	9.23	1.38	7.13	9.57

主要统计指标解释

居民最终消费支出（私人消费） 是指由家庭购买的包括耐用消费品(比如小汽车、洗衣机和家用电脑)在内的各种产品和服务的市场价值。它不包括购买的住房，但包括自有住房的虚拟房租。

基尼系数 反映个人或家庭收入分配（或消费）与完全平均收入分配之间差异程度的指标，介于“0”和“1”之间。“0”表示收入分配绝对平均，即每个家庭或每个人都得到同样份额的收入；“1”表示收入分配极端不平等，一个家庭或个人拥有全社会的收入。

国家贫困线 国家贫困线这个指标是用来度量在特定经济和社会发展环境下某国的贫困状况而不是用于贫困率的国际比较。国家贫困线反映了当地消费或收入水平，它是衡量国民是否处于贫困的数量界限。贫困和非贫困线的界定是随着一个国家平均收入水平而变化的,到目前为止国家间贫困率的比较还没有一个统一的标准来衡量。然而国家贫困线的变化可以在一定程度上反映国家减贫政策及成效。几乎所有国家的贫困线的界定是基于大众化食品消费和非食品支出补助。但平均收入贫困线的提高主要取决于非食品构成，而不是来自于食品构成。

国家贫困率 是指生活在国家贫困线以下的人口的百分比。

城市贫困率 是指生活在国家城市贫困线以下的城市人口的百分比。

农村贫困率 是指生活在农村贫困线以下的农村人口的百分比。

Explanatory Notes on Main Statistical Indicators

Household Final Consumption Expenditure (Private Consumption) is the market value of all goods and services, including durable products (such as cars, washing machines, and home computers), purchased by households.

GINI Index measures the extent to which the distribution of income (or, in some cases, consumption expenditure) among individuals or households within an economy deviates from a perfectly equal distribution. Thus a GINI index of zero represents perfect equality, while an index of 1 implies perfect inequality.

National Poverty Lines National poverty lines are used to make estimates of poverty consistent with the country's specific economic and social circumstances and are not intended for international comparisons of poverty rates. The setting of national poverty lines reflects local perceptions of the level of consumption or income needed not to be poor. The perceived boundary between poor and not poor rises with the average income of a country and so does not provide a uniform measure for comparing poverty rates across countries. Nevertheless, national poverty estimates are clearly the appropriate measure for setting national policies for poverty reduction and for monitoring their results. Almost all the national poverty lines use a food bundle based on prevailing diets that attains predetermined nutritional requirements for good health and normal activity levels, plus an allowance for nonfood spending. The rise in poverty lines with average income is driven more by the gradient in the nonfood component of the poverty lines than in the food component, although there is still an appreciable share attributable to the gradient in food poverty lines.

National Poverty Rate is the percentage of the country's population living below the national poverty line.

Urban Poverty Rate is the percentage of the urban population living below the national urban poverty line.

Rural Poverty Rate is the percentage of the rural population living below the national rural poverty line.

农　业

Agriculture

11-1 农业生产指数

Agriculture Production Indices

资料来源：联合国FAO数据库。
Source: FAO Database.

2004-2006年=100 (2004-2006=100)

国家和地区	Country or Area	农业 Agriculture 2000	2005	2009	食品 Food 2000	2005	2009
世 界	**World**	**89**	**100**	**109**	**89**	**100**	**110**
中 国	China	85	100	115	85	100	115
孟加拉国	Bangladesh	89	103	121	89	103	121
文 莱	Brunei Darussalam	86	87	133	86	87	134
柬 埔 寨	Cambodia	75	104	138	74	104	137
印 度	India	91	100	113	92	100	113
印度尼西亚	Indonesia	78	99	121	78	100	121
伊 朗	Iran	78	103	104	77	103	104
以 色 列	Israel	87	100	103	87	100	104
日 本	Japan	104	101	98	104	101	98
哈萨克斯坦	Kazakhstan	78	100	122	79	100	124
韩 国	Korea, Rep.	104	100	108	103	100	108
老 挝	Laos	86	100	127	83	101	127
马来西亚	Malaysia	78	100	109	78	100	114
蒙 古	Mongolia	144	97	147	144	97	147
缅 甸	Myanmar	68	99	125	68	99	126
巴基斯坦	Pakistan	88	100	113	88	101	115
菲 律 宾	Philippines	84	100	112	85	100	112
新 加 坡	Singapore	66	88	99	66	88	99
斯里兰卡	Sri Lanka	95	103	111	95	103	113
泰 国	Thailand	89	98	112	90	97	113
越 南	Viet Nam	80	100	116	80	100	114
埃 及	Egypt	87	99	116	87	99	117
尼日利亚	Nigeria	81	100	90	81	100	90
南 非	South Africa	96	103	110	96	103	110
加 拿 大	Canada	93	102	102	93	102	102
墨 西 哥	Mexico	88	98	102	87	98	103
美 国	United States	96	100	105	96	100	107
阿 根 廷	Argentina	86	103	95	86	103	95
巴 西	Brazil	78	99	116	78	99	117
委内瑞拉	Venezuela	98	101	110	97	101	110
捷 克	Czech Rep.	102	100	97	102	100	97
法 国	France	104	100	98	104	100	99
德 国	Germany	102	100	105	102	100	105
意 大 利	Italy	100	100	96	100	100	96
荷 兰	Netherlands	105	100	108	105	100	108
波 兰	Poland	102	99	106	102	99	106
俄罗斯联邦	Russian Fed.	89	100	108	89	100	108
西 班 牙	Spain	100	95	103	100	94	103
土 耳 其	Turkey	95	101	105	95	101	107
乌 克 兰	Ukraine	85	100	109	85	100	109
英 国	United Kingdom	103	100	101	103	100	101
澳大利亚	Australia	106	108	101	103	108	104
新 西 兰	New Zealand	88	99	98	87	99	99

11-2 主要农作物收获面积(2009年)
Harvest Areas of Major Farm Crops(2009)

资料来源：联合国FAO数据库。
Source: FAO Database.
单位：千公顷 (1 000 hectares)

国家和地区	Country or Area	谷物 Cereals, Total	稻谷 Rice, paddy	小麦 Wheat	玉米 Maize	大豆 Soybeans
世 界	**World**	**699189.7**	**158300.1**	**225622.5**	**158628.7**	**99501.1**
中 国	China	88678.2	29881.6	24291.1	31203.7	9190.1
孟加拉国	Bangladesh	11910.7	11354.0	395.0	128.4	40.2
文 莱	Brunei Darussalam	1.1	1.1			
柬埔寨	Cambodia	2888.0	2675.0		213.0	94.0
印 度	India	96740.0	41850.0	27750.0	8330.0	9790.0
印度尼西亚	Indonesia	17044.3	12883.6		4160.7	722.8
伊 朗	Iran	9101.1	535.8	6647.4	225.6	84.1
以色列	Israel	80.8		64.4	3.2	
日 本	Japan	1936.1	1624.0	208.3	0.1	145.4
哈萨克斯坦	Kazakhstan	16575.0	86.7	14329.4	99.8	75.2
朝 鲜	Korea, Dem.	1268.1	569.0	74.7	503.0	300.0
韩 国	Korea, Rep.	1019.8	924.0	3.0	15.0	70.0
老 挝	Laos	1048.9	872.9		176.0	12.6
马来西亚	Malaysia	678.6	672.3		6.3	
蒙 古	Mongolia	252.4		248.9		
缅 甸	Myanmar	8680.9	8000.0	95.0	345.0	160.0
巴基斯坦	Pakistan	13674.2	2883.0	9046.0	935.1	0.1
菲律宾	Philippines	7216.3	4532.3		2683.9	0.6
斯里兰卡	Sri Lanka	1034.1	977.1		50.9	1.7
泰 国	Thailand	12295.7	10963.1	1.1	1104.9	115.0
越 南	Viet Nam	8528.5	7440.1		1086.8	146.2
埃 及	Egypt	3129.8	750.0	1321.8	835.0	7.2
尼日利亚	Nigeria	13731.8	1788.2	35.0	3335.9	591.5
南 非	South Africa	3302.2	1.0	642.5	2427.5	237.8
加拿大	Canada	14962.2		9638.2	1142.0	1382.0
墨西哥	Mexico	9109.6	54.2	828.4	6223.1	64.7
美 国	United States	57997.4	1255.8	20181.1	32209.3	30907.0
阿根廷	Argentina	8031.6	193.8	4334.8	2337.2	16767.5
巴 西	Brazil	20216.8	2872.0	2430.3	13791.2	21750.5
委内瑞拉	Venezuela	1217.8	250.0	0.8	750.0	56.0
白俄罗斯	Belarus	2416.3		558.6	95.8	
捷 克	Czech Rep.	1544.4		831.3	105.3	6.0
法 国	France	9393.4	24.2	5147.4	1679.9	43.7
德 国	Germany	6908.4		3226.0	464.3	1.0
意大利	Italy	3453.8	238.5	1795.5	915.5	134.7
荷 兰	Netherlands	220.8		150.9	18.8	
波 兰	Poland	8582.8		2346.2	274.1	0.1
俄罗斯联邦	Russian Fed.	41902.7	177.5	26632.9	1122.2	794.2
西班牙	Spain	6041.9	119.3	1767.8	345.0	1.2
土耳其	Turkey	11955.9	96.4	8026.9	591.3	10.5
乌克兰	Ukraine	15114.8	24.5	6752.9	2089.1	622.5
英 国	United Kingdom	3116.0		1814.0		
澳大利亚	Australia	19808.2	30.0	13507.0	64.6	42.3
新西兰	New Zealand	162.7		53.9	21.6	

11-2 续表 1 continued

单位：千公顷 (1 000 hectares)

国家和地区	Country or Area	根茎类作物 Roots and Tubers,Total	花生 Groundnuts, with shell	油菜籽 Rapeseed	籽棉 Seed cotton	麻及麻类纤维 Jute and Jute-like Fibres
世 界	**World**	**53370.7**	**23951.2**	**31120.6**	**30430.9**	**1479.3**
中 国	China	9014.7	4398.4	7278.0	4951.8	25.5
孟加拉国	Bangladesh	426.7	32.5	233.9	13.0	419.1
文 莱	Brunei Darussalam	0.6				
柬埔寨	Cambodia	168.1	22.0		0.2	0.4
印 度	India	2232.0	5470.0	6300.0	10310.0	920.0
印度尼西亚	Indonesia	1497.8	622.6		22.0	2.6
伊 朗	Iran	154.0	1.4	185.0	105.4	
以色列	Israel	19.9	2.9		3.9	
日 本	Japan	142.5	7.9	0.8		
哈萨克斯坦	Kazakhstan	170.3	0.2	226.0	137.8	
朝 鲜	Korea, Dem.	162.0			19.0	
韩 国	Korea, Rep.	39.0	3.4	1.0		
老 挝	Laos	29.4	17.7		2.7	
马来西亚	Malaysia	51.8	0.2			
蒙 古	Mongolia	13.5				
缅 甸	Myanmar	72.3	840.0		300.0	5.0
巴基斯坦	Pakistan	171.3	87.4	244.9	3106.0	1.5
菲律宾	Philippines	379.1	28.2		0.3	
斯里兰卡	Sri Lanka	34.0	9.0			
泰 国	Thailand	1350.5	64.0		7.5	16.0
越 南	Viet Nam	692.7	249.2		8.0	1.9
埃 及	Egypt	160.9	60.0		121.0	1.5
尼日利亚	Nigeria	7716.6	2636.3		467.9	1.0
南 非	South Africa	76.0	54.6	35.1	11.5	1.1
加拿大	Canada	146.3		6104.5		
墨西哥	Mexico	63.4	51.3	2.2	72.0	
美 国	United States	462.3	437.5	329.8	3112.3	
阿根廷	Argentina	108.7	257.4	39.3	289.8	
巴 西	Brazil	1966.6	111.0	60.0	807.9	10.0
委内瑞拉	Venezuela	77.8	0.4		15.0	
白俄罗斯	Belarus	383.0		340.3		
捷 克	Czech Rep.	28.4		354.8		
法 国	France	171.8		1480.8		
德 国	Germany	263.7		1471.2		
意大利	Italy	71.0		24.8		
荷 兰	Netherlands	155.2		2.6		
波 兰	Poland	488.7		810.0		
俄罗斯联邦	Russian Fed.	2182.4		556.3		17.4
西班牙	Spain	86.6		19.0	58.7	
土耳其	Turkey	143.3	25.3	32.7	419.9	
乌克兰	Ukraine	1411.8		1013.7		
英 国	United Kingdom	149.0		581.0		
澳大利亚	Australia	34.3	10.0	1394.0	182.0	
新西兰	New Zealand	12.4		2.0		

11-2 续表 2 continued

单位：千公顷 (1 000 hectares)

国家和地区	Country or Area	甘蔗 Sugar cane	甜菜 Sugar Beets	茶叶 Tea	水果(不包括瓜类) Fruit Excluding Melons
世　界	**World**	**23777.7**	**4274.1**	**3014.9**	**56249.7**
中　国	China	1707.6	186.4	1437.9	11333.1
孟加拉国	Bangladesh	126.3		59.0	486.2
文　莱	Brunei Darussalam				1.3
柬埔寨	Cambodia	13.0			48.6
印　度	India	4420.0		470.0	6220.0
印度尼西亚	Indonesia	420.0		107.0	730.3
伊　朗	Iran	60.4	54.4	22.0	1327.5
以色列	Israel				61.1
日　本	Japan	23.0	64.5	47.3	207.8
哈萨克斯坦	Kazakhstan		9.9		56.8
朝　鲜	Korea, Dem.				183.4
韩　国	Korea, Rep.			2.1	162.6
老　挝	Laos	13.8		2.1	27.8
马来西亚	Malaysia	15.0		4.6	97.7
蒙　古	Mongolia				0.1
缅　甸	Myanmar	180.0		77.5	395.4
巴基斯坦	Pakistan	1029.4	2.3		710.8
菲律宾	Philippines	404.0			1142.7
斯里兰卡	Sri Lanka	13.7		222.0	104.3
泰　国	Thailand	932.5		18.6	826.3
越　南	Viet Nam	260.1		111.6	428.5
埃　及	Egypt	140.0	115.0		874.8
尼日利亚	Nigeria	71.9			1766.9
南　非	South Africa	314.0		2.1	309.0
加拿大	Canada		10.9		78.4
墨西哥	Mexico	710.6			1194.4
美　国	United States	353.7	464.8		1155.2
阿根廷	Argentina	355.0		39.0	482.0
巴　西	Brazil	8514.4		2.6	2338.9
委内瑞拉	Venezuela	125.0	1.1		167.7
白俄罗斯	Belarus		88.3		92.1
捷　克	Czech Rep.		52.5		41.9
法　国	France		374.0		926.0
德　国	Germany		383.6		174.8
意大利	Italy		60.6		1300.3
荷　兰	Netherlands		72.7		21.8
波　兰	Poland		199.9		396.0
俄罗斯联邦	Russian Fed.		770.2	1.3	691.8
西班牙	Spain		49.7		1715.3
土耳其	Turkey		324.0	75.9	1055.3
乌克兰	Ukraine		319.7		286.3
英　国	United Kingdom		119.0		29.3
澳大利亚	Australia	391.3			301.6
新西兰	New Zealand				70.9

11-3 主要农产品产量

Production of Major Farm Crops

资料来源：联合国FAO数据库。
Source:FAO Database.
单位：万吨 (10 000 tons)

国家和地区	Country or Area	谷物 Cereals,Total 2000	谷物 Cereals,Total 2009	国家和地区	Country or Area	稻谷 Rice, Paddy 2000	稻谷 Rice, Paddy 2009
世 界	**World**	**206019.0**	**249361.6**	**世 界**	**World**	**59935.6**	**68524.1**
中 国	China	40733.7	48326.8	中 国	China	18981.4	19668.1
美 国	United States	34262.8	41981.4	印 度	India	12746.5	13370.0
印 度	India	23493.1	24881.0	印度尼西亚	Indonesia	5189.8	6439.9
俄罗斯联邦	Russian Fed.	6432.6	9558.8	孟加拉国	Bangladesh	3762.8	4772.4
印度尼西亚	Indonesia	6157.5	8202.9	越 南	Viet Nam	3253.0	3889.6
巴 西	Brazil	4589.3	7142.7	缅 甸	Myanmar	2132.4	3268.2
法 国	France	6569.9	7003.4	泰 国	Thailand	2584.4	3146.3
德 国	Germany	4527.1	4974.8	菲 律 宾	Philippines	1238.9	1626.6
加 拿 大	Canada	5109.0	4939.2	巴 西	Brazil	1109.0	1265.2
孟加拉国	Bangladesh	3950.3	4931.6	日 本	Japan	1186.3	1059.3
乌 克 兰	Ukraine	2380.7	4540.6	巴基斯坦	Pakistan	720.4	1032.5
越 南	Viet Nam	3453.7	4327.9	美 国	United States	865.8	997.2
巴基斯坦	Pakistan	3046.1	3814.8	柬 埔 寨	Cambodia	402.6	758.6
泰 国	Thailand	3052.3	3628.7	埃 及	Egypt	600.1	750.0
澳大利亚	Australia	3444.7	3494.3	韩 国	Korea, Rep.	719.7	702.3
缅 甸	Myanmar	2196.1	3428.4	尼 泊 尔	Nepal	421.7	452.4
土 耳 其	Turkey	3224.9	3357.0	马达加斯加	Madagascar	248.1	400.5
墨 西 哥	Mexico	2799.1	3128.2	斯里兰卡	Sri Lanka	286.0	365.2
波 兰	Poland	2234.1	2982.7	尼日利亚	Nigeria	329.8	340.3
阿 根 廷	Argentina	3875.6	2543.3	老 挝	Laos	220.2	314.5
埃 及	Egypt	2010.6	2369.7	秘 鲁	Peru	189.2	299.0
菲 律 宾	Philippines	1690.1	2330.1	哥伦比亚	Colombia	269.4	298.5
英 国	United Kingdom	2398.9	2203.7	马来西亚	Malaysia	214.1	251.0
尼日利亚	Nigeria	2137.0	2098.3	朝 鲜	Korea, Dem.	169.0	233.6
伊 朗	Iran	1287.4	2083.5	伊 朗	Iran	197.2	225.3
哈萨克斯坦	Kazakhstan	1154.0	2078.5	马 里	Mali	74.3	195.1
西 班 牙	Spain	2455.6	1776.1	厄瓜多尔	Ecuador	124.7	157.9
意 大 利	Italy	2066.1	1739.2	意 大 利	Italy	123.0	150.0
埃塞俄比亚	Ethiopia	802.0	1550.2	几 内 亚	Guinea	114.1	149.9
罗马尼亚	Romania	1049.9	1487.4	阿 根 廷	Argentina	90.4	133.4
南 非	South Africa	1452.7	1457.7	坦桑尼亚	Tanzania	78.2	133.4
匈 牙 利	Hungary	1003.6	1359.0	委内瑞拉	Venezuela	67.7	133.0
日 本	Japan	1279.6	1146.2	乌 拉 圭	Uruguay	120.9	128.7
摩 洛 哥	Morocco	199.6	1043.0	俄罗斯联邦	Russian Fed.	58.6	91.3
丹 麦	Denmark	941.3	1015.9	西 班 牙	Spain	82.7	89.9
塞尔维亚	Serbia		887.2	塞拉利昂	Sierra Leone	19.9	78.5
柬 埔 寨	Cambodia	418.3	851.0	土 耳 其	Turkey	35.0	75.0
白俄罗斯	Belarus	456.5	815.4	科特迪瓦	Cote D'Ivoire	62.2	68.0
尼 泊 尔	Nepal	711.6	811.4	阿 富 汗	Afghanistan	26.0	64.5
捷 克	Czech Rep.	646.0	783.7	古 巴	Cuba	55.3	56.4
韩 国	Korea, Rep.	750.1	738.2	圭 亚 那	Guyana	44.9	55.4
乌兹别克斯坦	Uzbekistan	391.4	735.8	多米尼加	Dominican Rep.	58.1	55.1
阿 富 汗	Afghanistan	194.0	651.4	塞内加尔	Senegal	20.2	50.2
马 里	Mali	231.0	633.5	加 纳	Ghana	24.9	39.1
保加利亚	Bulgaria	438.7	624.3	尼加拉瓜	Nicaragua	29.0	33.5

11-3 续表 1 Continued

单位：万吨 (10 000 tons)

国家和地区	Country or Area	小麦 Wheat 2000	小麦 Wheat 2009	国家和地区	Country or Area	玉米 Maize 2000	玉米 Maize 2009
世　界	**World**	**58569.0**	**68561.4**	**世　界**	**World**	**59247.3**	**81882.3**
中　国	China	9963.6	11511.5	美　国	United States	25185.2	33301.1
印　度	India	7636.9	8068.0	中　国	China	10617.8	16410.8
俄罗斯联邦	Russian Fed.	3445.6	6174.0	巴　西	Brazil	3187.9	5123.2
美　国	United States	6063.9	6031.4	墨西哥	Mexico	1755.7	2014.3
法　国	France	3735.3	3833.2	印度尼西亚	Indonesia	967.7	1763.0
加拿大	Canada	2653.6	2684.8	印　度	India	1204.3	1668.0
德　国	Germany	2162.2	2519.0	法　国	France	1601.8	1528.8
巴基斯坦	Pakistan	2107.9	2403.3	阿根廷	Argentina	1678.1	1312.1
澳大利亚	Australia	2210.8	2165.6	南　非	South Africa	1143.1	1205.0
乌克兰	Ukraine	1019.7	2088.6	乌克兰	Ukraine	384.8	1048.6
土耳其	Turkey	2100.9	2060.0	加拿大	Canada	695.4	956.1
哈萨克斯坦	Kazakhstan	907.4	1705.2	罗马尼亚	Romania	489.8	797.3
英　国	United Kingdom	1670.4	1437.9	意大利	Italy	1013.8	787.8
伊　朗	Iran	808.8	1348.5	匈牙利	Hungary	498.4	752.8
波　兰	Poland	850.3	979.0	尼日利亚	Nigeria	410.7	733.9
埃　及	Egypt	656.4	852.3	菲律宾	Philippines	451.1	703.4
阿根廷	Argentina	1614.7	757.3	埃　及	Egypt	647.5	660.0
乌兹别克斯坦	Uzbekistan	353.2	663.8	塞尔维亚	Serbia		639.6
摩洛哥	Morocco	138.1	640.0	泰　国	Thailand	446.6	461.6
意大利	Italy	746.4	634.1	德　国	Germany	332.4	452.7
丹　麦	Denmark	469.3	594.0	越　南	Viet Nam	200.6	438.2
罗马尼亚	Romania	445.6	520.3	土耳其	Turkey	230.0	425.0
阿富汗	Afghanistan	146.9	506.4	俄罗斯联邦	Russian Fed.	153.0	396.3
巴　西	Brazil	166.2	505.6	埃塞俄比亚	Ethiopia	268.3	389.7
西班牙	Spain	729.4	472.4	马拉维	Malawi	250.1	376.7
匈牙利	Hungary	369.3	441.9	西班牙	Spain	399.2	349.2
捷　克	Czech Rep.	408.4	435.8	坦桑尼亚	Tanzania	196.5	332.4
墨西哥	Mexico	349.3	411.6	巴基斯坦	Pakistan	164.3	326.2
保加利亚	Bulgaria	278.1	397.7	委内瑞拉	Venezuela	169.0	280.0
叙利亚	Syrian Arab Republic	310.6	370.2	肯尼亚	Kenya	216.0	243.9
埃塞俄比亚	Ethiopia	123.5	307.6	希　腊	Greece	209.4	235.2
土库曼斯坦	Turkmenistan	169.0	295.8	克罗地亚	Croatia	152.6	218.3
阿尔及利亚	Algeria	76.0	295.3	尼泊尔	Nepal	141.5	193.1
瑞　典	Sweden	237.2	228.4	奥地利	Austria	185.2	189.1
立陶宛	Lithuania	123.8	210.0	赞比亚	Zambia	104.0	188.7
阿塞拜疆	Azerbaijan	115.0	209.6	巴拉圭	Paraguay	64.7	185.8
塞尔维亚	Serbia		206.8	波　兰	Poland	92.3	170.7
白俄罗斯	Belarus	96.6	197.9	朝　鲜	Korea, Dem.	104.1	170.5
南　非	South Africa	242.8	195.8	危地马拉	Guatemala	105.4	168.7
比利时	Belgium	168.8	191.0	伊　朗	Iran	112.0	164.3
乌拉圭	Uruguay	32.4	184.4	哥伦比亚	Colombia	120.5	163.7
希　腊	Greece	232.6	183.0	加　纳	Ghana	101.3	162.0
伊拉克	Iraq	38.4	170.0	秘　鲁	Peru	124.1	154.4
突尼斯	Tunisia	84.2	165.4	马　里	Mali	21.5	147.7
斯洛伐克	Slovakia	125.4	153.8	莫桑比克	Mozambique	118.0	143.7
奥地利	Austria	131.3	152.3	智　利	Chile	65.2	134.6
荷　兰	Netherlands	114.3	140.2	喀麦隆	Cameroon	74.1	130.0
尼泊尔	Nepal	118.4	134.4	保加利亚	Bulgaria	80.4	129.1
智　利	Chile	149.3	114.5	乌干达	Uganda	109.6	127.2

11-3 续表 2 Continued

单位：万吨　　(10 000 tons)

国家和地区	Country or Area	大豆 Soybeans 2000	大豆 Soybeans 2009	国家和地区	Country or Area	根茎类作物 Roots and Tubers 2000	根茎类作物 Roots and Tubers 2009
世　界	**World**	**16129.1**	**22318.5**	**世　界**	**World**	**69928.1**	**73580.8**
美　国	United States	7505.4	9141.7	中　国	China	18987.8	15627.2
巴　西	Brazil	3273.5	5734.5	尼日利亚	Nigeria	6516.4	7401.8
阿 根 廷	Argentina	2013.6	3099.3	印　度	India	3212.5	4513.4
中　国	China	1541.2	1498.1	俄罗斯联邦	Russian Fed.	3398.0	3113.4
印　度	India	527.6	1005.0	泰　国	Thailand	1927.6	3040.0
巴 拉 圭	Paraguay	298.0	385.5	巴　西	Brazil	2663.2	2855.6
加 拿 大	Canada	270.3	350.4	印度尼西亚	Indonesia	1926.9	2563.7
乌 克 兰	Ukraine	6.4	104.4	美　国	United States	2392.2	2045.4
乌 拉 圭	Uruguay	0.7	102.9	乌 克 兰	Ukraine	1983.8	1966.6
印度尼西亚	Indonesia	101.8	97.5	加　纳	Ghana	1318.7	1963.5
俄罗斯联邦	Russian Fed.	34.2	94.4	刚果(金)	Congo, Dem. Rep.	1652.8	1562.6
尼日利亚	Nigeria	42.9	57.4	安 哥 拉	Angola	468.4	1463.4
南　非	South Africa	15.4	51.6	德　国	Germany	1369.4	1161.8
意 大 利	Italy	90.4	46.8	越　南	Viet Nam	391.4	1020.7
朝　鲜	Korea, Dem.	35.0	35.0	科特迪瓦	Cote D'Ivoire	667.9	996.4
塞尔维亚	Serbia		34.9	波　兰	Poland	2423.2	970.3
缅　甸	Myanmar	9.7	24.0	乌 干 达	Uganda	784.2	863.4
日　本	Japan	23.5	23.0	坦桑尼亚	Tanzania	590.9	803.4
越　南	Viet Nam	14.9	21.4	埃塞俄比亚	Ethiopia	471.3	731.1
伊　朗	Iran	14.2	20.8	法　国	France	643.4	722.6
泰　国	Thailand	31.2	18.8	荷　兰	Netherlands	822.7	718.1
乌 干 达	Uganda	12.0	18.0	白俄罗斯	Belarus	871.8	712.5
韩　国	Korea, Rep.	11.3	13.9	莫桑比克	Mozambique	587.8	661.4
柬 埔 寨	Cambodia	2.8	13.7	贝　宁	Benin	416.1	643.4
哈萨克斯坦	Kazakhstan	0.4	13.0	英　国	United Kingdom	663.6	642.3
墨 西 哥	Mexico	10.2	12.1	孟加拉国	Bangladesh	331.1	557.3
克罗地亚	Croatia	6.5	11.5	秘　鲁	Peru	470.3	550.8
津巴布韦	Zimbabwe	14.4	11.0	喀 麦 隆	Cameroon	354.6	529.2
法　国	France	20.1	11.0	哥伦比亚	Colombia	351.5	487.0
厄瓜多尔	Ecuador	9.4	10.8	加 拿 大	Canada	456.7	458.1
委内瑞拉	Venezuela	0.5	10.0	埃　及	Egypt	206.6	442.9
马 拉 维	Malawi		8.5	土 耳 其	Turkey	537.0	439.9
罗马尼亚	Romania	7.0	8.4	马 拉 维	Malawi	483.2	422.3
澳大利亚	Australia	10.5	8.0	伊　朗	Iran	365.8	410.8
匈 牙 利	Hungary	3.1	7.2	马达加斯加	Madagascar	345.3	404.8
奥 地 利	Austria	3.3	7.1	罗马尼亚	Romania	347.0	400.4
哥伦比亚	Colombia	3.9	5.9	日　本	Japan	447.9	386.1
孟加拉国	Bangladesh		5.9	柬 埔 寨	Cambodia	20.2	357.7
贝　宁	Benin	0.4	5.7	巴基斯坦	Pakistan	230.1	338.3
卢 旺 达	Rwanda	1.4	5.4	比 利 时	Belgium	292.2	329.6
摩尔多瓦	Moldova	1.2	4.9	卢 旺 达	Rwanda	290.8	322.1
土 耳 其	Turkey	4.5	3.8	菲 律 宾	Philippines	252.1	294.3
危地马拉	Guatemala	3.0	3.7	巴 拉 圭	Paraguay	278.9	278.4
埃　及	Egypt	1.1	2.6	哈萨克斯坦	Kazakhstan	169.3	275.6
尼 泊 尔	Nepal	1.7	2.2	阿尔及利亚	Algeria	120.8	263.6
老　挝	Laos	0.5	1.9	尼 泊 尔	Nepal	130.9	255.9
刚果(金)	Congo, Dem. Rep.	1.1	1.7	西 班 牙	Spain	309.9	249.5
布基纳法索	Burkina Faso	0.4	1.6	阿 根 廷	Argentina	263.1	247.0
斯洛伐克	Slovakia	0.5	1.5	肯 尼 亚	Kenya	164.3	217.8

11-3 续表 3 Continued

单位：万吨 (10 000 tons)

国家和地区	Country or Area	花生 Groundnuts, with Shell 2000	2009	国家和地区	Country or Area	油菜籽 Rapeseed 2000	2009
世　界	**World**	**3472.8**	**3645.7**	**世　界**	**World**	**3951.8**	**6167.6**
中　国	China	1451.6	1476.5	中　国	China	1138.1	1365.7
印　度	India	648.0	551.0	加拿大	Canada	720.5	1182.5
尼日利亚	Nigeria	290.1	296.9	印　度	India	578.8	720.1
美　国	United States	148.1	167.3	德　国	Germany	358.6	630.7
缅　甸	Myanmar	63.4	136.2	法　国	France	347.7	558.9
塞内加尔	Senegal	106.2	103.3	波　兰	Poland	95.8	249.7
苏　丹	Sudan	94.7	94.2	英　国	United Kingdom	115.7	195.1
印度尼西亚	Indonesia	129.2	77.8	澳大利亚	Australia	177.5	191.0
阿根廷	Argentina	42.0	60.6	乌克兰	Ukraine	13.2	187.3
越　南	Viet Nam	35.5	52.5	捷　克	Czech Rep.	84.4	112.8
加　纳	Ghana	20.9	48.5	美　国	United States	90.9	66.9
乍　得	Chad	35.9	41.3	俄罗斯联邦	Russian Fed.	14.8	66.7
坦桑尼亚	Tanzania	5.2	38.6	丹　麦	Denmark	29.4	63.5
刚果(金)	Congo, Dem. Rep.	38.2	36.7	白俄罗斯	Belarus	7.3	61.1
几内亚	Guinea	20.0	33.8	匈牙利	Hungary	17.9	57.9
马　里	Mali	19.3	33.5	罗马尼亚	Romania	7.6	57.0
布基纳法索	Burkina Faso	16.9	33.1	立陶宛	Lithuania	8.1	41.6
巴　西	Brazil	18.5	29.3	斯洛伐克	Slovakia	13.4	38.7
马拉维	Malawi	12.2	28.2	伊　朗	Iran		38.0
尼日尔	Niger	11.3	25.4	瑞　典	Sweden	12.2	29.8
埃　及	Egypt	18.7	21.0	保加利亚	Bulgaria	2.0	23.6
乌干达	Uganda	13.9	18.5	拉脱维亚	Latvia	1.0	20.5
尼加拉瓜	Nicaragua	9.7	16.7	孟加拉国	Bangladesh	24.9	20.3
中　非	Central African Rep.	10.5	16.3	巴基斯坦	Pakistan	29.7	19.9
喀麦隆	Cameroon	19.7	16.0	巴　西	Brazil	4.1	18.0
泰　国	Thailand	13.2	13.2	奥地利	Austria	12.5	17.1
冈比亚	Gambia	13.8	12.2	芬　兰	Finland	7.1	14.0
贝　宁	Benin	12.1	12.1	爱沙尼亚	Estonia	3.9	13.6
赞比亚	Zambia	5.2	12.1	哈萨克斯坦	Kazakhstan	0.3	12.0
安哥拉	Angola	1.3	11.1	土耳其	Turkey	0.0	11.4
南　非	South Africa	13.6	10.0	摩尔多瓦	Moldova	0.1	10.0
津巴布韦	Zimbabwe	19.1	9.3	克罗地亚	Croatia	2.9	8.0
土耳其	Turkey	7.8	9.0	智　利	Chile	4.8	7.9
墨西哥	Mexico	14.2	8.6	瑞　士	Switzerland	3.9	6.7
塞拉利昂	Sierra Leone	1.5	7.5	阿根廷	Argentina	0.6	6.1
莫桑比克	Mozambique	12.4	6.8	意大利	Italy	4.1	5.0
巴基斯坦	Pakistan	9.1	5.3	巴拉圭	Paraguay	…	4.8
孟加拉国	Bangladesh	3.2	4.7	塞尔维亚	Serbia		4.4
埃塞俄比亚	Ethiopia	1.2	4.6	比利时	Belgium	1.4	4.2
科特迪瓦	Cote D'Ivoire	7.2	4.4	南　非	South Africa	…	4.0
多　哥	Togo	2.6	3.7	阿尔及利亚	Algeria	2.9	3.6
马达加斯加	Madagascar	3.5	3.6	乌拉圭	Uruguay	…	3.2
几内亚比绍	Guinea-Bissau	2.0	3.2	西班牙	Spain	5.0	2.9
菲律宾	Philippines	2.7	3.1	埃塞俄比亚	Ethiopia	1.4	2.3
柬埔寨	Cambodia	0.8	3.0	爱尔兰	Ireland	0.9	2.2
摩洛哥	Morocco	3.9	3.0	卢森堡	Luxemburg	0.8	1.8
老　挝	Laos	1.3	2.9	荷　兰	Netherlands	0.3	1.2
肯尼亚	Kenya	3.0	2.7	斯洛文尼亚	Slovenia	0.0	1.0
利比亚	Libya	2.0	2.6	挪　威	Norway	0.9	0.7

11-3 续表 4 Continued

单位：万吨 (10 000 tons)

国家和地区	Country or Area	芝麻 Sesame Seed 2000	芝麻 Sesame Seed 2009
世 界	**World**	**278.8**	**397.7**
缅 甸	Myanmar	29.6	86.8
印 度	India	51.8	65.7
中 国	China	81.2	62.3
苏 丹	Sudan	28.2	31.8
埃塞俄比亚	Ethiopia	1.6	26.1
乌干达	Uganda	9.7	17.8
尼日利亚	Nigeria	7.2	11.0
尼日尔	Niger	1.4	7.6
巴拉圭	Paraguay	0.8	6.5
索马里	Somalia	2.3	6.4
布基纳法索	Burkina Faso	0.7	5.6
中 非	Central African Rep.	3.7	5.0
坦桑尼亚	Tanzania	3.9	4.8
泰 国	Thailand	3.9	4.6
埃 及	Egypt	3.7	4.1
乍 得	Chad	3.3	3.5
巴基斯坦	Pakistan	5.1	3.3
孟加拉国	Bangladesh	2.2	3.2
阿富汗	Afghanistan	2.3	3.2
柬埔寨	Cambodia	1.0	3.1
墨西哥	Mexico	4.1	2.9
伊 朗	Iran	2.7	2.8
危地马拉	Guatemala	1.9	2.7
也 门	Yemen	1.8	2.4
越 南	Viet Nam	1.7	2.4
土耳其	Turkey	2.4	2.1
韩 国	Korea, Rep.	3.2	2.0
委内瑞拉	Venezuela	3.3	1.9
巴 西	Brazil	1.5	1.6
乌兹别克斯坦	Uzbekistan	2.0	1.6
莫桑比克	Mozambique	0.5	1.6
肯尼亚	Kenya	1.0	1.3
马 里	Mali	0.4	1.2
贝 宁	Benin	1.0	1.0
斯里兰卡	Sri Lanka	0.5	0.9
老 挝	Laos	0.5	0.8
叙利亚	Syrian Arab Republic	0.4	0.8
塞内加尔	Senegal	0.1	0.7
尼加拉瓜	Nicaragua	0.4	0.5
刚果(金)	Congo, Dem. Rep.	0.5	0.5
伊拉克	Iraq	1.4	0.5
沙特阿拉伯	Saudi Arabia	0.3	0.5
塞拉利昂	Sierra Leone	0.1	0.4
海 地	Haiti	0.4	0.3
喀麦隆	Cameroon	0.3	0.3
哥伦比亚	Colombia	0.4	0.3
冈比亚	Gambia	0.3	0.3
科特迪瓦	Cote D'Ivoire	0.4	0.2
安哥拉	Angola	0.2	0.2

国家和地区	Country or Area	籽棉 Seed Cotton 2000	籽棉 Seed Cotton 2009
世 界	**World**	**5289.9**	**6089.2**
中 国	China	1325.1	1913.1
印 度	India	492.3	1220.7
巴基斯坦	Pakistan	547.6	633.8
美 国	United States	958.1	633.0
乌兹别克斯坦	Uzbekistan	300.2	342.0
巴 西	Brazil	201.0	292.8
土耳其	Turkey	226.1	172.5
澳大利亚	Australia	178.7	80.2
希 腊	Greece	129.7	71.5
土库曼斯坦	Turkmenistan	103.0	66.7
叙利亚	Syrian Arab Republic	108.2	65.2
尼日利亚	Nigeria	39.9	50.1
布基纳法索	Burkina Faso	21.3	48.4
阿根廷	Argentina	41.8	38.9
埃 及	Egypt	55.4	30.0
塔吉克斯坦	Tajikistan	33.5	29.6
墨西哥	Mexico	22.4	27.9
哈萨克斯坦	Kazakhstan	28.7	27.0
伊 朗	Iran	49.7	25.4
坦桑尼亚	Tanzania	12.3	25.0
马 里	Mali	24.3	23.6
津巴布韦	Zimbabwe	32.7	23.6
贝 宁	Benin	34.0	22.9
缅 甸	Myanmar	17.6	19.8
喀麦隆	Cameroon	20.4	17.5
莫桑比克	Mozambique	3.5	17.3
苏 丹	Sudan	14.7	16.9
赞比亚	Zambia	6.2	15.9
科特迪瓦	Cote D'Ivoire	40.2	12.5
秘 鲁	Peru	15.4	9.6
西班牙	Spain	29.5	8.0
马拉维	Malawi	3.7	7.3
哥伦比亚	Colombia	11.1	7.1
乌干达	Uganda	7.6	6.6
乍 得	Chad	18.0	6.5
埃塞俄比亚	Ethiopia	4.6	6.5
阿富汗	Afghanistan	5.7	5.6
吉尔吉斯斯坦	Kyrgyzstan	8.8	4.9
孟加拉国	Bangladesh	4.1	3.8
肯尼亚	Kenya	2.0	3.8
印度尼西亚	Indonesia	2.8	3.5
朝 鲜	Korea, Dem.	3.5	3.4
几内亚	Guinea	6.6	3.3
阿塞拜疆	Azerbaijan	9.2	3.2
多 哥	Togo	11.7	2.9
加 纳	Ghana	3.6	2.6
刚果(金)	Congo, Dem. Rep.	2.7	2.6
也 门	Yemen	2.8	2.5
伊拉克	Iraq	3.3	2.4

11-3 续表 5 Continued

单位：万吨 (10 000 tons)

国家和地区	Country or Area	甘蔗 Sugar Cane 2000	甘蔗 Sugar Cane 2009	国家和地区	Country or Area	甜菜 Sugar Beets 2000	甜菜 Sugar Beets 2009
世　界	**World**	**125749.9**	**166125.2**	**世　界**	**World**	**25010.2**	**22715.8**
巴　西	Brazil	32770.5	67139.5	法　国	France	3112.1	3506.7
印　度	India	29932.4	28502.9	美　国	United States	3254.1	2677.9
中　国	China	6929.9	11625.1	德　国	Germany	2787.0	2591.9
泰　国	Thailand	5405.2	6681.6	俄罗斯联邦	Russian Fed.	1405.4	2489.2
巴基斯坦	Pakistan	4633.3	5004.5	土耳其	Turkey	1882.1	1727.5
墨西哥	Mexico	4410.0	4949.3	波　兰	Poland	1313.4	1084.9
哥伦比亚	Colombia	3500.0	3850.0	乌克兰	Ukraine	1319.9	1006.8
澳大利亚	Australia	3816.5	3145.7	英　国	United Kingdom	907.9	833.0
阿根廷	Argentina	1840.0	2995.0	中　国	China	807.4	717.9
美　国	United States	3611.4	2745.6	荷　兰	Netherlands	679.8	573.5
印度尼西亚	Indonesia	2390.0	2650.0	比利时	Belgium	615.2	518.6
菲律宾	Philippines	2449.1	2293.3	埃　及	Egypt	289.0	513.4
南　非	South Africa	2387.6	2050.0	西班牙	Spain	793.0	415.4
危地马拉	Guatemala	1655.2	1839.2	白俄罗斯	Belarus	147.4	397.3
埃　及	Egypt	1570.6	1700.0	日　本	Japan	367.3	364.9
越　南	Viet Nam	1504.4	1524.6	意大利	Italy	1237.0	330.8
古　巴	Cuba	3640.0	1490.0	奥地利	Austria	256.0	308.3
秘　鲁	Peru	753.5	1010.0	捷　克	Czech Rep.	280.9	303.8
委内瑞拉	Venezuela	883.2	950.0	摩洛哥	Morocco	288.3	292.6
缅　甸	Myanmar	580.1	850.0	塞尔维亚	Serbia		279.8
厄瓜多尔	Ecuador	540.2	847.3	瑞　典	Sweden	260.2	240.6
苏　丹	Sudan	498.2	752.7	伊　朗	Iran	433.2	204.1
洪都拉斯	Honduras	397.4	620.3	丹　麦	Denmark	334.5	189.8
萨尔瓦多	El Salvador	514.0	573.6	瑞　士	Switzerland	140.9	172.0
肯尼亚	Kenya	394.2	561.1	克罗地亚	Croatia	48.2	121.7
孟加拉国	Bangladesh	691.0	523.3	智　利	Chile	309.3	104.2
斯威士兰	Swaziland	388.5	500.0	希　腊	Greece	303.3	100.0
巴拉圭	Paraguay	224.5	480.0	斯洛伐克	Slovakia	96.2	89.9
多米尼加	Dominican Rep.	451.1	471.6	罗马尼亚	Romania	66.7	81.7
尼加拉瓜	Nicaragua	352.4	469.0	匈牙利	Hungary	197.6	73.7
毛里求斯	Mauritius	511.0	466.9	叙利亚	Syrian Arab Republic	117.5	73.3
哥斯达黎加	Costa Rica	380.0	410.0	立陶宛	Lithuania	88.2	68.2
津巴布韦	Zimbabwe	422.8	310.0	加拿大	Canada	82.1	65.8
伊　朗	Iran	236.7	303.5	芬　兰	Finland	104.6	55.9
圭亚那	Guyana	271.0	276.6	摩尔多瓦	Moldova	94.4	33.7
马达加斯加	Madagascar	218.9	260.0	土库曼斯坦	Turkmenistan	23.0	23.4
马拉维	Malawi	210.0	250.0	阿塞拜疆	Azerbaijan	4.7	18.9
赞比亚	Zambia	160.0	250.0	哈萨克斯坦	Kazakhstan	27.3	18.1
莫桑比克	Mozambique	39.7	245.1	葡萄牙	Portugal	46.2	13.7
坦桑尼亚	Tanzania	135.5	237.0	巴基斯坦	Pakistan	15.9	9.3
尼泊尔	Nepal	210.3	235.4	吉尔吉斯斯坦	Kyrgyzstan	45.0	5.4
乌干达	Uganda	147.6	235.0	阿尔巴尼亚	Albania	4.2	4.0
埃塞俄比亚	Ethiopia	217.7	230.0	黎巴嫩	Lebanon	34.2	3.7
斐　济	Fiji	359.8	208.9	哥伦比亚	Colombia	1.2	3.0
牙买加	Jamaica	202.5	196.8	委内瑞拉	Venezuela	1.7	2.1
巴拿马	Panama	178.9	191.4	伊拉克	Iraq	0.8	1.8
留尼汪	R閿nion	184.5	190.8	阿富汗	Afghanistan	0.1	1.7
科特迪瓦	Cote D'Ivoire	167.2	163.0	亚美尼亚	Armenia	0.1	1.0
刚果(金)	Congo, Dem. Rep.	166.9	155.0	前南马其顿	Macedonia, FYR	5.7	0.5

11-3 续表 6 Continued

单位：万吨 (10 000 tons)

国家和地区	Country or Area	茶叶 Tea		国家和地区	Country or Area	水果(不包括瓜类) Fruit excluding Melons	
		2000	2009			2000	2009
世 界	**World**	**296.0**	**395.0**	**世 界**	**World**	**47355.6**	**59425.4**
中 国	China	70.4	137.6	中 国	China	6450.3	11587.6
印 度	India	82.6	80.0	印 度	India	4300.1	7039.5
肯尼亚	Kenya	23.6	31.4	巴 西	Brazil	3698.7	3646.6
斯里兰卡	Sri Lanka	30.6	29.0	美 国	United States	3280.5	2729.4
土耳其	Turkey	13.9	19.9	意大利	Italy	1799.0	1815.1
越 南	Viet Nam	7.0	18.6	印度尼西亚	Indonesia	841.3	1705.8
印度尼西亚	Indonesia	16.3	16.0	菲律宾	Philippines	1075.1	1596.1
日 本	Japan	8.5	8.6	墨西哥	Mexico	1330.7	1566.1
阿根廷	Argentina	7.4	7.3	西班牙	Spain	1611.6	1446.6
泰 国	Thailand	0.6	6.4	土耳其	Turkey	1086.1	1422.3
孟加拉国	Bangladesh	4.6	6.0	伊 朗	Iran	1228.8	1342.0
马拉维	Malawi	4.2	5.3	尼日利亚	Nigeria	928.3	1025.6
乌干达	Uganda	2.9	4.9	乌干达	Uganda	1009.1	1015.7
伊 朗	Iran	5.0	4.0	埃 及	Egypt	696.6	1001.2
坦桑尼亚	Tanzania	2.4	3.2	法 国	France	1126.5	925.0
缅 甸	Myanmar	1.9	3.1	厄瓜多尔	Ecuador	767.1	897.6
津巴布韦	Zimbabwe	2.2	2.1	泰 国	Thailand	790.5	863.7
卢旺达	Rwanda	1.5	2.0	哥伦比亚	Colombia	685.1	793.8
尼泊尔	Nepal	0.5	1.6	阿根廷	Argentina	717.4	675.8
莫桑比克	Mozambique	1.1	1.6	巴基斯坦	Pakistan	518.6	631.6
马来西亚	Malaysia	0.6	0.9	越 南	Viet Nam	436.3	595.9
布隆迪	Burundi	0.7	0.7	南 非	South Africa	511.1	589.3
巴布亚新几内亚	Papua New Guinea	0.6	0.7	智 利	Chile	389.0	545.2
喀麦隆	Cameroon	0.4	0.6	哥斯达黎加	Costa Rica	381.1	508.1
格鲁吉亚	Georgia	2.4	0.6	坦桑尼亚	Tanzania	185.4	453.4
埃塞俄比亚	Ethiopia	0.4	0.5	加 纳	Ghana	239.1	436.3
巴 西	Brazil	0.8	0.5	秘 鲁	Peru	318.7	417.4
韩 国	Korea, Rep.	0.1	0.4	危地马拉	Guatemala	197.3	384.1
南 非	South Africa	1.3	0.4	波 兰	Poland	224.7	368.5
秘 鲁	Peru	0.6	0.3	孟加拉国	Bangladesh	136.1	363.1
厄瓜多尔	Ecuador	0.1	0.2	澳大利亚	Australia	308.4	344.0
刚果(金)	Congo, Dem. Rep.	0.2	0.2	日 本	Japan	382.1	341.5
毛里求斯	Mauritius	0.1	0.2	摩洛哥	Morocco	268.1	339.7
赞比亚	Zambia	0.1	0.1	希 腊	Greece	415.2	321.3
留尼汪	R閿nion	0.1	0.1	卢旺达	Rwanda	230.4	319.0
俄罗斯联邦	Russian Fed.	0.2	0.1	俄罗斯联邦	Russian Fed.	340.2	306.7
危地马拉	Guatemala	0.1	0.1	阿尔及利亚	Algeria	142.8	299.2
老 挝	Laos	…	0.1	德 国	Germany	529.1	296.0
马达加斯加	Madagascar	0.1	0.1	韩 国	Korea, Rep.	262.6	293.7
阿塞拜疆	Azerbaijan	0.1		肯尼亚	Kenya	214.8	289.6
巴拿马	Panama			喀麦隆	Cameroon	199.4	282.5
哥伦比亚	Colombia			科特迪瓦	Cote D'Ivoire	234.7	248.5
马 里	Mali			乌兹别克斯坦	Uzbekistan	141.5	242.6
葡萄牙	Portugal			巴布亚新几内亚	Papua New Guinea	166.6	232.5
塞舌尔	Seychelles			罗马尼亚	Romania	259.6	232.3

11-4 主要林产品产量
Output of Major Forest Products

资料来源：联合国FAO数据库。
Source: FAO Database.
单位：吨 (ton)

国家和地区	Country or Area	栗子 Chestnuts		榛子 Hazelnuts, with Shell		天然橡胶 Natural rubber		核桃 Walnuts, with Shell	
		2005	2009	2005	2009	2005	2009	2005	2009
世　界	**World**	**1363986**	**1408329**	**759244**	**765666**	**9409553**	**10221285**	**1747613**	**2282264**
中　国	China	1031860	1085000	13500	18000	513618	618866	499074	979366
孟加拉国	Bangladesh					5200	5700		
文　莱	Brunei Darussalam					257	219		
柬 埔 寨	Cambodia					20329	38700		
印　度	India					802625	820800	32000	36000
印度尼西亚	Indonesia					2270890	2789850		
伊　朗	Iran			17889	14299			170000	141426
日　本	Japan	21800	21700						
哈萨克斯坦	Kazakhstan							2000	1400
朝　鲜	Korea, Dem.	11528	7785						
韩　国	Korea, Rep.	76447	73000					868	1000
马来西亚	Malaysia					1126000	857019		
蒙　古	Mongolia			369	363				
缅　甸	Myanmar					40000	44357		
巴基斯坦	Pakistan							14867	12748
菲 律 宾	Philippines					315636	390962		
斯里兰卡	Sri Lanka					104350	136000		
泰　国	Thailand					2977310	3090280		
越　南	Viet Nam					481600	723700		
埃　及	Egypt							27000	27000
尼日利亚	Nigeria					158600	145000		
墨 西 哥	Mexico					24756	29405	79871	70000
美　国	United States			25038	42640			322051	376480
阿 根 廷	Argentina							9491	9178
巴　西	Brazil	…	…			103708	126973	2176	4571
白俄罗斯	Belarus			1210	1169			18937	13575
捷　克	Czech Rep.							4903	10098
法　国	France	8144	8692	4459	8825			32716	41624
德　国	Germany			…				16880	19778
意 大 利	Italy	52000	52146	87879	104900			16000	16118
波　兰	Poland	64	302	3061	3055			5836	12241
俄罗斯联邦	Russian Fed.	3500		615	806			3800	2037
西 班 牙	Spain	8629	6090	23027	10500			8629	6100
土 耳 其	Turkey	50000	61697	530000	500000			150000	177298
乌 克 兰	Ukraine	201	200	13	10			91000	83890
澳大利亚	Australia							23	22

11-5 牲畜饲养量(2009年)
Number of Livestock(2009)

资料来源：联合国FAO数据库。
Source: FAO Database.
单位：万头(只) (10 000 heads)

国家和地区	Country or Area	牛 Cattle	马 Horses	山羊 Goats	绵羊 Sheep	猪 Pigs
世　界	**World**	**138022.1**	**5905.5**	**87974.5**	**107726.7**	**94177.6**
中　国	China	8411.7	682.3	15249.9	12855.7	45088.0
孟加拉国	Bangladesh	2297.0		6060.0	173.0	
文　莱	Brunei Darussalam	0.1		0.3	0.4	0.1
柬埔寨	Cambodia	355.0	2.8			220.0
印　度	India	17245.1	75.1	12600.9	6571.7	1384.0
印度尼西亚	Indonesia	1285.9	39.9	1576.9	1020.0	692.2
伊　朗	Iran	812.0	14.0	2550.0	5380.0	
以色列	Israel	40.4	0.4	9.1	43.0	22.4
日　本	Japan	442.3	1.8	1.5	1.4	989.9
哈萨克斯坦	Kazakhstan	599.2	137.1	264.4	1412.6	134.7
朝　鲜	Korea, Dem.	57.6	4.8	357.0	16.5	215.0
韩　国	Korea, Rep.	307.9	2.8	26.0	0.3	958.5
老　挝	Laos	142.6	3.1	36.7		294.7
马来西亚	Malaysia	80.0	0.8	33.6	11.6	205.0
蒙　古	Mongolia	259.9	222.1	1965.2	1927.5	2.6
缅　甸	Myanmar	1300.0	14.0	275.0	53.5	780.0
巴基斯坦	Pakistan	3303.0	35.0	5827.9	2743.2	
菲律宾	Philippines	258.6	24.0	422.2	3.0	1359.6
斯里兰卡	Sri Lanka	113.7	0.2	37.7	0.8	8.1
泰　国	Thailand	670.0	0.5	38.4	4.0	748.1
越　南	Viet Nam	610.3	10.2	137.5		2762.8
埃　及	Egypt	500.0	6.7	455.0	550.0	3.8
尼日利亚	Nigeria	1640.0	20.8	5514.5	3468.7	718.4
南　非	South Africa	1376.1	29.5	635.8	2498.9	161.3
加拿大	Canada	1318.0	38.5	3.0	80.8	1218.0
墨西哥	Mexico	3200.0	635.0	890.0	780.0	1520.0
美　国	United States	9452.1	950.0	306.9	574.7	6714.8
阿根廷	Argentina	5075.0	368.0	425.0	1580.0	227.0
巴　西	Brazil	20529.2	549.6	916.4	1681.2	3804.5
委内瑞拉	Venezuela	1690.0	51.0	140.0	55.0	330.0
白俄罗斯	Belarus	413.1	13.7	7.3	5.3	370.4
捷　克	Czech Rep.	134.9	3.0	2.2	19.7	190.9
法　国	France	1919.9	46.0	126.7	771.5	1481.0
德　国	Germany	1294.5	54.5	22.0	235.0	2688.7
意大利	Italy	644.7	30.0	95.7	817.5	925.2
荷　兰	Netherlands	399.6	13.4	41.6	109.9	1210.8
波　兰	Poland	570.0	29.8	11.9	28.6	1427.9
俄罗斯联邦	Russian Fed.	2103.8	135.3	216.8	1960.2	1616.2
西班牙	Spain	602.0	25.0	226.5	1971.8	2629.0
土耳其	Turkey	1086.0	18.0	559.4	2397.5	0.2
乌克兰	Ukraine	507.9	46.6	63.1	109.6	652.6
英　国	United Kingdom	990.1	38.4	9.5	3203.8	460.1
澳大利亚	Australia	2790.7	25.6	320.0	7274.0	230.2
新西兰	New Zealand	996.1	6.5	8.2	3238.4	32.3

11-6 畜产品产量(2009年)
Output of Livestock Products(2009)

资料来源：联合国FAO数据库。
Source: FAO Database.
单位：万吨 (10 000 tons)

国家和地区	Country or Area	肉类总产量 Meat, Total	牛肉 Beef and Buffalo Meat	羊肉 Sheep and Goat Meat	猪肉 Pig Meat	禽肉 Poultry Meat
世 界	**World**	**28388.7**	**6616.5**	**1323.6**	**10632.6**	**9198.2**
中 国	China	7817.2	637.0	394.3	4987.4	1641.5
孟加拉国	Bangladesh	61.8	19.4	22.9		18.0
文 莱	Brunei Darussalam	2.0	0.1	…	…	1.9
柬埔寨	Cambodia	20.7	7.5		10.5	2.7
印 度	India	440.9	231.3	71.9	48.1	72.7
印度尼西亚	Indonesia	264.4	44.3	12.8	63.7	143.5
伊 朗	Iran	257.1	38.9	48.3		168.2
以色列	Israel	66.7	10.4	1.0	2.0	53.4
日 本	Japan	323.2	51.7	0.0	131.0	139.5
哈萨克斯坦	Kazakhstan	89.4	39.6	13.5	20.9	8.0
朝 鲜	Korea, Dem.	32.4	2.2	1.6	11.0	4.3
韩 国	Korea, Rep.	184.4	28.3	0.2	100.0	55.3
老 挝	Laos	13.4	4.7	0.1	6.5	2.2
马来西亚	Malaysia	128.8	2.7	0.2	19.9	106.0
蒙 古	Mongolia	27.1	5.9	16.9	0.1	
缅 甸	Myanmar	154.6	18.3	2.9	45.0	88.4
巴基斯坦	Pakistan	253.7	143.6	42.4		65.5
菲律宾	Philippines	283.1	28.4	5.3	171.0	76.7
新加坡	Singapore	10.9			1.8	9.1
斯里兰卡	Sri Lanka	13.0	2.7	0.1	0.2	9.9
泰 国	Thailand	218.5	27.4	0.2	75.6	115.4
越 南	Viet Nam	390.6	36.3	0.9	290.9	59.9
埃 及	Egypt	157.5	65.0	6.6	0.2	72.9
尼日利亚	Nigeria	135.9	29.8	43.3	22.6	25.7
南 非	South Africa	223.5	77.7	13.1	31.3	97.3
加拿大	Canada	444.9	125.5	1.7	194.5	121.2
墨西哥	Mexico	572.1	170.5	9.7	116.2	267.1
美 国	United States	4164.3	1189.1	8.0	1044.2	1895.3
阿根廷	Argentina	531.6	337.8	5.7	23.3	154.6
巴 西	Brazil	2282.7	939.5	11.0	292.4	1037.5
委内瑞拉	Venezuela	169.4	48.0	0.9	16.5	80.0
白俄罗斯	Belarus	92.2	30.8	0.1	38.8	22.1
捷 克	Czech Rep.	62.1	7.7	0.2	30.0	20.1
法 国	France	547.5	146.7	9.0	200.4	167.3
德 国	Germany	783.8	114.3	3.9	526.5	128.9
意大利	Italy	413.0	105.8	4.1	158.8	114.4
荷 兰	Netherlands	253.6	40.2	1.5	127.5	84.2
波 兰	Poland	331.1	40.3	0.1	173.5	114.5
俄罗斯联邦	Russian Fed.	657.0	174.1	18.3	217.0	236.0
西班牙	Spain	531.3	59.8	13.3	329.1	120.6
土耳其	Turkey	193.6	32.6	29.9	…	130.8
乌克兰	Ukraine	191.8	45.4	1.5	52.7	89.4
英 国	United Kingdom	353.3	85.0	30.3	72.0	165.2
澳大利亚	Australia	407.0	214.8	67.6	32.4	89.7
新西兰	New Zealand	133.3	63.7	48.0	4.7	13.7

11-6 续表 continued

单位：万吨 (10 000 tons)

国家和地区	Country or Area	蛋类 Eggs, Total	鸡蛋 Hen eggs	奶类总产量 Milk,Total	牛奶 Cow milk	羊毛 Wool, Greasy	蜂蜜 Natural Honey
世 界	**World**	**6803.4**	**6284.0**	**70213.7**	**58340.2**	**204.4**	**151.1**
中 国	China	2777.3	2363.4	3994.6	3551.0	36.4	36.7
孟加拉国	Bangladesh	22.0	15.4	312.2	82.7	0.2	
文 莱	Brunei Darussalam	0.7	0.7	…	…		
柬埔寨	Cambodia	2.2	1.6	2.5	2.5		
印 度	India	320.0	320.0	11211.4	4514.0	4.0	6.5
印度尼西亚	Indonesia	130.6	105.9	127.8	88.2	2.1	
伊 朗	Iran	77.5	77.5	790.5	662.0	7.5	3.6①
以色列	Israel	10.1	10.1	131.7	127.7	0.1	0.3
日 本	Japan	250.5	250.5	791.0	791.0		0.3①
哈萨克斯坦	Kazakhstan	18.5	18.4	530.4	526.7	3.6	0.1①
朝 鲜	Korea, Dem.	15.8	15.8	9.5	9.5		
韩 国	Korea, Rep.	59.7	56.6	222.6	222.2		2.6①
老 挝	Laos	1.5	1.5	0.8	0.8		
马来西亚	Malaysia	55.4	54.0	5.2	4.1		
蒙 古	Mongolia	…	…	44.4	32.6	2.1	
缅 甸	Myanmar	28.7	26.5	135.5	110.0		0.1①
巴基斯坦	Pakistan	54.0	52.9	3436.2	1198.5	4.2	0.4
菲律宾	Philippines	62.9	55.5	1.4	1.4		
新加坡	Singapore	2.2	2.0				
斯里兰卡	Sri Lanka	6.5	6.5	20.2	15.6		
泰 国	Thailand	97.0	57.7	84.1	84.1		0.8①
越 南	Viet Nam	30.9	30.9	31.1	27.8		1.6①
埃 及	Egypt	29.0	29.0	602.7	320.0	0.8	0.7①
尼日利亚	Nigeria	61.3	61.3	47.2	47.2		
南 非	South Africa	45.0	45.0	309.1	309.1	3.5	0.1①
加拿大	Canada	42.2	42.2	821.3	821.3	0.1	2.9
墨西哥	Mexico	236.0	236.0	1071.9	1054.9	0.3	5.5①
美 国	United States	534.9	534.9	8585.9	8585.9	1.4	6.5
阿根廷	Argentina	47.6	47.6	1036.6	1036.6	6.1	8.1
巴 西	Brazil	201.4	192.2	2925.6	2911.2	0.9	3.8①
委内瑞拉	Venezuela	16.0	16.0	220.0	220.0		
白俄罗斯	Belarus	19.2	19.0	657.9	654.9		0.3
捷 克	Czech Rep.	9.8	9.8	279.2	278.1		0.7
法 国	France	91.8	91.8	2421.8	2334.1	0.9	1.6①
德 国	Germany	69.8	69.8	2797.2	2793.8	0.6	1.8
意大利	Italy	81.3	81.3	1306.3	1222.0	0.9	1.2①
荷 兰	Netherlands	60.0	60.0	1146.9	1146.9	0.3	
波 兰	Poland	60.5	60.5	1246.7	1244.7	0.1	1.4
俄罗斯联邦	Russian Fed.	221.0	219.5	3256.2	3232.6	5.5	5.4
西班牙	Spain	82.4	82.2	723.1	625.1	2.9	3.0①
土耳其	Turkey	86.5	86.5	1254.2	1158.3	4.0	8.2
乌克兰	Ukraine	92.8	91.3	1161.0	1136.4	0.4	7.4
英 国	United Kingdom	61.3	60.0	1323.7	1323.7	6.5	0.7①
澳大利亚	Australia	15.9	15.9	938.8	938.8	37.1	1.8①
新西兰	New Zealand	5.8	5.5	1540.0	1540.0	17.9	1.2①

注：①2008年数据。
Note:①Data refer to 2008.

11-7 鱼类产量
Output of Total Fishes

资料来源：联合国FAO数据库。
Source:FAO Database.
单位：万吨 (10 000 tons)

国家和地区	Country or Area	鱼类产量 Output of total fishes		海域鱼类产量 Ocean Area		内陆水域鱼类产量 Land Area	
		2000	2009	2000	2009	2000	2009
中　国	China	2271.3	3090.5	888.0	970.8	1383.3	2119.7
印　度	India	501.4	719.4	230.7	279.7	270.7	439.8
秘　鲁	Peru	1054.1	643.8	1050.7	637.7	3.4	6.1
印度尼西亚	Indonesia	428.7	596.7	335.1	430.1	93.6	166.6
智　利	Chile	448.7	388.9	448.6	386.1	0.1	2.8
俄罗斯联邦	Russian Fed.	385.2	379.6	348.7	344.0	36.5	35.6
越　南	Viet Nam	157.2	366.8	102.7	157.8	54.5	209.0
美　国	United States	395.6	344.2	361.4	317.5	34.3	26.7
缅　甸	Myanmar	116.3	342.4	87.3	182.8	29.0	159.7
挪　威	Norway	311.9	340.1	311.9	340.1	0.1	0.1
日　本	Japan	396.6	325.3	385.8	318.8	10.8	6.5
菲律宾	Philippines	198.9	302.1	162.0	235.1	36.9	67.0
孟加拉国	Bangladesh	156.5	263.6	30.2	55.1	126.3	208.5
泰　国	Thailand	271.0	202.0	224.9	129.4	46.1	72.7
韩　国	Korea, Rep.	127.2	142.8	125.2	140.3	2.0	2.6
墨西哥	Mexico	108.7	138.4	96.6	125.3	12.1	13.1
马来西亚	Malaysia	114.1	136.9	108.8	121.2	5.3	15.7
冰　岛	Iceland	194.0	113.8	193.9	113.5	0.1	0.3
巴　西	Brazil	73.3	108.1	40.3	51.1	33.0	57.1
摩洛哥	Morocco	74.1	106.5	73.9	105.8	0.3	0.7
埃　及	Egypt	70.3	104.6	11.6	11.3	58.8	93.3
西班牙	Spain	98.4	89.5	94.5	87.1	3.9	2.5
中国台湾	Taiwan, China	96.6	87.9	80.8	70.1	15.9	17.8
丹　麦	Denmark	145.1	75.4	141.5	73.2	3.7	2.1
尼日利亚	Nigeria	44.2	72.0	28.4	28.1	15.8	43.9
阿根廷	Argentina	56.4	65.6	53.2	63.8	3.2	1.8
巴基斯坦	Pakistan	58.6	65.2	39.7	40.1	18.9	25.0
加拿大	Canada	66.7	63.9	61.4	59.9	5.3	4.0
英　国	United Kingdom	75.5	60.1	74.2	58.8	1.3	1.3
土耳其	Turkey	56.0	57.5	47.7	46.3	8.3	11.2
厄瓜多尔	Ecuador	60.1	51.0	59.1	47.0	1.0	3.9
南　非	South Africa	63.6	50.0	63.4	49.7	0.3	0.2
柬埔寨	Cambodia	28.6	49.3	2.7	5.6	25.9	43.8
乌干达	Uganda	22.0	47.7			22.0	47.7
塞内加尔	Senegal	40.9	42.8	35.7	37.4	5.2	5.4
新西兰	New Zealand	52.2	39.6	52.1	39.5	0.2	0.1
法　国	France	58.8	38.1	53.1	33.7	5.7	4.4
法罗群岛	Faeroe Islands	47.3	37.8	47.3	37.8		
纳米比亚	Namibia	58.7	36.9	58.5	36.6	0.2	0.3
荷　兰	Netherlands	46.9	36.6	46.0	35.6	0.9	1.0
斯里兰卡	Sri Lanka	31.5	34.1	28.3	29.0	3.2	5.1
加　纳	Ghana	45.4	32.4	37.4	22.8	8.0	9.6
安哥拉	Angola	23.5	27.0	22.8	26.4	0.7	0.6
德　国	Germany	23.0	26.8	16.5	21.0	6.5	5.8
爱尔兰	Ireland	26.8	25.9	26.6	25.8	0.2	0.1
波　兰	Poland	23.1	25.2	17.7	19.7	5.3	5.5
乌克兰	Ukraine	41.9	23.6	38.4	20.7	3.5	2.9

11-8 农业机械拥有量(2008年)
Ownership of Agricultural Machinery (2008)

资料来源：联合国FAO数据库。
Source: FAO Database.
单位：万部 (10 000 units)

国家和地区	Country or Area	农用拖拉机 Agricultural Tractors	收割-脱粒机 Combine Harvesters-Threshers	挤奶机 Milking Machines
孟加拉国	Bangladesh	0.3①	…	
柬埔寨	Cambodia	0.5	…	
印度	India	314.9①	47.7①	
印度尼西亚	Indonesia	0.5①	10.8①	
伊朗	Iran	30.8	1.1	2.4
以色列	Israel	2.1	0.02①	0.2①
日本	Japan	187.7	95.7	16.0
哈萨克斯坦	Kazakhstan	4.0	1.9	0.1
朝鲜	Korea, Dem.	6.4①		
韩国	Korea, Rep.	25.4	8.5	
老挝	Laos	0.1①		
蒙古	Mongolia	0.3	0.1	
缅甸	Myanmar	1.2	2.1	
巴基斯坦	Pakistan	47.0①	0.2①	
菲律宾	Philippines	6.3①	0.1①	
斯里兰卡	Sri Lanka	2.15①	…	
泰国	Thailand	83.0①	4.8	0.06①
越南	Viet Nam	16.3①	22.3①	
埃及	Egypt	10.3	0.3	…
尼日利亚	Nigeria	2.5	…	
南非	South Africa	6.3①	1.1①	
加拿大	Canada	73.3①	8.1①	
墨西哥	Mexico	23.9①	2.3①	
美国	United States	438.9①	34.7①	
阿根廷	Argentina	25.4	5.0	0.8
巴西	Brazil	77.7①	5.4①	
委内瑞拉	Venezuela	4.9①	0.6①	
白俄罗斯	Belarus	5.0	1.3	1.3
捷克	Czech Rep.	8.4	1.0	0.7
法国	France	113.5	7.7	20.0
德国	Germany	76.7	8.6	25.0
意大利	Italy	191.3	5.5	15.0
荷兰	Netherlands	14.4	0.6	3.8
波兰	Poland	156.6	16.0①	27.2①
俄罗斯联邦	Russian Fed.	36.4	9.6	3.6
西班牙	Spain	103.0	5.2	13.0①
土耳其	Turkey	105.3	1.3	18.4
乌克兰	Ukraine	33.6	5.7	1.1
英国	United Kingdom	44.3	4.0	15.7
澳大利亚	Australia	31.5	5.7	20.0
新西兰	New Zealand	7.7	0.3	1.4

注：①2007年数据。
Note:①Data refer to 2007.

11-9 化肥施用量(2009年)

Consumption of Chemical Fertilizers(2009)

资料来源：联合国FAO数据库。
Source: FAO Database.
单位：万吨 (10 000 tons)

国家和地区	Country or Area	氮 肥 Nitrogen Fertilizers	磷 肥 Phosphate Fertilizers	钾 肥 Potash Fertilizers
世 界	**World**	**10502.4**	**3789.8**	**2149.8**
中 国	China	3690.2	1280.0	402.1
孟加拉国	Bangladesh	140.5	42.9	29.8
柬埔寨	Cambodia	1.9	0.8	0.1
印 度	India	1558.3	728.2	362.9
印度尼西亚	Indonesia	292.9	50.7	84.4
伊 朗	Iran	78.7	34.3	6.9
以色列	Israel	3.4	0.6	1.8
日 本	Japan	43.1	37.5	20.4
哈萨克斯坦	Kazakhstan	3.0	2.6	0.1
韩 国	Korea, Rep.	38.5	8.4	15.2
马来西亚	Malaysia	96.3	6.7	35.6
蒙 古	Mongolia	0.8	…	…
缅 甸	Myanmar	5.1	0.5	0.4
巴基斯坦	Pakistan	347.3	94.8	1.7
菲律宾	Philippines	44.3	6.1	25.5
新加坡	Singapore	0.3	0.0	
斯里兰卡	Sri Lanka	18.2	5.3	7.5
泰 国	Thailand	149.1	25.5	16.8
越 南	Viet Nam	151.8	69.0	31.9
埃 及	Egypt	120.6	22.7	1.8
尼日利亚	Nigeria	4.5	1.1	1.6
南 非	South Africa	41.4	18.1	11.1
加拿大	Canada	144.0	56.2	10.8
墨西哥	Mexico	102.7	19.6	7.7
美 国	United States	1105.1	333.6	340.7
阿根廷	Argentina	47.7	29.7	1.4
巴 西	Brazil	245.3	280.0	239.4
委内瑞拉	Venezuela	27.4	6.7	21.0
白俄罗斯	Belarus	55.4	23.2	77.3
捷 克	Czech Rep.	33.9	3.2	2.2
法 国	France	190.7	39.9	41.4
德 国	Germany	156.9	23.5	36.3
意大利	Italy	61.0	17.2	15.1
荷 兰	Netherlands	22.6	1.0	1.8
波 兰	Poland	142.9	25.2	13.1
俄罗斯联邦	Russian Fed.	123.7	39.3	27.1
西班牙	Spain	78.1	26.4	16.6
土耳其	Turkey	141.4	58.1	6.6
乌克兰	Ukraine	70.3	18.9	7.3
英 国	United Kingdom	101.5	16.9	26.3
澳大利亚	Australia	65.7	65.7	5.2
新西兰	New Zealand	24.4	32.6	1.1

11-10　农业集约化经营程度(2008年)
Intensivism Management in Agriculture(2008)

资料来源：联合国FAO数据库。
Source: FAO Database.

国家和地区	Country or Area	平均每个农业经济活动人口耕地面积(公顷/人) Cultivated Areas per Agriculture Economic Activity Population (hectares per capita)	平均每千公顷耕地上拖拉机使用量(部/千公顷) Tractors Used per Thousand Hectares Cultivated Areas (Units/1 000 hectares)	平均每千公顷耕地上收割机使用量(台/千公顷) Harvest Machines Used per Thousand Hectares Cultivated Areas (Units/1 000 hectares)	平均每千公顷耕地上化肥施用量(台/千公顷) Consumption of Chemical Fertilizers per thousand hectares cultivated Areas (tons/1 000 hectre)
中　国	China	0.2	27.7	5.8①	467.6
孟加拉国	Bangladesh	0.2	0.4①		164.5
文　莱	Brunei Darussalam	3.0	24.0①	3.3①	98.3
柬埔寨	Cambodia	0.8	1.2		5.9
印　度	India	0.6	19.9①	3.0①	157.7
印度尼西亚	Indonesia	0.4	0.2①	4.9①	189.1
伊　朗	Iran	2.6	18.3①	0.6①	91.2
以色列	Israel	5.7	70.5	0.8①	272.1
日　本	Japan	2.7	433.9①	221.2①	278.2
哈萨克斯坦	Kazakhstan	18.8	1.8①	0.8①	1.4
朝　鲜	Korea, Dem.	0.9	23.8①		
韩　国	Korea, Rep.	1.1	163.3	55.0	479.5
老　挝	Laos	0.6	1.0①		
马来西亚	Malaysia	1.1			1036.1
蒙　古	Mongolia	3.8	3.8	0.8	8.2
缅　甸	Myanmar	0.6	1.1	2.0	7.7
巴基斯坦	Pakistan	0.9	22.3①	0.1①	163.1
菲律宾	Philippines	0.4	12.4①	0.3①	124.9
新加坡	Singapore	0.3	108.3①		19518.0
斯里兰卡	Sri Lanka	0.3	21.5①		299.2
泰　国	Thailand	0.8	54.6①	3.2	130.9
越　南	Viet Nam	0.2	25.8①	35.3①	304.9
埃　及	Egypt	0.4	37.2	1.1	663.7
尼日利亚	Nigeria	3.1	0.7①		7.6
南　非	South Africa	11.6	4.3①	0.7①	49.7
加拿大	Canada	131.9	16.3①	1.8①	55.1
墨西哥	Mexico	3.1	9.7①	0.9①	48.5
美　国	United States	65.2	25.8①	2.0①	101.9
阿根廷	Argentina	22.5	7.8①	1.5①	38.8
巴　西	Brazil	5.2	12.7①	0.9①	165.4
委内瑞拉	Venezuela	3.6	18.5①	2.2①	218.4
白俄罗斯	Belarus	11.7	9.0	2.3	237.4
捷　克	Czech Rep.	8.8	27.6①	3.4①	91.9
法　国	France	29.0	61.6①	4.2①	152.5
德　国	Germany	16.6	64.6①	7.2①	160.4
意大利	Italy	7.8	266.8①	7.6①	156.0
荷　兰	Netherlands	4.7	135.9①	5.3①	275.7
波　兰	Poland	4.0	124.6	12.8①	151.1
俄罗斯联邦	Russian Fed.	18.6	3.0	0.8	15.9
西班牙	Spain	11.4	82.4	4.2	106.4
土耳其	Turkey	2.6	48.9	0.6	72.0
乌克兰	Ukraine	12.6	10.3	1.8	32.8
英　国	United Kingdom	12.4	72.8①	6.6①	208.2
澳大利亚	Australia	97.4	7.1①	1.3①	33.9
新西兰	New Zealand	2.4	177.8①	7.2①	1707.1

注：①2007年数据。
Note:①Data refer to 2007.

主要统计指标解释

农业生产指数　表明每年的农业生产总量与基期2004-2006年相比的相对水平。它们根据不同农产品扣除种子和饲料用量后的价格加权数量之和计算得出，其中各种种子和饲料也采用同样方法加权汇总。因此，最后汇总结果代表除种子和饲料外各种用途的可支配产量。国家、地区和世界水平的指数用拉氏公式计算。各年份每种商品的生产量均以2004-2006年的国际平均商品价格作为权数进行加总，然后将某年得到的加总量除以基期2004-2006年三年总量的算术平均数，从而求得指数。由于各个国家有关产量、范围、权数、参考时间等数据概念不同，采用的计算方法也不同，因此FAO计算的农业生产指数可能与各国计算的不完全一致。

谷物　指收获用做干粒粮食的作物，因此，不包括收获后用作干草或未成熟时收割用作食物、饲料或青贮饲料或作牧草用的农作物。面积数据是指收获面积。有些国家仅报告播种或耕作面积，但在正常年份，这些国家的播种或耕作面积和实际的收获面积没有什么大的差别，或者是因为全部播种面积实际都能收获，或者是因为在收获季节前后进行面积调查。

根茎类作物　包括其他的块根作物，如箭叶黄体芋和竹芋。主要用作饲料的根用作物，不包括芜菁、甜菜和甘蓝在内。

油菜籽　瑞典的产量包括18%的水分含量，一些国家的数字，如印度和巴基斯坦也包括芥菜籽。

甘蔗和甜菜　甘蔗和甜菜的面积和产量数据一般包括所有的收获作物，已确定用于饲料而种植的作物除外。多数作物用于离心糖和非离心糖的生产，然而在一些国家里大量的甘蔗也被用作种子、饲料、新鲜消费、酒精生产和其他用途；一部分甜菜被用作饲料和生产酒精。

除瓜类外的水果总计　数据是指新鲜水果的总产量，无论它们最终是被当作食物或饲料直接消费，还是被加工成干果、果汁、果酱、酒精等各种产品。许多国家没有水果，尤其是热带水果的统计数据，并且它们的数据常常缺乏一致性。一般来说，产量数据指主要用于销售的种植园作物和果园作物，一般不收集主要用于家庭消费的分散种植的果树的产量数据。一般国家统计机构不考虑来自野生植物的产量，特别是在某些国家有一定重要性的浆果。因此，各种水果和浆果的数据是相当不全面的，尤其是在除欧洲、北美、澳大利亚和新西兰以外的地区。表中所示的总数虽然仅指所列出的有限几个国家，仍可认为它们可靠地表明了对国际贸易的影响。无论如何，可以依据这些总数来了解这些作物的年度规模变化。产量数据包括表中分别列出的水果和浆果的公布数据，也包括所有其他种类水果和浆果的数据。枣、大蕉和全部的葡萄也包括在水果总量数据中，但油橄榄除外。总量数据比那些单个商品公布的数据更全面，因为它们勿需分类说明便把对大多数无报告数字国家的估计量和有报告总数的国家的数据包括在同一个数字里。

茶　产量数字是指成品茶，然而，在印度尼西亚，所给产量的大约1/3是以新鲜茶叶的重量给出的。缅甸每年生产的约45000吨茶叶未被包括在内，因为大多数的这种作物被当作蔬菜消费掉。

烟叶　产量数字是指能够确定的农场销售重量，因此，对所得到的按干重表示的数据已按照约90比100的比例转换成农场销售重量。

黄麻和麻类纤维　黄麻纤维从黄麻和长蒴黄麻中得到，同类纤维包括许多黄麻纤维的替代品，主要是洋麻纤维和玫瑰茄纤维（木槿属）以及刚果黄麻纤维。

家畜数量　有关家畜数量的数据包括所有的家养动物，不管年龄、饲养地点和饲养目的。对没有报告数据的国家和报告数据不完整的国家作了估计。然而，在某些国家，有关鸡、鸭和火鸡的数据似乎不能代表这些家禽的总数。其他一些国家只对全部家禽给出一个数字，这些国家的数据列在“鸡”这一项下。

肉　数据仅指在一国境内屠宰的动物，而不管原产地；类似地，有关马肉、禽肉和总的肉类产量的数据，指在该国家屠宰的动物，而不管这些动物的原产地。肉产品的国内产量概念各不相同。此处产量数据仅指原产于国内的动物，也就是说，它们包括出口活畜的肉当量，排除进口活畜的肉当量。

牛奶　关于牛奶产量的数据是指全部鲜奶的总产量，不包括被幼畜吸吮的奶，但包括用来饲喂家畜的奶。然而，奥地利、捷克共和国、意大利、斯洛伐克报告的产量中包括被幼畜吸吮的奶。澳大利亚的牛奶产量数据指结束于6月30日的一个年度的数据，新西兰的是指结束于5月31日的一个年度的数据，一些其他的次要生产国也以不同于日历年度的时间段报告数据。

蛋　有些国家没有有关蛋产量的统计数据，只得以母鸡或所有家禽的数量和报告的或推测的产蛋率来估计这些数据。大多数有统计数字的国家按重量或产蛋总数来记录产量。在可能的地方，有关数量的数据已经运用官方的转换比率转换成重量数据。数据一般指农业和非农业方面的总产量，包括用于孵化的蛋。

羊毛　羊毛产量统计数字一般以带脂羊毛给出，它包含了30-65%的杂质。为了便于数字比较，数据也按脱脂羊毛表示。

肥料　包含有机物,无机物或矿物。有机肥在农作物生产中发挥着重要作用，它来源于动物、植物和混合肥。矿物肥是以固体或液体形式提供给农民，并以散装、袋子或压缩容器等方式运送到农场。所有肥料应包含氮、磷、钾三种植物营养素中的至少一种营养物质。

农用拖拉机　数据一般指的是农业中应用的所有轮胎式和履带式拖拉机，园艺用拖拉机除外。

收割-脱粒机　数据指的是收割和打谷可一次操作完成的自动机械。

Explanatory Notes on Main Statistical Indicators

Indices of Agricultural Production The indices of agricultural production show the relative level of the aggregate volume of agricultural production for each year in comparison with the base period 2004-2006. They are based on the sum of price-weighted quantities of different agricultural commodities produced after deductions of quantities used as seed and feed weighted in a similar manner. The resulting aggregate represents, therefore, disposable production for any use except as seed and feed. All the indices at the country, regional and world levels are calculated by the Laspeyres formula. Production quantities of each commodity are weighted by 2004-2006 average international commodity prices and summed for each year. To obtain the index, the aggregate for a given year is divided by the average aggregate for the base period 2004-2006. The indices may differ from those produced by the countries themselves because of differences in concepts of production, coverage, weights, time reference of data and methods of calculation.

Cereals Area and production data on cereals relate to crops harvested for dry grain only. Cereal crops harvested for hay or harvested green for food, feed or silage or used for grazing are therefore excluded. Area data relate to harvested area. Some countries report sown or cultivated area only; however, in these countries the sown or cultivated area does not differ significantly in normal years from the area actually harvested, either because practically the whole area sown is harvested or because the area surveys are conducted around the harvest period.

Roots and Tubers, Total Includes other root crops such as yautia and arrowroot. Root crops grown principally for feed such as turnips, mangels and swedes are not included.

Rapeseed Sweden's production is given with an 18 percent water content. Figures for a few countries, such as India and Pakistan, also include mustard seed.

Sugar Cane and Sugar Beets Area and production data on sugar cane and sugar beets generally cover all crops harvested, except the crops grown explicitly for feed. Most of the crop is used for the production of centrifugal and non-centrifugal sugar; however, in several countries important quantities of sugar cane are used also for seed, feed, fresh consumption, the manufacture of alcohol and other uses; some sugar-beet production is used for feed and alcohol.

Fruit Excl. Melons Total Data refer to total production of fresh fruit, whether finally used for direct consumption for food or feed, or processed into different products: dry fruit, juice, jam, alcohol, etc. Statistics on fruit, especially tropical fruit, are unavailable in many countries, and where reported they often lack uniformity. Generally, production data relate to plantation crops or orchard crops grown mainly for sale. Data on production from scattered trees used mainly for home consumption are not usually collected. Production from wild plants, particularly berries, which is of some importance in certain countries, is generally disregarded by national statistical services. Therefore, the data for the various fruits and berries are rather incomplete, particularly for regions other than Europe, North America, Australia and New Zealand. The totals shown-although relating to the limited number of countries listed — are nevertheless believed to give a reliable indication of these crops insofar as they influence international trade. The totals, in any case, provide an indication of annual changes in the size of the crops. Production data include data published on individual fruits and berries shown separately, as well as data on all other kinds of fruits and berries. Dates, plantains and total grapes are also included in the total fruit figures, while olives are excluded. Total figures are more complete than those published for the single commodities because they include estimates for most of the non-reporting countries as well as data for countries reporting total production of fruits in a single figure without specification by kind.

Tea Production figures relate to made tea. For Indonesia, however, about one-third of the production shown is given in green-leaf weight. Myanmar each year produces about 45000 tons of tea leaves which are not included since most of the crop is consumed fresh as a vegetable.

Tobacco The production figures refer to farm sales weight as far as this could be determined. Data available on a dry weight basis have therefore been converted into farm sales weight at about 90 parts to 100.

Jute and Jute-like Fibres are obtained from corchorus capsularis and corchorus olitorius. Allied fibres include a number of jute substitutes, the main ones being kenaf or mesta and roselle (hibiscus spp.) and congo jute or paka (urena lobata).

Livestock Numbers The data on livestock numbers are intended to cover all domestic animals irrespective of their age and the place or purpose of their breeding. Estimates have been made for non-reporting countries as well as for countries reporting incomplete data. However, in certain countries, data for chickens, ducks and turkeys do not yet seem to represent the total number of these birds. Certain other countries give a single figure for all poultry; data for these countries are shown under chickens.

Meat Data relate to animals slaughtered within national boundaries, irrespective of their origin. Similarly, the data on production of horse meat, poultry meat and total meat refer to animals slaughtered in the country concerned, regardless of the origin of the animal. The concept of indigenous production of meat is different. Here, the production figures relate to indigenous animals, i.e. they include the meat equivalent of exported live animals and exclude the meat equivalent of imported live animals.

Cow Milk Data on cow milk production relate to total

production of whole fresh milk, excluding the milk sucked by young animals but including amounts fed to livestock. However, Austria, the Czech Republic, Italy and Slovakia report production including milk sucked by young animals. Milk production data shown for Australia refer to years ending 30 June; and for New Zealand, to years ending 31 May. Also, a few other minor producing countries report data for periods other than the calendar year.

Eggs Some countries have no statistics on egg production, and estimates had to be derived from such related data as chicken or total poultry numbers and reported or assumed rates of egg laying. Most of the countries that have statistics on egg production report either the total weight of eggs or the numbers of eggs produced; data on numbers have been converted into weight, using official conversion factors wherever possible. Data generally refer to total production, including eggs for hatching, in both agricultural and nonagricultural sectors.

Wool Wool production statistics are generally given for greasy wool, which contains from 30 to 65 percent impurities. In order to make figures comparable, data are given also on a degreased (scoured) basis.

Fertilizers may be organic, inorganic or mineral. Organic fertilizers play an important role in crop production and are derived from animal, plant and compost. Mineral fertilizers are available to the farmer in solid or liquid form, and are delivered to the farm either in bulk, in bags or in pressurized containers. All fertilizers contain at least one of the major plant nutrients: nitrogen (N), phosphorus (P) and potassium (K).

Tractors Data generally refer to total wheel and crawler tractors (excluding garden tractors) used in agriculture.

Harvester-Threshers Data refer to self-propelled machines that reap and thresh in one operation.

Milking Machines Data refer to the number of installations consisting of several units, each composed of a pail, a pulsator and four- teat cups and liners.

工业和建筑业

Industry and Construction

12-1 工业生产指数
Indices of Industrial Production

资料来源：联合国统计月报数据库。
Source:UN Monthly Bulletin of Statistics Database.

2005年=100 (2005=100)

国家和地区	Country or Area	2003	2006	2007	2008	2009	2010
中国香港	Hong Kong, China		101.6	100.8	95.8	91.3	
孟加拉国	Bangladesh	86.4	110.6	119.6	129.1	138.4	148.4
印　度	India	82.5	112.9	130.5	133.7	140.8	152.4
以色列	Israel	90.2	109.7	114.6	123.1	115.7	124.7
日　本	Japan	94.1	104.4	107.3	103.8	81.7	94.8
韩　国	Korea, Rep.	85.2	108.4	115.9	119.8	119.7	139.1
马来西亚	Malaysia	86.0	104.9	107.3	108.1	99.9	107.1
蒙　古	Mongolia	93.6	108.3	119.8	118.2	96.1	111.0
巴基斯坦	Pakistan	80.7	107.3	110.1	102.2		
新加坡	Singapore	82.0	110.3	116.6	112.5	108.7	
南　非	South Africa	94.1	103.1	106.4	105.4	94.5	
加拿大	Canada	96.4	99.5	98.8	93.5	83.9	88.2
墨西哥	Mexico	93.7	105.7	107.9	107.7	99.5	105.5
美　国	United States	94.5	102.4	105.3	101.6	90.4	95.5
巴　西	Brazil	89.5	102.9	109.0	112.4	104.1	115.0
俄罗斯联邦	Russian Fed.	88.1	106.3	113.5	114.2	103.6	112.1
捷　克	Czech Rep.	87.2	108.3	119.8	117.7	101.6	112.1
法　国	France	98.0	100.6	102.0	99.5	87.0	91.7
德　国	Germany	93.1	105.3	111.4	112.1	93.7	104.2
意大利	Italy	100.9	103.1	105.8	102.4	83.2	88.6
荷　兰	Netherlands	95.7	101.5	103.8	105.3	97.6	104.5
波　兰	Poland		112.0	122.5	125.8	121.0	134.4
西班牙	Spain	97.9	103.7	106.2	98.6	82.6	83.4
土耳其	Turkey	86.5	107.3	114.8	114.2	102.9	116.4
乌克兰	Ukraine	87.0	105.8	114.1	108.0	84.3	93.8
英　国	United Kingdom	100.3	100.1	100.4	97.5	87.6	89.5
澳大利亚	Australia	99.1	100.8	105.5	108.2	107.0	110.7
新西兰	New Zealand	95.4	100.3	96.0	97.7	93.3	88.7

12-2 制造业生产指数

Indices of Manufacturing Production

资料来源：联合国统计月报数据库。
Source: UN Monthly Bulletin of Statistics Database.

2005年=100 (2005=100)

国家和地区	Country or Area	2003	2006	2007	2008	2009	2010
中国香港	Hong Kong, China		102.3	100.8	94.0	86.2	89.3
中国澳门	Macao, China	135.9	99.0	93.8	63.5	29.3	30.6
孟加拉国	Bangladesh	86.3	111.0	122.1	130.6	140.3	150.2
印　度	India	80.2	115.0	136.1	139.4	146.2	159.3
印度尼西亚	Indonesia	95.5	98.3	103.5	106.9	108.2	113.2
以色列	Israel	89.9	110.1	115.1	123.9	116.6	125.5
日　本	Japan	94.2	104.5	107.4	103.8	81.0	94.5
韩　国	Korea, Rep.	84.9	108.7	116.4	120.3	120.0	140.0
马来西亚	Malaysia	83.4	109.0	111.5	112.2	101.0	112.2
蒙　古	Mongolia	122.4	130.1	179.8	172.2	85.6	114.7
巴基斯坦	Pakistan	77.5	108.7	113.1	104.0	108.9	110.3
菲律宾	Philippines	96.9	90.1	86.0	86.2	76.0	
新加坡	Singapore	80.3	112.0	118.6	113.6	108.9	141.3
斯里兰卡	Sri Lanka	93.7	103.6	109.1	114.4	117.8	
泰　国	Thailand	82.7	106.4	114.9	119.4	110.9	126.8
越　南	Viet Nam				143.6	148.6	167.2
埃　及	Egypt	85.7	115.4	125.4	129.6	120.5	129.8
南　非	South Africa	93.4	104.8	109.6	110.4	96.2	100.9
加拿大	Canada	96.4	98.6	96.5	89.7	78.6	83.0
墨西哥	Mexico	92.9	105.9	107.8	107.0	96.5	106.1
美　国	United States	93.3	102.7	105.9	100.9	87.3	92.4
阿根廷	Argentina	80.3	109.3	119.4	125.9	126.5	
巴　西	Brazil	89.7	102.5	108.7	112.0	103.9	114.6
委内瑞拉	Venezuela	69.7	110.1	117.7	119.3	105.1	102.5
捷　克	Czech Rep.	84.3	109.5	123.0	121.2	102.7	114.5
法　国	France	98.0	100.8	102.6	99.6	85.9	90.4
德　国	Germany	92.6	105.8	112.4	113.5	93.9	105.2
意大利	Italy	101.8	103.3	106.3	102.7	82.8	88.5
荷　兰	Netherlands	94.3	102.9	106.3	105.4	96.0	102.1
波　兰	Poland		114.3	126.7	130.6	126.2	142.0
俄罗斯联邦	Russian Fed.	84.1	108.4	119.8	120.4	102.1	114.1
西班牙	Spain	98.8	104.0	106.6	98.3	81.5	82.0
土耳其	Turkey	86.4	107.2	114.4	112.5	99.9	114.3
乌克兰	Ukraine	85.7	105.7	116.5	109.3	80.3	91.5
英　国	United Kingdom	98.3	101.7	102.6	99.9	88.9	92.2
澳大利亚	Australia	100.0	99.8	101.6	105.7	99.4	100.7
新西兰	New Zealand	94.2	100.3	94.7	94.8	89.8	83.8

12-3 采矿业生产指数

Indices of Mining Production

资料来源：联合国统计月报数据库。
Source: UN Monthly Bulletin of Statistics Database.

2005年=100 (2005=100)

国家和地区	Country or Area	2003	2006	2007	2008	2009	2010
孟加拉国	Bangladesh	87.8	109.5	117.2	125.0	134.4	147.2
印　度	India	93.7	105.2	110.0	112.8	121.7	128.2
印度尼西亚	Indonesia	95.0	72.4	59.4	61.7	59.2	57.7
以色列	Israel	100.8	99.7	98.7	99.3	89.1	99.9
日　本	Japan	97.0	102.6	106.6	103.1	93.6	90.0
马来西亚	Malaysia	93.7	96.2	98.3	99.1	95.5	94.0
蒙　古	Mongolia	76.2	103.6	104.9	104.7	101.7	110.6
巴基斯坦	Pakistan	87.1	101.7	105.4	100.0	104.2	103.2
越　南	Viet Nam				99.8	109.3	107.6
南　非	South Africa	95.2	98.7	97.8	92.3	86.2	91.5
加拿大	Canada	97.5	102.7	103.7	100.9	92.7	98.0
墨西哥	Mexico	99.0	101.4	101.2	99.5	96.6	98.7
美　国	United States	101.8	102.5	103.0	103.8	98.5	104.3
巴　西	Brazil	87.0	107.4	113.9	117.9	107.6	122.0
捷　克	Czech Rep.	105.5	100.0	98.9	95.9	95.0	94.7
法　国	France	103.0	103.0	103.7	101.5	89.7	88.5
德　国	Germany	104.3	95.5	124.0	110.2	92.9	85.4
意大利	Italy	94.9	98.2	91.9	84.6	74.3	73.2
荷　兰	Netherlands	109.5	96.2	96.0	105.7	98.4	109.8
波　兰	Poland		100.9	97.8	98.6	85.7	87.3
俄罗斯联邦	Russian Fed.	92.3	102.8	106.2	106.6	106.0	109.8
西班牙	Spain	109.4	102.9	103.7	89.5	67.8	70.8
土耳其	Turkey		107.6	116.3	125.9	124.9	127.5
乌克兰	Ukraine	92.8	105.9	108.6	103.9	92.9	96.3
英　国	United Kingdom	118.4	92.1	90.4	84.5	76.7	72.7
澳大利亚	Australia	97.9	101.9	110.5	112.8	115.7	122.4
新西兰	New Zealand	119.8	108.2	102.7	146.2	140.8	140.8

12-4 制造业主要指标
Main Indicators of Manufacturing

资料来源：联合国工发组织《国际工业统计年鉴》2011年。
Source: United Nations Industrial Development Organization International Yearbook of Industrial Statistics 2011.

国家和地区	Country or Area	年份 Year	机构数（个）Number of Establishments (number)	雇员数（人）Number of Employees (person)	雇员工资和薪金（亿本币）Wages and Salaries Paid to Employees (100 million local currency units)
中　国	China	2008	417045	81464000	21810
中国香港	Hong Kong,China	2008	12292	142300	229
印　度	India	2007	136856	10027100	9752
印度尼西亚	Indonesia	2007	27998	4624900	704562
伊　朗	Iran	2005	16018	1049104	445892
以色列	Israel	2006	20944	346300	530
日　本	Japan	2007		7703000	265030
哈萨克斯坦	Kazakhstan	2007	11209	422800	2761
马来西亚	Malaysia	2007	32584	1778600	384
菲律宾	Philippines	2006	5160	989400	1647
新加坡	Singapore	2008	8640	435154	177
越　南	Viet Nam	2008	38384	3943200	
埃　及	Egypt	2006	9196	1004834	146
南　非	South Africa	2008		1306600	1369
加拿大	Canada	2007	85005	1715000	835
美　国	United States	2007	429943	13394000	6119
巴　西	Brazil	2007	177153	7007200	1257
捷　克	Czech Republic	2007	152645	1250600	3057
法　国	France	2007	260928	3523500	1123
德　国	Germany	2007	202375	7064200	2715
意大利	Italy	2007	510935	3870300	978
荷　兰	Netherlands	2007	46590	734211	282
波　兰	Poland	2007	197931	2468900	728
俄罗斯联邦	Russian Fed.	2008		9126200	17577
西班牙	Spain	2007	217011	2403100	609
乌克兰	Ukraine	2008	48810	2448000	516
英　国	United Kingdom	2007	149130	2975000	746
澳大利亚	Australia	2006	138897	1070400	
新西兰	New Zealand	2007	23120	267282	115

12-4 续表 continued

国家和地区	Country or Area	年份 Year	产出 (亿本币)④ Output (100 million local currency units)④	生产者价格增加值 (亿本币) Value Added in Producers' Prices (100 million local currency units)	固定资本形成 (亿本币) Fixed Capital Formation (100 million local currency units)
中国	China	2008	462698	98533①	119980
中国香港	Hong Kong,China	2008	1765	422	29
印度	India	2007	266751	53550	17340
印度尼西亚	Indonesia	2007	15470020	5984000	194070
伊朗	Iran	2005	5592127	2082009	226291③
以色列	Israel	2006	2813	896	108③
日本	Japan	2007	3200740	1086290	134930
哈萨克斯坦	Kazakhstan	2007	29559		
马来西亚	Malaysia	2007	7429	1421	182
菲律宾	Philippines	2006	30397	6729	944
新加坡	Singapore	2008	2639	473	101
越南	Viet Nam	2008	16339000		6120000
埃及	Egypt	2006	2036	609	1171
南非	South Africa	2008	14336	3388	
加拿大	Canada	2007	5993	2102	
美国	United States	2007	53187	23855	1565
巴西	Brazil	2007	13461	5581	
捷克	Czech Republic	2007	35042	8250	1843
法国	France	2007	8993	2226	324
德国	Germany	2007	16996	4846	585
意大利	Italy	2007	8933	2335	362
荷兰	Netherlands	2007	2750	637	77
波兰	Poland	2007	8040	2046	416②
俄罗斯联邦	Russian Fed.	2008	20191	61723	
西班牙	Spain	2007	5290	1363	217
乌克兰	Ukraine	2008	6685		
英国	United Kingdom	2007	4700	1553	159
澳大利亚	Australia	2006	3679	1091	199
新西兰	New Zealand	2007	817	257	26

注：①2007年数据。②2006年数据。③2004年数据。④以生产者价格计算。
Note:①Data refer to 2007. ②Data refer to 2006.③Data refer to 2004.④Valculating in Producers'Prices.

12-5 制造业增加值及构成

Composition of Value Added in Manufacturing

资料来源：世界银行WDI数据库。
Source: World Bank WDI Database.
单位：% (%)

国家和地区	Country or Area	制造业增加值(亿美元) Value Added in Manufacturing (100 million USD)		主要行业所占比重 Major Industry % of Value Added in Manafacturing			
				食品、饮料和烟草 Food, Beverages and Tobacco		纺织和服装 Textiles and Clothing	
		2000	2010	2000	2010	2000	2010
中　国	China	3849.42	19061.86	14.39	11.81①	11.22	9.98①
中国香港	Hong Kong, China	55.40	37.62	7.16	14.48①	19.90	12.45①
中国澳门	Macao, China	5.08	4.06①	4.00	10.19①	80.44	58.66①
孟加拉国	Bangladesh	69.24	172.37				
文　莱	Brunei Darussalam	9.22	12.71①				
柬埔寨	Cambodia	5.85	14.86③	6.56		86.53	
印　度	India	657.54	2394.51	13.17	9.31④	12.55	8.94④
印度尼西亚	Indonesia	457.86	1753.86	18.00	25.54②	16.73	13.08②
伊　朗	Iran Islamic Republic of	132.38	407.93⑤	10.38	9.70④	5.90	3.95④
以色列	Israel			11.58	10.45②	4.98	3.05②
日　本	Japan	10340.92	9702.04⑤	11.43	10.98④	3.04	2.15④
哈萨克斯坦	Kazakhstan	30.16	147.66				
韩　国	Korea, Rep.	1345.55	2081.42③	8.26	6.32②	8.00	4.94②
老　挝	Laos	2.93	5.21				
马来西亚	Malaysia	289.47	492.13③	7.99	8.98②	4.06	2.34②
蒙　古	Mongolia	0.76	3.93	49.39	37.84①	39.63	16.92①
巴基斯坦	Pakistan	101.05	282.31		22.48②		28.86②
菲律宾	Philippines	198.25	428.02	28.52	23.55④	7.47	6.18④
新加坡	Singapore	236.08	465.45	2.55	2.27①	0.96	0.56①
斯里兰卡	Sri Lanka	24.59	80.58	38.57	29.42②	31.29	29.45②
泰　国	Thailand	412.26	900.58③	17.70	15.70②	12.41	8.81②
越　南	Viet Nam	57.86	202.07	30.19		20.96	
埃　及	Egypt	179.69	307.39				
尼日利亚	Nigeria		37.60②				
南　非	South Africa	229.27	388.46③	15.47	17.34①	4.90	3.43①
加拿大	Canada	1294.71	1720.50①	11.91		3.66	
墨西哥	Mexico	1071.95	1733.72	25.36	25.27②	3.93	3.08②
美　国	United States	15430.00	17794.74③	13.02	13.59②	3.43	2.23②
阿根廷	Argentina	468.77	723.14	28.88		8.01	
巴　西	Brazil	961.65	2846.50	16.66	18.22①	6.91	5.69①
委内瑞拉	Venezuela	217.06	219.41④				
捷　克	Czech Rep.	137.86	396.62③	11.80	9.13②	6.19	3.36②
法　国	France	1904.51	2536.08③	12.86	13.88②	4.30	3.47②
德　国	Germany	3924.73	5679.02③	8.15	7.57②	2.28	1.70②
意大利	Italy	2055.11	3064.59③	8.54	8.67②	12.48	9.95②
荷　兰	Netherlands	535.08	890.29③	17.08	18.49②	2.33	1.50②
波　兰	Poland	282.08	678.10	5.37	16.46②	6.46	4.18②
俄罗斯联邦	Russian Fed.		1618.78③	19.37	14.59①	2.26	1.98①
西班牙	Spain	977.81	1724.33③	14.14	14.54②	6.68	4.49②
土耳其	Turkey	535.10	927.15③	17.78	12.40②	15.74	18.74②
乌克兰	Ukraine	50.99	213.80				
英　国	United Kingdom	2269.69	2175.94③	13.69	15.59④	3.97	2.85④
澳大利亚	Australia	490.79	957.26⑤		18.83②		2.55②
新西兰	New Zealand	79.78	179.68③	33.26	26.80①		2.33①

12-5 续表 continued

单位：% (%)

国家和地区	Country or Area	机器和运输设备 Machinery and Transport Equipment		化工 Chemicals		其他 Other Manufacturing	
		2000	2010	2000	2010	2000	2010
中　国	China	14.1	24.5①	12.0	10.8①	48.3	42.94①
中国香港	Hong Kong, China	11.7	13.4①	3.7	4.8①	57.5	54.9①
中国澳门	Macao, China	3.5		2.4		9.6	31.2①
孟加拉国	Bangladesh						
文　莱	Brunei Darussalam						
柬 埔 寨	Cambodia	0.1		0.1		6.7	
印　度	India	15.6	18.6④	21.2	16.2④	37.5	47.0④
印度尼西亚	Indonesia	20.2	17.9②	10.5	11.3②	34.5	32.1②
伊　朗	Iran Islamic Republic of	19.7	23.5④	18.6	13.2④	45.5	49.7④
以 色 列	Israel	31.9	22.3②	10.3	20.3②	41.3	43.9②
日　本	Japan	33.9	37.2④	10.4	10.7④	41.2	38.9④
哈萨克斯坦	Kazakhstan						
韩　国	Korea, Rep.	41.3	45.7②	9.5	7.9②	32.9	35.1②
老　挝	Laos						
马来西亚	Malaysia	37.8	30.4②	7.9	14.7②	42.2	43.6②
蒙　古	Mongolia	0.4	0.6①	2.0	3.2①	8.6	41.4①
缅　甸	Myanmar						
巴基斯坦	Pakistan		8.5②		14.0②		26.2②
菲 律 宾	Philippines	30.4	24.8④	9.4	7.9④	24.2	37.6④
新 加 坡	Singapore	56.9	45.4①	14.2	31.7①	25.5	20.1①
斯里兰卡	Sri Lanka	4.0	0.4②	3.8	13.6②	22.4	27.2②
泰　国	Thailand	25.9	35.4②	6.2	6.3②	37.8	33.7②
越　南	Viet Nam	11.8		6.3		30.8	
埃　及	Egypt						
尼日利亚	Nigeria						
南　非	South Africa	13.7	14.3①	6.5	6.8①	59.4	58.2①
加 拿 大	Canada	31.7		7.6		45.1	
墨 西 哥	Mexico	24.2	18.0②	15.4	18.5②	31.2	35.1②
美　国	United States	29.7	24.7②	11.8	15.2②	42.0	44.2②
阿 根 廷	Argentina	10.8		15.2		37.1	
巴　西	Brazil	19.1	20.7①	12.4	11.2①	45.0	44.2①
委内瑞拉	Venezuela						
捷　克	Czech Rep.	23.9	29.3②	6.7	5.5②	51.4	52.8②
法　国	France	26.3	24.3②	11.8	13.2②	44.7	45.2②
德　国	Germany	32.7	35.7②	9.8	9.9②	47.1	45.1②
意 大 利	Italy	22.7	23.3②	7.9	7.1②	48.5	51.0②
荷　兰	Netherlands	21.0	18.5②	13.7	14.3②	45.9	47.2②
波　兰	Poland	14.9	19.7②	7.5	8.1②	65.7	51.5②
俄罗斯联邦	Russian Fed.	23.4	10.5①	8.4	7.9①	46.7	65.0①
西 班 牙	Spain	19.0	17.4②	9.5	8.5②	50.7	55.1②
土 耳 其	Turkey	14.6	20.0②	10.1	6.8②	41.8	42.0②
乌 克 兰	Ukraine						
英　国	United Kingdom	25.3	22.7④	9.9	11.4④	47.2	47.5④
澳大利亚	Australia		13.5②		7.3②		57.8②
新 西 兰	New Zealand		12.8①			66.7	58.1①

注：①2007年数据。②2006年数据。③2009年数据。④2005年数据。⑤2008年数据。
Note:①Data refer to 2007.②Data refer to 2006.③Data refer to 2009.④Data refer to 2005.⑤Data refer to 2008.

12-6 主要工业产品产量
Output of Major Industrial Products

资料来源：联合国统计月报数据库。
Source: UN Monthly Bulletin of Statistics Database.

国家和地区	Country or Area	粗钢(万吨) Crude Steel (10 000 tons)		国家和地区	Country or Area	煤(万吨) Coal (10 000 tons)	
		2005	2010			2005	2010
中国	China	34806	62650	中国	China	181069	298399
日本	Japan	11248	10960	美国	United States	113327	108528
美国	United States	9336	8059	印度	India	42818	55710
俄罗斯联邦	Russian Fed.	6614	6684	澳大利亚	Australia	39500	44900
韩国	Korea, Rep.	4782	5897	俄罗斯联邦	Russian Fed.	29680	32390
巴西	Brazil	3178	3282	南非	South Africa	24502	25416
土耳其	Turkey	2096	2887	印度尼西亚	Indonesia	14106	22468
意大利	Italy	2893	2592	德国	Germany	20592	18019
乌克兰	Ukraine	2896	1744	波兰	Poland	15954	13300
墨西哥	Mexico	1619	1698	哈萨克斯坦	Kazakhstan	8729	10122
西班牙	Spain	1691	1631	土耳其	Turkey	5864	7842
法国	France	1948	1542	希腊	Greece	6726	6182
加拿大	Canada	1532	1301	捷克	Czech Rep.	6203	5509
英国	United Kingdom	1325	978	乌克兰	Ukraine	6076	5444
南非	South Africa	949	848	越南	Viet Nam	3240	4468
比利时	Belgium	1051	809	塞尔维亚	Serbia	4036	3835
波兰	Poland	834	799	加拿大	Canada	6534	3371
澳大利亚	Australia	780	730	保加利亚	Bulgaria	2446	2930
荷兰	Netherlands	691	667	罗马尼亚	Romania	3146	2867
埃及	Egypt	562	649	英国	United Kingdom	2000	1807
捷克	Czech Rep.	619	518	爱沙尼亚	Estonia	1475	1789
阿根廷	Argentina	539	514	泰国	Thailand	2088	1636
沙特阿拉伯	Saudi Arabia	420	502	墨西哥	Mexico	701	924
瑞典	Sweden	572	485	西班牙	Spain	1081	799
哈萨克斯坦	Kazakhstan	448	426	斯洛文尼亚	Slovenia	454	443
芬兰	Finland	474	401	巴基斯坦	Pakistan	487	338
罗马尼亚	Romania	628	372	韩国	Korea, Rep.	286	252
印度	India	196	326	斯洛伐克	Slovakia	251	238
白俄罗斯	Belarus	208	268	智利	Chile	54	58
委内瑞拉	Venezuela	487	260	吉尔吉斯斯坦	Kyrgyzstan	34	54
卢森堡	Luxemburg	220	257	法国	France	61	26

12-6 续表 1 continued

国家和地区	Country or Area	原油（万吨）Crude Petroleum (10 000 tons) 2005	2010	国家和地区	Country or Area	发电量(亿千瓦小时) Electricity (100 million kwh) 2005	2010
俄罗斯联邦	Russian Fed.	46920	50472	中国	China	23974	41273
沙特阿拉伯	Saudi Arabia	46883	40700	美国	United States	40380	41200
美国	United States	34084	37371	俄罗斯联邦	Russian Fed.	9523	10370
中国	China	18068	20383	日本	Japan	8720	9290
伊朗	Iran	20056	17598	加拿大	Canada	5947	5674
委内瑞拉	Venezuela	17291	14475	韩国	Korea, Rep.	3644	4761
墨西哥	Mexico	17508	13500	英国	United Kingdom	4005	3476
加拿大	Canada	12371	13388	意大利	Italy	3090	2982
尼日利亚	Nigeria	12450	12008	西班牙	Spain	2656	2822
科威特	Kuwait	12964	11640	南非	South Africa	2481	2596
阿联酋	United Arab Emirates	11461	11165	土耳其	Turkey	1616	2103
挪威	Norway	13052	9132	乌克兰	Ukraine	1861	1877
利比亚	Libya	8119	7158	波兰	Poland	1569	1573
英国	United Kingdom	7718	5803	瑞典	Sweden	1594	1443
阿尔及利亚	Algeria	6186	5405	挪威	Norway	1376	1239
印度尼西亚	Indonesia	5232	4601	阿根廷	Argentina	1071	1156
哥伦比亚	Colombia	2686	4047	荷兰	Netherlands	999	1148
印度	India	3247	3670	马来西亚	Malaysia	873	1112
卡塔尔	Qatar	3785	3568	比利时	Belgium	858	931
马来西亚	Malaysia	3460	3026	巴基斯坦	Pakistan	937	883
厄瓜多尔	Ecuador	2768	2489	捷克	Czech Rep.	826	859
澳大利亚	Australia	2360	2378	芬兰	Finland	819	766
越南	Viet Nam	1860	1493	奥地利	Austria	658	708
丹麦	Denmark	1852	1212	智利	Chile	525	602
泰国	Thailand	910	1207	罗马尼亚	Romania	594	598
秘鲁	Peru	456	841	以色列	Israel	498	582
意大利	Italy	614	514	希腊	Greece	573	538
德国	Germany	346	480	保加利亚	Bulgaria	442	460
突尼斯	Tunisia	341	374	新加坡	Singapore	382	454
乌克兰	Ukraine	437	349	葡萄牙	Portugal	366	422
巴基斯坦	Pakistan	322	318	中国香港	Hong Kong, China	384	383
土耳其	Turkey	228	260	丹麦	Denmark	360	368
新西兰	New Zealand	83	238	白俄罗斯	Belarus	310	345
白俄罗斯	Belarus	179	170	匈牙利	Hungary	304	297
荷兰	Netherlands	227	102	斯洛伐克	Slovakia	313	275
奥地利	Austria	85	91	爱尔兰	Ireland	255	265
法国	France	108	90	摩洛哥	Morocco	226	225
日本	Japan	79	74	古巴	Cuba	156	174
匈牙利	Hungary	95	72	斯洛文尼亚	Slovenia	151	162
西班牙	Spain	17	12	爱沙尼亚	Estonia	102	128
智利	Chile	16	12	拉脱维亚	Latvia	49	66
立陶宛	Lithuania	22	12	亚美尼亚	Armenia	63	65

12-6 续表 2 continued

国家和地区	Country or Area	水泥产量(万吨) Cement (10 000 tons) 2005	2010	国家和地区	Country or Area	化肥产量 (万吨) Chemical Fertilizer (10 000 tons) 2005	2009
中国	China	106885	186390	中国	China	4149	5553
印度	India	13480	20687	美国	United States	2096	1718
美国	United States	9594	6427	印度	India	1531	1593
土耳其	Turkey	4300	6035	俄罗斯联邦	Russian Fed.	1662	1463
越南	Viet Nam	2771	5640	加拿大	Canada	1146	949
日本	Japan	6962	5153	印度尼西亚	Indonesia	322	386
韩国	Korea, Rep.	5222	5070	德国	Germany	470	356
俄罗斯联邦	Russian Fed.	4854	5039	白俄罗斯	Belarus	570	337
墨西哥	Mexico	4007	3846	巴西	Brazil	308	312
巴基斯坦	Pakistan	1848	2956	埃及	Egypt	181	299
马来西亚	Malaysia	1666	1973	巴基斯坦	Pakistan	277	295
法国	France	2131	1842	以色列	Israel	277	230
波兰	Poland	1265	1538	乌克兰	Ukraine	266	216
摩洛哥	Morocco	1028	1489	波兰	Poland	233	179
加拿大	Canada	1418	1243	沙特阿拉伯	Saudi Arabia	150	159
阿根廷	Argentina	760	1043	荷兰	Netherlands	174	156
乌克兰	Ukraine	1217	946	约旦	Jordan	152	151
澳大利亚	Australia	907	910	卡塔尔	Qatar	137	138
秘鲁	Peru	511	833	摩洛哥	Morocco	131	134
突尼斯	Tunisia	670	805	西班牙	Spain	177	114
英国	United Kingdom	1122	788	突尼斯	Tunisia	128	111
罗马尼亚	Romania	704	701	立陶宛	Lithuania	107	110
哈萨克斯坦	Kazakhstan	418	668	马来西亚	Malaysia	63	110
白俄罗斯	Belarus	313	454	乌兹别克斯坦	Uzbekistan		107
巴西	Brazil	313	454	土耳其	Turkey	124	99
塞内加尔	Senegal	263	408	伊朗	Iran	87	96
肯尼亚	Kenya	210	371	阿曼	Oman	48	93
智利	Chile	402	366	孟加拉国	Bangladesh	95	92
斯洛伐克	Slovakia	344	302	澳大利亚	Australia	94	90
孟加拉国	Bangladesh	215	293	日本	Japan	107	88
克罗地亚	Croatia	348	270	智利	Chile	66	80
塞尔维亚	Serbia	228	214	英国	United Kingdom	148	79
保加利亚	Bulgaria	362	196	韩国	Korea, Rep.	59	71
古巴	Cuba	157	163	委内瑞拉	Venezuela	75	68
中国香港	Hong Kong, China	101	146	越南	Viet Nam	64	63
塞浦路斯	Cyprus	180	133	法国	France	362	62
阿塞拜疆	Azerbaijan	154	128	罗马尼亚	Romania	119	62
芬兰	Finland	130	118	挪威	Norway	73	54
立陶宛	Lithuania	83	84	阿根廷	Argentina	57	51
亚美尼亚	Armenia	60	49	意大利	Italy	47	50
爱沙尼亚	Estonia	73	37	保加利亚	Bulgaria	52	46
斐济	Fiji	14	17	克罗地亚	Croatia	44	44

12-6 续表 3 continued

国家和地区	Country or Area	棉布产量(万平方米) Woven Cotton Fabrics (10 000 sq.m) 2005	2010	国家和地区	Country or Area	天然气产量(万亿焦耳) Natural Gas (terajoule) 2005	2010
中　国②	China②	4843900	6805000	美　国	United States	19633788	23439324
印　度	India	2304720	3017542	俄罗斯联邦	Russian Fed.	24785724	21951492
俄罗斯联邦	Russian Fed.	222467	154194	加拿大	Canada	6566448	5565756
巴基斯坦	Pakistan	95315	99967	挪　威	Norway	3527904	4274952
土耳其②	Turkey②	76566	86263	中　国	China	1965624	3642768
越　南	Viet Nam		24870	印度尼西亚	Indonesia	3204684	3593064
日　本	Japan	42552	12414	墨西哥	Mexico	2245812	3228876
波　兰	Poland	15566	6473	荷　兰	Netherlands	2624388	2633940
孟加拉国②	Bangladesh②	3600	5434	马来西亚	Malaysia	2402160	2448924
白俄罗斯	Belarus	6377	5186	英　国	United Kingdom	3693300	2391672
秘　鲁②	Peru②	4151	4090	澳大利亚	Australia	1298988	1604112
哈萨克斯坦	Kazakhstan	3044	3577	巴基斯坦	Pakistan	1290852	1490580
奥地利	Austria	7430	3038	乌克兰	Ukraine	705720	672240
乌克兰	Ukraine	5299	3007	罗马尼亚	Romania	491508	371880
罗马尼亚	Romania	9340	2618	越　南	Viet Nam	288468	364932
克罗地亚	Croatia	2191	1512	意大利	Italy	458004	316152
保加利亚	Bulgaria	6770	1314	丹　麦	Denmark	437592	177840
古　巴	Cuba	640	983	波　兰	Poland	180696	171552
塞尔维亚	Serbia	1212	438	日　本	Japan	128016	139296
阿塞拜疆	Azerbaijan	310	78	以色列	Israel	59988	124728
爱沙尼亚	Estonia	8352	49	匈牙利	Hungary	108744	90192
立陶宛	Lithuania	2202	18	奥地利	Austria	62076	49800

12-6 续表 4 continued

国家和地区	Country or Area	汽车产量（万辆）Motor Vehicles (10 000 vehicles)		国家和地区	Country or Area	新闻纸产量(万吨) Newsprint (10 000 tons)	
		2005	2010			2005	2010
中　国	China	593.8	1932.5	美　国④	United States④	509.6	
日　本	Japan	1803.4	1661.3	中　国	China	341.0	430.7
德　国	Germany	1069.9	1108.1	日　本	Japan	372.0	336.2
韩　国	Korea, Rep.	671.3	773.3	德　国	Germany	271.2	256.1
美　国	United States	853.2	546.2	瑞　典	Sweden	255.6	241.4
印　度	India	201.8	458.4	俄罗斯联邦	Russian Fed.	198.4	195.3
西班牙	Spain	419.8	382.6	韩　国	Korea, Rep.	163.0	159.1
加拿大	Canada	264.0	349.4	英　国④	United Kingdom④	111.7	
墨西哥	Mexico	271.9	305.0	印　度	India	89.6	97.0
英　国	United Kingdom	319.2	254.2	匈牙利③	Hungary③	40.8	39.4①
俄罗斯联邦	Russian Fed.	213.6	241.9	智　利	Chile	26.7	25.2
土耳其	Turkey	127.0	177.1	墨西哥	Mexico	25.5	19.0
波　兰	Poland	108.0	157.0	阿根廷	Argentina	19.9	15.2
意大利	Italy	145.2	114.7	波　兰	Poland	22.1	15.1
阿根廷	Argentina	36.5	102.0	克罗地亚	Croatia	3.6	5.3
马来西亚	Malaysia	84.5	95.0	塞尔维亚	Serbia	3.8	4.5
比利时	Belgium	179.3	62.6	约　旦③	Jordan③	3.6	3.3④
越　南	Viet Nam	12.7	20.2	吉尔吉斯斯坦③	Kyrgyzstan③	2.4	

注：①2009年数据。②万米。③千万件。④2008年数据。
Note: Data refer to 2009.②10,000 Metres.③10 million units.④Data refer to 2008.

12-7 竣工房屋建筑

Construction of New Buildings

资料来源：联合国统计月报数据库。
Source: UN Monthly Bulletin of Statistics Database.

单位：万平方米 (10 000 sq.m)

国家和地区	Country or Area	2005	2006	2007	2008	2009	2010
中　　国	China	40004	17177	18844	38540	57695	
中国香港	Hong Kong, China	71	72	46	43	44	
以 色 列	Israel	496		510	536	592	
日　　本	Japan	11242	11455		9536	7100	
哈萨克斯坦	Kazakhstan	499	641	695	683	638	
韩　　国	Korea, Rep.	5028	5387	6528	3846	5006	
菲 律 宾	Philippines	1060	911	808	984	985	
南　　非	South Africa	886	918	911	881	682	
美　　国	United States	1932000	1980000	1505000	1122500	794000	653000
捷　　克	Czech Rep.	32868	30190	41649	38380	38526	36446
法　　国	France	4562	4680	4700	4036	3547	
德　　国	Germany	2502	2570	1826	1733	1792	
波　　兰	Poland	1140	1120	1356	1648	1536	
俄罗斯联邦	Russian Fed.	4356	5056	6122	6406	5976	
西 班 牙	Spain	524484	584282	641419	615072	388421	257443
土 耳 其	Turkey	3661	4280	4756	5246	5940	
乌 克 兰	Ukraine		863	1025	1050	640	
英　　国	United Kingdom	209580	212781	225327	182961	152637	134082
澳大利亚	Australia	164964	145635	152238	145242	146115	152190
新 西 兰	New Zealand	497	497	502	364	282	

12-8 住宅及其设备
Dwellings and Dwelling Facilities

资料来源:日本《世界统计》2011年。
Source: Japan World statistics 2011.

国家和地区	Country or Area	年份 Year	住宅总计(万套) Total Dwellings (10 000 numbers)	住宅设备普及率(%) Dwelling Facilities(%)			
				自来水 Running Water	浴盆和淋浴 Bath	抽水马桶 Flush Toilet	集中供暖 Central Heating
奥地利	Austria	2002	329.6	99.9	98.0	99.0	89.3
		2003	330.2	99.9	98.3	99.1	89.8
保加利亚	Bulgaria	2003	369.7	87.6		67.1	12.7
		2004	370.5	87.6		67.1	12.7
塞浦路斯	Cyprus	2003	30.5				
		2004	31.4				
捷克	Czech Republic	2001	436.6	86.4	83.7	82.2	64.5
丹麦	Denmark	2003	256.1		94.7	98.2	98.6
		2004	260.2		94.6	97.9	98.4
爱沙尼亚	Estonia	2004	62.9	84.1	66.9	74.3	58.8
		2005	63.3	84.0	66.8	74.3	58.7
芬兰	Finland	2003	260.4	98.3	99.0	95.8	92.5
		2004	263.5	98.3	99.1	96.0	92.6
法国	France	2001	2949.5				
		2002	2949.5				
德国	Germany	2002	3892.5				82.1
		2003	3914.1				
匈牙利	Hungary	2004	417.3	91.0	89.3	85.8	
		2005	417.3	94.2	91.3	89.9	56.7
爱尔兰	Ireland	2001	133.7	97.0	94.0	96.0	59.0
		2002	138.7	97.0	94.0	96.0	59.0
日本	Japan	2003	4686.3		97.8	89.5	
		2008	4959.8		98.5	93.6	
卢森堡	Luxembourg	2001	17.2		94.2	92.0	92.3
荷兰	Netherland	2004	686.2				
		2005	691.4				
挪威	Norway	2003	200.5				
		2004	202.8				
波兰	Poland	2003	1259.6	95.0	86.1	87.3	77.1
		2004	1268.3	95.0	86.2	87.4	77.2
葡萄牙	Portugal	2003	539.8				
		2004	546.3				
罗马尼亚	Romania	2003	815.2				
		2004	817.7				
俄罗斯	Russian Fed	2001	282.2	74.0	70.0		75.0
		2002	285.3	74.0	70.0		75.0
斯洛文尼亚	Slovenia	2002	78.5	98.5	92.2	92.9	78.7
		2003	79.1	98.5	92.2	92.9	78.9
西班牙	Spain	2001	2082.3				
瑞典	Sweden	2003	435.1	100.0	100.0	100.0	100.0
		2004	438.0	100.0	100.0	100.0	100.0
瑞士	Switzerland	2003	367.2				
		2004	371.0				
英国	United Kingdom	2003	2577.4	99.9	99.9	99.9	86.9
		2004	2595.3				
美国	United States	2003	11721.1	99.2	99.7	99.7	88.9

主要统计指标解释

工业生产指数 按国际标准产业分类的大类，包括矿业，制造业，电力、煤气、水，不包括建筑业，工业生产指数体现按美元不变价计算的增加值的变化趋势，采用拉氏公式计算，基期为2005年。

机构数 这里所用的机构的概念大部分情况下指的是经济活动单位，即能够单独核算的、在一个地点经营的、主要从事一种经济活动的单位。

从业人员数 指所有在企业中工作的人，包括企业主本人、合伙人、不领工资的家庭成员和所有雇员，但不包括家务劳动者。

工资和薪金 指报告期内用现金或以货代款方式支付给企业雇员的所有款项。款项包括（1）直接工资和薪金；（2）非工作时间的报酬；（3）奖金和小费；（4）雇主直接支付的住房补贴和家庭补贴；（5）以货代款方式的支付。雇员的补偿相当于工资和薪金加雇主为雇员支付的社会保障、养老金缴款雇员因此而得到的收益、解雇和辞职时加发的工资。

产值 指企业的工业活动所产出的价值。它包括(1)企业创造的全部产品总值;(2)收到或发出的在产品期初期末差额价值或库存品价值;(3)为其他部门提供工业生产或服务价值;(4)收到或发出的商品价值减去支付这些商品的数额;(5)报告期内生产单位自己使用而生产的固定资产价值。发出的制成品库存的期初期末差额价值。

固定资本形成 指报告期内所购买或自建的固定资产减去相应的卖出的固定资产的价值。固定资产包括使用期限在一年或一年以上,企业自产自用的固定资产；为延长使用寿命提高生产率而对现有资产进行的更新改造也包括在内。

Explanatory Notes on Main Statistical Indicators

Industrial Production Indices are classified according to tabulation categories, division and combination of division of the revised version of the International Standard Industrial Classification of All Economic Activities (ISIC) for mining, manufacturing and electricity, gas and water, excluding construction. The indices indicate trends in value added in constant US dollars. Each series is compiled by use of the Laspeyres. The base year is 2005.

Establishment is ideally a unit that engages, under a single ownership or control, in one, or predominantly one, kind of activity at a single location.

Number of Employees is defined as the total number of persons who worked in or for the establishment during the reference year. However, home workers are excluded.

Wages and Salaries Estimates of wages and salaries include all payments in cash or in kind made to "employees" during the reference year in relation to work done for the establishment. Payment include: (a)direct wages and salaries;(b)remuneration for time not worked; (c)bonuses and gratuities;(d)housing allowances and family allowances paid directly by the employer, and (e)payments in kind.

Output The measure of output normally used in the tables is the census concept that covers only activities of an industrial nature. it include:(a)the value of all products of the establishment; (b)the net change between the beginning and the end of the reference period in the value of work in progress and stocks of goods to be shipped in the same condition as received;(c)the value of industrial work done or industrial services rendered to others; (d)the value of goods shipped in the same condition as received less the amount paid for these goods; and(e)the value of fixed assets produced during the period by the unit for its own use. In the case of estimates compiled on a shipment basis, the net change in the value of stocks of finished goods between the beginning and the end of the reference period is also included.

Gross Fixed Capital Formation Estimates refer to the value of purchases and own account construction of fixed assets during the reference year less the value of corresponding sales. The fixed assets covered are those (whether new or used) with a productive life of one year or more. These assets, which are intended for the use of the establishment, including fixed assets made by the establishment, including fixed assets made by the establishment's own labour force for its own use. Major additions, alterations and improvements to existing assets that extend their normal economic life or raise their productivity are also included.

运输和通讯

Transportation and Communication

13-1 公路货运客运周转量

Freight Ton-km and Passenger-km of Road

资料来源：世界银行WDI数据库。
Source: World Bank WDI Database.

国家和地区	Country or Area	公路货运周转量(亿吨公里) Roads, Goods Transported (100 million ton-km)			公路客运周转量(亿人公里) Roads, Passengers Carried (100 million passenger-km)		
		2000	2005	2008	2000	2005	2008
中　国	China	5483.4①	8693.2	32868.2	6657.4	9292.1	12476.1
柬埔寨	Cambodia				2.0	2.0②	
印　度	India	8.7①					
日　本	Japan	3006.7①	3276.3③		9512.5	9475.6③	
哈萨克斯坦	Kazakhstan	46.4①	471.2	634.8		916.5	1068.8
韩　国	Korea, Rep.	745.0④	125.5	125.5⑤		916.7	978.5⑤
老　挝	Laos		2.6	2.9		16.8	21.1
蒙　古	Mongolia	14.8	3.1	7.8	3.9	6.4	12.2
巴基斯坦	Pakistan	902.7①	1292.5		1970.1	2637.9	
斯里兰卡	Sri Lanka	0.3⑥			198.6	210.7⑦	
越　南	Viet Nam		176.7	246.5⑧		386.0	493.7⑧
埃　及	Egypt	315.0⑥					127.9
南　非	South Africa	4.3	4.3②				
加拿大	Canada	766.9①	1847.7⑨	1296.0		4938.1⑦	
墨西哥	Mexico	1790.9①	2042.2	2272.9	3853.0	4229.2	4638.7
美　国	United States	15997.5⑩	18855.8	18899.2⑤		78663.9	79806.1⑧
捷　克	Czech Rep.	390.0	434.5	508.8	733.9	842.5	884.7
法　国	France	2665.0	1930.0	3130.0		7710.0	7690.0
德　国	Germany	3472.0	2376.1	4727.0		10627.0⑨	9493.1
意大利	Italy	1847.6	1927.0⑦			975.6⑦	
荷　兰	Netherlands	457.0	771.0⑨		1939.0⑩		
波　兰	Poland	695.4①	1197.4	1742.2	317.4	293.1	267.9
俄罗斯联邦	Russian Fed.	233.0	1940.0	2060.0⑧	1.7⑩	960.0	780.0⑧
西班牙	Spain	1330.8	1328.7⑨		4031.7	3971.2⑨	
土耳其	Turkey	1522.1①	1668.3	1819.4	1779.5	1821.5	2061.0
乌克兰	Ukraine	182.7①	238.9	368.7	310.1	518.2	606.7
英　国	United Kingdom	1658.3	1630.0	1730.8⑧		7360.0	
澳大利亚	Australia		1686.3	1898.5		2902.8	3023.7

注：①1998年数据。②2001年数据。③2004年数据。④1997年数据。⑤2006年数据。⑥1996年数据。⑦2002年数据。⑧2007年数据。⑨2003年数据。⑩1999年数据。

Note:①Data refer to 1998.②Data refer to 2001.③Data refer to 2004.④Data refer to 1997.⑤Data refer to 2006.⑥Data refer to 1996.⑦Data refer to 2002.⑧Data refer to 2007.⑨Data refer to 2003.⑩Data refer to 1999.

13-2 铁路运输
Railway Traffic

资料来源：世界银行WDI数据库。
Source:World Bank WDI Database.

国家和地区	Country or Area	铁路总长度(公里) Rail Lines Total (km)		铁路货运周转量(亿吨公里) Rail Goods Transported (100 million ton-km)		铁路客运周转量(亿人公里) Rail Passengers Carried (100 million passenger-km)	
		2000	2009	2000	2009	2000	2009
世　界	**World**			**37.54**	**53.21①**	**13.89**	**22.64①**
高收入国家	**High Income**			**106.58**	**81.10**	**70.52**	**71.75**
中等收入国家	**Middle Income**			**32.60**	**47.64**	**10.70**	**11.20①**
中　国	China	58656	65491	13336.06	25239.17	4414.68	7878.90
孟加拉国	Bangladesh	2768	2835	7.77	8.70①	39.41	56.09
柬埔寨	Cambodia	601	650②	0.92	0.92②	0.45	0.45②
印　度	India	62759	63273	3052.01	5514.48	4306.66	8380.32
印度尼西亚	Indonesia	5324③	3370①	49.60③	43.90①	161.96③	143.44①
伊　朗	Iran	6688	7555	141.79	205.40	71.19	153.12
以色列	Israel	925	1005	11.73	10.55	7.81	19.68
日　本	Japan	20165	20036	223.13	221.00	2407.93	2535.55
哈萨克斯坦	Kazakhstan	13545	14205	1249.83	1973.02	102.15	148.60
韩　国	Korea, Rep.	3123	3378	108.03	92.73	280.97	312.98
马来西亚	Malaysia	1622	1665	9.07	13.84	13.12	15.27
蒙　古	Mongolia	1810	1814	42.93	78.52	10.70	10.09
缅　甸	Myanmar				8.85④		41.63④
巴基斯坦	Pakistan	7791	7791	37.54	61.87	184.95	247.31
菲律宾	Philippines	491	479①	0.01	0.01⑤	1.71	0.83④
斯里兰卡	Sri Lanka	1447⑥	1463①	0.88	1.35①	31.75⑥	47.67①
泰　国	Thailand	4103	4429	33.84	31.61	99.35	80.37
越　南	Viet Nam	3142	2347	19.02	38.07	32.00	41.29
埃　及	Egypt	5024	5195	39.80	38.40	349.60	408.37
尼日利亚	Nigeria	3557	3528⑦	1.05	0.77⑦	3.63	1.74⑦
南　非	South Africa	22657	22051	1066.05	1133.42	118.90	138.65①
加拿大	Canada	23731⑧	58345	1540.57③	2582.80		29.01
墨西哥	Mexico	26613⑨	26704	468.73③	711.36①	0.82	4.49
美　国	United States	159822	226205	21421.45	24311.81		94.76
阿根廷	Argentina		25023		120.25		69.79②
巴　西	Brazil	4183⑧	29817	1538.63	2677.00①		
委内瑞拉	Venezuela	336	336①	0.54	0.81⑦		
捷　克	Czech Rep.	9365	9539	172.20	112.49	72.66	64.62
法　国	France	32515	33778	554.48	264.82	698.60	876.67
德　国	Germany	36652	33706	806.34	939.46	743.88	767.72
意大利	Italy	16499	16959	228.34	135.69	448.49	455.90
荷　兰	Netherlands	2802	2886	38.19	43.31⑤	147.60	154.00
波　兰	Poland	22560	19764	555.62	299.40	242.26	164.54
俄罗斯联邦	Russian Fed.	86075	85194	13732.00	18653.05	1671.00	1535.00
西班牙	Spain	13866	15043	120.42	73.48	197.84	229.59
土耳其	Turkey	8671	8686	97.61	96.81	58.32	53.74
乌克兰	Ukraine	22302	21678	1728.40	1961.88	517.67	483.27
英　国	United Kingdom	15991	16173	180.90	125.12①	382.00	514.67
澳大利亚	Australia	9499	9674	340.50	620.83	12.65	15.46
新西兰	New Zealand	3913⑥		40.78			

注：①2008年数据。②2005年数据。③1998年数据。④2006年数据。⑤2004年数据。⑥1999年数据。⑦2007年数据。⑧1997年数据。⑨1996年数据。

Note:①Data refer to 2008.②Data refer to 2005.③Data refer to 1998.④Data refer to 2006.⑤Data refer to 2004.⑥Data refer to 1999. ⑦Data refer to 2007.⑧Data refer to 1997.⑨Data refer to 1996.

13-3 国际海运装货量和卸货量

International Maritime Freight Loaded and Unloaded

资料来源：联合国统计月报数据库。
Source: UN Monthly Bulletin of Statistics Database.

单位：万吨 (10 000 tons)

国家和地区	Country or Area	国际海运装货量 International Maritime Freight Loaded			国际海运卸货量 International Maritime Freight Unloaded		
		2000	2005	2010	2000	2005	2010
中国香港	Hong Kong, China	6770	8918	11346	10693	14095	15428
孟加拉国	Bangladesh	89	79	466	1408		3860
文　莱	Brunei Darussalam	10	8		102	168	
印度尼西亚	Indonesia	14153	27372	50118	4504	8479	11254
伊　朗	Iran	3065	3446	4366①	4486	6073	8232①
以色列	Israel	1387	1663	1927	2920	2107	2414
日　本	Japan	13010			80654		
韩　国	Korea, Rep.	15078	24250		41882	51245	
马来西亚	Malaysia	5483	7940	11240	6922	10391	13682
巴基斯坦	Pakistan	617	1126	1950	3080	3955	4870
新加坡②	Singapore②	32618	42266	47146①			
斯里兰卡	Sri Lanka	919	1315				
埃　及	Egypt		2123			4241	
南　非	South Africa	2598					
美　国	United States	34334	40534		83352	94160	
阿根廷③	Argentina③	1550					2374
法　国	France	6810	10066	9986	20273	22710	19931
德　国	Germany	8602	10832	10230	14725	16866	17070
荷　兰	Netherlands	9940	12250	15335①	32507	36424	35617①
波　兰	Poland	3152	3835	3014	1582	1642	3102
俄罗斯联邦	Russian Fed.	828	910	5258①	84	74	865①
西班牙	Spain	5627	8195		19343	26164	
乌克兰	Ukraine	4271	7070	8371	684	1333	1744
澳大利亚	Australia	48750	62401	88736	5418	6989	8896
新西兰	New Zealand	2214	2167	3040	1379	1844	1798

注：①2009年数据。②包括装货量和卸货量。③不包括转口。
Note:①Data refer to 2009.②Including both goods loaded and unloaded.③Excluding re-exports.

13-4 空运货物周转量和客运量

Freight and Passengers Carried by Air

资料来源：世界银行WDI数据库。
Source: World Bank WDI Database.

国家和地区	Country or Area	空运货物周转量（万吨公里）Air Transport, Freight (10 000 ton-km)			航空客运量（万人）Air Transport, Passengers Carried (10 000 persons)		
		2000	2005	2009	2000	2005	2009
世　界	**World**	**11825721**	**13684292**	**20213599**	**167406**	**197014**	**227090**
高收入国家	**High Income**	**9970285**	**112513251**	**170005541**	**135323**	**149143**	**159136**
中等收入国家	**Middle Income**	**1787940**	**2365925**	**3135092**	**31281**	**46834**	**66664**
低收入国家	**Low Income**	**67496**	**67041**	**77952**	**802**	**1037**	**1290**
中　国	China	390008	757940	1197644	6189	13672	22906
中国香港	Hong Kong, China	511151	776387	1329318	1438	2023	2397
中国澳门	Macao, China	2190	16981	3212	153	204	143
孟加拉国	Bangladesh	19387	18349	1	133	163	141
文　莱	Brunei Darussalam	14023	13414	9044	86	98	100
柬埔寨	Cambodia		120	99		17	18
印　度	India	54765	77404	123516	1730	2788	5445
印度尼西亚	Indonesia	40854	43977	27692	992	2684	2742
伊　朗	Iran	7372	9822	9577	872	1271	1305
以色列	Israel	88570	121348	98461	444	439	461
日　本	Japan	867205	854924	1048567	10912	10228	8690
哈萨克斯坦	Kazakhstan	1175	1583	1458	46	116	119
韩　国	Korea, Rep.	765134	743257	1516261	3433	3389	3417
老　挝	Laos	167	248	237	21	29	30
马来西亚	Malaysia	186384	257758	285326	1656	2037	2377
蒙　古	Mongolia	844	607	256	25	30	26
缅　甸	Myanmar	77	272	261	44	150	153
巴基斯坦	Pakistan	34031	40793	30391	529	536	530
菲律宾	Philippines	28995	32271	22745	576	806	1048
新加坡	Singapore	600489	757126	739096	1670	1774	1843
斯里兰卡	Sri Lanka	25571	31036	27900	176	282	242
泰　国	Thailand	171288	200242	213255	1739	1890	1962
越　南	Viet Nam	11733	23019	31150	288	545	1107
埃　及	Egypt	27806	28695	18031	452	489	622
尼日利亚	Nigeria	882	1003	797	51	75	137
南　非	South Africa	68757	92338	67641	800	1184	1250
加拿大	Canada	189611	152682	134694	4177	4523	5258
墨西哥	Mexico	30986	39043	71406	2089	2186	1573
美　国	United States	3017198	3735764	6168355	66533	72055	67942
阿根廷	Argentina	29665	13256	11166	892	694	569
巴　西	Brazil	172790	153068	178230	3129	3766	6795
委内瑞拉	Venezuela	3310	211	186	430	504	512
捷　克	Czech Rep.	3222	3876	2238	223	471	505
法　国	France	522434	580244	662489	5258	5248	5832
德　国	Germany	712771	772213	1018772	5796	9079	10340
意大利	Italy	174841	136513	40000	3042	3612	3319
荷　兰	Netherlands	436734	489397	452033	2090	2613	2911
波　兰	Poland	7783	7128	5548	234	355	428
俄罗斯联邦	Russian Fed.	104141	154122	230555	1769	2652	3440
西班牙	Spain	87950	102174	107959	3971	4986	4929
土耳其	Turkey	38504	38295	85603	1219	1694	3134
乌克兰	Ukraine	1220	3929	6323	95	251	343
英　国	United Kingdom	516087	599843	661513	7044	9360	10246
澳大利亚	Australia	173074	244459	276929	3258	4466	5003
新西兰	New Zealand	81714	78147	79930	1078	1195	1210

13-5 机动车使用量

Vehicles in Use

资料来源：国际公路协会《世界公路统计》2011年。
Source: International Road Federation World Road Statistics 2011.

国家和地区	Country or Area	年 份 Year	总计 (万辆) Total (10 000 units)	乘用车 (万辆) Passenger Cars (10 000 units)	公共汽车 (万辆) Buses (10 000 units)	卡车和货车 (万辆) Lorries and Vans (10 000 units)
中　国	China	2009	6213.7	4591.3	253.7	1368.6
中国香港	Hong Kong,China	2009	52.1	39.4	1.9	10.7
孟加拉国	Bangladesh	2009	42.6	28.2	7.3	7.2
文　莱	Brunei Darussalam	2008	19.9	19.0	0.1	0.8
印　度	India	2009	2120.0	1367.4	148.6	604.0
以 色 列	Israel	2009	234.9	197.1	2.4	35.4
日　本	Japan	2009	7517.6	5790.3	22.8	1704.5
哈萨克斯坦	Kazakhstan	2009	316.2	265.7	9.5	41.1
韩　国	Korea,Rep.	2009	1732.5	1302.4	108.1	322.1
马来西亚	Malaysia	2009	960.5	860.2	6.7	93.6
蒙　古	Mongolia	2008	19.0	12.8	1.6	4.7
缅　甸	Myanmar	2009	33.1	25.0	2.0	6.0
巴基斯坦	Pakistan	2009	217.0	176.4	19.5	21.1
菲 律 宾	Philippines	2009	299.1	78.0	3.3	217.7
新 加 坡	Singapore	2009	77.8	60.4	1.6	15.8
斯里兰卡	Sri Lanka	2009	95.1	38.7	8.2	48.2
南　非	South Africa	2009	800.7	541.1	32.8	226.8
加 拿 大	Canada	2009	2048.9	1417.2		631.8
墨 西 哥	Mexico	2009	2970.4	2052.4	33.7	884.3
美　国	United States	2009	24628.3	13487.9	84.2	11056.1
巴　西	Brazil	2008	4021.6	3205.5	63.3	752.8
白俄罗斯	Belarus	2007	273.8	232.9	3.1	37.8
捷　克	Czech Republic	2009	505.7	443.5	2.0	60.2
法　国	France	2009	3743.5	3105.0	8.5	630.0
德　国	Germany	2009	5125.8	4657.0	8.4	460.5
意 大 利	Italy	2009	4047.5	3587.2	9.8	450.5
荷　兰	Netherlands	2008	857.9	754.2	1.1	102.6
挪　威	Norway	2009	278.9	224.4	2.1	52.3
波　兰	Poland	2009	1938.7	1649.4	9.5	279.7
俄罗斯联邦	Russian Fed.	2009	3847.2	3308.4	6.5	532.3
西 班 牙	Spain	2009	2738.9	2198.3	6.3	534.3
土 耳 其	Turkey	2009	1061.1	709.4	58.5	293.2
乌 克 兰	Ukraine	2009	766.4	651.9	18.0	96.5
英　国	United Kingdom	2009	3236.1	2845.9	17.9	372.3
澳大利亚	Australia	2009	1505.0	1202.3	8.4	294.3
新 西 兰	New Zealand	2009	309.7	260.3	2.0	47.4

13-5 续表 continued

国家和地区	Country or Area	年 份 Year	摩托车 (万辆) Motorcycles (10 000 units)	每千人拥有乘用车数量(辆) Passenger Cars per 1000 Persons (unit)	每千人拥有汽车数量(辆) Total Vehicles per 1000 Persons (unit)	每公里道路汽车数量 (辆) Total Vehicles per km of Road (unit)
中 国	China	2009	9580.5	34.0	47.0	16.0
中国香港	Hong Kong,China	2009	3.7	56.0	74.0	254.0
孟加拉国	Bangladesh	2009	86.8	2.0	3.0	
文 莱	Brunei Darussalam	2008	0.3	485.0	510.0	67.0
印 度	India	2009	8240.0	12.0	18.0	
以 色 列	Israel	2009	10.9	265.0	316.0	128.0
日 本	Japan	2009	351.7	454.0	589.0	
哈萨克斯坦	Kazakhstan	2009	4.2	167.0	199.0	33.0
韩 国	Korea,Rep.	2009	182.0	267.0	355.0	165.0
马来西亚	Malaysia	2009	894.0	313.0	350.0	
蒙 古	Mongolia	2008		48.0	72.0	
缅 甸	Myanmar	2009	167.4	5.0	7.0	
巴基斯坦	Pakistan	2009	338.3	10.0	13.0	8.0
菲 律 宾	Philippines	2009	320.1	8.0	33.0	
新 加 坡	Singapore	2009	14.7	121.0	156.0	232.0
斯里兰卡	Sri Lanka	2009	233.9	19.0	47.0	
南 非	South Africa	2009	36.2	110.0	162.0	
加 拿 大	Canada	2009		420.0	607.0	15.0
墨 西 哥	Mexico	2009	120.1	191.0	276.0	81.0
美 国	United States	2009	792.9	439.0	802.0	38.0
巴 西	Brazil	2008	1308.8	167.0	209.0	
白俄罗斯	Belarus	2007	37.8	240.0	282.0	
捷 克	Czech Republic	2009	90.3	423.0	482.0	
法 国	France	2009	353.2	496.0	598.0	39.0
德 国	Germany	2009	376.2	510.0	564.0	72.0
意 大 利	Italy	2009	630.9	596.0	672.0	
荷 兰	Netherlands	2008	60.6	459.0	522.0	63.0
挪 威	Norway	2009	37.3	465.0	578.0	30.0
波 兰	Poland	2009	180.9	432.0	508.0	50.0
俄罗斯联邦	Russian Fed.	2009		233.0	271.0	39.0
西 班 牙	Spain	2009	495.9	478.0	596.0	
土 耳 其	Turkey	2009	230.3	95.0	142.0	29.0
乌 克 兰	Ukraine	2009	55.5	142.0	167.0	45.0
英 国	United Kingdom	2009	129.2	460.0	523.0	77.0
澳大利亚	Australia	2009	62.4	550.0	688.0	18.0
新 西 兰	New Zealand	2009	10.1	603.0	718.0	33.0

13-6 汽车燃料价格

Motor Fuel Prices

资料来源：国际公路协会《世界公路统计》2011年。
Source: International Road Federation World Road Statistics 2011.
单位：美分/升 (USD cent/liter)

国家和地区	Country or Area	高级汽油价格 Super Gasoline Price				
		2000	2004	2006	2008	2010
中　国	China	40	48	69	99	111
中国香港	Hong Kong,China	146	154	169	195	192
孟加拉国	Bangladesh	46	59	79	117	109
印　度	India	60	87	101	109	115
印度尼西亚	Indonesia	17	27	57	50	79
伊　朗	Iran	5	9	9	10	10
以色列	Israel	114	105	147	137	185
日　本	Japan	106	126	109	142	160
哈萨克斯坦	Kazakhstan	36	52	70	83	71
韩　国	Korea,Rep.	92	135	165	151	152
马来西亚	Malaysia	28	37	53	53	59
蒙　古	Mongolia	38	61	88	138	111
缅　甸	Myanmar	33	12	66	43	80
巴基斯坦	Pakistan	53	62	101	84	86
菲律宾	Philippines	37	52	76	91	105
新加坡	Singapore	84	89	92	107	142
斯里兰卡	Sri Lanka	66	72	88	143	119
泰　国	Thailand	39	54	70	87	141
越　南	Vietnam	38	48	67	80	88
埃　及	Egypt	26	28	30	49	48
尼日利亚	Nigeria	27	39	51	59	44
南　非	South Africa	50	81	85	87	119
加拿大	Canada	58	68	84	76	121
墨西哥	Mexico	61	59	74	74	81
美　国	United States	47	54	63	56	76
阿根廷	Argentina	107	63	62	78	96
巴　西	Brazil	92	84	126	126	158
委内瑞拉	Venezuela	12	4	3	2	2
白俄罗斯	Belarus	55	62	79	133	108
捷　克	Czech Republic	77	108	130	137	175
法　国	France	99	142	148	152	198
意大利	Italy	97	153	156	157	187
荷　兰	Netherlands	103	162	170	168	213
波　兰	Poland	76	120	130	143	157
俄罗斯联邦	Russian Fed.	33	55	77	89	84
西班牙	Spain	73	121	115	123	156
土耳其	Turkey	88	144	188	187	252
乌克兰	Ukraine	37	55	81	88	101
英　国	United Kingdom	117	156	163	144	192
澳大利亚	Australia	57	85	93	74	127
新西兰	New Zealand	48	77	98	109	147

13-6 续表 continued

单位：美分/升 (USD cent/liter)

国家和地区	Country or Area	柴油价格 Diesel Price 2000	2004	2006	2008	2010
中　国	China	45	43	78	101	104
中国香港	Hong Kong,China	80	100	106	116	132
孟加拉国	Bangladesh	29	34	45	70	63
印　度	India	39	62	75	70	82
印度尼西亚	Indonesia	6	18	44	42	51
伊　朗	Iran	2	2	3	3	2
以 色 列	Israel	64	80	127	170	187
日　本	Japan	76	95	90	130	137
哈萨克斯坦	Kazakhstan	29	38	45	72	51
韩　国	Korea,Rep.	66	95	133	140	135
马来西亚	Malaysia	16	22	40	53	56
蒙　古	Mongolia	38	67	87	142	104
缅　甸	Myanmar	12	10	75	52	80
巴基斯坦	Pakistan	27	41	64	77	92
菲 律 宾	Philippines	28	34	67	81	84
新 加 坡	Singapore	38	55	63	90	104
斯里兰卡	Sri Lanka	27	41	55	75	66
泰　国	Thailand	35	37	65	64	95
越　南	Vietnam	27	32	53	77	77
埃　及	Egypt	10	10	12	20	32
尼日利亚	Nigeria	27	45	66	113	77
南　非	South Africa	50	80	84	95	114
加 拿 大	Canada	47	68	78	90	108
墨 西 哥	Mexico	45	45	52	54	72
美　国	United States	48	57	69	78	84
阿 根 廷	Argentina	52	49	48	58	105
巴　西	Brazil	34	49	84	103	114
委内瑞拉	Venezuela	6	2	2	1	1
白俄罗斯	Belarus	36	44	55	106	86
捷　克	Czech Republic	68	107	129	145	169
法　国	France	82	125	133	145	172
意 大 利	Italy	83	131	149	163	169
荷　兰	Netherlands	78	123	132	145	171
波　兰	Poland	65	109	130	140	150
俄罗斯联邦	Russian Fed.	29	45	66	86	72
西 班 牙	Spain	65	110	110	128	147
土 耳 其	Turkey	66	112	162	163	203
乌 克 兰	Ukraine	30	44	87	96	92
英　国	United Kingdom	122	160	173	165	198
澳大利亚	Australia	57	83	94	94	123
新 西 兰	New Zealand	34	41	70	85	97

13-7 港口集装箱吞吐量
Container Port Traffic

资料来源：世界银行WDI数据库。
Source: World Bank WDI Database.
单位：万标准集装箱 (10 000 TEUs)

国家和地区	Country or Area	2000	2004	2005	2006	2007	2008	2009
世 界	**World**	**22477**	**33843**	**37627**	**41675**	**46751**	**49105**	**44374**
高收入国家	**High Income**	**14300**	**19446**	**23272**	**24649**	**26519**	**26769**	**23602**
中等收入国家	**Middle Income**	**8132**	**14326**	**14274**	**16936**	**20134**	**22227**	**20654**
中 国	China	4100	7473	6725	8481	10382	11496	10598
中国香港	Hong Kong, China			2260	2354	2400	2449	2104
孟加拉国	Bangladesh	46	71	81	90	98	109	118
印 度	India	245	433	498	614	738	767	789
印度尼西亚	Indonesia	380	537	550	432	631	740	639
伊 朗	Iran		118	133	153	172	200	221
以色列	Israel		143	171	177	196	209	203
日 本	Japan	1310	1644	1706	1847	1903	1894	1629
韩 国	Korea, Rep.	903	1436	1511	1551	1741	1775	1605
马来西亚	Malaysia	464	1151	1220	1342	1483	1603	1584
巴基斯坦	Pakistan		127	169	178	194	194	206
菲律宾	Philippines	303	368	363	368	434	431	412
新加坡	Singapore	1710	2133	2319	2479	2794	2992	2587
斯里兰卡	Sri Lanka	173	222	246	308	338	369	346
泰 国	Thailand	318	485	512	557	620	673	590
越 南	Viet Nam	119	227	254	300	401	436	475
埃 及	Egypt	163	296	403	537	519	610	625
南 非	South Africa	185	261	311	355	373	388	373
加拿大	Canada	293	393	416	433	441	472	418
墨西哥	Mexico	132	190	214	268	307	331	287
美 国	United States	2830	3490	3850	4090	4314	3932	3430
阿根廷	Argentina	114	125	149	176	187	195	156
巴 西	Brazil	241	506	565	629	646	687	625
委内瑞拉	Venezuela	67	92	112	127	133	133	117
法 国	France	292	395	400	426	498	467	449
德 国	Germany	770	1248	1360	1501	1664	1718	1277
意大利	Italy	692	947	986	973	1061	1053	953
荷 兰	Netherlands	641	848	947	1005	1129	1136	1007
波 兰	Poland		43			77	86	
俄罗斯联邦	Russian Fed.	32	137	180	227	296	331	218
西班牙	Spain	579	827	917	1003	1312	1139	1019
土耳其	Turkey	159	296	317	368	468	522	452
乌克兰	Ukraine		40	58	73	98	111	
英 国	United Kingdom	643	833	825	843	877	719	599
澳大利亚	Australia	354	506	519	574	629	610	620
新西兰	New Zealand	107	158	160	181	231	301	295

13-8 公路长度及密度
Length and Density of Road

资料来源：世界银行WDI数据库。
Source: World Bank WDI Database.
单位：公里 (km)

国家和地区	Country or Area	公路网长度合计 Total Road Network		有路面公路所占比重(%) Road Paved as percentage of Total(%)		每百平方公里土地公路数 km of Road per 100 sq. km of Land Area	
		2005	2008	2005	2008	2005	2008
中国	China	3345187	3456999①	40.8	44.1①	35	39
中国香港	Hong Kong, China	1955	1983①	100.0	100.0①	179	187
文莱	Brunei Darussalam	3650		77.2		63	
印度	India		3316452①			120	129
印度尼西亚	Indonesia	391009		55.4		21	23
伊朗	Iran	172027	172927①		72.8①	10	10①
以色列	Israel	17589	17719①	100.0	100.0①	80	82
日本	Japan	1192400	1196999①	79.0	79.3①	316	318②
哈萨克斯坦	Kazakhstan	90845	91563①	91.2	91.4①	3	3
韩国	Korea, Rep.	102293	102062①	76.8	88.6①	103	105
老挝	Laos	33861	29811①	13.4	13.4①	14	15
马来西亚	Malaysia	93109		79.8			
缅甸	Myanmar	27000		11.9		4	
巴基斯坦	Pakistan		260420①		65.4①		33①
新加坡	Singapore	3234	3262①	100.0	100.0①	463	475
泰国	Thailand		180053①				35①
越南	Viet Nam						48②
埃及	Egypt					10	10
加拿大	Canada						14
墨西哥	Mexico	355796	356945①	37.0	50.0①	18	19
美国	United States	6544257		65.3		68	68
捷克	Czech Rep.	127810	128512①			163	166
法国	France	950985	951500①	100.0	100.0①	173	173
德国	Germany	231480	644480①				180
意大利	Italy	487700				162	
荷兰	Netherlands	126100				323	328
波兰	Poland					122	123
俄罗斯联邦	Russian Fed.	859000	933000①	84.4	80.9①	5	6②
西班牙	Spain						132②
土耳其	Turkey	426914	426951①			54	54①
乌克兰	Ukraine	169323		97.4		28	28
英国	United Kingdom	388008	398351①	100.0	100.0①	159	172
澳大利亚	Australia						11
新西兰	New Zealand	93460	93576①	64.9	65.6①	35	35

注：①2006年数据。②2007年数据。
Note:①Data refer to 2006.②Data refer to 2007.

13-9 公路交通事故
Road Accidents

资料来源：国际公路协会《世界公路统计》2011年。
Source: International Road Federation World Road Statistics 2011.

国家和地区	Country or Area	年 份 Year	事故发生数(起) Accidents (case)	受伤人数(人) Persons Injured (person)	死亡人数(人) Persons Killed (person)
中 国	China	2009	238351	275125	67759
中国香港	Hong Kong,China	2009	14316	17999	139
孟加拉国	Bangladesh	2006		403000	3160
文 莱	Brunei Darussalam	2008		515	29
柬埔寨	Cambodia	2007		25858	1545
印 度	India	2009	486384	515458	125660
印度尼西亚	Indonesia	2009	62960	86405	19979
伊 朗	Iran	2006	37764	50823	6830
以色列	Israel	2009	16308	31518	314
日 本	Japan	2009	736688	910155	5772
哈萨克斯坦	Kazakhstan	2009	12534	14788	2898
韩 国	Korea,Rep.	2009	231990	361875	5838
马来西亚	Malaysia	2009		24672	6745
蒙 古	Mongolia	2007		932	562
缅 甸	Myanmar	2007		12358	1638
菲律宾	Philippines	2008	3966	7920	1096
新加坡	Singapore	2009	8505	10748	183
斯里兰卡	Sri Lanka	2009		16324	2263
泰 国	Thailand	2009		61996	10717
越 南	Vietnam	2009	12500	7900	11500
埃 及	Egypt	2009	22993	35428	6486
尼日利亚	Nigeria	2007	17797	17413	9390
南 非	South Africa	2009			13768
加拿大	Canada	2009	125203	172883	2209
墨西哥	Mexico	2009	29596	31659	4870
美 国	United States	2009	1547797	2217000	33808
巴 西	Brazil	2009	60989	93851	7376
白俄罗斯	Belarus	2009	6739	7198	1322
捷 克	Czech Republic	2009	21706	27244	901
芬 兰	Finland	2009	6414	8057	279
法 国	France	2009	72315	90934	4273
德 国	Germany	2009	310806	397671	4152
意大利	Italy	2009	215405	307258	4237
荷 兰	Netherlands	2009	6927	22245	720
波 兰	Poland	2009	44196	56046	4572
俄罗斯联邦	Russian Fed.	2009	203603	257034	26084
西班牙	Spain	2009	88251	127680	2714
土耳其	Turkey	2009	91729	201380	4324
乌克兰	Ukraine	2009	37049	45675	5348
英 国	United Kingdom	2009	164000	220000	2222
澳大利亚	Australia	2009	1346		1489
新西兰	New Zealand	2009	11125	14541	385

13-9 续表 continued

国家和地区	Country or Area	年 份 Year	每十万人口交通事故死亡人数(人) Number of Deaths per 100 000 Persons (person)	每十万人口交通事故数(起) Number of Injuries per 100 000 Persons (person)	每亿公里车程交通事故数(起) Number of Accidents per 100 Million Vehicle-km (person)
中 国	China	2009	5.09	17.90	
中国香港	Hong Kong,China	2009	1.98	204.41	138.95①
中国澳门	Macao,China	2009	2.60	100.56	
孟加拉国	Bangladesh	2006	2.03		
印 度	India	2009	10.88	42.10	
印度尼西亚	Indonesia	2009	8.69	27.38	
伊 朗	Iran	2006	9.74	53.87	
以 色 列	Israel	2009	4.22	219.14	35.19
日 本	Japan	2009	4.52	577.52	98.75
哈萨克斯坦	Kazakhstan	2009	18.24	78.89	1837.83
韩 国	Korea,Rep.	2009	11.98	475.91	167.56
马来西亚	Malaysia	2009	24.56		
蒙 古	Mongolia	2007	21.52		
缅 甸	Myanmar	2007	3.33		
菲 律 宾	Philippines	2008	1.21	4.39	
新 加 坡	Singapore	2009	3.67	170.52	51.04
斯里兰卡	Sri Lanka	2009	11.15		
泰 国	Thailand	2009	15.82		
越 南	Vietnam	2009	13.18	14.32	
埃 及	Egypt	2009	7.81	27.70	
尼日利亚	Nigeria	2007	6.36	12.05	
南 非	South Africa	2009	27.92		111.31②
加 拿 大	Canada	2009	6.55	371.08	37.61
墨 西 哥	Mexico	2009	4.53	27.55	22.69
美 国	United States	2009	11.01	504.16	32.53
巴 西	Brazil	2009	3.81	31.48	
白俄罗斯	Belarus	2009	13.68	69.74	
捷 克	Czech Republic	2009	8.59	206.92	43.00②
法 国	France	2009	6.82	115.49	13.37
德 国	Germany	2009	5.07	379.59	48.13③
意 大 利	Italy	2009	7.04	357.69	
荷 兰	Netherlands	2009	4.36	41.90	
波 兰	Poland	2009	11.98	115.85	
俄罗斯联邦	Russian Fed.	2009	18.39	143.53	
西 班 牙	Spain	2009	5.91	192.03	21.64
土 耳 其	Turkey	2009	5.78	122.61	126.64
乌 克 兰	Ukraine	2009	11.62	80.53	279.36
英 国	United Kingdom	2009	3.59	265.21	32.88
澳大利亚	Australia	2009	6.81	6.15	0.61
新 西 兰	New Zealand	2009	8.92	257.77	28.13

注：①2004年数据。②2007年数据。③2008年数据。
Note:①Data refer to 2004.②Data refer to 2007.③Data refer to 2008.

13-10 公路支出
Road Expenditure

资料来源：国际公路协会《世界公路统计》2011年。
Source: International Road Federation Word Road Statistics 2011.
单位：万美元 (10 000 USD)

国家和地区	Country or Area	年 份 Year	支出总计 Total Expenditure	公路支出构成－按行政管理级别分 Road Expenditure by Administration Levels		
				中央政府 Central Government	地方政府 Local Government	私 人 Private
中 国	China	2006				
中国香港	Hong Kong,China	2009	52102	85490①		
柬 埔 寨	Cambodia	2000	8683	8683		
印 度	India	2009	740673			183645
韩 国	Korea,Rep.	2009	1796000	737800	724500	333700
老 挝	Laos	2006	16193	16193		
马来西亚	Malaysia	2003	34656	34656		
蒙 古	Mongolia	2009	91			
新 加 坡	Singapore	2009	78760	78760		
斯里兰卡	Sri Lanka	2009	74879			
南 非	South Africa	2007	245374	106384	138989	
墨 西 哥	Mexico	2009	437752			55586
美 国	United States	2008	17345337	72452	17272885	
巴 西	Brazil	2009	423			
白俄罗斯	Belarus	2009		11680		
捷 克	Czech Republic	2000	207814	207814		
法 国	France	2009	3191177	455882	2000000	735294
荷 兰	Netherlands	2000	146859	125173	21686	
波 兰	Poland	2003	219048	122428	96621	
西 班 牙	Spain	2009	1230903	588738	510748	131418
土 耳 其	Turkey	2009	635995	635995		
乌 克 兰	Ukraine	2008	116947	108557	10699	110
英 国	United Kingdom	2005	1850004	876478	973526	
澳大利亚	Australia	2009	1982009	445054	977685	559270
新 西 兰	New Zealand	2009	188384	147475	40909	

13-10 续表 continued

单位：万美元 (10 000 USD)

国家和地区	Country or Area	年份 Year	公路支出构成－按支出性质分 Road Expenditure-by Nature 建设 Construction	维护 Maintenance	其它 Others
中　　国	China	2006	7979623		
中国香港	Hong Kong,China	2009	41264	10838	
柬 埔 寨	Cambodia	2000	1979	6704	
印　　度	India	2009	293206	21020	82
韩　　国	Korea,Rep.	2009		2484200	
老　　挝	Laos	2006	14352	1842	
马来西亚	Malaysia	2003	69	34061	526
蒙　　古	Mongolia	2002	226	28②	27
新 加 坡	Singapore	2007	24928①		
斯里兰卡	Sri Lanka	2009	72213	2666	
南　　非	South Africa	2007	109866		135508
墨 西 哥	Mexico	2009	307313	78122	52316
美　　国	United States	2005	7516200	3788200	3965500
巴　　西	Brazil	2004	31732	31380	10567
白俄罗斯	Belarus	2009	11680	39173③	
捷　　克	Czech Republic	2000	103321	104363	
法　　国	France	2009	1911765	1279412	
荷　　兰	Netherlands	2000	51469	71782	
波　　兰	Poland	2003	100128	88820	30100
西 班 牙	Spain	2009	748360	351126	10303④
土 耳 其	Turkey	2009	590122	19689	26184
乌 克 兰	Ukraine	2008	51677	47840	17430
英　　国	United Kingdom	2004	648263	82066	
澳大利亚	Australia	2009	559270		
新 西 兰	New Zealand	2009	136652	51299	433

注：①2006年数据。②2000年数据。③2005年数据。④2007年数据。
Note:①Data refer to 2006.②Data refer to 2000.③Data refer to 2005.④Data refer to 2007.

13-11 电话主线和移动电话普及率

Telephone Mainlines and Mobile Phones

资料来源：世界银行WDI数据库。
Source:World Bank WDI Database.

国家和地区	Country or Area	电话主线(条/千人) Telephone Mainlines(lines per 1 000 persons)			移动电话(部/千人) Mobile Phones(sets per 1 000 persons)		
		2000	2005	2009	2000	2005	2009
世　界	**World**	**160.6**	**195.1**	**180.2**	**121.7**	**343.8**	**691.6**
高收入国家	**High Income**	**553.9**	**512.6**	**448.7**	**498.9**	**847.5**	**1106.3**
中等收入国家	**Middle Income**	**89.1**	**149.6**	**145.4**	**48.7**	**271.7**	**666.0**
低收入国家	**Low Income**	**6.0**	**9.1**	**11.9**	**2.6**	**46.5**	**257.0**
中　国	China	114.7	268.8	235.6	67.5	301.8	561.1
中国香港	Hong Kong, China	589.0	556.7	598.0	817.3	1254.1	1742.9
中国澳门	Macao, China	409.5	362.3	321.0	326.6	1106.7	1952.9
孟加拉国	Bangladesh	3.8	7.6	10.4	2.2	64.0	342.8
文　莱	Brunei Darussalam	246.2	231.0	205.6	290.5	641.4	1088.0
柬埔寨	Cambodia	2.5	2.5	3.9	10.5	79.5	400.1
印　度	India	31.9	45.8	32.1	3.5	82.4	454.5
印度尼西亚	Indonesia	31.2	59.4	143.0	17.2	206.4	670.8
伊　朗	Iran	145.2	291.7	352.8	14.7	122.1	718.6
以色列	Israel	472.9	423.7	434.2	699.6	1119.3	1205.3
日　本	Japan	488.4	454.3	347.8	526.4	755.1	900.9
哈萨克斯坦	Kazakhstan	123.2	178.8	236.3	13.3	356.4	941.6
韩　国	Korea, Rep.	550.2	496.6	395.7	570.5	796.5	983.5
老　挝	Laos	7.7	15.8	21.6	2.4	114.3	529.2
马来西亚	Malaysia	197.9	167.3	154.3	218.7	748.8	1086.9
蒙　古	Mongolia	48.7	61.3	69.7	64.1	218.7	829.4
缅　甸	Myanmar	6.0	10.9	17.1	0.3	2.8	9.4
巴基斯坦	Pakistan	21.1	33.0	23.8	2.1	80.5	604.0
菲律宾	Philippines	39.6	39.4	44.7	83.5	406.6	812.3
新加坡	Singapore	483.1	432.4	371.4	682.1	1027.9	1333.7
斯里兰卡	Sri Lanka	40.9	62.7	166.2	23.0	169.4	681.9
泰　国	Thailand	88.5	105.5	102.2	48.4	466.8	1208.9
越　南	Viet Nam	32.8	192.3	356.8	10.2	116.4	1029.5
埃　及	Egypt	81.1	141.2	129.4	20.1	183.7	694.4
尼日利亚	Nigeria	4.5	8.8	9.2	0.2	132.9	473.2
南　非	South Africa	112.8	100.2	87.6	189.5	719.5	941.5
加拿大	Canada	677.3	561.7	540.9	283.6	526.6	684.1
墨西哥	Mexico	123.4	183.2	173.4	140.8	442.6	745.6
美　国	United States	682.3	592.3	504.9	388.0	720.2	972.0
阿根廷	Argentina	213.8	244.1	243.7	175.7	572.8	1295.3
巴　西	Brazil	177.3	214.3	214.7	132.9	463.5	900.2
委内瑞拉	Venezuela	104.3	137.4	241.9	224.1	470.2	990.8
捷　克	Czech Rep.	376.9	314.3	199.5	423.0	1150.5	1359.6
法　国	France	559.4	535.0	550.0	478.1	763.3	922.5
德　国	Germany	610.9	664.4	594.6	586.3	961.2	1282.0
意大利	Italy	476.8	427.4	353.9	741.8	1220.0	1505.4
荷　兰	Netherlands	621.0	465.7	442.8	675.3	970.2	1281.4
波　兰	Poland	284.6	310.1	250.5	175.5	764.2	1167.8
俄罗斯联邦	Russian Fed.	219.2	280.1	315.8	22.3	838.3	1625.0
西班牙	Spain	424.8	448.4	436.9	602.7	983.8	1110.7
土耳其	Turkey	289.1	278.5	230.1	253.6	640.0	873.8
乌克兰	Ukraine	211.8	247.7	282.9	16.6	637.2	1201.5
英　国	United Kingdom	598.2	565.7	543.9	737.8	1087.1	1300.5
澳大利亚	Australia	524.7	496.2	410.9	447.0	903.2	1103.3
新西兰	New Zealand	474.6	418.3	433.3	399.7	853.9	1089.0

13-12 国际互联网用户

Internet Users

资料来源：世界银行WDI数据库。
Source: World Bank WDI Database.
单位：个/千人 (unit per 1 000 persons)

国家和地区	Country or Area	2000	2005	2006	2007	2008	2009
世　界	**World**	**67.50**	**160.64**	**177.89**	**208.07**	**239.79**	**271.14**
高收入国家	**High Income**	**305.76**	**594.02**	**618.55**	**663.55**	**691.83**	**719.25**
中等收入国家	**Middle Income**	**17.10**	**82.64**	**100.46**	**132.60**	**170.10**	**207.18**
低收入国家	**Low Income**	**1.30**	**9.51**	**14.00**	**16.25**	**20.50**	**26.39**
中　国	China	17.82	85.79	106.01	161.30	224.96	288.42
中国香港	Hong Kong, China	278.35	614.20	653.52	571.97	591.01	613.96
中国澳门	Macao, China	138.93	353.14	439.02	470.63	499.55	528.81
孟加拉国	Bangladesh	0.77	2.63	3.16	3.47	3.82	4.20
文　莱	Brunei Darussalam	91.73	371.65	429.98	461.59	693.87	813.81
柬埔寨	Cambodia	0.48	3.29	4.88	5.12	5.35	5.58
印　度	India	5.41	24.67	29.01	40.90	45.40	53.06
印度尼西亚	Indonesia	8.90	34.74	46.00	55.92	76.61	84.24
伊　朗	Iran	9.57	176.39	155.85	181.98	318.17	381.68
以色列	Israel	201.94	243.27	269.23	464.62	478.87	494.28
日　本	Japan	299.52	667.51	685.21	740.82	751.57	777.24
哈萨克斯坦	Kazakhstan	6.72	29.71	32.66	40.04	108.91	332.81
韩　国	Korea, Rep.	405.04	710.46	732.86	779.97	802.42	809.08
老　挝	Laos	1.13	8.69	11.98	16.86	36.53	49.08
马来西亚	Malaysia	212.56	477.59	506.83	546.84	548.11	566.16
蒙　古	Mongolia	12.44	105.33	119.96	121.93	123.71	129.07
缅　甸	Myanmar		0.68	1.90	2.27	2.30	2.31
巴基斯坦	Pakistan		66.19	74.30	106.42	110.49	119.36
菲律宾	Philippines	19.92	53.94	57.39	59.78	62.30	64.94
新加坡	Singapore	322.75	618.54	593.16	676.66	696.37	733.50
斯里兰卡	Sri Lanka	6.48	17.64	24.92	38.07	56.83	85.93
泰　国	Thailand	36.42	148.56	169.64	197.89	235.84	254.51
越　南	Viet Nam	2.58	130.00	176.25	212.20	244.75	278.99
埃　及	Egypt	6.65	121.64	130.57	153.61	173.29	208.69
尼日利亚	Nigeria	0.65	35.76	55.81	68.05	159.17	284.70
南　非	South Africa	54.55	76.27	77.52	82.18	85.81	89.62
加拿大	Canada	421.55	679.08	703.20	727.79	753.08	777.27
墨西哥	Mexico	50.60	182.66	190.70	202.38	210.26	253.85
美　国	United States	439.45	695.74	705.71	735.21	757.72	781.39
阿根廷	Argentina	70.40	177.44	209.71	260.27	282.32	305.62
巴　西	Brazil	28.67	210.33	282.08	309.37	376.04	392.99
委内瑞拉	Venezuela	33.73	126.23	153.15	208.12	258.52	311.67
捷　克	Czech Rep.	97.34	351.28	477.23	515.99	623.36	637.05
法　国	France	139.23	415.17	453.45	639.03	683.10	691.41
德　国	Germany	301.67	686.59	721.74	752.30	780.56	795.14
意大利	Italy	231.79	353.83	380.16	407.42	443.60	485.71
荷　兰	Netherlands	439.55	807.72	828.28	862.29	878.56	899.69
波　兰	Poland	72.81	388.44	446.05	486.15	531.00	588.46
俄罗斯联邦	Russian Fed.	19.82	152.29	180.27	246.31	319.83	420.87
西班牙	Spain	136.25	475.07	497.57	540.94	581.91	612.47
土耳其	Turkey	39.29	161.46	190.39	298.62	358.19	367.59
乌克兰	Ukraine	7.12	37.36	44.88	137.61	224.83	332.22
英　国	United Kingdom	268.29	696.22	687.96	749.82	781.82	832.37
澳大利亚	Australia	468.00	632.47	649.34	678.61	705.63	717.79
新西兰	New Zealand	475.07	623.66	665.71	691.76	713.77	834.14

13-13 互联网服务商

Internet Servers

资料来源：世界银行WDI数据库。
Source: World Bank WDI Database.
单位：个/百万人 (number per 1 000 000 persons)

国家和地区	Country or Area	2005	2006	2007	2008	2009	2010
世　界	**World**	**65.17**	**73.57**	**95.95**	**111.51**	**113.69**	**155.99**
高收入国家	**High Income**	**358.78**	**416.98**	**547.79**	**636.76**	**689.83**	**901.68**
中等收入国家	**Middle Income**	**2.50**	**3.00**	**4.05**	**5.15**	**5.94**	**8.81**
低收入国家	**Low Income**	**0.12**	**0.13**	**0.20**	**0.29**	**0.35**	**0.57**
中　国	China	0.33	0.45	0.68	0.94	1.19	1.92
中国香港	Hong Kong, China	162.33	194.40	240.98	287.77	352.39	453.47
中国澳门	Macao, China	54.01	60.82	90.96	96.44	135.54	209.69
孟加拉国	Bangladesh	0.02	0.02	0.04	0.10	0.20	0.32
文　莱	Brunei Darussalam	13.77	18.90	29.14	31.19	43.39	65.18
柬埔寨	Cambodia	0.08	0.15	0.51	0.87	1.57	1.70
印　度	India	0.60	0.74	1.00	1.28	1.56	2.22
印度尼西亚	Indonesia	0.45	0.57	0.73	1.00	1.35	2.00
伊　朗	Iran	0.29	0.40	0.31	0.28	0.33	0.74
以色列	Israel	162.77	182.32	227.99	272.69	289.22	396.61
日　本	Japan	257.70	331.40	399.25	471.68	519.60	649.85
哈萨克斯坦	Kazakhstan	0.86	1.18	1.03	1.98	3.27	5.21
韩　国	Korea, Rep.	20.03	60.11	498.95	695.70	926.66	1140.44
老　挝	Laos	0.35	0.17	0.67	0.17	0.49	0.81
马来西亚	Malaysia	14.44	16.78	21.66	26.83	33.02	41.48
蒙　古	Mongolia	3.14	4.26	7.24	8.62	8.11	10.52
缅　甸	Myanmar	0.02	0.04	0.02		0.02	0.06
巴基斯坦	Pakistan	0.29	0.43	0.41	0.53	0.62	0.97
菲律宾	Philippines	2.46	3.25	3.95	4.58	5.28	6.67
新加坡	Singapore	275.45	296.95	359.59	390.34	420.84	529.67
斯里兰卡	Sri Lanka	1.76	1.94	2.52	3.13	3.48	4.41
泰　国	Thailand	4.68	5.65	6.98	8.99	9.68	13.19
越　南	Viet Nam	0.15	0.14	0.61	1.13	1.88	3.13
埃　及	Egypt	0.53	0.70	0.83	1.03	1.49	2.29
尼日利亚	Nigeria	0.17	0.25	0.49	0.80	0.81	1.21
南　非	South Africa	20.38	23.13	30.61	36.73	40.43	62.59
加拿大	Canada	569.11	644.00	812.38	906.60	983.91	1238.92
墨西哥	Mexico	8.11	9.63	12.86	15.07	16.54	20.60
美　国	United States	784.54	870.35	1060.54	1173.70	1234.13	1446.34
阿根廷	Argentina	10.81	11.92	15.62	18.33	19.82	26.08
巴　西	Brazil	14.18	16.20	20.32	23.96	26.01	40.73
委内瑞拉	Venezuela	4.63	5.18	6.22	6.77	7.43	7.42
捷　克	Czech Rep.	41.52	64.27	104.61	150.51	185.56	318.19
法　国	France	76.28	92.85	135.93	165.97	203.56	297.10
德　国	Germany	274.16	348.77	459.52	549.79	640.93	872.83
意大利	Italy	44.21	52.92	72.93	92.79	109.33	154.42
荷　兰	Netherlands	327.15	412.58	780.51	1105.04	1414.12	2277.12
波　兰	Poland	21.96	38.04	55.19	84.69	123.01	210.78
俄罗斯联邦	Russian Fed.	2.43	3.15	4.46	7.33	10.54	20.35
西班牙	Spain	81.66	100.24	142.72	170.19	193.21	233.41
土耳其	Turkey	18.04	25.98	40.26	59.64	68.86	98.99
乌克兰	Ukraine	1.32	1.86	2.84	4.28	5.99	13.23
英　国	United Kingdom	466.04	559.31	754.44	905.05		1396.33
澳大利亚	Australia	498.07	579.09	805.36	987.46	1207.97	1760.82
新西兰	New Zealand	489.85	587.87	828.47	980.11	1059.13	1489.54

13-14 宽带用户

Broadband Subscribers

资料来源：世界银行WDI数据库。
Source:World Bank WDI Database.

国家和地区	Country or Area	宽带用户（个） Broadband subscribers(number)			每千人宽带用户(个/千人) Broadband subscribers (unit per 1 000 persons)		
		2000	2005	2009	2000	2005	2009
世　界	**World**				**3.60**	**34.25**	**73.11**
高收入国家	**High Income**				**15.98**	**150.31**	**256.66**
中等收入国家	**Middle Income**				**5.00**	**11.75**	**40.34**
低收入国家	**Low Income**					**3.00**	**0.39**
中　国	China	22660	37350000	103641000	2.00	28.65	77.84
中国香港	Hong Kong, China	444450	1659098	2060466	66.68	243.51	294.20
中国澳门	Macao, China	3731	68030	125994	8.64	141.32	237.19
孟加拉国	Bangladesh			50000			0.34
文　莱	Brunei Darussalam		8126	20029		22.38	51.12
柬埔寨	Cambodia		1000	30000		7.00	2.15
印　度	India		1348000	7745710		1.23	6.70
印度尼西亚	Indonesia	4000	108200	1700000	2.00	0.48	7.16
伊　朗	Iran	176		400000			5.47
以色列	Israel		1229626	1850000		177.43	247.14
日　本	Japan	854655	23301104	31709084	6.74	182.36	248.59
哈萨克斯坦	Kazakhstan		2996	1367786		0.20	85.89
韩　国	Korea, Rep.	3870000	12190711	16348571	82.33	253.25	335.38
老　挝	Laos		314	8401		5.00	1.37
马来西亚	Malaysia		483100	1671800		18.51	59.82
蒙　古	Mongolia		1800	24439		0.71	9.01
缅　甸	Myanmar		243	15000		1.00	0.32
巴基斯坦	Pakistan			626000			3.67
菲律宾	Philippines		123000	1722407		1.44	18.78
新加坡	Singapore	69000	656200	1123000	17.13	153.83	225.16
斯里兰卡	Sri Lanka			169600			8.21
泰　国	Thailand		105000	994000		1.57	14.47
越　南	Viet Nam		210024	2649000		2.55	30.79
埃　及	Egypt		140999	1077489		1.90	13.52
尼日利亚	Nigeria		500	81958			0.53
南　非	South Africa		165290	481000		3.50	9.75
加拿大	Canada	1410932	7004000	9970914	45.85	216.76	295.52
墨西哥	Mexico	15000	1922352	9921407	0.15	18.05	88.56
美　国	United States	7069874	48089848	85287104	25.06	162.60	277.80
阿根廷	Argentina		926722	3542600		23.96	88.43
巴　西	Brazil	100000	3233800	14540937	0.57	17.39	75.25
委内瑞拉	Venezuela	4473	356302	1860730	0.18	13.41	65.56
捷　克	Czech Rep.	2500	709063	2019986	0.24	69.27	192.61
法　国	France	196000	9471000	19398000	3.23	150.33	300.55
德　国	Germany	265000	10800000	25000000	3.22	130.96	305.24
意大利	Italy	115000	6821880	11800000	2.02	116.40	196.04
荷　兰	Netherlands	260000	4100000	5901950	16.33	251.23	357.04
波　兰	Poland		945159	5165669		24.76	135.40
俄罗斯联邦	Russian Fed.		1589000	12900000		11.10	90.94
西班牙	Spain	76358	5035203	9674539	1.90	116.02	210.73
土耳其	Turkey		1589768	6386294		23.33	88.89
乌克兰	Ukraine		130000	1907697		2.76	41.42
英　国	United Kingdom	52890	9898653	18353964	0.90	164.36	296.98
澳大利亚	Australia		2016000	5400000		98.85	245.99
新西兰	New Zealand	4658	321000	981000	1.21	77.65	227.30

主要统计指标解释

航空货物周转量 指承载的每个航班的货物、快递和邮包重量之和乘以飞机从起飞到降落的飞行距离。该指标按航空承运商登记国统计。

航空客运量 指承载的国内或国际飞机乘客人数。该指标按航空承运商登记国统计。

信息和通讯技术支出 包括计算机硬件（计算机、存贮设备、打印机和其它外围设备）；计算机软件（操作系统、开发工具、运行环境、应用程序和内部软件开发）；计算机服务（信息技术咨询、计算机和网络系统集成、网络主机、数据处理服务和其它服务）；通讯服务（声音和数字通讯服务）及有线和无线通讯设备。

国际互联网带宽 指承包能力的国家之间的国际连线传输互联网流量。

固定宽带用户 指互联网的使用者以订购或付费方式以高速率接入公共网络。高速接入是至少以一个或二个方向每秒速率在256kbits.

港口集装箱吞吐量 港口集装箱吞吐量测量的是从陆地到海上或者从海上到陆地流动运输的集装箱数量，一个标准集装箱单位为 20 英尺当量单位。数据包括沿海和国际航运。转运集装箱在中间连接埠作两次计算（一次卸下和再次出境），其中包括空集装箱。

移动电话 指手提式电话用户。利用蜂窝技术，这些用户被接入公共交换电话网的自动公共移动电话服务系统。

电话主线 是指将客户的设备接入公共交换电话网的电话线。

公路货物周转量 指利用公路交通工具进行货物运输。用重量乘以里程，以亿吨公里来衡量。

互联网用户 指进入国际互联网的使用者。

Explanatory Notes on Main Statistical Indicators

Air Freight is the sum of the metric tons of freight, express, and diplomatic bags carried on each flight stage (the operation of an aircraft from takeoff to its next landing) multiplied by the stage distance of air carriers registered in the country.

Air Transport, Passengers Carried Air passengers carried include both domestic and international aircraft passengers of air carriers registered in the country.

Information and Communications Technology Expenditures include computer hardware (computers, storage devices, printers, and other peripherals); computer software (operating systems, programming tools, utilities, applications, and internal software development); computer services (information technology consulting, computer and network systems integration, web hosting, data processing services, and other services); and communications services (voice and data communications services) and wired and wireless communications equipment.

International Internet bandwidth is the contracted capacity of international connections between countries for transmitting Internet traffic.

Fixed broadband subscribers are users of the Internet who subscribe to paid high-speed access to the public Internet. High-speed access is at least 256 kilobits per second in one or both directions.

Container Port Traffic Port container traffic measures the flow of containers from land to sea transport modes and vice versa, in twenty-foot equivalent units (TEUs), a standard-size container. Data refer to coastal shipping as well as international journeys. Transshipment traffic is counted as two lifts at the intermediate port (once to off-load and again as an outbound lift) and includes empty units.

Mobile Phones Mobile phones refers to users of portable telephones subscribing to an automatic public mobile telephone service using cellular technology that provides access to the public switched telephone network.

Telephone Mainlines Telephone mainlines are telephone lines connecting a customer's equipment to the public switched telephone network.

Roads, Goods Transported Goods transported by road are the volume of goods transported by road vehicles, measured in 100 millions of metric tons times kilometers traveled.

Internet Users are people with access to the worldwide network.

对外贸易和旅游

External Trade and Tourism

14-1 世界货物进出口总额

World Merchandise Imports and Exports

资料来源：世界贸易组织数据库。
Source: WTO Database.
单位：亿美元 (100 million USD)

	世 界 World	北美洲 North America	拉丁美洲 South and Central America	欧 洲 Europe	亚 洲 Asia	非 洲 Africa
出口 Exports						
1990	34490	5620	1061	16849	7924	1060
1991	35150	5917	1027	16642	8860	997
1992	37660	6289	1053	17719	9809	970
1993	37820	6619	1096	16673	10654	930
1994	43260	7389	1270	19087	12287	967
1995	51640	8566	1495	23355	14473	1120
1996	54030	9228	1614	24211	14655	1254
1997	55910	10141	1769	24130	15473	1275
1998	55010	10140	1658	25132	14511	1061
1999	57120	10707	1660	25218	15483	1167
2000	64560	12250	1978	26340	18373	1486
2001	61910	11475	1907	26557	16744	1388
2002	64920	11062	1931	28394	18078	1449
2003	75860	11630	2215	33865	21384	1794
2004	92180	13197	2879	40511	26533	2398
2005	104890	14758	3595	43970	30602	3114
2006	121130	16642	4355	49758	35761	3710
2007	140000	18408	4981	57984	41417	4345
2008	161160	20352	6035	64682	47251	5586
2009	125220	16025	4590	50222	38911	3896
2010	152380	19637	5749	56262	50682	5002
进口 Imports						
1990	35500	6845	859	17509	7615	996
1991	36320	6855	947	17648	8301	949
1992	38810	7480	1096	18531	9001	1007
1993	38750	8106	1231	16875	9851	987
1994	44280	9269	1412	19115	11475	1066
1995	52830	10143	1772	23346	14036	1266
1996	55440	10898	1837	24155	14744	1256
1997	57370	12137	2129	24186	14953	1324
1998	56810	12802	2163	25592	12480	1329
1999	59210	14265	1868	25965	13652	1279
2000	67240	16843	2074	27749	16787	1297
2001	64830	15803	2054	27336	15589	1349
2002	67420	16016	1810	28753	16595	1359
2003	78670	17240	1914	34615	19773	1655
2004	95680	20089	2435	41613	24884	2125
2005	108550	22844	3001	45732	28896	2565
2006	124370	25417	3643	52387	33342	3027
2007	143000	27021	4573	60981	38200	3740
2008	165200	29081	5951	68627	45750	4792
2009	127180	21780	4431	51745	36743	4066
2010	153760	26815	5764	58405	48291	4627

14-2 世界主要国家和地区货物进出口总额

Merchandise Imports and Exports by Country or Area

资料来源：世界贸易组织数据库。
Source: WTO Database.
单位：亿美元 (100 million USD)

国家和地区	Country or Area	2000	2005	2007	2008	2009	2010
世 界	**World**	**131800**	**213440**	**283000**	**326360**	**252400**	**306140**
中 国	China	4743	14219	21766	25633	22075	29729
中国香港	Hong Kong, China	4167	5923	7195	7632	6817	8431
中国澳门	Macao, China	52	70	86	79	57	69
孟加拉国	Bangladesh	153	232	310	392	369	470
文 莱	Brunei Darussalam	50	77	98	129	97	125
柬埔寨	Cambodia	33	70	95	112	102	125
印 度	India	939	2425	3795	5159	4221	5389
印度尼西亚	Indonesia	1090	1625	2108	2666	2096	2899
伊 朗	Iran	426	963	1337	1711	1293	1636
以色列	Israel	691	899	1131	1290	972	1197
日 本	Japan	8588	11108	13366	15439	11327	14625
哈萨克斯坦	Kazakhstan	139	452	805	1091	716	890
韩 国	Korea, Rep.	3327	5457	7283	8573	6866	8916
老 挝	Laos	9	14	20	25	24	33
马来西亚	Malaysia	1802	2556	3232	3564	2813	3635
蒙 古	Mongolia	12	22	40	62	40	62
缅 甸	Myanmar	40	57	96	112	110	132
巴基斯坦	Pakistan	199	414	504	627	492	593
菲律宾	Philippines	768	907	1085	1095	843	1097
新加坡	Singapore	2723	4297	5625	6580	5156	6627
斯里兰卡	Sri Lanka	126	152	190	224	176	221
泰 国	Thailand	1310	2291	2938	3570	2861	3777
越 南	Viet Nam	301	692	1112	1434	1270	1570
埃 及	Egypt	199	354	563	746	680	794
尼日利亚	Nigeria	297	712	994	1318	869	1160
南 非	South Africa	597	1139	1582	1813	1348	1759
加拿大	Canada	5214	6829	8109	8755	6466	7887
墨西哥	Mexico	3458	4424	5621	6096	4712	6090
美 国	United States	20412	26338	31686	34569	26613	32462
阿根廷	Argentina	515	690	1005	1274	944	1249
巴 西	Brazil	1141	1962	2873	3803	2867	3934
委内瑞拉	Venezuela	497	797	1151	1447	982	1066
捷 克	Czech Rep.	611	1546	2407	2888	2180	2592
法 国	France	6666	9676	11905	13314	10447	11264
德 国	Germany	10490	17480	23762	26312	20464	23360
意大利	Italy	4793	7579	10115	11047	8220	9318
荷 兰	Netherlands	4514	7702	10434	12189	9410	10886
波 兰	Poland	808	1911	3059	3793	2860	3296
俄罗斯联邦	Russian Fed.	1502	3692	5779	7635	4952	6484
西班牙	Spain	2714	4814	6426	7023	5206	5568
土耳其	Turkey	823	1903	2773	3340	2431	2994
乌克兰	Ukraine	285	704	1099	1525	853	1124
英 国	United Kingdom	6335	8981	10620	10926	8357	9622
澳大利亚	Australia	1354	2314	3067	3875	3198	4141
新西兰	New Zealand	272	479	578	649	505	620

14-3 货物出口总额

Merchandise Export

资料来源：世界贸易组织数据库。
Source: WTO Database.
单位：亿美元 (100 million USD)

国家和地区	Country or Area	2000	2005	2007	2008	2009	2010
世 界	**World**	**64560**	**104890**	**140000**	**161160**	**125220**	**152380**
中 国	China	2492	7620	12205	14307	12016	15778
中国香港	Hong Kong, China	2027	2921	3494	3702	3294	4010
中国澳门	Macao, China	25	25	25	20	10	9
孟加拉国	Bangladesh	64	93	125	154	151	192
文 莱	Brunei Darussalam	39	62	77	103	72	92
柬埔寨	Cambodia	14	31	41	47	43	50
印 度	India	424	996	1502	1948	1649	2162
印度尼西亚	Indonesia	654	870	1180	1396	1196	1582
伊 朗	Iran	287	563	887	1137	788	1009
以色列	Israel	314	428	541	613	479	584
日 本	Japan	4792	5949	7143	7814	5807	7698
哈萨克斯坦	Kazakhstan	88	278	478	712	432	592
韩 国	Korea, Rep.	1723	2844	3715	4220	3635	4664
老 挝	Laos	3	6	9	11	10	16
马来西亚	Malaysia	982	1410	1762	1995	1574	1988
蒙 古	Mongolia	5	11	19	25	19	29
缅 甸	Myanmar	16	38	63	69	67	86
巴基斯坦	Pakistan	90	161	178	203	175	215
菲律宾	Philippines	398	413	505	491	384	514
新加坡	Singapore	1378	2296	2993	3382	2698	3519
斯里兰卡	Sri Lanka	54	63	77	85	73	85
泰 国	Thailand	691	1109	1539	1778	1524	1953
越 南	Viet Nam	145	324	486	627	571	722
埃 及	Egypt	53	129	192	262	231	264
尼日利亚	Nigeria	210	505	645	818	530	790
南 非	South Africa	300	516	698	808	617	818
加拿大	Canada	2766	3605	4207	4565	3167	3872
墨西哥	Mexico	1664	2142	2718	2913	2297	2984
美 国	United States	7819	9011	11482	12874	10560	12781
阿根廷	Argentina	263	404	558	700	557	685
巴 西	Brazil	551	1185	1606	1979	1530	2019
委内瑞拉	Venezuela	335	557	690	951	576	658
捷 克	Czech Rep.	291	781	1225	1468	1130	1330
法 国	France	3276	4634	5596	6159	4846	5205
德 国	Germany	5518	9709	13212	14462	11200	12688
意大利	Italy	2405	3731	4999	5427	4069	4478
荷 兰	Netherlands	2331	4064	5508	6379	4979	5719
波 兰	Poland	317	894	1401	1705	1365	1559
俄罗斯联邦	Russian Fed.	1056	2438	3544	4716	3034	4000
西班牙	Spain	1153	1926	2533	2815	2273	2445
土耳其	Turkey	278	735	1073	1320	1021	1139
乌克兰	Ukraine	146	342	493	670	398	515
英 国	United Kingdom	2854	3845	4391	4597	3529	4047
澳大利亚	Australia	639	1061	1414	1873	1543	2124
新西兰	New Zealand	133	217	269	306	249	314

14-4 货物进口总额
Merchandise Import

资料来源：世界贸易组织数据库。
Source: WTO Database.
单位：亿美元 (100 million USD)

国家和地区	Country or Area	2000	2005	2007	2008	2009	2010
世　界	**World**	**67240**	**108550**	**143000**	**165200**	**127180**	**153760**
中　国	China	2251	6600	9561	11326	10059	13951
中国香港	Hong Kong, China	2140	3002	3701	3930	3522	4420
中国澳门	Macao, China	26	45	60	59	48	61
孟加拉国	Bangladesh	89	139	186	239	218	278
文　莱	Brunei Darussalam	11	15	21	26	25	34
柬埔寨	Cambodia	19	39	54	65	59	75
印　度	India	515	1429	2294	3210	2572	3227
印度尼西亚	Indonesia	436	755	928	1270	900	1317
伊　朗	Iran	139	400	449	574	505	627
以色列	Israel	377	471	590	677	493	613
日　本	Japan	3795	5159	6222	7625	5520	6926
哈萨克斯坦	Kazakhstan	50	174	328	379	284	298
韩　国	Korea, Rep.	1605	2612	3568	4353	3231	4252
老　挝	Laos	5	9	11	14	14	18
马来西亚	Malaysia	820	1146	1470	1569	1238	1647
蒙　古	Mongolia	6	12	21	36	21	33
缅　甸	Myanmar	24	19	33	43	43	47
巴基斯坦	Pakistan	109	254	326	423	317	378
菲律宾	Philippines	370	495	580	604	459	583
新加坡	Singapore	1345	2000	2632	3198	2458	3108
斯里兰卡	Sri Lanka	72	88	113	140	102	136
泰　国	Thailand	619	1182	1400	1792	1337	1824
越　南	Viet Nam	156	368	627	807	699	848
埃　及	Egypt	146	224	371	484	449	529
尼日利亚	Nigeria	87	208	348	500	339	370
南　非	South Africa	297	623	884	1005	732	940
加拿大	Canada	2448	3224	3902	4190	3299	4015
墨西哥	Mexico	1795	2282	2902	3183	2415	3106
美　国	United States	12593	17327	20204	21695	16053	19681
阿根廷	Argentina	252	287	447	574	388	564
巴　西	Brazil	591	776	1266	1824	1337	1915
委内瑞拉	Venezuela	162	240	461	496	406	408
捷　克	Czech Rep.	320	765	1182	1420	1050	1262
法　国	France	3389	5041	6309	7155	5601	6058
德　国	Germany	4972	7771	10550	11851	9263	10671
意大利	Italy	2388	3848	5117	5619	4151	4839
荷　兰	Netherlands	2183	3638	4926	5809	4432	5167
波　兰	Poland	490	1016	1657	2088	1495	1738
俄罗斯联邦	Russian Fed.	447	1254	2235	2919	1918	2484
西班牙	Spain	1561	2888	3893	4208	2932	3122
土耳其	Turkey	545	1168	1701	2020	1409	1855
乌克兰	Ukraine	140	361	606	855	455	609
英　国	United Kingdom	3481	5137	6229	6330	4829	5575
澳大利亚	Australia	715	1253	1653	2003	1655	2016
新西兰	New Zealand	139	262	309	344	256	306

14-5 世界主要国家和地区服务贸易出口总额

Commercial Service Export

资料来源：世界贸易组织数据库。
Source: WTO Database.

单位：亿美元 (100 million USD)

国家和地区	Country or Area	2000	2005	2008	2009	2010
世　界	**World**	**14807**	**24962**	**38404**	**33841**	**36639**
中　国	China	301	739	1464	1286	1702
中国香港	Hong Kong, China	404	637	920	863	1080
中国澳门	Macao, China	33	84	175	185	280
孟加拉国	Bangladesh	3	5	9	9	12
文　莱	Brunei Darussalam	2	6	9	9	
柬埔寨	Cambodia	4	11	16	16	17
印　度	India	160	522	1038	902	1095
印度尼西亚	Indonesia	51	126	147	132	165
伊　朗	Iran	14	49	79	75	
以色列	Israel	153	175	243	220	243
日　本	Japan	694	1021	1464	1259	1376
哈萨克斯坦	Kazakhstan	9	20	40	38	38
韩　国	Korea, Rep.	308	483	894	725	816
老　挝	Laos	1	2	4	4	
马来西亚	Malaysia	138	195	303	287	325
蒙　古	Mongolia	1	4	5	4	5
缅　甸	Myanmar	5	2			
巴基斯坦	Pakistan	13	20	25	25	28
菲律宾	Philippines	34	45	97	102	124
新加坡	Singapore	284	555	990	932	1117
斯里兰卡	Sri Lanka	9	15	20	19	
泰　国	Thailand	138	200	331	297	340
越　南	Viet Nam	27	42	70	57	75
埃　及	Egypt	97	144	247	213	238
尼日利亚	Nigeria	18	14	18	18	
南　非	South Africa	49	110	124	117	141
加拿大	Canada	393	544	664	575	663
墨西哥	Mexico	136	161	185	154	162
美　国	United States	2736	3526	5105	4760	5150
阿根廷	Argentina	48	65	119	108	128
巴　西	Brazil	90	149	288	262	303
委内瑞拉	Venezuela	11	12	20	18	16
捷　克	Czech Rep.	68	118	217	202	223
法　国	France	821	1215	1654	1420	1400
德　国	Germany	797	1606	2558	2258	2299
意大利	Italy	560	883	1145	940	970
荷　兰	Netherlands	484	901	1230	1114	1113
波　兰	Poland	104	162	353	286	317
俄罗斯联邦	Russian Fed.	96	247	505	411	437
西班牙	Spain	521	940	1418	1215	1208
土耳其	Turkey	193	264	344	326	328
乌克兰	Ukraine	38	89	173	133	160
英　国	United Kingdom	1186	2041	2822	2283	2272
澳大利亚	Australia	194	304	445	409	477
新西兰	New Zealand	44	86	91	78	89

14-6 世界主要国家和地区服务贸易进口总额
Commercial Service Imports

资料来源：世界贸易组织数据库。
Source: WTO Database.
单位：亿美元 (100 million USD)

国家和地区	Country or Area	2000	2005	2008	2009	2010
世　　界	**World**	**14564**	**23722**	**36223**	**32137**	**35027**
中　　国	China	359	832	1580	1581	1922
中国香港	Hong Kong, China	246	338	469	444	512
中国澳门	Macao, China	8	16	35	31	46
孟加拉国	Bangladesh	15	20	35	32	39
文　　莱	Brunei Darussalam	8	9	12	12	
柬埔寨	Cambodia	3	6	9	9	11
印　　度	India	189	468	878	803	1169
印度尼西亚	Indonesia	154	218	280	276	326
伊　　朗	Iran	22	104	172	174	
以色列	Israel	117	135	196	169	174
日　　本	Japan	1052	1224	1674	1470	1552
哈萨克斯坦	Kazakhstan	18	74	109	99	102
韩　　国	Korea, Rep.	332	590	954	795	930
老　　挝	Laos	…	…	1	1	
马来西亚	Malaysia	166	218	301	273	320
蒙　　古	Mongolia	2	5	6	5	8
缅　　甸	Myanmar	3	5			
巴基斯坦	Pakistan	21	72	93	59	64
菲律宾	Philippines	52	58	83	85	106
新加坡	Singapore	300	551	872	791	961
斯里兰卡	Sri Lanka	16	21	30	25	
泰　　国	Thailand	153	269	460	375	454
越　　南	Viet Nam	33	44	79	68	84
埃　　及	Egypt	72	95	163	128	127
尼日利亚	Nigeria	31	64	226	161	
南　　非	South Africa	57	118	165	144	180
加拿大	Canada	436	649	880	776	894
墨西哥	Mexico	167	209	250	214	231
美　　国	United States	2032	2706	3650	3343	3579
阿根廷	Argentina	90	74	130	117	136
巴　　西	Brazil	156	224	444	441	596
委内瑞拉	Venezuela	42	52	101	92	101
捷　　克	Czech Rep.	54	101	178	187	240
法　　国	France	644	1060	1403	1260	1257
德　　国	Germany	1358	2101	2884	2525	2563
意大利	Italy	546	884	1272	1071	1082
荷　　兰	Netherlands	499	836	1113	1075	1089
波　　兰	Poland	89	154	297	236	273
俄罗斯联邦	Russian Fed.	162	378	736	592	699
西班牙	Spain	328	668	1040	867	855
土耳其	Turkey	76	103	166	155	182
乌克兰	Ukraine	26	70	158	111	110
英　　国	United Kingdom	969	1585	1947	1575	1564
澳大利亚	Australia	186	299	476	407	498
新西兰	New Zealand	44	82	96	78	90

14-7 出口和进口单位价值指数

Indices of Export Unit Value and Import Unit Value

资料来源：国际货币基金组织IFS数据库。
Source: IMF IFS Database.

2005年=100 (2005=100)

国家和地区	Country or Area	出口单位价值指数 Export Unit Values Index			进口单位价值指数 Import Unit Values Index		
		2008	2009	2010	2008	2009	2010
世界	**World**	**125.01**	**111.64**	**117.90**	**127.57**	**111.15**	**118.41**
发达国家	**Advanced Economies**	**121.51**	**110.35**	**114.70**	**126.76**	**110.44**	**116.94**
中国香港	Hong Kong, China	107.28	108.43	113.53	109.07	108.87	115.90
印度	India	132.79	134.16		119.16	107.19	
以色列	Israel	128.16	120.64	123.70	131.27	111.86	119.98
日本	Japan	109.79	100.16	100.29	138.13	105.28	109.11
韩国	Korea, Rep.	116.65	112.84	114.24	148.61	130.80	132.86
巴基斯坦	Pakistan	141.14	153.37	181.57	184.15	177.87	211.04
新加坡	Singapore	117.16	104.27	112.79	122.36	109.49	117.62
斯里兰卡	Sri Lanka	124.03	130.01	142.95			
泰国	Thailand	101.65	104.82	105.85	104.49	104.47	104.65
加拿大	Canada	111.74	100.92	102.17	105.67	105.20	102.03
美国	United States	115.16	109.85	115.21	121.87	107.86	115.27
阿根廷	Argentina	188.37	160.21				
巴西	Brazil	141.38	112.51	130.02	176.72	156.33	167.17
委内瑞拉	Venezuela				142.65	180.65	187.87
法国	France	97.86			101.97		
德国	Germany	103.74	101.25	103.92	108.93	100.38	105.85
意大利	Italy	116.63	114.40	121.40	122.94	110.59	122.38
荷兰	Netherlands	109.60	100.50	107.45	110.26	101.89	109.74
波兰	Poland	138.96	121.85		146.60	125.28	139.14
西班牙	Spain	109.39	101.95	104.50	108.34	96.78	101.78
土耳其	Turkey	134.75	113.00	118.56	143.01	115.10	124.94
英国	United Kingdom	118.18	102.86	107.88	118.93	104.35	109.97
澳大利亚	Australia	159.59	138.41	169.07	119.79	111.34	123.93
新西兰	New Zealand	131.75	98.81	124.05	116.72	95.69	109.18

14-8 出口和进口数量指数

Indices of Export Quantum and Import Quantum

资料来源：国际货币基金组织IFS数据库。
Source: IMF IFS Database.

2005年=100 (2005=100)

国家和地区	Country or Area	出口数量指数 Export Quantum Index			进口数量指数 Import Quantum Index		
		2008	2009	2010	2008	2009	2010
中国香港	Hong Kong, China	122.77	108.00	127.52	124.75	113.02	133.97
以色列	Israel	112.37	93.27	111.19	110.54	94.15	109.80
日本	Japan	112.30	82.60	102.50	100.55	86.11	98.13
韩国	Korea, Rep.	133.00	133.80	155.50	121.60	118.70	139.30
巴基斯坦	Pakistan	105.08	99.62	103.39	111.64	107.96	104.84
新加坡	Singapore	125.14	112.21	135.48	130.10	111.77	131.82
斯里兰卡	Sri Lanka	111.93	98.19	115.47	117.06	104.11	117.93
泰国	Thailand	130.43	111.92	131.65	118.43	91.23	115.23
加拿大	Canada	94.50	78.73	85.19	112.55	93.97	108.96
美国	United States	124.55	106.05	122.25	102.60	85.78	98.43
阿根廷	Argentina	115.55	104.88	121.69	164.87	127.08	175.14
巴西	Brazil	118.13	114.73	131.01	133.00	110.99	147.63
法国	France	115.84	103.56	116.90	119.13	109.63	119.35
德国	Germany	120.72	100.98	117.39	117.93	105.53	121.27
意大利	Italy	105.57	85.04	92.69	100.53	86.94	96.85
荷兰	Netherlands	120.23	109.60	122.92	121.00	106.81	120.15
波兰	Poland	136.44	124.82	141.59	146.60	125.28	142.26
土耳其	Turkey	133.16	123.16	130.91	120.57	104.98	127.27
澳大利亚	Australia	159.96	141.09	165.91	144.29	127.87	134.37
新西兰	New Zealand	105.62	114.46	116.37	108.22	97.76	108.36

14-9 货物和服务进出口占国内生产总值比重

Exports and Imports of Goods and Services as Percentage of GDP

资料来源：世界银行WDI数据库。
Source: World Bank WDI Database.

单位：%　　(%)

国家和地区	Country or Area	货物和服务出口占国内生产总值比重 Exports of Goods and Services as percentage of GDP			货物和服务进口占国内生产总值比重 Imports of Goods and Services as percentage of GDP		
		2000	2005	2010	2000	2005	2010
世　界	**World**	**24.84**	**26.78**	**24.86①**	**24.93**	**26.91**	**24.85①**
中　国	China	23.33	37.08	29.45	20.92	31.55	24.79
中国香港	Hong Kong, China	143.26	198.70	222.96	138.82	186.27	217.35
中国澳门	Macao, China	100.42	94.47	89.60①	64.63	58.43	42.11①
孟加拉国	Bangladesh	13.98	16.58	18.53	19.23	23.05	24.93
文　莱	Brunei Darussalam	67.35	70.17		35.82	27.29	
柬埔寨	Cambodia	49.85	64.08	59.61①	61.76	72.75	62.66①
印　度	India	13.23	19.29	18.47	14.15	22.03	24.86
印度尼西亚	Indonesia	40.98	34.07	24.61	30.46	29.92	22.98
伊　朗	Iran	22.71	33.06	32.65②	17.43	24.66	22.62②
以色列	Israel	37.09	42.60	36.96	37.38	42.90	34.92
日　本	Japan	10.99	14.33	12.64①	9.53	12.95	12.33①
哈萨克斯坦	Kazakhstan	56.60	53.54	44.86	49.10	44.73	26.64
韩　国	Korea, Rep.	38.56	39.27	49.81①	35.71	36.57	45.90①
老　挝	Laos	30.03	33.80	33.11	44.11	48.33	37.97
马来西亚	Malaysia	119.81	117.47	96.42①	100.60	94.64	74.88①
蒙　古	Mongolia	54.00	58.77	56.81	67.89	63.61	66.38
缅　甸	Myanmar	0.50			0.59		
巴基斯坦	Pakistan	13.44	15.69	12.90	14.69	19.56	18.98
菲律宾	Philippines	51.37	46.14	34.80	53.36	51.74	36.62
新加坡	Singapore	192.43	229.98	211.06	179.58	200.58	183.01
斯里兰卡	Sri Lanka	39.02	32.34	18.91	49.62	41.27	26.50
泰　国	Thailand	66.78	73.57	71.30	58.15	74.69	63.89
越　南	Viet Nam	55.03	69.36	70.72	57.50	73.54	82.56
埃　及	Egypt	16.20	30.34	21.29	22.82	32.61	28.20
尼日利亚	Nigeria	53.98	46.54	39.37	32.03	31.05	26.63
南　非	South Africa	27.87	27.38	25.54	24.92	27.85	27.12
加拿大	Canada	45.58	37.81	28.72①	39.83	34.09	30.43①
墨西哥	Mexico	30.94	27.10	29.76	32.93	28.55	30.92
美　国	United States	11.04	10.38	11.24①	14.90	16.12	13.99①
阿根廷	Argentina	10.89	25.07	22.26	11.52	19.19	17.56
巴　西	Brazil	9.98	15.13	10.25	11.74	11.52	11.16
委内瑞拉	Venezuela	29.74	39.66	18.11	18.11	20.47	12.66
捷　克	Czech Rep.	63.37	72.21	69.55①	66.40	69.04	63.82①
法　国	France	28.60	26.18	23.27①	27.70	27.05	25.23①
德　国	Germany	33.38	41.11	40.83①	33.03	35.81	35.89①
意大利	Italy	27.06	25.94	23.99①	26.12	26.02	24.39①
荷　兰	Netherlands	70.08	69.62	69.22①	64.54	61.10	61.99①
波　兰	Poland	27.12	37.09	31.15	33.55	37.83	31.38
俄罗斯联邦	Russian Fed.	44.06	35.20	28.67	24.03	21.51	20.46
西班牙	Spain	29.03	25.68	23.38①	32.16	30.96	25.53①
土耳其	Turkey	20.10	21.86	23.18	23.09	25.35	26.21
乌克兰	Ukraine	62.45	51.48	46.71	57.41	50.64	48.89
英　国	United Kingdom	27.63	26.38	27.69①	29.47	29.80	30.06①
澳大利亚	Australia	19.35	18.10	19.79②	21.30	20.54	21.61②
新西兰	New Zealand	35.03	27.36	28.20①	33.38	29.59	26.53①

注：①2009年数据。②2008年数据。
Note:①Data refer to 2009.②Data refer to 2008.

14-10 出口货物构成(2009年)

Exports by Commodity Groups(2009)

资料来源：世界银行WDI数据库。
Source: World Bank WDI Database.

单位：%　(%)

国家和地区	Country or Area	农业原材料 Agricultural Raw Materials	食品 Food	燃料 Fuel	矿物和金属 Ores and Metals	制成品 Manufactures	其他 others
世　界	**World**	**1.5**	**8.4**	**11.7**	**3.7**	**69.8**	**4.8**
高收入国家	**High Income**	**1.5**	**7.7**	**9.1**	**3.3**	**72.6**	**5.7**
中等收入国家	**Middle Income**	**1.6**	**11.0**	**22.2**	**5.2**	**58.8**	**1.2**
中　国	China	0.5	2.9	1.7	1.2	93.6	0.1
中国香港	Hong Kong, China	2.0	6.9	4.4	6.4	79.4	0.9
中国澳门	Macao, China	…	9.3	…	8.4	82.2	…
孟加拉国①	Bangladesh①	3.1	6.5	1.6	0.4	88.3	…
文　莱②	Brunei Darussalam②	…	0.1	96.3	0.1	3.3	0.1
柬 埔 寨③	Cambodia③	0.9	0.7	…	2.8	95.6	0.1
印　度	India	1.2	8.0	13.4	6.2	66.8	4.4
印度尼西亚	Indonesia	4.5	17.3	28.4	9.2	40.6	…
伊　朗②	Iran②	0.4	4.3	82.8	2.4	10.1	0.1
以 色 列	Israel	0.8	3.4	0.1	1.2	93.5	1.1
日　本	Japan	0.7	0.7	1.8	2.8	88.0	6.0
哈萨克斯坦	Kazakhstan	0.2	3.8	70.6	11.2	14.1	…
韩　国	Korea, Rep.	0.8	1.1	6.4	1.9	89.6	0.1
马来西亚	Malaysia	2.1	11.3	14.8	1.6	69.9	0.4
蒙　古①	Mongolia①	12.4	1.7	10.3	69.9	5.6	0.1
巴基斯坦	Pakistan	1.7	16.7	4.1	1.1	76.4	…
菲 律 宾	Philippines	0.6	7.7	1.8	3.9	86.0	…
新 加 坡	Singapore	0.2	2.1	15.4	1.2	74.2	6.8
斯里兰卡	Sri Lanka	3.2	26.4	…	1.4	67.3	1.6
泰　国	Thailand	3.9	15.1	5.3	1.1	74.6	…
越　南③	Viet Nam③	2.9	20.0	20.3	0.9	55.2	0.7
埃　及③	Egypt③	1.7	10.7	44.0	6.5	36.7	0.5
尼日利亚	Nigeria	1.1	4.5	90.4	0.2	3.6	0.2
南　非	South Africa	1.9	10.2	11.1	29.3	47.5	…
加 拿 大	Canada	3.6	11.5	25.0	7.3	50.1	2.5
墨 西 哥	Mexico	0.4	7.0	13.5	2.5	76.0	0.6
美　国	United States	2.3	10.3	5.8	3.5	66.8	11.3
阿 根 廷	Argentina	1.1	50.5	10.3	3.9	32.6	1.6
巴　西	Brazil	3.8	34.2	9.0	11.7	39.5	1.9
委内瑞拉	Venezuela	…	0.2	95.9	1.1	2.8	…
捷　克	Czech Rep.	1.4	4.5	3.6	1.7	86.7	2.1
法　国	France	0.8	12.4	3.6	2.0	78.7	2.6
德　国	Germany	0.8	5.6	2.1	2.5	81.5	7.5
意 大 利	Italy	0.7	8.1	3.6	1.8	83.1	2.8
荷　兰	Netherlands	2.9	14.7	8.2	1.9	56.3	16.1
波　兰	Poland	1.0	11.0	3.0	3.7	79.5	1.8
俄罗斯联邦	Russian Fed.	2.3	3.2	66.7	5.7	17.2	4.8
西 班 牙	Spain	1.0	16.1	4.4	2.7	73.2	2.7
土 耳 其	Turkey	0.4	10.8	4.0	3.2	80.2	1.3
乌 克 兰	Ukraine	1.2	23.8	5.2	6.1	62.9	0.8
英　国	United Kingdom	0.6	6.6	11.2	3.2	72.1	6.4
澳大利亚	Australia	2.0	14.1	32.0	27.4	19.2	5.3
新 西 兰	New Zealand	9.9	55.7	5.1	3.4	22.6	3.3

注：①2007年数据。②2006年数据。③2008年数据。
Note:①Data refer to 2007.②Data refer to 2006.③Data refer to 2008.

14-11 进口货物构成(2009年)

Imports by Commodity Groups(2009)

资料来源：世界银行WDI数据库。
Source: World Bank WDI Database.

单位：% (%)

国家和地区	Country or Area	农业原材料 Agricultural Raw Materials	食品 Food	燃料 Fuel	矿物和金属 Ores and Metals	制成品 Manufactures	其他 others
世　界	**World**	**1.3**	**7.9**	**14.9**	**3.5**	**68.9**	**3.5**
高收入国家	**High Income**	**1.1**	**7.9**	**15.1**	**3.1**	**68.9**	**3.9**
中等收入国家	**Middle Income**	**1.8**	**8.0**	**13.9**	**5.1**	**69.5**	**1.7**
低收入国家①	**Low Income①**	**3.2**	**15.8**	**16.4**	**2.4**	**60.0**	**2.3**
中　国	China	3.4	4.9	13.4	13.5	64.4	0.4
中国香港	Hong Kong, China	0.6	4.4	3.4	2.2	89.4	0.1
中国澳门	Macao, China	0.3	17.1	12.9	0.4	69.3	0.1
孟加拉国①	Bangladesh①	7.8	22.5	10.5	3.4	54.2	1.6
文　莱②	Brunei Darussalam②	0.2	17.0	1.7	1.3	79.3	0.5
柬埔寨③	Cambodia③	1.4	7.0	7.7	2.3	81.7	…
印　度	India	1.6	4.2	34.0	5.6	52.4	2.3
印度尼西亚	Indonesia	2.8	8.9	19.8	3.1	65.3	0.1
伊　朗②	Iran②	0.6	1.9	4.0	0.4	16.3	76.8
以色列	Israel	1.1	7.6	17.1	1.6	71.9	0.7
日　本	Japan	1.4	10.5	27.6	6.4	52.2	1.9
哈萨克斯坦	Kazakhstan	0.7	8.5	10.1	1.1	79.6	0.1
韩　国	Korea, Rep.	1.6	5.0	28.1	7.2	58.0	0.1
马来西亚	Malaysia	2.0	8.2	8.3	4.5	76.4	0.7
蒙　古①	Mongolia①	0.3	11.8	26.9	0.5	60.4	…
巴基斯坦	Pakistan	4.3	11.4	28.1	3.7	52.5	0.2
菲律宾	Philippines	0.7	11.6	16.8	3.5	67.4	…
新加坡	Singapore	0.3	3.3	24.2	2.4	66.8	3.0
斯里兰卡	Sri Lanka	1.2	15.8	19.4	1.4	62.3	…
泰　国	Thailand	1.7	5.5	19.1	4.3	69.3	0.1
越　南③	Viet Nam③	3.2	7.0	15.8	4.0	69.5	0.5
埃　及③	Egypt③	3.3	17.2	11.1	8.5	59.9	…
尼日利亚	Nigeria	1.0	11.8	1.0	1.8	83.6	0.8
南　非	South Africa	0.9	6.5	21.5	1.3	64.3	5.5
加拿大	Canada	1.0	8.1	9.7	2.3	77.2	1.8
墨西哥	Mexico	1.3	7.4	6.8	2.3	80.4	1.9
美　国	United States	0.9	5.5	17.5	2.0	70.5	3.7
阿根廷	Argentina	1.1	3.7	6.1	2.0	86.3	0.8
巴　西	Brazil	1.2	5.3	14.8	2.9	75.9	…
委内瑞拉	Venezuela	1.0	16.2	1.3	1.5	79.1	1.1
捷　克	Czech Rep.	1.2	6.3	9.1	3.1	78.3	2.0
法　国	France	1.3	9.3	13.5	2.2	73.7	…
德　国	Germany	1.3	7.9	11.3	3.5	67.3	8.8
意大利	Italy	2.0	10.2	17.8	3.5	64.5	2.0
荷　兰	Netherlands	1.4	10.9	12.8	2.1	58.3	14.3
波　兰	Poland	1.6	7.9	9.5	2.7	74.3	4.1
俄罗斯联邦	Russian Fed.	1.1	17.0	1.7	1.6	76.5	2.2
西班牙	Spain	1.1	11.3	16.5	3.1	67.7	0.4
土耳其	Turkey	2.4	4.4	14.4	6.8	64.2	7.8
乌克兰	Ukraine	1.1	10.5	32.3	3.2	52.2	0.7
英　国	United Kingdom	1.1	10.8	10.3	3.1	69.1	5.5
澳大利亚	Australia	0.7	5.8	13.4	1.3	75.6	3.3
新西兰	New Zealand	0.7	10.7	14.6	1.4	72.1	0.5

注：①2007年数据。②2006年数据。③2008年数据。
Note:①Data refer to 2007.②Data refer to 2006.③Data refer to 2008.

14-12 农产品进出口额

Imports and Exports of Agriculture Products

资料来源：世界贸易组织数据库。
Source: WTO Database.
单位：亿美元 (100 million USD)

国家和地区	Country or Area	农产品进口额 Imports			农产品出口额 Exports		
		2000	2005	2009	2000	2005	2009
世　界	**World**	**5956.62**	**8991.23**	**11966.65**	**5512.94**	**8469.21**	**11688.47**
中　国	China	195.44	451.89	766.17	163.84	287.11	408.80
中国香港	Hong Kong, China	117.28	110.87	171.51	56.93	43.14	67.73
中国澳门	Macao, China	2.90	5.07	8.06	0.45	0.46	0.56
孟加拉国	Bangladesh	17.16	26.83	62.49	4.98	7.41	15.35
柬埔寨	Cambodia	1.89	2.51	4.10	0.53	0.81	1.20
印　度	India	39.53	75.47	140.63	59.31	102.71	166.61
印度尼西亚	Indonesia	57.27	73.16	113.51	77.64	140.63	252.64
伊　朗	Iran	29.43	37.94	70.60	9.32	22.79	29.11
以色列	Israel	22.88	29.30	41.50	11.82	17.25	21.44
日　本	Japan	621.85	659.47	676.63	43.95	60.07	78.95
哈萨克斯坦	Kazakhstan	5.06	14.13	26.02	7.25	8.77	17.24
韩　国	Korea, Rep.	128.37	167.73	210.97	42.98	52.85	71.63
马来西亚	Malaysia	46.10	72.45	123.19	80.15	133.77	208.61
蒙　古	Mongolia	1.06	1.59	2.49	1.48	1.14	1.51
巴基斯坦	Pakistan	18.82	36.56	49.25	12.34	21.55	32.09
菲律宾	Philippines	31.04	38.60	56.01	20.26	27.29	31.74
新加坡	Singapore	48.90	64.08	87.56	37.23	45.42	61.92
斯里兰卡	Sri Lanka	9.34	11.31	13.62	10.93	14.96	20.23
泰　国	Thailand	44.84	71.20	93.64	122.20	178.16	280.04
越　南	Viet Nam	12.69	36.68	92.67	39.54	75.79	107.04
埃　及	Egypt	42.08	47.91	91.77	6.13	11.80	28.19
尼日利亚	Nigeria	12.12	29.63	43.37	0.39	0.34	28.32
南　非	South Africa	16.50	30.48	47.30	32.27	52.46	66.79
加拿大	Canada	152.72	214.40	284.41	347.89	412.10	436.37
墨西哥	Mexico	109.89	164.57	202.20	91.00	125.57	155.85
美　国	United States	691.15	958.03	1007.45	714.08	826.74	1195.84
阿根廷	Argentina	16.44	12.47	19.70	119.54	191.82	281.73
巴　西	Brazil	47.62	43.41	82.08	154.64	350.52	576.59
委内瑞拉	Venezuela	19.70	24.09	66.21	5.22	2.95	1.06
捷　克	Czech Rep.	22.50	52.94	80.53	19.08	43.02	69.50
法　国	France	301.42	444.02	581.37	369.39	523.36	637.80
德　国	Germany	450.24	693.40	964.96	292.75	537.28	777.54
意大利	Italy	299.05	449.81	516.35	163.57	273.39	361.03
荷　兰	Netherlands	263.63	413.44	575.75	420.10	674.59	897.53
波　兰	Poland	39.50	82.77	142.21	30.99	97.03	165.34
俄罗斯联邦	Russian Fed.	92.62	191.54	290.79	75.27	144.64	210.56
西班牙	Spain	171.37	305.57	351.38	174.66	295.73	370.57
土耳其	Turkey	41.33	64.80	96.24	38.28	80.93	109.37
乌克兰	Ukraine	10.92	30.75	52.73	15.85	47.34	99.23
英　国	United Kingdom	325.41	508.34	581.28	170.69	224.82	259.81
澳大利亚	Australia	42.34	65.79	97.92	164.46	212.09	234.49
新西兰	New Zealand	12.04	22.00	28.99	76.42	130.06	153.96

14-13 出口去向构成(2009年)

Exports by Destination(2009)

资料来源：联合国贸易和发展会议数据库。
Source:UNCTAD Database.
单位：% (%)

国家和地区	Country or Area	发达国家 Developed Countries	欧洲 Europe	欧盟 European Union	美国 United States	日本 Japan	其他 Other
中国	China	50.3	20.1	19.7	18.4	8.1	3.7
中国香港	Hong Kong, China	32.0	13.2	12.5	11.6	4.4	2.8
孟加拉国	Bangladesh	74.0	48.8	48.1	20.2	0.8	4.2
文莱	Brunei Darussalam	49.2	0.5	0.4	0.5	37.4	48.7
柬埔寨	Cambodia	51.7	14.6	14.3	31.2	1.6	4.3
印度	India	37.5	20.3	19.7	12.3	2.1	17.2
印度尼西亚	Indonesia	44.2	12.8	12.4	10.4	16.7	31.4
伊朗	Iran	27.4	15.3	15.2	0.1	11.9	12.1
以色列	Israel	66.3	27.9	25.7	35.0	1.1	2.3
日本	Japan	34.0	13.7	12.4	16.4		3.9
哈萨克斯坦	Kazakhstan	46.5	40.9	38.9	4.3	0.9	5.6
朝鲜	Korea, Dem.	4.1	3.9	3.9			0.2
韩国	Korea, Rep.	31.2	11.8	11.3	10.3	5.6	19.4
老挝	Laos	16.2	11.4	11.3	2.7	1.6	4.8
马来西亚	Malaysia	35.5	10.6	10.2	11.6	8.5	24.9
蒙古	Mongolia	14.8	3.9	3.8	1.0	0.4	10.9
缅甸	Myanmar	9.5	3.6	3.6		5.6	5.9
巴基斯坦	Pakistan	41.2	22.4	21.7	15.8	1.1	18.9
菲律宾	Philippines	40.2	11.7	11.5	13.7	12.6	28.6
新加坡	Singapore	26.7	10.1	9.6	6.5	4.5	5.5
斯里兰卡	Sri Lanka	61.5	35.5	34.5	20.6	2.3	25.9
泰国	Thailand	42.4	14.0	11.8	10.9	10.3	7.2
越南	Viet Nam	58.3	18.8	17.8	21.5	11.5	39.4
埃及	Egypt	40.7	33.4	29.4	6.3	0.4	0.6
尼日利亚	Nigeria	62.5	25.8	25.6	34.5	0.9	36.7
南非	South Africa	51.0	31.1	26.5	9.0	7.6	3.2
加拿大	Canada	87.2	9.1	8.3	75.0	2.3	0.7
墨西哥	Mexico	90.1	4.9	4.7	80.6	0.7	3.9
美国	United States	50.3	23.0	20.9		4.8	22.4
阿根廷	Argentina	28.8	19.3	18.2	6.6	1.0	9.5
巴西	Brazil	39.5	24.4	22.4	10.5	2.9	1.8
委内瑞拉	Venezuela	42.0	6.5	6.4	34.4	0.1	35.5
白俄罗斯	Belarus	44.6	44.2	43.7	0.2		0.1
捷克	Czech Republic	89.5	86.8	84.6	1.6	0.4	0.7
法国	France	73.8	64.9	61.6	5.7	1.4	1.8
德国	Germany	77.6	67.8	62.6	6.7	1.3	1.8
意大利	Italy	71.9	62.6	57.3	5.9	1.3	2.2
荷兰	Netherlands	21.6	7.7	7.7	13.5		13.9
波兰	Poland	85.1	82.1	79.2	1.9	0.2	0.9
俄罗斯联邦	Russian Fed.	56.7	50.1	47.7	3.2	2.6	6.6
西班牙	Spain	77.0	71.1	68.4	3.7	0.8	1.4
土耳其	Turkey	56.1	50.4	46.0	3.4	0.2	2.2
乌克兰	Ukraine	27.6	25.5	24.0	0.6	0.3	1.2
英国	United Kingdom	78.2	58.4	55.1	14.7	1.5	3.6
澳大利亚	Australia	38.0	8.9	8.6	4.9	19.2	4.9
新西兰	New Zealand	54.4	13.1	12.8	9.6	7.1	24.6

14-13 续表 Continued

单位：%　　(%)

国家和地区	Country or Area	经济转型国家 Economies in Transition	发展中国家 Developing Countries	非洲 Africa	美洲 America	除西亚以外的亚洲国家 Asia except West Asia	西亚 West Asia	大洋洲 Oceania
中　国	China	3.4	46.1	4.0	4.7	33.4	4.0	0.1
中国香港	Hong Kong, China	0.3	67.6	0.6	1.3	64.3	1.3	
孟加拉国	Bangladesh	0.7	11.5	0.7	0.9	6.6	3.2	
文　莱	Brunei Darussalam		50.3	0.1		50.2		
柬埔寨	Cambodia	0.3	47.9	0.1	0.7	46.9	0.2	
印　度	India	1.3	59.3	7.3	3.5	29.4	19.0	0.1
印度尼西亚	Indonesia	0.7	55.1	2.0	2.1	47.8	3.0	0.1
伊　朗	Iran	1.0	55.2	5.0	0.3	42.4	7.5	
以色列	Israel	2.5	25.7	2.0	3.5	17.4	2.7	
日　本	Japan	0.7	64.9	1.6	5.4	54.3	3.5	0.1
哈萨克斯坦	Kazakhstan	16.0	24.1	0.4	0.3	19.3	4.1	
朝　鲜	Korea, Dem.	1.5	94.4	6.0	29.8	50.2	8.1	0.3
韩　国	Korea, Rep.	2.1	64.3	3.2	8.5	47.4	5.0	0.1
老　挝	Laos	0.1	65.2	0.1		64.9	0.1	
马来西亚	Malaysia	0.6	63.8	1.9	2.7	55.2	3.9	0.1
蒙　古	Mongolia	3.6	81.6	0.1	0.5	80.6	0.4	
缅　甸	Myanmar	0.1	83.9	1.4	0.2	81.1	1.1	
巴基斯坦	Pakistan	1.1	56.1	6.0	2.2	25.8	22.1	
菲律宾	Philippines	0.2	58.5	0.5	2.8	54.1	1.0	0.1
新加坡	Singapore	0.2	72.1	1.6	3.7	64.2	2.1	0.6
斯里兰卡	Sri Lanka	4.1	29.3	1.4	2.2	17.8	7.9	
泰　国	Thailand	0.4	56.7	4.1	2.2	45.4	4.8	0.2
越　南	Viet Nam	1.4	32.6	1.1	0.6	29.7	1.2	
埃　及	Egypt	1.3	55.1	14.1	0.7	14.1	26.2	
尼日利亚	Nigeria		36.3	11.1	10.8	13.2	1.2	
南　非	South Africa	0.5	47.5	19.5	1.4	23.5	2.9	0.1
加拿大	Canada	0.4	12.4	0.9	3.0	7.1	1.3	
墨西哥	Mexico		9.2	0.2	6.4	2.6	0.1	
美　国	United States	0.8	48.7	2.3	22.4	20.1	3.9	
阿根廷	Argentina	2.1	67.0	7.0	42.1	15.3	2.6	
巴　西	Brazil	2.3	56.4	5.7	23.4	23.0	4.3	
委内瑞拉	Venezuela		33.0	0.4	21.5	10.9	0.2	
白俄罗斯	Belarus	44.1	11.4	1.2	3.6	5.2	1.3	
捷　克	Czech Republic	4.4	6.1	1.1	0.9	2.4	1.8	
法　国	France	2.1	21.7	6.7	2.2	7.8	4.6	0.3
德　国	Germany	4.2	17.8	2.1	2.3	9.8	3.5	
意大利	Italy	5.1	22.1	5.5	3.0	7.7	5.8	
荷　兰	Netherlands		72.7	3.4	57.6	11.7		
波　兰	Poland	8.4	6.4	1.2	0.7	2.4	2.0	
俄罗斯联邦	Russian Fed.	11.6	20.2	1.4	1.1	12.6	5.1	
西班牙	Spain	1.5	18.3	5.9	4.9	4.1	3.4	
土耳其	Turkey	9.9	30.4	10.0	1.0	6.2	13.2	
乌克兰	Ukraine	35.3	35.7	6.6	1.1	14.9	13.0	
英　国	United Kingdom	1.7	19.7	3.4	2.0	9.3	4.9	
澳大利亚	Australia	0.4	60.6	1.7	1.3	53.0	3.1	1.5
新西兰	New Zealand	0.7	42.4	3.2	3.1	29.9	3.4	2.9

14-14 进口来源构成(2009年)

Imports by Origin(2009)

资料来源：联合国贸易和发展会议数据库。
Source:UNCTAD Database.

单位：% (%)

国家和地区	Country or Area	发达国家 Developed Countries	欧洲 Europe	欧盟 European Union	美国 United States	日本 Japan	其他 Other
中国	China	40.0	13.7	12.7	7.7	13.0	5.5
中国香港	Hong Kong, China	24.9	9.3	7.7	5.3	8.8	1.5
孟加拉国	Bangladesh	20.8	9.4	8.3	2.1	4.6	4.7
文莱	Brunei Darussalam	23.5	10.4	10.0	4.4	7.1	13.1
柬埔寨	Cambodia	10.7	4.4	3.0	2.3	3.1	1.0
印度	India	36.5	20.0	16.4	7.0	2.7	16.4
印度尼西亚	Indonesia	25.5	7.4	6.9	4.8	8.8	18.1
伊朗	Iran	33.1	27.9	26.5	0.5	3.0	5.2
以色列	Israel	60.6	44.0	36.9	12.3	3.2	1.0
日本	Japan	31.6	12.2	10.7	11.0		8.5
哈萨克斯坦	Kazakhstan	30.8	27.4	25.6	2.0	0.5	3.4
朝鲜	Korea, Dem.	3.0	2.4	2.4		0.1	0.6
韩国	Korea, Rep.	40.0	10.7	9.5	9.1	14.9	29.3
老挝	Laos	9.4	5.1	5.0	0.8	3.0	4.3
马来西亚	Malaysia	34.5	11.6	11.0	9.2	10.7	22.9
蒙古	Mongolia	14.7	8.0	7.9	1.7	4.3	6.7
缅甸	Myanmar	6.4	2.1	2.1	0.1	3.3	4.3
巴基斯坦	Pakistan	25.8	15.7	14.8	4.8	3.0	10.2
菲律宾	Philippines	36.3	7.8	7.3	10.8	14.4	28.6
新加坡	Singapore	37.4	15.4	13.8	11.9	7.6	2.5
斯里兰卡	Sri Lanka	21.8	12.1	11.5	2.2	1.9	9.7
泰国	Thailand	39.9	11.1	9.0	6.3	18.7	3.8
越南	Viet Nam	23.2	8.7	6.8	4.0	8.4	14.6
埃及	Egypt	48.9	33.1	31.7	10.6	3.2	2.1
尼日利亚	Nigeria	44.5	32.7	31.4	9.0	1.4	11.8
南非	South Africa	49.2	33.5	32.2	7.8	4.9	3.1
加拿大	Canada	69.6	14.3	12.4	51.1	3.4	0.8
墨西哥	Mexico	68.3	11.7	11.1	48.0	4.9	3.8
美国	United States	41.6	19.3	17.9		6.1	16.1
阿根廷	Argentina	35.0	17.9	17.3	14.4	1.6	17.0
巴西	Brazil	39.5	24.4	22.4	10.5	2.9	1.8
委内瑞拉	Venezuela	42.0	6.5	6.4	34.4	0.1	35.5
白俄罗斯	Belarus	44.6	44.2	43.7	0.2		0.1
捷克	Czech Republic	89.5	86.8	84.6	1.6	0.4	0.7
法国	France	73.8	64.9	61.6	5.7	1.4	1.8
德国	Germany	77.6	67.8	62.6	6.7	1.3	1.8
意大利	Italy	71.9	62.6	57.3	5.9	1.3	2.2
荷兰	Netherlands	85.7	79.9	77.0	4.0	0.7	1.1
波兰	Poland	85.1	82.1	79.2	1.9	0.2	0.9
俄罗斯联邦	Russian Fed.	56.7	50.1	47.7	3.2	2.6	6.6
西班牙	Spain	77.0	71.1	68.4	3.7	0.8	1.4
土耳其	Turkey	56.1	50.4	46.0	3.4	0.2	2.2
乌克兰	Ukraine	27.6	25.5	24.0	0.6	0.3	1.2
英国	United Kingdom	78.2	58.4	55.1	14.7	1.5	3.6
澳大利亚	Australia	38.0	8.9	8.6	4.9	19.2	4.9
新西兰	New Zealand	54.4	13.1	12.8	9.6	7.1	24.6

14-14 续表 Continued

单位：% (%)

国家和地区	Country or Area	经济转型国家 Economies in Transition	发展中国家 Developing Countries					
				非洲 Africa	美洲 America	除西亚以外的亚洲国家 Asia except West Asia	西亚 West Asia	大洋洲 Oceania
中　国	China	3.1	48.3	4.3	6.3	33.3	4.3	0.1
中国香港	Hong Kong, China	0.2	74.8	0.4	1.2	72.4	0.8	
孟加拉国	Bangladesh	4.8	68.3	1.1	2.5	58.5	6.1	
文　莱	Brunei Darussalam		76.3	0.1	0.1	75.8	0.4	
柬埔寨	Cambodia	0.7	88.5	0.1	0.2	88.1	0.2	
印　度	India	2.6	60.4	6.3	3.8	33.2	17.2	0.1
印度尼西亚	Indonesia	0.8	73.6	1.6	2.1	65.0	4.9	
伊　朗	Iran	8.0	57.7	0.6	4.2	32.2	20.7	
以色列	Israel	1.3	23.5	1.2	1.4	17.9	3.1	
日　本	Japan	1.8	66.6	1.6	3.4	46.3	15.1	0.2
哈萨克斯坦	Kazakhstan	37.6	31.5	0.2	0.5	28.5	2.3	
朝　鲜	Korea, Dem.	1.4	95.6	27.4	5.2	61.5	1.5	
韩　国	Korea, Rep.	1.8	58.2	1.0	3.0	35.5	18.6	0.1
老　挝	Laos	0.8	88.4			88.3		
马来西亚	Malaysia	0.4	64.3	0.9	1.8	28.3	3.2	0.1
蒙　古	Mongolia	30.6	54.7		0.4	54.1	0.3	
缅　甸	Myanmar	0.6	92.9	0.1	0.2	92.3	0.4	
巴基斯坦	Pakistan	2.0	67.4	2.6	1.2	36.5	27.0	
菲律宾	Philippines	0.7	63.0	0.2	1.4	54.5	6.5	0.3
新加坡	Singapore	1.2	60.9	0.3	2.3	49.5	8.6	
斯里兰卡	Sri Lanka	0.6	77.0	0.5	1.1	70.7	4.7	
泰　国	Thailand	1.7	56.8	1.0	1.8	41.8	2.0	0.2
越　南	Viet Nam	1.5	64.1	0.2	0.9	62.5	0.6	
埃　及	Egypt	7.4	42.1	3.0	4.4	20.0	14.8	
尼日利亚	Nigeria	1.3	38.4	5.0	3.5	27.4	2.5	
南　非	South Africa	0.8	49.2	7.5	4.3	29.7	7.8	0.1
加拿大	Canada	1.3	28.1	2.1	8.1	16.9	1.0	
墨西哥	Mexico	0.3	30.4	0.3	4.4	25.5	0.3	
美　国	United States	1.5	56.9	4.0	18.2	31.8	2.9	
阿根廷	Argentina	0.6	57.7	0.6	41.4	15.5	0.3	
巴　西	Brazil	2.3	56.4	5.7	23.4	23.0	4.3	
委内瑞拉	Venezuela		33.0	0.4	21.5	10.9	0.2	
白俄罗斯	Belarus	44.1	11.4	1.2	3.6	5.2	1.3	
捷　克	Czech Republic	4.4	6.1	1.1	0.9	2.4	1.8	
法　国	France	2.1	21.7	6.7	2.2	7.8	4.6	0.3
德　国	Germany	4.2	17.8	2.1	2.3	9.8	3.5	
意大利	Italy	5.1	22.1	5.5	3.0	7.7	5.8	
荷　兰	Netherlands	2.1	11.4	2.6	1.5	4.7	2.6	
波　兰	Poland	8.4	6.4	1.2	0.7	2.4	2.0	
俄罗斯联邦	Russian Fed.	11.6	20.2	1.4	1.1	12.6	5.1	
西班牙	Spain	1.5	18.3	5.9	4.9	4.1	3.4	
土耳其	Turkey	9.9	30.4	10.0	1.0	6.2	13.2	
乌克兰	Ukraine	35.3	35.7	6.6	1.1	14.9	13.0	
英　国	United Kingdom	1.7	19.7	3.4	2.0	9.3	4.9	
澳大利亚	Australia	0.4	60.6	1.7	1.3	53.0	3.1	1.5
新西兰	New Zealand	0.7	42.4	3.2	3.1	29.9	3.4	2.9

14-15 按行业划分的服务出口额(2010年)
Exports of Services by Sector(2010)

资料来源：联合国贸发会议统计手册。
Source: UNCTAD Handbook of Statistics.

单位：亿美元 (100 million USD)

国家和地区	Country or Area	服务总额 Total Services	交通运输 Transport	旅游 Travel	其他服务 Other Services	通讯 Communications	建筑 Construction	计算机和信息服务 Computer and Information Services
中　国	China	1712.03	342.11	458.14	911.79	12.20	144.95	92.56
中国香港	Hong Kong, China	1080.00	327.77	227.66	524.57	8.94①	1.39①	6.83①
中国澳门	Macao, China	286.82	4.52	277.90	4.40	0.83		
孟加拉国	Bangladesh	24.14	1.74	0.81	21.59	2.78	0.07	0.38
文　莱	Brunei Darussalam	10.61	4.52①	2.54①	2.09①	0.22①		
柬埔寨	Cambodia	18.41	2.16	12.31	3.95	1.06①	0.07①	
印　度	India	1237.62	132.48	141.60	963.54	14.11	5.24	567.01
印度尼西亚	Indonesia	167.66	26.65	69.58	71.42	11.26	5.20	1.14
伊　朗	Iran	76.00	38.73①	20.12①	11.22①			
以色列	Israel	247.04	42.53	47.68	156.83	2.89	8.38	77.00
日　本	Japan	1414.57	389.53	132.24	892.80	7.30	106.60	10.52
哈萨克斯坦	Kazakhstan	42.45	22.71	10.05	9.69	0.90	0.23	0.11
韩　国	Korea, Rep.	827.06	380.44	97.65	348.98	7.42	118.42	2.35
老　挝	Laos	4.70	0.30①	2.68①	0.93①	0.33①	0.27①	
马来西亚	Malaysia	339.73	46.98	178.55	114.20	5.60①	9.09①	14.54①
蒙　古	Mongolia	4.86	1.75	2.44	0.67	0.09	0.03	0.01
缅　甸	Myanmar	3.12						
巴基斯坦	Pakistan	64.10	13.33	3.04	47.73	2.42	0.20	1.93
菲律宾	Philippines	132.43	13.51	27.83	91.09	3.05	1.21	21.51
新加坡	Singapore	1123.08	327.38	141.81	653.89	13.47	10.49	17.90
斯里兰卡	Sri Lanka	24.69	11.56	5.76	7.37	0.83	0.42	2.65
泰　国	Thailand	340.46	59.16	197.14	84.17	3.25	4.72	
越　南	Viet Nam	74.60	20.62①	30.50①	6.54①			
埃　及	Egypt	238.07	78.17	124.53	35.37	8.42①	6.76①	1.71①
尼日利亚	Nigeria	30.76	19.61	5.71	5.44	0.48		
南　非	South Africa	140.04	16.15	90.85	33.03	2.22	0.63	2.90
加拿大	Canada	691.66	116.56	157.11	417.99	29.59	2.59	48.93
墨西哥	Mexico	154.35	14.49	118.72	21.15	2.02		
美　国	United States	5443.57	711.20	1325.93	3372.35	105.41	68.43	138.30
阿根廷	Argentina	132.14	20.21	49.42	62.51	3.35	0.63	12.48
巴　西	Brazil	318.21	49.31	59.19	209.71	4.35	0.29	2.10
委内瑞拉	Venezuela	17.24	5.59	6.18	5.47	1.44		0.09
捷　克	Czech Rep.	216.54	50.96	66.79	98.78	5.38	9.79	12.57
法　国	France	1437.12	359.16	462.74	615.22	44.35	62.78	13.99
德　国	Germany	2375.74	575.54	346.42	1453.79	54.08	116.19	163.05
意大利	Italy	983.13	136.18	387.31	459.64	62.37	1.14	20.67
荷　兰	Netherlands	953.52	252.94	130.41	570.17	49.53	27.49	61.55
波　兰	Poland	324.85	87.90	94.79	142.16	5.62	12.97	15.46
俄罗斯联邦	Russian Fed.	443.43	149.11	89.70	204.62	13.51	26.25	13.59
西班牙	Spain	1240.91	207.33	524.75	508.83	20.93	41.63	64.08
土耳其	Turkey	343.57	85.84	208.07	45.22	4.63	11.20	0.16
乌克兰	Ukraine	170.64	78.05	37.88	54.71	5.18	2.34	4.29
英　国	United Kingdom	2379.43	317.32	305.12	1756.98	74.08	28.57	115.19
澳大利亚	Australia	484.90	59.18	300.92	124.81	7.95③	0.66③	14.18③
新西兰	New Zealand	87.33	17.69	48.56	21.08	1.97	0.05③	2.56

注：①2009年数据。②2007年数据。③2008年数据。
Note:①Data refer to 2009.②Data refer to 2007.③Data refer to 2008.

14-15 续表 Continued

单位：亿美元 (100 million USD)

国家和地区	Country or Area	保险 Insurance	金融服务 Financial Services	版税和许可证费用 Royalties and Licence Fees	其他商务服务 Other Business Services	个人、文化和休闲服务 Personal,Cultural and Recreational Services	政府服务及其他 Government Services n.i.e.
中　国	China	17.27	13.31	8.30	612.42	1.23	9.55
中国香港	Hong Kong, China	4.96①	112.86①	3.83①	322.30①	1.35①	0.68①
中国澳门	Macao, China	0.31	1.08		2.18		
孟加拉国	Bangladesh	0.07	0.41	0.01	5.86	0.02	12.01
文　莱	Brunei Darussalam	0.13①			1.74①		
柬埔寨	Cambodia	0.07①			0.94①	0.02①	0.33①
印　度	India	17.82	60.03	1.29	289.85	3.35	4.85
印度尼西亚	Indonesia	0.22	3.32	0.60	43.09	1.04	5.55
伊　朗	Iran						
以色列	Israel	0.25		8.49	59.63		0.19
日　本	Japan	12.72	36.06	266.80	425.47	1.51	25.82
哈萨克斯坦	Kazakhstan	0.75	0.29		3.82	0.01	3.58
韩　国	Korea, Rep.	3.91	28.47	31.46	139.10	6.35	11.50
老　挝	Laos	0.10①					0.23①
马来西亚	Malaysia	3.79①	0.90①	2.66①	42.18①	6.46①	0.42①
蒙　古	Mongolia	0.04	0.07		0.40		0.03
缅　甸	Myanmar						
巴基斯坦	Pakistan	0.44	0.50	0.03	5.99	0.04	36.18
菲律宾	Philippines	0.77	0.38	0.04	63.72	0.41	
新加坡	Singapore	28.37	121.82	18.67	438.51	2.19	2.47
斯里兰卡	Sri Lanka	0.80			2.46		0.21
泰　国	Thailand	3.21		1.53	69.06		2.41
越　南	Viet Nam						
埃　及	Egypt	0.75①	1.96①	1.22②	17.87①	1.03①	2.18①
尼日利亚	Nigeria	0.01	0.14		0.18		4.63
南　非	South Africa	2.73	8.27	0.59	11.15	0.67	3.87
加拿大	Canada	43.92	33.12	38.13	182.36	21.98	17.34
墨西哥	Mexico	18.31		6.56①	-.01①	0.80	0.02
美　国	United States	145.58	580.03	958.07	1004.76	145.64	226.13
阿根廷	Argentina	0.10	0.07	1.35	39.10	3.56	1.86
巴　西	Brazil	4.16	20.73	3.97	157.76	1.08	15.27
委内瑞拉	Venezuela	0.02			1.55	0.06	2.31
捷　克	Czech Rep.	2.74	0.66	1.05	64.34	1.95	0.32
法　国	France	11.64	24.33	101.41	326.03	19.65	11.05
德　国	Germany	60.98	117.81	142.35	744.00	10.74	44.61
意大利	Italy	29.24	23.87	32.61	274.09	3.43	12.18
荷　兰	Netherlands	6.25	13.00	51.88	329.48	7.12	24.54
波　兰	Poland	1.88	5.51	2.46	95.24	2.86	0.11
俄罗斯联邦	Russian Fed.	4.62	10.53	6.25	119.98	4.74	5.15
西班牙	Spain	12.07	45.56	8.75	289.55	17.75	8.53
土耳其	Turkey	7.13	4.82		3.33	9.12	4.83
乌克兰	Ukraine	0.32	4.75	1.32	29.40	1.13	5.98
英　国	United Kingdom	111.46	476.53	142.51	734.17	40.81	33.64
澳大利亚	Australia	6.26③	9.01③	7.03③	63.47③	6.71③	7.27③
新西兰	New Zealand	0.32③	1.01	1.83	9.76	2.18	1.34

注：①2009年数据。②2007年数据。③2008年数据。
Note:①Data refer to 2009.②Data refer to 2007.③Data refer to 2008.

14-16 货币汇率(年平均价)

Exchange Rate (Period Average)

资料来源：世界银行WDI数据库。
Source: World Bank WDI Database.

单位：1美元合本币数 (local currency unit per US dollar)

国家和地区	Country or Area	2000	2005	2007	2008	2009	2010
中　国	China	8.28	8.19	7.61	6.95	6.83	6.77
中国香港	Hong Kong, China	7.79	7.78	7.80	7.79	7.75	7.77
中国澳门	Macao, China	8.03	8.01	8.04	8.02	7.98	8.00
孟加拉国	Bangladesh	52.14	64.33	68.88	68.60	69.04	69.65
文　莱	Brunei Darussalam	1.72	1.66	1.51	1.42	1.46	1.36
柬埔寨	Cambodia	3840.75	4092.50	4056.17	4054.17	4139.33	4196.18
印　度	India	44.94	44.10	41.35	43.51	48.41	45.73
印度尼西亚	Indonesia	8421.78	9704.74	9141.00	9698.96	10389.94	9097.17
伊　朗	Iran	1765.30	8963.96	9281.15	9428.53	9864.30	10254.18
以色列	Israel	4.08	4.49	4.11	3.59	3.93	3.74
日　本	Japan	107.77	110.22	117.75	103.36	93.57	87.78
哈萨克斯坦	Kazakhstan	142.13	132.88	122.55	120.30	147.50	147.35
韩　国	Korea, Rep.	1130.96	1024.12	929.26	1102.05	1276.93	1156.06
老　挝	Laos	7887.64	10655.17	9603.16	8744.22	8516.05	8370.48
马来西亚	Malaysia	3.80	3.79	3.44	3.34	3.53	3.22
蒙　古	Mongolia	1076.67	1205.25	1170.40	1165.80	1437.80	1358.93
缅　甸	Myanmar	6.43	5.76	5.56	5.39	5.52	5.60
巴基斯坦	Pakistan	53.65	59.51	60.74	70.41	81.71	85.19
菲律宾	Philippines	44.19	55.09	46.15	44.32	47.68	45.11
新加坡	Singapore	1.72	1.66	1.51	1.42	1.46	1.36
斯里兰卡	Sri Lanka	77.01	100.50	110.62	108.33	114.95	113.07
泰　国	Thailand	40.11	40.22	34.52	33.31	34.29	31.69
越　南	Viet Nam	14167.75	15858.92	16105.13	16302.25	17065.08	18549.10
埃　及	Egypt	3.47	5.78	5.64	5.43	5.55	5.61
尼日利亚	Nigeria	101.70	131.27	125.81	118.55	148.90	149.14
南　非	South Africa	6.94	6.36	7.05	8.26	8.47	7.32
加拿大	Canada	1.49	1.21	1.07	1.07	1.14	1.03
墨西哥	Mexico	9.46	10.90	10.93	11.13	13.51	12.64
美　国	United States	1.00	1.00	1.00	1.00	1.00	1.00
阿根廷	Argentina	1.00	2.90	3.10	3.14	3.71	3.90
巴　西	Brazil	1.83	2.43	1.95	1.83	2.00	1.76
委内瑞拉	Venezuela	0.68	2.09	2.15	2.15	2.15	2.59
捷　克	Czech Rep.	38.60	23.96	20.29	17.07	19.06	19.10
法　国	France	1.09	0.80	0.73	0.68	0.72	
德　国	Germany	1.09	0.80	0.73	0.68	0.72	
意大利	Italy	1.09	0.80	0.73	0.68	0.72	
荷　兰	Netherlands	1.09	0.80	0.73	0.68	0.72	
波　兰	Poland	4.35	3.24	2.77	2.41	3.12	3.02
俄罗斯联邦	Russian Fed.	28.13	28.28	25.58	24.85	31.74	30.37
西班牙	Spain	1.09	0.80	0.73	0.68	0.72	
土耳其	Turkey	0.63	1.34	1.30	1.30	1.55	1.50
乌克兰	Ukraine	5.44	5.13	5.05	5.27	7.79	7.94
英　国	United Kingdom	0.66	0.55	0.50	0.54	0.64	0.65
澳大利亚	Australia	1.73	1.31	1.20	1.19	1.28	1.09
新西兰	New Zealand	2.20	1.42	1.36	1.42	1.60	1.39

14-17 国际旅游收支

Expenditures and Receipts of International Tourism

资料来源：世界银行WDI数据库。
Source: World Bank WDI Database.
单位：亿美元 (100 million USD)

国家和地区	Country or Area	国际旅游支出 International Tourism Expenditures			国际旅游收入 International Tourism Receipts		
		2000	2005	2009	2000	2005	2009
世　界	**World**	**5316**	**7707**	**9237**	**5701**	**8273**	**10185**
中　国	China	142	247	471	173	318	426
中国香港	Hong Kong, China	125	133	160	82	136	209
中国澳门	Macao, China		4	5	32	80	179
孟加拉国	Bangladesh	5	4	7	1	1	1
文　莱	Brunei Darussalam		4	5		2	3
柬埔寨	Cambodia	1	1	2	3	9	13
印　度	India	37	83	115	36	77	115
印度尼西亚	Indonesia	32	47	96	50	51	68
伊　朗	Iran	7	46		7	14	
以色列	Israel	37	38	39	46	34	43
日　本	Japan	426	481	348	60	156	125
哈萨克斯坦	Kazakhstan	5	9	13	4	8	12
韩　国	Korea, Rep.	79	169	146	85	83	129
老　挝	Laos			1	1	1	3
马来西亚	Malaysia	25	43	72	59	104	172
蒙　古	Mongolia	1	2	2		2	3
缅　甸	Myanmar				2	1	
巴基斯坦	Pakistan	6	18	11	6	8	9
菲律宾	Philippines	18	15	30	23	28	28
新加坡	Singapore	45	101	158	51	62	92
斯里兰卡	Sri Lanka	4	6	7	4	7	8
泰　国	Thailand	32	49	57	99	121	194
越　南	Viet Nam		9	11		23	31
埃　及	Egypt	12	19	29	47	72	118
尼日利亚	Nigeria	6	5	53	2	1	8
南　非	South Africa	27	48	64	33	86	87
加拿大	Canada	151	227	302	130	160	156
墨西哥	Mexico	64	90	86	91	128	123
美　国	United States	913	995	1052	1186	1230	1476
阿根廷	Argentina	55	36	58	32	32	45
巴　西	Brazil	45	59	129	20	42	56
委内瑞拉	Venezuela	16	18	22	5	7	9
捷　克	Czech Rep.	13	26	42	30	56	74
法　国	France	267	388	459	392	522	585
德　国	Germany	576	848	927	249	405	475
意大利	Italy	182	268	343	287	384	419
荷　兰	Netherlands	136	166	211	113	165	179
波　兰	Poland	34	59	78	61	71	99
俄罗斯联邦	Russian Fed.	88	183	235	34	78	123
西班牙	Spain	77	184	215	327	531	586
土耳其	Turkey	17	33	46	76	197	246
乌克兰	Ukraine	6	31	38	6	35	43
英　国	United Kingdom	470	730	611	300	394	385
澳大利亚	Australia	88	159	215	130	200	279
新西兰	New Zealand	12	27	26	23	52	44

14-18 国际旅游人数

Number of Arrivals and Departures of International Tourism

资料来源：世界银行WDI数据库。
Source: World Bank WDI Database.
单位：万人 (10 000 persons)

国家和地区	Country or Area	入境(过夜)旅游人数 Number of Arrivals			出境旅游人数 Number of Departures		
		2000	2005	2009	2000	2005	2009
世　界	**World**	**69021**	**80987**	**89309**	**73059**	**88253**	**96154**
高收入国家	**High Income**	**47623**	**51230**	**53325**	**47947**	**54634**	**56110**
中等收入国家	**Middle Income**	**19700**	**27861**	**33385**	**17945**	**25704**	
低收入国家	**Low Income**	**704**	**957**				
中　国	China	3123	4681	5088	1047	3103	4766
中国香港	Hong Kong, China	881	1477	1693	461	7230	8196
中国澳门	Macao, China	520	901	1040	14	30	21
孟加拉国	Bangladesh	20	21	27	113	177	225
文　莱	Brunei Darussalam	98	13	16			
柬埔寨	Cambodia		133	205	4	57	34
印　度	India	265	392	511	442	719	1107
印度尼西亚	Indonesia	506	500	632	221	411	505
伊　朗	Iran	134	189		229		
以色列	Israel	242	190	232	353	369	401
日　本	Japan	476	673	679	1782	1740	1545
哈萨克斯坦	Kazakhstan	147	314	312	125	300	
韩　国	Korea, Rep.	532	602	782	551	1008	949
老　挝	Laos	19	67	124			
马来西亚	Malaysia	1022	1643	2365	3053		
蒙　古	Mongolia	14	34	41			
缅　甸	Myanmar	21	23	24			
巴基斯坦	Pakistan	56	80				
菲律宾	Philippines	199	262	302	167	214	
新加坡	Singapore	606	708	749	444	516	696
斯里兰卡	Sri Lanka	40	55	45	52	73	96
泰　国	Thailand	958	1157	1415	191	305	454
越　南	Viet Nam	214	348	375			
埃　及	Egypt	512	824	1191	296	531	
尼日利亚	Nigeria	81	101				
南　非	South Africa	587	737	993	383		442
加拿大	Canada	1963	1877	1574	1918	2110	
墨西哥	Mexico	2064	2192	2145	1108	1331	1394
美　国	United States	5124	4921	5488	6133	6350	6142
阿根廷	Argentina	291	382	433	495	389	498
巴　西	Brazil	531	536	480	323	347	495
委内瑞拉	Venezuela	47	71	62	95	107	165
捷　克	Czech Rep.	477	634	603		696	662
法　国	France	7719	7499	7680	1989	2480	
德　国	Germany	1898	2150	2422	7440	7740	7230
意大利	Italy	4118	3651	4324	2199	2480	2906
荷　兰	Netherlands	1000	1001	992	1390	1704	1841
波　兰	Poland	1740	1520	1189	5668	4084	
俄罗斯联邦	Russian Fed.	2117	2220		1837	2842	
西班牙	Spain	4640	5591	5223	410	1046	1284
土耳其	Turkey	959	2027	2551	528	825	1049
乌克兰	Ukraine	643	1763	2080	1342	1645	1533
英　国	United Kingdom	2321	2804	2820	5684	6649	5861
澳大利亚	Australia	493	550	558	350	476	629
新西兰	New Zealand	178	235	242	128	187	192

主要统计指标解释

出口 即货物离开一国的统计疆界。在通常的贸易体系中，一国的统计疆界与它的经济领土是一致的。在特殊的贸易体系中，一国的统计疆界只包括一部分经济领土，一般这部分与货物自由贸易区是一致的。自由贸易地区是一国经济疆界的一部分，在此间货物可以无进口税限制地流通。

进口 货物进入一国统计疆界。

数量指数 基于诸如数量或权数这样的货物单位的指数。

服务贸易 服务(原为非要素服务)指无形商品的经济产出。它可以在同一时间产生、转让和消费。商品服务的出口（贷方和收入）和进口（借方和支付）来自于国际收支统计中的国际服务交易统计，其概念、定义和分类与国际货币基金组织 1993 年《国际收支手册》第五版一致。

官方汇率 是指由国家机关或货币金融机构公布的汇率。年平均汇率是以月均价为基础计算的。

国际旅游支出 是指出境游客在他国的旅游消费，包括在国际旅行时，搭乘他国运输工具所支付的交通费（有些国家不包括这项交通费）。除非特别声明外，国际旅游支出包括境外一日游客（不过夜游客）在访问地的消费。

国际旅游收入 是指入境游客（过夜旅客）在本国的旅游消费，包括国际旅行时，入境游客搭乘本国运输工具所付给本国的交通费（有些国家不包括这项交通费）。国际旅游收入包括目的地国接受的所有商品和服务的支付。除特别声明外，国际旅游收入可以包括入境一日游游客（不过夜游客）在本国的消费。

Explanatory Notes on Main Statistical Indicators

Exports Goods leaving the statistical territory of a country. In the general trade system, the definition of the statistical territory of a country coincides with its economic territory. In the special trade system, the definition of the statistical territory comprises only a particular part of the economic territory, mainly that part which coincides with the free circulation area for goods. The free circulation area is a part of the economic territory of a country within which goods may be disposed of without customs restrictions.

Imports Goods entering the statistical territory of a country.

Quantum Index An index based on quantity units of goods such as number or weight.

Commercial Service Exports/Commercial Service Imports Services(previously no factor services) refer to economic output of intangible commodities that may be produced, transferred, and consumed at the same time. Exports (credits or receipts) and imports (debits or payments) of commercial services derived from statistics on international service transactions are included in the balance of payments statistics, in conformity with the concepts, definitions and classification of the fifth (1993) edition of the IMF Balance of Payments Manual.

Official Exchange Rate refers to the exchange rate determined by national authorities or to the rate determined in the legally sanctioned exchange market. It is calculated as an annual average based on monthly averages (local currency units relative to the U.S. dollar).

International Tourism Expenditures are expenditures of international outbound visitors in other countries, including payments to foreign carriers for international transport. These expenditures may include those by residents traveling abroad as same-day visitors, except in cases where these are important enough to justify separate classification. For some countries they do not include expenditures for passenger transport items.

International Tourism Receipts are expenditures by international inbound visitors, including payments to national carriers for international transport. These receipts include any other prepayment made for goods or services received in the destination country. They also may include receipts from same-day visitors, except when these are important enough to justify separate classification. For some countries they do not include receipts for passenger transport items..

国际收支和外债

Balance of Payments and External Debts

15-1 世界国际收支

Summary of International Transactions

资料来源：国际货币基金组织《国际收支统计年鉴》2010年。
Source: IMF Balance of Payments Statistics Yearbook 2010.

单位：亿美元 (100 million USD)

		2003	2004	2005	2006	2007	2008	2009
经常帐户	**Current Account(net)**	**-215**	**519**	**863**	**2382**	**3714**	**3093**	**3131**
货物	Goods	584	350	489	1181	1816	1487	2270
贷方	Credits	74798	90835	103909	120173	138856	160053	124158
借方	Debits	74214	90485	103420	118092	137043	158566	121889
服务	Services	75	515	740	1254	2050	1770	1178
贷方	Credits	18814	22741	25382	28746	34532	38834	34236
借方	Debits	18739	22227	24642	27491	32482	37064	33058
收入	Income	-777	-173	-162	-248	-246	-406	-312
贷方	Credits	14986	18909	24309	31285	40406	40156	29113
借方	Debits	15763	19082	24471	31533	40653	40563	29424
经常转移	Current Transfers	-98	-173	-204	195	95	241	-5
贷方	Credits	5112	6071	6943	7677	8763	9812	9136
借方	Debits	5209	6244	7147	7482	8668	9571	9141
资本帐户	**Capital Account(net)**	**-207**	**-8**	**302**	**170**	**-172**	**95**	**-95**
金融帐户	**Financial Account**	**545**	**-1605**	**-1101**	**-2052**	**-3321**	**-2681**	**-2390**
直接投资	Direct Investment	-181	-2381	907	219	-1189	-2149	-1335
国外	Abroad	-6669	-10081	-10675	-15029	-24851	-20910	-12512
在报告经济体内	in Reporting Economy	6488	7700	11582	15248	23663	18761	11178
证券投资	Portfolio Investment	3871	6260	6330	6455	11003	12192	5379
资产	Assets	-14329	-19067	-25604	-28352	-25218	299	-17148
不包括构成外国政府储备的负债	Liabilities Excluding LCFAR	18200	25326	31934	34807	36221	11892	22527
金融衍生工具	Financial Derivatives	-92	-181	-132	766	1239	-3295	1554
资产	Assets	2634	2920	4504	3625	4468	8678	8930
负债	Liabilities	-2727	-3100	-4636	-2859	-5707	-11973	-7376
其他投资	Other Investment	2164	864	-1838	-1041	916	-1298	2252
资产	Assets	-10466	-22234	-29572	-34644	-57410	8197	20019
不包括构成外国政府储备的负债	Liabilities Excluding LCFAR	12631	23098	27734	33603	58326	-9495	-17767
储备	**Reserves**	**-5217**	**-6167**	**-6368**	**-8451**	**-12813**	**-8131**	**-10242**
净误差与遗漏	**Net Errors and Omissions**	**-123**	**1094**	**-65**	**-500**	**-221**	**-507**	**-646**

15-2 分国别(地区)的国际收支(2009年)

资料来源：国际货币基金组织IFS数据库。
Source:IMF IFS Database.
单位：亿美元

国家和地区	Country or Area	经常帐户 Current Account,n.i.e	货物 Goods		
			出口 Exports f.o.b	进口 Imports f.o.b	货物差额 Trade Balance
中　国	China	2971.42	12038.00	-9542.87	2495.09
中国香港	Hong Kong, China	182.78	3218.36	-3486.98	-268.62
中国澳门	Macao, China	78.28	9.63	-59.21	-49.59
孟加拉国	Bangladesh	33.45	150.68	-197.59	-46.92
文　莱	Brunei Darussalam	39.78	71.72	-22.82	48.90
柬埔寨	Cambodia	-8.65	43.02	-58.75	-15.73
印　度	India	-266.25	1682.23	-2470.40	-788.16
印度尼西亚	Indonesia	107.46	1194.80	-843.47	351.33
以色列	Israel	75.93	458.98	-459.93	-0.95
日　本	Japan	1421.94	5452.77	-5016.46	436.32
哈萨克斯坦	Kazakhstan	-34.04	439.62	-287.73	151.88
韩　国	Korea, Rep.	426.68	3735.84	-3174.57	561.28
老　挝	Laos	0.10	10.53	-14.60	-4.07
马来西亚	Malaysia	318.01	1576.55	-1174.02	402.54
蒙　古	Mongolia	-3.41	18.86	-20.74	-1.88
巴基斯坦	Pakistan	-35.83	183.29	-285.26	-101.97
菲律宾	Philippines	85.52	375.10	-463.88	-88.78
新加坡	Singapore	326.29	2734.11	-2431.80	302.32
斯里兰卡	Sri Lanka	-2.92	70.85	-91.85	-21.01
泰　国	Thailand	218.62	1507.13	-1180.22	326.91
越　南	Viet Nam	-62.74	570.96	-654.02	-83.06
埃　及	Egypt	-33.49	230.90	-399.06	-168.17
尼日利亚	Nigeria	216.60	593.18	-302.76	290.42
南　非	South Africa	-112.94	665.43	-660.08	5.34
加拿大	Canada	-383.79	3246.82	-3289.28	-42.46
墨西哥	Mexico	-57.34	2297.83	-2343.85	-46.01
美　国	United States	-3784.35	10729.30	-15765.10	-5035.78
阿根廷	Argentina	86.33	556.70	-371.41	185.28
巴　西	Brazil	-243.02	1529.95	-1277.05	252.90
委内瑞拉	Venezuela	85.61	575.96	-384.42	191.53
捷　克	Czech Rep.	-21.46	1126.06	-1030.88	95.19
法　国	France	-518.58	4738.61	-5358.26	-619.65
德　国	Germany	1654.71	11456.00	-9572.52	1883.48
意大利	Italy	-661.98	4071.60	-4039.00	32.60
荷　兰	Netherlands	365.82	4248.04	-3737.38	510.66
波　兰	Poland	-72.06	1399.56	-1444.32	-44.76
俄罗斯联邦	Russian Fed.	494.33	3033.88	-1918.03	1115.85
西班牙	Spain	-803.75	2239.81	-2868.13	-628.32
土耳其	Turkey	-139.63	1096.41	-1345.36	-248.96
乌克兰	Ukraine	-17.32	403.94	-447.01	-43.07
英　国	United Kingdom	-270.61	3563.72	-4849.10	-1285.38
新西兰	New Zealand	-35.77	253.52	-239.49	14.02

Balance of Payments by Country or Area(2009)

(100 million USD)

服务 Current Account,n.i.e		货物和服务差额 Balance on Goods and Services	收入 Income		货物、服务和收入差额 Balance on Goods,Services and Income	经常转移 Current Transfers	
贷方 Credit	借方 Debit		贷方 Credit	借方 Debit		贷方 Credit	借方 Debit
1295.49	-1589.47	2201.12	1085.82	-652.99	2633.94	426.46	-88.96
863.06	-443.78	150.66	1021.06	-957.34	214.37	4.74	-36.32
185.13	-32.32	103.21	11.24	-28.11	86.33	1.04	-9.07
19.44	-34.05	-61.54	0.50	-14.25	-75.30	111.38	-2.62
9.15	-14.34	43.71	3.17	-2.64	44.23		-4.44
16.25	-10.22	-9.71	0.56	-5.23	-14.39	5.96	-0.21
905.99	-809.95	-692.13	137.35	-202.48	-757.27	511.97	-20.94
137.79	-278.86	210.25	19.22	-170.61	58.85	72.41	-23.80
219.80	-171.35	47.48	57.00	-102.57	1.90	83.95	-9.92
1283.39	-1487.18	232.52	1752.18	-438.79	1545.91	95.18	-219.15
42.66	-100.66	93.88	24.98	-143.89	-25.04	8.56	-17.55
585.13	-757.15	389.25	157.05	-111.51	434.79	124.59	-132.69
3.92	-1.20	-1.36	0.42	-0.88	-1.83	1.79	0.15
287.69	-274.71	415.51	112.13	-153.82	373.82	10.78	-66.57
4.15	-5.57	-3.32	0.25	-2.19	-5.27	2.61	-0.74
38.91	-64.81	-127.88	6.11	-42.30	-164.07	129.17	-0.93
101.01	-85.62	-73.39	57.12	-57.81	-74.08	166.37	-6.77
909.21	-824.25	387.27	526.77	-557.37	356.66	1.59	-31.95
18.93	-25.22	-27.31	1.22	-6.09	-32.19	33.31	-4.03
299.41	-377.55	248.76	58.80	-133.78	173.78	49.73	-4.88
56.56	-70.44	-96.94	7.53	-37.81	-127.22	64.48	
215.20	-139.35	-92.33	9.92	-30.68	-113.09	83.06	-3.45
22.28	-175.66	137.03	10.36	-110.55	36.83	184.41	-4.63
120.11	-147.65	-22.21	39.89	-103.77	-86.10	12.42	-39.26
590.78	-787.27	-238.96	505.14	-631.04	-364.87	74.98	-93.90
154.24	-232.11	-123.90	46.83	-194.80	-271.88	215.15	-0.60
4978.69	-3692.00	-3749.09	5882.03	-4667.85	-2534.90	208.79	-1458.23
108.94	-118.10	176.12	35.18	-125.30	85.99	18.06	-17.71
277.29	-469.73	60.45	88.26	-425.10	-276.39	47.36	-13.98
20.05	-96.22	115.36	23.13	-49.65	88.84	3.57	-6.80
203.15	-189.80	108.52	49.35	-171.27	-13.42	33.38	-41.41
1434.74	-1274.16	-459.06	1977.89	-1659.45	-140.62	260.89	-638.85
2312.62	-2548.81	1647.29	2322.98	-1849.46	2120.81	238.38	-704.48
1026.37	-1166.63	-107.66	622.53	-1007.33	-492.47	301.23	-470.73
933.18	-854.56	589.28	872.15	-992.15	469.27	206.13	-309.57
289.45	-241.11	3.58	81.87	-223.24	-137.79	154.56	-88.84
415.25	-612.87	918.23	340.13	-735.51	522.83	89.09	-117.58
1229.12	-874.45	-273.66	567.35	-988.55	-694.86	255.53	-364.40
332.18	-169.13	-85.91	51.64	-128.35	-162.62	28.33	-5.34
138.59	-115.05	-19.53	46.24	-70.64	-43.93	34.60	-7.99
2322.24	-1640.07	-603.21	2738.42	-2178.64	-43.44	258.25	-485.42
75.88	-78.33	11.57	13.27	-63.83	-39.00	11.89	-8.65

15-2 续表 1

单位：亿美元

国家和地区	Country or Area	资本帐户 Capital Account,n.i.e	贷方 Credit	借方 Debit	金融帐户 Financial Account,n.i.e	直接投资 FDI	
						国外 Direct Investment Abroad	在报告经济体内 Dir.Invest.in Rep.Econ.,n.i.e
中　　国	China	39.58	42.05	-2.46	1427.56	-438.98	781.93
中国香港	Hong Kong, China	46.65	68.12	-21.47	449.20	-522.72	484.50
中国澳门	Macao, China	6.35	6.61	-0.26	-27.64	7.18	16.27
孟加拉国	Bangladesh	3.72	3.72		6.77		6.75
文　　莱	Brunei Darussalam	-0.10		-0.10	16.08		3.26
柬 埔 寨	Cambodia	3.12	3.68	-0.56	6.91	-0.18	5.31
印　　度	India				440.67	-148.54	345.78
印度尼西亚	Indonesia	0.96	0.96		34.54	-29.49	48.78
以 色 列	Israel	9.08	9.08		64.06	-11.71	38.95
日　　本	Japan	-49.91	11.06	-60.96	-1301.50	-746.24	118.34
哈萨克斯坦	Kazakhstan	-0.29		-1.23	72.15	-30.75	126.01
韩　　国	Korea, Rep.	11.88	29.66	-17.78	252.64	-105.72	15.07
老　　挝	Laos				6.08		3.19
马来西亚	Malaysia	-0.44	0.04	-0.48	-226.38	-80.13	13.88
蒙　　古	Mongolia	1.61	1.61		6.09	-0.53	6.24
巴基斯坦	Pakistan	4.70	4.70	-0.01	54.09	0.15	23.87
菲 律 宾	Philippines	1.04	1.70	-0.66	-9.49	-3.59	19.48
新 加 坡	Singapore	-3.04			-202.75	-59.79	168.09
斯里兰卡	Sri Lanka	2.34	2.48	-0.14	-11.05	-0.20	4.04
泰　　国	Thailand				-27.75	-41.14	49.77
越　　南	Viet Nam				118.70	-7.00	76.00
埃　　及	Egypt	-0.18	0.02	-0.20	13.36	-5.71	67.12
尼日利亚	Nigeria				65.69	-1.39	57.87
南　　非	South Africa	0.26	0.41	-0.14	150.82	-18.08	56.29
加 拿 大	Canada	34.72	46.10	-11.38	535.61	-403.50	198.99
墨 西 哥	Mexico				210.86	-75.98	139.78
美　　国	United States	-1.40		-1.40	2682.39	-2686.80	1347.10
阿 根 廷	Argentina	0.75	0.83	-0.08	-83.16	-7.09	39.02
巴　　西	Brazil	11.29	14.29	-3.00	701.61	100.85	259.49
委内瑞拉	Venezuela				-145.82	-18.34	-31.05
捷　　克	Czech Rep.	21.50	39.88	-18.37	65.44	-12.82	26.66
法　　国	France	4.37	13.72	-9.35	931.48	-1470.86	599.88
德　　国	Germany	-3.13	45.45	-48.58	-1741.32	-600.53	391.53
意 大 利	Italy	9.40	29.44	-20.03	290.65	-437.22	289.77
荷　　兰	Netherlands	-41.94	32.80	-74.73	-440.98	-280.94	332.88
波　　兰	Poland	70.27	80.82	-10.56	360.70	-29.24	115.46
俄罗斯联邦	Russian Fed.	-118.68	16.49	-135.17	-316.36	-444.93	367.51
西 班 牙	Spain	56.47	84.87	-28.39	857.73	-76.85	64.52
土 耳 其	Turkey				101.20	-15.53	78.49
乌 克 兰	Ukraine	5.95	6.18	-0.23	-108.83	-1.62	48.16
英　　国	United Kingdom	50.47	86.48	-36.01	322.19	-466.76	247.99
新 西 兰	New Zealand	-2.56	6.33	-8.89	82.42	6.97	1.71

Continued

(100 million USD)

证券投资 Portfolio Investment						金融衍生工具 Financial Derivatives,n.i.e	
资产 Assets	股本证券 Equity Securities	债务证券 Debt Securities	负债 Liabilities	股本证券 Equity Secirities	债务证券 Debt Securities	资产 Assets	负债 Liabilities
98.88	-338.15	437.03	288.04	281.61	6.43		
-490.51	-381.39	-109.11	48.81	41.24	7.58	543.90	-510.81
-16.73	-10.36	-6.37				-0.15	
-0.83	-0.04	-0.79	0.43	-1.54	1.97		
1.40	1.40						
-0.07	-0.07						
-1.74	-1.74		211.12	211.12			
-1.43	-3.63	2.20	104.80	7.88	96.93		
-76.34	-68.08	-8.26	30.85	21.22	9.63	0.60	
-1602.49	-296.85	-1305.62	-562.55	124.32	-686.88	3338.53	-3233.04
18.56	-6.16	24.73	12.20	1.32	10.88	3.68	-3.10
13.00	-26.46	39.46	493.82	256.61	237.22	443.93	-499.31
-63.39	-37.59	-25.79	60.49	-4.48	64.97	0.32	6.51
-1.38	-0.06	-1.32	0.57	0.04	0.54		
-0.25	-0.33	0.08	-5.82	-0.37	-5.45		
-8.82	-0.35	-8.47	23.31	-10.96	34.28	4.03	-3.71
-244.44	-158.29	-86.14	-57.16	20.59	-77.74		
-0.47	3.75	-4.22	-3.81	-3.81			
-82.89	-5.10	-77.78	23.44	13.35	10.09	31.35	-20.17
			1.28	1.28			
-2.67	-2.67		-2.59	3.93	-6.52		
-9.12	-8.21	-0.90	7.25	5.22	2.03		
-19.06	-12.94	-6.11	133.62	93.58	40.05		
-62.27	-129.68	67.41	971.90	233.50	738.41		
-61.75		-61.75	152.54	41.69	110.85		
-3934.74	-633.04	-3301.70	3666.72	1605.34	2061.38		
-0.01		-0.01	-28.58	-2.11	-26.46		-12.48
41.25	25.83	15.43	461.59	370.72	90.88	3.23	-1.65
39.28	-0.49	39.78	50.03	1.21	48.82		
8.61	-14.67	23.28	51.69	-3.10	54.80	25.79	-29.59
-840.97	-343.92	-497.05	4571.30	682.85	3888.45		-19.64
-1015.73	-19.80	-995.93	-260.37	118.06	-378.43		259.96
-532.56	-176.48	-356.07	806.99	209.15	597.85		156.10
-790.54	-326.03	-464.50	446.28	192.57	253.71	2402.60	-2135.87
-3.51	-7.66	4.16	162.20	15.68	146.53		-13.78
-103.74	-7.39	-96.35	81.96	33.70	48.27	98.90	-131.33
13.17	-119.35	132.52	717.39	93.78	623.62		-77.15
-27.42	-0.31	-27.11	29.38	28.27	1.12		
-0.08	-0.06	-0.02	-15.51	1.05	-16.55		
-2391.54	-202.64	-2188.90	2933.97	765.59	2168.38		490.80
-34.98	-17.09	-17.88	83.46	9.77	73.70		

15-2 续表 2

单位：亿美元

国家和地区	Country or Area	其他投资资产 Other Investment Assets	货币当局 Money Authorities	政府 General Government	银行 Banks	其他部门 Other Sectors
中　国	China	112.87	475.39	-0.54	221.06	-583.03
中国香港	Hong Kong, China	939.07			767.36	171.71
中国澳门	Macao, China	-75.88				
孟加拉国	Bangladesh	-14.28			-0.63	-13.64
文　莱	Brunei Darussalam	6.45		-0.03	7.41	-0.92
柬埔寨	Cambodia	-3.46	-4.44		-1.55	2.54
印　度	India	-73.42		-2.78	0.97	-71.60
印度尼西亚	Indonesia	-126.05			-67.99	-58.05
以色列	Israel	45.13		-1.38	50.55	-4.04
日　本	Japan	2027.46		-97.84	2026.30	99.01
哈萨克斯坦	Kazakhstan	-7.76	-1.13	0.02	4.03	-10.67
韩　国	Korea, Rep.	3.85	-1.16	-4.04	40.92	-31.85
老　挝	Laos	1.29			1.29	
马来西亚	Malaysia	-176.67		0.02	-29.73	-146.94
蒙　古	Mongolia	-1.44			-0.74	-0.70
巴基斯坦	Pakistan	0.24		0.08	2.67	-2.50
菲律宾	Philippines	-30.77			-22.54	-8.23
新加坡	Singapore	-41.04			-75.01	33.97
斯里兰卡	Sri Lanka	-4.35			-4.35	
泰　国	Thailand	19.62		-1.73	37.68	-16.32
越　南	Viet Nam	-3.05			-3.05	
埃　及	Egypt	-58.78	-0.70		-24.06	-34.01
尼日利亚	Nigeria	-18.27		-22.79	25.14	-20.61
南　非	South Africa	26.58	…	1.35	-4.36	29.60
加拿大	Canada	-359.81		-4.40	-206.15	-149.26
墨西哥	Mexico	-47.88				-47.88
美　国	United States	5739.44	5434.56	-21.13	-1960.52	2286.54
阿根廷	Argentina	-75.07		-3.81	16.25	-87.51
巴　西	Brazil	-303.76	124.89	10.23	-155.00	-283.86
委内瑞拉	Venezuela	-244.84	0.13	-21.43	7.39	-230.93
捷　克	Czech Rep.	10.22		0.05	22.08	-11.90
法　国	France	821.76	-44.27	-8.92	866.02	8.93
德　国	Germany	1424.02	-817.21	32.60	2389.67	-181.03
意大利	Italy	37.35	-399.88	-5.45	536.83	-94.13
荷　兰	Netherlands	1247.27	-8.53	-89.30	1163.21	181.90
波　兰	Poland	53.18	-10.23	-1.74	72.20	-7.05
俄罗斯联邦	Russian Fed.	67.31	0.58	102.08	118.97	-154.32
西班牙	Spain	-36.11	-5.04	-25.69	-27.15	21.79
土耳其	Turkey	101.91	-3.06		58.69	46.28
乌克兰	Ukraine	-108.22	-0.28		-7.48	-100.45
英　国	United Kingdom	5222.01		-26.84	4148.54	1100.31
新西兰	New Zealand	-14.63				

Continued

(100 million USD)

金融账户 Financial Account					总赢余 Overall Balance	净误差和遗漏 Net Errors and Omissions	储备和相关项目 Reserves and Related Items
其他投资:债务 Other Investment Liab.,n.i.e.	货币当局 Monetary Authorities	政府 General Government	银行 Banks	其他部门 Other Sectors			
584.84	115.69	7.61	31.17	430.39	4005.08	-433.47	-4005.08
-43.00			55.65	-98.64	708.61	29.99	-708.60
41.71					21.15	-35.82	-21.14
14.72	7.43	8.99	-0.85	-0.83	43.61	-0.31	-43.60
4.99	3.19		3.13	-1.32	1.54	-54.20	-1.53
5.34	1.07	1.54	-2.84	5.58	1.03	-0.34	-1.02
107.50	54.05	21.76	-6.27	37.98	168.21	-6.20	-168.20
37.95	26.53	-11.26	-1.13	23.83	125.06	-17.89	-125.05
36.63	12.14	3.20	3.75	17.54	173.47	24.41	-173.46
-641.52	178.03	-1089.48	495.40	-225.47	269.20	198.67	-269.20
-46.66	6.40	6.08	-91.45	32.33	24.58	-13.22	-24.57
-111.98	-89.83	-7.60	94.31	-108.84	690.62	-0.57	-690.61
1.61	0.65	1.20	-0.23		0.74	-5.42	-0.73
12.64	18.86	-1.50	-2.46	-2.24	39.18	-51.99	-39.17
2.66	0.75	1.50	0.16	0.26	5.55	1.28	-5.54
35.91	12.78	20,77	0.02	2.34	16.63	-6.31	-16.62
-9.42	11.17	8.39	-17.38	-11.60	64.12	-12.95	-64.11
31.61	31.61		15.71	4.53	118.08	-2.40	-118.07
-6.25	4.96	-9.39	-0.97	-0.83	-13.03	-1.39	13.04
-7.70	13.84	-1.10	31.37	-51.79	241.31	50.46	-241.30
51.47	4.18			47.29	-77.55	-133.50	77.56
16.01	11.94	-20.25	-3.84	28.18	-16.34	3.99	16.35
29.38	23.73	1.98	-0.47	4.15	-105.14	-387.42	105.15
-28.49	20.88	-2.98	-39.81	-6.56	41.72	3.59	-41.71
190.33	81.36	-3.75	205.93	-93.18	104.70	-81.82	-104.69
104.18	112.29	53.54	10.02	-71.66	56.90	-96.62	-56.89
-1957.37	601.38	103.73	-2484.33	-178.15	521.83	1625.18	-521.82
1.08	-2.52	13.75	-14.07	3.93	-4.14	-8.04	4.15
140.65	38.80	-7.71	-11.31	120.88	475.78	5.92	-475.77
59.10	29.67	2.83	-0.96	27.56	-108.06	-47.84	108.07
-15.09	13.20	6.05	-36.23	1.91	42.85	-22.60	-42.84
-2729.99	-425.35	-58.72	-1946.05	-299.87	93.50	-323.77	-93.50
-1940.18	-113.56	-93.86	-1632.73	-100.03	123.56	213.30	-123.56
-29.75	92.96	-7.68	-618.07	503.04	90.03	451.98	-90.02
-1662.64	-463.51	219.56	-389.53	-1029.14	69.59	186.70	-69.58
76.39	29.23	27.51	-4.71	24.36	147.62	-211.27	-147.61
-252.00	118.90	-18.50	-376.30	23.91	33.64	-25.63	-33.63
252.78	125.93	30.14	103.15	-6.42	59.71	-50.74	-59.70
-65.63	10.45	16.03	13.59	-105.70	9.19	47.63	-9.18
-31.56	20.40	2.34	-75.19	20.89	-117.15	3.06	117.15
-5714.27	128.31	12.77	-5024.46	-830.90	95.60	-6.46	-95.60
39.92	10.82				35.62	-8.46	-35.61

15-3 经常项目差额占GDP的比重
Current Account Blance as Percentage of GDP

资料来源：世界银行WDI数据库。
Source: World Bank WDI Database.
单位：%　　(%)

国家和地区	Country or Area	2000	2005	2006	2007	2008	2009
中　国	China	1.71	7.13	9.34	10.64	9.64	5.96
中国香港	Hong Kong, China	4.14	11.35	12.07	12.33	13.63	8.27
中国澳门	Macao, China		28.44	19.24	30.24	26.69	36.01
孟加拉国	Bangladesh	-0.65	-0.29	1.93	1.25	1.16	3.74
文　莱	Brunei Darussalam		42.31	45.59			
柬埔寨	Cambodia	-3.72	-4.88	-3.61	-5.65	-10.16	-8.28
印　度	India	-1.00	-1.23	-0.98	-0.65	-2.55	-1.93
印度尼西亚	Indonesia	4.84	0.10	2.98	2.43	0.03	1.99
以色列	Israel	-1.77	3.16	5.10	2.95	0.77	3.89
日　本	Japan	2.56	3.64	3.91	4.81	3.21	2.81
哈萨克斯坦	Kazakhstan	2.00	-1.85	-2.47	-7.94	4.71	-3.68
韩　国	Korea, Rep.	2.30	1.77	0.57	0.56	-0.62	5.13
老　挝	Laos	-0.49	-6.38	2.14	3.25	2.11	0.16
马来西亚	Malaysia	9.05	14.49	16.74	15.95	17.54	16.47
蒙　古	Mongolia	-6.42	3.65	7.07	4.37	-13.13	-8.13
巴基斯坦	Pakistan	-0.11	-3.29	-5.29	-5.79	-9.55	-2.21
菲律宾	Philippines	-2.93	2.01	4.55	4.94	2.18	5.31
新加坡	Singapore	10.98	21.26	24.21	26.64	18.63	17.91
斯里兰卡	Sri Lanka	-6.39	-2.66	-5.30	-4.33	-9.54	-0.51
泰　国	Thailand	7.59	-4.34	1.12	6.34	0.81	8.29
越　南	Viet Nam	3.55	-1.06	-0.27	-9.78	-11.95	-6.46
埃　及	Egypt	-0.97	2.35	2.45	0.32	-0.87	-1.78
尼日利亚	Nigeria	16.15	32.54	25.07	16.66	13.83	12.52
南　非	South Africa	-0.14	-3.45	-5.27	-6.99	-7.26	-3.97
加拿大	Canada	2.71	1.92	1.41	0.84	0.54	-2.87
墨西哥	Mexico	-3.22	-0.57	-0.50	-0.85	-1.51	-0.71
美　国	United States	-4.21	-5.94	-6.02	-5.11	-4.65	-2.68
阿根廷	Argentina	-3.16	2.88	3.63	2.82	2.06	2.81
巴　西	Brazil	-3.76	1.59	1.25	0.11	-1.71	-1.52
委内瑞拉	Venezuela	10.12	17.24	14.41	7.97	12.01	2.63
捷　克	Czech Rep.	-4.74	-1.27	-2.49	-3.30	-0.58	-1.13
法　国	France	1.48	-0.48	-0.57	-1.03	-1.92	-1.96
德　国	Germany	-1.70	5.12	6.48	7.65	6.77	4.97
意大利	Italy	-0.53	-1.67	-2.57	-2.44	-3.40	-3.13
荷　兰	Netherlands	1.89	7.30	9.31	6.75	4.35	4.62
波　兰	Poland	-6.04	-1.22	-2.75	-4.76	-4.84	-2.23
俄罗斯联邦	Russian Fed.	18.04	11.07	9.57	5.98	6.22	4.01
西班牙	Spain	-3.99	-7.38	-8.98	-10.03	-9.81	-5.50
土耳其	Turkey	-3.72	-4.60	-6.06	-5.92	-5.74	-2.35
乌克兰	Ukraine	4.74	2.94	-1.50	-3.69	-7.08	-1.52
英　国	United Kingdom	-2.63	-2.60	-3.36	-2.54	-1.55	-1.70
澳大利亚	Australia	-3.54	-5.89	-5.54	-6.77	-4.60	
新西兰	New Zealand	-4.68	-7.91	-8.08	-7.74	-9.70	-2.86

15-4 外商直接投资

Foreign Direct Investment

资料来源：联合国贸发会议FDI数据库。
Source: UNCTAD FDI Database .
单位：亿美元 (100 million USD)

国家和地区	Country or Area	外商直接投资 FDI Inflows			对外直接投资 FDI Outflows		
		2000	2005	2010	2000	2005	2010
世　界	**World**	**14014.66**	**9857.96**	**12436.71**	**12328.88**	**8930.93**	**13233.37**
中　国	China	407.15	724.06	1057.35	9.16	122.61	680.00
中国香港	Hong Kong, China	619.38	336.25	689.04	593.74	271.96	760.77
中国澳门	Macao, China	-0.01	12.40	25.58		0.60	-2.69
孟加拉国	Bangladesh	5.79	8.45	9.13	0.02	0.03	0.15
文　莱	Brunei Darussalam	5.49	2.89	4.96	0.30	0.15	0.06
柬埔寨	Cambodia	1.49	3.81	7.83	0.16	0.11	0.17
印　度	India	35.88	76.22	246.40	5.14	29.85	146.26
印度尼西亚	Indonesia		83.36	133.04		30.65	26.64
伊　朗	Iran	1.94	31.36	36.17	0.22	4.52	3.46
以色列	Israel	69.57	48.18	51.52	33.35	29.46	79.60
日　本	Japan	83.23	27.75	-12.51	315.57	457.81	562.63
哈萨克斯坦	Kazakhstan	12.83	19.71	99.61	0.04	-1.46	78.06
韩　国	Korea, Rep.	90.04	70.55	68.73	42.33	63.59	192.30
老　挝	Laos	0.34	0.28	3.50	0.10		0.06
马来西亚	Malaysia	37.88	40.65	91.03	20.26	30.76	133.29
蒙　古	Mongolia	0.54	1.88	16.91		0.02	0.62
缅　甸	Myanmar	2.08	2.36	7.56			
巴基斯坦	Pakistan	3.09	22.01	20.16	0.11	0.45	0.46
菲律宾	Philippines	22.40	18.54	17.13	1.25	1.89	4.87
新加坡	Singapore	164.84	154.60	386.38	59.15	112.18	197.39
斯里兰卡	Sri Lanka	1.73	2.72	4.78	0.02	0.38	0.46
泰　国	Thailand	34.10	80.67	58.13	-0.20	5.29	51.22
越　南	Viet Nam	12.89	20.21	81.73		0.65	8.53
埃　及	Egypt	12.35	53.76	63.86	0.51	0.92	11.76
尼日利亚	Nigeria	13.10	49.78	60.99	1.69	0.15	9.23
南　非	South Africa	8.87	66.47	15.53	2.71	9.30	4.50
加拿大	Canada	667.95	256.92	234.13	446.78	275.38	385.85
墨西哥	Mexico	181.10	241.22	186.79	3.63	64.74	143.45
美　国	United States	3139.97	1048.09	2282.49	1426.26	153.69	3289.05
阿根廷	Argentina	104.18	52.65	63.37	9.01	13.11	9.64
巴　西	Brazil	327.79	150.66	484.38	22.82	25.17	115.19
委内瑞拉	Venezuela	47.01	25.89	-14.04	5.21	11.70	23.90
捷　克	Czech Rep.	49.85	116.53	67.81	0.43	-0.19	17.02
法　国	France	432.52	849.49	339.05	1774.49	1149.78	841.12
德　国	Germany	1982.77	474.39	461.34	565.57	758.93	1048.57
意大利	Italy	133.75	199.75	94.98	123.16	418.26	210.05
荷　兰	Netherlands	638.54	390.46	-161.41	756.35	1230.71	319.04
波　兰	Poland	94.45	102.93	96.81	0.17	34.06	47.01
俄罗斯联邦	Russian Fed.	27.14	128.86	411.94	31.77	127.67	516.97
西班牙	Spain	395.75	250.20	245.47	582.13	418.29	215.98
土耳其	Turkey	9.82	100.31	90.71	8.70	10.64	17.80
乌克兰	Ukraine	5.95	78.08	64.95	0.01	2.75	7.36
英　国	United Kingdom	1187.64	1760.06	459.08	2333.71	808.33	110.20
澳大利亚	Australia	156.12	-242.46	324.72	42.21	-311.37	264.31
新西兰	New Zealand	13.47	15.48	5.61	6.10	-15.21	5.89

15-5 外汇储备与黄金储备

Foreign Exchange Reserves and Gold Reserves

资料来源：国际货币基金组织IFS数据库。
Source: IMF IFS Database.

国家和地区	Country or Area	外汇储备（亿美元） Foreign Exchange Reserves(100 million USD)			黄金储备（万盎司） Gold Reserves(10000 ounces)		
		2000	2005	2010	2000	2005	2010
世　界	**World**	**19362.8**	**43201.7**	**92587.8**	**106290.8**	**98838.7**	**98159.5**
发达国家	**Developed Countries**	**12172.4**	**20787.1**	**30924.5**	**81277.9**	**74011.4**	**69996.7**
发展中国家	**Developing Economies**	**7190.5**	**22414.7**	**61663.3**	**14028.4**	**13885.9**	**17505.5**
中　国	China	1655.7	8188.7	28473.4	1270.0	1929.0	3389.0
中国香港	Hong Kong, China	1055.5	1225.6	2581.0	6.7	6.7	6.7
中国澳门	Macao, China	33.2	66.9	237.3			
孟加拉国	Bangladesh	14.9	27.7	99.0	10.9	11.3	43.4
文　莱	Brunei Darussalam	3.6	4.3	12.1			
柬埔寨	Cambodia	5.0	9.5	31.5	40.0	40.0	40.0
印　度	India	372.6	1310.2	2678.1	1150.2	1150.2	1790.0
印度尼西亚	Indonesia	282.8	329.3	897.5	310.1	310.0	234.7
以色列	Israel	231.6	264.5	694.2			
日　本	Japan	3472.1	8288.1	10358.2	2455.0	2460.0	2460.0
哈萨克斯坦	Kazakhstan	15.9	57.8	246.5	184.0	192.0	216.4
韩　国	Korea, Rep.	958.6	2096.2	2874.8	43.9	45.8	46.4
老　挝	Laos	1.4	2.2	6.3	1.7	14.6	28.5
马来西亚	Malaysia	263.6	662.2	958.7	117.0	117.0	117.0
蒙　古	Mongolia	1.8	3.3	21.2	8.5		6.5
缅　甸	Myanmar	2.2	7.7		23.1	23.1	
巴基斯坦	Pakistan	15.0	98.2	131.2	209.1	209.8	207.0
菲律宾	Philippines	128.3	155.1	535.2	723.0	497.0	495.0
新加坡	Singapore	799.5	1152.6	2226.9	409.6	409.6	409.6
斯里兰卡	Sri Lanka	9.8	25.8	66.3	33.6	16.7	
泰　国	Thailand	319.3	501.5	1651.6	236.7	267.8	323.5
越　南	Viet Nam	34.2	90.5	120.5			
埃　及	Egypt	129.1	205.1	309.1	243.2	243.2	243.1
尼日利亚	Nigeria	99.1	282.8	323.4	68.7	68.7	68.7
南　非	South Africa	57.9	182.8	354.3	590.0	399.0	401.6
加拿大	Canada	290.2	306.6	448.9	120.0	10.0	10.0
墨西哥	Mexico	351.3	729.8	1149.3	24.9	10.8	22.7
美　国	United States	313.3	376.3	474.7	26160.0	26150.0	26149.9
阿根廷	Argentina	244.1	226.5	463.2		176.1	176.1
巴　西	Brazil	324.3	531.5	2761.5	211.8	108.0	108.0
委内瑞拉	Venezuela	126.3	234.5	91.9	1024.0	1147.0	1176.0
捷　克	Czech Rep.	129.9	291.3	380.0	45.0	44.2	40.8
法　国	France	321.1	240.0	362.1	9700.0	9085.2	7830.1
德　国	Germany	496.7	397.7	373.6	11151.9	11020.7	10934.4
意大利	Italy	224.2	235.3	356.8	7882.9	7882.9	7882.9
荷　兰	Netherlands	69.9	72.1	88.6	2931.5	2234.3	1969.1
波　兰	Poland	253.2	388.2	814.3	330.6	330.8	330.9
俄罗斯联邦	Russian Fed.	242.6	1370.0	4260.3	1235.9	1243.8	2535.5
西班牙	Spain	293.5	86.2	133.1	1700.0	1471.7	905.4
土耳其	Turkey	221.7	502.8	790.4	373.9	373.3	373.3
乌克兰	Ukraine	11.0	189.9	333.2	45.4	78.0	88.5
英　国	United Kingdom	460.8	582.2	502.7	1935.8	1029.2	997.5
澳大利亚	Australia	167.6	406.9	324.0	256.3	256.5	256.7
新西兰	New Zealand	30.0	63.1	139.5			

15-6 外债及其构成(2009年)
External Debts by Type(2009)

资料来源：世界银行WDI数据库。
Source: World Bank WDI Database.
单位：亿美元 (100 million USD)

国家和地区	Country or Area	外债总额 Total External Debt	长期外债 Long-term Debt	私人非担保外债 Private Nonguaranteed Debt	政府及政府担保外债 Public and Publicly Guaranteed Debt	国际货币基金组织贷款 Use of IMF Credit
中等收入国家	**Middle Income**	**34095.21**	**26423.91**	**13462.64**	**12961.27**	**462.27**
低收入国家	**Low Income**	**1355.93**	**1168.09**	**59.46**	**1108.63**	**59.51**
中　国	China	4284.42	1879.33	948.08	931.25	
孟加拉国	Bangladesh	238.20	212.06		212.06	6.75
柬埔寨	Cambodia	43.64	40.99		40.99	
印　度	India	2376.92	1947.41	1182.11	765.31	
印度尼西亚	Indonesia	1575.17	1388.54	528.34	860.20	
伊　朗	Iran	134.35	75.24		75.24	
哈萨克斯坦	Kazakhstan	1098.73	1011.97	987.10	24.87	
老　挝	Laos	55.39	55.23	26.01	29.23	0.16
马来西亚	Malaysia	663.90	426.96	213.32	213.64	
蒙　古	Mongolia	22.12	19.58	1.41	18.17	1.82
缅　甸	Myanmar	81.86	63.20		63.20	
巴基斯坦	Pakistan	537.10	447.49	32.65	414.84	74.95
菲律宾	Philippines	629.11	589.09	171.71	417.38	
斯里兰卡	Sri Lanka	172.08	146.14	9.67	136.47	7.21
泰　国	Thailand	587.55	308.73	196.89	111.85	
越　南	Viet Nam	286.74	234.03		234.03	0.84
埃　及	Egypt	332.57	306.96	0.74	306.22	
尼日利亚	Nigeria	78.46	43.32	1.75	41.57	
南　非	South Africa	421.01	288.27	137.64	150.63	
墨西哥	Mexico	1920.08	1686.72	692.99	993.74	
阿根廷	Argentina	1201.83	1006.46	277.23	729.23	
巴　西	Brazil	2769.32	2371.43	1498.26	873.17	
委内瑞拉	Venezuela	545.03	384.94	33.10	351.84	
俄罗斯联邦	Russian Fed.	3813.39	3507.15	2507.25	999.90	
土耳其	Turkey	2513.72	2036.89	1188.14	848.75	79.58
乌克兰	Ukraine	931.53	623.06	518.57	104.49	109.74

15-7 外债风险指标(2009年)

Risk Indicators on Foreign Debts(2009)

资料来源：世界银行WDI数据库。
Source: World Bank WDI Database.

单位：% (%)

国家和地区	Country or Area	政府及政府担保外债占出口比重 PPG Debt Service as Percentage of Exports	债务率 Present Value of Debt as Percentage of Exports of Goods and Services and Income	短期债务比重 Short-term Debt as Percentage of Total External Debt	偿债率 Total Debt Service as Percentage of Exports of Goods, Services and Income	外债本息占GNI比重 Total Debt Service as Percentage of GNI
中等收入国家	**Middle Income**	**3.69**		**21.14**	**11.47**	**3.37**
低收入国家	**Low Income**	**3.57**		**9.47**	**5.12**	**1.39**
中　国	China	0.60	24.56	56.14	2.90	0.83
孟加拉国	Bangladesh	5.29	89.83	8.14	5.61	0.98
柬埔寨	Cambodia	0.81	60.42	6.06	0.83	0.50
印　度	India	2.32	71.28	18.07	5.89	1.18
印度尼西亚	Indonesia	7.30	98.66	11.85	18.38	5.20
伊　朗	Iran			44.00		0.79
哈萨克斯坦	Kazakhstan	0.37	156.87	7.90	80.21	39.34
老　挝	Laos	5.52	232.74			4.17
马来西亚	Malaysia	3.13	26.50	35.69	5.22	5.86
蒙　古	Mongolia	3.74	56.66	3.26	4.81	2.82
缅　甸	Myanmar			22.79		
巴基斯坦	Pakistan	10.39	157.23	2.73	15.03	2.06
菲律宾	Philippines	12.53	90.41	6.36	18.53	6.13
斯里兰卡	Sri Lanka	12.08	135.73	10.89	15.58	3.42
泰　国	Thailand	0.83	27.70	47.45	6.78	5.01
越　南	Viet Nam	1.64	34.07	18.09	1.79	1.24
埃　及	Egypt	6.18	52.86	7.70	6.45	1.56
尼日利亚	Nigeria	0.68	8.07	44.79	0.81	0.31
南　非	South Africa	2.37	44.41	31.53	9.27	2.74
墨西哥	Mexico	6.73	61.33	12.15	15.98	4.64
阿根廷	Argentina	7.07	155.89	16.26	17.28	4.07
巴　西	Brazil	6.99	124.83	14.37	23.38	2.84
委内瑞拉	Venezuela	5.25	66.35	29.37	6.40	1.23
俄罗斯联邦	Russian Fed.	5.60	74.40	8.03	17.68	5.65
土耳其	Turkey	7.71	144.19	15.80	41.60	10.15
乌克兰	Ukraine	4.27	122.76	21.33	36.16	19.16

主要统计指标解释

经常账户 为货物、服务、收入差额与经常转移的贷方、借方之和。

货物进口 FOB 和货物出口 FOB 是指以出口国离岸价格计算的货物进口值或出口值。货物项目包括：一般货物、用于加工的货物、用于维修的货物、各种运输工具在港口购买的货物和非货币用黄金。

贸易差额 出口 FOB 与进口 FOB 的差额。贸易差额为正表示货物出口大于进口。反之，差额为负表示进口大于出口。

服务 包括运输、旅游、通讯服务、建筑服务、保险服务、金融服务、计算机和信息服务、专有权力使用费和特许费、体育、文化和娱乐服务、别处未提及的政府服务和其它商业服务。

货物和服务差额 为货物差额与服务借方、贷方之和。

收入 包括投资收益 （包括直接投资收益、证券投资收益和其他投资收益）和职工报酬。

货物、服务、收入差额 货物和服务差额与收入借方、贷方之和。

经常转移 经常转移包括政府间的经常转移和其他转移如雇员汇款等。贷方是指报告经济体接受的所有经常转移。借方是指由报告经济体提供的经常转移。

资本账户 资本账户贷方、借方之和。资本账户贷方包括：固定资产的获取，非生产、非金融资产的出让（但不包括债务减免）。资本账户借方包括：固定资产的出让，非生产、非金融资产的购买。

金融账户 为直接投资、证券投资、金融衍生工具和其他投资之和。

国外直接投资和在报告经济体内直接投资 反映了直接投资中资本的流动方向。直接投资资本包括股本资本、利润再投资、其他资本和同公司的子公司之间金融衍生品的交易，但不包括以股抵债的交易。

证券投资 包括股本证券和债务证券投资。

股本证券 包括股票和可以表明股本所有权的类似文件（如美国的存股证）。

债务证券 包括短期、中期和长期债券以及货币市场工具（一种期限为一年获一年以下的债券），以及各种可兑现的债券工具。

金融衍生工具 是同其他金融工具、指数、商品挂钩的一种金融工具。通过金融衍生工具，可以在金融市场中就具体的金融风险（如利率风险、外汇风险、股票和商品风险、信贷风险等）本身进行交易。

经常项目差额占 GDP 的比重 经常帐户差额是货物和服务的净出口，净收入，净经常转移的总和。

黄金储备（货币黄金） 一国当局拥有的、作为储备资产的黄金。参见国际储备。

外债总额 指欠非本地居民的，可用外币、货物或服务偿还的债务。它是长期公共债务、公共担保债务和私人非担保长期债务、IMF 贷款和短期外债的总和。

长期债务 指初始到期日或宽限期在一年以上的债务。它有三个构成部分：公共债务、公共担保债务和私人非担保债务。用现价美元表示。

短期债务 包括初始到期日为一年及一年期以下的所有债务和长期债务到期未付的利息。用现价美元表示。

Explanatory Notes on Main Statistical Indicators

Current Account is the sum of the balance on goods, services, and income, plus current transfers: credit, plus current transferse: debit.

Goods: Exports f.o.b. and Goods: Imports f.o.b. are both measured on the "free-on-board" (f.o.b.) basis—that is, by the value of the goods at the border of the exporting economy. The goods item covers general merchandise, goods for processing, repairs on goods, goods procured in ports by carriers, and nonmonetary gold.

Trade Balance is the balance of exports f.o.b. and imports f.o.b. A positive trade balance shows that merchandise exports are larger than merchandise imports, whereas a negative trade balance shows that merchandise imports are larger than merchandise exports.

Services comprise services in transportation, travel, communication, construction, insurance, finance, computer and information, royalties and license fees, other business, personal, cultural and recreational, and government, n.i.e.

Balance on Goods and Services is the sum of the balance on goods, plus services: credit, plus services: debit.

Income comprise (1) investment income (consisting of direct investment income, portfolio investment income, and other investment income), and (2) compensation of employees.

Balance on Goods, Services, and Income is the sum of the balance on goods and services, plus income: credit, plus income: debit.

Current Transfers. Credit comprise all current transfers received by the reporting economy. Current transfers comprise (1) general government transfers and (2) other sector transfers, including workers' remittances.

Current Transfers，Debit comprise all current transfers paid by the reporting economy.

Capital Account, n.i.e is the balance on the capital account (capital account, n.i.e.: credit, plus capital account: debit). Capital account, n.i.e.: credit covers (1) transfers linked to the acquisition of a fixed asset and (2) the disposal of nonproduced, nonfinancial assets. Capital account: debit covers (1) transfers linked to the disposal of fixed assets, and (2) acquisition of nonproduced, nonfinancial assets.

Financial Account, n.i.e. is the net sum of direct investment, portfolio investment, financial derivatives, and other investment.

Direct Investment Abroad and Direct Investment in the Reporting Economy, n.i.e. represent the flows of direct investment capital out of the reporting economy and those into the reporting economy, respectively. Direct investment includes equity capital, reinvested earnings, other capital, and financial derivatives associated with various intercompany transactions between affiliated enterprises. Excluded are flows of direct investment capital into the reporting economy for exceptional financing, such as debt-for-equity swaps.

Portfolio Investment includes Equity Securities and Debt Securities.

Equity Securities include shares, stocks, participation, and similar documents (such as American depository receipts) that usually denote ownership of equity.

Debt Securities covers (1) bonds, debentures, notes, etc., and (2) money market or negotiable debt instruments.

Financial Derivatives cover financial instruments that are linked to other specific financial instruments, indicators, or commodities, and through which specific financial risks (such as interest rate risk, foreign exchange risk, equity and commodity price risks, credit risk, etc.) can, in their own right, be traded in financial markets.

Current Account Blance as percentage of GDP Current account balance is the sum of net exports of goods, services, net income, and net current transfers.

Gold Reserves (Monetary Gold) Gold owned by the authorities and held as a reserve asset. See also international reserves.

External Debt Total Total external debt is debt owed to nonresidents repayable in foreign currency, goods, or services. Total external debt is the sum of public, publicly guaranteed, and private no guaranteed long-term debt, use of IMF credit, and short-term debt.

Long-term Debt Long-term debt is debt that has an original or extended maturity of more than one year. It has three components: public, publicly guaranteed, and private no guaranteed debt. Data are in current U.S. dollars.

Short-term Debt includes all debt having an original maturity of one year or less and interest in arrears on long-term debt. Data are in current U.S. dollars.

教育、科技、文化、卫生和社会保障

Education, Science and Technology, Culture, Health and Social Security

16-1　15岁及以上成人识字率

Adult Literacy Rate(As Percentage of People Ages 15 and Above)

资料来源：世界银行WDI数据库。
Source: World Bank WDI Database.
单位：%　　(%)

国家和地区	Country or Area	总计 Total		男性 Male		女性 Female	
		2000	2009	2000	2009	2000	2009
世　界	**World**	**81.80**	**83.68**	**86.84**	**88.31**	**76.86**	**79.24**
高收入国家	**High Income**	**98.19**	**98.42**	**98.54**	**98.73**	**97.87**	**98.11**
中等收入国家	**Middle Income**	**80.37**	**82.91**	**86.31**	**88.33**	**74.44**	**77.69**
低收入国家	**Low Income**	**57.42**	**61.40**	**65.87**	**68.56**	**49.40**	**54.45**
中　国	China	90.92	93.99	95.14	96.89	86.53	90.94
孟加拉国	Bangladesh		55.90		60.70		51.03
文　莱	Brunei Darussalam		95.29		96.82		93.67
柬埔寨	Cambodia	67.33①	77.59②	79.48①	85.08②	56.99①	70.86②
印　度	India		66.02③		76.88③		54.48③
印度尼西亚	Indonesia		92.19②		95.38②		89.10②
伊　朗	Iran		85.02②		89.28②		80.66②
老　挝	Laos	69.58		81.36		58.46	
马来西亚	Malaysia	88.69	92.46	91.97	94.58	85.35	90.29
蒙　古	Mongolia	97.77	97.49	98.02	97.06	97.53	97.90
缅　甸	Myanmar	89.89	92.03	93.86	94.73	86.37	89.51
巴基斯坦	Pakistan	42.70①	55.53②	55.30①	68.87②	29.04①	40.08②
菲律宾	Philippines	92.60	95.42②	92.55	95.01②	92.66	95.83②
新加坡	Singapore	92.55	94.71	96.57	97.46	88.65	91.95
斯里兰卡	Sri Lanka		90.56②		92.24②		89.07②
泰　国	Thailand	92.65	94.15③	94.90	95.88③	90.52	92.56③
埃　及	Egypt		66.37④		74.62④		57.81④
尼日利亚	Nigeria		60.82		71.96		49.81
墨西哥	Mexico	90.54	93.44	92.56	94.92	88.68	92.12
阿根廷	Argentina		97.73		97.71		97.75
巴　西	Brazil	86.37	90.04②	86.23	89.84②	86.50	90.22②
委内瑞拉	Venezuela		95.16③		95.38③		94.93③
意大利	Italy		98.87		99.16		98.60
俄罗斯联邦	Russian Fed.		99.56		99.71		99.43
土耳其	Turkey		90.82		96.38		85.35
乌克兰	Ukraine		99.69		99.79		99.61

注：①1998年数据。②2008年数据。③2007年数据。④2006年数据。
Note:①Data refer to 1998.②Data refer to 2008.③Data refer to 2007.④Data refer to 2006.

16-2 大中小学生入学率

Tertiary,Secondary and Primary School Enrollment Ratio

资料来源：世界银行WDI数据库。
Source: World Bank WDI Database.
单位：% (%)

国家和地区	Country or Area	大学生粗入学率 Tertiary, Gross		中学生粗入学率 Secondary, Gross		小学生粗入学率 Primary,Gross	
		2000	2009	2000	2009	2000	2009
世　界	**World**	**18.87**	**27.07**	**59.88**	**68.03**	**98.79**	**107.12**
高收入国家	**High Income**	**55.91**	**69.68**	**99.37**	**100.16**	**100.98**	**101.41**
中等收入国家	**Middle Income**	**14.61**	**24.14**	**58.80**	**68.80**	**102.24**	**108.61**
低收入国家	**Low Income**	**4.18**	**6.67**	**29.32**	**38.76**	**79.89**	**104.33**
中　国	China	7.80	24.53	61.10	78.19		112.74
中国香港	Hong Kong, China		56.63		82.08	103.21	103.99
中国澳门	Macao, China	26.72	62.94	79.11	91.86	102.78	99.62
孟加拉国	Bangladesh	4.85	7.86	43.97	42.29①		95.14
文　莱	Brunei Darussalam	12.86	17.15	85.48	98.20	110.77	106.53
柬 埔 寨	Cambodia	2.06	10.00	17.98	40.36②	102.16	116.48
印　度	India	9.57	13.48②	46.16	60.02①	94.15	116.89①
印度尼西亚	Indonesia		23.50	56.23	79.46	112.74	120.82
伊　朗	Iran	17.82	36.49	81.50	83.08	108.80	102.76
以 色 列	Israel	49.67	62.55	92.33	89.10	113.21	111.09
日　本	Japan	47.68	58.63	101.46	101.02	100.35	102.29
哈萨克斯坦	Kazakhstan	28.19	41.05	93.01	94.91	97.13	108.75
韩　国	Korea, Rep.	78.34	100.02	97.22	97.22	100.79	104.29
老　挝	Laos	2.71	13.37①	34.49	43.86①	110.87	121.00
马来西亚	Malaysia	25.91	36.46①	64.99	68.71①	97.03	94.65①
蒙　古	Mongolia	30.07	52.74	64.77	92.25	103.03	110.09
缅　甸	Myanmar		10.74②	38.37	53.11	103.44	115.82
巴基斯坦	Pakistan		6.41		33.06	69.32	85.09
菲 律 宾	Philippines		28.69①		82.46①		110.09①
斯里兰卡	Sri Lanka						96.88
泰　国	Thailand	36.75	44.60		75.63	94.22	91.06
越　南	Viet Nam	9.60		64.62		106.38	
埃　及	Egypt		28.45①	75.78	67.20	93.09	101.10
尼日利亚	Nigeria			24.86	30.49②	95.46	89.48
南　非	South Africa	14.35		85.50	93.87	106.08	101.17
加 拿 大	Canada	59.33		102.90	102.21②	99.48	98.43②
墨 西 哥	Mexico	19.55	27.87	73.26	90.19	110.93	116.59
美　国	United States	67.50	85.93	92.91	93.58	99.87	98.25
阿 根 廷	Argentina	53.37	69.38①	87.60	85.86①	115.13	116.73①
巴　西	Brazil	16.06	37.57	104.16	90.20	150.51	120.37
委内瑞拉	Venezuela	28.43	78.21	59.32	82.15	101.52	103.22
捷　克	Czech Rep.	29.42	60.87	87.98	95.09	103.27	103.46
法　国	France	53.30	55.32	108.80	113.01	105.35	108.67
德　国	Germany			98.59	101.72	105.54	103.57
意 大 利	Italy	48.63	67.20①	93.28	100.51①	103.11	103.35①
荷　兰	Netherlands	52.09	61.57	122.69	120.81	108.05	106.91
波　兰	Poland	49.70	71.35	100.39	98.94	98.62	97.11
俄罗斯联邦	Russian Fed.	55.23	77.19①		84.81①	106.14	96.83①
西 班 牙	Spain	59.33	73.35	111.02	120.82	105.33	107.22
土 耳 其	Turkey	23.24	38.37①	70.49	81.96①	97.54	99.30①
乌 克 兰	Ukraine	48.95	81.11	98.97	94.45	109.12	97.53
英　国	United Kingdom	58.13	59.00	101.78	98.99①	100.83	106.43①
澳大利亚	Australia	65.48	82.33	161.78	132.69	100.80	106.42
新 西 兰	New Zealand	65.98	83.50	110.38	126.29	98.86	101.17

注：①2008年数据。②2007年数据。
Note:①Data refer to 2008.②Data refer to 2007.

16-3 每个学生教育支出占人均国内生产总值比重

Expenditure per Student as Percentage of GDP per Capita

资料来源：世界银行WDI数据库。
Source: World Bank WDI Database.

单位：% (%)

国家和地区	Country or Area	大学生教育支出占人均国内生产总值比重 Tertiary School Student		中学生教育支出占人均国内生产总值比重 Secondary School Student		小学生教育支出占人均国内生产总值比重 Primary School Student	
		2000	2009	2000	2009	2000	2009
高收入国家	**High Income**	**30.49**	**26.96①**	**22.75**	**25.52①**	**18.10**	**20.10①**
中国香港	Hong Kong, China		56.30		16.76		13.78
孟加拉国	Bangladesh	45.88	39.77②	11.52	14.88①		10.68①
柬 埔 寨	Cambodia		8.49②			5.93	
印　　度	India	94.97		24.84		14.55	
伊　　朗	Iran		22.17		21.01		15.15
以 色 列	Israel	29.19	21.28①	20.86	20.40①	19.58	19.46①
日　　本	Japan	17.70	20.95①	21.16	22.28①	21.64	21.48①
哈萨克斯坦	Kazakhstan		7.89②				
老　　挝	Laos	70.61		5.51		3.90	
马来西亚	Malaysia	81.14	33.87①	21.75	12.37①	12.48	14.22①
菲 律 宾	Philippines	15.39	9.55②	10.97	9.09②	12.84	8.98②
泰　　国	Thailand	36.04	22.32		9.13	17.82	23.99
南　　非	South Africa	55.10	44.36②	17.71	17.67	13.88	15.10
加 拿 大	Canada	49.99					
墨 西 哥	Mexico		37.03②		13.44②	13.01	13.25②
美　　国	United States		21.05①	22.71	24.68①	19.06	22.44①
阿 根 廷	Argentina	17.73	16.60①	17.62	23.87①	12.77	16.01①
巴　　西	Brazil	55.49	29.65②	10.30	18.02②	10.68	17.30②
白俄罗斯	Belarus		15.01				
捷　　克	Czech Rep.	30.49	25.72①	21.18	22.77①	11.50	13.62①
法　　国	France	29.17	35.62①	28.10	26.76①	17.33	17.34①
德　　国	Germany			21.55	21.79②	15.35	15.63②
意 大 利	Italy	26.62	24.96①	26.66	26.73①	23.19	24.45①
荷　　兰	Netherlands	45.37	41.42①	22.78	24.91①	15.44	17.16①
波　　兰	Poland	17.65	16.58②		21.98②		24.34②
俄罗斯联邦	Russian Fed.	10.95	14.19①				
西 班 牙	Spain	20.54	27.25①	23.24	25.80①	17.53	20.33①
土 耳 其	Turkey	33.50		9.59		9.85	
乌 克 兰	Ukraine	36.48	25.14②	11.20		7.64	
英　　国	United Kingdom	22.95	22.29①	24.29	29.03①	14.13	23.38①
澳大利亚	Australia	25.65	19.79①	13.28	14.37①	15.88	16.79①
新 西 兰	New Zealand		30.97	22.42	18.72	20.02	17.85

注：①2008年数据。②2007年数据。
Note:①Data refer to 2008.②Data refer to 2007.

16-4 研究与开发经费支出和公共教育经费支出占国内生产总值比重
Research and Development Expenditure and Public Spending on Education as Percentage of GDP

资料来源：世界银行WDI数据库。
Source: World Bank WDI Database.
单位：%　　(%)

国家和地区	Country or Area	研究与开发经费支出占国内生产总值比重 Research and Development Expenditure as of GDP		公共教育经费支出占国内生产总值比重 Public Spending on Education, Total as of GDP	
		2000	2008	2000	2008
世　界	**World**	**2.15**	**2.07①**	**4.06**	**4.45**
高收入国家	**High Income**	**2.43**	**2.29**	**4.88**	**5.37**
中等收入国家	**Middle Income**	**0.66**	**0.98①**	**3.96**	**4.34**
中　国	China	0.90	1.44①		
中国香港	Hong Kong, China	0.47	0.81②		3.34
中国澳门	Macao, China			3.68	2.14
孟加拉国	Bangladesh			2.38	2.39
文　莱	Brunei Darussalam			3.71	
柬埔寨	Cambodia			1.67	1.60
印　度	India	0.77	0.80①	4.41	
印度尼西亚	Indonesia	0.07			2.82
伊　朗	Iran		0.67②	4.39	4.79
以色列	Israel	4.32	4.86	6.49	5.92
日　本	Japan	3.04	3.44①	3.67	3.42
哈萨克斯坦	Kazakhstan	0.18	0.22	3.26	
韩　国	Korea, Rep.	2.30	3.21①		4.80
老　挝	Laos			1.50	2.27
马来西亚	Malaysia	0.47	0.64②	5.97	4.11
蒙　古	Mongolia	0.20	0.23①	5.79	
缅　甸	Myanmar	0.11		0.57	
巴基斯坦	Pakistan	0.13	0.67①	1.84	2.93
菲律宾	Philippines			3.49	2.81
新加坡	Singapore	1.88	2.52①		2.64
斯里兰卡	Sri Lanka	0.14	0.17②		
泰　国	Thailand	0.25	0.25②	5.41	3.75
越　南	Viet Nam				5.32
埃　及	Egypt	0.19	0.23①		3.76
南　非	South Africa			5.59	5.09
加拿大	Canada	1.91	0.93①	5.56	4.77
墨西哥	Mexico	0.37	1.84	4.86	
美　国	United States	2.75	0.38①		5.46
阿根廷	Argentina	0.44	2.83	4.60	5.39
巴　西	Brazil	1.02	0.51①	4.01	
委内瑞拉	Venezuela	0.38	1.10①		
捷　克	Czech Rep.	1.21	1.47	3.97	4.09
法　国	France	2.15	2.02	5.67	5.58
德　国	Germany	2.45	2.54①	4.46	
意大利	Italy	1.05	1.18	4.47	4.58
荷　兰	Netherlands	1.83	1.63	4.96	5.46
波　兰	Poland	0.64	0.61	5.01	
俄罗斯联邦	Russian Fed.	1.05	1.03	2.94	4.09
西班牙	Spain	0.91	1.34	4.28	4.62
土耳其	Turkey	0.48	0.72①	2.59	
乌克兰	Ukraine	0.96	0.85①	4.17	
英　国	United Kingdom	1.81	1.88	4.51	5.42
澳大利亚	Australia	1.51	2.06②	4.69	4.43
新西兰	New Iealand		1.26①		6.16①

注：①2007年数据。②2006年数据。
Note:①Data refer to 2007.②Data refer to 2006.

16-5 每百万人中研究人员和技术人员数

Researchers and Technicians in R&D (per Million People)

资料来源：世界银行WDI数据库。
Source: World Bank WDI Database.
单位：人 (person)

国家和地区	Country or Area	每百万人中研究人员数 Researchers in R&D (per million people)			每百万人中技术人员数 Technicians in R&D (per million people)		
		2000	2005	2008	2000	2005	2008
高收入国家	**High Income**	**3430.89**	**3844.82**	**3949.00①**			
中等收入国家	**Middle Income**	**496.57**	**596.53**				
中　国	China	548.61	852.50	1070.94②			
中国香港	Hong Kong, China	1159.19	2618.74	2649.97①	206.10	340.85	459.25①
印　度	India	111.20	136.94		86.37	93.58	
印度尼西亚	Indonesia	219.14					
日　本	Japan	5110.83	5531.24	5572.97②	623.11	562.78	588.87②
哈萨克斯坦	Kazakhstan	602.44	783.01		79.11	83.49	
韩　国	Korea, Rep.	2334.09	3780.23	4627.16②	456.65	552.31	719.93②
马来西亚	Malaysia	275.98		371.50①	39.57		43.78①
巴基斯坦	Pakistan		76.53	152.09②		39.03	64.17②
新加坡	Singapore	4139.23	5575.23	6087.88②	338.45	556.52	528.51②
斯里兰卡	Sri Lanka	135.18		93.03①			64.56①
南　非	South Africa		359.93	392.90②		109.17	123.25②
加拿大	Canada	3518.35	4233.10	4260.42①	1237.27	1633.42	1690.12①
墨西哥	Mexico		417.00	352.88②		244.91	186.41②
美　国	United States	4480.86	4584.39	4663.28①			
阿根廷	Argentina	715.24	822.79	979.50②	157.99	201.08	195.79②
巴　西	Brazil	367.46	588.04	694.20	317.39		
委内瑞拉	Venezuela	61.25	121.53	187.09	7.33	2.40	
捷　克	Czech Rep.	1354.80	2370.75	2886.36	715.84	1350.96	1466.47
法　国	France	2910.12	3319.07	3496.05②		1723.74	1879.51②
德　国	Germany	3141.94	3302.42	3532.23②		1147.67	1301.27②
意大利	Italy	1157.47	1406.59	1615.72			
荷　兰	Netherlands	2644.59	2866.27	3088.89	1529.84	1825.04	1676.51②
波　兰	Poland	1435.59	1627.35	1622.68	355.11	234.23	190.65
俄罗斯联邦	Russian Fed.	3452.79	3244.94	3191.17	569.24	518.64	493.27
西班牙	Spain	1904.16	2548.06	2944.41	636.36	926.69	1142.78②
土耳其	Turkey	347.32	549.94	680.35②	35.53	66.78	101.64②
英　国	United Kingdom	2895.29	4125.40	4269.18		688.57	893.31
澳大利亚	Australia	3442.78		4224.33①			992.79①
新西兰	New Zealand		4192.84	4364.61②		765.59	894.39②

注：①2006年数据。②2007年数据。
Note:①Data refer to 2006.②Data refer to 2007.

16-6 高技术产品出口额占制成品出口额的比重
High-technology Exports as Percentage of Manufactured Exports

资料来源：世界银行WDI数据库。
Source: World Bank WDI Database.
单位：%　　(%)

国家和地区	Country or Area	1990	2000	2005	2007	2008	2009
世　界	**World**	**17.45**	**23.10**	**20.52**	**18.66**	**18.16**	**19.56**
高收入国家	**High Income**	**18.17**	**24.14**	**21.12**	**18.74**	**18.66**	**19.36**
中等收入国家	**Middle Income**		**19.22**	**18.81**	**18.58**	**16.95**	**20.12**
低收入国家	**Low Income**		**3.62**	**2.59**	**3.41**		
中　国	China		18.58	30.60	29.68	28.66	30.98
中国香港	Hong Kong, China		23.28	15.59	19.33	22.42	31.25
中国澳门	Macao, China	1.55	0.88	0.72	1.06	2.05	4.32
孟加拉国	Bangladesh	0.13	0.20	0.19	0.84		
柬埔寨	Cambodia		0.08			0.09	
印　度	India	2.40	4.76	4.74	5.28	5.69	8.60
印度尼西亚	Indonesia	1.23	16.16	16.30	10.73	10.64	12.66
伊　朗	Iran		1.88	2.41			
以色列	Israel	10.45	25.09	13.93	7.54	16.37	22.93
日　本	Japan	23.85	28.35	22.47	18.97	17.87	19.56
哈萨克斯坦	Kazakhstan		3.57	11.27	21.44	21.92	29.97
韩　国	Korea, Rep.	17.84	34.82	32.33	33.45	30.77	32.00
马来西亚	Malaysia	38.18	59.54	54.60	52.19	39.65	47.11
蒙　古	Mongolia		0.47	0.09	7.51		
巴基斯坦	Pakistan	0.07	0.39	1.39	1.37	1.88	1.72
菲律宾	Philippines		72.58	70.73	68.86	66.28	65.55
新加坡	Singapore	39.66	62.56	56.58	46.40	50.77	49.06
斯里兰卡	Sri Lanka	0.53		2.29	2.07	1.85	0.92
泰　国	Thailand	20.72	33.26	26.58	26.47	25.39	26.15
越　南	Viet Nam		11.01	5.34	8.93	4.90	
埃　及	Egypt		0.29	0.37	0.16	0.99	
尼日利亚	Nigeria		0.40		0.91	0.33	2.56
南　非	South Africa		6.97	6.58	5.66	5.22	5.57
加拿大	Canada	13.67	18.60	13.15	14.33	14.83	17.53
墨西哥	Mexico	8.29	22.39	19.55	17.09	19.41	21.77
美　国	United States	33.04	33.66	29.92	28.54	27.12	22.97
阿根廷	Argentina		9.11	6.57	6.62	9.02	8.70
巴　西	Brazil	7.09	18.56	12.84	11.95	11.97	13.90
委内瑞拉	Venezuela	3.85	2.83	2.29		3.46	4.16
捷　克	Czech Rep.		8.15	12.75	14.13	14.26	15.53
法　国	France	16.10	24.30	20.02	18.86	20.24	23.00
德　国	Germany	11.08	18.01	16.95	14.22	13.52	15.53
意大利	Italy	7.56	9.28	7.77	6.63	6.68	7.77
荷　兰	Netherlands	16.38	35.45	30.52	25.71	22.21	24.07
波　兰	Poland		3.30	3.85	3.76	5.24	
俄罗斯联邦	Russian Fed.		17.23	8.15	6.94	6.52	9.33
西班牙	Spain	6.40	7.64	7.05	5.16	5.30	
土耳其	Turkey	1.19	4.86	1.51	2.04	1.74	1.87
乌克兰	Ukraine		5.15	3.66	3.58	3.22	
英　国	United Kingdom	23.57	32.07	28.02	19.51	19.23	22.59
澳大利亚	Australia	8.22	15.22	12.74	11.16	11.81	13.04
新西兰	New Zealand	4.42	9.60	10.04	9.46	8.93	9.53

16-7 专利申请数量

Patent Applications

资料来源：世界银行WDI数据库。
Source: World Bank WDI Database.
单位：件 (unit)

国家和地区	Country or Area	居民专利申请数量 Residents			非居民专利申请数量 Non-residents		
		2000	2005	2009	2000	2005	2009
世　界	**World**	**821909**	**962134**	**1012033①**	**438977**	**582953**	**575469①**
高收入国家	**High Income**	**752959**	**811882**	**764583**	**331533**	**406269**	**406316**
中等收入国家	**Middle Income**	**68740**	**144299**	**189167①**	**107105**	**176265**	**128347①**
低收入国家	**Low Income**	**928**	**527**	**485①**	**1559**	**2247**	**202①**
中　国	China	25346	93485	229096	26560	79842	85477
中国香港	Hong Kong, China	51	156	149	8244	11607	11708
中国澳门	Macao, China		3	1		119	123
孟加拉国	Bangladesh	70	50	29①	248	294	270①
文　莱	Brunei Darussalam				21	26	42
印　度	India	2179	4521		6324	19984	
印度尼西亚	Indonesia	156	234		3733	4069	
伊　朗	Iran		4051			443	
以色列	Israel	1599	316	1387	5203	4808	5387
日　本	Japan		367960	295315		59118	53281
哈萨克斯坦	Kazakhstan	1399	1523	11②	116	103	162②
韩　国	Korea, Rep.	72831	122188	127316	29179	38733	36207
马来西亚	Malaysia	206	522	818②	6021	5764	4485②
蒙　古	Mongolia		100			87	
巴基斯坦	Pakistan	46	143	170②	1149	1141	1375②
菲律宾	Philippines	154	210	216②	3482	2141	3095②
新加坡	Singapore	516	569	750	7720	8036	7986
斯里兰卡	Sri Lanka	71	149	201②	250	211	264②
泰　国	Thailand	561	891	802②	4488	5449	5939②
越　南	Viet Nam	34	180		1210	1767	
埃　及	Egypt	534	428	490	1081	1008	1452
南　非	South Africa					5554	
加拿大	Canada	4187	5183	5067	35435	34705	32410
墨西哥	Mexico	431	584	822	12630	13851	13459
美　国	United States	164795	207867	224912	131100	182866	231194
巴　西	Brazil	3080	3905	4023①	14296	16100	17802①
委内瑞拉	Venezuela	56			2292		
捷　克	Czech Rep.	555	586	789	4384	244	92
法　国	France	13870	14327	14295	3483	2948	1809
德　国	Germany	51736	48367	47859	10406	11855	11724
意大利	Italy	7877		8814	1396		903
荷　兰	Netherlands	2465	2217	2575	529	633	279
波　兰	Poland	2404	2028	2899	4899	4555	241
俄罗斯联邦	Russian Fed.	23377	23644	25598	8960	8609	12966
西班牙	Spain	2710	3040	3596	484	313	207
土耳其	Turkey	277	928	2555	3156	218	177
乌克兰	Ukraine	5620	3538	2434	1604	2054	2380
英　国	United Kingdom	22050	17833	15985	10697	10155	6480
澳大利亚	Australia	1928	2555	2821②	20073	21302	23525②
新西兰	New Zealand	1463	1893	1555	5585	5112	4803

注：①2007年数据。②2008年数据。
Note:①Data refer to 2007.②Data refer to 2008.

16-8 享有卫生设施和清洁饮用水源人口占总人口比重
Percentage of Population with Access to Improved Sanitation Facilities and Water Source

资料来源：世界银行WDI数据库。
Source: World Bank WDI Database.
单位：% (%)

国家和地区	Country or Area	享有卫生设施人口占总人口比重 Percentage of Population with Access to Improved Sanitation Facilities			享有清洁饮用水源人口占总人口比重 Percentage of Population with Access to Improved Water Source		
		2000	2005	2008	2000	2005	2008
世　界	**World**	**57**	**59**	**61**	**83**	**85**	**87**
高收入国家	**High Income**	**99**	**99**	**100**	**99**	**99**	**100**
中等收入国家	**Middle Income**	**52**	**55**	**56**	**82**	**86**	**88**
低收入国家	**Low Income**	**32**	**34**	**35**	**58**	**62**	**63**
中　国	China	49	53	55	80	86	89
孟加拉国	Bangladesh	46	50	53	79	80	80
柬埔寨	Cambodia	17	24	29	46	56	61
印　度	India	25	28	31	81	85	88
印度尼西亚	Indonesia	44	49	52	77	80	80
以色列	Israel	100	100	100	100	100	100
日　本	Japan	100	100	100	100	100	100
哈萨克斯坦	Kazakhstan	97	97	97	96	96	95
韩　国	Korea, Rep.	100	100	100	93	96	98
老　挝	Laos	26	43	53	48	54	57
马来西亚	Malaysia	92	96	96	97	100	100
蒙　古	Mongolia	49	49	50	66	73	76
缅　甸	Myanmar	65	81	81	66	71	71
巴基斯坦	Pakistan	37	41	45	88	89	90
菲律宾	Philippines	69	73	76	88	90	91
新加坡	Singapore	100	100	100	100	100	100
斯里兰卡	Sri Lanka	82	88	91	80	86	90
泰　国	Thailand	93	96	96	96	98	98
越　南	Viet Nam	57	68	75	79	88	94
埃　及	Egypt	86	93	94	96	98	99
尼日利亚	Nigeria	34	32	32	53	57	58
南　非	South Africa	73	75	77	86	89	91
加拿大	Canada	100	100	100	100	100	100
墨西哥	Mexico	76	82	85	90	93	94
美　国	United States	100	100	100	99	99	99
阿根廷	Argentina	91	90	90	96	96	97
巴　西	Brazil	75	78	80	93	95	97
委内瑞拉	Venezuela	89	91		92	93	
捷　克	Czech Rep.	98	98	98	100	100	100
法　国	France	100	100	100	100	100	100
德　国	Germany	100	100	100	100	100	100
意大利	Italy				100	100	100
荷　兰	Netherlands	100	100	100	100	100	100
波　兰	Poland	90	90	90	100	100	100
俄罗斯联邦	Russian Fed.	87	87	87	95	96	96
西班牙	Spain	100	100	100	100	100	100
土耳其	Turkey	87	89	90	93	97	99
乌克兰	Ukraine	95	95	95	97	98	98
英　国	United Kingdom	100	100	100	100	100	100
澳大利亚	Australia	100	100	100	100	100	100
新西兰	New Zealand				100	100	100

16-9 医疗支出占国内生产总值比重及人均医疗支出
Health Expenditure as Percentage of GDP and Per Capita Health Expenditure

资料来源：世界银行WDI数据库。
Source: World Bank WDI Database.

国家和地区	Country or Area	医疗支出占国内生产总值的比重(%) Health Expenditure, Total as Percentage of GDP(%)			人均医疗支出(美元) Health Expenditure per Capita (USD)		
		2000	2005	2009	2000	2005	2009
世　界	**World**	**9.23**	**9.73**	**10.04**	**486.48**	**685.99**	**863.58**
高收入国家	**High Income**	**10.12**	**10.92**	**11.84**	**2562.42**	**3661.00**	**4456.81**
中等收入国家	**Middle Income**	**5.35**	**5.42**	**5.60**	**72.13**	**110.31**	**189.07**
低收入国家	**Low Income**	**4.00**	**4.83**	**5.13**	**11.43**	**15.31**	**24.94**
中　国	China	4.62	4.73	4.57	43.72	80.58	177.15
孟加拉国	Bangladesh	2.82	3.21	3.35	9.09	12.08	18.43
文　莱	Brunei Darussalam	3.01	2.49	3.00	540.70	640.08	790.73
柬埔寨	Cambodia	5.76	6.38	5.94	16.54	28.94	42.10
印　度	India	4.61	4.03	4.17	20.68	29.97	44.80
印度尼西亚	Indonesia	1.97	2.06	2.36	15.84	26.84	55.44
伊　朗	Iran	4.60	5.67	5.52	225.62	153.83	268.76
以色列	Israel	7.32	7.63	7.56	1450.87	1477.55	1966.47
日　本	Japan	7.69	8.16	8.35	2827.45	2907.88	3321.47
哈萨克斯坦	Kazakhstan	4.16	4.07	4.48	50.87	152.99	330.11
韩　国	Korea, Rep.	4.79	5.73	6.49	543.06	1005.40	1107.95
老　挝	Laos	3.19	4.27	4.06	10.24	20.84	35.83
马来西亚	Malaysia	3.18	4.13	4.81	128.12	222.07	336.44
蒙　古	Mongolia	4.90	3.79	4.74	22.34	34.27	74.20
缅　甸	Myanmar	2.12	2.12	2.02	3.26	4.92	12.47
巴基斯坦	Pakistan	3.03	2.78	2.62	14.56	18.34	22.56
菲律宾	Philippines	3.43	3.65	3.82	33.47	42.12	66.88
新加坡	Singapore	2.80	3.04	3.91	648.25	897.16	1501.33
斯里兰卡	Sri Lanka	3.72	4.04	3.96	33.12	50.54	83.62
泰　国	Thailand	3.40	3.55	4.31	66.84	94.90	167.70
越　南	Viet Nam	5.44	5.97	7.21	21.54	37.57	79.71
埃　及	Egypt	5.43	5.25	5.02	75.78	63.39	113.30
尼日利亚	Nigeria	4.56	6.60	5.82	16.95	52.61	69.30
南　非	South Africa	8.47	8.81	8.51	250.68	452.94	485.43
加拿大	Canada	8.84	9.39	10.91	2082.27	3297.81	4379.76
墨西哥	Mexico	5.07	5.87	6.47	324.25	471.54	514.80
美　国	United States	13.41	14.72	16.21	4703.47	6258.60	7410.16
阿根廷	Argentina	8.95	8.45	9.53	688.97	399.86	730.17
巴　西	Brazil	7.16	8.17	9.05	265.19	387.27	734.05
委内瑞拉	Venezuela	5.69	5.43	6.02	273.12	295.53	686.35
捷　克	Czech Rep.	6.55	7.24	7.64	361.61	879.69	1383.65
法　国	France	10.07	11.10	11.72	2184.26	3801.85	4797.97
德　国	Germany	10.29	10.69	11.33	2366.05	3635.10	4628.77
意大利	Italy	8.06	8.59	9.51	1546.86	2613.41	3327.63
荷　兰	Netherlands	7.96	9.83	10.81	1908.71	3861.65	5163.74
波　兰	Poland	5.52	6.21	7.13	246.98	494.20	803.65
俄罗斯联邦	Russian Fed.	5.40	5.19	5.44	96.01	278.14	475.25
西班牙	Spain	7.21	8.29	9.69	1030.06	2150.71	3075.01
土耳其	Turkey	4.95	5.45	6.74	204.49	382.19	570.97
乌克兰	Ukraine	5.56	6.91	6.99	35.54	126.80	179.57
英　国	United Kingdom	7.05	8.26	9.34	1766.67	3115.71	3285.05
澳大利亚	Australia	8.03	8.43	8.51	1728.46	3157.75	3867.43
新西兰	New Zealand	7.72	8.85	9.73	1054.71	2379.93	2633.63

16-10 每千人口医生数和病床数

Physician and Hospital Bed per 1000 Persons

资料来源：世界银行WDI数据库。
Source: World Bank WDI Database.

国家和地区	Country or Area	每千人口医生数（人）Physicians per 1000 Persons(person)			每千人口病床数（张）Hospital Beds per 1000 Persons(unit)		
		2000	2005	2009	2000	2005	2009
高收入国家	**High Income**	**2.66**		**2.86**	**6.45**	**5.95**	**5.94①**
中等收入国家	**Middle Income**		**1.30**	**1.24**		**2.39**	
中　国	China	1.64	1.51	1.42	2.52	2.45	4.06
孟加拉国	Bangladesh		0.30	0.30②		0.40	
文　莱	Brunei Darussalam	1.01		1.42①	2.60	3.00	2.71①
柬埔寨	Cambodia	0.16		0.23①			
印　度	India		0.60			0.90	
印度尼西亚	Indonesia	0.16		0.29②			
伊　朗	Iran		0.89			1.72	1.38③
以色列	Israel	3.77		3.63②	6.14	6.30	5.83②
日　本	Japan	1.90		2.06③	14.70	14.10	13.75①
哈萨克斯坦	Kazakhstan	3.29	3.70	3.80	7.19	7.70	7.60
韩　国	Korea, Rep.	1.30		1.97①	6.10		12.28①
老　挝	Laos		0.27			1.20	
马来西亚	Malaysia	0.70		0.94①		1.80	1.82
蒙　古	Mongolia			2.76①			5.89
缅　甸	Myanmar	0.30		0.46①	0.70		0.60③
巴基斯坦	Pakistan		0.80	0.81		1.20	0.60
菲律宾	Philippines	0.59					0.50③
新加坡	Singapore			1.83		3.20	3.14①
斯里兰卡	Sri Lanka	0.43		0.49③	2.90		
泰　国	Thailand	0.37			2.20		
越　南	Viet Nam			1.22①		2.60	2.87①
埃　及	Egypt	2.12	2.43	2.83		2.20	1.70
尼日利亚	Nigeria	0.27		0.40①	1.20		
南　非	South Africa					2.84	
加拿大	Canada	2.10		1.91③	3.40	3.40	3.40①
墨西哥	Mexico	1.98			1.10		1.60①
美　国	United States	2.56			3.50	3.20	3.10①
阿根廷	Argentina		3.21		4.10	4.00	
巴　西	Brazil	1.15		1.72②		2.40	2.40
委内瑞拉	Venezuela						1.30②
捷　克	Czech Rep.	3.40		3.63①	8.80	8.40	7.18①
法　国	France	3.30		3.50①	8.10	7.28	7.11①
德　国	Germany	3.30		3.53①	9.10	8.40	8.17①
意大利	Italy	4.20		4.24①	4.70	4.00	3.70①
荷　兰	Netherlands	3.20	3.71	3.92②	4.80		4.25①
波　兰	Poland	2.20	1.97	2.14①	4.90	5.20	6.62①
俄罗斯联邦	Russian Fed.	4.21	4.00	4.31③	10.89	9.70	9.66③
西班牙	Spain	3.20		3.71	4.10	3.40	3.22①
土耳其	Turkey	1.30	1.30	1.64	2.60	2.60	2.41①
乌克兰	Ukraine	2.98		3.13③	8.82	8.70	8.73③
英　国	United Kingdom	1.90		2.74	4.20		3.38①
澳大利亚	Australia	2.50		2.99	7.80	4.00	3.82
新西兰	New Zealand	2.20		2.38②			

注：①2008年数据。②2007年数据。③2006年数据。
Note:①Data refer to 2008.②Data refer to 2007.③Data refer to 2006.

16-11 公共社会保障支出占国内生产总值比重

Social Securtiy Expenditure as Percentage of Gross Domestic Product

资料来源：经合组织OLIS数据库。
Source:OECD OLIS Database.
单位：% (%)

国家和地区	Country or Area	2000	2004	2005	2006	2007
澳大利亚	Australia	17.32	17.12	16.52	16.09	16.02
奥地利	Austria	26.72	27.70	27.36	26.97	26.42
比利时	Belgium	25.42	26.50	26.45	26.42	26.35
加拿大	Canada	16.50	17.06	17.02	16.94	16.86
捷克	Czech Rep.	19.80	19.74	19.53	19.05	18.79
丹麦	Denmark	25.68	27.68	27.21	26.59	26.10
芬兰	Finland	24.34	26.04	26.12	25.91	24.93
法国	France	27.72	29.04	28.97	28.59	28.40
德国	Germany	26.56	27.14	27.23	26.15	25.16
希腊	Greece	19.16	19.89	20.96	21.26	21.33
匈牙利	Hungary	20.44	21.76	22.81	23.06	23.09
冰岛	Iceland	15.25	17.38	16.33	15.87	14.59
爱尔兰	Ireland	13.27	15.96	15.76	15.75	16.31
意大利	Italy	23.28	24.68	24.98	25.09	24.86
日本	Japan	16.54	18.22	18.59	18.44	18.70
韩国	Korea, Rep.	4.80	6.02	6.45	7.34	7.52
卢森堡	Luxemburg	19.78	23.87	23.00	21.79	20.65
墨西哥	Mexico	5.30	6.56	6.83	6.97	7.21
荷兰	Netherlands	19.78	21.15	20.71	20.30	20.08
挪威	Norway	21.31	23.35	21.71	20.44	20.80
波兰	Poland	20.75	21.66	21.28	21.01	20.01
葡萄牙	Portugal	18.88	22.38	22.90	22.94	22.52
斯洛伐克	Slovakia	17.92	16.46	16.32	15.99	15.69
西班牙	Spain	20.44	21.16	21.41	21.40	21.58
瑞典	Sweden	28.43	29.53	29.08	28.41	27.30
瑞士	Switzerland	17.85	20.21	20.19	19.19	18.52
英国	United Kingdom	18.60	20.45	20.56	20.36	20.54
美国	United States	14.46	15.88	15.83	15.99	16.20
智利	Chile	13.18	11.75	11.16	10.49	10.56
爱沙尼亚	Estonia	14.06	13.55	13.16	12.78	13.00
以色列	Israel	17.08	17.11	16.46	15.93	15.47
斯洛文尼亚	Slovenia	22.88	22.16	21.90	21.54	20.26

主要统计指标解释

成人识字率 是指15岁及以上人口中有一定理解、阅读、使用文字能力的人口占总人口的百分比。

粗入学率 是指入学总人数(不考虑年龄) 与适龄入学人数之比。

研究与发展经费支出 是经常性和资本性支出（包括超前支出）,目的在于增加知识存量的创造性、系统性活动。具体包括基础研究、应用研究和目的在于寻求新型设备，产品和工艺的科学实验活动。

研究与发展技术人员 是指专门从事研究与发展活动，在知识或技术某一分支领域接受过职业或技术培训的人员。

高技术出口产品 是指技术含量密集的出口产品。它包括的高技术产品有：航空、计算机、医药、科学仪器和电气设备等。

Explanatory Notes on Main Statistical Indicators

Adult Literacy Rate is the percentage of people ages 15 and above who can, with understanding, read and write a short, simple statement on their everyday life.

Gross Enrollment Ratio is the ratio of total enrollment, regardless of age, to the population of the age group.

Expenditures for Research and Development are current and capital expenditures (including overhead) on creative, systematic activity intended to increase the stock of knowledge. Included are fundamental and applied research and experimental development work leading to new devices, products, or processes.

Technicians in R&D are people engaged in professional R&D activity who have received vocational or technical training in any branch of knowledge or technology.

High-technology Exports are products with high R&D intensity. They include high-technology products such as in aerospace, computers, pharmaceuticals, scientific instruments, and electrical machinery.

经济社会综合评价指标

Comprehensive Evaluation Indicators

17-1 人文发展指数(2011年)
Human Development Index in 2011

资料来源：联合国开发计划署《人文发展报告》2011年。
Source:UNDP Human Development Report 2011.

人文发展指数排名 HDI Rank	国家和地区	Country or Area	人文发展指数 Human Development Index (HDI)	出生时预期寿命 Life expectancy at birth	预期受教育年限 Expected Years of schooling	平均受教育年限 Mean years of schooling (years)
	超高人文发展国家	**Very high human development**	**0.889**	**80.0**	**15.9**	**11.3**
	高人文发展国家	**high human development**	**0.741**	**73.1**	**13.6**	**8.5**
	中等人文发展国家	**Medium human development**	**0.630**	**69.7**	**11.2**	**6.3**
	低人文发展国家	**Low human development**	**0.456**	**58.7**	**8.3**	**4.2**
超高人文发展国家		**Very High Human Development**				
1	挪　威	Norway	0.943	81.1	17.3	12.6
2	澳大利亚	Australia	0.929	81.9	18.0	12.0
3	荷　兰	Netherlands	0.910	80.7	16.8	11.6
4	美　国	United States	0.910	78.5	16.0	12.4
5	新西兰	New Zealand	0.908	80.7	18.0	12.5
6	加拿大	Canada	0.908	81.0	16.0	12.1
7	爱尔兰	Ireland	0.908	80.6	18.0	11.6
8	列支敦士登	Liechtenstein	0.905	79.6	14.7	10.3
9	德　国	Germany	0.905	80.4	15.9	12.2
10	瑞　典	Sweden	0.904	81.4	15.7	11.7
11	瑞　士	Switzerland	0.903	82.3	15.6	11.0
12	日　本	Japan	0.901	83.4	15.1	11.6
13	中国香港	Hong Kong, China	0.898	82.8	15.7	10.0
14	冰　岛	Iceland	0.898	81.8	18.0	10.4
15	韩　国	Korea, Rep.	0.897	80.6	16.9	11.6
16	丹　麦	Denmark	0.895	78.8	16.9	11.4
17	以色列	Israel	0.888	81.6	15.5	11.9
18	比利时	Belgium	0.886	80.0	16.1	10.9
19	奥地利	Austria	0.885	80.9	15.3	10.8
20	法　国	France	0.884	81.5	16.1	10.6
21	斯洛文尼亚	Slovenia	0.884	79.3	16.9	11.6
22	芬　兰	Finland	0.882	80.0	16.8	10.3
23	西班牙	Spain	0.878	81.4	16.6	10.4
24	意大利	Italy	0.874	81.9	16.3	10.1
25	卢森堡	Luxemburg	0.867	80.0	13.3	10.1
26	新加坡	Singapore	0.866	81.1	14.4	8.8
27	捷　克	Czech Rep.	0.865	77.7	15.6	12.3
28	英　国	United Kingdom	0.863	80.2	16.1	9.3
29	希　腊	Greece	0.861	79.9	16.5	10.1
30	阿联酋	United Arab Emirates	0.846	76.5	13.3	9.3
31	塞浦路斯	Cyprus	0.840	79.6	14.7	9.8
32	安道尔	Andorra	0.838	80.9	11.5	10.4
33	文　莱	Brunei Darussalam	0.838	78.0	14.1	8.6
34	爱沙尼亚	Estonia	0.835	74.8	15.7	12.0
35	斯洛伐克	Slovakia	0.834	75.4	14.9	11.6
36	马耳他	Malta	0.832	79.6	14.4	9.9
37	卡塔尔	Qatar	0.831	78.4	12.0	7.3
38	匈牙利	Hungary	0.816	74.4	15.3	11.1
39	波　兰	Poland	0.813	76.1	15.3	10.0
40	立陶宛	Lithuania	0.810	72.2	16.1	10.9
41	葡萄牙	Portugal	0.809	79.5	15.9	7.7
42	巴　林	Bahrain	0.806	75.1	13.4	9.4

17-1 续表 1 continued

人文发展指数排名 HDI Rank	国家和地区	Country or Area	教育指数 Education index	收入指数 Income index	健康指数 Health Index	性别不平等指数 Gender Inequality Index
	超高人文发展国家	**Very high human development**	**0.894**	**0.832**	**0.946**	**0.224**
	高人文发展国家	**high human development**	**0.715**	**0.681**	**0.838**	**0.409**
	中等人文发展国家	**Medium human development**	**0.561**	**0.568**	**0.784**	**0.475**
	低人文发展国家	**Low human development**	**0.392**	**0.396**	**0.611**	**0.606**
超高人文发展国家		**Very High Human Development**				
1	挪　威	Norway	0.985	0.883	0.964	0.075
2	澳大利亚	Australia	0.981	0.837	0.976	0.136
3	荷　兰	Netherlands	0.931	0.845	0.958	0.052
4	美　国	United States	0.939	0.869	0.923	0.299
5	新西兰	New Zealand	1.000	0.783	0.957	0.195
6	加拿大	Canada	0.927	0.840	0.962	0.140
7	爱尔兰	Ireland	0.963	0.814	0.955	0.203
8	列支敦士登	Liechtenstein	0.818	0.964	0.941	
9	德　国	Germany	0.928	0.838	0.953	0.085
10	瑞　典	Sweden	0.904	0.842	0.969	0.049
11	瑞　士	Switzerland	0.872	0.858	0.983	0.067
12	日　本	Japan	0.883	0.827	1.000	0.123
13	中国香港	Hong Kong, China	0.837	0.874	0.990	
14	冰　岛	Iceland	0.912	0.814	0.975	0.099
15	韩　国	Korea, Rep.	0.934	0.808	0.956	0.111
16	丹　麦	Denmark	0.924	0.836	0.928	0.060
17	以色列	Israel	0.907	0.796	0.972	0.145
18	比利时	Belgium	0.882	0.832	0.947	0.114
19	奥地利	Austria	0.858	0.842	0.960	0.131
20	法　国	France	0.870	0.819	0.971	0.106
21	斯洛文尼亚	Slovenia	0.933	0.790	0.936	0.175
22	芬　兰	Finland	0.877	0.828	0.946	0.075
23	西班牙	Spain	0.874	0.799	0.969	0.117
24	意大利	Italy	0.856	0.799	0.976	0.124
25	卢森堡	Luxemburg	0.771	0.892	0.946	0.169
26	新加坡	Singapore	0.751	0.897	0.964	0.086
27	捷　克	Czech Rep.	0.924	0.769	0.910	0.136
28	英　国	United Kingdom	0.815	0.832	0.949	0.209
29	希　腊	Greece	0.861	0.783	0.945	0.162
30	阿联酋	United Arab Emirates	0.741	0.916	0.892	0.234
31	塞浦路斯	Cyprus	0.798	0.790	0.940	0.141
32	安道尔	Andorra	0.727	0.843	0.961	
33	文　莱	Brunei Darussalam	0.733	0.877	0.915	
34	爱沙尼亚	Estonia	0.916	0.734	0.865	0.194
35	斯洛伐克	Slovakia	0.875	0.759	0.875	0.194
36	马耳他	Malta	0.797	0.769	0.941	0.272
37	卡塔尔	Qatar	0.623	1.000	0.921	0.549
38	匈牙利	Hungary	0.866	0.732	0.858	0.237
39	波　兰	Poland	0.822	0.739	0.885	0.164
40	立陶宛	Lithuania	0.883	0.729	0.824	0.192
41	葡萄牙	Portugal	0.739	0.763	0.938	0.140
42	巴　林	Bahrain	0.747	0.808	0.868	0.288

17-1 续表 2 continued

人文发展指数排名 HDI Rank	国家和地区	Country or Area	人文发展指数 Human Development Index (HDI)	出生时预期寿命 Life expectancy at birth	预期受教育年限 Expected Years of schooling	平均受教育年限 Mean years of schooling (years)
43	拉脱维亚	Latvia	0.805	73.3	15.0	11.5
44	智 利	Chile	0.805	79.1	14.7	9.7
45	阿根廷	Argentina	0.797	75.9	15.8	9.3
46	克罗地亚	Croatia	0.796	76.6	13.9	9.8
47	巴巴多斯	Barbados	0.793	76.8	13.4	9.3
高人文发展国家		**High Human Development**				
48	乌拉圭	Uruguay	0.783	77.0	15.5	8.5
49	帕 劳	Palau	0.782	71.8	14.7	12.1
50	罗马尼亚	Romania	0.781	74.0	14.9	10.4
51	古 巴	Cuba	0.776	79.1	17.5	9.9
52	塞舌尔	Seychelles	0.773	73.6	13.3	9.4
53	巴哈马	Bahamas	0.771	75.6	12.0	8.5
54	黑 山	Montenegro	0.771	74.6	13.7	10.6
55	保加利亚	Bulgaria	0.771	73.4	13.7	10.6
56	沙特阿拉伯	Saudi Arabia	0.770	73.9	13.7	7.8
57	墨西哥	Mexico	0.770	77.0	13.9	8.5
58	巴拿马	Panama	0.768	76.1	13.2	9.4
59	塞尔维亚	Serbia	0.766	74.5	13.7	10.2
60	安提瓜和巴布达	Antigua and Barbuda	0.764	72.6	14.0	8.9
61	马来西亚	Malaysia	0.761	74.2	12.6	9.5
62	特立尼达和多巴哥	Trinidad and Tobago	0.760	70.1	12.3	9.2
63	科威特	Kuwait	0.760	74.6	12.3	6.1
64	利比亚	Libya	0.760	74.8	16.6	7.3
65	白俄罗斯	Belarus	0.756	70.3	14.6	9.3
66	俄罗斯联邦	Russian Fed.	0.755	68.8	14.1	9.8
67	格林纳达	Grenada	0.748	76.0	16.0	8.6
68	哈萨克斯坦	Kazakhstan	0.745	67.0	15.1	10.4
69	哥斯达黎加	Costa Rica	0.744	79.3	11.7	8.3
70	阿尔巴尼亚	Albania	0.739	76.9	11.3	10.4
71	黎巴嫩	Lebanon	0.739	72.6	13.8	7.9
72	圣基茨和尼维斯	Saint Kitts and Nevis	0.735	73.1	12.9	8.4
73	委内瑞拉	Venezuela	0.735	74.4	14.2	7.6
74	波 黑	Bosnia and Herzegovinian	0.733	75.7	13.6	8.7
75	格鲁吉亚	Georgia	0.733	73.7	13.1	12.1
76	乌克兰	Ukraine	0.729	68.5	14.7	11.3
77	毛里求斯	Mauritius	0.728	73.4	13.6	7.2
78	前南马其顿	Macedonia, FYR	0.728	74.8	13.3	8.2
79	牙买加	Jamaica	0.727	73.1	13.8	9.6
80	秘 鲁	Peru	0.725	74.0	12.9	8.7
81	多米尼克	Dominica	0.724	77.5	13.2	7.7
82	圣卢西亚	Saint Lucia	0.723	74.6	13.1	8.3
83	厄瓜多尔	Ecuador	0.720	75.6	14.0	7.6
84	巴 西	Brazil	0.718	73.5	13.8	7.2
85	圣文森特和格林纳丁斯	Saint Vincent and the Grenadines	0.717	72.3	13.2	8.6
86	亚美尼亚	Armenia	0.716	74.2	12.0	10.8
87	哥伦比亚	Colombia	0.710	73.7	13.6	7.3
88	伊 朗	Iran	0.707	73.0	12.7	7.3
89	阿 曼	Oman	0.705	73.0	11.8	5.5
90	汤 加	Tonga	0.704	72.3	13.7	10.3

17-1 续表 3 continued

人文发展指数排名 HDI Rank	国家和地区	Country or Area	教育指数 Education index	收入指数 Income index	健康指数 Health Index	性别不平等指数 Gender Inequality Index
43	拉脱维亚	Latvia	0.873	0.711	0.841	0.216
44	智　利	Chile	0.797	0.701	0.932	0.374
45	阿根廷	Argentina	0.806	0.713	0.882	0.372
46	克罗地亚	Croatia	0.778	0.724	0.893	0.170
47	巴巴多斯	Barbados	0.747	0.743	0.896	0.364
高人文发展国家		**High Human Development**				
48	乌拉圭	Uruguay	0.763	0.700	0.899	0.352
49	帕　劳	Palau	0.890	0.656	0.817	
50	罗马尼亚	Romania	0.831	0.674	0.851	0.333
51	古　巴	Cuba	0.876	0.572	0.933	0.337
52	塞舌尔	Seychelles	0.747	0.733	0.845	
53	巴哈马	Bahamas	0.671	0.779	0.877	0.332
54	黑　山	Montenegro	0.802	0.665	0.861	
55	保加利亚	Bulgaria	0.802	0.678	0.842	0.245
56	沙特阿拉伯	Saudi Arabia	0.689	0.781	0.850	0.646
57	墨西哥	Mexico	0.726	0.700	0.898	0.448
58	巴拿马	Panama	0.743	0.690	0.885	0.492
59	塞尔维亚	Serbia	0.790	0.663	0.860	
60	安提瓜和巴布达	Antigua and Barbuda	0.744	0.723	0.830	
61	马来西亚	Malaysia	0.730	0.704	0.855	0.286
62	特立尼达和多巴哥	Trinidad and Tobago	0.712	0.782	0.791	0.331
63	科威特	Kuwait	0.577	0.884	0.861	0.229
64	利比亚	Libya	0.731	0.693	0.864	0.314
65	白俄罗斯	Belarus	0.776	0.702	0.794	
66	俄罗斯联邦	Russian Fed.	0.784	0.713	0.770	0.338
67	格林纳达	Grenada	0.779	0.608	0.883	
68	哈萨克斯坦	Kazakhstan	0.834	0.668	0.742	0.334
69	哥斯达黎加	Costa Rica	0.659	0.667	0.936	0.361
70	阿尔巴尼亚	Albania	0.721	0.624	0.898	0.271
71	黎巴嫩	Lebanon	0.695	0.698	0.830	0.440
72	圣基茨和尼维斯	Saint Kitts and Nevis	0.693	0.684	0.838	
73	委内瑞拉	Venezuela	0.692	0.669	0.858	0.447
74	波　黑	Bosnia and Herzegovinian	0.723	0.621	0.878	
75	格鲁吉亚	Georgia	0.839	0.554	0.848	0.418
76	乌克兰	Ukraine	0.858	0.591	0.765	0.335
77	毛里求斯	Mauritius	0.659	0.696	0.842	0.353
78	前南马其顿	Macedonia, FYR	0.696	0.641	0.865	0.151
79	牙买加	Jamaica	0.768	0.598	0.838	0.450
80	秘　鲁	Peru	0.704	0.634	0.852	0.415
81	多米尼克	Dominica	0.670	0.626	0.907	
82	圣卢西亚	Saint Lucia	0.693	0.632	0.862	
83	厄瓜多尔	Ecuador	0.686	0.620	0.877	0.469
84	巴　西	Brazil	0.663	0.662	0.844	0.449
85	圣文森特和格林纳丁斯	Saint Vincent and the Grenadines	0.712	0.628	0.825	
86	亚美尼亚	Armenia	0.760	0.566	0.856	0.343
87	哥伦比亚	Colombia	0.667	0.633	0.847	0.482
88	伊　朗	Iran	0.640	0.662	0.836	0.485
89	阿　曼	Oman	0.539	0.778	0.836	0.309
90	汤　加	Tonga	0.790	0.535	0.825	

17-1 续表 4 continued

人文发展指数排名 HDI Rank	国家和地区	Country or Area	人文发展指数 Human Development Index (HDI)	出生时预期寿命 Life expectancy at birth	预期受教育年限 Expected Years of schooling	平均受教育年限 Mean years of schooling (years)
91	阿塞拜疆	Azerbaijan	0.700	70.7	11.8	8.6
92	土耳其	Turkey	0.699	74.0	11.8	6.5
93	伯利兹	Belize	0.699	76.1	12.4	8.0
94	突尼斯	Tunisia	0.698	74.5	14.5	6.5
中等人文发展国家		**Medium Human Development**				
95	约旦	Jordan	0.698	73.4	13.1	8.6
96	阿尔及利亚	Algeria	0.698	73.1	13.6	7.0
97	斯里兰卡	Sri Lanka	0.691	74.9	12.7	8.2
98	多米尼加	Dominican Rep.	0.689	73.4	11.9	7.2
99	萨摩亚	Samoa	0.688	72.4	12.3	10.3
100	斐济	Fiji	0.688	69.2	13.0	10.7
101	中国	China	0.687	73.5	11.6	7.5
102	土库曼斯坦	Turkmenistan	0.686	65.0	12.5	9.9
103	泰国	Thailand	0.682	74.1	12.3	6.6
104	苏里南	Suriname	0.680	70.6	12.6	7.2
105	萨尔瓦多	El Salvador	0.674	72.2	12.1	7.5
106	加蓬	Gabon	0.674	62.7	13.1	7.5
107	巴拉圭	Paraguay	0.665	72.5	12.1	7.7
108	玻利维亚	Bolivia	0.663	66.6	13.7	9.2
109	马尔代夫	Maldives	0.661	76.8	12.4	5.8
110	蒙古	Mongolia	0.653	68.5	14.1	8.3
111	摩尔多瓦	Moldova	0.649	69.3	11.9	9.7
112	菲律宾	Philippines	0.644	68.7	11.9	8.9
113	埃及	Egypt	0.644	73.2	11.0	6.4
114	巴勒斯坦占领区	Occupied Palestinian Territory	0.641	72.8	12.7	8.0
115	乌兹别克斯坦	Uzbekistan	0.641	68.3	11.4	10.0
116	密克罗尼西亚	Micronesia, Fed.	0.636	69.0	12.1	8.8
117	圭亚那	Guyana	0.633	69.9	11.9	8.0
118	博茨瓦纳	Botswana	0.633	53.2	12.2	8.9
119	叙利亚	Syrian Arab Republic	0.632	75.8	11.3	5.7
120	纳米比亚	Namibia	0.625	62.5	11.6	7.4
121	洪都拉斯	Honduras	0.625	73.1	11.4	6.5
122	基里巴斯	Kiribati	0.624	68.1	12.1	7.8
123	南非	South Africa	0.619	52.8	13.1	8.5
124	印度尼西亚	Indonesia	0.617	69.4	13.2	5.8
125	瓦努阿图	Vanuatu	0.617	71.0	10.4	6.7
126	吉尔吉斯斯坦	Kyrgyzstan	0.615	67.7	12.5	9.3
127	塔吉克斯坦	Tajikistan	0.607	67.5	11.4	9.8
128	越南	Viet Nam	0.593	75.2	10.4	5.5
129	尼加拉瓜	Nicaragua	0.589	74.0	10.8	5.8
130	摩洛哥	Morocco	0.582	72.2	10.3	4.4
131	危地马拉	Guatemala	0.574	71.2	10.6	4.1
132	伊拉克	Iraq	0.573	69.0	9.8	5.6
133	佛得角	Cape Verde	0.568	74.2	11.6	3.5
134	印度	India	0.547	65.4	10.3	4.4
135	加纳	Ghana	0.541	64.2	10.5	7.1
136	赤道几内亚	Equatorial Guinea	0.537	51.1	7.7	5.4
137	刚果(布)	Congo, Rep.	0.533	57.4	10.5	5.9
138	老挝	Laos	0.524	67.5	9.2	4.6
139	柬埔寨	Cambodia	0.523	63.1	9.8	5.8

17-1 续表 5 continued

人文发展指数排名 HDI Rank	国家和地区	Country or Area	教育指数 Education index	收入指数 Income index	健康指数 Health Index	性别不平等指数 Gender Inequality Index
91	阿塞拜疆	Azerbaijan	0.671	0.639	0.800	0.314
92	土耳其	Turkey	0.583	0.689	0.851	0.443
93	伯利兹	Belize	0.663	0.582	0.884	0.493
94	突尼斯	Tunisia	0.645	0.614	0.860	0.293
中等人文发展国家		**Medium Human Development**				
95	约旦	Jordan	0.710	0.569	0.842	0.456
96	阿尔及利亚	Algeria	0.652	0.621	0.838	0.412
97	斯里兰卡	Sri Lanka	0.680	0.559	0.867	0.419
98	多米尼加	Dominican Rep.	0.616	0.629	0.842	0.480
99	萨摩亚	Samoa	0.750	0.526	0.827	
100	斐济	Fiji	0.786	0.533	0.777	
101	中国	China	0.623	0.618	0.843	0.209
102	土库曼斯坦	Turkmenistan	0.739	0.615	0.710	
103	泰国	Thailand	0.597	0.622	0.854	0.382
104	苏里南	Suriname	0.636	0.619	0.798	
105	萨尔瓦多	El Salvador	0.637	0.585	0.823	0.487
106	加蓬	Gabon	0.660	0.689	0.674	0.509
107	巴拉圭	Paraguay	0.643	0.552	0.828	0.476
108	玻利维亚	Bolivia	0.749	0.530	0.735	0.476
109	马尔代夫	Maldives	0.568	0.568	0.897	0.320
110	蒙古	Mongolia	0.722	0.505	0.765	0.410
111	摩尔多瓦	Moldova	0.716	0.490	0.778	0.298
112	菲律宾	Philippines	0.684	0.508	0.769	0.427
113	埃及	Egypt	0.560	0.568	0.840	
114	巴勒斯坦占领区	Occupied Palestinian Territory	0.674	0.470	0.833	
115	乌兹别克斯坦	Uzbekistan	0.711	0.486	0.762	
116	密克罗尼西亚	Micronesia, Fed.	0.689	0.484	0.773	
117	圭亚那	Guyana	0.650	0.496	0.787	0.511
118	博茨瓦纳	Botswana	0.693	0.698	0.523	0.507
119	叙利亚	Syrian Arab Republic	0.534	0.537	0.881	0.474
120	纳米比亚	Namibia	0.617	0.591	0.670	0.466
121	洪都拉斯	Honduras	0.574	0.507	0.838	0.511
122	基里巴斯	Kiribati	0.647	0.494	0.759	
123	南非	South Africa	0.705	0.652	0.517	0.490
124	印度尼西亚	Indonesia	0.584	0.518	0.779	0.505
125	瓦努阿图	Vanuatu	0.554	0.527	0.805	
126	吉尔吉斯斯坦	Kyrgyzstan	0.716	0.432	0.753	0.370
127	塔吉克斯坦	Tajikistan	0.704	0.425	0.750	0.347
128	越南	Viet Nam	0.503	0.478	0.870	0.305
129	尼加拉瓜	Nicaragua	0.525	0.457	0.852	0.506
130	摩洛哥	Morocco	0.447	0.535	0.823	0.510
131	危地马拉	Guatemala	0.438	0.534	0.807	0.542
132	伊拉克	Iraq	0.491	0.495	0.774	0.579
133	佛得角	Cape Verde	0.425	0.505	0.854	
134	印度	India	0.450	0.508	0.717	0.617
135	加纳	Ghana	0.574	0.396	0.698	0.598
136	赤道几内亚	Equatorial Guinea	0.427	0.741	0.490	
137	刚果(布)	Congo, Rep.	0.523	0.490	0.590	0.628
138	老挝	Laos	0.432	0.445	0.749	0.513
139	柬埔寨	Cambodia	0.502	0.418	0.680	0.500

17-1 续表 6 continued

人文发展指数排名 HDI Rank	国家和地区	Country or Area	人文发展指数 Human Development Index (HDI)	出生时预期寿命 Life expectancy at birth	预期受教育年限 Expected Years of schooling	平均受教育年限 Mean years of schooling (years)
140	斯威士兰	Swaziland	0.522	48.7	10.6	7.1
141	不　丹	Bhutan	0.522	67.2	11.0	2.3
低人文发展国家		**Low Human Development**				
142	所罗门群岛	Solomon Islands	0.510	67.9	9.1	4.5
143	肯尼亚	Kenya	0.509	57.1	11.0	7.0
144	圣多美和普林西比	Sao Tome and Principe	0.509	64.7	10.8	4.2
145	巴基斯坦	Pakistan	0.504	65.4	6.9	4.9
146	孟加拉国	Bangladesh	0.500	68.9	8.1	4.8
147	东帝汶	Timor-Leste	0.495	62.5	11.2	2.8
148	安哥拉	Angola	0.486	51.1	9.1	4.4
149	缅　甸	Myanmar	0.483	65.2	9.2	4.0
150	喀麦隆	Cameroon	0.482	51.6	10.3	5.9
151	马达加斯加	Madagascar	0.480	66.7	10.7	5.2
152	坦桑尼亚	Tanzania	0.466	58.2	9.1	5.1
153	巴布亚新几内亚	Papua New Guinea	0.466	62.8	5.8	4.3
154	也　门	Yemen	0.462	65.5	8.6	2.5
155	塞内加尔	Senegal	0.459	59.3	7.5	4.5
156	尼日利亚	Nigeria	0.459	51.9	8.9	5.0
157	尼泊尔	Nepal	0.458	68.8	8.8	3.2
158	海　地	Haiti	0.454	62.1	7.6	4.9
159	毛里塔尼亚	Mauritania	0.453	58.6	8.1	3.7
160	莱索托	Lesotho	0.450	48.2	9.9	5.9
161	乌干达	Uganda	0.446	54.1	10.8	4.7
162	多　哥	Togo	0.435	57.1	9.6	5.3
163	科摩罗	Comoros	0.433	61.1	10.7	2.8
164	赞比亚	Zambia	0.430	49.0	7.9	6.5
165	吉布提	Djibouti	0.430	57.9	5.1	3.8
166	卢旺达	Rwanda	0.429	55.4	11.1	3.3
167	贝　宁	Benin	0.427	56.1	9.2	3.3
168	冈比亚	Gambia	0.420	58.5	9.0	2.8
169	苏　丹	Sudan	0.408	61.5	4.4	3.1
170	科特迪瓦	Cote D'Ivoire	0.400	55.4	6.3	3.3
171	马拉维	Malawi	0.400	54.2	8.9	4.2
172	阿富汗	Afghanistan	0.398	48.7	9.1	3.3
173	津巴布韦	Zimbabwe	0.376	51.4	9.9	7.2
174	埃塞俄比亚	Ethiopia	0.363	59.3	8.5	1.5
175	马　里	Mali	0.359	51.4	8.3	2.0
176	几内亚比绍	Guinea-Bissau	0.353	48.1	9.1	2.3
177	厄立特里亚	Eritrea	0.349	61.6	4.8	3.4
178	几内亚	Guinea	0.344	54.1	8.6	1.6
179	中　非	Central African Rep.	0.343	48.4	6.6	3.5
180	塞拉利昂	Sierra Leone	0.336	47.8	7.2	2.9
181	布基纳法索	Burkina Faso	0.331	55.4	6.3	1.3
182	利比里亚	Liberia	0.329	56.8	11.0	3.9
183	乍　得	Chad	0.328	49.6	7.2	1.5
184	莫桑比克	Mozambique	0.322	50.2	9.2	1.2
185	布隆迪	Burundi	0.316	50.4	10.5	2.7
186	尼日尔	Niger	0.295	54.7	4.9	1.4
187	刚果(金)	Congo, Dem. Rep.	0.286	48.4	8.2	3.5

17-1 续表 7 continued

人文发展指数排名 HDI Rank	国家和地区	Country or Area	教育指数 Education index	收入指数 Income index	健康指数 Health Index	性别不平等指数 Gender Inequality Index
140	斯威士兰	Swaziland	0.578	0.545	0.453	0.546
141	不　丹	Bhutan	0.336	0.568	0.744	0.495
低人文发展国家		**Low Human Development**				
142	所罗门群岛	Solomon Islands	0.427	0.413	0.755	
143	肯尼亚	Kenya	0.582	0.387	0.586	0.627
144	圣多美和普林西比	Sao Tome and Principe	0.452	0.413	0.705	
145	巴基斯坦	Pakistan	0.386	0.464	0.717	0.573
146	孟加拉国	Bangladesh	0.415	0.391	0.772	0.550
147	东帝汶	Timor-Leste	0.371	0.487	0.670	
148	安哥拉	Angola	0.422	0.557	0.490	
149	缅　甸	Myanmar	0.404	0.391	0.713	0.492
150	喀麦隆	Cameroon	0.520	0.431	0.499	0.639
151	马达加斯加	Madagascar	0.497	0.302	0.737	
152	坦桑尼亚	Tanzania	0.454	0.370	0.603	0.590
153	巴布亚新几内亚	Papua New Guinea	0.335	0.447	0.675	0.674
154	也　门	Yemen	0.310	0.444	0.718	0.769
155	塞内加尔	Senegal	0.385	0.406	0.620	0.566
156	尼日利亚	Nigeria	0.442	0.434	0.503	
157	尼泊尔	Nepal	0.356	0.351	0.770	0.558
158	海　地	Haiti	0.406	0.346	0.664	0.599
159	毛里塔尼亚	Mauritania	0.366	0.419	0.609	0.605
160	莱索托	Lesotho	0.507	0.403	0.445	0.532
161	乌干达	Uganda	0.475	0.347	0.538	0.577
162	多　哥	Togo	0.473	0.297	0.585	0.602
163	科摩罗	Comoros	0.368	0.341	0.648	
164	赞比亚	Zambia	0.480	0.362	0.458	0.627
165	吉布提	Djibouti	0.294	0.451	0.598	
166	卢旺达	Rwanda	0.407	0.348	0.559	0.453
167	贝　宁	Benin	0.365	0.374	0.569	0.634
168	冈比亚	Gambia	0.334	0.365	0.607	0.610
169	苏　丹	Sudan	0.247	0.421	0.654	0.611
170	科特迪瓦	Cote D'Ivoire	0.304	0.377	0.558	0.655
171	马拉维	Malawi	0.410	0.289	0.540	0.594
172	阿富汗	Afghanistan	0.367	0.380	0.452	0.707
173	津巴布韦	Zimbabwe	0.566	0.190	0.495	0.583
174	埃塞俄比亚	Ethiopia	0.237	0.326	0.619	
175	马　里	Mali	0.270	0.346	0.496	0.712
176	几内亚比绍	Guinea-Bissau	0.302	0.329	0.444	
177	厄立特里亚	Eritrea	0.271	0.240	0.656	
178	几内亚	Guinea	0.246	0.309	0.538	
179	中　非	Central African Rep.	0.321	0.280	0.448	0.669
180	塞拉利昂	Sierra Leone	0.304	0.286	0.438	0.662
181	布基纳法索	Burkina Faso	0.187	0.349	0.559	0.596
182	利比里亚	Liberia	0.439	0.140	0.580	0.671
183	乍　得	Chad	0.219	0.344	0.466	0.735
184	莫桑比克	Mozambique	0.222	0.314	0.477	0.602
185	布隆迪	Burundi	0.353	0.186	0.480	0.478
186	尼日尔	Niger	0.177	0.266	0.547	0.724
187	刚果(金)	Congo, Dem. Rep.	0.356	0.147	0.448	0.710

17-2 世界主要国家和地区全球化指数排名(2011年)
The Ranking of Globalization Index in 2011

资料来源：KOF瑞士经济学会。
Source: KOF Swiss Economic Institute.

国家和地区	Country or Area	全球化指数 Globalization Index		分类指数 Sub-indices		
		排名 Ranking	数值 Score	经济全球化 Economic Globalization	社会全球化 Social Globalization	政治全球化 Political Globalization
比利时	Belgium	1	92.60	90.95	90.43	98.13
奥地利	Austria	2	91.67	87.58	91.74	97.37
荷兰	Netherlands	3	91.17	90.72	88.91	95.11
瑞典	Sweden	4	89.26	87.90	85.80	96.30
瑞士	Switzerland	5	88.98	82.04	92.36	93.81
丹麦	Denmark	6	88.96	86.73	87.72	93.95
法国	France	7	87.65	81.45	86.30	98.43
匈牙利	Hungary	8	87.62	89.82	81.94	92.87
葡萄牙	Portugal	9	87.28	84.26	84.89	95.08
爱尔兰	Ireland	10	86.45	92.93	78.44	89.07
芬兰	Finland	11	86.43	85.77	83.96	91.02
捷克	Czech Republic	12	86.33	86.56	83.94	89.54
加拿大	Canada	13	85.81	75.76	89.46	94.64
卢森堡	Luxembourg	14	85.62	93.11	81.13	81.65
斯洛伐克	Slovak Republic	15	85.30	84.77	85.41	85.89
德国	Germany	16	85.10	79.81	84.59	93.35
西班牙	Spain	17	84.71	78.65	82.44	96.62
新加坡	Singapore	18	84.39	96.80	78.81	75.05
挪威	Norway	19	83.23	75.67	84.27	92.41
塞浦路斯	Cyprus	20	82.81	87.62	79.63	80.71
英国	United Kingdom	21	81.68	82.98	87.16	71.78
澳大利亚	Australia	22	81.41	73.00	82.48	91.71
意大利	Italy	23	81.13	72.93	77.28	98.37
爱沙尼亚	Estonia	24	80.22	89.20	75.16	74.98
新西兰	New Zealand	25	80.08	83.08	75.75	82.20
斯洛文尼亚	Slovenia	26	79.87	82.43	75.06	83.35
美国	United States	27	79.84	71.64	78.36	93.60
波兰	Poland	28	79.67	72.34	76.37	94.90
希腊	Greece	29	76.98	75.04	67.21	94.11
马耳他	Malta	30	76.63	91.98	77.51	53.65
克罗地亚	Croatia	31	75.96	74.23	70.47	86.48
保加利亚	Bulgaria	32	75.12	78.67	61.51	90.14
智利	Chile	33	74.68	85.71	53.58	90.18
以色列	Israel	34	74.20	79.98	63.51	81.77
冰岛	Iceland	35	73.71	78.57	69.94	72.36
立陶宛	Lithuania	36	73.64	77.39	67.10	77.97
马来西亚	Malaysia	37	73.22	73.80	64.05	85.91
约旦	Jordan	38	73.20	70.37	66.30	87.37
罗马尼亚	Romania	39	71.25	69.91	57.84	92.89
阿联酋	United Arab Emirates	40	71.00	85.62	68.37	54.18
拉脱维亚	Latvia	41	70.32	79.29	69.64	58.62
巴林	Bahrain	42	69.67	88.49	66.05	48.39
卡塔尔	Qatar	43	69.58	65.35	75.80	75.80
日本	Japan	44	69.14	57.71	66.90	88.60
巴拿马	Panama	45	68.64	80.38	61.55	62.47
黑山	Montenegro	46	67.94	84.89	54.96	63.10
毛里求斯	Mauritius	47	67.93	72.89	67.01	62.26
乌拉圭	Uruguay	48	66.81	66.22	53.93	86.63
塞尔维亚	Serbia	49	66.19	62.27	66.10	71.86
南非	South Africa	50	66.14	68.81	48.50	88.34

17-2 续表 1 continued

资料来源：KOF瑞士经济学会。
Source: KOF Swiss Economic Institute.

国家和地区	Country or Area	全球化指数 Globalization Index		分类指数 Sub-indices		
		排名 Ranking	数值 Score	经济全球化 Economic Globalization	社会全球化 Social Globalization	政治全球化 Political Globalization
萨尔瓦多	El Salvador	51	65.94	67.71	55.41	78.94
俄罗斯联邦	Russian Federation	52	65.92	48.96	68.77	85.69
乌克兰	Ukraine	53	65.72	62.09	54.72	87.04
韩国	Korea, Rep.	54	65.57	61.59	53.38	89.17
秘鲁	Peru	55	65.33	72.68	43.86	86.56
黎巴嫩	Lebanon	56	65.11		66.50	63.08
科威特	Kuwait	57	64.90	64.60	67.01	62.23
牙买加	Jamaica	58	64.87	74.29	50.37	72.89
土耳其	Turkey	59	64.05	54.25	53.33	93.68
泰国	Thailand	60	63.97	67.05	49.06	81.58
哥斯达黎加	Costa Rica	61	63.96	67.12	62.65	61.44
波黑	Bosnia and Herzegovina	62	62.76	64.76	51.61	76.37
摩尔多瓦	Moldova	63	62.22	69.51	58.96	56.72
突尼斯	Tunisia	64	62.19	62.50	44.38	88.00
马其顿	Macedonia, FYR	65	62.04	65.87	66.07	50.67
阿曼	Oman	66	61.97	75.50	59.68	46.22
摩洛哥	Morocco	67	61.70	49.85	54.03	89.76
汶莱	Brunei Darussalam	68	61.48		67.32	52.88
洪都拉斯	Honduras	69	61.10	67.36	49.35	69.57
危地马拉	Guatemala	70	61.09	59.13	47.50	83.87
沙特阿拉伯	Saudi Arabia	71	61.02		61.45	60.40
阿根廷	Argentina	72	61.02	46.68	52.88	93.28
中国	China	73	60.99	50.88	53.28	86.65
格鲁吉亚	Georgia	74	60.71	78.54	49.48	52.03
墨西哥	Mexico	75	60.00	58.37	53.05	72.55
埃及	Egypt, Arab Rep.	76	59.92	49.01	47.55	93.56
哈萨克斯坦	Kazakhstan	77	59.69	66.60	46.46	69.39
巴西	Brazil	78	59.32	52.43	42.74	93.50
哥伦比亚	Colombia	79	58.45	52.61	48.63	81.17
格林纳达	Grenada	80	58.20		61.25	53.71
特里尼达和多巴哥	Trinidad and Tobago	81	58.02	75.26	46.06	51.27
阿塞拜疆	Azerbaijan	82	57.85	62.46	53.41	57.87
圭亚那	Guyana	83	57.37	73.83	48.35	47.36
印尼	Indonesia	84	57.23	61.73	32.61	87.11
菲律宾	Philippines	85	57.22	53.49	41.55	85.56
吉尔吉斯共和国	Kyrgyz Republic	86	57.19	60.88	45.95	68.51
巴拉圭	Paraguay	87	56.99	54.15	45.80	77.48
阿尔巴尼亚	Albania	88	56.87	58.70	44.28	72.80
纳米比亚	Namibia	89	56.86	62.23	44.67	67.22
多米尼加	Dominican Republic	90	56.58	59.46	52.75	58.14
尼日利亚	Nigeria	91	56.49	61.61	28.04	91.16
厄瓜多尔	Ecuador	92	56.48	50.47	44.75	82.24
斐济	Fiji	93	56.15	50.10	53.42	68.73
赞比亚	Zambia	94	55.49	68.11	28.47	77.45
玻利维亚	Bolivia	95	55.00	58.80	34.61	79.67
巴巴多斯	Barbados	96	54.89	62.69	59.91	36.46
尼加拉瓜	Nicaragua	97	54.58	58.70	47.97	58.49
利比亚	Libya	98	54.50		38.29	78.38
委内瑞拉	Venezuela, RB	99	54.30	44.71	53.77	68.64
加蓬	Gabon	100	53.69	48.21	44.34	75.21

17-2 续表 2 continued

资料来源：KOF瑞士经济学会。
Source: KOF Swiss Economic Institute.

国家和地区	Country or Area	全球化指数 Globalization Index		分类指数 Sub-indices		
		排名 Ranking	数值 Score	经济全球化 Economic Globalization	社会全球化 Social Globalization	政治全球化 Political Globalization
萨摩亚	Samoa	101	53.68		56.86	49.00
亚美尼亚	Armenia	102	53.61	61.41	47.39	51.75
冈比亚,	Gambia, The	103	52.79		42.86	67.43
阿尔及利亚	Algeria	104	52.70	49.16	33.70	85.68
蒙古	Mongolia	105	52.44	63.18	30.43	69.66
博茨瓦纳	Botswana	106	52.25	66.46	37.96	53.20
斯里兰卡	Sri Lanka	107	52.25	43.52	43.73	77.13
安提瓜和巴布达	Antigua and Barbuda	108	52.14		66.85	30.47
巴基斯坦	Pakistan	109	51.94	39.92	37.54	90.14
塞内加尔	Senegal	110	51.88	42.54	36.04	88.43
科特迪瓦	Cote d'Ivoire	111	51.79	51.40	36.02	75.55
毛里塔尼亚	Mauritania	112	51.72	63.52	29.29	68.07
加纳	Ghana	113	51.22	45.81	33.04	85.65
古巴	Cuba	114	51.09		42.16	64.23
巴哈马	Bahamas, The	115	51.03	37.26	67.14	46.77
印度	India	116	51.00	42.74	30.78	92.46
伯利兹	Belize	117	50.96	58.30	48.97	43.51
白俄罗斯	Belarus	118	50.48	40.35	60.81	49.60
阿鲁巴	Aruba	119	49.83		76.76	10.18
吉布提	Djibouti	120	49.19		37.20	66.84
塞舌尔	Seychelles	121	49.19		56.72	38.10
莫桑比克	Mozambique	122	49.05	57.90	27.77	67.86
津巴布韦	Zimbabwe	123	48.87	48.48	32.50	73.52
苏里南	Suriname	124	48.41		55.55	37.90
越南	Vietnam	125	48.26	59.28	31.96	56.69
圣卢西亚	St Lucia	126	48.16		53.88	39.74
柬埔寨	Cambodia	127	48.15	61.98	24.95	62.75
多哥	Togo	128	48.06	51.68	27.46	73.29
巴布亚新几内亚	Papua New Guinea	129	47.82	73.23	24.60	46.06
几内亚	Guinea	130	47.73	50.07	26.11	76.27
肯尼亚	Kenya	131	47.69	40.03	29.55	85.25
瓦努阿图	Vanuatu	132	47.62	63.38	31.65	48.84
斯威士兰	Swaziland	133	47.17	54.56	46.76	37.34
安哥拉	Angola	134	47.06	71.39	21.01	51.03
佛得角	Cape Verde	135	46.76	56.23	42.56	39.57
也门	Yemen, Rep	136	46.63	54.05	26.37	65.98
乌干达	Uganda	137	46.23	48.25	25.25	74.27
马里	Mali	138	45.30	46.69	23.39	75.60
喀麦隆	Cameroon	139	44.86	40.81	28.79	74.25
贝宁	Benin	140	44.76	37.10	31.40	75.26
叙利亚	Syrian Arab Republic	141	44.59	38.31	40.90	58.90
新喀里多尼亚	New Caledonia	142	44.22		71.69	3.77
圣文森特和格林纳丁斯	St Vincent and the Grena	143	44.13		53.10	30.93
马达加斯加	Madagascar	144	43.49	46.51	23.44	68.76
莱索托	Lesotho	145	43.35	47.95	30.56	55.70
多米尼克	Dominica	146	43.21		49.07	34.58
布基纳法索	Burkina Faso	147	43.19	37.74	27.23	74.41
刚果(布)	Congo, Rep	148	43.09		27.73	43.80
圣基茨和尼维斯	St Kitts and Nevis	149	42.99		53.32	27.78
中国澳门	Macao, China	150	42.67		68.14	5.16

17-3 世界主要国家和地区全球竞争力指数排名(2011年)
The Ranking of the Global Competitiveness Index in 2011

资料来源：世界经济论坛《全球竞争力报告2011-2012》。
Source: World Economic Forun The Global Competitiveness Report 2011-2012.

国家和地区	Country or Area	总指数 overall index		分类指数 Subindexes					
				基础设施 Basic requirements		效率增强 Efficiency enhancers		创新与成熟度 Innovation and sophistication factors	
		排名 Rank	数值 Score	排名 Rank	数值 Score	排名 Rank	数值 Score	排名 Rank	数值 Score
瑞士	Switzerland	1	5.74	3	6.18	2	5.53	1	5.79
新加坡	Singapore	2	5.63	1	6.33	1	5.58	11	5.23
瑞典	Sweden	3	5.61	4	6.06	7	5.33	2	5.79
芬兰	Finland	4	5.47	5	6.02	10	5.19	4	5.56
美国	United States	5	5.43	36	5.21	3	5.49	6	5.46
德国	Germany	6	5.41	11	5.83	13	5.18	5	5.53
荷兰	Netherlands	7	5.41	7	5.88	8	5.29	9	5.30
丹麦	Denmark	8	5.40	8	5.86	9	5.27	8	5.31
日本	Japan	9	5.40	28	5.40	11	5.19	3	5.75
英国	United Kingdom	10	5.39	21	5.60	5	5.43	12	5.17
中国香港	Hong Kong，China	11	5.36	2	6.21	4	5.48	25	4.58
加拿大	Canada	12	5.33	13	5.77	6	5.36	15	4.99
中国台湾	Taiwan,China	13	5.26	15	5.69	16	5.10	10	5.25
卡塔尔	Qatar	14	5.24	12	5.81	27	4.68	16	4.98
比利时	Belgium	15	5.20	22	5.58	15	5.13	14	5.06
挪威	Norway	16	5.18	9	5.85	14	5.15	19	4.78
沙特阿拉伯	Saudi Arabia	17	5.17	16	5.66	24	4.82	24	4.64
法国	France	18	5.14	23	5.57	17	5.09	17	4.93
奥地利	Austria	19	5.14	18	5.65	19	4.94	13	5.12
澳大利亚	Australia	20	5.11	14	5.74	12	5.18	26	4.57
马来西亚	Malaysia	21	5.08	25	5.45	20	4.88	22	4.65
以色列	Israel	22	5.07	35	5.23	21	4.86	7	5.32
卢森堡	Luxembourg	23	5.03	6	5.90	23	4.86	20	4.75
韩国	Korea,Rep.	24	5.02	19	5.65	22	4.86	18	4.87
新西兰	New Zealand	25	4.93	17	5.66	18	4.99	28	4.34
中国	China	26	4.90	30	5.33	26	4.70	31	4.15
阿联酋	United Arab Emirates	27	4.89	10	5.84	25	4.78	27	4.43
汶莱	Brunei Darussalam	28	4.78	24	5.48	71	4.03	73	3.45
爱尔兰	Ireland	29	4.77	37	5.20	28	4.67	23	4.65
冰岛	Iceland	30	4.75	31	5.31	33	4.57	21	4.67
智利	Chile	31	4.70	29	5.37	34	4.54	42	3.88
阿曼	Oman	32	4.64	20	5.62	45	4.33	44	3.87
爱沙尼亚	Estonia	33	4.62	27	5.41	36	4.52	37	3.98
科威特	Kuwait	34	4.62	34	5.25	67	4.05	66	3.51
波多黎各	Puerto Rico	35	4.58	41	5.09	35	4.53	29	4.32
西班牙	Spain	36	4.54	38	5.18	32	4.58	33	4.03
巴林	Bahrain	37	4.54	26	5.42	31	4.59	46	3.86
捷克	Czech Republic	38	4.52	45	4.90	29	4.63	32	4.09
泰国	Thailand	39	4.52	46	4.88	43	4.38	51	3.75
突尼斯	Tunisia	40	4.47	42	5.08	58	4.11	43	3.87
波兰	Poland	41	4.46	56	4.70	30	4.61	57	3.64
巴巴多斯	Barbados	42	4.44	33	5.25	49	4.28	47	3.86
意大利	Italy	43	4.43	47	4.84	40	4.41	30	4.18
立陶宛	Lithuania	44	4.41	49	4.82	48	4.31	50	3.78
葡萄牙	Portugal	45	4.40	44	5.00	39	4.42	38	3.98
印尼	Indonesia	46	4.38	53	4.74	56	4.18	41	3.90
塞浦路斯	Cyprus	47	4.36	32	5.26	46	4.32	48	3.83
匈牙利	Hungary	48	4.36	55	4.72	42	4.39	52	3.75
巴拿马	Panama	49	4.35	50	4.81	57	4.13	54	3.68
南非	South Africa	50	4.34	85	4.32	38	4.44	39	3.93

17-3 续表 1 continued

国家和地区	Country of Area	总指数 overall index		分类指数 Subindexes					
				基础设施 Basic requirements		效率增强 Efficiency enhancers		创新与成熟度 Innovation and sophistication factors	
		排名 Rank	数值 Score	排名 Rank	数值 Score	排名 Rank	数值 Score	排名 Rank	数值 Score
马耳他	Malta	51	4.33	40	5.12	47	4.32	49	3.83
斯里兰卡	Sri Lanka	52	4.33	65	4.61	69	4.03	34	4.03
巴西	Brazil	53	4.32	83	4.33	41	4.40	35	4.02
毛里求斯	Mauritius	54	4.31	48	4.83	68	4.04	60	3.62
阿塞拜疆	Azerbaijan	55	4.31	59	4.68	77	3.99	67	3.51
印度	India	56	4.30	91	4.25	37	4.46	40	3.92
斯洛文尼亚	Slovenia	57	4.30	39	5.12	51	4.23	45	3.87
墨西哥	Mexico	58	4.29	67	4.59	53	4.21	55	3.65
土耳其	Turkey	59	4.28	64	4.61	52	4.22	58	3.62
黑山	Montenegro	60	4.27	57	4.69	63	4.07	59	3.62
哥斯达黎加	Costa Rica	61	4.27	70	4.54	61	4.09	36	4.02
伊朗	Iran, Islamic Rep.	62	4.26	51	4.80	88	3.76	83	3.37
乌拉圭	Uruguay	63	4.25	43	5.04	75	4.00	65	3.51
拉脱维亚	Latvia	64	4.24	66	4.60	54	4.20	64	3.53
越南	Vietnam	65	4.24	76	4.41	66	4.05	75	3.44
俄罗斯联邦	Russian Federation	66	4.21	63	4.61	55	4.19	97	3.24
秘鲁	Peru	67	4.21	78	4.38	50	4.25	89	3.32
哥伦比亚	Colombia	68	4.20	73	4.47	60	4.10	56	3.65
斯洛伐克	Slovak Republic	69	4.19	60	4.66	44	4.38	71	3.46
卢旺达	Rwanda	70	4.19	72	4.53	95	3.71	68	3.51
约旦	Jordan	71	4.19	61	4.65	78	3.95	70	3.48
哈萨克斯坦	Kazakhstan	72	4.18	62	4.64	76	4.00	114	3.04
摩洛哥	Morocco	73	4.16	54	4.74	83	3.86	79	3.40
保加利亚	Bulgaria	74	4.16	74	4.46	59	4.10	96	3.24
菲律宾	Philippines	75	4.08	100	4.17	70	4.03	74	3.45
克罗地亚	Croatia	76	4.08	52	4.76	72	4.01	82	3.37
罗马尼亚	Romania	77	4.08	89	4.28	62	4.09	99	3.20
阿尔巴尼亚	Albania	78	4.06	71	4.53	82	3.87	102	3.18
马其顿	Macedonia,FYR	79	4.05	69	4.55	87	3.83	104	3.14
博茨瓦纳	Botswana	80	4.05	81	4.35	86	3.83	94	3.26
特里尼达和多巴哥	Trinidad and Tobago	81	4.00	58	4.68	79	3.89	76	3.44
乌克兰	Ukraine	82	4.00	98	4.18	74	4.00	93	3.29
纳米比亚	Namibia	83	4.00	68	4.56	97	3.70	95	3.25
危地马拉	Guatemala	84	4.00	93	4.24	81	3.87	63	3.53
阿根廷	Argentina	85	3.99	84	4.33	84	3.85	77	3.43
洪都拉斯	Honduras	86	3.98	90	4.25	104	3.60	90	3.31
阿尔及利亚	Algeria	87	3.96	75	4.44	122	3.35	136	2.65
格鲁吉亚	Georgia	88	3.95	86	4.32	89	3.74	117	3.01
黎巴嫩	Lebanon	89	3.95	109	3.97	64	4.06	78	3.43
希腊	Greece	90	3.92	80	4.36	65	4.06	81	3.39
萨尔瓦多	El Salvador	91	3.89	87	4.31	96	3.71	106	3.14
亚美尼亚	Armenia	92	3.89	94	4.24	91	3.73	110	3.09
摩尔多瓦	Moldova	93	3.89	102	4.13	103	3.62	127	2.86
埃及	Egypt	94	3.88	99	4.17	94	3.71	86	3.33
塞尔维亚	Serbia	95	3.88	88	4.28	90	3.73	118	2.99
蒙古	Mongolia	96	3.86	101	4.16	105	3.56	112	3.04
柬埔寨	Cambodia	97	3.85	108	3.99	98	3.69	91	3.31
叙利亚	Syria	98	3.85	77	4.41	109	3.51	111	3.06
冈比亚	Gambia	99	3.84	103	4.08	111	3.48	61	3.55
波黑	Bosnia and Herzegovina	100	3.83	92	4.25	102	3.63	108	3.13

17-3 续表 2 continued

国家和地区	Country of Area	总指数 overall index		分类指数 Subindexes 基础设施 Basic requirements		效率增强 Efficiency enhancers		创新与成熟度 Innovation and sophistication factors	
		排名 Rank	数值 Score	排名 Rank	数值 Score	排名 Rank	数值 Score	排名 Rank	数值 Score
厄瓜多尔	Ecuador	101	3.82	82	4.35	107	3.53	103	3.17
肯尼亚	Kenya	102	3.82	118	3.72	73	4.01	53	3.72
玻利维亚	Bolivia	103	3.82	95	4.21	125	3.24	107	3.13
贝宁	Benin	104	3.78	107	4.02	117	3.43	88	3.33
塔吉克斯坦	Tajikistan	105	3.77	106	4.03	118	3.42	100	3.19
埃塞俄比亚	Ethiopia	106	3.76	105	4.06	121	3.37	120	2.92
牙买加	Jamaica	107	3.76	116	3.76	85	3.84	84	3.36
孟加拉国	Bangladesh	108	3.73	112	3.81	99	3.69	113	3.04
圭亚那	Guyana	109	3.73	104	4.07	110	3.50	87	3.33
多米尼加	Dominican Republic	110	3.73	110	3.90	93	3.71	109	3.12
塞内加尔	Senegal	111	3.70	113	3.81	108	3.53	62	3.54
苏里南	Suriname	112	3.67	79	4.37	124	3.27	122	2.91
赞比亚	Zambia	113	3.67	115	3.77	106	3.54	80	3.40
加纳	Ghana	114	3.65	122	3.64	92	3.72	98	3.20
尼加拉瓜	Nicaragua	115	3.61	111	3.85	123	3.31	129	2.81
喀麦隆	Cameroon	116	3.61	114	3.78	120	3.37	101	3.19
马拉维	Malawi	117	3.58	120	3.68	116	3.43	85	3.35
巴基斯坦	Pakistan	118	3.58	130	3.53	100	3.68	72	3.45
佛得角	Cape Verde	119	3.58	96	4.19	126	3.22	124	2.87
坦桑尼亚	Tanzania	120	3.56	123	3.64	113	3.47	92	3.29
乌干达	Uganda	121	3.56	127	3.55	101	3.64	105	3.14
巴拉圭	Paraguay	122	3.53	117	3.75	114	3.47	125	2.86
伯利兹	Belize	123	3.52	97	4.18	130	3.14	131	2.78
委内瑞拉	Venezuela	124	3.51	125	3.62	112	3.48	128	2.82
尼泊尔	Nepal	125	3.47	121	3.67	127	3.22	132	2.73
吉尔吉斯共和国	Kyrgyz Republic	126	3.45	131	3.52	115	3.44	138	2.57
尼日利亚	Nigeria	127	3.45	139	3.19	80	3.88	69	3.49
马里	Mali	128	3.39	126	3.59	134	3.10	116	3.02
科特迪瓦	Côte d'Ivoire	129	3.37	135	3.41	119	3.38	121	2.92
马达加斯加	Madagascar	130	3.36	128	3.53	131	3.14	123	2.90
东帝汶	Timor-Leste	131	3.35	119	3.70	138	2.88	137	2.59
津巴布韦	Zimbabwe	132	3.33	132	3.49	133	3.10	119	2.93
莫桑比克	Mozambique	133	3.31	133	3.43	129	3.16	115	3.02
斯威士兰	Swaziland	134	3.30	124	3.63	128	3.17	134	2.67
莱索托	Lesotho	135	3.26	134	3.42	135	3.08	133	2.69
布基纳法索	Burkina Faso	136	3.25	136	3.37	132	3.12	126	2.86
毛里塔尼亚	Mauritania	137	3.20	129	3.53	141	2.71	135	2.67
也门	Yemen	138	3.06	138	3.21	137	2.91	141	2.33
安哥拉	Angola	139	2.96	141	2.98	136	3.04	142	2.23
布隆迪	Burundi	140	2.95	137	3.25	142	2.51	140	2.44
海地	Haiti	141	2.90	140	3.03	140	2.76	139	2.44
乍得	Chad	142	2.87	142	2.88	139	2.87	130	2.81

17-4 世界主要国家和地区信息化发展指数(IDI)排名(2010年)
The Ranking of Information Communication Technology Development Index(IDI)in 2010

资料来源：国际电信联盟《衡量信息社会发展》2011年。
Source: International Telecommunication Union - Mesuring the Information Society 2011.

国家和地区	Country or Area	总指数 IDI		分类指数 Sub-index		
		排名 Ranking	数值 Score	接入 Access	使用 Use	技术 Skill
韩国	Korea，Rep.	1	8.40	8.21	7.85	9.89
瑞典	Sweden	2	8.23	8.57	7.55	8.89
冰岛	Iceland	3	8.06	8.91	6.58	9.30
丹麦	Denmark	4	7.97	8.33	6.85	9.47
芬兰	Finland	5	7.87	7.61	7.11	9.89
中国香港	Hong Kong, China	6	7.79	9.06	6.46	7.92
卢森堡	Luxembourg	7	7.78	8.80	7.24	6.79
瑞士	Switzerland	8	7.67	8.70	6.37	8.22
荷兰	Netherlands	9	7.61	8.29	6.38	8.71
英国	United Kingdom	10	7.60	8.36	6.44	8.40
挪威	Norway	11	7.60	7.88	6.60	9.01
新西兰	New Zealand	12	7.43	7.53	6.35	9.40
日本	Japan	13	7.42	7.14	7.08	8.66
澳大利亚	Australia	14	7.36	7.22	6.57	9.21
德国	Germany	15	7.27	8.41	5.69	8.17
奥地利	Austria	16	7.17	7.68	5.99	8.50
美国	United States	17	7.09	7.24	5.89	9.21
法国	France	18	7.09	7.75	5.74	8.43
新加坡	Singapore	19	7.08	8.14	6.03	7.08
以色列	Israel	20	6.87	7.30	5.71	8.32
中国澳门	Macao, China	21	6.84	7.88	5.10	8.27
比利时	Belgium	22	6.83	7.54	5.16	8.75
爱尔兰	Ireland	23	6.78	7.45	5.17	8.66
斯洛文尼亚	Slovenia	24	6.75	7.21	4.78	9.76
西班牙	Spain	25	6.73	6.98	5.35	9.01
加拿大	Canada	26	6.69	7.43	4.87	8.85
葡萄牙	Portugal	27	6.64	7.14	5.19	8.52
意大利	Italy	28	6.57	6.93	4.99	9.02
马耳他	Malta	29	6.43	7.64	4.66	7.53
希腊	Greece	30	6.28	6.37	4.52	9.59
克罗地亚	Croatia	31	6.21	7.05	4.33	8.27
阿联酋	United Arab Emirates	32	6.19	6.76	5.12	7.18
爱沙尼亚	Estonia	33	6.16	6.91	4.09	8.78
匈牙利	Hungary	34	6.04	6.34	4.26	9.03
立陶宛	Lithuania	35	6.04	6.48	3.97	9.32
塞浦路斯	Cyprus	36	5.98	6.13	4.78	8.05
捷克共和国	Czech Republic	37	5.97	6.48	4.03	8.80
波兰	Poland	38	5.95	6.49	3.84	9.08
斯洛伐克	Slovak Republic	39	5.94	6.16	4.44	8.53
拉脱维亚	Latvia	40	5.90	6.03	4.26	8.90
巴巴多斯	Barbados	41	5.83	6.93	3.48	8.35
安提瓜和巴布达	Antigua & Barbuda	42	5.63	6.90	3.62	7.12
文莱	Brunei Darussalam	43	5.61	6.51	4.01	7.01
卡塔尔	Qatar	44	5.60	7.09	3.75	6.33
巴林	Bahrain	45	5.57	6.73	3.22	7.96
沙特阿拉伯	Saudi Arabia	46	5.42	6.37	3.59	7.18
俄罗斯	Russia	47	5.38	6.38	2.62	8.87
罗马尼亚	Romania	48	5.20	5.50	3.20	8.58
保加利亚	Bulgaria	49	5.19	5.77	3.17	8.09
塞尔维亚	Serbia	50	5.11	6.32	2.47	7.96

17-4 续表 1 continued

国家和地区	Country or Area	总指数 IDI		分类指数 Sub-index		
		排名 Ranking	数值 Score	接入 Access	使用 Use	技术 Skill
黑山	Montenegro	51	5.03	5.55	3.46	7.16
白俄罗斯	Belarus	52	5.01	5.67	2.41	8.88
马其顿	Macedonia	53	4.98	5.57	3.11	7.55
乌拉圭	Uruguay	54	4.93	5.75	2.26	8.62
智利	Chile	55	4.65	5.17	2.31	8.30
阿根廷	Argentina	56	4.64	5.26	2.16	8.38
摩尔多瓦	Moldova	57	4.47	5.17	2.26	7.49
马来西亚	Malaysia	58	4.45	4.70	3.15	6.57
土耳其	Turkey	59	4.42	4.97	2.46	7.21
阿曼	Oman	60	4.38	5.00	2.55	6.81
特立尼达和多巴哥	Trinidad & Tobago	61	4.36	5.32	2.22	6.75
乌克兰	Ukraine	62	4.34	4.79	1.35	9.43
波黑	Bosnia and Herzegovina	63	4.31	4.35	2.67	7.53
巴西	Brazil	64	4.22	4.62	2.11	7.65
委内瑞拉	Venezuela	65	4.11	3.83	2.18	8.52
巴拿马	Panama	66	4.09	4.75	1.97	7.02
马尔代夫	Maldives	67	4.05	5.45	1.51	6.34
哈萨克斯坦	Kazakhstan	68	4.02	4.61	1.44	7.98
毛里求斯	Mauritius	69	4.00	4.65	1.91	6.85
哥斯达黎加	Costa Rica	70	3.99	4.60	1.74	7.29
塞舌尔	Seychelles	71	3.94	4.71	1.92	6.45
亚美尼亚	Armenia	72	3.87	4.07	1.55	8.08
约旦	Jordan	73	3.83	4.32	1.52	7.47
阿塞拜疆	Azerbaijan	74	3.78	4.28	1.53	7.26
墨西哥	Mexico	75	3.75	3.94	1.86	7.14
哥伦比亚	Colombia	76	3.75	3.91	1.71	7.49
格鲁吉亚	Georgia	77	3.65	3.56	1.81	7.50
阿尔巴尼亚	Albania	78	3.61	3.93	1.69	6.83
黎巴嫩	Lebanon	79	3.57	3.89	1.29	7.47
中国	China	80	3.55	3.86	1.73	6.55
越南	Viet Nam	81	3.53	4.39	1.57	5.72
苏里南	Suriname	82	3.52	4.54	1.22	6.08
秘鲁	Peru	83	3.52	3.62	1.56	7.26
突尼斯	Tunisia	84	3.43	3.60	1.52	6.94
牙买加	Jamaica	85	3.41	3.80	1.37	6.74
蒙古	Mongolia	86	3.41	3.60	0.86	8.14
伊朗	Iran (I.R.)	87	3.39	4.60	0.47	6.81
厄瓜多尔	Ecuador	88	3.37	3.80	1.16	6.92
泰国	Thailand	89	3.30	3.62	1.05	7.18
摩洛哥	Morocco	90	3.29	4.05	2.05	4.24
埃及	Egypt	91	3.28	4.07	1.20	5.88
菲律宾	Philippines	92	3.22	3.14	1.49	6.83
多米尼加	Dominican Rep.	93	3.21	3.12	1.59	6.63
斐济	Fiji	94	3.16	4.09	0.64	6.33
圭亚那	Guyana	95	3.08	3.11	1.08	7.00
叙利亚	Syria	96	3.05	3.96	0.75	5.82
南非	South Africa	97	3.00	3.15	1.04	6.61
萨尔瓦多	El Salvador	98	2.89	3.53	0.82	5.74
巴拉圭	Paraguay	99	2.87	3.03	0.95	6.39
吉尔吉斯斯坦	Kyrgyzstan	100	2.84	2.38	0.82	7.80

17-4 续表 2 continued

国家和地区	Country or Area	总指数 IDI		分类指数 Sub-index		
		排名 Ranking	数值 Score	接入 Access	使用 Use	技术 Skill
印度尼西亚	Indonesia	101	2.83	3.13	0.69	6.50
玻利维亚	Bolivia	102	2.83	2.84	0.77	6.91
阿尔及利亚	Algeria	103	2.82	3.34	0.56	6.32
佛得角	Cape Verde	104	2.81	2.83	1.17	6.03
斯里兰卡	Sri Lanka	105	2.79	3.15	0.77	6.12
洪都拉斯	Honduras	106	2.72	3.45	0.56	5.58
古巴	Cuba	107	2.69	1.39	0.51	9.64
危地马拉	Guatemala	108	2.65	3.44	0.57	5.24
博茨瓦纳	Botswana	109	2.59	3.12	0.44	5.83
乌兹别克斯坦	Uzbekistan	110	2.55	2.08	0.81	6.96
土库曼斯坦	Turkmenistan	111	2.50	2.73	0.07	6.87
加蓬	Gabon	112	2.42	3.26	0.25	5.08
纳米比亚	Namibia	113	2.36	2.69	0.49	5.46
尼加拉瓜	Nicaragua	114	2.31	2.53	0.48	5.54
肯尼亚	Kenya	115	2.29	2.17	1.05	5.01
印度	India	116	2.01	2.37	0.33	4.66
柬埔寨	Cambodia	117	1.99	2.45	0.35	4.34
斯威士兰	Swaziland	118	1.93	2.11	0.27	4.90
不丹	Bhutan	119	1.93	2.24	0.53	4.08
加纳	Ghana	120	1.90	2.23	0.32	4.41
老挝	Lao P.D.R.	121	1.90	2.21	0.26	4.56
尼日利亚	Nigeria	122	1.85	1.87	1.05	3.39
巴基斯坦	Pakistan	123	1.83	2.40	0.60	3.16
津巴布韦	Zimbabwe	124	1.81	1.86	0.42	4.50
塞内加尔	Senegal	125	1.78	2.28	0.65	3.02
冈比亚	Gambia	126	1.74	2.33	0.32	3.38
也门	Yemen	127	1.72	1.93	0.38	3.97
科摩罗	Comoros	128	1.67	1.85	0.17	4.31
吉布提	Djibouti	129	1.66	2.10	0.27	3.56
科特迪瓦	Côte D'Ivoire	130	1.61	2.36	0.09	3.13
毛里塔尼亚	Mauritania	131	1.58	2.30	0.21	2.87
安哥拉	Angola	132	1.58	1.86	0.53	3.12
多哥	Togo	133	1.57	2.00	0.18	3.48
尼泊尔	Nepal	134	1.56	1.75	0.25	3.78
贝宁	Benin	135	1.54	2.22	0.12	3.00
喀麦隆	Cameroon	136	1.53	1.64	0.16	4.03
孟加拉	Bangladesh	137	1.52	1.91	0.13	3.52
坦桑尼亚	Tanzania	138	1.51	1.64	0.44	3.40
赞比亚	Zambia	139	1.50	1.54	0.23	3.96
乌干达	Uganda	140	1.49	1.58	0.44	3.42
马达加斯加	Madagascar	141	1.45	1.89	0.09	3.32
卢旺达	Rwanda	142	1.44	1.61	0.30	3.40
巴布亚新几内亚	Papua New Guinea	143	1.38	1.78	0.05	3.27
几内亚	Guinea	144	1.31	1.67	0.03	3.14
莫桑比克	Mozambique	145	1.30	1.67	0.19	2.77
马里	Mali	146	1.26	1.84	0.13	2.35
刚果(金)	Congo (Dem. Rep.)	147	1.17	1.07	0.02	3.65
厄立特里亚	Eritrea	148	1.09	0.87	0.18	3.34
布基纳法索	Burkina Faso	149	1.08	1.76	0.05	1.78
埃塞俄比亚	Ethiopia	150	1.08	1.53	0.03	2.29
尼日尔	Niger	151	0.92	1.55	0.03	1.44
乍得	Chad	152	0.83	1.03	0.06	1.99

17-5 按营业额排序的世界最大500家企业(2010年)

资料来源：美国《财富》杂志2010年。
Source: United States Fortune, 2010.

次位 Rank 2010	2009	企业名称	Company Name	国家	Country
1	1	沃尔玛	Wal-Mart Stores	美国	U.S.
2	2	皇家壳牌	Royal Dutch Shell	荷兰	Netherlands
3	3	埃克森美孚	Exxon Mobil	美国	U.S.
4	4	英国石油公司	BP	英国	Britain
5	7	中国石油化工集团公司	Sinopec	中国	China
6	10	中国石油天然气集团公司	China National Petroleum	中国	China
7	8	国家电网公司	State Grid	中国	China
8	5	丰田汽车	Toyota Motor	日本	Japan
9	6	日本邮政控股	Japan Post Holdings	日本	Japan
10	11	雪佛龙	Chevron	美国	U.S.
11	14	道达尔	Total	法国	France
12	17	康菲石油	ConocoPhillips	美国	U.S.
13	16	大众汽车	Volkswagen	德国	Germany
14	9	安盛集团	AXA	法国	France
15	270	美国房利美公司	Fannie Mae	美国	U.S.
16	13	通用电气	General Electric	美国	U.S.
17	12	荷兰国际集团	ING Group	荷兰	Netherlands
18		嘉能可国际	Glencore International	瑞士	Switzerland
19	28	伯克希尔哈撒韦	Berkshire Hathaway	美国	U.S.
20	38	通用汽车	General Motors	美国	U.S.
21	15	美国银行	Bank of America Corp.	美国	U.S.
22	32	三星电子	Samsung Electronics	韩国	SouthKorea
23	24	埃尼集团	ENI	意大利	Italy
24	30	戴姆勒	Daimler	德国	Germany
25	23	福特汽车	Ford Motor	美国	U.S.
26	18	法国巴黎银行	BNP Paribas	法国	France
27	20	安联集团	Allianz	德国	Germany
28	26	惠普	Hewlett-Packard	美国	U.S.
29	27	意昂集团	E.ON	德国	Germany
30	21	美国电话电报公司	AT&T	美国	U.S.
31	31	日本电报电话公司	Nippon Telegraph & Telephone	日本	Japan
32	22	家乐福	Carrefour	法国	France
33	19	忠利保险	Assicurazioni Generali	意大利	Italy
34	54	巴西石油公司	Petrobras	巴西	Brazil
35	50	俄罗斯天然气公司	Gazprom	俄罗斯	Russia
36	25	摩根大通	J.P. Morgan Chase & Co.	美国	U.S.
37	34	麦克森公司	McKesson	美国	U.S.
38	29	法国燃气苏伊士集团	GDF Suez	法国	France
39	33	花旗集团	Citigroup	美国	U.S.
40	47	日立	Hitachi	日本	Japan
41	35	韦里孙通讯公司	Verizon Communications	美国	U.S.
42	44	雀巢	Nestlé	瑞士	Switzerland
43	36	农业信贷银行	Crédit Agricole	法国	France
44	41	美国国际集团	American International Group	美国	U.S.
45	51	本田汽车	Honda Motor	日本	Japan
46	39	汇丰控股	HSBC Holdings	英国	Britain
47	40	西门子	Siemens	德国	Germany
48	63	日产汽车	Nissan Motor	日本	Japan
49	64	墨西哥石油公司	Pemex	墨西哥	Mexico
50	65	松下电器	Panasonic	日本	Japan

The 500 Largest Companies in the World Sorted by Revenue in 2010

营业额 Revenues		利润额 Profits		资产额 (百万美元) Assets (mil.USD)	雇员人数 (人) Employees (person)
百万美元 (mil.USD)	比上半年增长% % Change from 2009	百万美元 (mil.USD)	比上半年增长% % Change from 2009		
421849	3.3	16389	14.3	180663	2100000
378152	32.6	20127	60.8	322560	97000
354674	24.6	30460	58.0	302510	103700
308928	25.5	-3719	-122.4	272262	79700
273423	45.8	7629	32.5	225388	640535
240192	45.1	14367	39.9	399101	1674541
226294	22.7	4556		315268	1564000
221760	8.6	4766	111.3	359862	317716
203958	0.9	4891	0.9	3535277	233000
196337	20.1	19024	81.5	184769	62196
186055	19.4	14001	19.2	192826	92855
184966	32.6	11358	133.8	156314	29700
168041	14.9	9053	578.4	267526	399381
162236	-7.4	3641	-27.4	981659	102957
153825	429.2	-14014		3221972	7300
151628	-3.3	11644	5.6	751216	287000
147052	-9.9	3678		1667523	106139
144978	36.3	1291	31.3	79787	57656
136185	21.1	12967	61.0	372229	260519
135592	29.6	6172		138898	202000
134194	-10.8	-2238	-135.7	2264909	288122
133781	22.8	13669	80.8	118347	190500
131756	12.4	8368	37.9	176917	79941
129481	18.0	5957		182243	260100
128954	9.0	6561	141.5	164687	164000
128726	-1.5	10388	28.1	2680928	205300
127379	1.1	6693	12.1	838489	151338
126033	10.0	8761	14.4	124503	324600
125064	9.9	7752	-33.6	205120	85105
124629	1.3	19864	58.5	268488	266590
120316	9.7	5950	12.2	237335	219350
120297	-1.0	574	26.2	71982	471755
120234	-4.6	2254	23.9	566787	85368
120052	30.7	19184	23.7	308683	80492
118657	25.6	31895	29.9	302601	393000
115475	-0.1	17370	48.1	2117605	239831
112084	3.1	1202	-4.8	30886	36400
111888	0.7	6114	-1.8	247754	236116
111055	2.1	10602		1913902	260000
108766	12.6	2789		110857	361745
106565	-1.2	2549	-30.2	220005	194400
105267	6.2	32843	242.0	119812	281000
105003	-1.4	1673	7.0	2138037	87520
104417	1.2	7786		683443	63000
104342	12.9	6236	115.7	139644	179060
102680	-1.0	13159	125.6	2454689	302327
102657	-0.9	5268	70.1	140400	402700
102430	26.5	3727	716.4	129576	155099
101506	25.7	-3758		112928	149421
101491	27.0	864		94411	366937

17-5 续表 1

次位 Rank		企业名称	Company Name	国家	Country
2010	2009				
51	37	桑坦德银行	Banco Santander	西班牙	Spain
52	48	国际商用机器	International Business Machines	美国	U.S.
53	43	卡地纳健康集团	Cardinal Health	美国	U.S.
54	190	美国房地美集团	Freddie Mac	美国	U.S.
55	78	现代汽车	Hyundai Motor	韩国	South Korea
56	60	意大利电力公司	Enel	意大利	Italy
57	45	CVS Caremark	CVS Caremark	美国	U.S.
58	136	JX 控股	JX Holdings	日本	Japan
59	42	劳埃德银行集团	Lloyds Banking Group	英国	Britain
60	112	鸿海精密集团	Hon Hai Precision Industry	中国台湾	TaiWan
61	58	特易购	Tesco	英国	Britain
62	61	联合健康集团公司	United Health Group	美国	U.S.
63	46	富国银行	Wells Fargo	美国	U.S.
64	53	英杰华集团	Aviva	英国	Britain
65	57	麦德龙	Metro	德国	Germany
66	56	委内瑞拉石油公司	PDVSA	委内瑞拉	Venezuela
67	74	挪威国家石油公司	Statoil	挪威	Norway
68	52	法国电力集团	Électricité de France	法国	France
69	93	卢克石油	Lukoil	俄罗斯	Russia
70	84	瓦莱罗能源公司	Valero Energy	美国	U.S.
71	81	巴斯夫	BASF	德国	Germany
72	62	法国兴业银行	Société Générale	法国	France
73	69	索尼	Sony	日本	Japan
74	99	安塞乐米塔尔公司	ArcelorMittal	卢森堡	Luxembourg
75	59	德国电信	Deutsche Telekom	德国	Germany
76	70	克罗格公司	Kroger	美国	U.S.
77	87	中国工商银行	Industrial & Commercial Bank of China	中国	China
78	68	西班牙电话公司	Telefónica	西班牙	Spain
79	82	宝马	BMW	德国	Germany
80	66	宝洁	Procter & Gamble	美国	U.S.
81	75	日本生命保险公司	Nippon Life Insurance	日本	Japan
82	104	韩国SK集团	SK Holdings	韩国	South Korea
83		Exor集团	Exop Group	意大利	Italy
84	76	美国人伯根公司	AmerisourceBergen	美国	U.S.
85	79	好市多公司	Costco Wholesale	美国	U.S.
86	107	马来西亚石油公司	Petronas	马来西亚	Malaysia
87	77	中国移动通信集团公司	China Mobile Communications	中国	China
88	73	慕尼黑再保险集团	Munich Re Group	德国	Germany
89	89	东芝	Toshiba	日本	Japan
90	94	标致	Peugeot	法国	France
91	72	保诚集团	Prudential	英国	Britain
92	80	沃达丰	Vodafone	英国	Britain
93	86	德国邮政	Deutsche Post	德国	Germany
94	114	雷普索尔-YPF公司	Repsol YPF	西班牙	Spain
95	137	中国中铁股份有限公司	China Railway Group	中国	China
96	49	德克夏集团	Dexia Group	比利时	Belgium
97	71	法国BPCE银行集团	Groupe BPCE	法国	France
98	125	印度石油公司	Indian Oil	印度	India
99	144	马拉松石油公司	Marathon Oil	美国	U.S.
100	55	苏格兰皇家银行	Royal Bank of Scotland	英国	Britain

continued

营业额 Revenues 百万美元 (mil.USD)	营业额 Revenues 比上半年增长% % Change from 2009	利润额 Profits 百万美元 (mil.USD)	利润额 Profits 比上半年增长% % Change from 2009	资产额 (百万美元) Assets (mil.USD)	雇员人数 (人) Employees (person)
100350	-5.6	10835	-12.8	1633520	178869
99870	4.3	14833	10.5	113452	426751
98602	-1.0	642	-44.2	19990	31200
98368	161.5	-14025		2261780	5270
97408	35.9	4708	102.0	104061	80000
97185	8.8	5814	-22.5	225475	78313
96413	-2.3	3427	-7.3	62169	161500
95964	86.7	3640	680.5	75549	24691
95682	-7.1	-4103	-193.1	1554059	122979
95191	60.5	2450	6.9	47423	836000
94185	4.4	4104	11.2	76790	384389
94155	8.1	4634	21.2	63063	87000
93249	-5.5	12362	0.7	1258128	272200
90211	-2.1	2260	33.6	579551	45142
89081	-2.3	1126	111.5	47049	252258
88361	17.2	4313	47.7	141940	80000
87646	18.4	6302	116.4	110678	30300
86309	-6.4	1351	-75.1	322758	158842
86078	26.5	9006	28.5	84017	150000
86034	22.8	324		37621	20313
84597	20.1	6036	208.0	79688	109140
84350	0.2	5188	450.5	1518901	155617
83845	7.9	-3031		155986	168200
83443	28.2	2916	2371.2	130904	273811
82674	-7.9	2245	357.5	171485	246777
82189	7.1	1116	1494.7	23505	338000
80501	16.2	24398	29.6	2042373	397339
80444	2.0	13466	24.6	174119	285106
80099	13.7	4262	1403.1	146067	95453
79689		12736	-5.2	128172	127000
78571	9.0	2631	0.2	602826	72914
78435	21.8	570	170.4	67819	52377
78123	7.0	182		105601	211636
77954	8.6	637	26.5	14435	9550
77946	9.1	1303	20.0	23815	114500
76876	22.8	17479	50.0	145026	41623
76673	6.9	9733	-16.5	160729	207404
76220	1.9	3208	-8.5	317121	46915
74706	8.7	1609		64921	203000
74251	10.3	1502		91894	198220
73598	-1.9	2210	109.7	408396	23010
71344	0.6	12389	-10.1	242436	83862
71121	2.4	3366	276.0	50667	418946
70456	20.3	6216	186.8	90741	43298
69973	38.0	1106	9.7	59078	285054
69491	-27.0	958	-31.8	760388	27148
69297	-9.4	4821	545.9	1406694	125000
68837	26.8	1719	-23.9	37197	36109
68413	38.5	2568	75.5	50014	29677
68088	-25.8	-1546		2276155	148500

17-5 续表 2

次位 Rank		企业名称	Company Name	国家	Country
2010	2009				
101	97	家得宝公司	Home Depot	美国	U.S.
102	83	阿彻丹尼尔斯米德兰公司	Archer Daniels Midland	美国	U.S.
103	140	辉瑞	Pfizer	美国	U.S.
104	106	沃尔格林公司	Walgreen	美国	U.S.
105	133	中国铁道建筑总公司	China Railway Construction	中国	China
106	98	塔吉特公司	Target	美国	U.S.
107	101	莱茵集团	RWE	德国	Germany
108	116	中国建设银行	China Construction Bank	中国	China
109	92	美国邮政	U.S. Postal Service	美国	U.S.
110	110	美可保健公司	Medco Health Solutions	美国	U.S.
111	197	苹果公司	Apple	美国	U.S.
112	103	荷兰全球保险集团	Aegon	荷兰	Netherlands
113	118	中国人寿保险	China Life Insurance	中国	China
114	91	波音	Boeing	美国	U.S.
115	96	巴克莱银行	Barclays	英国	Britain
116	109	美国州立农业保险公司	State Farm Insurance Cos.	美国	U.S.
117	148	巴西银行	Banco do Brasil	巴西	Brazil
118	128	东京电力公司	Tokyo Electric Power	日本	Japan
119	129	博世集团	Robert Bosch	德国	Germany
120	115	微软	Microsoft	美国	U.S.
121	105	法国电信	France Télécom	法国	France
122	88	阿彻丹尼尔斯米德兰公司	Archer Daniels Midland	美国	U.S.
123	108	强生	Johnson & Johnson	美国	U.S.
124	131	戴尔	Dell	美国	U.S.
125	146	三菱	Mitsubishi	日本	Japan
126	111	欧洲宇航防务集团	EADS	荷兰	Netherlands
127	141	中国农业银行	Agricultural Bank of China	中国	China
128	155	泰国国家石油公司	PTT	泰国	Thailand
129	90	英国法通保险公司	Legal & General Group	英国	Britain
130	95	法国国家人寿保险公司	CNP Assurances	法国	France
131	124	S&I控股	Seven & I Holdings	日本	Japan
132	143	中国银行	Bank of China	中国	China
133	127	日本永旺集团	AEON	日本	Japan
134	175	印度瑞来斯实业公司	Reliance Industries	印度	India
135	100	维朋公司	WellPoint	美国	U.S.
136	121	联合利华	Unilever	英国/荷兰	Britain/ Netherlands
137	171	百事投资有限公司	PepsiCo	美国	U.S.
138	123	蒂森克虏伯集团	ThyssenKrupp	德国	Germany
139	242	来宝集团	Noble Group	中国香港	China
140	173	力拓集团	Rio Tinto Group	英国	Britain
141	158	日本明治安田生命保险公司	Meiji Yasuda Life Insurance	日本	Japan
142	122	欧尚集团	Groupe Auchan	法国	France
143	120	诺基亚	Nokia	芬兰	Finland
144	147	马士基集团	A.P. MOLLER - MAERSK GROUP	丹麦	Denmark
145	182	东风汽车公司	Dongfeng Motor	中国	China
146	113	德意志银行	Deutsche Bank	德国	Germany
147	187	中国建筑集团总公司	China State Construction Engineering	中国	China
148	164	日本三井物产公司	Mitsui	日本	Japan
149	156	中国南方电网	China Southern Power Grid	中国	China
150	130	联合技术公司	United Technologies	美国	U.S.

continued

营业额 Revenues 百万美元 (mil.USD)	比上半年增长% % Change from 2009	利润额 Profits 百万美元 (mil.USD)	比上半年增长% % Change from 2009	资产额 (百万美元) Assets (mil.USD)	雇员人数 (人) Employees (person)
67997	2.8	3338	25.4	40125	255195
67850	-3.4	3434	6.8	375661	54934
67809	35.6	8257	-4.4	195014	110600
67420	6.4	2091	4.2	26275	210500
67414	29.5	627	-35.1	53143	260268
67390	3.1	2920	17.4	43705	355000
67179	3.7	4381	-11.7	124881	70856
67081	14.9	19920	27.5	1640487	313867
67052	-1.5	-8505		24326	627798
65968	10.3	1427	11.5	17097	24025
65225	78.5	14013	145.7	75183	49400
65136	1.0	2330	721.6	445851	27474
64635	13.4	3505	12.2	269515	118362
64306	-5.8	3307	152.1	68565	160500
63661	-4.3	5505	-62.4	2332635	151300
63177	2.8	1763	129.9	192794	65935
62891	30.7	6418	26.4	483743	109026
62680	16.0	-14563	-1110.8	178498	52970
62593	18.0	3148		70685	283507
62484	6.9	18760	28.8	86113	89000
61965	-3.0	6463	55.2	126490	168694
61682	-10.9	1930	13.1	31548	29300
61587	-0.5	13334	8.7	102908	114000
61494	16.2	2635	83.9	38599	101800
60793	24.3	5408	83.8	136947	58470
60597	1.8	732		111612	121691
60536	21.7	14105	47.3	1568911	444447
59930	29.7	2621	51.0	41459	9015
59377	-13.1	1267	-5.9	507153	8662
59320	-10.9	1391	-0.4	428819	4600
59252	8.3	1296	169.8	45564	50765
59212	19.2	15426	30.0	1587305	279301
58983	9.0	691	107.4	46083	245530
58900	30.3	4235	-18.0	68966	22661
58802	-9.6	2887	-39.2	50167	37500
58623	5.9	5621	20.0	55234	165000
57838	33.8	6320	6.3	68153	294000
57586	5.1	1113		59684	177346
56696	81.8	606	8.9	17338	8000
56576	35.3	14324	194.0	112402	76894
56309	24.4	1534	-0.3	327402	39363
56279	2.1	934	1.6	36208	262109
56218	-1.3	2450	97.8	52491	132427
56177	15.1	4705		67469	108110
55748	41.5	2480	244.5	33046	163990
55314	-6.2	3060	-55.7	2556783	102062
54721	43.6	1365	62.7	60327	123579
54635	23.8	4295	166.3	103767	40026
54449	19.1	1025	309.2	74476	310889
54326	2.7	4373	14.2	58493	208200

17-5 续表 3

次位 Rank		企业名称	Company Name	国家	Country
2010	2009				
151	223	上汽集团	Shanghai Automotive	中国	China
152	161	陶氏化学	Dow Chemical	美国	U.S.
153	119	日本第一生命保险公司	Dai-ichi Life Insurance	日本	Japan
154	102	意大利联合信贷集团	UniCredit Group	意大利	Italy
155	132	圣戈班集团	Saint-Gobain	法国	France
156	135	巴西布拉德斯科银行	Banco Bradesco	巴西	Brazil
157	126	三菱日联金融集团	Mitsubishi UFJ Financial Group	日本	Japan
158	138	富士通	Fujitsu	日本	Japan
159	139	必和必拓	BHP Billiton	澳大利亚	Australia
160	174	大都会人寿保险公司	MetLife	美国	U.S.
161	272	韩国浦项制铁公司	POSCO	韩国	SouthKorea
162	252	中国海洋石油总公司	China National Offshore Oil	中国	China
163	154	雷诺	Renault	法国	France
164	160	瑞士诺华公司	Novartis	瑞士	Switzerland
165	142	百思买	Best Buy	美国	U.S.
166	157	联合包裹服务公司	United Parcel Service	美国	U.S.
167	179	美国卡夫食品公司	Kraft Foods	美国	U.S.
168	203	中国中化集团公司	Sinochem Group	中国	China
169	152	美国劳氏公司	Lowe's	美国	U.S.
170	150	瑞士信贷	Credit Suisse Group	瑞士	Switzerland
171		LG电子	LG Electronics	韩国	SouthKorea
172	269	墨西哥美洲电信公司	América Móvil	墨西哥	Mexico
173	191	新日本制铁公司	Nippon Steel	日本	Japan
174	153	瑞士罗氏公司	Roche Group	瑞士	Switzerland
175	145	威立雅集团	Veolia Environnement	法国	France
176	167	国际资产控股公司	Intl Fcstone	美国	U.S.
177	159	洛克希德马丁	Lockheed Martin	美国	U.S.
178	170	拜耳集团	Bayer	德国	Germany
179	211	俄罗斯语公司	Rosneft Oil	俄罗斯	Russia
180	294	美国默克集团	Merck	美国	U.S.
181	134	高盛集团	Goldman Sachs Group	美国	U.S.
182	172	美国邦奇公司	Bunge	美国	U.S.
183	192	Wesfarmers	Wesfarmers	澳大利亚	Australia
184	198	澳大利亚伍尔沃斯公司	Woolworths	澳大利亚	Australia
185	177	德国联邦铁路公司	Deutsche Bahn	德国	Germany
186	363	巴西淡水河谷公司	Vale	巴西	Brazil
187	169	法国赛诺菲-安万特集团	Sanofi-Aventis	法国	France
188	335	美国快捷药方公司	Express Scripts	美国	U.S.
189	218	日本三井住友金融集团	Sumitomo Mitsui Financial Group	日本	Japan
190	183	瑞士银行	UBS	瑞士	Switzerland
191	151	意大利联合圣保罗银行	Intesa Sanpaolo	意大利	Italy
192	162	法国万喜集团	Vinci	法国	France
193	215	南苏格兰电力公司	Scottish & Southern Energy	英国	Britain
194	163	英国葛兰素史克公司	GlaxoSmithKline	英国	Britain
195	209	英特尔	Intel	美国	U.S.
196	149	西班牙毕尔巴鄂比斯开银行	Banco Bilbao Vizcaya Argentaria	西班牙	Spain
197	258	中国一汽集团	China FAW Group	中国	China
198	165	美国西尔斯控股	Sears Holdings	美国	U.S.
199	206	日本丸红株式会社	Marubeni	日本	Japan
200	166	日本住友生命保险公司	Sumitomo Life Insurance	日本	Japan

continued

营业额 Revenues		利润额 Profits		资产额 (百万美元) Assets (mil.USD)	雇员人数 (人) Employees (person)
百万美元 (mil.USD)	比上半年增长% % Change from 2009	百万美元 (mil.USD)	比上半年增长% % Change from 2009		
54257	61.3	1914	78.8	44391	91094
53674	19.4	2310	256.5	69588	49505
53375	-6.4	224	-62.7	389788	59356
53338	-17.6	1753	-25.9	1247093	162009
53136	1.2	1495	432.6	59031	189193
53010	23.4	5489	19.1	374555	79569
52877	-2.6	6808	62.6	2488862	85123
52871	4.9	643	-35.8	36497	172000
52798	5.2	12722	116.5	88852	39570
52717	28.3	2790		730906	66300
52462	81.6	3618	43.4	59880	57080
52408	70.8	7239	99.2	93661	97767
51616	10.2	4530		94063	124749
51561	14.3	9794	16.6	123318	119418
50272	1.2	1277	-3.0	17849	180000
49545	9.4	3488	62.1	33597	400600
49542	22.7	4114	36.2	95289	127000
49537	39.2	798	21.0	32089	50073
48815	3.4	2010	12.7	33699	197500
48314	1.4	4891	-21.0	1107539	50100
48236	10.9	1062	-40.7	28482	91254
48127	64.6	7215	26.7	71086	148058
47984	27.7	1088		60353	59183
47171	0.1	8314	16.0	65486	80653
47170	-4.0	770	-5.2	69113	287043
46940	7.7	5	-80.4	2022	729
46890	3.8	2926	-3.2	35067	132000
46473	7.3	1723	-8.8	69106	111400
46304	33.5	10400	59.7	93829	159771
45987	67.7	861	-93.3	105781	94000
45967	-11.0	8354	-37.6	911332	38700
45707	9.0	2354	552.1	26001	33021
45659	21.9	1379	22.2	33151	200000
45622	24.9	1780	32.0	15620	188000
45575	11.8	1376	20.6	69772	276310
45293	94.3	17264	222.8	129139	70785
45056	3.8	7241	-1.1	114399	101575
44990	81.8	1181	42.7	10558	13170
44902	31.7	5556	90.0	1663094	61555
44811	13.9	7228		1413659	64617
44285	-6.3	3583	-8.1	883854	102501
44205	-0.4	2352	6.0	75690	179527
44056	28.2	2339	18.8	34389	20249
43857	-0.9	2524	-70.7	66128	96461
43623	24.2	11464	162.4	63186	82500
43465	-9.6	6101	4.3	741608	106976
43434	43.6	2126	53.7	26185	86995
43326	-1.6	133	-43.4	24268	312000
43011	21.8	1594	55.3	56470	30626
42832	-2.2	1272	5.6	286687	42366

17-5 续表 4

次位 Rank 2010	2009	企业名称	Company Name	国家	Country
201	195	日本伊藤忠商事株式会社	Itochu	日本	Japan
202	229	美国卡特彼勒公司	Caterpillar	美国	U.S.
203	201	日本三菱电机股份有限公司	Mitsubishi Electric	日本	Japan
204	216	佳能公司	Canon	日本	Japan
205	168	法国布伊格集团	Bouygues	法国	France
206	249	莱昂德尔巴塞尔工业公司	LyondellBasell Industries	荷兰	Netherlands
207	176	美国西夫韦公司	Safeway	美国	U.S.
208	214	法国国营铁路公司	SNCF	法国	France
209	293	沙特基础工业公司	Sabic	沙特阿拉伯	SaudiArabia
210	224	中国交通建设集团有限公司	China Communications Construction	中国	China
211	276	宝钢集团	Baosteel Group	中国	China
212	217	西班牙伊维尔德罗拉公司	Iberdrola	西班牙	Spain
213	193	日本KDDI电信公司	KDDI	日本	Japan
214	200	思科系统公司	Cisco Systems	美国	U.S.
215	417	日本三井住友保险公司	MS & AD Insurance Group Holdings	日本	Japan
216	180	法国法切莱公司	Foncière Euris	法国	France
217	240	摩根士丹利	Morgan Stanley	美国	U.S.
218	184	荷兰皇家阿霍德集团	Royal Ahold	荷兰	Netherlands
219	375	韩国现代重工集团	Hyundai Heavy Industries	韩国	SouthKorea
220	254	中国中信集团公司	Citic Group	中国	China
221	204	中国电信	China Telecommunications	中国	China
222	227	美国保德信金融集团	Prudential Financial	美国	U.S.
223	186	东京海上日动火灾保险公司	Tokio Marine Holdings	日本	Japan
224	189	法国维旺迪集团	Vivendi	法国	France
225	199	华尔特迪士尼	Walt Disney	美国	U.S.
226	275	中国南方工业集团公司	China South Industries Group	中国	China
227	202	美国康卡斯特电信公司	Comcast	美国	U.S.
228	332	中国五矿集团公司	China Minmetals	中国	China
229	178	美国超价商店公司	Supervalu	美国	U.S.
230	253	日本钢铁工程控股公司	JFE Holdings	日本	Japan
231	194	美国西斯科公司	Sysco	美国	U.S.
232	277	日本出光兴产株式会社	Idemitsu Kosan	日本	Japan
233	299	日本三菱化学公司	Mitsubishi Chemical Holdings	日本	Japan
234	318	俄罗斯秋明英国石油控股公司	TNK-BP International	俄罗斯	Russia
235	181	意大利电信集团	Telecom Italia	意大利	Italy
236	278	沃尔沃	Volvo	瑞典	Switzerland
237	300	韩国GS控股集团	GS Holdings	韩国	SouthKorea
238	232	日本电装公司	Denso	日本	Japan
239	208	加拿大宏利金融集团	Manulife Financial	加拿大	Canada
240	185	日本电气公司	NEC	日本	Japan
241	219	德国弗朗茨海涅尔集团	Franz Haniel	德国	Germany
242	196	比利时英博集团	Anheuser-Busch InBev	比利时	Belgium
243	244	住友电气工业株式会社	Sumitomo	日本	Japan
244	246	德国汉莎集团	Lufthansa Group	德国	Germany
245	220	英国耆卫保险公司	Old Mutual	英国	Britain
246	327	广达电脑有限公司	Quanta Computer	中国台湾	Taiwan,China
247	273	土耳其KOC集团	Koc Holding	土耳其	Turkey
248	298	澳大利亚联邦银行	Commonwealth Bank of Australia	澳大利亚	Autralia
249	348	中国北方工业(集团)总公司	China North Industries Group	中国	China
250	188	英国森特理克集团	Centrica	英国	Britain

continued

营业额 Revenues 百万美元 (mil.USD)	营业额 Revenues 比上半年增长% % Change from 2009	利润额 Profits 百万美元 (mil.USD)	利润额 Profits 比上半年增长% % Change from 2009	资产额 (百万美元) Assets (mil.USD)	雇员人数 (人) Employees (person)
42612	15.8	1880	36.2	68473	62635
42588	31.5	2700	201.7	64020	104490
42561	17.8	1454	377.4	40221	114443
42246	23.2	2810	99.8	49128	197386
41547	-5.1	1419	-22.6	47746	133456
41151	33.5			25494	14000
41050	0.5	590		15148	180000
40575	17.3	923		58212	240978
40526	47.5	5741	137.3	84688	33000
40414	20.8	1394	98.1	47205	108779
40327	41.1	2230	54.0	65577	105535
40305	18.1	3802	-3.1	125719	31344
40100	8.2	2979	30.0	45606	18418
40040	10.9	7767	26.6	81130	70700
39754	88.1	63	-84.4	138125	36538
39449	-2.3	20	-66.0	38492	175382
39320	24.8	4703	249.4	807698	62542
39111	0.8	1130	-9.1	19757	122027
38996	70.1	3241	93.2	40166	34830
38985	27.4	4927	78.1	385307	140028
38469	8.2	444	-23.7	98281	493919
38414	17.5	3195	2.3	539854	41044
38396	-0.2	840	-39.3	199477	29758
38248	1.4	2911	152.3	79151	51272
38063	5.3	3963	19.8	69206	149000
37996	32.1	225	-17.9	33283	227844
37937	6.1	3635	-0.1	118534	102000
37555	50.5	523	75.0	30166	116886
37534	-7.5	-1510	-484.2	13758	142000
37310	21.8	684	39.1	47992	54400
37244	1.1	1180	11.7	10314	46000
37196	30.2	709	1000.6	30387	8201
36974	36.5	976	606.0	39754	53882
36881	26.8	5815	12.4	33126	50000
36855	-7.3	4134	88.1	119587	84200
36749	28.7	1508		47316	90409
36570	35.1	699	82.5	25013	22500
36561	14.0	1670	111.2	40797	123165
36534	4.0	-380	-130.9	219118	24819
36374	-5.7	-146	-218.7	31727	115840
36333	6.6	423	4966.2	21855	46632
36297	-1.3	4026	-12.7	114342	114313
36218	16.6	2367	41.6	87730	64886
36190	16.8	1498		39339	117019
35809	5.1	-436		303083	55730
35721	40.5	591	-12.6	17587	68720
35713	23.8	1151	25.2	52759	73063
35710	31.5	4990	43.8	546084	45025
35629	47.5	534	17.0	34655	279996
35548	-6.3	2989	127.1	30183	34970

17-5 续表 5

次位 Rank		企业名称	Company Name	国家	Country
2010	2009				
251	266	美国太阳石油公司	Sunoco	美国	U.S.
252	264	日本夏普公司	Sharp	日本	Japan
253	320	澳大利亚西太平洋银行	Westpac Banking	澳大利亚	Australia
254	250	美国雅培公司	Abbott Laboratories	美国	U.S.
255	245	可口可乐公司	Coca-Cola	美国	U.S.
256	263	日本软银	Softbank	日本	Japan
257	221	美国纽约人寿保险公司	New York Life Insurance	美国	U.S.
258	281	国泰人寿保险有限责任公司	Cathay Life Insurance	中国台湾	Taiwan,China
259	207	美国诺斯洛普格拉曼公司	Northrop Grumman	美国	U.S.
260	205	联邦快递	FedEx	美国	U.S.
261	228	加拿大皇家银行	Royal Bank of Canada	加拿大	Canada
262	267	阿美拉达赫斯公司	Hess	美国	U.S.
263	268	美国英格雷姆麦克罗公司	Ingram Micro	美国	U.S.
264	287	德国大陆集团	Continental	德国	Germany
265	305	澳大利亚国民银行	National Australia Bank	澳大利亚	Australia
266	280	美国江森自控有限公司	Johnson Controls	美国	U.S.
267	385	加拿大森科尔能源公司	Suncor Energy	加拿大	Canada
268	210	美国安泰保险金融集团	Aetna	美国	U.S.
269	340	美国亚马逊公司	Amazon.com	美国	U.S.
270	306	韩国电力公司	Korea Electric Power	韩国	SouthKorea
271	307	印度巴拉特石油公司	Bharat Petroleum	印度	India
272	239	日本三菱重工公司	Mitsubishi Heavy Industries	日本	Japan
273	247	美国哈门那公司	Humana	美国	U.S.
274		Enterprise Products Partners公司	Enterprise Products Partners	美国	U.S.
275	313	中国华能集团公司	China Huaneng Group	中国	China
276	231	皇家飞利浦电子公司	Royal Philips Electronics	荷兰	Netherlands
277	212	德国中央合作银行	DZ Bank	德国	Germany
278	314	河北钢铁集团	Hebei Iron & Steel Group	中国	China
279	248	美国霍尼韦尔国际公司	Honeywell International	美国	U.S.
280	226	英国阿斯利康公司	AstraZeneca	英国	Britain
281	243	美国礼宝相互保险公司	Liberty Mutual Insurance Group	美国	U.S.
282	236	英国桑斯博里公司	J. Sainsbury	英国	Britain
283	255	新闻集团	News Corp.	美国	U.S.
284	296	美国杜邦公司	DuPont	美国	U.S.
285	225	荷兰合作银行	Rabobank	荷兰	Netherlands
286	289	日本普利司通轮胎公司	Bridgestone	日本	Japan
287	238	英国BAE系统公司	BAE Systems	英国	Britain
288	371	中国人民保险公司	People's Insurance Co. of China	中国	China
289	230	美国斯普林特Nextel公司	Sprint Nextel	美国	U.S.
290	234	美国通用动力公司	General Dynamics	美国	U.S.
291	282	印度国家银行	State Bank of India	印度	India
292	356	神华集团	Shenhua Group	中国	China
293	213	德国商业银行	Commerzbank	德国	Germany
294	283	日本关西电力公司	Kansai Electric Power	日本	Japan
295	311	美国教师退休基金会	TIAA-CREF	美国	U.S.
296	315	中国冶金科工集团公司	China Metallurgical Group	中国	China
297	256	俄罗斯联邦储蓄银行	Sberbank	俄罗斯	Russia
298	271	加拿大鲍尔集团	Power Corp. of Canada	加拿大	Canada
299	262	英国联合博姿公司	Alliance Boots	瑞士	Switzerland
300	222	英国电信集团	BT Group	英国	Britain

continued

营业额 Revenues		利润额 Profits		资产额 (百万美元) Assets (mil.USD)	雇员人数 (人) Employees (person)
百万美元 (mil.USD)	比上半年增长% % Change from 2009	百万美元 (mil.USD)	比上半年增长% % Change from 2009		
35453	19.7	234		13297	10252
35283	18.9	227	378.3	34826	55580
35282	37.7	5709	128.3	598802	38962
35167	14.3	4626	-19.5	59462	91440
35119	13.3	11809	73.1	72921	139600
35081	17.9	2215	112.6	56188	21799
34947	2.7	1092	59.9	199.645.7	16068
34796	22.9	-207	-356.7	105095	33902
34757	-1.5	2053	21.8	31421	117100
34734	-2.1	1184	1108.2	24902	245109
34716	6.5	5033	52.6	713857	72126
34613	17.1	2125	187.2	35396	13776
34589	17.2	318	57.3	9084	15650
34498	23.5	763		32725	148228
34350	28.6	3800	102.2	664345	44551
34305	20.4	1491		25743	137000
34251	53.4	3467	245.2	70635	12076
34246	-1.5	1767	38.4	37739	34000
34204	39.6	1152	27.7	18797	33700
34110	28.0	-62		87786	37283
34102	28.2	359	4.3	15001	14654
33903	7.0	352	130.5	48142	68816
33868	9.4	1099	5.7	16103	35200
33739		321		31361	6570
33681	29.4	29	-26.3	100520	143808
33667	4.5	1915	236.1	43295	119001
33611	-3.0	1148	516.5	514494	26800
33549	29.4	168	24.3	42807	133122
33370	8.0	2022	-6.1	37834	130000
33269	1.4	8053	7.1	56127	61100
33193	6.8	1678	64.0	112350	45000
32811	3.1	995	6.7	18275	99300
32778	7.7	2539		54384	51000
32733	19.8	3031	72.7	40410	60000
32672	-2.2	3552	17.3	875507	58714
32613	17.5	1127	10014.6	33378	139822
32588	2.6	1625		37629	92000
32579	40.9	574	281.8	66860	94578
32563	0.9	-3465		51654	40000
32466	1.5	2624	9.6	32545	90000
32450	15.0	2345	-5.2	369567	222933
32446	37.5	4256	29.8	83604	166616
32420	-6.3	1894		1012043	50489
32339	15.2	1438	5.0	88223	32418
32225	22.6	1406		417332	7312
32076	24.0	297	-27.9	48267	159500
32066	5.5	5998	680.5	282699	257046
32023	10.2	881	47.3	147036	33000
31998	7.2	925	-4.6	32471	70754
31796	-6.1	2335	42.5	37739	92600

17-5 续表 6

次位 Rank 2010	2009	企业名称	Company Name	国家	Country
301	284	美国达美航空公司	Delta Air Lines	美国	U.S.
302	257	日本瑞穗金融集团	Mizuho Financial Group	日本	Japan
303	237	瑞士ABB集团	ABB	瑞士	Switzerland
304	233	美国好事达保险公司	Allstate	美国	U.S.
305	279	法国邮政总局	La Poste	法国	France
306	496	JBS	JBS	巴西	Brazil
307	265	法航荷航集团	Air France-KLM Group	法国	France
308	295	日本药品批发商	Medipal Holdings	日本	Japan
309	285	加拿大乔治威斯顿公司	George Weston	加拿大	Canada
310	330	中国航空工业集团公司	Aviation Industry Corp. of China	中国	China
311	333	OMV Group 奥地利石油天然气集团	OMV Group	奥地利	Austria
312	260	美国HCA公司	HCA Holdings	美国	U.S.
313	445	日本NKSJ控股	NKSJ Holdings	日本	Japan
314	379	瑞士斯特拉塔公司	Xstrata	瑞典	Switzerland
315	308	日本铃木汽车公司	Suzuki Motor	日本	Japan
316	353	新加坡丰益国际公司	Wilmar International	新加坡	Singapore
317		英力士集团	Ineos Group Holdings	英国	Britain
318	304	美国运通公司	American Express	美国	U.S.
319	382	中国香港怡和集团	Jardine Matheson	中国	China
320	358	韩国朝华集团	Hanwha	韩国	South Korea
321	303	瑞典Vattenfall公司	Vattenfall	瑞典	Sweden
322	292	东日本铁路公司	East Japan Railway	日本	Japan
323	261	德国艾德卡公司	Edeka Zentrale	德国	Germany
324	355	谷歌	Google	美国	U.S.
325		中国首钢集团	Shougang Group	中国	China
326	381	德国贺利氏控股集团	Heraeus Holding	德国	Germany
327	383	中国平安保险有限公司	Ping An Insurance	中国	China
328	286	意大利邮政集团	Poste Italiane	意大利	Italy
329	288	英国标准人寿保险公司	Standard Life	英国	Britain
330	436	中国铝业公司	Aluminum Corp. of China	中国	China
331	251	瑞士再保险公司	Swiss Reinsurance	瑞士	Switzerland
332	316	韩国三星人寿保险公司	Samsung Life Insurance	韩国	South Korea
333	350	新加坡伟创力公司	Flextronics International	新加坡	Singapore
334		Phoenix Pharmahandel 公司	Phoenix Pharmahandel	德国	Germany
335	354	印度斯坦石油公司	Hindustan Petroleum	印度	India
336	297	美国泰森食品公司	Tyson Foods	美国	U.S.
337	399	澳新银行集团	Australia & New Zealand Banking	澳大利亚	Australia
338	301	爱立信公司	L.M. Ericsson	瑞典	Sweden
339	431	仁宝电脑工业股份有限公司	Compal Electronics	中国台湾	Taiwan,China
340	428	武汉钢铁(集团)公司	Wuhan Iron & Steel	中国	China
341	460	俄罗斯Sistema公司	Sistema	俄罗斯	Russia
342		中国邮政集团公司	China Post Group	中国	China
343	338	法国克里斯汀迪奥公司	Christian Dior	法国	France
344	421	英美资源集团	Anglo American	英国	Britain
345	395	中国华润总公司	China Resources National	中国	China
346	398	波兰国营石油公司	PKN Orlen Group	波兰	Poland
347	290	法国阿尔斯通公司	Alstom	法国	France
348	291	比利时德尔海兹集团	Delhaize Group	比利时	Belgium
349	434	台湾中油股份有限公司	CPC	中国台湾	TaiWan
350	380	美国斯伦贝谢公司	Schlumberger	美国	U.S.

continued

营业额 Revenues		利润额 Profits		资产额 (百万美元) Assets (mil.USD)	雇员人数 (人) Employees (person)
百万美元 (mil.USD)	比上半年增长% % Change from 2009	百万美元 (mil.USD)	比上半年增长% % Change from 2009		
31755	13.2	593		43188	79684
31720	4.5	4825	87.1	1940768	56770
31589	-0.7	2561	-11.7	36295	116500
31400	-1.9	928	8.7	130874	35350
31378	-3.9	729	-1.3	249892	276555
31279	82.3	-172	-366.9	26831	128036
31200	5.2	810		41116	102012
31090	13.4	20	-5.7	15504	11661
31073	10.9	439	-51.6	20993	142000
31006	23.1	704	-8.1	71215	404042
30891	24.0	1219	53.4	35426	31398
30683	2.1	1207	14.5	23852	170000
30609	57.2	-151	-135.6	108398	34203
30499	34.2	4688	609.2	69709	38561
30452	14.5	527	69.4	26845	52731
30378	27.2	1324	-29.7	33969	88000
30347	20.8	-75		15508	8458
30242	13.1	4057	90.5	147042	61000
30053	33.6	3084	92.3	48076	300000
30041	27.7	230	-47.5	78790	29588
29645	10.4	1804	7.0	80560	38179
29625	6.9	890	-31.3	84998	71749
29392	-1.9	201	-23.2	8416	302000
29321	24.0	8505	30.4	57851	24400
29181	66.4	238	73.9	47063	105993
29172	29.4	338	108.3	4934	12931
28927	29.3	2557	25.8	177797	128808
28922	3.5	1348	7.3	128435	149703
28878	3.9	667	100.9	241330	9254
28871	45.4	-41		56788	184362
28835	-6.2	863	85.2	228403	10362
28773	11.5	1674	123.3	133449	5880
28680	19.0	596	3106.5	11633	176000
28641	-3.9	192	-4.6	10367	23206
28593	17.8	374	20.2	15581	11250
28430	4.7	780		10752	115000
28275	29.8	4049	89.6	514989	46917
28226	4.6	1547	222.2	41931	90261
28171	37.8	739	27.1	11447	63251
28170	37.1	228	31.0	30931	133537
28099	49.8	919	-44.1	44109	90000
28094	22.8	1307	390.3	534267	860200
27977	13.4	1670	72.9	55274	86818
27960	34.0	6544	169.9	66656	100000
27820	27.0	1621	62.9	69657	320464
27703	27.1	786	87.3	17326	22040
27635	-0.4	610	-64.5	42058	93500
27615	-0.4	760	6.4	14627	103051
27570	36.1	508	-55.5	22613	14871
27447	20.9	4267	36.2	51767	108000

17-5 续表 7

次位 Rank		企业名称	Company Name	国家	Country
2010	2009				
351	397	华为技术有限公司	Huawei Technologies	中国	China
352	322	德国豪赫蒂夫公司	Hochtief	德国	Germany
353	352	中国中钢集团公司	Sinosteel	中国	China
354	351	日本中部电力公司	Chubu Electric Power	日本	Japan
355	331	美国菲利普莫里斯国际公司	Philip Morris International	美国	U.S.
356	364	日本马自达汽车公司	Mazda Motor	日本	Japan
357	373	日本科斯莫石油公司	Cosmo Oil	日本	Japan
358	442	印度塔塔汽车公司	Tata Motors	印度	India
359	117	巴西伊塔乌投资银行	Itaúsa-Investimentositaú	巴西	Brazil
360	413	印度石油天然气公司	Oil & Natural Gas	印度	India
361	302	香港和记黄埔有限公司	Hutchison Whampoa	中国香港	China
362	274	时代华纳公司	Time Warner	美国	U.S.
363	366	甲骨文	Oracle	美国	U.S.
364	370	美国3M公司	3M	美国	U.S.
365	312	中粮集团	COFCO	中国	China
366	415	江苏沙钢集团	Jiangsu Shagang Group	中国	China
367	388	日本爱信精机公司	Aisin Seiki	日本	Japan
368	324	西班牙石油公司	Cepsa	西班牙	Spain
369	410	印度塔塔钢铁公司	Tata Steel	印度	India
370	368	中国联合网络通信集团有限公司	China United Network Communications	中国	China
371	372	美国迪尔公司	Deere	美国	U.S.
372	425	西班牙天然气公司	Gas Natural Fenosa	西班牙	Spain
373	394	法国施耐德电气公司	Schneider Electric	法国	France
374	412	中国大唐集团公司	China Datang Group	中国	China
375	464	美国PAA公司	Plains All American Pipeline	美国	U.S.
376	359	日本富士胶片公司	Fujifilm Holdings	日本	Japan
377	342	法国欧莱雅集团	L'Oréal	法国	France
378	328	美国麻省人寿保险公司	Massachusetts Mutual Life Insurance	美国	U.S.
379	310	意大利芬梅卡尼卡集团	Finmeccanica	意大利	Italy
380	386	日本阿弗瑞萨控股公司	Alfresa Holdings	日本	Japan
381	344	英国威廉莫里斯超市连锁公司	William Morrison Supermarkets	英国	Britain
382	339	美国大众超级市场公司	Publix Super Markets	美国	U.S.
383	317	美国CHS公司	CHS	美国	U.S.
384	319	美国来德爱公司	Rite Aid	美国	U.S.
385	334	美国雷神公司	Raytheon	美国	U.S.
386	362	美国国际纸业公司	International Paper	美国	U.S.
387	403	日本山田电机公司	Yamada Denki	日本	Japan
388	337	美国圣保罗旅行者保险公司	Travelers Cos.	美国	U.S.
389	360	美国梅西百货公司	Macy's	美国	U.S.
390	427	瑞士阿第克公司	Adecco Group	瑞士	Sweden
391	343	美国史泰博公司	Staples	美国	U.S.
392	401	加拿大多伦多道明银行	Toronto-Dominion Bank	加拿大	Canada
393	361	比利时联合银行集团	KBC Group	比利时	Belgium
394	357	西班牙曼弗雷集团(马弗雷集团)	Mapfre Group	西班牙	Spain
395	359	日本富士胶片公司	Fujifilm Holdings	日本	Japan
396	326	荷兰GasTerra能源公司	GasTerra	芬兰	Netherlands
397	440	中国交通银行	Bank of Communications	中国	China
398		中国远洋运输集团	China Ocean Shipping	中国	China
399	471	巴西液化石油气分销商	Ultrapar Holdings	巴西	Brazil
400	411	美国直播电视集团有限公司	DIRECTV	美国	U.S.

continued

营业额 Revenues 百万美元 (mil.USD)	营业额 Revenues 比上半年增长% % Change from 2009	利润额 Profits 百万美元 (mil.USD)	利润额 Profits 比上半年增长% % Change from 2009	资产额 (百万美元) Assets (mil.USD)	雇员人数 (人) Employees (person)
27356	25.4	3509	31.3	24408	110000
27334	6.9	382	40.6	20107	70657
27266	13.5	-217	-611.1	19096	45994
27214	12.9	988	-15.5	64349	29583
27208	8.7	7259	14.5	35050	78300
27154	16.5	-701		21383	38117
27106	17.5	338		19061	6366
27046	38.7	2035	275.6	22716	53042
26982		2509	27.7	166085	125000
26945	25.6	4929	20.5	43456	33229
26926		2579	41.1	92776	240000
26888	-6.8	2578	4.5	66524	32000
26820	15.3	6135	9.7	61578	105000
26662	15.3	4085	27.9	30156	80057
26469	1.4	800	27.3	35299	88508
26388	23.2	397	5.1	24242	40545
26357	19.1	813	354.7	23874	74671
26150	17.0	840	61.1	15397	11814
26065	20.8	1972		30384	81251
26025	12.3	181	-60.5	67297	215815
26005	12.5	1865	113.5	43267	55700
25999	25.7	1591	-4.2	60837	18778
25933	18.1	2278	92.4	41661	123482
25915	20.8	-447		78999	95882
25893	39.8	505	-12.8	13703	3500
25886	10.2	746		32692	78862
25821	6.3	2966	19.1	32261	66619
25647	0.9	258		188449	10000
25591	-2.8	653	-28.2	41703	75197
25492	14.9	77	-32.0	13020	10985
25406	4.7	974	3.5	14657	95181
25328	3.3	1338	15.2	10159	109000
25268	-1.8	502	31.7	8666	8227
25215	-1.8	-555		7556	71604
25183	1.2	1840	-4.9	24422	72000
25179	7.8	644	-2.9	25368	59500
25140	15.8	826	37.1	11212	12439
25112	1.8	3216	-11.2	105181	32000
25003	6.4	847	142.0	20631	166000
24709	20.1	560	4938.4	11913	32108
24545	1.1	882	19.4	13912	70969
24485	12.7	4475	67.8	609009	68725
24473	4.7	2464		430448	52949
24387	3.7	1236	-4.0	65304	36744
24376	10.3	214	18.9	6488	8736
24313	-4.5	48	-4.7	6148	188
24264	24.0	5768	30.8	599662	85290
24250	39.4	1161	527.4	48498	71105
24135	33.6	435	86.2	7827	8883
24102	11.8	2198	133.3	17909	23541

17-5　续表 8

次位 Rank		企业名称	Company Name	国家	Country
2010	2009				
401	488	麦格纳国际	Magna International	加拿大	Canada
402	378	麦当劳公司	McDonald's	美国	U.S.
403	374	瑞士Migros公司	Migros	瑞典	Switzerland
404	477	中国国电集团公司	China Guodian	中国	China
405	347	加拿大永明人寿保险公司	Sun Life Financial	加拿大	Canada
406	376	日本Maruhan公司	Maruhan	日本	Japan
407		中国电子信息产业集团有限公司	China Electronics	中国	China
408	438	日本住友电气工业株式会社	Sumitomo Electric Industries	日本	Japan
409	452	台塑石化股份有限公司	Formosa Petrochemical	中国台湾	TaiWan
410	426	法国米其林集团	Michelin	法国	France
411	400	加拿大Onex公司	Onex	加拿大	Canada
412	377	英国帝国烟草集团	Imperial Tobacco Group	英国	Britain
413	408	美国西北相互人寿保险公司	Northwestern Mutual	美国	U.S.
414	454	美国墨菲石油公司	Murphy Oil	美国	U.S.
415	329	日本T&D控股公司	T&D Holdings	日本	Japan
416		United Continental控股公司	United Continental Holdings	美国	U.S.
417	406	巴登-符滕堡州能源公司	Energie Baden-Württemberg	德国	Germany
418	485	住友化学工业株式会社	Sumitomo Chemical	日本	Japan
419	323	法国安盟-甘集团	Groupama	法国	France
420	309	法国巴黎春天百货集团	PPR	法国	France
421	369	美国埃森哲咨询公司	Accenture	爱尔兰	Ireland
422	396	美国礼来公司	Eli Lilly	美国	U.S.
423	387	英美烟草集团	British American Tobacco	英国	Britain
424	414	加拿大丰业银行	Bank of Nova Scotia	加拿大	Canada
425	416	日本烟草公司	Japan Tobacco	日本	Japan
426	391	摩托罗拉	Motorola	美国	U.S.
427	349	爱尔兰CRH公司	CRH	爱尔兰	Ireland
428	402	日本理光集团	Ricoh	日本	Japan
429		中国铁路物资总公司	China Railway Materials Commercial	中国	China
430		中国航空油料集团公司	China National Aviation Fuel Group	中国	China
431	424	英国金巴斯集团	Compass Group	英国	Britain
432	422	法国达能集团	Danone	法国	France
433	468	日本邮船公司	Nippon Yusen	日本	Japan
434		中国机械工业集团有限公司	Sinomach	中国	China
435	336	美国哈特福德金融服务公司	Hartford Financial Services	美国	U.S.
436	384	英国国家电力供应公司	National Grid	英国	Britain
437	435	美国航空公司	AMR	美国	U.S.
438	449	德国国际旅游联盟集团	TUI	德国	Germany
439		LG Display公司	LG Display	韩国	SouthKorea
440	458	澳大利亚电信公司	Telstra	澳大利亚	Australia
441	433	美国TJX公司	TJX	美国	U.S.
442	420	美国艾默生电气公司	Emerson Electric	美国	U.S.
443	392	德国贝塔斯曼集团	Bertelsmann	德国	Germany
444		哥伦比亚国家石油公司	Ecopetrol	哥伦比亚	Colombia
445		河南煤业化工集团有限责任公司	Henan Coal & Chemical	中国	China
446	473	日本神户钢铁公司	Kobe Steel	日本	Japan
447	430	荷兰喜力控股公司	Heineken Holding	荷兰	Netherland
448		施乐公司	Xerox	美国	U.S.
449		联想集团	Lenovo Group	中国	China
450	346	西班牙ACS集团	ACS	西班牙	Spain

continued

营业额 Revenues 百万美元 (mil.USD)	营业额 Revenues 比上半年增长% % Change from 2009	利润额 Profits 百万美元 (mil.USD)	利润额 Profits 比上半年增长% % Change from 2009	资产额 (百万美元) Assets (mil.USD)	雇员人数 (人) Employees (person)
24102	38.8	973		13898	96600
24075	5.8	4946	8.7	31975	400000
24024	4.6	855	-5.8	56208	83616
24016	34.4	114	253.7	81314	134591
23920	-1.0	1627	202.9	211164	14755
23806	4.2	258	-12.6	3552	12226
23761	89.0	134	19.3	18728	118818
23746	20.1	825	166.6	23610	182773
23734	23.6	1300	9.5	15501	5604
23696	15.1	1388	842.1	26382	111090
23654	8.7	-50	-150.4	27258	238000
23386	2.8	2344	129.1	48249	38300
23384	8.2	756	135.6	180038	4781
23345	22.0	798	-4.7	14233	6227
23270	-8.0	279	6.6	153762	21732
23229	42.2	253		39598	86000
23190	7.2	1550	45.2	47281	20450
23146	32.6	285	79.9	28570	29382
23144	-9.4	513	-44.1	124865	38500
23102	-12.9	1277	-6.7	33133	60066
23094	-0.3	1781	12.0	12835	204000
23076	5.7	5070	17.1	31001	38350
22989	3.8	4447	5.1	43626	60431
22911	6.9	4085	34.7	517701	70772
22844	7.1	1693	13.5	43108	48472
22823	3.4	633		25577	51000
22745	-5.8	572	-30.5	28794	76418
22674	4.4	229	-23.6	27304	109014
22631	47.8	107	3.6	7550	8146
22630	65.0	143	40.3	4568	9195
22530	8.6	1051	16.2	13008	428202
22529	8.2	2477	30.9	37700	100995
22524	23.2	917		25668	28361
22487	48.4	546	37.5	19933	87067
22383	-9.4	1680		318346	26800
22302	-0.1	3357	51.9	74389	27089
22170	11.3	-471		25088	78250
22091	14.2	138	-70.3	19956	71398
22072	40.6	1000	14.2	21026	46705
22050	17.1	3421	14.3	33189	41690
21942	8.2	1343	10.7	7972	166000
21866	4.5	2164	25.5	22843	127700
21791	-1.1	633		25196	104419
21743	52.8	4221	75.7	35911	6744
21715	43.3	326	44.2	21330	190144
21700	20.6	618	810.4	26931	34772
21684	5.8	954	34.4	35621	65730
21633	42.5	606	24.9	30600	136500
21594	30.0	273	111.2	10706	27039
21558	-11.1	1739	-35.9	45865	138542

17-5 续表 9

次位 Rank 2010	2009	企业名称	Company Name	国家	Country
451	470	德国赢创工业公司	Evonik Industries	德国	Germany
452		小松公司	Komatsu	日本	Japan
453	235	丹麦丹斯克银行	Danske Bank Group	丹麦	Denmark
454	390	法国拉法基集团	Lafarge	法国	France
455	419	标准渣打集团	Standard Chartered Group	英国	Britain
456		日本三菱汽车公司	Mitsubishi Motors	日本	Japan
457		冀中能源集团有限责任公司	Jizhong Energy Group	中国	China
458	467	美国信诺集团	Cigna	美国	U.S.
459		荷兰shv公司	Shv Holdings	荷兰	Netherlands
460	418	法国阿尔卡特朗讯公司	Alcatel-Lucent	法国	France
461	439	德国费森尤斯集团	Fresenius	德国	Germany
462		中国船舶重工集团公司	China Shipbuilding Industry	中国	China
463	259	德国巴伐利亚银行	Landesbank Baden-Württemberg	德国	Germany
464	461	美国铝业公司	Alcoa	美国	U.S.
465	429	日本麒麟控股株式会社	Kirin Holdings	日本	Japan
466		中国太平洋保险(集团)股份有限公司	China Pacific Insurance (Group)	中国	China
467	393	美国福陆公司	Fluor	美国	U.S.
468		匈牙利炼油厂	Mol Hungarian Oil & Gas	匈牙利	Hungary
469	437	法国索迪斯集团	Sodexo	法国	France
470	446	瑞士霍尔希姆公司	Holcim	瑞士	Switzerland
471		Petroleum Holdings公司	Petroplus Holdings	瑞士	Switzerland
472	469	美国家庭人寿保险公司	Aflac	美国	U.S.
473	341	英国沃斯利集团	Wolseley	英国	Britain
474		中国化工集团公司	Chemchina	中国	China
475	444	英国合作社集团	Co-operative Group	英国	Britain
476	443	美国合作银行	U.S. Bancorp	美国	U.S.
477	462	日本药品批发商	Suzuken	日本	Japan
478	450	荷兰阿克苏诺贝尔公司	Akzo Nobel	荷兰	Netherlands
479	482	Cie Nationale à Portefeuille	Cie Nationale à Portefeuille	比利时	Belgium
480	423	美国全国保险公司	Nationwide	美国	U.S.
481		Tesoro公司	Tesoro	美国	U.S.
482		CFE公司	CFE	墨西哥	Mexico
483		中国浙江物产集团	Zhejiang Materials Industry Group	中国	China
484		中国建筑材料集团有限公司	China National Building Materials Group	中国	China
485	457	德国汉高集团	Henkel	德国	Germany
486	487	宏碁集团	Acer	中国台湾	TaiWan
487	474	日本东北电力公司	Tohoku Electric Power	日本	Japan
488		斗山	Doosan	韩国	SouthKorea
489		Rim公司	Research In Motion	加拿大	Canada
490		美国西方石油公司	Occidental Petroleum	美国	U.S.
491		三星C&T公司	Samsung C&T	韩国	SouthKorea
492	432	Premafin Finanziaria	Premafin Finanziaria	意大利	Italy
493	455	美国金佰利公司	Kimberly-Clark	美国	U.S.
494	489	日本大和房建	Daiwa House Industry	日本	Japan
495		Surgutneftegas公司	Surgutneftegas	俄罗斯	Russia
496	321	德国复兴信贷银行	KFW Bankengruppe	德国	Germany
497		韩国天然气公司	Korea Gas	韩国	SouthKorea
498	407	日本昭和壳牌公司	Showa Shell Sekiyu	日本	Japan
499		纬创集团	Wistron	中国	China
500	405	美国百时美施贵宝公司	Bristol-Myers Squibb	美国	U.S.

continued

营业额 Revenues		利润额 Profits		资产额 (百万美元) Assets (mil.USD)	雇员人数 (人) Employees (person)
百万美元 (mil.USD)	比上半年增长% % Change from 2009	百万美元 (mil.USD)	比上半年增长% % Change from 2009		
21545	18.5	972	191.4	27563	34407
21519	39.6	1760	387.0	25937	41059
21425	-27.3	651	102.0	578662	21522
21415	-3.0	1095	7.1	57014	67036
21410	2.2	4332	28.2	516542	85231
21349	37.1	182	255.9	15840	30709
21255	176.3	137	25.9	13647	138697
21253	15.4	1345	3.3	45682	30600
21202	28.0	799	6.3	12441	50300
21186	0.6	-442		33376	79796
21154	7.5	824	20.0	31633	137552
21055	19.4	762	-3.8	48275	159749
21035	-30.0	-460		502350	13061
21013	12.1	254		39293	59000
20916	2.0	130	-75.3	32670	31966
20878	36.9	1264	17.4	72190	74590
20849	-5.2	358	-47.8	7615	39229
20799	25.1	500	-12.6	21649	32394
20794	4.9	558	5.1	14967	379137
20774	6.7	1134	-16.3	47498	80310
20747	28.0	-112		6770	2575
20732	13.6	2344	56.6	101039	7919
20729	-15.3	-534		12662	48226
20715	30.7	16	429.6	27257	137431
20566	4.0	339	39.6	119054	109269
20518	5.3	3317	50.4	307786	60584
20455	9.4	112	-25.3	11011	15152
20419	5.7	999	152.1	26960	55590
20373	15.9	320	-22.3	21581	11981
20265	-2.3	959	33.9	148702	32711
20253	22.1	-29		8732	5261
20143	23.6	64	-27.0	68209	80127
20001	42.3	92	-8.6	6914	16768
19996	67.4	313	61.5	23291	112676
19989	6.0	1481	77.0	23513	47854
19979	15.0	480	39.7	9636	7757
19950	11.4	-394	-241.6	48623	22692
19937	24.1	229	26.6	28361	38200
19907	33.1	3411	38.8	12875	17500
19857	27.9	4530	55.4	52432	11000
19765	36.3	406	68.1	17537	9061
19750	-3.3	-360		57740	8046
19746	3.3	1843	-2.2	19864	57000
19733	13.8	318	54.7	23323	26310
19656	24.0	4228	17.9	45224	97481
19585	-23.4	3485	122.5	592705	4531
19563	27.7	178	-4.9	21409	2800
19558	24.3	182		14714	5696
19538	18.0	382	38.1	7477	50733
19484	-9.9	3102	-70.8	31076	27000

主要统计指标解释

人文发展指数 是人类发展的一项综合指标，它测量了人类发展的三个方面的平均成就：寿命，教育程度以及体面的生活。人文发展指数是对这三个方面的指标标准化后的几何平均值。

期望受教育年限 是指在现有入学率保持不变的情况下适龄儿童预期获得的受教育年限。

平均受教育年限 是指25岁及以上人口已经获得的文化程度转换成理论教育年限的平均值。

KOF 全球化指数 包括经济，社会和政治三个方面的全球化，是 23 个具体指标标准化后的加权平均值。全球化被定义为突破国家的界限，融合国家的经济、文化、技术和管理，并产生相互依存的复杂关系的过程。经济全球化是指商品、资本和服务以及伴随着市场交流的信息与观念的长途流动；政治全球化是指政府政策的扩散；社会全球化是指思想、信息、图像和人的传播。

全球竞争力指数（GCI），通过测算一个国家的经济、社会、政治、文化教育等各方面情况来评价国家竞争力。全球竞争力的指标体系由三个层次构成：第一层次包括基本条件、效率增强及创新与成熟度三大板块；第二层次是 12 个竞争力“支柱”，包括制度、基础设施、宏观经济环境、健康与初等教育、高等教育与培训、商品市场效率、劳动力市场效率、金融市场发展、技术就绪度、市场规模、商业成熟度和创新等；第三层次是具体指标

ICT 发展指数（IDI） 是衡量和跟踪各国在迈向信息社会的过程中所取得总体进展的有用工具，是一项由涵盖 ICT 获取、使用和技能三个方面的 11 个指标组成的综合指数，旨在根据发达国家和发展中国家的情况来衡量长期以来 ICT 发展的水平和变化。ICT 发展指数包括的具体指标有：每百人固定电话用户数、每百人移动电话用户数、互联网用户的平均带宽、拥有计算机家庭所占百分比、接入互联网家庭所占百分比、使用互联网个人所占百分比、每百人固定宽带用户数、每百人移动宽带用户、成人识字率、中等教育和高等教育综合入学率。

Explanatory Notes on Main Statistical Indicators

The Human Development Index (HDI) is a summary measure of human development. It measures the average achievements in a country in three basic dimensions of human development: a long and healthy life, access to knowledge and a decent standard of living. The HDI is the geometric mean of normalized indices measuring achievements in each dimension.

Expected years of schooling Number of years of schooling that a child of school entrance age can expect to receive if prevailing patterns of age-specific enrolment rates were to stay the same throughout the child' s life.

Mean years of schooling Average number of years of education received by people ages 25 and older in their lifetime based on education attainment levels of the population converted into years of schooling based on theoretical durations of each level of education attended.

The KOF Index of Globalization covers the economic, social and political dimensions of globalization and is the weighted average value of standardized twenty-three indicators. Globalization is conceptualized as a process that erodes national boundaries, integrates national economies, cultures, technologies and governance and produces complex relations of mutual interdependence. economic globalization, characterized as long distance flows of goods, capital and services as well as information and perceptions that accompany market exchanges; political globalization, characterized by a diffusion of government policies; and social globalization, expressed as the spread of ideas, information, images and people

Global Competitiveness Index (GCI) assess national competitiveness by measuring a country's economic, social, political, cultural, educational and other aspects. GCI system consists of three layers: The first level includes three plates of Basic requirements, Efficiency enhancers and Innovation and sophistication factors; The second level is the competitiveness of 12 major "pillars", including Institutions, Infrastructure, Macroeconomic environment, Health and primary education, Higher education and training, Goods market efficiency, Labor market efficiency, Financial market development, Technological readiness, Market size, Business sophistication, and Innovation; The third level is the specific indicators.

The ICT Development Index (IDI) is a useful tool to benchmark and track the overall progress countries are making towards becoming information societies. The IDI is a composite index made up of 11 indicators covering ICT access, use and skills. It has been constructed to measure the level and evolution over time of ICT developments, taking into consideration the situations of both developed and developing countries. IDI includes the following indicators: Fixed-telephone subscriptions per 100 inhabitants, Mobile-cellular telephone subscriptions per 100 inhabitants, International Internet bandwidth (bit/s) per Internet user, Percentage of households with a computer, Percentage of households with Internet access at home, Percentage of individuals using the Internet, Fixed (wired)-broadband Internet subscriptions per 100 inhabitants, Active mobile-broadband subscriptions per 100 inhabitants, Adult literacy rate, Gross enrolment ratio of secondary and tertiary level.

附　录

Appendix

附录1　主要国际组织及缩写

一、主要国际组织及其成员

西方七国（G7）：包括美国、日本、英国、德国、法国、意大利和加拿大。

经济合作与发展组织（经合组织，OECD），成员国有34个：澳大利亚、奥地利、比利时、冰岛、丹麦、德国、法国、芬兰、加拿大、荷兰、卢森堡、美国、葡萄牙、日本、挪威、瑞典、瑞士、爱尔兰、西班牙、希腊、意大利、新西兰、土耳其、英国、墨西哥、捷克、匈牙利、波兰、韩国、斯洛伐克、以色列（2010）、斯洛文尼亚、智利（2010）、爱沙尼亚（2010）。

欧洲联盟（欧盟，EU），成员国有27个：法国、德国、意大利、荷兰、比利时、卢森堡、丹麦、爱尔兰、英国、希腊、西班牙、葡萄牙、奥地利、芬兰、瑞典、塞浦路斯、捷克、爱沙尼亚、匈牙利、拉脱维亚、立陶宛、马耳他、波兰、斯洛伐克、斯洛文尼亚、保加利亚和罗马尼亚。

欧洲货币联盟（欧元区，Euro Area），成员国有17个：德国、比利时、奥地利、荷兰、法国、意大利、西班牙、葡萄牙、卢森堡、爱尔兰、芬兰、希腊、斯洛文尼亚、塞浦路斯、马耳他、斯洛伐克和爱沙尼亚（2011.1.1）。2002年1月1日起，欧元现钞正式取代各成员国原货币全面流通。

东南亚国家联盟（东盟，ASEAN），成员国有10个：菲律宾、马来西亚、泰国、新加坡、印度尼西亚、文莱（1984年）、越南（1995年）、缅甸（1997年）、老挝（1997年）和柬埔寨（1999年）。

北美自由贸易区（NAFTA）：成立于1994年1月1日，成员国有3个，加拿大、墨西哥和美国。

二、主要国家(地区)分类

按收入分组国家：按照世界银行2010年分组标准，高收入国家指按图表集法计算的人均国民总收入12276美元及以上的国家，中等偏上收入国家指人均国民总收入3976美元至12275美元的国家，中等偏上收入国家指人均国民总收入1006美元至3975美元的国家，低收入国家指人均国民总收入1005美元及以下的国家。

发达国家与发展中国家：联合国统计司对“发达国家”及“发展中国家”没有一个明确的划分标准。通常是把亚洲的日本、北美的加拿大和美国、大洋洲的澳大利亚和新西兰、欧洲（除前南斯拉夫、东欧、独联体外）都列入发达国家。在国际贸易统计中，南部非洲关税联盟和以色列被认为是发达地区和国家；前南斯拉夫为发展中国家，东欧国家和在欧洲的独联体国家既不是发达国家，也不是发展中国家。

三、本年鉴中使用的缩写及含义如下：

sq.km（square kilometer）＝平方公里
ha（hectare）＝公顷
kwh（kilowatt-hour）＝千瓦时
g（gram）＝克
kg（kilogram）＝千克
TJ （terojoule）＝1012焦耳
TCE（ ton of standard coal equivalent）＝吨标准煤当量
TOE（ton of standard oil equivalent）＝吨标准油当量
UNSD（Statistics Division of the United Nations）＝联合国统计司
IMF（International Monetary Fund）＝国际货币基金组织
FAO（Food and Agriculture Organization of the United Nations）＝联合国粮食及农业组织
UNCTAD（United Nations Conference on Trade and Development）＝联合国贸易和发展会议
UNDP（United Nations Development Program）＝联合国开发计划署
ILO （International Labor Organization）＝国际劳工组织
WHO（World Health Organization）＝世界卫生组织

Appendix1 International Organizations and Abbreviations

I.Some international organizations and the members included are as following,

Group 7, includes the United States, Japan, the United Kingdom, Germany, France, Italy and Canada.

Organization for Economic Co-operation and Development (OECD), has 34 members, i.e., Australia, Austria, Belgium, Iceland, Denmark, Germany, France, Finland, Canada, Netherlands, Luxembourg, United States, Portugal, Japan, Norway, Sweden, Switzerland, Ireland, Spain, Greece, Italy, New Zealand, Turkey, United Kingdom, Mexico, Czech Republic, Hungary, Poland, Korea, Slovakia, Israel (2010), Slovenia, Chile (2010), Estonia (2010).

European Union (EU), it expanded to 27 members, i.e., France, Germany, Italy, Netherlands, Belgium, Luxembourg, Denmark, Ireland, United Kingdom, Greece, Spain, Portugal, Austria, Finland, Sweden, Cyprus, the Czech Republic, Estonia, Hungary, Latvia, Lithuania, Malta, Poland, Slovakia and Slovenia, Bulgaria, Romania.

European Monetary Union (Euro Area), member countries are Germany, Belgium, Austria, Netherlands, France, Italy, Spain, Portugal, Luxembourg, Ireland, Finland, Greece, Slovenia, Cyprus, Malta、Slovak and Estonia (Jan.1.2011), has 17 members. Since January 1, 2002, the euro has formally substitute the former local currencies of the member countries.

Association of South East Asian Countries (ASEAN), it has 10 members, i.e., the Philippines, Malaysia, Thailand, Singapore, Indonesia, Brunei Darussalam (1984), Viet Nam (1995), Myanmar (1997), Lao People's Democratic Republic (1997) and Cambodia (1999).

North American Free Trade Area(NAFTA), was founded on January 1, 1994, with members unchanged hitherto, i.e., Canada, Mexico and the United States.

II. Countries (territory) groups and their meanings are as following,

Countries by Income Group According to the criteria by the World Bank, countries and territories (referred to as economies) are classified into high income (higher than $12276), higher middle income (between $3976 and $12275), lower middle income (between $1006 and $3975) and low income ($1005 and below) groups by their per capita GNI (calculated by Atlas method)in the year 2010.

Developed and Developing Countries There is no established convention for the designation of "developed" and "developing" countries or areas in the United Nations system. In common practice, Japan in Asia, Canada and the United States in northern America, Australia and New Zealand in Oceania, and Europe are considered "developed" regions or areas. In international trade statistics, the Southern African Customs Union is also treated as a developed region and Israel as a developed country; countries emerging from the former Yugoslavia are treated as developing countries; and countries of eastern Europe and of the Commonwealth of Independent States in Europe are not included under either developed or developing regions.

III. The abbreviations used in this book and their meanings are as following,

Sq.km=square kilometer
ha = hectare
kwh = kilowatt-hour
g = gram
kg = kilogram
TJ = terojoule (10^{12} joule)
TCE = ton of standard coal equivalent
TOE = ton of standard oil equivalent
UNSD = Statistics Division of the United Nations
IMF = International Monetary Funds
FAO = Food and Agriculture Organization of the United Nations
UNCTAD = United Nations Conference on Trade and Development
UNDP = United Nations Development Program
ILO = International Labor Organization
WHO = World Health Organization

附录2　各国(地区)货币单位①

Appendix1　Local Currency Units of Countries or Area①

资料来源：德国《国外统计年鉴》2006年；世界知识出版社《世界知识年鉴》2008年；国际货币基金组织《国际金融统计月报》。
Source: Statistical Yearbook 2006 for Foreign Countries of Germany; World Knowledge Publishing House World Knowledge Yearbook 2008; IMF International Financial Statistics Dec.

国家和地区	Country or Area	货币	Local Currency	国际标准组织编码 ISO-Code
亚　洲	**Asia**			
中　国	China	1元=10角=100分	1 Chinese Yuan=10 Jiao=100 Fen	CNY
中国香港	Hong Kong, China	1港元=100仙	1 Hongkong Dollar=100 Cents	HKD
中国澳门	Macao, China	1澳门元=100分	1 Macao Pataca=100 Aves	MOP
阿富汗	Afghanistan	1阿尼(新)=1000阿尼(旧)	1 Afghani(new)=1000Afghani(old)	AFA
亚美尼亚	Armenia	1德拉姆=100鲁马	1 Dram=100 Luma	AMD
阿塞拜疆	Azerbaijan	1马纳特=100开比克	1 Azerbaijan Manat=100 Gepik	AZM
巴　林	Bahrain	1巴林第纳尔=1000费尔斯	1 Bahrain Dinar=1000 Fils	BHD
孟加拉国	Bangladesh	1塔卡=100波依夏	1 Taka=100 Poisha	BDT
不　丹	Bhutan	1努扎姆=100吉扎姆	1 Ngultrum=100 Chhetrum	BTN
文　莱	Brunei Darussalam	1文莱元=100分	1 Brunei Dollar=100 Cents	BND
柬埔寨	Cambodia	1瑞尔=10角=100仙	1 Riel=10 Kak=100 Sen	KHR
塞浦路斯	Cyprus	1塞浦路斯镑=1000米尔	1 Cyprus Pound=1000 Mils	CYP
格鲁吉亚	Georgia	1拉里=100 秦特勒	1 Lari=100 Tetri	GEL
印　度	India	1印度卢比=100 派萨	1 Indian Rupie=100 Paise	INR
印度尼西亚	Indonesia	1印度尼西亚盾=100分	1 Rupiah=100 Sen	IDR
伊　朗	Iran	1里亚尔=100第纳尔	1 Rial=100 Dinars	IRR
伊拉克	Iraq	1伊拉克第纳尔=1000菲尔斯	1 Iraq Dinar=1000 Fils	JOD
以色列	Israel	新谢克尔	New Shekel	ILS
日　本	Japan	1日元=100钱	1 Yen=100 Sen	JPY
约　旦	Jordan	1约旦第纳尔=1000费尔斯	1 Jordan Dinar=1000 Fils	JOD
哈萨克斯坦	Kazakhstan	1坚戈=100特因	1 Tenge=100 Tiin	KZT
朝　鲜	Korea, Dem.	1朝鲜元=100钱	1 Won=100 Chon	KPW
韩　国	Korea, Rep.	1韩圆=100钱	1 Won=100 Chon	KRW
科威特	Kuwait	1科威特第纳尔=1000菲尔斯	1 Kuwaiti Dinar=1000 Fils	KWD
吉尔吉斯斯坦	Kyrgyzstan	1索姆=100特因	1 Kyrgyz Som=100 Tyin	KGS
老　挝	Laos	1基普=100阿特	1 Kip=100 Ats	LAK
黎巴嫩	Lebanon	1黎巴嫩镑=100比索	1 Lebanese Pound=100 Piastres	LBP
马来西亚	Malaysia	1林吉特=100分	1 Ringgit=100 Sen	MYR
马尔代夫	Maldives	1拉菲亚=100拉里	1 Rufiyaa=100 Laari	MVR
蒙　古	Mongolia	1图格里克=100蒙戈	1 Togrog=100 Mongo	MNT
缅　甸	Myanmar	1缅元=100分	1 Kyat=100 Pyas	MMK
尼泊尔	Nepal	1尼泊尔卢比=100派萨=2摩赫	1 Rupee=100 Paisa=2 Mohur	NPR
阿　曼	Oman	1里亚尔=1000比索	1 Rial Omani=100 Baizas	OMR

附录2 续表 1 continued

国家和地区	Country or Area	货币	Local Currency	国际标准组织编码 ISO-Code
巴基斯坦	Pakistan	1巴基斯坦卢比=100派萨	1 Pakistani Rupee=100 Paisa	PKR
菲 律 宾	Philippines	1比索=100分	1 Philippine Peso=100 Centavos	PHP
卡 塔 尔	Qatar	1卡塔尔里亚尔=100迪姆拉	1 Qatar Riyal=100 Dirhams	QAR
留 尼 汪	Reunion	1欧元=6.5596法郎,	1 Euro=6.5596 Franc	EUR
		1法郎=100 生丁	1 Franc=100 Centimes	FRF
沙特阿拉伯	Saudi Arabia	1沙特里亚尔=100哈拉拉	1 Saudi Arabian Riyal=100 Hallalas	SAR
新 加 坡	Singapore	1新加坡元=100分	1 Singapore Dollar=100 Cents	SGD
斯里兰卡	Sri Lanka	1卢比=100分	1 Sri Lanka Rupee =100 Sri Lanka Cents	LKR
叙 利 亚	Syrian Arab Rep.	1叙利亚镑=100比索	1 Syrian Pound=100 Piastres	SYP
塔吉克斯坦	Tajikistan	索莫尼	Somoni	TJS
泰 国	Thailand	1铢=100萨当	1 Baht=100 Satang	THB
土 耳 其	Turkey	1土耳其里拉=100库鲁	1 Turkish Lira=100 Kurus	TRL
土库曼斯坦	Turkmenistan	1马纳特=100坚戈	1 Turkmenistan Manat =100 Tenge	TMM
阿 联 酋	United Arab Emirates	1迪尔汗=100菲尔斯	1 Dirham=100 Fils	AED
乌兹别克斯坦	Uzbekistan	1苏姆=100蒂因	1 Usbekistan Sum=100 Tijin	UZS
越 南	Vietnam	1越南盾=10角=100分	1 Dong=10 Hao=100 Xu	VND
也 门	Yemen	1里亚尔=100费尔斯	1 Yemeni Rial=100 Fils	YER
非 洲	**Africa**			
阿尔及利亚	Algeria	1阿尔及利亚第纳尔=100生丁	1 Algerian Dinar=100 Centines	DZD
安 哥 拉	Angola	宽扎	Kwanza	AOA
贝 宁	Benin	非洲法郎	CFA Franc	XOF
博茨瓦纳	Botswana	1普拉=100生丁	1 Pula=100 Centimes	DZD
布基纳法索	Burkina Faso	非洲法郎	CFA Franc	XOF
布 隆 迪	Burundi	1布隆迪法郎=100生丁	1 Burundi Franc=100 Centimes	BIF
喀 麦 隆	Cameroon	非洲法郎	CFA Franc	XOF
佛 得 角	Cape Verde	1埃斯库多=100分	1 Cape Verde Escudo=100 Centavo	CVE
中非共和国	Central African Rep.	非洲法郎	CFA Franc	XOF
乍 得	Chad	非洲法郎	CFA Franc	XOF
科 摩 罗	Comoros	科摩罗法郎	Comoran Franc	KMF
刚 果(金)	Congo, Dem. Rep.	刚果法郎	Congo Franc	GNF
刚 果(布)	Congo	非洲法郎	CFA Franc	XOF
科特迪瓦	Cote D`Ivoire	非洲法郎	CFA Franc	XOF
吉 布 提	Djibouti	吉布提法郎	Djibouti Franc	DJF
埃 及	Egypt	1埃及镑=100比索=1000米利姆	1 Egypt Pound=100 Piasters=1000 Milliemes	EGP
赤道几内亚	Equatorial Guinea	非洲法郎	CFA Franc	XOF
厄里特尼亚	Eritrea	1纳克法=100分	1 Nakfa=100 Cents	ERN
埃塞俄比亚	Ethiopia	1埃塞俄比亚比尔=100分	1 Birr=100 Cents	ETB
加 蓬	Gabon	非洲法郎	CFA Franc	XOF
冈 比 亚	Gambia	1达拉西=布图	1 Dalasi=Bututs	GMD

附录2 续表 2 continued

国家和地区	Country or Area	货币	Local Currency	国际标准组织编码 ISO-Code
加 纳	Ghana	1塞地=100比塞瓦	1 Cedi=100 Pesewas	GHC
几 内 亚	Guinea	几内亚法郎	Guinean Franc	GNF
几内亚比绍	Guinea-Bissau	非洲法郎	CFA Franc	XOF
肯 尼 亚	Kenya	1肯尼亚先令=100分	1 Kenya Shilling=100 Cents	KES
莱 索 托	Lesotho	1洛蒂(复数为马洛蒂)=100分	1 Loti(Pl.:Maloti)=100 Lisente	LSL
利比里亚	Liberia	1利比里亚元=100分	1 Liberian Dollar=100 Cents	LRD
利 比 亚	Libya	1第纳尔=1000迪拉姆	1 Dinar=1000 Dirhams	LYD
马达加斯加	Madagascar	1马达加斯加法郎=100生丁	1 Madagascar Franc=100 Centimes	MGF
马 拉 维	Malawi	1马拉维克瓦查=100塔姆巴拉	1 Malawi Kwacha=100 Tambala	MWK
马 里	Mali	非洲法郎	CFA Franc	XOF
毛里塔尼亚	Mauritania	1乌吉亚=5库姆斯	1 Ouguiya=5 Khoums	MRO
毛里求斯	Mauritius	卢比	Rupee	MUR
摩 洛 哥	Morocco	迪拉姆	Dirham	MAD
莫桑比克	Mozambique	1梅蒂卡尔=100分	1 Metical=100 Centavos	MZM
纳米比亚	Namibia	1纳米比亚元=100分	1 Namibia Dollar=100 Cents	NAD
尼 日 尔	Niger	非洲法郎	CFA Franc	XOF
尼日利亚	Nigeria	1奈拉=100克布	1 Naria=100 Kobo	NGN
卢 旺 达	Rwanda	1卢旺达法郎=100生丁	1 Rwanda Franc=100 Centimes	RWF
圣多美和普林西比	Sao Tome & Principe	1多布拉=100分	1 Dobra=100 Centimos	STD
塞内加尔	Senegal	非洲法郎	CFA Franc	XOF
塞 舌 尔	Seychelles	1塞舌尔卢比=100分	1 Seychelles Rupee =100 Cents	SCR
塞拉利昂	Sierra Leone	1利昂=100分	1 Leone=100 Cents	SLL
索 马 里	Somali	1索马里先令=100分	1 Somali Shilling=100 Centesimi	SOS
南 非	South Africa	1兰特=100分	1 Rand=100 Cents	ZAR
圣赫勒拿	St Helena	1圣赫勒拿镑=100便士	1 St Helena Pound=100 Pennies	SHP
苏 丹	Sudan	1第纳尔=100比索	1 Sudanese Dinar=100 Piastres	SDD
斯威士兰	Swaziland	1埃马兰吉尼=100分	1 Lilangeni=100 Cents	ZAR
坦桑尼亚	Tanzania	1坦桑尼亚先令=100分	1 Tanzanian Shilling=100 Cents	TZS
多 哥	Togo	非洲法郎	CFA Franc	XOF
突 尼 斯	Tunisia	1第纳尔=1000米利姆	1 Dinar=1000 Millimes	TND
乌 干 达	Uganda	乌干达先令	Uganda Shilling	UGX
赞 比 亚	Zambia	1克瓦查=100恩韦	1 Kwacha=100 Ngwee	ZMK
津巴布韦	Zimbabwe	1津巴布韦元=100分	1 Zimbabwe Dollar=100 Cents	ZWD
美 洲	**America**			
阿 根 廷	Argentina	1比索=100分	1 Argentine Peso=100 Centavos	ARS
阿 鲁 巴	Aruba	1阿鲁巴弗罗林=100分	1 Aruba Florin=100 Cents	AWG
安 圭 拉	Anguilla	1东加勒比元=100分	1 East Caribbean Dollar =100 Cents	XCD
安提瓜和巴布达	Antigua And Barbuda	1东加勒比元=100分	1 East Caribbean Dollar =100 Cents	XCD
巴 西	Brazil	1雷亚尔=100分	1 Real=100 Centavos	BRL
巴 哈 马	Bahamas	1巴哈马元=100分	1 Bahamian Dollar=100 Cents	BSD

附录2 续表 3 continued

国家和地区	Country or Area	货币	Local Currency	国际标准组织编码 ISO-Code
巴 拉 圭	Paraguay	1瓜拉尼=100分	1 Guarani=100 Centimos	PYG
巴 拿 马	Panama	1巴波亚=100分	1 Balboa=100 Centesimos	PAB
巴巴多斯	Barbados	1巴巴多斯元=100分	1 Barbados Dollar=100 Cents	BBD
百 慕 大	Bermuda	1百慕大元=100分	1 Bermuda Dollar=100 Cents	BMD
波多黎各	Porto rico	1美元=100分	1 Dollar=100 Cents	USD
玻利维亚	Bolivia	1玻利维亚诺=100分	1 Bolivariano=100 Centavos	BOB
伯 利 兹	Belize	1伯利兹元=100分	1 Belize Dollar=100 Cents	BZD
多米尼加	Dominican Rep.	1比索=100分	1 Peso=100 Centavos	DOP
多米尼克	Dominica	1东加勒比元=100分	1 East Caribbean Dollar =100 Cents	XCD
厄瓜多尔	Ecuador	1美元=100分	1 Dollar=100 Cents	USD
法属圭亚那	Guayane Francaise	1欧元=6.5596法郎	1 Euro=6.5596 Franc	EUR
		1法国法郎=100生丁	1 Franc=100 Centimes	FRF
哥伦比亚	Colombia	1比索=100分	1 Peso=100 Centavos	COP
哥斯达黎加	Costa Rica	1科朗=100分	1 Colon=100 Centimos	CRC
格 陵 兰	Greenland	1丹麦克朗=100欧尔	1 Danish Kroon=100 Ore	DKK
格林纳达	Grenada	1东加勒比元=100分	1 East Caribbean Dollar =100 Cents	XCD
古 巴	Cuba	1可兑换比索=100分	1 Peso convertible=100 Centavos	CUP
瓜德罗普	Guadeloupe	1法国法郎=100生丁	1 Franc=100 Centimes	FRF
圭 亚 那	Guyana	1圭亚那元=100分	1 Guyana Dollar=100 Cents	GYD
海 地	Haiti	1古德=100生丁	1 Gourde=100 Centimes	HTG
荷属安的列斯	The Netherlands Antilles	荷属安的列斯盾或弗罗林, 1盾=100分	Netherlands Antilles Guildar / Florin 1 Guildar=100 Cents	ANG
洪都拉斯	Honduras	1伦皮拉=100分	1 Lempira=100 Centavos	HNL
加 拿 大	Canada	1加拿大元=100分	1 Canadian Dollar=100 Cents	CAD
开曼群岛	The Cayman Islands	1开曼元=100分	1 Cayman Dollar=100 Cents	KYD
马提尼克	Martinique	1欧元=6.5596法郎	1 Euro=6.5596 Franc	EUR
		1法国法郎=100生丁	1 Franc=100 Centimes	FRF
美 国	United States	1美元=100分	1 Dollar=100 Cents	USD
蒙特塞拉特	Montserrat	1东加勒比元=100分	1 East Caribbean Dollar=100 Cents	XCD
秘 鲁	The Rep. of Peru	1新索尔=100分	1 New Sol=100 Centimos	PEN
墨 西 哥	Mexico	1比索=100分	1 Mexican Peso=100 Centavos	MXN
尼加拉瓜	Nicaragua	1科多巴=100分	1 Cordoba=100 Centavos	NIO
萨尔瓦多	El Salvador	1科朗=100分	1 El Salvadoran Colon=100 Centavos	SVC
圣基茨和尼维斯	St. Kitts And Nevis	1东加勒比元=100分	1 East Caribbean Dollar=100 Cents	XCD
圣卢西亚	St. Lucia	1东加勒比元=100分	1 East Caribbean Dollar=100 Cents	XCD
圣文森特和格林纳丁斯	St. Vincent & Grens.	1东加勒比元=100分	1 East Caribbean Dollar=100 Cents	XCD
苏 里 南	Suriname	1苏里南盾=100分	1 Suriname Guilder=100 Cents	SRG
特克斯和凯科斯群岛	The Turks and Caicos Islands	1美元=100分	1 Dollar=100 Cents	USD
特立尼达和多巴哥	Trinidad And Tobago	1特立尼达和多巴哥元=100分	1 Trinidad And Tobago Dollar =100 Cents	TTD

附录2　续表 4　continued

国家和地区	Country or Area	货币	Local Currency	国际标准组织编码 ISO-Code
危地马拉	Guatemala	1格查尔=100分	1 Quetzal=100 Centavos	GTQ
委内瑞拉	Venezuela	1玻利瓦尔=100分	1 Bolivar=100 Centimos	VEB
乌拉圭	Uruguay	1乌拉圭比索=100分	1 Uruguayan Peso=100 Centesimos	UYU
牙买加	Jamaica	1牙买加元=100分	1 Jamaica Dollar=100 Cents	JMD
英属维尔京群岛	The British Virgin Islands	1美元=100分	1 Dollar=100 Cents	USD
智　利	Chile	1比索=100分	1 Peso=100 Centavos	CLP
欧　洲	**Europe**			
阿尔巴尼亚	Albania	1列克=100昆塔	1 Lek=100 Qindarka	ALL
奥地利	Austria	1欧元=13.7603奥地利先令，	1 Euro=13.7603 Austrian Schillings	EUR
		1奥地利先令=100格罗申	1 Schilling=100 Groschen	ATS
白俄罗斯	Belarus	1白俄罗斯卢布=100戈比	1 Belarus Ruble=100 Kopeken	
比利时	Belgium	1欧元=40.3399比利时法郎，	1 Euro=40.3399 Belgian Francs,	EUR
		1比利时法郎=100生丁	1 Belgian Franc=100 Centimes	BEF
波　黑	Bosnia And Hercegovinia	1可兑换马克=100芬尼	1 Konvertible Mark=100 Fening	BAM
保加利亚	Bulgaria	1列弗=100斯托丁卡	1 Lev=100 Stótinki	BGN
克罗地亚	Croatia	1库纳=100利珀	1 Kuna=100 Lipa	HRK
捷　克	Czech Republic	1捷克克郎=100哈莱士	1 Czech Krouna=100 Hellers	CZK
丹　麦	Denmark	1丹麦克郎=100欧尔	1 Danish Krone=100 Ore	DKK
爱沙尼亚	Estonia	1爱沙尼亚克郎=100 分	1 Estonian Kroon =100 Cents	EEK
芬　兰	Finland	1欧元=5.94873芬兰马克，	1 Euro=5.94873 Finnish Markka,	EUR
		1芬兰马克=100分	1 Finnish Markka=100 Pennies	FIM
法　国	France	1欧元=6.5596法郎,	1 Euro=6.5596 Franc,	EUR
		1法郎=100生丁	1 Franc=100 Centimes	FRF
德　国	Germany	1欧元=1.95583德国马克，	1 Euro=1.95583 Deutsche Mark,	EUR
		1德国马克=100芬尼	1 Deutsche Mark= 100 Deutsche Pfennig	
希　腊	Greece	1欧元=340.75德拉克马,	1 Euro= 340.75 Drachma,	EUR
		1德拉克马=100雷普塔	1 Drachma=100 Lepta	GRD
匈牙利	Hungary	1福林=100非列	1 Forint=100 Fillér	
冰　岛	Iceland	1冰岛克郎=100分	1 Icelandic Krona=100 Cents	ISK
爱尔兰	Ireland	1欧元=0.787564爱尔兰镑，	1 Euro=0.787564 Irish Pounds,	EUR
		1爱尔兰镑=100便士	1 Irish Pound=100 Pennies	IEP
意大利	Italy	1欧元=1936.27里拉，	1 Euro=1936.27 Italian Lire Italian Lire,	EUR
		1里拉=100分	1 Italian Lire=100 Centesimi	ITL
拉脱维亚	Latvia	1拉特=100拉分	1 Lats=100 Centas	LVL
立陶宛	Lithuania	1立特=100立分	1 Litas=100 Centas	LTL
卢森堡	Luxembourg	1欧元= 40.3399卢森堡法郎，	1 Euro= 40.3399 LUF,	EUR
		1卢森堡法郎（卢郎）=100分	1 Luxemburg Franc=100 Cents	LUF
马其顿	Macedonia	1代纳尔=100代尼	1 Denar=100Deni	MKD
马耳他	Malta	1马耳他镑=100分=1000米尔	1 Malta Lira=100 Cents=1000 Mils	MTL
摩尔多瓦	Moldova	1摩尔多瓦列伊=100巴尼	1 Moldova Leu=100 Bani	MDL

附录2　续表 5　continued

国家和地区	Country or Area	货币	Local Currency	国际标准组织编码 ISO-Code
摩 纳 哥	Monaco	1欧元=6.5596法国法郎，	1 Euro=6.5596 Franc,	EUR
		1法国法郎=100生丁	1 Franc=100 Centimes	FRF
荷　兰	Netherlands	1欧元=2.2037荷兰盾，	1 Euro=2.2037 Dutch Guilders,	EUR
		1荷兰盾=100分	1 Dutch Guilder=100 Cents	NLG
挪　威	Norway	1挪威克郎=100欧尔	1 Norwegian Krone =100 Ore	NOK
波　兰	Poland	1兹罗提=100格罗什	1 Zloty=100 Gloszes	PLN
葡 萄 牙	Portugal	1欧元=200.482埃斯库多，	1 Euro=200.482 Portugal Escudos,	EUR
		1埃斯库多=100分	1 Escudo=100 Centavos	PTE
罗马尼亚	Romania	1列伊=100班尼	1 Leu=100 Bani	ROL
俄罗斯联邦	Russian Federation	1卢布=100戈比	1 Ruble=100 Kopeken	RUB
圣马力诺	San Marino	1欧元=1936.27意大利里拉	1 Euro=1936.27 Italian Lire	ITL
斯洛伐克	Slovak Rep.	1斯洛伐克克郎=100哈莱士	1 Slovak Koruna=100 Helles	SKK
斯洛文尼亚	Slovenia	1托拉尔=100斯托丁	1 Tolar=100 Stotin	SIT
西 班 牙	Spain	1欧元=166.386比赛塔，	1 Euro=166.386 Spanish,	EUR
		1比赛塔=100分	1 Pecetas=100 Centimos	ESP
瑞　典	Sweden	瑞典克朗	Swedish Krona	SEK
瑞　士	Switzerland	1瑞士法郎=100生丁	1 Switzerland Franc=100 Centimes	CHF
列支敦示登	Liechtenstein	1瑞士法郎=100生丁	1 Switzerland Franc=100 Centimes	CHF
乌 克 兰	Ukraine	1格里夫尼亚=100戈比	1 Hryvnia=100 Kopeken	UAH
英　国	United Kingdom	1英镑=100便士	1 Pound=100 Pennies	GBP
大 洋 洲	**Oceania**			
澳大利亚	Australia	1澳元=100分	1 Australian Dollar=100 Cents	AUD
斐　济	Fiji	1斐济元=100分	1 Fiji Dollar=100 Cents	FJD
法属波利尼西亚	French Polynesia	1欧元=119.33太平洋法郎	1 Euro=119.33 Franc CFP	EUR
基里巴斯	Kiribati	1澳元/吉布提=100分	1 Australian Dollar/Kiribati =100 Cents	AUD
马绍尔群岛	Marshall Islands	1美元=100分	1 Dollar=100 Cents	USD
密克罗尼西亚	Micronesia, Fed States of	1美元=100分	1 Dollar=100 Cents	USD
新喀里多尼亚	New Caledonia	1欧元=119.33太平洋法郎	1 Euro=119.33 CFP	EUR
新 西 兰	New Zealand	1新西兰元=100分	1 New Zealand Dollar=100 Cents	NZD
巴布亚新几内亚	Papua New Guinea	1基那=100托伊	1 Kina=100 Toea	PGK
萨 摩 亚	Samoa	1塔拉=100分	1 Tala=100 Sene	WST
所罗门群岛	Solomon Islands	1所罗门群岛元=100分	1 Solomon Islands Dollar=100 Cents	SBD
汤　加	Tonga	1潘加=100分	1 Pa'anga=100 Senti	TOP
图 瓦 卢	Tuvalu	1澳元=100分	1 Australian Dollar=100 Cents	AUD
瓦努阿图	Vanuatu	瓦图	Vatu	VUV
瓦利斯和富图纳	Wallis and Futuna	太平洋法郎	Franc CFP	XPF

注：①对于欧元区成员国，为方便用户，除了列示欧元以外，同时列示了相应国家原货币单位。

Note: ①For the member countries of Euro Area, the original currencies of the relevant countries have been recorded besides the euro to facilitate the readers to use the materials.

附录3　索引

Appendix 3 Index